Christian Budnik
Vertrauensbeziehungen

Ideen & Argumente

Herausgegeben von
Wilfried Hinsch und Thomas Schmidt

Christian Budnik
Vertrauensbeziehungen

Normativität und Dynamik eines interpersonalen Phänomens

DE GRUYTER

ISBN 978-3-11-127098-2
e-ISBN (PDF) 978-3-11-073368-6
e-ISBN (EPUB) 978-3-11-073379-2
ISSN 1862-1147

Library of Congress Control Number: 2021938814

Bibliografische Information der Deutschen Nationalbibliothek
Die Deutsche Nationalbibliothek verzeichnet diese Publikation in der Deutschen Nationalbibliografie; detaillierte bibliografische Daten sind im Internet über http://dnb.dnb.de abrufbar.

© 2023 Walter de Gruyter GmbH, Berlin/Boston
Dieser Band ist text- und seitenidentisch mit der 2021 erschienenen gebundenen Ausgabe.
Umschlagsgestaltung: Martin Zech, Bremen
Umschlagskonzept: +malsy, Willich
Satz: Integra Software Services Pvt. Ltd.
Druck und Bindung: CPI books GmbH, Leck

www.degruyter.com

Danksagung

Das vorliegende Buch stellt die gekürzte Fassung der Habilitationsschrift dar, die ich im Dezember 2018 an der Fakultät für Philosophie, Wissenschaftstheorie und Religionswissenschaft der Ludwig-Maximilians-Universität München eingereicht habe. Ich hätte dieses Buch ohne die Unterstützung vieler Menschen nicht schreiben können. Ich hätte es vor allem nicht schreiben können, ohne dass mir von diesen Menschen Vertrauen entgegengebracht wurde. Für die Vertrauensbeziehungen, die dabei entstanden oder vertieft worden sind, bin ich zutiefst dankbar.

Den entscheidenden Anteil am Entstehen dieses Projekts hatte Monika Betzler, die mich nicht nur von Anfang an ermuntert hat, meinen Interessen am Phänomen des Vertrauens nachzugehen, sondern mir auch in jeder Phase meiner Beschäftigung mit der vorliegenden Arbeit auf großzügige und unkomplizierte Weise mit hilfreichen Ratschlägen, schriftlichen und mündlichen Kommentaren sowie dem einen oder anderen aufmunternden Wort zur Seite stand.

Ich hatte das große Glück, mit Julian Nida-Rümelin und Markus Paulus zwei weitere Mentoren an der Ludwig-Maximilians-Universität zu haben, die mir in konstruktiven und stimulierenden Gesprächen wichtige Impulse für meine Beschäftigung mit Vertrauen gegeben haben, ohne die ich bestimmte Aspekte, die sich als zentral für die vorliegende Arbeit erwiesen haben, gar nicht erst in den Blick genommen hätte.

Besonders profitiert habe ich von der Diskussion einzelner Kapitel dieser Arbeit im Rahmen von verschiedenen Workshops, Tagungen und Kolloquien. Als besonders hilfreich haben sich die Diskussionen in Monika Betzlers Kolloquium in München, in Thomas Schmidts Kolloquium in Berlin sowie in den Kolloquien in Bern, Bremen und Dortmund herausgestellt. Ich danke zudem den Teilnehmerinnen und Teilnehmern meiner Lehrveranstaltungen zum Thema des Vertrauens in Bern, München und Wien; gerade von den Diskussionen im Seminarplenum und von der Lektüre der bei mir eingereichten Abschlussarbeiten habe ich sehr viel gelernt.

Mit Gesprächen, mündlichen oder schriftlichen Kommentaren, dem Korrekturlesen einzelner Kapitel und/oder Rat und Tat haben mir die folgenden Personen geholfen, denen ebenfalls mein Dank gilt: Alexander Bagattini, Susanne Boshammer, Stephen Darwall, Anna Goppel, André Grahle, Katherine Hawley, Martina Herrmann, Fritz Krämer, Nora Kreft, Michael Kühler, Jörg Löschke, Andreas Müller, Ursula Renz, Peter Schaber, Samuel Scheffler, Thomas Schmidt, Markus Stepanians, J. David Velleman und Anna Wehofsits.

Für die kompetente und vertrauensvolle Begleitung im Veröffentlichungsprozess danke ich den Herausgebern der Reihe *Ideen & Argumente*. Ein besonderer

Dank gehört der Person, die das anonyme Gutachten für die Reihe erstellt hat – es ist alles andere als selbstverständlich, eine derart detaillierte, kluge und konstruktive Rückmeldung zu einem überlangen Manuskript zu erhalten.

Für philosophische Vertrauensgespräche beim Seitenwechsel danke ich Gerhard Seel.

Ein besonderer Dank für Hilfe aller Art gilt wie immer meinem Freund und Kollegen Holger Baumann.

Was an Vertrauen wichtig und wertvoll ist, lerne ich jeden Tag aufs Neue von meiner Familie. Sabine Dändliker hat mir zudem mit Gesprächen über Vertrauen und wertvollen Texthinweisen entscheidend bei der Fertigstellung dieses Buches geholfen. Für die Geduld während der letzten zweieinhalb Jahre danke ich insbesondere Joanna.

Bern, den 22. April 2021
C. B.

Inhaltsverzeichnis

Danksagung —— V

Einleitung —— 1

Kapitel 1
Vertrauen in der Philosophie —— 23
1.1 Die philosophische Perspektive auf Vertrauen —— 24
1.2 Das Subjekt und die Objekte von Vertrauen —— 36
1.3 Die philosophische Vertrauensdebatte —— 42
1.3.1 Evidenzbasierte Theorien —— 44
1.3.1.1 Kognitivistische Theorien —— 44
1.3.1.2 Vertrauen und Sich-Verlassen —— 55
1.3.1.3 Die nicht-kognitivistische Alternative —— 62
1.3.2 Nicht-evidenzbasierte Theorien —— 68

Kapitel 2
Vertrauensbeziehungen —— 82
2.1 Implizite Annahmen der Vertrauenstheorien —— 82
2.2 Vertrauen als zweistellige Relation —— 87
2.3 Vertrauen als Beziehung —— 99

Kapitel 3
Vertrauen in sich selbst —— 110
3.1 Die Perspektive des Vertrauens —— 112
3.2 Sich selbst vertrauen —— 117
3.3 Selbstbeeinlussung als Ausnahme —— 127
3.4 Von Verlässlichkeit zu Selbstvertrauen —— 133
3.5 Akteursbezogene Fähigkeiten —— 145

Kapitel 4
Vertrauen in andere Personen —— 162
4.1 Vertrauen und Identität —— 164
4.2 Identität und interpersonales Vertrauen —— 176
4.3 Vertrauensbezogene Fähigkeiten —— 198
4.4 Die Dynamik von Vertrauensbeziehungen —— 210

Kapitel 5
Präzisierungen —— 226
5.1 Begriffliche Verwandtschaften —— 227
5.1.1 Freundschaftliche Verhältnisse —— 228
5.1.2 Normative Empathie —— 235
5.1.3 Vertrauen in der Fürsorgeethik —— 242
5.1.4 Tugendhaftes Vertrauen —— 248
5.1.5 Gemeinsam autonom —— 261
5.2 Die Vorteile des Ansatzes —— 273
5.3 Der Wert von Vertrauen —— 282

Kapitel 6
Der zentrale Einwand —— 290
6.1 Vertrauen in Politiker —— 295
6.2 Vertrauen in Mitbürger —— 306
6.3 Politik ohne Vertrauen? —— 320

Schluss —— 329

Literatur —— 333

Personenregister —— 343

Sachregister —— 347

Einleitung

Die junge Frau lässt den Brief auf den Tisch fallen und schaut nachdenklich aus dem Fenster. Sie heißt Wilhelmine und ist erst vor Kurzem zwanzig Jahre alt geworden. Der Brief ist von ihrem Verlobten, der vor über drei Wochen Frankfurt verlassen hat und heute ein Lebenszeichen aus Dresden sendet. Seit seiner Abreise Mitte August hat er sich insgesamt viermal mit langen Briefen bei Wilhelmine gemeldet. Neben Impressionen aus Berlin und der Beschreibung des Reiseweges sind die Briefe voll mit Versuchen, die Verlobte auf die eine oder andere Weise zu beruhigen. Dass sie in den vergangenen Wochen immer wieder in Unruhe geraten sein könnte, kann man sich sehr gut vorstellen. Immerhin hat sie nicht den Hauch einer Ahnung, welches Ziel ihr Verlobter mit seiner Reise verfolgt oder welche Rolle der Freund, der ihn begleitet, in dem ganzen Unternehmen spielt. Es ist von einem sehr ernsten Zweck die Rede, den die beiden verfolgen, von einer Aufgabe, die unter keinen Umständen mitgeteilt werden kann, die aber einmal bewältigt die schönsten Früchte tragen und die Lösung aller möglichen Probleme darstellen wird.

Zwischendurch wird sie immerhin darin eingeweiht, dass es nach Wien gehen soll, doch in dem auf den 3. und 4. September 1800 datierten Brief aus Dresden heißt es plötzlich: „Liebes Minchen. Soeben kommen wir von dem engl. Ambassadeur, Lord *Elliot* zurück, wo wir Dinge gehört haben, die uns bewegen, nicht nach Wien zu gehen, sondern entweder nach *Würzburg* oder nach *Straßburg*. Sei ruhig, und wenn das Herzchen unruhig wird, [...] besieh Deine neue Tasse von oben und unten." Also besieht sie die Mokkatasse, die sie von ihm als Verlobungsgeschenk bekommen hat, so wie sie es in den letzten Wochen wohl schon dutzendfach getan hat. Tasse und Untertasse haben Goldränder und sind mit roten und blauen Feldblumen und Gräsern verziert. Hebt man die Tasse an, sieht man auf der Untertasse das Wort ‚uns'. Dreht man die Untertasse um, findet sich auf ihrer Unterseite das Wort ‚Einigkeit'. Besieht sich Wilhelmine dagegen die Unterseite der Tasse, so kann sie darauf das Wort ‚Vertrauen' lesen. Steht die Tasse auf der Untertasse, ergibt das als eine Art Rebus das Motto: ‚Vertrauen auf uns, Einigkeit unter uns.' Sie solle vertrauen – daran erinnert sie also der Verlobte mit seinem Hinweis in diesem Brief Anfang September, doch es ist keinesfalls das erste Mal, dass er ihr gegenüber so einen Appell zum Ausdruck bringt.

Ihn als Wilhelmines Verlobten zu bezeichnen, ist eigentlich schon zu viel. Sie haben sich gerade mal im vergangenen Jahr kennengelernt, nachdem er seinen Militärdienst quittiert hatte, um an der Viadrina ein Studium aufzunehmen. Ihre Familie ist erst vor Kurzem von Berlin an die Oder hinausgezogen. Seine

Familie wohnt im Nachbarhaus. Die Kinder beider Familien verbringen immer mehr Zeit miteinander, es werden gemeinsame Ausflüge unternommen, man spielt und musiziert zusammen. Als Wilhelmine und ihre Schwestern an einem Kolleg der Universität teilzunehmen beginnen, übernimmt der immer etwas finster dreinblickende junge Student die Rolle ihres Tutors. Statt eines versprochenen Aufsatzes hält Wilhelmine irgendwann einen Brief in den Händen, in dem er ihr seine Liebe erklärt und um ihre Hand anhält. Sie lehnt zunächst ab, er lässt aber nicht locker und wirbt weiterhin wortreich um ihre Gunst, bis sie ihm schließlich die Erlaubnis gibt, ihren Eltern zu schreiben. Der Vater ist Generalmajor, altes preußisches Offiziersgeschlecht, so dass es nicht viel Fantasie braucht, sich vorzustellen, dass er kaum begeistert ist von der Aussicht auf einen Schwiegersohn, der gerade seine Leutnantsuniform an den Nagel gehängt hat und nun ohne rechtes berufliches Ziel vor sich hinstudiert. Man verabredet eine Art Kompromiss: Es wird zwar eine Verlobung geben, aber ohne öffentliche Ankündigung, zumindest solange der angehende Bräutigam nicht ein Amt für sich gefunden hat, das es ihm ermöglichen würde, einen eigenen Hausstand zu gründen.

Das war Anfang des Jahres, und schon damals, als sie in ihrer Korrespondenz noch nicht zum vertraulichen Du übergegangen waren, kreisten seine auf Wilhelmine bezogenen Gedanken beinahe manisch um den Begriff des Vertrauens sowie damit verwandte Begriffe wie Gewissheit, Offenheit, Innigkeit und Liebe:

> Wilhelmine! Lassen Sie mich einen Blick in Ihr Herz tun. Öffnen Sie mir es einmal mit Vertrauen und Offenherzigkeit. So viel Vertrauen, so viel unbegrenztes Vertrauen von meiner Seite verdient doch wohl *einige* Erwiderung von der Ihrigen. Ich will nicht sagen, daß Sie mich lieben müßten, weil ich Sie liebe; aber vertrauen müssen Sie sich mir, weil ich mich Ihnen unbegrenzt vertraut habe. [...] Lassen Sie uns bald recht *innig* vertraut werden, damit wir uns ganz kennen lernen. Ich weiß nichts, Wilhelmine, in meiner Seele regt sich kein Gedanke, kein Gefühl in meinem Busen, das ich mich scheuen dürfte Ihnen mitzuteilen. Und was könnten Sie mir wohl zu verheimlichen haben? Und was könnte Sie wohl bewegen, die erste Bedingung der Liebe, *das Vertrauen* zu verletzen? – Also offenherzig, Wilhelmine, *immer offenherzig*. [...] Vertrauen und Achtung, das sind die beiden unzertrennlichen Grundpfeiler der Liebe, ohne welche sie nicht bestehen kann; denn ohne Achtung hat die Liebe keinen Wert und ohne Vertrauen keine Freude.

Was mag in der Adressatin dieser Zeilen während ihrer Lektüre vorgegangen sein? Leider sind keine der von ihr geschriebenen Briefe aus der Verlobungszeit überliefert, so dass sich uns insgesamt ein recht einseitiges Bild dieser Beziehung darstellt, die nur deshalb die Aufmerksamkeit der Nachwelt auf sich gezogen hat, weil es sich bei dem wortmächtigen Autor dieser Briefe um Heinrich von Kleist handelt. Die Leerstelle lädt geradezu dazu ein, uns in die Perspektive von Wilhelmine von Zenge zu versetzen und uns zu fragen, wie sie sich angesichts der Dinge, die Kleist ihr da schrieb, wohl gefühlt haben mag. Auf den ersten Blick haben wir es hier mit einem stilistischen Überschwang und einer emotionalen Schwärmerei zu tun, wie sie typisch für die Zeit um 1800 gewesen sind, mithin einem Gestus, der bei Wilhelmine kaum zweideutige Reaktionen ausgelöst haben dürfte.

Beim näheren Hinsehen offenbart allerdings die Weise, wie Kleist mit dem Vertrauensbegriff hantiert, eine Haltung, die auf Seiten der Verlobten durchaus für gemischte Gefühle hätte sorgen können: Wilhelmine müsse ihm vertrauen, schreibt Kleist, weil er ihr seinerseits „unbegrenzt" vertraue; wenigstens *„einige Erwiderung"* sei seiner Ansicht nach die angemessene Reaktion auf die Tatsache, dass er ihr gegenüber dieses unbegrenzte Vertrauen an den Tag legt. Es lässt sich allerdings berechtigt die Frage stellen, was denn jemand machen sollte, der einer um Vertrauen bittenden Person *eben nicht* vertraut? Eine Aufforderung, wie Kleist sie hier formuliert, scheint nur dann einen Sinn zu haben, wenn Vertrauen etwas ist, das unter der willentlichen Kontrolle von Personen steht. Kann man aber ‚einfach so', von einem Augenblick auf den anderen, den Entschluss fassen, einer anderen Person zu vertrauen, nur weil sie sagt, sie selbst würde einem vertrauen? Und das auch noch unbegrenzt?

Möglicherweise ist das alles bereits zu kompliziert gedacht. Vielleicht hat Wilhelmine sich von diesen Zeilen und den darin enthaltenen Aufforderungen einfach nur geschmeichelt gefühlt. In so einem Fall lässt sich aber annehmen, dass das Vertrauen, um das ihr Verlobter buhlt, zumindest in Ansätzen bereits vorhanden war. Geht man dagegen davon aus, dass die beiden einander als Liebende zu der Zeit, als Wilhelmine den Brief las, immer noch recht distanziert gegenüberstanden, dann scheint sich seinen Aufforderungen, sie möge ihm gegenüber wenigstens etwas Vertrauen an den Tag legen, kaum ein Sinn abgewinnen zu lassen. Im schlimmsten Fall haftet ihnen etwas Nötigendes an, das irgendwo auf halbem Wege zur emotionalen Erpressung anzusiedeln ist: „Und was könnten Sie mir wohl zu verheimlichen haben?" – auch das so eine Frage, die harmlos und augenzwinkernd daherkommt, aber im Grunde eine Anklage für den Fall bereithält, in dem die Verlobte sich als jemand herausstellen sollte, der dem Vertrauensanspruch des Verlobten nicht gerecht zu werden vermag.

Das war also zu Beginn des Jahres 1800. Im August macht sich der inoffiziell Verlobte dann auf die eingangs angesprochene Reise, die ihn letzten Endes nach Würzburg führen wird, eine Reise, deren Sinn und Zweck Kleist seinem ‚Minchen' in einem sich von Brief zu Brief weiter überschlagendem Vexierspiel an Verheimlichungen, Andeutungen, Beschwörungen, Teilbekenntnissen und Manipulationen immer weiter verschleiert und gleichzeitig das ganze Unternehmen als eine Art Mission von alles umfassender Bedeutung stilisiert, von deren Gelingen das gemeinsame zukünftige Glück abhängen soll. Man muss schon eine sehr entspannte und eben vertrauensvolle Person sein, um einigermaßen gleichmütig ein Ratespiel solcher Art zu ertragen.

Kleists ‚Würzburger Reise' hat nicht nur Wilhelmine von Zenge, sondern ganze Heerscharen von Literaturwissenschaftlern vor ein Rätsel gestellt, das trotz vieler Hypothesen bis zum heutigen Tage nicht gelöst werden konnte und wohl für immer im Dunkeln bleiben wird. In jedem Fall aber hat der heimliche Charakter der Reise nach Würzburg einen idealen Nährboden für Kleists immer obsessiver werdendes Ringen um Wilhelmines Vertrauen bereitgestellt. Am 20. August, mithin noch eine ganze Woche bevor er sich auf seinen eigentlichen Weg Richtung Süden machen wird, schreibt Kleist Wilhelmine aus dem Pommerschen Pasewalk die folgenden Zeilen:

> Vergiß nicht, liebes Mädchen, was Du mir versprochen hast, *unwandelbares Vertrauen in meine Liebe zu Dir*, und *Ruhe über die Zukunft*. Wenn diese beiden Empfindungen immer in Deiner Seele lebendig wären, und durch keinen Zweifel niemals gestört würden, wenn ich dieses *ganz gewiß* wüßte, wenn ich die *feste Zuversicht* darauf haben könnte, o dann würde ich mit Freudigkeit und Heiterkeit meinem Ziele entgegen gehen können. Aber der Gedanke – Du bist doch nur ein schwaches Mädchen, meine unerklärliche Reise, diese wochenlange, vielleicht monatelange Trennung – o Gott, wenn Du krank werden könntest!

Es fällt auf, dass Kleist Vertrauen in einen direkten Zusammenhang mit Ruhe bringt, dies aber in einer Situation tut, die das Gegenteil von Ruhe hervorzurufen scheint. Allein schon die hervorhebenden Unterstreichungen im Text machen kaum den Eindruck eines Schreibers, der sich seiner Sache sicher ist und auf souveräne Weise die berechtigten Sorgen einer geliebten Person zerstreuen kann. In der Feststellung, Wilhelmine sei „nur ein schwaches Mädchen" verleiht Kleist im Grunde seinem *eigenen* verunsicherten Misstrauen Ausdruck, einen Ausdruck, dessen impertinente Zweideutigkeit nur ungeschickt durch die Befürchtung zurückgenommen wird, Wilhelmine könne krank werden, gerade so, als ob er nur die Schwachheit ihrer Konstitution konstatiert hätte. Ganz beiläufig wird schon einmal davon gesprochen, dass die Reise ganze Wochen oder sogar Monate andauern könnte, und sie wird von Kleist zu einer ‚unerklärlichen' Reise deklariert, gerade so, als ob das Unverständnis, das er auf Wilhelmines Seite befürchtet, vollkommen unabhängig davon wäre, dass er es mit voller Absicht unterlassen hat, ihr zu erklären, was es denn ist, das er auf dieser Reise überhaupt erreichen möchte.

Der Brief soll Wilhelmine Vertrauen einflößen und sie beruhigen, aber stattdessen dampft und zischt es aus jeder Briefzeile wie in einer Rohrleitung, die unter zu viel Druck steht. Da ist jemand am Schreiben, der seine Nerven nicht gerade im Griff hat und in seinem Denken und Fühlen wie eine Wetterfahne im Orkan mal nach dieser, mal nach jener Richtung ausschlägt. Dadurch wird, zumindest für uns nicht involvierte Leser der Nachwelt, immer klarer, was es an dem Vertrauensbegriff ist, das Kleist so sehr fasziniert hat, aber auch, welche Probleme sich mit seiner Fixation darauf verbinden: Wenn Kleist Wilhelmine in jeder Einzelheit erläutern und verständlich machen könnte, was ihn zu der Würzburgreise veranlasst hat, müsste sie ihm unter Umständen gar nicht mehr vertrauen. Das Vertrauen, an das er appelliert, das er gewissermaßen erzwingen möchte, scheint seinen Wert gerade aus der besonderen Unsicherheit der Situation zu ziehen, in der er sich befindet, einer Situation, in der er entweder nicht willens oder nicht fähig ist, Wilhelmine irgendwelche Gründe für sein Verhalten anzugeben. Vertrauen scheint hier wie gemacht: Wer vertraut, fragt nicht warum. Wie schön wäre es, wenn das liebe Minchen in so einen Zustand geraten würde! Und hier kommt die Schattenseite der Kleistschen Vertrauensbegeisterung ins Spiel, denn es sind im Wesentlichen manipulative Maßnahmen, ja manchmal sogar nur schlecht kaschierte Drohgebärden, durch die Kleist Vertrauen herzustellen versucht. Man versetze sich in Wilhelmine und lasse etwa die folgende Stelle aus demselben Brief auf sich wirken:

> Eben damit Du ganz ruhig sein möchtest, habe ich Dir, die einzige in der Welt, alles gesagt, was ich sagen durfte, nichts, auch das mindeste nicht vorgelogen, nur verschwiegen, was ich verschweigen mußte. Darum, denke ich, könntest Du wohl auch schon Vertrauen zu mir fassen. Das meinige wird von Dir nie wanken. Ich habe zwar am Sonntage keinen Brief gefunden, ob Du mir gleich versprochen hattest, noch vor Deiner Reise nach Tamsel an mich zu schreiben: aber ich fürchte eher, daß Du Deine Gesundheit, als Deine Liebe zu mir verloren hättest, ob mir gleich das erste auch schrecklich wäre.

Es entbehrt nicht einer gewissen Komik, wie Kleist hier die Tatsache, die für Wilhelmines Unruhe gesorgt haben mag – nämlich seine lückenhafte Rechtfertigung für die ‚unerklärliche' Reise –, in einen Grund zu verkehren versucht, warum Wilhelmine *ihm gegenüber* Vertrauen an den Tag legen und Ruhe bewahren sollte. Komisch mag das alles aber wiederum nur auf unbeteiligte Dritte wirken. Für Wilhelmine müssen diese Zeilen einen ganz anderen Charakter tragen: Immerhin muss sie sich Kleists Vorwurf gefallen lassen, sie würde ihm nicht hinreichend vertrauen, wo er ihr doch die besten Gründe dazu gegeben hätte, indem er nur *so viel wie nötig* über seine Reise verschwieg (was dummerweise beinahe alles ist). Es ist gewissermaßen die Strategie des Angriffs als der besten Verteidigung, die Kleist hier verfolgt: Angesichts der Tatsache, dass er es im Grunde selbst ist, der Wilhelmine nicht genügend vertraut, um ihr den Zweck seiner Reise mitzuteilen, wird der Spieß umgedreht und Wilhelmine als diejenige hingestellt, die nur unzureichend vertraut und ihm gegenüber angeblich grundloses Misstrauen an den Tag legt. Gepaart wird diese Strategie schließlich mit dem verletzten Vorwurf, Kleist habe keinen Brief von ihr bekommen – und das, obgleich sie ihm einen versprochen hatte! In einer ganz ähnlichen Tonart endet der Brief denn auch mit den folgenden Zeilen:

> Du sollst dann [sobald Kleist auf Zwischenstation in Berlin ist] überhaupt mehr von dem Ganzen meiner Reise erfahren; doch Dein Brief, den ich in Berlin erhalten werde, wird bestimmen – wie viel. Wenn ich mit *ganzer Zuversicht* auf Dein *Vertrauen* und Deine *Ruhe* rechnen kann, so lasse ich jeden Schleier sinken, der nicht notwendig ist. Dein treuer Freund H.K.

Konnte man die bisherigen Appelle mit viel gutem Willen noch als Kleists Einladungen an Wilhelmine verstehen, sie möge ihm gegenüber Vertrauen an den Tag legen, so handelt es sich bei dieser Coda um einen kaum verhüllten Erpressungsversuch: Das liebe Minchen soll Kleist einen freundlichen Brief schreiben, ohne zu viel kritische Nachfragen zu stellen, und im Gegenzug wird er darüber nachdenken, ihr vielleicht doch noch etwas mehr über den Zweck seiner Reise zu verraten. Es ist eine paradoxe Aufforderung, könnte man wiederum denken, denn immerhin scheint Kleist hier nahezulegen, dass Wilhelmine sich erst dann als seines Vertrauens würdig erweisen wird, wenn sie ihm ihrerseits vollkommen vertraut. Das impliziert aber, dass er ihr erst dann weitere Informationen über seine Reisepläne anzuvertrauen bereit ist, wenn sie im Grunde so viel Ruhe und Vertrauen an den Tag gelegt hat, dass sich streng genommen gar nicht mehr behaupten ließe, dass sie überhaupt noch ein gesteigertes Interesse an solchen Informationen hat.

In Kleists Briefen an Wilhelmine von Zenge kommt auf diese Weise eine Art Pathologie des Vertrauens zum Vorschein, die trotz der Überspanntheit des Briefautors auf durchaus nachvollziehbare Aspekte dieses Phänomens verweist. Vertrauen scheint nun mal tatsächlich etwas mit Ruhe und der Abwesenheit von bohrenden Fragen und nagenden Zweifeln zu tun zu haben. Und es scheint keine Idiosynkrasie des Kleistschen Denkens zu sein, wenn man davon ausgeht, dass ein zentraler Ausdruck von Vertrauen darin besteht, dass eine Person, die einer anderen Person vertraut, im Hinblick darauf, worin sie genau ihr Vertrauen setzt, keine besonderen Nachfragen stellt, sondern sich mit weniger oder bestenfalls gar nichts an Erklärung zufrieden gibt. Noch einmal: Wäre Wilhelmine vollständig in Kleists Reisepläne eingeweiht, müsste sie ihm gar nicht mehr vertrauen, genauso wenig, wie sie ihm vertrauen müsste, wenn er gar nicht erst auf Reisen gegangen wäre, sondern stattdessen ganze Tage mit ihr plaudernd und musizierend in Frankfurt an der Oder verbringen würde. Man kann an dieser Stelle sogar weitergehen und behaupten, dass sie ihm, zumindest in den speziellen Kontexten, um die es hier geht, gar nicht mehr vertrauen *könnte*.

Vertrauen und Gewissheit scheinen sich auf eine spezifische Weise auszuschließen. Zu Vertrauen gehört ein gewisses Ausmaß an Unsicherheit, auch wenn der Zustand, in dem sich eine vertrauende Person befindet, ganz entsprechend den Forderungen, die Kleist an Wilhelmine stellt, ein Zustand der Ruhe und einer wiederum anders gelagerten Gewissheit ist. Es ist genau dieser schillernde Charakter von Vertrauen, diese auch auf den zweiten Blick noch überraschende Mischung aus epistemischer Unsicherheit und emotionalem Gleichmut, die Kleist nicht nur als inoffiziell Verlobtem, mithin auf einer ganz intimen und persönlichen Ebene, sondern in den späteren Jahren auch als Autor fasziniert haben mag.

Kann man so einen Zustand aber wirklich einfordern, wie Kleist es immer wieder in seinen Briefen tut? ‚Ich vertraue Dir aber nicht, und da kann ich nichts machen,' könnte Wilhelmine immerhin in einem Brief erwidern, und in einem gewissen Sinne bliebe Kleist nicht viel übrig, als Erwiderungen dieser Art einfach zu akzeptieren. In so einem Fall würde es nicht viel helfen, wollte er Wilhelmine umstimmen und weiterhin darauf hinweisen, dass sie ihm vertrauen müsse, weil er ihr seinerseits vertraut. In diesem Zusammenhang scheint er zwar wiederum ganz recht damit zu haben, dass Vertrauen ein Moment der Gegenseitigkeit zukommt, aber der Hinweis ‚Ich vertraue Dir doch vollständig' ist als Grund für Vertrauen nicht besonders einschlägig. Es ist nicht unplausibel, dass Vertrauen typischerweise in Konstellationen gedeiht, in denen die beteiligten Parteien einander auf ähnliche Weise vertrauen, aber Vertrauen mit dem Hinweis einzufordern, man selbst sei in Vertrauenshinsicht schon ganz weit fortgeschritten, hat im besten Fall etwas Kindisches, und im schlimmsten Fall etwas allzu Strategisches, das nur schlecht mit Vertrauen zu vereinbaren ist. Wenn es einmal da ist, ist das Vertrauen, um das es Kleist geht, ein gegenseitiges Vertrauen, aber das heißt keinesfalls, dass die Idee der Gegenseitigkeit einer *bereits etablierten* Vertrauensbeziehung dazu verwendet werden kann, um eine Person dazu zu bringen, schneller, als sie es von sich aus getan hätte, an so einer Beziehung teilzunehmen.

Die Genese einer Vertrauensbeziehung scheint auf diese Weise inkompatibel damit zu sein, dass man im Hinblick auf Vertrauen unter Druck gesetzt wird. Auf ganz ähnliche Weise problematisch erscheinen die in Kleists Briefen an Wilhelmine immer wiederkehrenden Erinnerungen daran, sie habe ihm etwas versprochen und es dann nicht eingehalten. Auch hier lässt sich argumentieren, dass das, was angemahnt wird, seinen Wert erst dadurch erhält, dass es freiwillig gegeben wird und nicht mit Verweis auf erfolgte Versprechen angemahnt werden muss.

Zumindest in dem Fall des Briefes, den Kleist „am Sonntage" wider Erwarten nicht auf dem Postamt in Pasewalk vorgefunden hat, lässt sich zudem plausibel argumentieren, dass es ein Gebot des Vertrauens darstellt, nicht immer sofort von Versprechensbrüchen auszugehen, wenn mal eine Situation eintritt, die man so nicht erwartet hat. Wer einer anderen Person vertraut, geht nicht leichtfertig davon aus, dass sie einen verraten haben könnte – auch dies ist eine Facette der in Vertrauen involvierten Gegenseitigkeit. In diesem Sinne ließe sich also allenfalls von Wilhelmines Warte der Gegenvorwurf an Kleist formulieren, er sei mit seinen übereilten Vorwürfen allzu misstrauisch gestimmt und verrate auf diese Weise eine Haltung, die wiederum Wilhelmine einen Grund gebe, ihm nicht allzu leichtfertig zu vertrauen: Vor einer Person, die im Hinblick auf sich selbst, aber auch auf andere Personen, mit denen sie es zu tun hat, auf eine grundlegende Weise verunsichert ist, sollte man besser auf der Hut sein. Vertrauen kann man im Grunde nur jemandem, der ein Mindestmaß an Stabilität und Souveränität über das eigene Leben an den Tag legen kann.

Als Kritik an Kleist würde man mit so einem Befund auch tatsächlich einen wunden Punkt treffen. Wer die Verlobungskorrespondenz als Ganze liest, wird sich nur schwer des Eindrucks erwehren können, dass die Kleistschen Beschwörungen und Manipulationen nur dem Anschein nach nahelegen, dass es Wilhelmine ist, die ein Problem mit Vertrauen hat. Ihre sekundäre Funktion besteht – manchmal gezielt, weitaus öfter aber eher unbewusst – darin, Kleists eigene Unsicherheit zu maskieren. In der Regel wird dadurch aber genau der gegenteilige Effekt erzielt: In seinen manisch wiederholten Appellen, Wilhelmine möge Vertrauen und Ruhe an den Tag legen, entlarvt Kleist sich selbst als einen zutiefst verunsicherten und misstrauenden Menschen. Am 15. September ist er bereits seit einigen Tagen in Würzburg, wo er sich bis Ende Oktober mit seinem geheimnisumwitterten Projekt beschäftigen wird, und er kann es gerade mal wieder kaum aushalten, auf dem Postamt keinen Brief von Wilhelmine vorgefunden zu haben:

> Meine liebe, liebste Freundin! Wie sehnt sich mein Herz nach einem paar freundlicher Worte von Deiner Hand, nach einer kurzen Nachricht von Deinem Leben, von Deiner Gesundheit, von Deiner Liebe, von Deiner Ruhe! [...] Oder hast Du mich vergessen, mich, dem der Gedanke an Dich immer gegenwärtig blieb? Zürnst Du vielleicht auf den Geliebten, der sich so mutwillig von der Freundin entfernte? Schiltst Du ihn leichtsinnig, den Reisenden, ihn, der auf dieser Reise Dein Glück mit unglaublichen Opfern erkauft und jetzt vielleicht – *vielleicht* schon gewonnen hat? Wirst Du mit Mißtrauen und Untreue dem lohnen, der vielleicht in kurzem mit den Früchten seiner Tat zurückkehrt? Wird er Undank bei dem Mädchen finden, für deren Glück er *sein Leben* wagte? Wird ihm der Preis nicht werden, auf den er rechnete, *ewige innige zärtliche Dankbarkeit*? – Nein, nein – Du bist für den Undank nicht geschaffen. Ewig würde Dich die Reue quälen. Tausend Ursachen konnten verhindern, daß Briefe von Dir zu mir kamen. Ich halte mich fest an Deiner Liebe. Mein Vertrauen zu Dir soll nicht wanken. Mich soll kein Anschein verführen. *Dir* will ich glauben und keinem anderen.

Es ließe sich wiederum so manches zu den verschiedenen der in diesen Zeilen enthaltenen Strategien der brieflichen Manipulation sagen: Von der verletzten

Nachfrage, ob Wilhelmine ihn vergessen hätte, über die passiv-aggressive Feststellung, sie sei für Undank nicht geschaffen, bis hin zu der dramatischen Überhöhung der geheimen Mission, die er in Würzburg zu erfüllen hat, zeigt Kleist sich hier erneut als ein Meister der sprachlichen Belagerung von allen Seiten. Es sind aber insbesondere die letzten fünf Sätze, die im Hinblick auf Kleists Gemütsverfassung ganze Bände sprechen und auf ein zentrales Phänomen hinweisen, das sich mit Vertrauen verbindet.

Wenn er davon spricht, dass tausend Ursachen das Eintreffen von Wilhelmines Brief verhindert haben konnten, dann drückt er trotz der numerischen Übertreibung im Grunde eine Banalität aus. Ganz viele Ursachen können fast immer ganz viele Dinge verhindert haben. Es geht Kleist mit diesem Satz allerdings kaum darum, eine informative Aussage zu treffen. Er richtet sich auch nicht primär an die Empfängerin des Briefes, sondern es scheint, dass Kleist sich mit dem Satz gewissermaßen selbst adressiert und mithilfe des durch ihn ausgedrückten Gedankens einen enervierten Seelenzustand zu besänftigen versucht. Es überrascht daher nicht, dass die folgenden vier Sätze wiederum, diesmal aber explizit, von ihm selbst und seiner eigenen Gemütsverfassung handeln.

Er schreibt, er werde sich an Wilhelmines Liebe festhalten. Festhalten muss sich aber nur, wer strauchelt. Die Versicherung, sein Vertrauen zu ihr solle nicht wanken, klingt im Kontext des Briefes und vor dem Hintergrund der gesamten bisherigen Korrespondenz wiederum wie eine Selbstbeschwörung: Wessen Vertrauen nach eigener Auskunft nicht wanken soll, lässt bereits die Möglichkeit des Wankens zu und konterkariert auf diese Weise die Versicherung, die er eigentlich kommunizieren möchte. Ganz ähnlich verhält es sich mit dem Anschein, von dem Kleist behauptet, dass er ihn nicht verführen soll, denn auch hier wird bereits impliziert, dass dieser Anschein auf gewisse Weise präsent ist und eben verführt – wenn auch Kleist zufolge *noch* ohne Erfolg. Diese Art von Doppelsinn, der eine ambivalente Haltung des Schreibers manifestiert, kommt schließlich auch in dem letzten der oben angeführten Sätze zum Ausdruck: Dass Kleist Wilhelmine glauben *will*, kann auch heißen, dass er es noch nicht tut, dass er sich eben nicht dazu bringen kann, ihr zu vertrauen und im Schreiben gegen sein eigenes Misstrauen und seine eigenen Zweifel ankämpft.

Alles in allem haben wir es hier mit jemandem zu tun, der an das Vertrauen einer anderen Person appelliert, sich gleichzeitig dazu durchzuringen versucht, dieser Person zu vertrauen und im gleichen Augenblick ein fragiles Vertrauen in sich selbst an den Tag legt. Letzteres ist einerseits der Situation geschuldet, in der Kleist sich zum Zeitpunkt der Würzburgreise befindet: Wie bereits erwähnt, steht er als zweiundzwanzigjähriger quasi-verlobter Armeeabgänger ohne nennenswerte finanzielle Ressourcen oder Grundbesitz unter massivem Druck, einen Platz in der sozialökonomischen preußischen Lebensrealität zu

Beginn des 19. Jahrhunderts zu finden, ohne dass ihm *irgendetwas* an den beruflichen Optionen, die ihm offen stünden, besonders attraktiv erscheinen würde. Andererseits stellen der Selbstzweifel und die Unsicherheit, die zwischen jeder seiner Briefzeilen durchschimmern, gewissermaßen definitorische Merkmale des Kleistschen Charakters dar, die er bis zum Ende seines kurzen Lebens nicht mehr loswerden wird. Sie werden immer wieder in dem Zaudern und Wanken zum Ausdruck kommen, mit denen er gefasste Pläne durchzuführen versucht, und sie erklären auch die Rastlosigkeit, die ihn auch nach der Würzburger Reise noch kreuz und quer durch Europa wird mit unbestimmten Ziel weiterreisen lassen.

Vertrauen in sich selbst, so viel lässt sich an Kleists Korrespondenz mit Wilhelmine von Zenge ablesen, scheint in intrikaten Wechselbeziehungen zu dem Vertrauen zu stehen, das wir in andere Personen setzen können. Wäre Kleist etwa eine Person, die mit mehr Selbstvertrauen die eigenen Pläne realisieren kann, würde es ihm auch einfacher fallen, die auf Wilhelmine bezogenen Zweifel beiseite zu schieben. Er würde dann nicht sofort in Panik verfallen, wann immer ein erwarteter Brief von Wilhelmine ihn nicht erreicht hat, und er würde sie nicht auf die gleiche Weise mit brieflichen Bitten um Vertrauen bestürmen. Es mag paradox klingen, aber Wilhelmine hätte unter solchen Umständen wiederum mehr Anlass, Kleist im Hinblick auf die Würzburgreise zu vertrauen: Wäre Kleist ein selbstsicherer Draufgänger, der mit eiserner Hand seine Pläne und Projekte zu realisieren pflegt und nicht nur im Hinblick auf sich selbst, sondern auch mit Rücksicht auf Wilhelmine frei von Zweifeln ist, so wäre es für Wilhelmine sicher einfacher, mit der Ungewissheit angesichts seiner geheimnisvollen Reise zu leben. Umgekehrt, so lässt sich weiter spekulieren, würde das Ausbleiben verunsicherter Nachfragen aus dem heimatlichen Frankfurt weiter dazu beitragen, dass Kleist seiner rätselhaften Aufgabe in Würzburg mit dem nötigen Selbstvertrauen nachgehen kann.

Eine interessante Frage lautet, in welche Richtung die hier angesprochenen Abhängigkeitsverhältnisse verlaufen – ob also Selbstvertrauen eine Vorbedingung für Vertrauen in andere Personen darstellt oder ob es sich eben umgekehrt verhält. Zumindest auf den ersten Blick scheint immerhin in beiden Fällen eine ähnliche Haltung, ein ganz analoges Vermögen zum Ausdruck zu kommen, das in dem einen Fall auf einen selbst und im anderen Fall auf eine andere Person bezogen ist. Gleichzeitig wird an Kleists Briefen deutlich, dass diese vertrauende Haltung gewissermaßen aufs Ganze geht und die Person, der gegenüber sie eingenommen wird, in ihrem fundamentalen Kern betrifft. Wenn Kleist seine Verlobte um Vertrauen bittet, dann tut er das aus Angst vor einem Misstrauen, das einem Urteil über ihn als Person, über seinen Charakter und seine Eignung als Freund und Liebespartner gleichkommen würde. Bei dem Vertrauen, von dem in

Kleists Briefen die Rede ist, handelt es sich demnach keinesfalls nur um etwas, das die Beziehung zwischen zwei Personen schöner macht oder ihre Interaktionen reibungsloser vonstatten gehen lässt, sondern es steht dabei immer schon alles auf dem Spiel.

Eine wichtige Facette dieses Vertrauensverständnisses lässt sich gut in den Blick bekommen, wenn man die Frage zu beantworten versucht, was es wohl genauer ist, das den Gegenstand des von Kleist angemahnten Vertrauens darstellt. Worauf sollte Wilhelmine seiner Auffassung nach vertrauen? Soll sie etwa glauben, dass er sich auf einer wichtigen und erfolgsversprechenden Mission befindet? Dass er es schaffen wird, ein Auskommen zu finden und so eine Familie wird ernähren können? Dass er sie auf Reisen nicht mit einer flüchtigen Bekanntschaft betrügen wird? Welche Erwartungen impliziert umgekehrt Kleists Vertrauen in Wilhelmine, von dem er so unheilvoll behauptet, dass es nicht wanken soll? Hat er Angst, sie könnte ihn für einen Versager halten? Ist die Angelegenheit vielleicht banaler, und es geht nur darum, dass er darauf vertrauen möchte, dass sie ihm regelmäßig Briefe schreiben wird? Oder stellt er sich mit zitterndem Herzen vor, wie Wilhelmine in seiner Abwesenheit einen besser geeigneten Kandidaten für eine preußische Ehe findet?

All diese Fragen laufen wiederum auf bloße Spekulationen hinaus, für die sich allerdings zwischen den Zeilen der Kleistschen Briefe Indizien finden lassen. Interessanter scheint mir in diesem Zusammenhang, dass Kleists Appelle an Wilhelmines Vertrauen ebenso wie die Beteuerungen seines eigenen Vertrauens ihr gegenüber einfach nicht so klingen, als ob sie sich auf solche vereinzelten Erwartungen herunterbrechen ließen. Wer die Briefe liest, wird sich des Eindrucks nicht erwehren können, dass das Vertrauen, um das es Kleist explizit wie implizit geht, umfassender ist. Es ist ein Vertrauen, das sich in der nicht weiter spezifizierten Aufforderung ‚Vertraue mir!' zum Ausdruck bringen lässt und für das der Hinweis auf einen bestimmten Erwartungshorizont nur eine unzureichende Explikation darstellen würde.

Es ist zumindest nicht Konkretes, das Kleist erwartet. Er möchte vielmehr einen bestimmten *Zustand* zwischen sich und Wilhelmine aufrechterhalten, und die Tragik der in der Verlobungskorrespondenz zum Vorschein kommenden Situation besteht darin, dass dieser Zustand – die vertrauensvolle Beziehung, auf die Kleist schriftlich zu pochen nicht müde wird – vor seiner Abreise nur in rudimentären Ansätzen vorgelegen hat, weil die beiden jungen Menschen einfach noch nicht hinreichend Zeit und Gelegenheit hatten, diese empfindsame Pflanze kräftig wachsen zu lassen. Dass so ein vertrauensvoller Zustand zwischen zwei Menschen in bestimmten Handlungskontexten dann mit einer ganzen Reihe von konkreten Erwartungen und Ansprüchen einhergeht, muss an dieser Stelle nicht bestritten werden. Wichtig ist lediglich, dass er sich nicht auf ihr Vorliegen reduzieren lässt: Wer vertraut, tut dies nicht, um bestimmte Ziele leichter zu erreichen, auch wenn sich diese Ziele *de facto* leichter auf dem sicheren Boden einer vertrauensvollen Beziehung erreichen lassen.

Dass diese Lesart von Vertrauen als einer besonderen Beziehung zwischen zwei Menschen durchaus den Kern dessen trifft, worum es Kleist in seinen Briefen an Wilhelmine geht, wird auch durch die Weise bestätigt, wie Kleist den Begriff des Vertrauens in einen engen Zusammenhang mit bestimmten anderen Begriffen bringt. Ganz offensichtlich ist in diesem Zusammenhang die nicht von der Hand zu weisende Verbindung zwischen Vertrauen und Liebe, die Kleist auf die oben zitierte Weise herstellt, indem er vom ersteren als dem Grundpfeiler der letzteren redet. Mindestens genauso interessant sind aber die Aspekte der Ruhe und der ‚Einigkeit', die von Kleist immer wieder in Verbindung mit Vertrauen gebracht werden. Wenn etwa von Einigkeit die Rede ist, dann ist nicht lediglich gemeint, dass Wilhelmine und Kleist sich einig im Hinblick auf bestimmte Fragen der Lebensgestaltung sind, oder dass Wilhelmine die Pläne und Absichten ihres Verlobten kritiklos hinzunehmen bereit ist. Wiederum ist so etwas zwar *auch* gemeint, gleichzeitig ist hier aber die semantische Nähe von ‚Einigkeit' zu ‚Einheit' nicht zu vernachlässigen. Vertrauen ist eben nicht nur Konsens, sondern ganz wesentlich auch Nähe. Was Kleist auf diese Weise mit den verzweifelten Mitteln seiner sprachlichen Dauerbeschwörung herzustellen versucht, muss also als eine Beziehung verstanden werden, der eine spezielle Unmittelbarkeit und Intimität oder – um ein anderes der von Kleist gerne verwendeten Vertrauenswörter zu bemühen – Innigkeit zukommt.

Wer auf diese Weise ‚innig' und ‚einiglich' miteinander zu tun hat, gerät in den von Kleist immer wieder beschworenen Zustand der Ruhe, mit der sich, so die Hoffnung, alle Herausforderungen des Lebens meistern und alle Mühsale, die ein jedes Leben nun mal mit sich führt, durchstehen lassen. Vertrauensbeziehungen ermöglichen auf diese Weise die Existenz von Refugien in einer von Unsicherheit und Kontingenz gekennzeichneten Welt. Draußen unter Fremden, so die Idee, mag es unwirtlich und kalt sein, aber in der inniglich geführten Vertrauensbeziehung kann sich das Individuum von den Strapazen der eben nicht zu vermeidenden Versuche erholen, sich in der Lebensrealität so gut es geht zurechtzufinden.

Die metaphorische Kälte kann in diesen Zusammenhängen – und erst recht, wenn es um Kleist geht – auf zweifache Weise konkretisiert werden. Zum einen lässt sie sich im Sinne eines rationalistisch überzogenen Zwangs verstehen, jedes Handeln, ja, sogar alles Denken und Fühlen dem Diktat der Rechtfertigung und Begründung zu unterwerfen. In einer Vertrauensbeziehung sind diese Anforderungen außer Kraft gesetzt: Wenn Kleist Wilhelmine um Vertrauen bittet, dann bittet er sie auch um ein Verhältnis, in dem er das eigene Handeln nicht rechtfertigen muss, so wie er es all den Menschen gegenüber zu tun gezwungen ist, mit denen er eben nicht ‚inniglich' vertraut ist. Preußische Beamte wollen wissen, warum er dies oder jenes tut, genauso wie der Generalmajor von Zenge wahrscheinlich nach einer Rechtfertigung für das Ende von Kleists Militärkarriere verlangt hat. Das Verhältnis zu Wilhelmine soll anders beschaffen sein: Es soll ein Verhältnis sein, in dem davon ausgegangen wird, dass die andere Person immer schon das tut, was in dem jeweiligen Kontext zu tun richtig ist, so dass alle Begründungen und Erklärungen obsolet werden.

In einer ‚inniglich' geführten Vertrauensbeziehung wird einem aber nicht nur die Frage ‚Warum tust du das?' nicht gestellt, sondern es wird bei einer Bitte auch nicht ‚Warum sollte ich das tun?' zurückgefragt. Das ist der zweite Aspekt, der solche Beziehungen von all den Beziehungen unterscheidet, die im rauen Wind der sozial vorgegebenen Interaktionen von Menschen geführt werden müssen, die sich in der Hauptsache lediglich als Bürger und Marktteilnehmer begegnen: Wenn Kleist davon abhängt, dass ihm ein Ministerialbeamter in Berlin einen Gefallen tut, dann muss er ihm einen Grund geben, sich entsprechend zu verhalten. In solchen Zusammenhängen gilt eben, dass eine Hand die andere wäscht und keine Gefälligkeit ohne Aussicht auf Gegenleistung erwiesen wird. Dass alles seinen Preis hat, kann aber auch durchaus ganz wörtlich verstanden werden: Schon zu Kleists Zeiten sind es immer weniger von Standesdenken oder religiösen Auffassungen vorgegebene Verhaltensweisen, sondern letztlich ökonomisch motivierte und begründete Interaktionen, die das Gerüst gesellschaftlicher Kooperation ausmachen. Ein Stück Brot wird einem nur selten aus reiner Menschenfreundlichkeit geschenkt, und zum Leben brauchte es damals wie heute weitaus mehr als nur etwas zum Essen. Die Abhängigkeiten, die auf diese Weise entstehen, bilden eine Kette, deren Glieder in Form von Mittel-Zweck-Relationen ineinander greifen und das Zusammenleben von Menschen strukturieren, die ansonsten nichts voneinander wissen wollten.

Die Interaktionen innerhalb von Vertrauensbeziehungen sind dagegen von einer ganz anderen Natur: Sie sind wesentlich *interesselos*. In diesem Sinne beschwört Kleist in seinen Briefen eine Beziehung, in der Wilhelmine für ihn da ist, ohne auf Gegenleistungen zu bestehen. Ob das eine faire Forderung seinerseits ist und wie es in dieser Hinsicht um Gegenseitigkeit bestellt ist, sind Fragen, die weniger mit Vertrauen als mit den Idiosynkrasien des Charakters von Kleist zu tun haben und an dieser Stelle nicht entschieden werden müssen. Von Bedeutung ist vielmehr, dass die auf Vertrauen beruhende Form des Miteinanders, die Kleist in seinen Briefen an Wilhelmine zu evozieren versucht, einen radikalen Gegenentwurf zu den ansonsten verfügbaren Optionen gemeinschaftlichen Zusammenlebens darstellt: Alle anderen zwischenmenschlichen Verhältnisse, so die Idee, beruhen letzten Endes auf berechnenden, instrumentellen

Erwägungen und sind auf diese Weise trennend; in einer Vertrauensbeziehung ist man von so einer Perspektive befreit. Wer vertraut, kann Gutes empfangen, ohne dem Druck unterworfen zu sein, eine wie auch immer beschaffene Gegenleistung zu erbringen. Das bedeutet es, zumindest zu einem wesentlichen Teil, wenn wir manchmal davon reden, dass wir uns im Verhältnis zu einer anderen Person aufgehoben fühlen oder uns auf das ansonsten schwer zu fassende Phänomen zwischenmenschlicher Nähe beziehen. Es ist diese Nähe, die etwa Liebes- und Freundschaftsbeziehungen von anderen Verhältnissen unterscheidet und den besonderen Wert begründet, der diesen Beziehungen in unseren Vorstellungen von einem guten Leben zukommt.

In dem vorliegenden Buch soll es darum gehen, wie genau wir Vertrauen verstehen müssen, um diese besondere Wertschätzung nachvollziehen zu können. Nun kann an dieser Stelle eingewendet werden, dass ich mit dem Einstieg über die Kleistsche Verlobungskorrespondenz die in den kommenden Kapiteln folgende Untersuchung in ein anachronistisch verzerrendes Licht getaucht habe. Immerhin, so mag man bemängeln, sind Kleists Briefe mehr als zwei Jahrhunderte alt und stammen aus einem historischen Kontext, der nichts mehr mit der begrifflichen Praxis des 21. Jahrhunderts zu tun hat. Kleists Ringen um Vertrauen weist tatsächlich durchaus zeittypische Merkmale auf. Es ist bereits von historischer Warte darauf hingewiesen worden, dass im 18. und 19. Jahrhundert religiöse Erneuerungsbewegungen genauso wie die Reformpädagogik, Dichter ebenso wie Philosophen mit ihrer Rationalitätskritik und dem Liebes- und Freundschaftskult, mit der Aufwertung des Privaten und einer zunehmenden Säkularisierung des Vertrauensbegriffs den denkbar fruchtbarsten Nährboden für einen Vertrauensüberschwang bereitet haben, wie er auch, wenn auch nicht exklusiv, bei Kleist zu beobachten ist. Es ist insofern nicht zu bestreiten, dass Kleists briefliche Ausführungen sich durchaus gut in den Epochenkontext ihrer Entstehung einfügen. Das zuzugestehen ist allerdings kompatibel mit der Behauptung, dass ein Phänomen wie dasjenige, das uns in Kleists Briefen begegnet, auch in unserem heutigen Alltag noch eine Rolle spielt und eine besondere Wertschätzung genießt.

Ein offensichtlicher Anhaltspunkt dafür, dass es sich so verhält, besteht darin, dass wir, Kleists Briefe aus der zeitlichen Distanz von zweihundert Jahren lesend, *verstehen können, was er meint*, wenn er Wilhelmine von Vertrauen schreibt. Man kann die manische Weise unverständlich finden, auf die er immer wieder auf das Thema des Vertrauens zurückkommt, man kann die damit verbundenen Manipulationen und Irrationalitäten als bizarr empfinden oder sogar moralisch kritisieren, aber es lässt sich nur schwer von der Hand weisen, dass die Aspekte von Vertrauen, auf die ich bislang im Zusammenhang mit Kleists Briefen hingewiesen habe – seine Gegenseitigkeit, sein Zusammenhang mit Selbstvertrauen, die Nähe, die es herstellt, oder sein interesseloser Charakter –, immer noch die begrifflichen Kernelemente davon darstellen, was wir auch heute noch als Vertrauen bezeichnen wollten. Kurz: Wir verstehen sehr gut, wie die Beziehung beschaffen sein müsste, die Kleist gerne mit Wilhelmine führen würde, und wir verstehen genauso gut, was an so einer Beziehung attraktiv sein könnte. Die meisten von uns verstehen dies nicht nur auf abstrakte Weise, sondern gewissermaßen aus eigener Anschauung. Der Begriff der Innigkeit etwa mag einen musealen Beiklang haben, wer aber eine Vertrauensbeziehung ‚gelebt' hat, wird nachfühlen können, welche Dimension von Vertrauen sich damit immer noch bezeichnen ließe.

Die Gefahr einer anachronistischen Herangehensweise ist in dem vorliegenden Zusammenhang also nicht unbedingt gegeben. Sieht man davon ab, rückt allerdings ein anderes Problem in den Blick. Es ist nämlich – schon zu Kleists Zeiten, dann aber vollends im Verlaufe des 19. und 20. Jahrhunderts – eine Art Profanierung und Banalisierung des Vertrauensvokabulars zu beobachten, die man wohl als den Effekt der Wechselwirkungen von Industrialisierung, Kommerzialisierung und Anonymisierung moderner Gesellschaften verstehen kann. Das Wort ‚Vertrauen' wurde und wird immer noch auf eine Weise verstanden, die nicht mehr viel mit dem bislang entwickelten Vertrauensverständnis zu tun hat und in wesentlichen Zügen damit sogar inkompatibel ist. Dieses deflationäre Vertrauensverständnis orientiert sich an Situationen zwischen Fremden als paradigmatischen Fällen, in denen Vertrauen zum Einsatz kommt. Es kann sich aber auch, je nach individuellem Temperament und sprachlichen Gewohnheiten, auf unsere Einstellungen gegenüber nichtmenschlichen Lebewesen, Naturphänomenen oder gar unbelebten Gegenständen erstrecken.

Wir alle kennen Situationen, in denen Personen sich darauf beziehen, dass sie etwa einem Passanten in einer fremden Stadt vertrauen, indem sie seiner Wegbeschreibung folgen, dass sie darauf vertrauen, dass am Wochenende die Sonne scheinen wird, oder behaupten, ein besonderes Vertrauen in die Autos oder Medikamente bestimmter Firmen zu setzen. Hier geht es offensichtlich nicht um ‚Innigkeit' und ‚Einigkeit', und doch haben wir nicht das Gefühl, dass Personen, die so reden, einen begrifflichen Fehler machen. Das liegt daran – so die Diagnose, die ich im Verlaufe dieser Arbeit entwickeln werde –, dass das Vokabular des Vertrauens *zwei* Begriffe abdeckt, die zwar im Gegensatz zum Fall von Homonymen wie ‚Bank' nicht völlig unabhängig sind, aber doch voneinander unterschieden werden sollten. In der Folge wird es mir immer wieder um diesen Unterschied und seine angemessene Konzeptualisierung gehen. Einer in der philosophischen Debatte um Vertrauen eingeschliffenen Terminologie entsprechend, werde ich diese Abgrenzung sprachlich markieren, indem ich mich in dem deflationären Fall darauf beziehe, dass eine Person sich lediglich *darauf ver-*

lässt, dass eine andere Person etwas tun wird, während ich das Vokabular des Vertrauens für die nicht-deflationären Verwendungsweisen à la Kleist reserviere.

Diese sprachliche Regelung ist allerdings das denkbar Unwichtigste an meinem Vorgehen. Es kommt mir nicht darauf an, Menschen, die glauben, ihrem Computer, dem Wetter oder einem Fremden auf der Straße vertrauen zu können, darauf aufmerksam zu machen, dass sie einen Fehler machen. Dass hier Raum für Verwechslungen vorliegt, liegt daran, dass beide Vertrauensbegriffe eine gewisse Verwandtschaft miteinander aufweisen: In beiden Fällen will man durch ihre Verwendung zum Ausdruck bringen, dass man etwas nicht genau weiß. Wir haben bereits an dem Beispiel von Kleists Korrespondenz sehen können, dass Vertrauen nur auf der Grundlage von epistemischer Unsicherheit möglich ist. Umgekehrt sind wir in Situationen, in denen der deflationäre Vertrauensbegriff verwendet wird, auch oft damit konfrontiert, dass wir etwas nicht genau wissen: Dass uns der Passant nicht in die falsche Richtung laufen lässt, dass es am Wochenende regnen wird oder dass unser Auto morgens auch tatsächlich anspringen wird, ist jeweils mehr oder weniger wahrscheinlich, aber Gewissheit ist in solchen Fällen nicht zu erwarten.

Vertrauen und bloßes Sich-Verlassen stellen allerdings ganz unterschiedlich geartete Reaktionen auf solche Formen der Unsicherheit dar. Ein Großteil der philosophischen Debatte, deren Gegenstand Vertrauen ist, beschäftigt sich mit der Explikation dieses Unterschieds, und auch diese Arbeit stellt einen Beitrag zu diesem Projekt dar. Das Projekt ist auch insofern sehr wichtig, als beide Modi des Umgang mit interpersonaler Unsicherheit unterschiedliche Weisen der emotionalen Betroffenheit beinhalten und im Falle des Scheiterns von Erwartungen jeweils unterschiedliche Reaktionen begründen: Wer lediglich erwartet hat, dass etwas passiert, das dann nicht eingetroffen ist, hat Anlass enttäuscht zu sein; wessen Vertrauen missbraucht wurde, hat dagegen einen Grund, sich auf emphatische Weise betrogen zu fühlen und das Gegenüber auf empfindliche Weise für den Vertrauensbruch zu sanktionieren.

Wie bereits im Zusammenhang mit Kleist epistolarischen Verrenkungen angedeutet, steht bei Vertrauen demnach sehr viel auf dem Spiel, und es ist auch in dieser Hinsicht richtig, dass Philosophen sich mit der Explikation des Unterschieds zwischen Vertrauen und Sich-Verlassen befassen. Eines meiner zentralen Anliegen in dieser Arbeit besteht darin zu zeigen, dass die Art und Weise, wie dies im Rahmen der gegenwärtig vertretenen Positionen erfolgt, nur unzureichend ist: Die meisten dieser Ansätze starten mit einer recht substantiellen Vorstellung von Vertrauen und enden mit der Analyse von etwas, das nur einen Schatten des reichhaltigen Phänomens darstellt, das uns in Kleists Briefen, aber auch in unserem alltäglichen Umgang mit Freunden, Geliebten oder Familienmitgliedern begegnet.

Ein wichtiger systematischer Grund für diese Debattendynamik besteht darin, dass Philosophen, die sich mit Vertrauen beschäftigen, typischerweise zwei Kontexte mit einfangen wollen, von denen gedacht wird, dass sie zentral mit Vertrauen zu tun haben: Zum einen wird im Rahmen von erkenntnistheoretischen Überlegungen – insbesondere im Rahmen neuerer Ansätze zur Sozialepistemologie – davon ausgegangen, dass die Rechtfertigung eines Hörers, der glaubt, was ein Sprecher ihm sagt, wenigstens zum Teil darauf zurückzuführen ist, dass er ihm in einem spezifischen Sinn vertraut. Situationen des gerechtfertigten Überzeugungstransfers sind allerdings kaum auf Kontexte ‚inniglichen' Vertrauens innerhalb bestehender Beziehungen zu beschränken. Zum anderen wird in verschiedenen Zusammenhängen der praktischen Philosophie davon ausgegangen, dass wir in unserem Verhältnis Fremden gegenüber Vertrauen an den Tag legen, wann immer wir von moralischer Warte normative Erwartungen an sie stellen. Gestützt wird diese Sicht der Dinge durch die Tatsache, dass unsere Reaktionen auf moralische Vergehen uns gegenüber ähnlich beschaffen sind wie die emphatischen Reaktionen, die wir angesichts von Vertrauensbrüchen an den Tag legen: Auch hier können wir uns betrogen fühlen und mit Groll reagieren.

Ich werde im Rahmen dieser Arbeit weder zu der epistemologischen noch zu der moralischen Dimension von Vertrauen Stellung beziehen, sondern mich primär an der Frage orientieren, wie der Unterschied zwischen Vertrauen und bloßem Sich-Verlassen auf angemessene Weise eingefangen werden kann. Meine Antwort darauf wird aber tatsächlich nahelegen, dass wir diesem Unterschied nur dann gerecht werden können, wenn wir Vertrauen im Sinne einer Beziehung zwischen Personen verstehen, die eine Geschichte miteinander teilen. Auf diese Weise wird die Frage nach der Rolle von Vertrauen in epistemologischen bzw. moralischen Kontexten auch am Ende dieser Arbeit eine Herausforderung für den hier vorgeschlagenen Ansatz darstellen, der ich in dem vorliegenden Kontext nicht direkt werde begegnen können. Ich glaube allerdings, dass sich die systematischen Ressourcen, die mit meinem ‚Beziehungsansatz' einhergehen, verwenden lassen, um diese Spezialformen von Vertrauen einzufangen. Dazu müsste allerdings zum Thema gemacht werden, was es heißt, in einer Beziehung zu Personen als Mitgliedern der epistemischen und der moralischen Gemeinschaft zu stehen, und diese Fragen gehen weit über den Gegenstand der vorliegenden Untersuchung hinaus.

Sie gehen zwar darüber hinaus, und dennoch mag eine These, wie ich sie in den folgenden Kapiteln entwickeln werde, selbst ansonsten wohlwollende Leser auf eine spezifische Weise unbefriedigt lassen. Die Welt, in der wir leben, scheint gerade in politischer Hinsicht durch tiefgehende Vertrauenskrisen gekennzeichnet zu sein. In den Augen zahlreicher Kommentatoren erhalten wir durch diese Krisen gar einen bitteren Vorgeschmack auf das nahende Ende von Freiheit und Demokratie. Ist es in einer Zeit, in der demokratische Gesellschaften fundamental gespalten erscheinen, in der die Wahrheit als grundlegende Bewertungskategorie nur notdürftig gegen ihre Feinde verteidigt werden kann und in der populistische Strömungen aller Art immer mehr an politischem Boden gewinnen, nicht allzu frivol, mag man sich fragen, eine Vertrauenstheorie zu vertreten, die gewissermaßen nur in dem ‚innigen' Raum des Privaten eine Anwendung findet und in der These mündet, dass es in politischen und sozialen Kontexten eben gar nicht um Vertrauen im eigentlichen Sinne geht? Ich denke nicht, dass der Vorschlag, den ich in dieser Arbeit verteidige, zwangsläufig solch einen biedermeierhaften Anstrich trägt. Um zu explizieren, inwiefern dies nicht der Fall ist, werde ich mich zum Ende dieser Arbeit in einem eigenen Kapitel der hier formulierten Sorge zuwenden und in diesem Zusammenhang zu zeigen versuchen, dass es sogar durchaus angebracht sein kann, in politischen Kontexten zumindest nicht vorschnell mit dem Vertrauensbegriff zu operieren.

Bevor es soweit ist, werde ich allerdings meinen Vorschlag zum angemessenen Verständnis von Vertrauen entwickeln und dabei folgendermaßen vorgehen: Im Rahmen des *ersten Kapitels* dieser Arbeit werde ich zunächst zu klären versuchen, worin die eigentliche Aufgabe für Philosophen besteht, die sich mit dem Vertrauensbegriff beschäftigen, indem ich auf verschiedene Dimensionen der Normativität verweise, die sich mit diesem Begriff verbinden. Nach dieser Klärung des Erkenntnisinteresses, das mich im Rahmen dieser Arbeit leiten soll, werde ich mich der Frage zuwenden, was als Objekt bzw. Subjekt von Vertrauen in Frage kommt und erläutern, warum ich denke, dass Vertrauen ein genuin interpersonales Phänomen darstellt. Der letzte Teil des ersten Kapitels wird sich schließlich mit einer kritischen Rekonstruktion der philosophischen Debatte um den Vertrauensbegriff beschäftigen, in deren Rahmen ich drei Theorietypen isoliere und zu zeigen versuche, dass ihre Gegenüberstellung zu einer problematischen Debattensituation führt, die nur mit einer alternativen Theorie überwunden werden kann.

Im Rahmen meiner Argumentation im *zweiten Kapitel* werde ich daran anschließend der Frage nachgehen, was für diese problematische Debattensituation verantwortlich ist und dafür argumentieren, dass die gegenwärtig vertretenen Vertrauenstheorien allesamt drei implizite Annahmen machen, die schlecht oder gar nicht begründet sind und in Frage gestellt werden müssen. Es handelt sich dabei um die Annahmen, dass Vertrauen primär eine mentale Einstellung ist, dass das Vertrauensprädikat eine dreistellige Relation ausdrückt und dass der Wert von Vertrauen sich in dem instrumentellen Nutzen erschöpft, den es für die vertrauende Person hat. Diese Diagnose führt mich zur Formulierung der für diese Arbeit grundlegenden Hypothese, nach der das Vertrauensprädikat primär eine Beziehung charakterisiert, eine zweistellige Relation ausdrückt und für ein Phänomen steht, das auch nicht-instrumentellen Wert hat.

Das dritte und das vierte Kapitel stellen gemeinsam das Kernstück dieses Buches dar. Hier werde ich eine Strategie verfolgen, die nicht nur besonders vielversprechend ist, sondern in der Debatte um Vertrauen ein Novum darstellt: Wie bereits im Rahmen meines Kleist-Exkurses deutlich geworden sein sollte, lässt sich das Vertrauen, das wir in andere Personen setzen, nur schwer von Selbstvertrauen trennen. Aus diesem Grund werde ich meine Theorie interpersonalen Vertrauens an dem Phänomen intrapersonalen Vertrauens modellieren: Vertrauen in andere Personen, so die zentrale Idee, ist in relevanter Hinsicht ähnlich zu dem Vertrauen, das wir typischerweise in uns selbst setzen. Im *dritten Kapitel* werde ich mich deshalb zunächst mit der Frage beschäftigen, was es bedeutet, dass eine Person Vertrauen in sich selbst hat. Ich werde dafür argumentieren, dass Selbstvertrauen als ein Selbstverhältnis zu interpretieren ist, durch das wir überhaupt erst als Akteure konstituiert werden, und ich werde zeigen, dass dieses Selbstverhältnis sich am besten über das Vorliegen von bestimmten Fähigkeiten konzeptualisieren lässt, die Personen erwerben und über die Zeit ausüben müssen, um ihren Status als Akteure aufrecht zu erhalten.

Im *vierten Kapitel* werde ich zunächst die Ergebnisse dieser Diskussion zusammentragen, indem ich zeige, dass Selbstvertrauen insofern eine grundlegende Relation darstellt, als es einen identitätsstiftenden Charakter für Personen hat. Mein weiteres Vorgehen in diesem Kapitel wird es zum Ziel haben, die Ergebnisse dieser Überlegungen auf den für diese Arbeit zentralen Fall von interpersonalem Vertrauen anzuwenden. In diesem Zusammenhang werde ich dafür argumentieren, dass eine Person, die einer anderen Person vertraut, in einem Verhältnis zu ihr steht, das ganz analog zu dem Verhältnis beschaffen ist, in dem wir zu uns selbst stehen, wenn wir als Akteure Selbstvertrauen an den Tag legen. In der Explikation dieser These wird es mir dann zentral darum gehen zu zeigen, inwiefern Vertrauensbeziehungen an das Haben von bestimmten Fähigkeiten geknüpft sind, durch die Personen in die Lage kommen, die Gründe des Vertrauenspartners als die eigenen Gründe zu begreifen. Gleichzeitig wird auch in diesem Kapitel der Ort sein, um den Zusammenhang von Vertrauen und Selbstvertrauen zu thematisieren und auf den reziproken und nicht-instrumentellen Charakter von Vertrauensbeziehungen einzugehen.

In einem resümierenden *fünften Kapitel* werde ich schließlich einige Abgrenzungen vornehmen, die es mir erlauben werden, den von mir vorgeschlagenen Ansatz schärfer zu konturieren. In diesem Zusammenhang werde ich explizieren, wie sich der von mir konstruierte Vertrauensbegriff von den Begriffen der Freundschaft und der Fürsorge unterscheidet, sowie aufzeigen, in welchem Verhältnis er zu den Begriffen der Empathie, der Tugend und der Autonomie steht. Danach werde ich rekapitulieren, welche Vorteile mein Vorschlag gegenüber den gegenwärtig vertretenen Theorien hat und abschließend andeuten, wo der nicht-instrumentelle Wert von Vertrauen zu verorten ist.

Wie angedeutet, werde ich schließlich im *sechsten Kapitel* auf den Einwand eingehen, den jemand formulieren könnte, der davon ausgeht, dass Vertrauen eine zentrale demokratietheoretische Kategorie darstellt. Dieser Einwand lautet, dass es von der Warte meines Beziehungsansatzes unmöglich ist, den Wert von Vertrauen für eine Demokratie zu konzeptualisieren, weil wir nur zu den wenigen Personen in unserem Bekanntenkreis in einer Vertrauensbeziehung stehen können. In diesem Zusammenhang werde ich zunächst den Fall des Vertrauens in politische Entscheidungsträger von dem Fall des Vertrauens von Bürgern untereinander unterscheiden und in beiden Fällen die Frage beantworten, wie man überhaupt auf die Idee kommt, dass die jeweilige Vertrauensform wichtig für die Demokratie sein könnte. In der Folge werde ich zu zeigen versuchen, dass wir in diesen Kontexten keinesfalls auf eine Form von Vertrauen angewiesen sind, wie ich sie im Hauptteil der Arbeit rekonstruiert habe, und dass es im Gegenteil heilsam und dem Funktionieren von Demokratien zuträglich ist, wenn man darauf achtet, politische Prozesse nicht reflexhaft durch die Linse von Vertrauen zu betrachten.

Der Vorschlag, den ich im Rahmen dieser Arbeit entwickeln möchte, sollte auf diese Weise im besten Fall ein nötiges Korrektiv zu der in empirischen Disziplinen, aber auch in der Philosophie weit verbreiteten Auffassung von Vertrauen darstellen, nach der dieses Phänomen lediglich eine Lösung mehr oder weniger komplex gestrickter Kooperationsprobleme darstellt. Vertrauen ist mehr als nur ein Werkzeug, das soziale Interaktion ermöglicht. Es erlaubt uns, in Beziehungen zu Personen zu treten, die eine Nähe stiften, durch die unser Leben überhaupt erst einen Teil seines Wertes erlangt. Das alles bedeutet keinesfalls, dass Personen, die einander vertrauen, nicht auch in viel profanerer Hinsicht von dem speziellen Verhältnis profitieren, in dem sie zueinander stehen. In so einem Verhältnis wird man sich typischerweise auch darauf verlassen können, dass die jeweils andere Person einem nicht schadet, offen für vertrauliche Gespräche ist oder bereitwillig Hilfe an den Tag legen wird, wann immer diese Hilfe erwünscht ist. Aber dieser instrumentelle Nutzen erschöpft nicht den Wert, den Vertrauensbeziehungen für uns haben, indem sie uns eine Nähe und Einheit erlauben, die wir sonst höchstens nur im Verhältnis zu uns selbst vorfinden.

Es war demnach alles andere als bizarr von Kleist, sich ‚unwandelbares Vertrauen' für die Beziehung zu Wilhelmine zu wünschen. Bizarr war allenfalls die Art und Weise, wie er so ein Vertrauen herzustellen versucht hat, und auch in dieser Hinsicht werden meine Ausführungen in den folgenden Kapiteln instruktiv sein, indem sie aufzeigen, was an einer Aufforderung zu vertrauen problematisch ist, wenn sie denn ganz wörtlich gemeint ist. Von Kleist wird allerdings in der Folge nichts mehr handeln, und insofern mag es an dieser Stelle angebracht sein, die Episode, mit der ich diese Einleitung begonnen habe, in der gebotenen Kürze zu einem Ende zu bringen.

Worin auch immer sie bestanden haben, aus den großen Plänen der Würzburger Reise ist nichts geworden, und in der Folge hatte Kleist immer weiter damit zu kämpfen, einen Ort für sich, seine Sprachlust und seine überempfindliche Beobachtungsgabe zu finden. Kaum zurück in Preußen macht er sich weiter auf Reisen, die ihn nach Paris und dann in die Schweiz führen, wo er kurzfristig überlegt, sich ganz der Landwirtschaft zu verschreiben. Noch auf Zwischenstation in Frankfurt heißt es am 29. November 1801 in einem Brief an die Freundin Adolfine von Werdeck beinahe programmatisch: „Ach, das Leben wird immer verwickelter und das Vertrauen immer schwerer." Die inoffizielle Verlobung mit Wilhelmine ist Bestandteil der hier seufzend konstatierten Schwere. Man kann nur ahnen, was sie von Kleists Vorschlag gehalten haben mag, Ehefrau eines Alpenbauers zu werden. Ende 1802 kommt es schließlich zu dem aus heutiger Perspektive nicht gerade überraschenden Bruch. Ein Jahr später verlobt sich Wilhelmine mit dem weitaus zuverlässigeren und bodenständigeren Wilhelm Traugott Krug, den sie 1803 schließlich heiratet. Die beiden werden Eltern von insgesamt sechs Kindern, und zwischendurch schafft es Krug, als Nachfolger von Kant an die Albertus-Universität in Königsberg berufen zu werden. Jahre später sehen sich Wilhelmine und Kleist dort mindestens noch einmal wieder, aber da ist Kleist schon mit anderen Dingen beschäftigt.

Bereits 1802 scheint seine Entwicklung zum Schriftsteller vollzogen, in diesem Jahr entstehen die ersten Versionen der *Familie Schroffenstein*, des *Guiskard* und des *Zerbrochenen Krugs*. In der Beziehung zu Wilhelmine hat Kleist Vertrauen vergeblich gesucht, man kann aber vermuten, dass er wenigstens zeitweilig und immer wieder einen ähnlichen Zustand in anderen Kontexten gefunden hat. Darauf deuten etwa die Überlegungen hin, die er im Rahmen essayistischer Literaturformen entwickelt hat, wie etwa die Auffassung, dass hartnäckige intellektuelle Probleme sich am besten lösen lassen, indem man, gewissermaßen ins kalte Wasser springend, einer anderen Person davon erzählt (in *Über die allmähliche Verfertigung der Gedanken beim Reden*) oder die Idee, dass (tänzerische, wohl aber auch genereller: künstlerische) Grazie von Reflexion sabotiert wird und nur in flüchtigen Zuständen der Selbstvergessenheit wiedererlangt werden kann (in *Über das Marionettentheater*). Davon dass Vertrauen ihn zeit seines Lebens beschäftigt hat, zeugen ganz explizit die Novellen und Stücke, in denen Kleist uns immer wieder mit Situationen konfrontiert, in denen einzelne Protagonisten etwas nicht wissen, ihnen etwas verheimlicht wird, sie auf eine andere Weise mit existentiellen Unsicherheiten konfrontiert sind oder von heftigen Gefühlsregungen zu Handlungen verleitet werden, die sie nicht weiter rechtfertigen können. Es ist hier, in der nicht ganz dieser Welt angehörenden Sphäre der literarischen Produktion, dass Kleists Vorstellungen von unbegrenztem Vertrauen und unwandelbarer Einigkeit wenigstens andeutungsweise real geworden sind.[1]

---

[1] Zu der Vertrauensthematik in Kleists schriftstellerischem Schaffen vgl. etwa Fleig 2008, Nowoitnick 2012 oder Weirauch 2012. Alle Zitate folgen der von Helmut Sembdner herausgegebenen Ausgabe und finden sich in Kleist 1993, S. 542, 502f., 523ff., 563f. und 703; alle Herv. im Orig. Für einen gerade im Hinblick auf das 19. Jahrhundert hervorragenden Einblick in die Begriffsgeschichte von Vertrauen vgl. Frevert 2013, insbes. Kap. 3 und 4.

Im Verlaufe dieser Einleitung habe ich, einer aus feministischer Perspektive problematischen Tradition der Literaturwissenschaft folgend, von Kleist und Wilhelmine gesprochen, so als ob Letztere es nicht verdienen würde, mit mehr als nur dem Vornamen bezeichnet zu werden. Immer wieder von ‚Zenge' oder (kaum besser) von ‚der Zenge' zu reden, hätte den Text sperriger gemacht als er ist, aber ich möchte an dieser Stelle zumindest andeuten, dass mir die mit meiner Entscheidung verbundene Problematik bewusst ist.

Es ist mir ebenfalls ein Anliegen zu betonen, dass das generische Maskulinum, das ich in diesem Buch verwende, lediglich aus Gründen der Lesbarkeit gewählt wird und in dieser Hinsicht einen notdürftigen Kompromiss darstellt; ich versuche die Dinge dadurch etwas besser zu machen, dass ich hier und da ein generisches Femininum einstreue und auf eine gendergerechte Beschreibung von Beispielen achte.

Kapitel 1
Vertrauen in der Philosophie

Sollte an der Skizze von Vertrauen, die ich einleitend gezeichnet habe, etwas dran sein, dann handelt es dabei um ein im höchsten Maße persönliches Phänomen, das die ganze Identität der vertrauenden Person betrifft und zum Teil tiefgehende Konsequenzen für die Weise hat, wie sie sich bezüglich einer anderen Person verortet: Zu vertrauen bedeutet zentral, in einer temporal stabilen Beziehung zu einer anderen Person zu stehen, die durch Nähe, Gewissheit und wechselseitiges interesseloses Wohlwollen charakterisiert ist. Ein Ziel der vorliegenden Arbeit besteht darin, dafür zu argumentieren, dass es sich tatsächlich so verhält, und zu explizieren, was mit diesen zugegebenermaßen noch recht dunklen Bestimmungen genau gemeint ist. Von Vertrauen lässt sich aber auch noch ein anderes Bild zeichnen, ein Bild, das etwas weniger aufgeladen und gleichzeitig, zumindest auf den ersten Blick, nicht weniger plausibel und zudem sehr verbreitet ist.

Gemäß diesem Bild spielt Vertrauen in unserem Alltag eine unverzichtbare Rolle, weil es uns im Verhältnis zu anderen Personen eine ganze Reihe von Interaktionen ermöglicht, für welche uns die ansonsten notwendige Grundlage des gesicherten Wissens fehlt. Wir vertrauen unseren Ärzten, weil wir nicht über genügend medizinisches Wissen verfügen, um uns selbst zu heilen; wir vertrauen unseren Politikern, weil wir uns nicht über alle Einzelheiten der komplexen Probleme informieren können, mit denen demokratische Staaten konfrontiert sind; wir vertrauen dem Gemüsehändler an der Ecke und der Lehrerin, die unsere Kinder unterrichtet, weil wir nicht in der Lage sind, die Art und Weise, wie sie ihren Berufen nachgehen, jederzeit zu kontrollieren. Schließlich stellt Vertrauen aber eben auch ein zentrales Element von interpersonalen Nahbeziehungen dar, in denen vorausgesetzt wird, dass sich die jeweiligen Partner so oder anders verhalten können, ohne dass wir dieses Verhalten voraussehen und unsere eigenen Handlungen darauf abstimmen könnten.

‚Ich vertraue darauf, dass Du mir beim Umzug helfen wirst.' Weiß die Person, die einen solchen Satz äußert, dass ihr Freund auch tatsächlich zum verabredeten Umzugstermin auftauchen wird? Es mag Situationen geben, in denen sie es tatsächlich weiß – Situationen, die im weiteren Verlauf dieser Arbeit genauer betrachtet werden –, in der Regel kann aber nicht davon ausgegangen werden, dass hier Wissen oder eine wie auch immer beschaffene gesicherte Erkenntnis vorliegt. Dennoch sind wir in solchen Situationen nicht dazu verdammt, in der skeptischen Position des Zweifels zu verharren oder bei bloßen Vermutungen stehen zu bleiben. Typischerweise sind wir allerdings auch nicht gezwungen, kostenintensive Maßnahmen zu ergreifen, um ein entsprechendes Wissen zu generieren – etwa indem wir unsere Freunde für die Hilfe beim Umzug fürstlich zu entlohnen versprechen oder sie gar mit vorgehaltener Pistole zwingen, uns zu helfen.

Das alles ist in der Regel nicht notwendig. Wie selbstverständlich organisieren wir unsere Umzüge, bereiten uns auf Treffen mit Arbeitskollegen vor und gehen davon aus, dass uns in zahlreichen Kontexten geholfen wird, eben weil wir anderen Personen vertrauen. Würde uns dieser Weg nicht offen stehen – wären wir Wesen, die zu vertrauen nicht in der Lage sind –, würde unser Leben eine Mühsal darstellen, von der nicht klar ist, ob sie unter der Annahme, dass wir endliche Wesen sind, überhaupt zu bewältigen ist. Kurz: Vertrauen stellt ein zentrales Element unseres sozialen Lebens dar, und zwar sowohl in Situationen, in denen sehr viel auf dem Spiel steht, auf den ersten Blick aber auch in relativ banalen Interaktionen, in denen wir es vorziehen, auf die Kontrolle und Überwachung anderer Personen zu verzichten. Betrachtet man Vertrauen aus diesem Blickwinkel, dann scheint es sich dabei um ein Phänomen zu handeln, das weniger exklusiv ist, als meine einleitende Skizze vermuten lassen würde, gleichzeitig aber – wenn auch auf andere Weise – eine spezielle Bedeutung für uns hat: Es ist im Hinblick auf eine ganze Reihe von Zielen, die Personen sich setzen können, *instrumentell wertvoll*, und für eine ganze Reihe von Zwecken lässt sich sogar plausibel die etwas stärkere These vertreten, dass wir sie ohne Vertrauen realistischerweise gar nicht realisieren könnten.

1.1 Die philosophische Perspektive auf Vertrauen

Vor diesem Hintergrund mag es verwundern, dass dem Phänomen des Vertrauens von der Warte der praktischen Philosophie recht wenig Aufmerksamkeit zugekommen ist. Aus einer philosophiehistorischen Perspektive betrachtet, begegnet man Vertrauen eher in der Rolle eines unscheinbaren Statisten im Schatten wichtiger Thesen und Theorien, denn als einem Begriff, der eigenständiger philosophischer Diskussion würdig ist und als solcher explizit zum Thema philosophischen Nachdenkens gemacht wird. Die Theorie der Freundschaft bei Aristoteles enthält etwa Elemente, die in einigen Zügen auf die moderne Vertrauensdiskussion vorausweisen;[1] in den staatstheoretischen Überlegungen von Hobbes lassen sich Aspekte ausmachen, die ein relativ krudes Verständnis des Vertrauens nahelegen,

---

[1] Vgl. Veltman 2014; vgl. auch meine Diskussion in Abschn. 5.1.1 und 5.1.4.

das einzelne Staatsbürger einander, aber auch dem Souverän gegenüber aufzubringen haben;² die Diskussion der sozialen Einrichtung des Versprechens bei Hume verweist auf Vertrauensprobleme, die erst Jahrhunderte später eine philosophische Würdigung im eigentlichen Sinne erfahren haben.³

Dass diese Beispiele aus einem im weitesten Sinne empirisch orientierten Dunstkreis stammen, ist sicher kein Zufall, genauso wenig wie es eine bloße Laune der Philosophiegeschichte darstellt, dass die moderne Debatte um den Begriff des Vertrauens von Annette Baier, einer Hume-Expertin, angestoßen wurde.⁴ Betrachtet man Vertrauen als ein Phänomen, das in einem noch zu klärenden Sinne normativ leer ist, im Wesentlichen einen emotionalen Charakter trägt und einen lediglich deskriptiven Zugang erlaubt, dann bieten sich eben philosophische Projekte wie das einer ‚science of man' an, wenn es darum geht, Vertrauen und die damit verwandten Phänomene in den Fokus zu rücken. Auf ähnliche Weise deutet das Interesse, das Vertrauen von Seiten empirischer Wissenschaften wie der Soziologie,⁵ der Psychologie⁶ oder der Politikwissenschaft⁷ zugekommen ist, lange bevor die Philosophie den entsprechenden Begriff für sich entdeckt hat, darauf hin, dass Vertrauen als ein wichtiges Phänomen betrachtet wurde, das aber für sich genommen keiner eigenen philosophisches Aufmerksamkeit bedarf.

Im Gegensatz zu einer solchen Perspektive auf Vertrauen werde ich im Rahmen dieser Arbeit von der Annahme ausgehen, dass es eine genuin philosophische Weise gibt, auf den Vertrauensbegriff zu reflektieren. In diesem Sinne bin ich also der Auffassung, dass Vertrauen einen eigenen Ort in der systematischen Landschaft der Philosophie hat, von dem aus ein spezielles Licht auf dieses wichtige und weit verbreitete Phänomen geworfen werden kann. Was heißt das aber? Auf welche Weise kann die Philosophie neue Facetten des Vertrauensphänomens beleuchten? Und inwiefern stellt Vertrauen überhaupt einen für die Philosophie interessanten Begriff dar? An dieser Stelle ist zunächst festzuhalten, dass die begriffsklärende Arbeit von Philosophen im Zusammenhang mit Vertrauen eine ähnlich wichtige Rolle spielen kann, wie sie es schon im Kontext anderer Begriffe, die im Fokus empirischer Wissenschaften standen – etwa dem Begriff des ‚Selbst' oder dem Begriff der Willensfreiheit –, getan hat. Was soll man sich unter dieser begriffsklärenden Rolle vorstellen? Anstatt in eine vorausset-

---

2 Vgl. Baumgold 2013.
3 Vgl. Baier 1979.
4 Vgl. den entscheidenden Impuls für die moderne Debatte in Baier 1986.
5 Vgl. etwa Luhmann 1973 oder Barber 1983.
6 Vgl. etwa Erikson 1950.
7 Vgl. etwa Putnam 1993 und 2000 oder Fukuyama 1996.

zungsreiche metaphilosophische Diskussion darüber einzusteigen, was Begriffe sind und wie Philosophen solche Begriffe analysieren, möchte an dieser Stelle zur Kontrastierung ein einfaches Beispiel für die empirische Beschäftigung mit Vertrauen in den Blick nehmen.

Es handelt sich dabei um die Studie des *Pew Research Centre*, die im Vorfeld der US-Präsidentschaftswahl von 2016 durchgeführt wurde und das Ziel hatte, die Sicht der US-Bevölkerung auf ihre Regierung zu untersuchen. Die Befunde der Untersuchung stimmen bedenklich: Das Vertrauen der Bevölkerung in die US-Regierung sei seit 1958, als noch 73 Prozent der Menschen in den USA Vertrauen in die Regierung hatten, kontinuierlich gesunken und habe im Jahre 2015 ein Rekordtief erreicht: Nur noch 19 Prozent der US-Bevölkerung geben in der Studie an, ihrer Regierung zu vertrauen.[8] Auf der Grundlage von Befunden solcher Art werden sehr bereitwillig Analysen unterschiedlichster politischer Entwicklungen durchgeführt. In den Augen mancher Kommentatoren hat das von der Studie festgestellte Misstrauen der US-Bürger gegenüber Regierungsmitgliedern und anderen Vertretern des politischen ‚Establishments' etwa das Wiedererstarken der politischen Rechten in den Vereinigten Staaten befördert und den Sieg von Donald Trump bei den Präsidentschaftswahlen 2016 ermöglicht.[9]

An dieser Stelle lässt sich allerdings kritisch nachfragen, wie die hinter der Studie stehenden Politologen denn genau die Frage nach Vertrauen formulieren. In dem vorliegenden Fall lautet der für unsere Zwecke relevante Wortlaut der Befragung folgendermaßen: „How much of the time do you think you can trust the government in Washington to do what is right?" (Pew Research Centre 2015, S. 149). Weitere Erläuterungen werden nicht gegeben, es scheint also dass die Autoren dieser Studie einfach davon ausgehen, dass die Studienteilnehmer über ein angemessenes Verständnis des Vertrauensprädikats verfügen. Darüber hinaus wird vorausgesetzt, dass es sich dabei um ein *einheitliches* Verständnis handelt. Es ist aber alles andere als klar, ob solche Voraussetzungen tatsächlich gegeben sind.

Wie würde man etwa im Alltag die Aussage verstehen, man vertraue darauf, dass die US-Regierung das Richtige tun wird? In der Regel würden wir sagen, dass das eine Frage davon ist, ob man *der Auffassung ist* oder *glaubt*, dass die US-Regierung das Richtige tun wird. Leistet die Bezugnahme auf Vertrauen also nichts, was über eine Bezugnahme auf Überzeugungen hinausgehen würde? Könnte der Befund der Studie auch ‚US-Bürger glauben nicht mehr, dass ihre Regierung das Richtige tun wird' lauten? Und wie sollte man in so einem Fall

---

[8] Vgl. Pew Research Centre 2015, S. 18 ff.
[9] Vgl. etwa Tyson 2017 für einen von zahlreichen Beiträgen dieser Art.

die oben zitierte Konstruktion der Frage verstehen, ob man *denke*, dass man der Regierung vertrauen kann? Etwa im Sinne von Personen, die denken, dass sich von der Regierung denken lässt, dass sie das Richtige tun wird? Eine solche hierarchische Struktur von Überzeugungen scheint in Verbindung mit Vertrauen nicht besonders viel Sinn zu machen. Oder ist Vertrauen vielmehr mit dem ‚think' in der zitierten Frage zu identifizieren, während die Bezugnahme auf ‚trust' für etwas ganz Anderes steht? Fragen dieser Art zu stellen, ist keinesfalls ein Ausdruck von intellektueller Spitzfindigkeit. Wir verwenden den Vertrauensbegriff im Alltag zwar auf eine recht mühelose Weise, aber bei genauerem Hinsehen lassen sich in diesen Verwendungsweisen zumindest potentielle Probleme ausmachen, mit denen Philosophen besonders gut umgehen können.

Zu den zentralen Schwierigkeiten in diesem Zusammenhang gehört die Frage, ob wir uns bei der Verwendungsweise des *Wortes* ‚Vertrauen' im Zusammenhang mit Regierungen oder politischen Repräsentanten im Allgemeinen auch tatsächlich immer auf *den Begriff* des Vertrauens beziehen. Wenn ich etwa davon ausgehe, dass ein bestimmter Regierungsvertreter sich auf eine bestimmte Weise verhalten wird – z. B. keine Bestechungsgelder annehmen wird –, dies aber nur deshalb tut, weil mit Blick auf diese Art von Fehlverhalten Kontroll- und Sanktionsmechanismen eingeführt wurden, die es aus seiner Perspektive irrational erscheinen lassen, sich der Korruption schuldig zu machen, dann lässt sich dafür argumentieren, dass ich so einem Regierungsvertreter nicht im eigentlichen Sinne vertraue, sondern mich *lediglich darauf verlasse*, dass er etwas tun oder lassen wird.[10] Zwar habe ich in so einer Situation keinen Anlass, diesem Regierungsvertreter zu misstrauen, aber der Grund dafür hat unter Umständen nur sehr wenig damit zu tun, dass ich ihm vertraue, denn er lässt sich letztlich auf die Furcht des Regierungsvertreters zurückführen, erwischt und für sein Fehlverhalten bestraft zu werden. In so einer Situation könnte ich, ohne mich in einen Widerspruch zu verfangen, davon ausgehen, dass der Regierungsvertreter ein betrügerischer Zeitgenosse ist, der keine Hemmungen hätte, andere Menschen über den Tisch zu ziehen, und gleichzeitig der Auffassung sein, dass er höchstwahrscheinlich keine betrügerischen Handlungen ausführen wird. Es fällt schwer, in so einem Kontext von Vertrauen zu reden, weil wir intuitiv davon ausgehen, dass Vertrauen nicht auf Dispositionen wie Furcht begründet sein kann.

Personen nicht zu misstrauen, heisst also noch nicht, dass man ihnen vertraut, und Vertrauen ist nicht dasselbe wie sich darauf zu verlassen, dass andere Personen etwas tun oder unterlassen werden. Diese beiden Thesen werden im weiteren Verlauf des Buches noch ausführlich zur Sprache kommen. An die-

---

10 Vgl. dazu meine Argumentation in Abschn. 6.1.

ser Stelle soll das Beispiel lediglich illustrieren, auf welche Weise die philosophische Reflexion auf den Begriff des Vertrauens zu der Disambiguierung von sprachlichen Mehrdeutigkeiten führen kann, die sich in der alltäglichen Verwendungsweise des Wortes ‚Vertrauen' festgesetzt haben und unbemerkt ihren Einzug in empirische Untersuchungen finden. Die Studie des *Pew Research Centre* mag hierfür nur ein extremes Beispiel sein;[11] der generelle Punkt, auf den ich aufmerksam machen möchte, ist allerdings, dass empirische Untersuchungen von Vertrauen – seien sie soziologischer, politikwissenschaftlicher, psychologischer, ökonomischer oder neurowissenschaftlicher Art – von einem bestimmten Verständnis davon ausgehen müssen, was ihr Untersuchungsgegenstand ist. Es soll nicht in Abrede gestellt werden, dass eine Reflexion auf dieses Verständnis in einzelnen empirischen bzw. generell nicht-philosophischen Untersuchungen tatsächlich stattfindet; der Punkt ist lediglich, dass ein Wissenschaftler, der sich auf diese Weise mit dem Gegenstand seiner Untersuchung beschäftigt, im Grunde philosophische Arbeit betreibt, eine Arbeit, bei der er von den Einsichten der Experten für Begriffsklärung – eben Philosophen – durchaus profitieren kann.[12]

Wie angedeutet, gilt das auch für die alltägliche Verwendungsweise des Vertrauensvokabulars, bei der ebenfalls nicht vorausgesetzt werden kann, dass kompetente Sprecher des Deutschen, des Französischen oder des Englischen auf angemessene Weise den *Begriff* des Vertrauens verwenden, wenn sie Sätze formulieren, die die Wörter ‚Vertrauen', ‚confiance' oder ‚trust' bzw. ihre entsprechenden Verbformen enthalten. Die Tatsache, dass wir mit dem Vokabular des Vertrauens umgehen können, deutet zwar darauf hin, dass wir auf eine bestimmte Weise über den Begriff des Vertrauens verfügen, das alleine garantiert aber noch nicht, dass die begrifflichen Implikationen, die in unseren Bezugnahmen auf Vertrauen enthalten sind, keinerlei Widersprüche enthalten. In diesem Sinne soll es in dieser Arbeit nicht so sehr darum gehen, von der Warte der Philosophie den alltäglichen Gebrauch des Wortes ‚Vertrauen' zu kritisieren oder gar eine Sprachreform anzumahnen, sondern zunächst darum, so genau wie möglich herauszuarbeiten, wo genau die begrifflichen Grenzen zwischen Vertrauen

---

11 Für ein weiteres Beispiel vgl. etwa Uslaner 1998 und 1999, wo im Anschluss an Putnams einflussreiche Arbeiten zum Begriff des sozialen Kapitals der Versuch unternommen wird, Korrelationen zwischen Vertrauensverlust und einer Abnahme des sozialen Kapitals in der US-Gesellschaft festzustellen. Uslaners Version einer mehrdeutigen Vertrauensfrage lautet: „Do you believe that most people can be trusted or can't you be too careful in dealing with people?" (Uslaner 1999, S. 126–127.) Für Putnams Ansatz vgl. Putnam 2000, Kap. 2–9, vor allem Kap. 8.
12 Vgl. etwa Hosking 2014 für das Beispiel eines Historikers, der in seinen Ausführungen über Vertrauen stellenweise vorzügliche philosophische Arbeit leistet.

und verwandten Begriffen, die mit dem Vertrauensbegriff leicht verwechselt werden können, verlaufen.

Damit ist die *erste* normative Dimension des Vertrauensbegriffs angesprochen, die diesen Begriff interessant für eine philosophische Beschäftigung macht: Es gibt Bedingungen, die ein Phänomen zu erfüllen hat, um unter den Begriff des Vertrauens zu fallen, und die Tatsache, dass wir uns im Alltag mit dem Vokabular des Vertrauens auf bestimmte soziale Sachverhalte beziehen, ist weder notwendig noch hinreichend dafür, dass es sich dabei auch tatsächlich um Vertrauen handelt. Die Frage: ‚Was ist Vertrauen?' – verstanden als eine Frage nach Kriterien der Begriffszugehörigkeit – stellt somit eine genuin philosophische Herausforderung dar, der mit dem Instrumentarium der klassischen Begriffsanalyse begegnet werden kann. Das methodische Vorgehen, das hierbei zum Einsatz kommt, beinhaltet die Konstruktion von kontrafaktischen Szenarien und das Testen von begrifflichen Intuitionen. Es hat zum Ziel, eine systematische Ordnung in unser begriffliches Repertoire zu bringen, um auf diese Weise die Inkonsistenzen, die sich an der Oberfläche unserer Alltagssprache ergeben, zu beseitigen.

An dieser Stelle ist allerdings zu bedenken, dass nicht alle Begriffe, die einer philosophischen Schärfung zugänglich sind, auch tatsächlich einen interessanten Gegenstand für die Philosophie darstellen. Der Begriff des Junggesellen ist etwa ein Begriff, der sich zwar unter Zuhilfenahme der skizzierten Methode genau definieren lässt, allerdings stellt er jenseits von philosophischen Trockenübungen für Studienanfänger keinen philosophisch interessanten Begriff dar. Auf ähnliche Weise kann man sich zwar im Rahmen philosophischer Theorien Gedanken über die Begriffe der Uhr oder des Schiffs machen, aber es sind nicht im eigentlichen Sinne Uhren oder Schiffe, an denen Philosophen interessiert sind, sondern etwa die Analyse der Identitätsbedingungen von Artefakten. Für den Vertrauensbegriff gilt dies nicht. Im Gegensatz zu dem Begriff des Junggesellen oder des Schiffes ist der Begriff des Vertrauens *für sich genommen* philosophisch interessant, und das hat drei Gründe, die neben der gerade angesprochenen Dimension auf drei weitere normative Dimensionen des Vertrauensbegriffs verweisen.

Den *zweiten* der im weitesten Sinne normativen Aspekte, die sich mit dem Vertrauensbegriff verbinden, stellt die Tatsache dar, dass Vertrauen in engen konzeptuellen Verbindungen zu vielen wichtigen Begriffen steht, die traditionell Gegenstand der Philosophie gewesen sind und die ihrerseits zumindest eine normative Facette haben. Es lässt sich beispielsweise dafür argumentieren, dass Vertrauen eine notwendige Bedingung für Liebes- und Freundschaftsverhältnisse darstellt: Von zwei Personen, die von sich gleichzeitig behaupten, dass sie miteinander befreundet sind, aber einander nicht vertrauen oder einander sogar misstrauen, würden wir urteilen, dass sie die Begriffe der Freundschaft oder des Vertrauens nicht angemessen verstehen. Gleichzeitig scheint eine Analyse des Freundschaftsbegriffs, die dabei stehenbleibt, Vertrauen als notwendige Bedingung auszumachen, zu kurz zu greifen. So kann etwa eingewendet werden, dass ich einem Freund in einer bestimmten Hinsicht misstrauen kann – etwa wenn es um medizinische Ratschläge geht –, ohne dass dies inkompatibel mit der Tatsache ist, dass wir miteinander befreundet sind. An dieser Stelle kann wiederum entgegnet werden, dass ein solcher Fall keinesfalls auf eine Abwesenheit von Vertrauen hindeutet, sondern eher auf einen Mangel an Verlässlichkeit, der in der vermuteten medizinischen Inkompetenz des Freundes begründet ist. Dies erlaubt wiederum Rückschlüsse auf den Begriff des Vertrauens selbst und erhellt die Weise, auf die dieser Begriff zentral für Freundschaft ist.

Wie genau solche begrifflichen Zusammenhänge beschaffen sind, soll im weiteren Verlauf dieser Arbeit noch deutlicher werden.[13] Für den vorliegenden Zusammenhang sollen diese tentativen Bemerkungen lediglich darauf aufmerksam machen, dass wir bei der philosophischen Beschäftigung mit Vertrauen nicht lediglich auf begriffliche Intuitionen angewiesen sind, die direkt mit dem Begriff des Vertrauens zu tun haben, sondern eben auch auf Intuitionen, die die begrifflichen Zusammenhänge betreffen, die zwischen Vertrauen und anderen Phänomenen – Phänomenen, die zum Teil schon Gegenstand von ausführlichen philosophischen Debatten gewesen sind – bestehen. Als methodisches Vorgehen für den philosophischen Umgang mit Vertrauen empfiehlt sich demzufolge nicht nur eine Herangehensweise, die von einzelnen Intuitionen über Vertrauen ausgeht, sondern auch eine, die das begriffliche Netzwerk in den Blick nimmt, in dem Vertrauen seinen Platz hat, um mit den Mitteln der analytischen Begriffsklärung die Verbindungslinien dieses Netzwerks schärfer zu konturieren. Es ist hierbei nicht zu erwarten, dass so eine Analyse einen fixen Standpunkt – etwa im Sinne eines Fundamentalbegriffs, auf dem der Begriff des Vertrauens und die damit zusammenhängenden Begriffe basieren – haben wird; vielmehr ist davon auszugehen, dass es nötig sein wird, die relevanten Begriffe in einem wechselseitigen Anpassungsprozess zu präzisieren, bis eine Art reflexives Gleichgewicht erreicht wird.[14]

Neben dem Freundschaftsbegriff gehören selbstverständlich noch eine Reihe weiterer Begriffe zu dem konzeptuellen Netzwerk, in das auch Vertrauen eingewo-

---

13 Das gilt vor allem für meine Ausführungen in Kap. 4, in dem ich mein Verständnis von Vertrauen anhand des Beispiels einer Freundschaftsbeziehung entwickle; vgl. auch Abschn. 5.1, in dem ich Vertrauen im Kontext verwandter Begriffe diskutiere.
14 Zum Begriff des reflexiven Gleichgewichts vgl. etwa DePaul 1987 oder Brun 2017. Mein Vorgehen im dritten und vierten Kapitel dieser Arbeit, in denen ich den Begriff des Vertrauens mit den Begriffen des Akteurs bzw. der Identität in Beziehung setze, kann als Exemplifizierung einer solchen methodischen Herangehensweise verstanden werden.

ben ist – naheliegender Weise etwa die Begriffe der Vertrauenswürdigkeit, der Kooperation, des Versprechens oder des Testimonialwissens, wie sich zeigen wird aber auch die Begriffe der Identität, der interpersonalen Beziehung oder der Autonomie. Angesichts dieser Vielschichtigkeit der begrifflichen Berührungspunkte wäre es naiv, für den Rahmen der vorliegenden Arbeit ein reflexives Gleichgewicht von der Art, wie es im letzten Absatz angedeutet wurde, anzukündigen. Etwas anderes ist es allerdings, ein solches Gleichgewicht anzustreben, weil daraus zumindest der methodische Anspruch entsteht, den Begriff des Vertrauens nicht isoliert zu betrachten und auf die wechselseitigen Abhängigkeiten zu mit Vertrauen verwandten Begriffen einzugehen. In diesem Sinne wird es mir im Folgenden nicht darum gehen, eine erschöpfende Rekonstruktion der begrifflichen Verbindungen zwischen Vertrauen und anderen Phänomenen vorzulegen, aber ich werde an den zentralen Stellen meiner Argumentation auf solche Abhängigkeitsverhältnisse Bezug nehmen.

Der *dritte* Grund, weshalb Vertrauen ein philosophisch interessantes Phänomen darstellt, hängt in gewisser Weise mit dem soeben thematisierten Grund zusammen: Es leuchtet unmittelbar ein, dass Vertrauen wertvoll oder zumindest ein weitestgehend wertgeschätztes Phänomen ist. Das liegt daran, dass das Vertrauen, das wir in andere Personen setzen, uns, wie eingangs angedeutet, Handlungsoptionen eröffnet, für die ansonsten unter Umständen ein so großer Zeit- und Energieaufwand nötig wäre, dass wir diese Handlungen gar nicht ausführen könnten. Um nur ein Beispiel von vielen möglichen zu nennen: Wenn die Mitglieder der wissenschaftlichen Gemeinschaft nicht darauf vertrauen könnten, dass die Ergebnisse der jeweils anderen Forschenden nach bestem Wissen und Gewissen zustande gekommen sind, ließen sich kaum neue Projekte auf den Weg bringen und verfolgen, weil alle wissenschaftlichen Disziplinen inzwischen einen Grad an Komplexität und Spezialisierung erreicht haben, der es Einzelnen unmöglich macht, alle relevanten Forschungsergebnisse einer eigenen Überprüfung zu unterziehen. Zumindest in einem bestimmten Ausmaß müssen Wissenschaftler einander vertrauen, um ihrer Arbeit nachgehen zu können.[15]

In anderen Fällen stünden uns zwar Alternativen zu einem auf Vertrauen basierenden Handeln zur Verfügung, allerdings würden diese Alternativen mit massiven Kosten einhergehen: Als alleinerziehende Mutter könnte ich zwar darauf verzichten, den Bekannten, die mir bei der Kinderbetreuung helfen wollen, zu vertrauen und selber auf mein Kind aufpassen. Dies würde aber unter Umständen bedeuten, dass mir keine Zeit mehr für andere wichtige Projekte übrig

---

[15] Vgl. zu diesem speziellen Fall die frühe Position in Hardwig 1991 oder zuletzt Oreskes 2019.

bliebe – dass ich etwa mein Studium nicht beenden könnte, meine berufliche Karriere auf Eis legen oder mein Sozialleben massiv einschränken müsste. Dass ich einer anderen Person in so einer Situation mein Kind anvertrauen kann, bedeutet zwar noch nicht, dass ich es auch wirklich tun sollte, aber es erweitert meinen Handlungsspielraum um wichtige Optionen.

Schließlich sind Situationen denkbar, in denen es weder unmöglich noch besonders anstrengend wäre, ein bestimmtes Ziel zu erreichen, in denen es aber höchst praktisch und angenehm ist, Vertrauen in andere Personen zu setzen. So kann ich etwa während einer Zugreise mein Gepäck der Aufsicht eines Mitreisenden anvertrauen, um mir eine Flasche Wasser im Bordbistro zu kaufen, ohne dabei meinen Rucksack mit mir durch die Gänge tragen zu müssen. Auf ähnliche Weise kann ich einen Fremden nach dem Weg zum Bahnhof oder nach der Uhrzeit fragen oder mich ganz allgemein darauf verlassen, dass mir unbekannte Menschen in der Regel die Wahrheit sagen werden. In solchen Fällen hilft uns Vertrauen zwar nicht dabei, besonders wichtige Projekte zu realisieren, aber es macht uns in kleinem Rahmen das Leben einfach etwas leichter. Würden wir ohne solche Akte des Vertrauens im Alltag nicht leben können? Das zu behaupten, wäre sicher übertrieben. Aber akkumuliert sollte ihr Effekt im Hinblick auf die Qualität des Lebens, das wir jeweils führen, durchaus ins Gewicht fallen.

All diesen Fällen ist gemeinsam, dass das Vertrauen, das in ihnen an den Tag gelegt wird, einen instrumentellen Wert hat: Es hilft uns, Dinge zu erreichen und Güter zu realisieren, die ihrerseits wertvoll sind, sei es die gemeinsame Beförderung der wissenschaftlichen Erkenntnis, das Vereinbaren von Mutterschaft und Karriere oder die Abwesenheit besonderer Anstrengungen während einer Zugreise. Während der instrumentelle Wert von Vertrauen auf diese Weise besonders augenfällig ist, lässt sich von philosophischer Warte aber die Frage stellen, ob es *nur* einen instrumentellen Wert hat oder ob es auch als um seiner selbst willen wertvoll betrachtet werden kann: Würden wir etwas vermissen, wenn wir niemandem vertrauen könnten, aber genug Ressourcen hätten, um uns in den oben skizzierten Szenarien anderweitig behelfen zu können?

Es ist nicht unplausibel, dass die Antwort auf diese Frage positiv ausfallen muss. Wenn dem so wäre, dann würde das bedeuten, dass wir auch jenseits von prudentiellen Überlegungen einen Grund haben, Vertrauen in andere Personen zu setzen. Weitaus schwieriger ist allerdings die Folgefrage zu beantworten, worin denn genau der finale oder nicht-instrumentelle Wert von Vertrauen besteht, der es angebracht erscheinen lässt, anderen Personen zu vertrauen, auch wenn uns keine Vorteile daraus erwachsen. Die Frage nach dem nicht-instrumentellen Wert von Vertrauen stellt auf diese Weise einen weiteren normativen Kontext dar, in dem der Philosophie Aufgaben zukommen, die nur sie zu bewältigen in der Lage ist. Ich werde im Rahmen der vorliegenden Arbeit nicht im strengen Sinne einen Nachweis des nicht-instrumentellen Wert von Vertrauen führen können. Das ist unter anderem auch in der generellen Schwierigkeit begründet, auf sinnvolle Weise über nicht-instrumentelle Werte zu reden.[16] Ich bin aber davon überzeugt, dass Vertrauen so einen nicht-instrumentellen Wert hat, und ich glaube, dass meine Analyse von Vertrauen als einer Beziehungsform uns zumindest einen ersten guten Anhaltspunkt gibt, diesen Wert zu verstehen.[17]

Der *vierte* normative Kontext, in dem sich eine philosophisch interessante Frage nach Vertrauen situieren lässt, betrifft schließlich die Dimension der Gründe für Vertrauen. Dass es Gründe für Vertrauen gibt, hat nicht nur mit der soeben angesprochenen Tatsache zu tun, dass Vertrauen in vielen Situationen instrumentell wertvoll ist, so dass schon daraus, dass es nützlich wäre, einer Person zu vertrauen, zumindest *pro tanto* Gründe erwachsen, dies auch tatsächlich zu tun. Zentral ist hier die Idee, dass Vertrauen nicht nur einen subjektiven psychologischen Zustand von Personen darstellt, der, wie etwa Schmerz, passiv registriert und auf kausale Ursachen untersucht werden kann, sondern dass es möglich ist, Personen rational dafür zu kritisieren, dass sie in bestimmten Situationen Vertrauen an den Tag legen oder aber in einer misstrauenden Haltung verharren. Es scheint also in dem Sinne Gründe für Vertrauen zu geben, dass Vertrauen in spezifischen Situationen mehr oder weniger angemessen oder gerechtfertigt sein kann.

Dass die Frage nach Gründen für Vertrauen nicht nur systematisch interessant ist, sondern eine besondere Relevanz für unseren sozialen Alltag hat, sieht man daran, dass Situationen, in denen wir anderen Personen vertrauen, oft mit Unsicherheiten verbunden sind, die Vertrauen zu einem gefährlichen Unterfangen machen – nicht nur für uns selbst, sondern nicht selten auch für Personen und Dinge, die uns besonders am Herzen liegen. Wenn ich im Zug mein Gepäck aus den Augen lasse, einem Freund eine beruflich heikle Information anvertraue oder mein Kind in die Obhut von Kita-Mitarbeitern gebe, dann verbinden sich mit diesen vertrauenden Handlungen für mich zwar Vorteile der oben angesprochenen Art, aber man könnte auch sagen, dass ich damit bestimmte Güter aufs Spiel setze: Mein Gepäck kann geklaut werden, das anvertraute Geheimnis kann ausgeplaudert werden, so dass meine berufliche Stellung gefährdet wird, und wer weiß, was in der Kita mit meinem Kind gemacht wird? Diese Unwägbarkeiten sind nun keineswegs ein kontingentes Merkmal von Vertrauen, das diesem Phänomen in bestimmten Kontexten zukommt. Es scheint nicht unplausibel, dass Vertrauen – in mehr oder weniger großem Ausmaß – immer damit verbunden ist,

---
[16] Vgl. hierzu exemplarisch Kupperman 2005.
[17] Vgl. dazu vor allem meine resümierenden Ausführungen in Abschn. 5.3.

dass Personen, die anderen Personen vertrauen, sich diesen Personen gegenüber auf eine spezifische Weise verletzlich machen und in dieser oder jener Hinsicht einer nicht erwarteten aber eben doch nicht auszuschließenden Gefahr aussetzen.

Diese Tatsache erklärt, warum wir andere Menschen, insbesondere solche, die uns nahestehen und deren Wohlergehen uns am Herzen liegt, davor warnen, anderen Personen blind zu vertrauen oder sie retrospektiv für so ein blindes Vertrauen schelten. Die Tatsache, dass es den Vorwurf des blinden Vertrauens gibt, lässt sich dahingehend interpretieren, dass wir auch im Alltag schon von der Annahme ausgehen, dass Vertrauen je nach Situation mehr oder weniger angemessen sein kann, so dass von der Frage nach einer Explikation dieses Unterschieds ziemlich viel für unseren Umgang mit anderen Personen abhängen dürfte. Will man diesen Unterschied bestimmen, muss man die Frage stellen, wann eine Person Grund hat, einer anderen Person zu vertrauen. Die einfachste und besonders naheliegende Antwort auf diese Frage besteht in dem Hinweis darauf, dass eine Person genau dann einen Grund hat, einer anderen Person zu vertrauen, wenn diese Person vertrauenswürdig ist. Leider ist mit diesem Hinweis noch nicht sehr viel gewonnen, solange man nicht mehr dazu sagen kann, worin Vertrauenswürdigkeit besteht.

Ist eine Person vertrauenswürdig, wenn sie alles tut, was andere Leute von ihr erwarten? Wenn sie sehr wohlwollend ist? Wenn sie ihre Versprechen hält? Oder reicht es, dass sie empfänglich für bestimmte Sorten von Gründen ist? Um für ein bestimmtes Kriterium für Vertrauenswürdigkeit zu argumentieren, empfehlen sich in diesem Zusammenhang Strategien, die bereits im Zusammenhang mit der Frage danach, worum es sich bei Vertrauen überhaupt handelt, angedeutet wurden. So kann sich eine Bestimmung von Vertrauenswürdigkeit etwa an dem Kontrast zwischen Vertrauenswürdigkeit und Verlässlichkeit orientieren. Oder es wird wiederum das begriffliche Beziehungsnetzwerk in den Blick genommen, in dem Vertrauen steht, um den Begriff der Vertrauenswürdigkeit bzw. der Gründe für Vertrauen in Abhängigkeit zu anderen philosophischen Begriffen wie denen der Autonomie, der Kooperation oder des Testimonialwissens zu bestimmen.

Wenn es um Vertrauen als einen interessanten Gegenstand für genuin philosophisches Nachdenken geht, kann also auf die folgenden vier Fragenkomplexe verwiesen werden:

1. Worum handelt es sich bei Vertrauen überhaupt? Welche Bedingungen müssen erfüllt sein, damit ein Phänomen unter den Begriff des Vertrauens fällt?
2. Wie hängt der Begriff des Vertrauen mit anderen philosophisch interessanten Begriffen zusammen? Worin besteht etwa die Verbindung zwischen Vertrauen und Freundschaft? Hat Vertrauen in andere Personen etwas mit

Selbstvertrauen zu tun? Welchen Einfluss hat die Tatsache, dass wir anderen Personen vertrauen können, auf Kooperation oder individuelle Autonomie?
3. Worin besteht der Wert, den Vertrauen für uns hat? Erschöpft sich dieser Wert in den instrumentellen Vorteilen, die in konkreten Situationen vorliegen, in denen wir auf die Hilfe anderer Personen angewiesen sind? Oder hat Vertrauen auch einen Wert, der sich nicht auf seinen Beitrag zur Realisierung eines anderen Werts reduzieren lässt? Und wie ist so ein finaler Wert von Vertrauen zu explizieren?
4. Was kann als ein Grund für Vertrauen gelten? Wodurch lässt sich angemessenes Vertrauen von einem Vertrauen unterscheiden, das blind ist und uns unnötigen Risiken aussetzt? Was sind die Kriterien für die Vertrauenswürdigkeit von Personen?

Diese vier Fragenkomplexe sind selbstverständlich weniger leicht zu trennen, als es an dieser Stelle den Anschein haben mag. Ich habe bereits angedeutet, dass man mit dem Hinweis auf den Wert von Vertrauen eine Teilantwort auf die Frage nach den Gründen für Vertrauen geben könnte. Welchen Wert Vertrauen hat, ist andererseits nicht von seiner begrifflichen Verbindung zu Phänomenen wie Kooperation oder Freundschaft zu trennen. Von der Interpretation der Gründe, die Akteure für Vertrauen haben, hängt unter Umständen ab, wie wir die Beziehung zwischen Vertrauen und Autonomie konstruieren sollten. Und so weiter. Über all diesen wechselseitigen Abhängigkeiten thront allerdings der erste Fragenkomplex, der eine grundsätzliche ‚Wesensbestimmung' von Vertrauen einfordert. Es ist *prima facie* nicht unplausibel, dass wir nur auf der Grundlage einer befriedigenden Analyse des Vertrauensbegriffs all die anderen Fragen, d. h. die Fragen nach seinem Zusammenhang zu anderen Begriffen, nach dem Wert oder den Gründen von Vertrauen werden beantworten können. Wie sollten wir etwa den Wert von etwas bestimmen können, das uns gar nicht klar vor Augen steht, sondern sich lediglich als ein ungeordneter Haufen von begrifflichen Intuitionen präsentiert? Wenn wir wissen wollen, was als Gründe von Vertrauen in Frage kommt, dann sind wir gut beraten, eine trennscharfe begriffliche Abgrenzung zwischen Vertrauenswürdigkeit und verwandten Begriffen wie z. B. dem Begriff der Verlässlichkeit vorzunehmen, denn es ist davon auszugehen, dass in solchen Kontexten jeweils andere Typen von Gründen generiert werden. Schließlich ist auch zu erwarten, dass die Beziehungen zwischen Vertrauen und anderen philosophisch interessanten Begriffen unterschiedlich bestimmt werden müssen, je nachdem, was man genau unter Vertrauen versteht.

Zumindest in einer ersten Annäherung glaube ich tatsächlich, dass sich von einer derart beschaffenen Priorität des ersten Fragenkomplexes gegenüber den übrigen Fragen ausgehen lässt.[18] In weiten Teilen dieser Arbeit wird es auch entsprechend um Fragen wie diejenigen gehen, die ich unter (1) formuliert habe. Im folgenden Abschnitt dieses Kapitel werde ich einen ersten Schritt zu einer begrifflichen Annäherung an Vertrauen machen, indem ich ausgehend von alltäglichen Beobachtungen zum Phänomen des Vertrauens einige zentrale Bestimmungen für den Rest der Arbeit treffe, die im wesentlichen mit der Frage danach zu tun haben, was als Subjekt und Objekt des Vertrauens in Frage kommt. Weitere der zentralen Merkmale von Vertrauen werde ich dann im dritten Abschnitt dieses Kapitels herausarbeiten, in dem ich eine Rekonstruktion der Debatte um Vertrauen vorlege, wie sie etwa seit der Mitte der 80er Jahre des 20. Jahrhunderts geführt wird. Mein Ziel besteht in diesem Zusammenhang nicht darin, eine erschöpfende Zusammenfassung aller zu diesem Thema vertretenen Positionen oder gar einen chronologischen Abriss vorzulegen, sondern ausgewählte Debattenbeiträge so zu strukturieren, dass die wichtigsten theoretischen Optionen mitsamt ihrer Vor- und Nachteile in einen systematischen Dialog miteinander gebracht werden und gleichzeitig grundlegende Aspekte von Vertrauen zum Vorschein kommen, die von den unterschiedlichen Vertrauenstheorien jeweils unterschiedlich gewichtet werden.

1.2 Das Subjekt und die Objekte von Vertrauen

Grammatikalische Reflexionen sind in der Philosophie zwar nicht immer hilfreich, an dieser Stelle mag aber am Anfang meiner Ausführungen die Beobachtung stehen, dass Vertrauen in unserer Alltagssprache primär als Verb auftaucht. Wo immer es als Substantiv vorkommt, so dass von *dem Vertrauen* die Rede ist, lässt sich zunächst plausibel dafür argumentieren, dass es eine Substantivierung des Verbs *vertrauen* darstellt, ganz ähnlich wie *Laufen* eine Substantivierung des entsprechenden Verbs ist. Vertrauen wäre demzufolge das, was vorliegt, wenn vertraut wird.[19] Als Verb fordert *vertrauen* ein Subjekt, und – dies schon weniger trivial – es scheint auch ein (direktes) Dativobjekt zu fordern. Die erste naheliegende Aufgabe, die sich an dieser Stelle ergibt, besteht darin, in den Blick zu neh-

---

[18] Ich formuliere an dieser Stelle bewusst vorsichtig, weil methodische Erwägungen dafür sprechen könnten, die Frage danach, was Vertrauen ist, nicht unabhängig von den praktischen Interessen zu verfolgen, die wir mit diesem Begriff verbinden.
[19] Entsprechendes ließe sich für adjektivische Formen behaupten, die im Deutschen allerdings nicht – oder zumindest weniger direkt – auftauchen: So wäre etwa eine ‚trusting person' eine Person, die in einem besonderen Ausmaß oder in dem spezifischen Kontext, der in Frage steht, vertraut.

men, welche Sorten von Subjekt bzw. Objekt im Alltag mit Vertrauen verbunden werden. Diese Aufgabe ist hinsichtlich des Subjekts von Vertrauen etwas einfacher als im Hinblick auf das Vertrauensobjekt, allerdings tauchen in beiden Fällen ähnliche Probleme auf.

Um diese Probleme in den Blick zu bekommen, ist es hilfreich von der folgenden relativ unproblematischen Beobachtung auszugehen: Wir können Vertrauen *Personen* zuschreiben, und *Personen* kommen auch in Frage als dasjenige, worauf sich Vertrauen richtet. So können in grammatikalisch vollständigen und korrekt gebildeten Sätzen, die das Verb *vertrauen* enthalten, sowohl an Subjekt- als auch an Objektstelle singuläre Termini auftauchen, die – als Kennzeichnung, Name oder indexikalischer Ausdruck – für Personen stehen, etwa: ‚Ich vertraue dem Vorsitzenden', ‚Martha vertraut Lukas Müller' oder ‚Du vertraust Deiner Mutter'. Personen scheinen demnach geeignete Kandidaten für die Subjekte und Objekte von Vertrauen zu sein. Besonders interessant wäre allerdings die stärkere These – für die ich im Verlaufe dieser Arbeit auch tatsächlich argumentieren werde –, der zufolge *ausschließlich Personen* als Subjekte und Objekte von Vertrauen in Frage kommen. Genau hier fangen aber die Probleme an. Unsere Alltagsintuitionen erlauben nämlich sowohl an Subjekt-, vor allem aber an Objektstelle Termini, die nicht auf Personen referieren. In diesem Kontext lassen sich fünf Typen von nicht-personalen Vertrauenszuschreibungen unterscheiden, die ich im Folgenden der Reihe nach in den Blick nehmen werde, um jeweils anzudeuten, weshalb ich sie im Rahmen der vorliegenden Arbeit als genuine Vertrauenskontexte vernachlässigen möchte.

Erstens verwenden wir das Vertrauensvokabular häufig mit Bezug auf Wesen, deren kognitive Fähigkeiten nicht hinreichend zu sein scheinen, um die gängigen Kriterien für Personalität – etwa Rationalität, Sprache, Identitätsbewusstsein, Autonomie oder Intentionalität – zu erfüllen. Zu dieser problematischen Kategorie gehören Kinder bis zu einem bestimmten Alter und einige der höheren Säugetiere. Es ist dennoch recht üblich, davon zu reden, dass man z. B. dem eigenen Hund vertraut – etwa in dem Sinne, dass man darauf vertraut, dass er potentielle Einbrecher aufschreckt oder das neugeborene Kind nicht angreift. Etwas weniger verbreitet ist die Auffassung, dass Tiere Subjekte von Vertrauen sein können, aber auch hier ist unsere Alltagssprache flexibel genug, um etwa davon reden zu können, dass ein Pferd nicht jedem Reiter vertraut, oder dass man sich das Vertrauen einer Katze erst verdienen muss. Wie ernst müssen diese alltagssprachlichen Beobachtungen genommen werden?

Ich denke, dass man sie mit guten Gründen zurückstellen kann. Wann immer wir Vertrauen auf diese Art zuschreiben, gehen wir implizit davon aus, dass die Wesen, denen wir es zuschreiben, über bestimmte Fähigkeiten verfügen – so z. B., wenn wir annehmen, dass ein Pferd dazu in der Lage ist, einen bestimmten Reiter als denselben Reiter ‚wiederzuerkennen', mit dem es in der Vergangenheit ‚gute Erfahrungen' gesammelt hat. Welche Fähigkeiten es im Einzelnen sind, die auf diese Weise als relevant für Vertrauen zu betrachten sind, stellt eine Frage dar, die im weiteren Verlauf des Textes immer wieder eine zentrale Rolle spielen wird. *Ob* bestimmte Tiere oder Kinder in einer bestimmten Entwicklungsstufe diese Fähigkeiten aufweisen, ist dagegen eine andere Frage, mit der ich mich nicht beschäftigen muss. In diesem Sinne ließe sich zunächst an der oben aufgeworfenen Hypothese, dass Vertrauen ein interpersonales Phänomen ist, festhalten und die Frage danach, in welchem Ausmaß Tiere und Kinder Kriterien für Personalität erfüllen, den Teilnehmern der entsprechenden Debatten – Debatten, die etwa bezüglich der Frage nach dem moralischen Status von Tieren sehr intensiv geführt werden[20] – zu überlassen.

Einen eigens zu betrachtenden Grenzfall der angesprochenen Problematik stellen *zweitens* Zuschreibungen von Vertrauen an Kleinkinder und Neugeborene dar. Es handelt sich insofern um einen Grenzfall, als solche Kinder in der Regel über noch viel weniger kognitive Fähigkeiten als höhere Säugetiere oder Kleinkinder in einer späteren Entwicklungsstufe verfügen und im Vergleich zu diesen auch in ihren Handlungsspielräumen weitaus stärker eingeschränkt sind. Ein Pferd, das seinem Reiter nicht vertraut, kann diesen Reiter abwerfen, eine Katze kann eine Person, der sie nicht vertraut, mit Gleichgültigkeit strafen – Neugeborene sind dagegen in einer extrem passiven Situation gegenüber den Personen, die sich um sie kümmern bzw. kümmern sollten. Dennoch scheint es auch jenseits von entwicklungspsychologischen Stufenmodellen üblich zu sein, davon zu reden, dass ein Baby seinen Eltern vertraut. ‚Es kann nicht anders als ihnen zu vertrauen', heisst es dann oft zur Begründung.[21]

Dieser Grenzfall ist insofern interessant, als er Vertrauen auf recht extreme Weise mit Abhängigkeit in Verbindung bringt. Auch wenn unsere sprachlichen Intuitionen solche Fälle als Fälle auszuweisen erlauben, in denen Vertrauen vorliegt, gibt es doch auch Intuitionen, die in die entgegengesetzte Richtung weisen. Würden wir von einer Geisel, deren Wohlergehen vom Wohlwollen der Terroristen abhängt, sagen wollen, dass sie den Terroristen vertraut? Nur weil sie

---

20 Vgl. exemplarisch die Diskussion in Tooley 2011.
21 Für eine Position, die explizit von solchen Vertrauenskontexten ausgeht, vgl. Baier 1986, S. 240 ff. Für Baier ist das Phänomen des Vertrauens von Neugeborenen in ihre Eltern wichtig, weil sie an dem Thema der *Asymmetrien von Macht* in Vertrauensbeziehungen interessiert ist. Im Verlaufe dieser Arbeit werde ich eine Position entwickeln, die sich in dieser Hinsicht von Baiers Position unterscheidet. Meiner Auffassung nach ist Vertrauen symmetrisch, und es ist dieser Umstand, der dafür sorgt, dass Teilnehmer an einer Vertrauensbeziehung ihre Autonomie nicht einbüßen; vgl. hierzu Kap. 4 und Abschn. 5.1.5.

nicht anders kann, als in Geiselhaft zu sein? Ich denke, die Antwort müsste hier ‚nein' lauten, und zwar weil es falsch erscheint, von Vertrauen zu reden, wenn eine Person zu etwas gezwungen wurde. Das heißt zwar noch nicht, dass Vertrauen etwas ist, wozu man sich jederzeit frei entschließen kann, aber manche unserer Intuitionen scheinen immerhin dafür zu sprechen, dass Wesen, die vertrauen, über eine gewisse Handlungs- oder Entscheidungsfreiheit verfügen müssen, und es ist plausibel, dass Neugeborene diese Art von Freiheit noch nicht an den Tag legen können.

Dennoch hat die alltägliche Praxis der Zuschreibung von Vertrauen an Kleinkinder durchaus einen plausiblen Kern. Dieser Kern besteht darin, dass wir uns in der Regel sehr sicher fühlen, wenn wir einer anderen Person vertrauen. Abhängig von dem Grad der Intensität und der Intimität der Beziehung, in der wir zu so einer Person stehen, kann diese Sicherheit eine Qualität haben, die manche an die Geborgenheit und Sorglosigkeit erinnert, die wir als Kinder empfunden haben. Selbst wenn an solchen Vergleichen etwas dran sein sollte,[22] ist aber nicht von der Hand zu weisen, dass eine normative Vertrauenskonzeption, wie sie im Fokus dieser Arbeit steht, über solch ein passives Gefühl des Umsorgtseins hinausgehen muss. Für die Belange dieser Arbeit können also Fälle von Vertrauen im Zusammenhang mit Neugeborenen und Kleinkindern genauso wie die bereits angesprochenen Fälle von Vertrauen bezüglich Tieren und älteren Kindern zurückgestellt werden.

Im Alltag wird *drittens* auf eine Weise geredet, als wären unbelebte Gegenstände angemessene Objekte von Vertrauen. Häufig – und angesichts der Geschwindigkeit, mit der technische Entwicklungen heutzutage voranschreiten, wahrscheinlich immer häufiger – drücken wir uns so aus, als ob wir unseren Mobilfunkgeräten, unseren Computern oder unseren Autos vertrauen würden. Hier kann zweierlei gesagt werden: Zum einen kann darauf aufmerksam gemacht

---

22 Nur zwei von vielen Problemen, die mit einer allzu engen Verschränkung von Kindheit mit Vertrauensbeziehungen einhergehen: Es ist zum einen nicht dasselbe, sich von einem Merkmal frei zu fühlen, das man als Kind nicht hatte, und es als Kind tatsächlich nicht zu haben; in dem einen Fall ist mir dieses Freisein bewusst, in dem anderen Fall eben nicht, und das macht oft einen sehr großen Unterschied. Zum anderen scheint es nicht gerade zuträglich für das Funktionieren von ‚gesunden' Beziehungen im Erwachsenenalter zu sein, wenn sie so geführt werden, dass ihre Teilnehmer in eine Position geraten, die auch nur Ähnlichkeit mit der Situation hat, in der Neugeborene ihren Eltern gegenüber stecken. Eine gewissen Abhängigkeit und Nähe scheint zu Vertrauen zu gehören und ist auch wünschenswert, so viel hat schon mein einleitender Kleist-Exkurs nahegelegt; auf der anderen Seite sind wir als erwachsene Personen aber auch daran interessiert, in Beziehungen zu anderen Personen zu stehen, die eine angemessene Balance von Nähe und Distanz aufweisen. Zentral für dieses Interesse ist unser Interesse an Autonomie, ein Thema, auf das ich in der Folge noch eingehen werde; vgl. hierzu wiederum vor allem Abschn. 5.1.5.

werden, dass wir diesen Artefakten keinesfalls vertrauen, sondern uns *lediglich darauf verlassen*, dass sie so funktionieren werden, wie wir es von ihnen erwarten – dass das Mobilfunkgerät etwa zuverlässig eine mobile Verbindung herstellt, dass der Computer nicht permanent abstürzt oder dass das Auto nicht mitten auf der Autobahn zwei Räder verliert. Klarerweise hängt diese Erwiderung davon ab, wie man den Unterschied zwischen Vertrauen und Sich-Verlassen bestimmt. Die Schlüsse, zu denen ich diesbezüglich im Verlaufe dieses Buches kommen werde, disqualifizieren aber Artefakte als Objekte von Vertrauen.

Zum anderen kann dafür argumentiert werden, dass die angedeuteten Vertrauenszuschreibungen nur an der sprachlichen Oberfläche Zuschreibungen von Vertrauen an nicht-personale Entitäten sind. Wenn ich Vertrauen in mein Mobilfunkgerät, meinen Computer oder mein Auto setze, so die Argumentation, dann vertraue ich nicht im eigentlichen Sinne diesen Geräten, sondern den entsprechenden Herstellerfirmen. Dabei handelt es sich aber um Unternehmen, die von Personen geleitet werden und in denen Personen auf den unterschiedlichen Stufen der Unternehmenshierarchie dafür zuständig sind, ihren Kunden Produkte zur Verfügung zu stellen, deren Eigenschaften den impliziten oder expliziten Versprechen, die die jeweilige Firma ihren Kunden gemacht hat, entsprechen. Entgegen dem Anschein haben wir es also keinesfalls mit einer Bezugnahme auf nicht-personale Entitäten zu tun, wann immer uns Vertrauenszuschreibungen der skizzierten Art begegnen, sondern mit mittelbaren Bezugnahmen auf Personen und ‚personale Entitäten', die in einem komplexen kausalen Verhältnis zu den Dingen stehen, von denen manchmal behauptet wird, dass man ihnen vertraut.

Dieser Befund ist insofern interessant für den vorliegenden Zusammenhang, als er uns der oben anvisierten Hypothese einen weiteren Schritt näher bringt, nach der Vertrauen ein interpersonales Phänomen ist. Gleichzeitig verbinden sich mit diesem Vorschlag aber andere Probleme, weil – und hierbei handelt es sich um unseren *vierten* Kontext – man sich zwar auf ein Unternehmen als eine im weitesten Sinne personale oder intentionale Entität beziehen kann, dies aber eben nur im weitesten Sinne. Ein Unternehmen besteht aus Personen, wird von Personen gegründet, geführt, getragen und so weiter – es ist selbst aber keine Person, zumindest nicht in dem hier relevanten nicht-juristischen Sinne. Gleichzeitig scheinen wir nicht nur im Zusammenhang mit Firmen wie Apple oder Adidas von Vertrauen zu reden: Auch im Hinblick auf andere nicht-willkürlich zusammengestellte Personengruppen halten wir das Vokabular von Vertrauen und Misstrauen *prima facie* für angemessen, und eine Vertrauenstheorie sollte diese Praxis zumindest nicht vorschnell als bloß metaphorische Redeweise abtun.

Ein ähnliches Problem taucht im Zusammenhang der Frage nach Vertrauen in Institutionen auf, und ich werde darauf noch in Kap. 6 zurückkommen. Es kann aber schon an dieser Stelle geltend gemacht werden, dass es sich – wenn es sich in diesen Zusammenhängen tatsächlich um denselben Vertrauensbegriff handelt, den wir auch in genuin interpersonalen Kontexten gebrauchen – im Fall von Vertrauen in Gruppen oder Institutionen um ein Phänomen handelt, dass von dem interpersonalen Vertrauensphänomen abgeleitet ist. Es wäre seltsam, wenn unser Vertrauensverständnis sich primär an dem Vertrauen orientieren würde, das wir etwa in Unternehmen oder Regierungen setzen, und nur in zweiter Linie mit dem Vertrauen zu tun hätte, das wir in unsere Familienmitglieder, Freunde und andere mehr oder weniger fremde *Individuen* setzen. Im Folgenden werde ich deshalb davon ausgehen, dass der anzuvisierende Kernbegriff des Vertrauens, um den es in dieser Arbeit geht, dasjenige Vertrauen ist, das von einer Person in eine andere Person gesetzt wird.

Eine letzte Komplikation, mit der ich mich im Folgenden allerdings nicht länger aufhalten werde, betrifft einen Kontext, in dem Vertrauen historisch eine wichtige Rolle gespielt hat. Es handelt sich dabei *fünftens* um das Vertrauen, von dem im Rahmen der jüdisch-christlichen Religionsauffassungen behauptet wird, dass wir es in Gott setzen sollten. Weitet man die Untersuchung auf dasjenige Phänomen aus, das in solchen Kontexten als *Glaube* bezeichnet wird, lässt sich in diesem Zusammenhang sogar von einer ‚theologischen Tugend' reden. Dass solche Vertrauenszuschreibungen in unserem Alltag – zumindest da, wo er von religiösen Vorstellungen geprägt ist – durchaus verbreitet sind, zeigt etwa nur ein Blick auf die Rückseite einer beliebigen Dollarnote oder die Selbstverständlichkeit, mit der wir Ausdrücke wie ‚Gottvertrauen' verwenden. Abgesehen von unseren Alltagsintuitionen findet sich die Bezugnahme auf Vertrauen in Gott aber auch in akademischen Kontexten. Allein die theologische Diskussion des Phänomens des Gottvertrauens ist schon so reichhaltig, dass sie im Grunde einer eigenen Untersuchung bedürfte.[23]

Bis auf wenige Ausnahmen werde ich mich im Folgenden allerdings nicht eigens mit Überlegungen befassen, die mit Gottvertrauen zu tun haben. Zum einen sprechen sie nicht gegen die Bestimmung von Vertrauen als einem interpersonalem Phänomen, zumindest unter der Voraussetzung, dass Gott als eine Person betrachtet werden kann. Zum anderen wäre unter der Annahme der Existenz Gottes unser Verhältnis zu Gott von einer Art, wie sie nur schwerlich

---

[23] Dass die in der religionswissenschaftlichen Debatte verhandelten Probleme durchaus Berührungspunkte zu der philosophischen Vertrauensdebatte aufweisen, ließe sich exemplarisch etwa an Buchak 2017 aufzeigen, wo der Frage nachgegangen wird, wie ein Glaube angesichts massiver Gegenevidenz rational sein kann; in der philosophischen Vertrauensdebatte hat diese Frage im Zusammenhang mit der Formulierung von affektbasierten Ansätzen eine zentrale Rolle gespielt; vgl. Jones 1996 und meine Rekonstruktion in Abschn. 1.3.1.3.

im Hinblick auf profane Vertrauensverhältnisse, die uns in säkularen Kontexten interessieren, zu übertragen ist. Der Hauptgrund dafür – und an dieser Stelle greife ich eine Intuition auf, die an einer späteren Stelle zu diskutieren sein wird – besteht darin, dass Vertrauen eine wechselseitige Abhängigkeit zwischen der vertrauenden Person und der Person, der vertraut wird, zu implizieren scheint. Es ist allerdings schwer nachzuvollziehen, wo genau diese Art von Reziprozität in einer Beziehung zu einem allmächtigen und nicht verletzbaren Wesen zu verorten sein sollte.[24]

Im Rahmen dieses Abschnitts habe ich ausgehend von unserer alltäglichen Verwendung des Vertrauensvokabulars den Versuch einer ersten Annäherung an den Begriff des Vertrauens unternommen. Es hat sich gezeigt, dass unsere vortheoretischen Intuitionen Vertrauen zwar auch in Kontexten ansiedeln, die nicht genuin interpersonaler Natur sind – etwa wenn davon die Rede ist, dass wir Tieren, Kleinkindern, Artefakten, Personengruppen oder Gott vertrauen – dass aber von all diesen Phänomenen entweder mit guten Gründen behauptet werden kann, dass sie nicht im eigentlichen Sinn auf Vertrauen Bezug nehmen, oder aber diesen Bezug auf eine lediglich abgeleitete Weise herstellen. Als vorläufiges Ergebnis lässt sich also festhalten, dass Vertrauen immer zwischen Personen vorliegt. Mit dieser Feststellung ist allerdings noch nicht viel im Hinblick auf eine substanzielle Analyse des Vertrauensbegriffs gewonnen. An dieser Stelle müssen weitergehende begriffliche Intuitionen über Vertrauen in den Blick genommen werden. Nehmen wir also an, es stimmt, dass Vertrauen ein genuin interpersonales Phänomen ist. Was ist es abgesehen davon sonst noch?

1.3 Die philosophische Vertrauensdebatte

Seit der Publikation von Baiers zentralen Texten zum Thema des Vertrauens ab der zweiten Hälfte der 80er Jahre des 20. Jahrhunderts hat sich Vertrauen als Gegenstand einer eigenen philosophischen Debatte etabliert, so dass sich heute Dutzende philosophische Ansätze finden lassen, die sich im Hinblick auf die Frage, was Vertrauen ist, jeweils unterschiedlich positionieren. Mein Ziel in dem vorliegenden Abschnitt besteht nicht darin, einen erschöpfenden Überblick über diese Ansätze zu geben, sondern stattdessen die Debatte auf eine systematische Weise zu rekonstruieren. Ausgehend von dieser Rekonstruktion werde ich dann im nächsten Kapitel eine Debattendiagnose formulieren, die es mir erlauben soll, wesentliche Schwachstellen der bislang vertretenen Ansätze

---

24 Vgl. hierzu auch Baier 1986, S. 107 f.

auf ihren systematischen Kern zurückzuführen, um auf diese Weise den Weg für den Alternativvorschlag abzustecken, den ich im Rahmen dieser Arbeit vertreten möchte. Mein Vorgehen ist hierbei von der Überzeugung geleitet, dass es nicht die *Details* der einzelnen Vorschläge sind, die im Einzelfall unbefriedigend sind und diese Vorschläge als Theorien darüber, was Vertrauen ist, disqualifizieren, sondern dass es implizite Annahmen ganzer Theoriefamilien sind, die letztlich zu Problemen für die zu ihnen gehörenden Ansätze führen. Gleichzeitig soll die folgende Debattenrekonstruktion, gewissermassen als Nebenprodukt, in die zentralen Themen und Fragestellungen einführen, die sich mit einer philosophischen Analyse von Vertrauen verbinden.

Der erste Schritt, der in dieser Hinsicht zu machen ist, besteht darin, zwei Theorietypen voneinander zu unterscheiden, deren jeweilige Kernannahmen in der Relation der vollständigen Disjunktion zueinander stehen. Diese Kernannahmen betreffen das Verhältnis von *Vertrauen und Evidenz*. Theorien des einen Typs gehen davon aus, dass angemessenes Vertrauen zumindest teilweise eine angemessene Reaktion auf Evidenz für Vertrauen darstellt, während Theorien des zweiten Typs dies bestreiten. *Evidenzbasierte Theorien*, wie ich sie nennen werde, machen die Annahme, dass eine Person nur dann auf angemessene Weise vertraut, (i) wenn es etwas in der Welt gibt, das ein Anzeichen dafür darstellt, dass ihr Vertrauen nicht enttäuscht wird, und (ii) wenn diese Person in einem angemessenen epistemischen Verhältnis zu diesem Anzeichen steht. Im Hinblick auf (i) unterscheiden sich evidenzbasierte Theorien in der Auffassung darüber, was als ein für Vertrauen relevantes Anzeichen bzw. relevante Evidenz gelten kann; im Hinblick auf (ii) kann man evidenzbasierte Theorien unterscheiden, je nachdem, wie sie die Bezugnahme des vertrauenden Subjekts auf die einschlägige Evidenz spezifizieren. Als theoretische Optionen kommen hier im Wesentlichen Ansätze in Frage, die diese Bezugnahme kognitivistisch interpretieren, und andererseits solche, die dies nicht tun und stattdessen einen affektbasierten Ansatz vertreten.

Im Gegensatz zu evidenzbasierten Ansätzen wird im Rahmen von Theorien, die nicht evidenzbasiert sind, davon ausgegangen, dass eine Person, die auf angemessene Weise einer anderen Person vertraut, nicht unbedingt auf Anzeichen dafür reagiert haben muss, dass ihr Vertrauen nicht enttäuscht wird. Es gibt zwar einen Sinn, in dem auch im Rahmen solcher Theorien Evidenz eine Rolle spielt, aber wie ich in der Folge zeigen werde, ist er minimal genug, um uns zu erlauben, die Unterscheidung zwischen evidenzbasierten Ansätzen und solchen, die es nicht sind, aufrechtzuerhalten. Während ich den letzteren Theorietyp streng genommen mit dem Terminus ‚nicht-evidenzbasierte Ansätze' bezeichnen müsste, werde ich für sie im Folgenden auch den weniger sperrigen Ausdruck *voluntaristische Theorien* verwenden. Dass dieser Terminus durchaus passend ist, liegt daran, dass solche Theorien zentral die These vertreten, dass Personen sich zum Vertrauen frei entschließen können, wobei der hier relevante Sinn von ‚frei entschließen' eben der Sinn ist, in dem Personen sich zu etwas ohne Berücksichtigung relevanter Evidenz entschließen.

1.3.1 Evidenzbasierte Theorien

Evidenzbasierte Theorien gehen davon aus, dass eine Person, die auf angemessene Weise vertraut, auf diese Weise eine passende Reaktion auf Anzeichen an den Tag legt, die für dieses Vertrauen sprechen. Versteht man Vertrauen als ein interpersonales Phänomen, wie ich es im vorangegangenen Abschnitt plausibel zu machen versucht habe, dann ergibt sich, dass die relevanten Anzeichen etwas mit der Person zu tun haben müssen, in die jeweils Vertrauen gelegt wird. An dieser Stelle muss zum ersten Mal eine Idee angesprochen werden, die im weiteren Verlauf meiner Argumentation noch vermehrt zur Sprache kommen wird und im Rahmen der in der Debatte vertretenen Ansätze nicht nur weit verbreitet ist, sondern eine Art vertrauenstheoretischen Konsens darstellt: Das Vertrauensprädikat, so die Idee, drückt eine *dreistellige Relation* aus, die zwischen zwei Personen und einer bestimmten Hinsicht besteht, in der die eine Person der anderen Person vertraut.

Die einfachste Weise, auf die man diese ‚bestimmte Hinsicht' spezifizieren kann, besteht darin, sie im Sinne einer *Handlungserwartung* zu verstehen. Eine Person vertraut demzufolge nicht ‚einfach so' einer anderen Person, sondern sie vertraut immer schon darauf, dass diese andere Person etwas tun oder lassen wird. Geht es um evidenzbasierte Theorien, lässt sich demnach in einer ersten Annäherung die in ihrem Rahmen gemeinte Evidenz im Sinne der Anzeichen dafür verstehen, dass die Person, der vertraut wird, sich so verhalten wird, wie es die Person erwartet, die ihr vertraut. Wie angedeutet, lassen sich kognitivistische und nicht-kognitivistische Interpretationen der Bezugnahme auf solche Evidenzen unterscheiden. Ich fange mit der ersten Sorte von Theorien an.

1.3.1.1 Kognitivistische Theorien
Eine naheliegende Antwort auf die Frage, was Vertrauen ist, macht darauf aufmerksam, dass es sich bei Vertrauen um eine spezifische Form des Überzeugtseins handelt. Inwiefern ist diese Antwort naheliegend? Eine Weise, diese Plausibilität zu belegen, besteht darin, einen Blick auf die Rolle zu werfen, die Vertrauen im Kontext der Erklärung und Rechtfertigung von Handlungen spielt. Gemäß dem

Standardmodell[25] der Handlungstheorie werden Handlungen durch Zuschreibungen von Pro-Einstellungen und Überzeugungen kausal erklärt, die im Rahmen einer solchen Kausalerklärung gleichzeitig die Rolle von rechtfertigenden Gründen spielen, weil sie zum Ausdruck bringen, was aus der Perspektive der handelnden Person in der spezifischen Handlungssituation dafür gesprochen hat, sich so und nicht anders zu verhalten.[26] In Alltagssituationen beschränken wir uns bei der Angabe von Handlungsgründen jeweils auf die Zuschreibung eines dieser mentalen Zustände, je nachdem ob es eher die Zuschreibung eines Wunsches bzw. einer Pro-Einstellung oder die Zuschreibung einer Überzeugung ist, die für den jeweiligen Hörer einen größeren Informationsgehalt mit sich führt. Das ändert allerdings nichts daran, dass gemäss dem Standardmodell immer, wenn Personen handeln, beide Sorten dieser mentalen Zustände beteiligt sind und erwähnt werden müssen, wenn wir diese Handlungen rationalisieren (und erklären) wollen.

Für den vorliegenden Kontext ist nun entscheidend, dass Zuschreibungen der Form ‚Weil er darauf vertraut hat, dass sie φ-en wird' oder ‚Weil ich darauf vertraue, dass er φ-en wird' eine völlig legitime Form der Handlungsrationalisierung darstellen. Wenn die basale Annahme des Standardmodells stimmt, nach der Handlungsgründe mit kognitiven und konativen Einstellungen zu identifizieren sind, müsste es sich also bei Vertrauen auch um eine Überzeugung oder eine Pro-Einstellung handeln. Gleichzeitig scheint aber klar zu sein, dass eine Interpretation von Vertrauen als Pro-Einstellung nicht besonders plausibel ist. Ich könnte beispielsweise danach gefragt werden, warum ich bei einem bestimmten Gemüsehändler einkaufe, und auf diese Frage mit dem Hinweis antworten, dass ich darauf vertraue, dass die Ware, die der Gemüsehändler anbietet, aus ökologischem Anbau stammt. In so einem Fall würde meine Selbstzuschreibung von Vertrauen ohne Sinnverlust durch die Zuschreibung einer entsprechenden Überzeugung umformuliert werden können; auf der anderen Seite müsste eine vollständige Handlungsrationalisierung in beiden Fällen durch die Zuschreibung einer Pro-Einstellung wie ‚Ich möchte Gemüse aus ökologischem Anbau einkaufen' ergänzt werden.

Die mentale Einstellung, die durch Zuschreibungen der Form ‚Ich vertraue darauf, dass er φ-en wird' ausgedrückt wird, hat zudem eine ‚direction of fit', die der Passensrichtung von Pro-Einstellungen entgegengesetzt ist und mit der

---

25 Vgl. Velleman 2000, S. 5 ff; dass ich im Anschluss an Velleman in diesem Zusammenhang vom ‚Standardmodell' spreche, soll selbstverständlich nicht zum Ausdruck bringen, dass ich das Modell für richtig halte, sondern lediglich signalisieren, wie einflussreich es in der handlungstheoretischen Diskussion gewesen ist.
26 Vgl. Davidson 1963.

Geist-auf-Welt-Passensrichtung von Überzeugungen übereinstimmt: Wenn ich darauf vertraue, dass der Gemüsehändler ökologisch angebautes Gemüse verkauft, er in Wahrheit aber kein ökologisch angebautes Gemüse verkauft, dann stimmt mit meiner mentalen Einstellung etwas nicht, und zwar weil sie nicht auf eine angemessene Weise mit dem übereinstimmt, was tatsächlich der Fall ist. Sobald ich herausfinde, dass meine mentale Einstellung nicht mit der Welt übereinstimmt, wäre es in diesem Fall, genauso wie im Fall von Überzeugungen, an mir, meine Einstellung anzupassen – etwa indem ich aufhöre, darauf zu vertrauen, dass der Gemüsehändler ökologisch angebautes Gemüse anbietet –, anstatt den Versuch zu unternehmen, die Welt entsprechend meiner Einstellung zu verändern.

Dass es sich bei Vertrauen um eine kognitive Einstellung handelt, ist auf den ersten Blick also eine recht plausible These. Tatsächlich ist sie so plausibel, dass jede der Positionen, die ich im Rahmen der folgenden Debattenrekonstruktion diskutieren werde, auf die eine oder andere Weise eine kognitive Komponente in ihrer Vertrauensanalyse einzuschließen versucht. Auf unmittelbare Weise schlägt sich der Befund, dass Vertrauen ein kognitives Phänomen darstellt, in Positionen nieder, die die Einstellung des Vertrauens als eine Unterklasse der kognitiven Einstellung des Überzeugtseins über das Verhalten anderer Personen verstehen. So bestimmt Diego Gambetta Vertrauen als „a particular level of the subjective probability with which an agent assesses that another agent or group of agents will perform a particular action" (Gambetta 1988, S. 217). Dieser Analyse zufolge vertraut eine Person A einer Person B genau dann, wenn A davon überzeugt ist, dass B in einer bestimmten Situation oder in Situationen eines bestimmten Typs mit einer bestimmten Wahrscheinlichkeit etwas tun wird. Vertrauen stellt Gambetta zufolge zwar nur eine Unterklasse von Überzeugungen dar, weil diese alles Mögliche zum Gegenstand haben können, während Vertrauen das zukünftige Verhalten von Personen zum Gegenstand hat, ansonsten ist es aber nichts anderes als eine ganz gewöhnliche Überzeugung. Anders gesagt: Das Spezifische von Vertrauen erschöpft sich im Rahmen so eines Ansatzes darin, dass der propositionale Gehalt von Vertrauen das Verhalten anderer Personen betrifft.

So kann ich etwa der Überzeugung sein, dass morgen die Sonne mit einer Wahrscheinlichkeit von 0,99 wieder aufgehen wird, und ich kann der Überzeugung sein, dass mein Bruder mich mit einer bestimmten Wahrscheinlichkeit an dem Tag, den wir verabredet haben, in Berlin treffen wird. Während in dem ersten Fall eine gewöhnliche Überzeugung über einen bestimmten Sachverhalt in der Welt vorliegt, wird es sich der Analyse von Gambetta zufolge im zweiten Fall um die spezifische Form von Überzeugtsein handeln, die charakteristisch für Vertrauen ist, weil hier das Verhalten einer anderen Person der Gegenstand meiner Überzeugung ist.

Bereits an dieser Stelle kommt allerdings ein Problem für Gambettas Interpretation von Vertrauen zum Vorschein. Im Fall der ersten Überzeugung könnten wir sagen, dass eine Person, die sich auf geeignete Weise, d. h. auf dem Weg der Abwägung von Gründen, auf die Wahrheit der Proposition, dass morgen wieder die Sonne aufgehen wird, festgelegt hat, gleichzeitig auch *weiß*, dass morgen die Sonne wieder aufgehen wird. Genauso gut könnte es im Fall der zweiten Überzeugung sein, dass ich denke, dass mein Bruder mich mit einer sehr hohen Wahrscheinlichkeit in Berlin treffen wird; und es kann sein, dass meine Überzeugung, dass mein Bruder mich in Berlin treffen wird, eine sehr gute Rechtfertigungsbasis hat. Auch in so einem Fall könnten wir davon sprechen, dass ich *weiß*, dass mein Bruder mich in Berlin treffen wird, und nicht lediglich vermute oder gar hoffe, dass er das tun wird.

Selbst wenn man an dieser Stelle auf den im vorliegenden Zusammenhang möglicherweise problematischen Begriff des Wissens verzichten wollte, lassen sich beide Situationen auf eine Weise beschreiben, nach der ich *extrem sicher* oder *nahezu gewiss* bin, dass morgen die Sonne wieder aufgehen wird und dass mein Bruder mich in Berlin treffen wird. Das Problem für Gambettas Analyse besteht nun darin, dass Gewissheit, epistemische Sicherheit oder Wissen auf der einen Seite und Vertrauen auf der anderen Seite Phänomene darstellen, die sich wechselseitig ausschließen: Wenn ich darauf vertraue, dass etwas der Fall sein wird, dann ist darin impliziert, dass ich mir nicht ganz sicher bin, dass es der Fall sein wird; dass ich der Auffassung bin, dass etwas mit einer Wahrscheinlichkeit von 0,99 der Fall sein wird und somit extrem wahrscheinlich ist, ist auf der anderen Seite inkompatibel damit, dass ich darauf vertraue, dass es der Fall sein wird. Man beachte beispielsweise die Absurdität, die in den folgenden Behauptungen enthalten ist: ‚Ich vertraue darauf, dass der Verbrecher mich nicht ausrauben wird – er sitzt ja im Gefängnis' oder ‚Ich vertraue darauf, dass mein Mann mir treu bleiben wird – er liegt ja im Koma.' Man kann nicht darauf vertrauen, dass eine Person im Koma *irgendetwas* unterlassen wird, weil zu Vertrauen die Möglichkeit gehört, dass sie es eben doch tut, und diese Möglichkeit ist im Koma nicht gegeben.

Zu Vertrauen gehört also ein bestimmtes Ausmaß an *epistemischer Unsicherheit*, und Gambettas Bestimmung kann diesen Aspekt – zumindest in der oben zitierten Form – nicht einfangen. An dieser Stelle könnte der Vertreter eines an Gambetta orientierten Kriteriums für Vertrauen den Versuch unternehmen, einen Schwellenwert für die Wahrscheinlichkeit zu bestimmen, mit der eine Person davon ausgeht, dass eine andere Person etwas Bestimmtes tun wird, und dafür argumentieren, dass Fälle von Vertrauen notwendig unter diesen Schwellenwert fallen.[27]

---

27 Tatsächlich unternimmt Gambetta einen ähnlichen Versuch; vgl. Gambetta 1988, S. 218: „This definition [...] tells us that trust is better seen as a threshold point, located on a probabilistic

Argumente, die auf Schwellenwerte Bezug nehmen, sind in der Philosophie notorisch problematisch, und ich halte so ein Vorgehen nicht für besonders erfolgversprechend. An dieser Stelle möchte ich aber provisorisch zugestehen, dass sich das Problem, auf das ich aufmerksam gemacht habe, im Rahmen von Gambettas Ansatz lösen lässt und mich einem weiteren Problem widmen. Es besteht darin, dass nichts an Gambettas Bestimmung von Vertrauen Fälle ausschliesst, in denen ich mit einer bestimmten Wahrscheinlichkeit davon ausgehe, dass Personen sich auf eine bestimmte Weise verhalten werden, allerdings ohne dass mich das erwartete Verhalten dieser Personen auf irgendeine Weise tangiert.

Es kann etwa sein, dass ich einige Fotos aus dem Oval Office gesehen habe, auf denen Joe Biden morgens eine Espresso-Tasse auf seinem Schreibtisch stehen hat, woraufhin ich die nicht besonders abwegige Überzeugung ausbilde, dass Biden auch morgen früh mit einer bestimmten, mit Vertrauen kompatiblen Wahrscheinlichkeit wieder Kaffee trinken wird, allerdings ohne dass sein Kaffeekonsum irgendeine Relevanz für mich oder meine eigenen zukünftigen Handlungen hätte. Gambettas Analyse zufolge müsste auch diese Überzeugung als Vertrauen interpretiert werden, und das scheint wiederum extrem unplausibel. Warum sollte ich darauf vertrauen, dass Biden Kaffee trinken wird, wenn nichts für mich davon abhängt, dass er Kaffee trinkt? Damit zusammenhängend muss bedacht werden, dass wir eine Unmenge von Überzeugungen haben, die das zukünftige Verhalten von irgendwelchen Personen betreffen und einen Grad der Gewissheit aufweisen, der Gambetta zufolge kompatibel mit Vertrauen ist. Sie allesamt als Fälle von Vertrauen auszuweisen, wäre gleichbedeutend damit, dass man Vertrauen als ein Phänomen auffasst, das nicht nur weit verbreitet ist, sondern so weit verbreitet, dass es eine banale und völlig uninteressante Tatsache darstellen würde, wenn eine Person in einer bestimmten Situation einer anderen Person vertraut.

Vertrauen hängt also nicht nur mit epistemischer Unsicherheit, sondern auch mit der *praktischen Relevanz* des Vertrauensgegenstands für die vertrauende Person zusammen. Wenn wir vertrauen, dann sind wir uns nicht ganz sicher, wie eine andere Person sich verhalten wird, und es steht dabei gleichzeitig etwas auf dem Spiel für uns. Mit diesen Präzisierungen ist zwar immer noch nicht viel im Hinblick auf eine positive Bestimmung von Vertrauen gewonnen, aber man kann festhalten, dass es gewissermaßen zu den Ermöglichungsbedingungen oder viel-

---

distribution of more general expectations, which can take the number of values suspended between complete distrust (0) and complete trust (1), and which is centred around a mid-point (0.50) of uncertainty." In diesem Sinne würde Gambetta die oben skizzierte Situation, in der eine Person davon ausgeht, dass der Einbrecher sie nicht ausrauben wird, weil er im Gefängnis sitzt, als einen Fall von ‚vollständigem Vertrauen' beschreiben; das scheint nicht gerade plausibel.

leicht auch zu den ‚Umständen'[28] von Vertrauen gehört, dass die vertrauende Person epistemisch unsicher ist und gleichzeitig davon abhängt, dass eine andere Person sich auf eine bestimmte Weise verhalten wird. Beide Aspekte lassen sich zudem als notwendige Bedingungen für das Vorliegen von Verletzlichkeit verstehen, die etwa im Rahmen der Vertrauensanalyse von Baier eine zentrale Rolle spielt.[29] Gleichzeitig sind diese Aspekte im Rahmen der kognitivistischen Analyse von Gambetta nur mit Zusatzstipulationen zu erfassen.[30]

Der zuletzt thematisierte Beispielfall deutet auf ein weiteres Problem hin, mit dem Gambettas Position konfrontiert ist. Es ist dieses Problem, das in meinen Augen den stärksten Einwand gegen diese Art von Vertrauenstheorie darstellt. Um das soeben diskutierte Problem der praktischen Relevanz für den vorliegenden Kontext auszublenden, stelle man sich vor, dass mich die Frage, ob Joe Biden morgens Kaffee zum Frühstück trinkt oder nicht, tatsächlich auf irgendeine Weise umtreibt und wichtig für meine eigenen Handlungen ist. In so einer Situation, in der für mich etwas davon abhängt, ob Biden morgens Kaffee zum Frühstück trinkt oder nicht, und in der ich mit einer für Vertrauen typischen Wahrscheinlichkeit daran denke, dass er es tut, wäre jemand, der Gambettas Position vertritt, auf die Behauptung festgelegt, dass ich darauf vertraue, dass Biden morgens Kaffee zum Frühstück trinkt.

Auch in dieser Situation mutet die Zuschreibung von Vertrauen allerdings seltsam an. Wäre es hier legitim, von Vertrauen zu sprechen, dann würde ich schon dadurch einer Person vertrauen können, dass sie sich mit einer bestimmten Wahrscheinlichkeit auf eine bestimmte Weise verhält, und dieses Verhalten von mir als irgendwie relevant betrachtet wird, ganz egal, ob die Person, um die es geht, überhaupt weiß, dass ihr Verhalten mich betrifft, mich in ihren deliberativen Prozessen berücksichtigt oder mich überhaupt kennt. Vertrauen – so der Einwand – scheint in dem Sinn eine *relationale Komponente* zu beinhalten, als es, um von Vertrauen reden zu können, nicht nur eine Person geben muss, die sich vertrauend auf eine andere Person bezieht, sondern zusätzlich auch

---

28 Die Anspielung ist hier auf die ‚circumstances of justice', wie sie Sandel im Rahmen seiner Rawls-Kritik formuliert; vgl. Sandel 1982, S. 28 ff. Ganz ähnlich wie man nicht von Gerechtigkeit reden kann, wenn keine Ressourcenkonflikte anzunehmen sind, könnte man nun im Hinblick auf die ‚Umstände' von Vertrauen meine These vertreten, dass es unmöglich ist, überhaupt von Vertrauen zu sprechen, wenn für die vertrauende Person nichts auf dem Spiel steht.
29 Vgl. Baier 1986, S. 235: „Trust [...] is accepted vulnerability to another's possible but not expected ill will (or lack of good will) toward one." Siehe auch Baier 1991.
30 Vgl. Gambetta 1988, S. 218: „[T]rust concerns not future actions in general, but all future actions which condition our present decisions."

auf der Seite der Person, der vertraut wird, ein spezifischer Rückbezug auf die vertrauende Person stattfindet.

Epistemische Unsicherheit und praktische Relevanz stellen demnach notwendige, aber keinesfalls hinreichende Bedingungen dafür dar, dass von Vertrauen die Rede sein kann. Bevor ich zu der Frage übergehe, wie im Rahmen von kognitivistischen Ansätzen der ‚spezifische Rückbezug' als weitere notwendige Bedingung genauer zu verstehen ist, möchte ich einem Einwand begegnen, der sich gegen meine Diskussion des Ansatzes von Gambetta aufdrängen könnte. Er lautet, dass es abgesehen von der Position von Gambetta, die in der philosophischen Debatte ohnehin kaum mehr ernsthaft diskutiert wird,[31] keine Theorien gibt, die einen derart deflationären Standpunkt im Hinblick auf Vertrauen vertreten. Das stimmt aber nicht. Eine Position wie die von Gambetta muss in dem Maße als eine besonders attraktive theoretische Option erscheinen, in dem man an Vertrauensverhältnissen zwischen Personen interessiert ist, die sich nur flüchtig oder gar nicht persönlich kennen. Anders gesagt: Wer der Auffassung ist, dass Vertrauen eine wichtige Rolle in sozialen oder politischen Kontexten spielt, in denen Personen vom Verhalten von Personen abhängen, die ihnen nicht persönlich bekannt sind und die sie umgekehrt auch nicht persönlich kennen, wird es schwer haben, für Vertrauen einen relationalen Rückbezug des Vertrauensobjekts auf die vertrauende Person zu fordern.

Besonders deutlich lässt sich dieser Befund an einem der prominentesten und am weitesten rezipierten Vertrauensansätze illustrieren, die in der letzten Zeit vertreten wurden – der Auffassung von Vertrauen, die in den Arbeiten von Onora O'Neill zum Ausdruck kommt. O'Neill kommt das Verdienst zu, beharrlich und in verschiedenen angewandten Kontexten auf eine der zentralen normativen Dimensionen des Vertrauensbegriffs hingewiesen zu haben, die ich in Abschn. 1.1 diskutiert habe – die Dimension der Gründe für Vertrauen. Ob mit Bezug auf das Arzt-Patient-Verhältnis oder im Kontext von potentiellen Vertrauensverhältnissen im politischen oder ökonomischen Raum – O'Neills Anliegen besteht immer wieder darin, vehement einzufordern, dass wir nicht blind vertrauen, sondern unser Vertrauen auf eine angemessene Grundlage stellen. Es verwundert daher nicht, dass dem Begriff der Vertrauenswürdigkeit in ihren Arbeiten eine besondere Bedeutung, man könnte sogar sagen, ein gewisses Primat gegenüber dem Begriff des Vertrauens zukommt.[32]

---

31 Vgl. etwa die Diskussion in Jones 1999, S. 67 f., wo Gambettas Position zwar ausnahmsweise zum Thema gemacht wird, aber (ähnlich wie im vorliegenden Kontext) lediglich die Rolle einer extrem unplausiblen Gegenposition zu spielen hat.
32 Vgl. etwa O'Neill 2018, S. 293 f.: „But as soon as we acknowledge that what matters most is being able to judge trustworthiness and lack of trustworthiness, it becomes clear that it is not

O'Neill unterscheidet drei Bereiche der Vertrauenswürdigkeit von Personen.[33] Zum einen kann ‚vertrauenswürdig' bedeuten, dass eine Person auch tatsächlich meint, was sie uns sagt, und uns in ihren kommunikativen Akten nicht zu täuschen versucht. Das ist der Aspekt der *Ehrlichkeit*. So erwarten wir von unseren Ärzten etwa, dass sie uns aufrichtig ihre Diagnosen mitteilen oder besonders vielversprechende Therapiemaßnahmen nicht einfach verschweigen. Des Weiteren kann sich Vertrauenswürdigkeit darin manifestieren, dass Personen das tun, wozu sie sich explizit oder implizit verpflichtet haben. Hier haben wir es mit dem Aspekt der *Verlässlichkeit* zu tun. Eine verlässliche Ärztin ist z. B. eine Ärztin, die auch tatsächlich alles dafür tut, unsere Gesundheit wiederherzustellen und sich an die mit ihren Patienten getroffenen Vereinbarungen hält. Gerade wenn wir medizinische Berufe betrachten, wird allerdings schnell deutlich, dass sich Vertrauenswürdigkeit nicht in Ehrlichkeit und Verlässlichkeit erschöpfen kann: Meinen Zahnarzt kann ich für ehrlich und verlässlich halten, und dennoch würde ich ihm nicht vertrauen, wenn es darum geht, einen Eingriff am offenen Gehirn durchzuführen. Das liegt einfach daran, dass er nicht über die entsprechenden medizinischen Fähigkeiten verfügt. Hier haben wir es schließlich mit dem Aspekt der *Kompetenz* zu tun.

An dieser Stelle kann es mir nicht darum gehen, diese Auffassung von Vertrauenswürdigkeit kritisch zu evaluieren. Ihre Komponenten sind in der Vertrauensdebatte durchaus verbreitet, und ich werde auf einige von ihnen noch in Abschn. 2.2 ausführlich zurückkommen. Für den vorliegenden Zusammenhang ist lediglich wichtig, dass O'Neill, ganz ähnlich wie Gambetta, die in Vertrauen involvierte Bezugnahme auf die Vertrauenswürdigkeit der Person, der vertraut wird, im Sinne einer kognitiven Reaktion auf Evidenzen versteht, die dafür sprechen, dass eine Person sich in einem bestimmten Interaktionskontext als ehrlich, verlässlich und kompetent erweisen wird. Auf angemessene Weise zu vertrauen – oder, um den von O'Neill bevorzugten Terminus zu verwenden, *intelligentes* Vertrauen an den Tag zu legen –, bedeutet, dass man auf angemessene Weise darüber urteilt, ob eine Person vertrauenswürdig ist: „Placing and refusing trust, whether in others' truth claims or their commitments, requires judgment of available evidence, including judgment of their speech acts, their track record, and their likely willingness to live up to their word." (O'Neill 2014, S. 178).

Diese Bestimmung läuft aber auf die These hinaus, dass es sich bei Vertrauen um eine Überzeugung darüber handelt, dass eine andere Person sich mit einer bestimmten, hinreichend hohen Wahrscheinlichkeit auf eine bestimmte Weise verhal-

---

enough to investigate generic attitudes [of trust]". Für die ausführlichste Diskussion von Vertrauen vgl. O'Neill 2002a, wo dafür argumentiert wird, dass Vertrauen kompatibel mit Patientenautonomie ist.

33 Vgl. O'Neill 2017, S. 28 ff. und O'Neill 2018, s. 293 ff.

ten wird. Im Hinblick darauf, was genau als Evidenz für so eine Überzeugung zu gelten hat, macht O'Neill keinerlei Spezifikationen, und insofern ähnelt ihre Position der von Gambetta. Zudem ist es unter diesen Vorzeichen nicht einfach zu verstehen, was denn nun genau in ihren Augen als intelligentes, d. h. angemessenes oder gerechtfertigtes Vertrauen zu gelten hat und wie man es von blindem Vertrauen abgrenzen sollte. Dass O'Neill in diesen Hinsichten nicht expliziter ist, liegt mit Sicherheit daran, dass sie mehr als andere Teilnehmer an der Vertrauensdebatte mit den ‚empirischen Randbedingungen' der verschiedenen Vertrauenskontexte im öffentlichen Raum vertraut ist und um die feinen Unterschiede weiß, die etwa zwischen einem Arzt-Patienten-Verhältnis und dem Verhältnis zwischen Bürgern und politischen Repräsentanten bestehen.

Während aber diese problemorientierte Perspektive eine überzeugende und präzise Diagnose der Herausforderungen ermöglicht, die mit Versuchen einhergehen, Vertrauenswürdigkeit in spezifischen Interaktionskontexten herzustellen,[34] bleibt O'Neills positive Bestimmung von Vertrauen in systematischer Hinsicht unbefriedigend: Die praktische Relevanz von Vertrauen ist nur dadurch einzufangen, dass O'Neill ihre Untersuchungen von vornherein in Kontexten ansiedelt, in denen persönliche Interessen unterstellt werden können, wie z. B. den Kontext der medizinischen Versorgung; es gibt aber nichts an dem Begriff des Vertrauens selbst, dass verhindern würde, dass man auch dann von Vertrauen reden kann, wenn man von dem zukünftigen Verhalten einer anderen Person gar nicht berührt wird. Zudem ist es, wiederum ganz ähnlich wie im Fall von Gambettas Position, für O'Neill keinesfalls ausgeschlossen, auch dann von Vertrauen zu reden, wenn die Person, der vertraut wird, gar nicht weiß, dass ihr vertraut wird oder sogar keine Vorstellung von der Existenz der ihr vertrauenden Person hat. Das Fehlen dieser relationalen Komponente macht auch in O'Neills Ansatz Vertrauen zu einem Phänomen, das sich nicht grundsätzlich von prognostischen Haltungen unterscheidet, die wir auch im Hinblick auf nicht-personale Phänomene einnehmen können, und das scheint eben nicht plausibel.

---

[34] Vgl. hierzu O'Neills pointierte Kritik an den ‚regulatorischen Revolutionen' der letzten 40 Jahre in O'Neill 2002a, S. 125 ff., O'Neill 2002b, S. 45 ff., O'Neill 2005, S. 79 ff., O'Neill 2014, S. 172 ff. und O'Neill 2018, S. 298 ff. Während ich mit O'Neills Diagnose, nach der eine Inflation von Regelungen eher zu einer Misstrauenskultur führt, grundsätzlich übereinstimme, lässt sich vor dem Hintergrund meines Vertrauensansatzes besser erkennen, warum es sich so verhält: Versteht man Vertrauen nämlich primär als eine Beziehungsform, dann lässt sich leicht einsehen, dass die Einführung von Regeln einen im Hinblick auf Vertrauen kontraproduktiven Effekt haben muss, ganz einfach, weil die Entstehung und Entwicklung von persönlichen Beziehungen nur bis zu einem bestimmten Punkt ‚von außen' reguliert werden kann.

Wie ein solcher relationaler Rückbezug im Rahmen eines kognitiven Ansatzes eingefangen werden kann, möchte ich anhand der Position von Russell Hardin illustrieren, die ebenso wie O'Neills Position eine gewisse Prominenz im Kontext der Frage nach Vertrauen und Vertrauenswürdigkeit im öffentlichen Raum erlangt hat. Eine Weise, den bislang angedeuteten Einwänden zu begegnen und gleichzeitig an einem rein kognitiven Ansatz festzuhalten, besteht darin, Vertrauen als eine Form des Überzeugtseins zu interpretieren, das die *motivationale Struktur des Vertrauensobjekts* zum Gegenstand hat. Das ist auch der Grund, warum Hardin Vertrauen über den Begriff des ‚eingeschlossenen Interesses' interpretiert; diesem Ansatz zufolge vertraue ich dir, „because your interest encapsulates mine, which is to say that you have an interest in fulfilling my trust" (Hardin 2002, S. 1). Eine Person A vertraut demzufolge genau dann einer Person B, wenn A der Überzeugung ist, dass B in dem Sinne vertrauenswürdig ist, dass es in Bs Interesse liegt, die Interessen von A zu befördern. So kann es etwa sein, dass ich darauf vertraue, dass eine Freundin Stillschweigen über ein Geheimnis, das ich ihr anvertraut habe, bewahren wird, weil ich davon ausgehe, dass sie weiß, dass unsere Freundschaft ruiniert wäre, wenn sie das Geheimnis ausplaudern würde, und gleichzeitig annehme, dass es in ihrem Interesse liegt, unsere Freundschaft fortzusetzen.

Dem zweiten der im Zusammenhang mit Gambettas und O'Neills Positionen zur Sprache gekommenen Probleme – der engen Verbindung zwischen Vertrauen und der praktischen Relevanz des Vertrauensgegenstands für die vertrauende Person – wird im Rahmen von Hardins Ansatz durch die Bezugnahme auf die Interessen der vertrauenden Person begegnet: Wenn Vertrauen etwas mit meinen Interessen zu tun hat, dann ist bereits klar, dass ich in einer bestimmten Situation Interessen haben, d. h. der Situation eine bestimmte Relevanz für mein weiteres Handeln beimessen muss, um sie zu einer Vertrauenssituation zu machen. Der mit Relationalität zusammenhängende Problemkomplex ist im Rahmen von Hardins Ansatz dadurch entschärft, dass die vertrauende Person darauf zählen muss, dass die Person, der sie vertraut, sie auf eine spezifische Weise berücksichtigt, nämlich indem sie ihre Interessen als relevant für die Erfüllung ihrer eigenen Interessen betrachtet.

Der erste der gegen Gambetta vorgebrachten Einwände ist im Zusammenhang mit Hardins Position dagegen immer noch problematisch: Wie sollen Situationen als Vertrauenssituationen ausgeschlossen werden, in denen ich mir absolut sicher bin, dass eine andere Person in einer bestimmten Hinsicht meine Interessen in ihre eigenen Interessen einschliesst? Auch hier bietet sich wieder das Schwellenwert-Manöver an, von dem ich bereits im Zusammenhang mit Gambettas Position behauptet habe, dass es eher eine Notfallstrategie darstellt. Abgesehen davon deutet das Problem aber auf eine neue Problemdimension hin, die erst mit Hardins Ansatz genau in den Blick gerät. Es ist nämlich so, dass B ganz unterschiedliche Gründe dafür haben kann, die Interessen von A zu berücksichtigen, und nicht alle von ihnen sind kompatibel mit einer Beschreibung der Situation als einer Situation, in der Person A Person B vertraut. So kann A beispielsweise ein Mafiaboss sein und denken, dass es in Bs Interesse liegt, ihm das Geld zurückzugeben, das er B geliehen hat, weil B Angst davor hat, dass A ansonsten die brutalen Geldeintreiber seines Drogenkartells zu ihm schicken wird. Hardins Bedingungen für Vertrauen scheinen in so einem Fall erfüllt zu sein, indem A der Meinung ist, dass B insofern vertrauenswürdig ist, als es in Bs Interesse ist, die Interessen von A zu befördern. Es ist sogar in Bs ganz vitalem Interesse, As Interessen zu befördern, denn er muss um seine Gesundheit oder sogar sein Leben fürchten, sollte er in dem in Frage stehenden Fall As Interessen vernachlässigen.

Dass A eine solche Drohkulisse B gegenüber aufrechterhält und sie in Bs deliberativen Prozessen eine entscheidende Rolle spielt, scheint allerdings gerade dagegen zu sprechen, dass A darauf *vertraut*, dass B ihm das geliehene Geld zurückgeben wird. Das Problem besteht hier nicht nur darin, dass man auch in dieser Situation sagen könnte, dass A als Mafiaboss sich zu sicher ist, dass B ihm das Geld zurückgeben wird, um darauf vertrauen zu können, dass B dies tut. Das Beispiel deutet vielmehr darauf hin, dass es für Vertrauen auch notwendig ist, dass die vertrauende Person der Person, der sie vertraut, eine spezifische Motivation unterstellt, die nichts mit Angst, Zwang oder Unterwürfigkeit zu tun hat. Die Person, der ich vertraue, muss das, worauf ich vertraue, gewissermassen ‚aus freien Stücken' oder ‚von sich aus' tun. Gleichzeitig muss die Person, der vertraut wird, sich aber auch auf eine spezifische Weise auf die vertrauende Person zurückbeziehen. Das ist die relationale Komponente, von der oben die Rede war. Wie sollte dieser Rückbezug der Person, der vertraut wird, am besten charakterisiert werden?

Eine prominente Antwort auf diese Frage macht vom Begriff des Wohlwollens Gebrauch. Diese Antwort findet sich in den einflussreichen Arbeiten von Annette Baier, mit denen die moderne philosophischen Auseinandersetzung mit dem Vertrauensbegriff ihren Anfang genommen hat. Baiers Ansatz führt gleichzeitig die debattenprägende Unterscheidung zwischen Vertrauen und Sich-Verlassen ein, die im weiteren Verlauf dieser Arbeit eine zentrale Rolle spielen wird. Während es einige Gründe gibt, diesen Ansatz zur Kategorie der kognitivistischen Ansätze zu zählen, muss diese Zuordnung allerdings insofern vorläufig blieben, als Baier selbst diesbezüglich durchaus widersprüchliche Festlegungen trifft. All das rechtfertigt es, Baiers Theorie in einem eigenen Abschnitt zu skizzieren.

1.3.1.2 Vertrauen und Sich-Verlassen

Gemäß Baier müsste die im Zusammenhang mit Hardins Theorie thematisierte Problemsituation anders charakterisiert werden: Eine Person, die davon ausgeht, dass eine andere Person in ihren Handlungen ihre Interessen berücksichtigen wird, weil dies aufgrund einer vorhandenen Drohkulisse in ihren eigenen Interessen liegt, wird sich vielleicht darauf *verlassen* können, dass die andere Person das tut, was sie von ihr erwartet, aber sie wird ihr in dieser Hinsicht nicht vertrauen können.[35] Wenn ich vertraue, dann verlasse ich mich Baier zufolge zwar auf eine andere Person; Sich-Verlassen ist ihrer Ansicht nach aber nicht hinreichend für Vertrauen: Es gibt Fälle, in denen Personen sich rational auf andere Personen verlassen können, ohne dass sie ihnen gegenüber Vertrauen an den Tag legen. Baier redet an dieser Stelle deshalb vom ‚bloßen Sich-Verlassen', wodurch sprachlich markiert wird, das sie Vertrauen als eine Form des Sich-Verlassens versteht, nur eben eine, die von anderen Formen des Sich-Verlassens zu unterscheiden ist.

An dieser Stelle ist es besonders wichtig, sich vor Augen zu halten, dass bloßes Sich-Verlassen nicht nur in Situationen wie dem skizzierten Beispielfall vorliegt, in dem eine Person weiß, dass eine andere Person aus Angst ihre Erwartungen erfüllen wird. Bloßes Sich-Verlassen kann auch auf der Grundlage von Erwägungen über feste Handlungsdispositionen anderer Personen vorliegen. So konnten sich die Bürger von Königsberg – um Baiers Beispiel zu erwähnen[36] – darauf verlassen, dass Kant jeden Morgen um sechs Uhr in der Früh an einer bestimmten Straßenecke auftauchen wird, so dass sie ihre Uhren nach ihm stellen konnten, und dennoch würden wir intuitiv urteilen, dass es absurd oder zumindest sehr missverständlich wäre, wollte eine beliebige Bürgerin von Königsberg behaupten, dass sie Kant im Hinblick auf die Uhrzeit vertraut. Der ganze Witz von Baiers Beispiel besteht ja darin, dass es *Immanuel Kant* ist, der seine Spaziergänge in Königsberg absolviert, so dass angenommen werden kann, dass er, während er seine morgendlichen Runden dreht, an die Antinomien der reinen Vernunft oder eine Formulierung des kategorischen Imperativs denkt und keine Ahnung davon hat, dass seine Königsberger Mitbürger die Regelmäßigkeit seiner Spaziergänge festgestellt haben oder gar ihre Uhren nach ihnen stellen. Würden wir wirklich sagen wollen, dass man einer Person, die derart selbstver-

---

35 Vgl. hierfür und für die folgenden Ausführungen den *locus classicus* in Baier 1986, S. 234 ff. Wie bereits angedeutet, ist Baier nicht einfach auf eine bestimmte systematische Position festzulegen. Die einzelnen Komponenten ihres Ansatzes kehren zwar immer wieder in unterschiedlichen Schriften – etwa in Baier 1991 oder Baier 2007 – wieder, allerdings mit unterschiedlicher Akzentsetzung. Ich versuche im Folgenden, eine möglichst kohärente Position zu rekonstruieren.
36 Vgl. Baier 1986, S. 235; zum Begriff des Sich-Verlassens vgl. auch Alonso 2016.

gessen und ohne Gedanken an andere Personen einem Ritual folgt, vertrauen kann? Die Intuition, an die Baier appelliert, lässt uns zu einer negativen Antwort auf diese Frage tendieren: Die Königsberger Bürger können Kant nicht vertraut haben, das ist aber kompatibel damit, dass sie sich auf ihn verlassen haben.

Die Einstellung des Sich-Verlassens ist Baier zufolge zwar insofern mit Vertrauen verwandt, als Vertrauen eine Unterklasse von Sich-Verlassen darstellt, gleichzeitig handelt es sich aber bei Sich-Verlassen, das kein Vertrauen ist, um eine ‚unpersönliche' Einstellung: Wir können uns in der Regel nicht nur auf Personen verlassen, sondern auch auf nicht-personale Lebewesen, unbelebte Objekte oder Naturphänomene. Ich kann mich darauf verlassen, dass eine Brieftaube, die ich losgeschickt habe, in den Taubenschlag auf meinem Dach zurückkehren wird; ich kann mich darauf verlassen, dass mein Füllfederhalter während einer schriftlichen Klausur seinen Dienst tun wird; ich kann mich darauf verlassen, dass es nach einem guten Sommer eine stattliche Kartoffelernte geben wird – es wäre allerdings schief, in solchen Fällen von Vertrauen zu reden. Der Punkt ist nun, dass es sich bei der Einstellung der Königsberger Bürger gegenüber Kant nicht entscheidend anders verhält: Sie betrachten Kant und sein Verhalten im Grunde so, wie man ein funktionierendes Uhrwerk betrachten würde, und indem sie ihre Uhren nach Kant stellen, verlassen sie sich auf ihn auf dieselbe Weise, wie sie sich auf ein solches Uhrwerk verlassen könnten.

In beiden Fällen beruht Sich-Verlassen darauf, dass man Gründe zu der Annahme hat, dass etwas auf eine bestimmte Weise passieren oder ablaufen wird – dass Kant etwa weiterhin mit hinreichender Regelmäßigkeit seine Spaziergänge unternehmen oder ein Uhrwerk auf hinreichend präzise Weise die Uhrzeit anzeigen wird. Und eine entsprechende Einstellung findet sich auch in anderen Kontexten, in denen wir uns – lediglich, wie Baier betonen würde – darauf verlassen, dass andere Personen etwas tun oder lassen werden. Wenn wir davon ausgehen, dass eine andere Person aus Angst, Gefallsucht, Konformitätsdruck oder wegen der Aussicht auf eine Belohnung etwas tun wird, wovon wir auf irgendeine Weise abhängen, betrachten wir sie im Grunde nicht anders als in Situationen, in denen wir – um es zugespitzt zu formulieren – dem Hund ein Leckerbissen hinhalten oder den Start-Knopf an einem Kopiergerät betätigen: Wir gehen berechtigterweise davon aus, dass etwas passieren wird, das aus unserer Perspektive erwünscht ist, und könnten, selbst wenn wir im Einzelfall dazu nicht in der Lage sein sollten, zumindest im Prinzip eine kausale Erklärung für die Prozesse geben, die unsere Zuversicht begründen.

In einer ersten Annäherung kann man sagen, dass ‚bloßes' Sich-Verlassen immer dann vorliegt, wenn eine Person einen Grund zu der Annahme hat, dass eine andere Person sich auf eine bestimmte Weise verhalten wird, der im Wesentlichen auf der Beobachtung von Regelmäßigkeiten im Verhalten und daraus gezogenen Schlüssen über feste Verhaltensdispositionen dieser oder jener Art beruht. Solche Schlüsse lassen sich aber auch auf der Grundlage von plausiblen Annahmen über das Verhalten von Menschen im Allgemeinen ziehen, und so werden von dieser Bestimmung auch Fälle abgedeckt, in denen man davon ausgehen kann, dass eine Person etwas tun wird, weil sie Angst hat oder sich einen Vorteil von einem bestimmten Verhalten verspricht, denn immerhin kann man von den meisten Personen annehmen, dass sie eine feste Verhaltensdisposition haben, Gefahren zu entgehen und generell das eigene Wohlergehen zu befördern. Auf ganz ähnliche Weise müsste man schließlich auch zugestehen, dass man einer Person, die aus fester Charakterdisposition stets das moralisch Richtige tut, nicht im eigentlichen Sinne vertrauen kann. Sollte ich einer Person Geld geliehen haben und wissen, dass es sich bei ihr um eine ‚moralische Heilige' handelt, dann würde ich mich aufgrund dieses Wissens zwar darauf verlassen können, dass sie ihr Versprechen halten und mir mein Geld zurückgeben wird, aber ich würde ihr in diesem Fall nicht vertrauen können, weil ihr Verhalten einerseits zu berechenbar für mich ist und andererseits wiederum auf einer Motivation der falschen Sorte beruht.[37]

Bezeichnenderweise werden meine emotionalen Reaktionen auf den Fall, in dem meine Erwartungen nicht erfüllt werden, in solchen Kontexten anders ausfallen als in Fällen, in denen ich einer anderen Person tatsächlich vertraut habe. Sollte mir die moralische Heilige doch nicht das Geld zurückgeben oder der Schuldner aus dem Fallbeispiel, das ich im Zusammenhang mit Hardins Position eingeführt habe, dumm genug sein, meinen Zorn als Mafiaboss herauszufordern, dann werde ich vielleicht enttäuscht sein, dass etwas nicht so geklappt hat, wie ich es mir vorgestellt hatte, oder ich werde mich ärgern, dass ich weitere Schritte unternehmen muss, um an das geliehene Geld zu kommen; entscheidend ist aber, dass ich mich im Gegensatz zu dem Fall, in dem ich einer anderen Person vertraut habe, nicht von meinen säumigen Schuldnern *betrogen fühlen werde*: „The trusting can be betrayed, or at least let down, and not just disappointed" (Baier 1986, S. 99).

---

[37] Diese letzte Behauptung mag Anlass zu kritischen Nachfragen geben und sollte an dieser Stelle tatsächlich *cum grano salis* gelesen werden. Einer der Seiteneffekte der Vertrauenstheorie, die ich in der Folge entwickle, besteht in der Einsicht, dass Situationen, in denen wir von anderen Personen abhängen, in dem Sinne *überdeterminiert* sein können, dass wir uns auf sie sowohl lediglich verlassen, als auch in diesem Verlassen zusätzlich dadurch rational gestützt werden, dass wir in einer Vertrauensbeziehung zu ihnen stehen. Entsprechend könnte ich der moralischen Heiligen vertrauen, wenn auf sie das kontrafaktische Konditional zutreffen würde, dem zufolge sie mir auch dann das geliehene Geld zurückgeben würde, wenn sie ihre moralischen Dispositionen nicht hätte.

Der von Baier auf diese Weise eingeführte Unterschied zwischen dem Gefühl der Enttäuschung und dem tiefer reichenden Gefühl von Betrogensein ist im Rahmen der philosophischen Vertrauensdiskussion zu einer Art Lackmustest für Vertrauen geworden: Will man wissen, ob in einer Situation, in der eine Person sich darauf verlässt, dass eine andere Person etwas tun wird, diese Person Vertrauen oder bloßes Sich-Verlassen an den Tag legt, muss man sich nur vorstellen, dass die Erwartung dieser Person enttäuscht wird, und der Frage nachgehen, ob sie in dieser Situation eher Anlass hätte, lediglich enttäuscht zu sein oder sich richtiggehend hintergangen zu fühlen und der anderen Person gegenüber reaktive Einstellungen wie Groll an den Tag zu legen. Dieser Unterschied ist aber nicht nur epistemisch relevant, wenn es darum geht, Fälle von Vertrauen von Fällen abzusondern, in denen bloßes Sich-Verlassen vorliegt: Mit der Bezugnahme auf die angesprochenen reaktiven Einstellungen wird zudem deutlich gemacht, dass Vertrauensbrüche eine besondere Tiefe haben, die die vertrauenden Personen zu besonderen emotionalen Reaktionen befugt. Die im Raum stehende These ist ja nicht nur, dass wir typischerweise mit Groll reagieren, wenn unser Vertrauen gebrochen wird, sondern dass solche emotionalen Reaktionen angemessen oder sogar gerechtfertigt sind.[38]

Bedenkt man, dass reaktive Einstellungen wie Groll in höchstem Maße handlungsrelevant sind, so dass Personen, die grollen, nicht nur Subjekte eines Gefühls mit einem bestimmten phänomenologischen Inhalt sind, sondern typischerweise von ihrem Groll dazu motiviert werden, bestimmte Dinge *zu tun*, dann lässt sich zumindest in Ansätzen erkennen, inwiefern die Grenzziehung zwischen Vertrauen und bloßem Sich-Verlassen eine besondere Relevanz hat. Vertrauensbrüche machen nicht nur emotionale Reaktionen angemessen, sondern es kann auch angemessen sein, die Person, die mein Vertrauen gebrochen hat, auf eine bestimmte Weise zu behandeln. Welche Handlungstypen hier in Frage kommen, ist von dem konkreten Vertrauensbruch abhängig. Es lässt sich aber in jedem Fall plausibel machen, dass eine Person, deren Vertrauen enttäuscht wurde, zumindest den legitimen Anspruch hat, der Person, von der sie sich betrogen fühlt, Vorwürfe zu machen, von ihr eine Erklärung zu fordern oder sich letzten Endes sogar von ihr ganz abzuwenden.

Ein zentraler Grund, warum es wichtig ist, den Unterschied zwischen Vertrauen und bloßem Sich-Verlassen nicht zu verwischen, besteht also darin, dass

---

[38] Man könnte sogar weitergehend die These verteidigen, dass solche emotionalen Reaktionen rational gefordert sind: Wer auf einen Vertrauensbruch mit emotionaler Indifferenz reagiert, kann dieser These zufolge rational dafür kritisiert werden, dass er in seiner Indifferenz mangelnde Wertschätzung zum Ausdruck bringt. Zur rationalen Kritisierbarkeit von Emotionen bzw. ihrem Ausbleiben vgl. Helm 2001 und Betzler 2012.

beide Formen der Bezugnahmen auf das zukünftige Verhalten einer anderen Person jeweils Gründe für andere Reaktionen darauf generieren, dass diese andere Person sich doch nicht so verhält, wie man es erwartet hat. Verwechselt man Vertrauen und bloßes Sich-Verlassen, so läuft man entsprechend Gefahr, irrational zu reagieren, was, wie angedeutet, durchaus auch im Sinne irrationalen Handelns verstanden werden kann: Personen können in Vertrauenskontexten zu teilnahmslos und in Verlassenskontexten zu heftig reagieren. Wir sind also gut beraten, genau zu verstehen, wo der Unterschied zwischen Vertrauen und bloßem Sich-Verlassen zu verorten ist, und so verwundert es nicht, dass es in der philosophischen Debatte eine Art Adäquatheitskriterium für Theorien des Vertrauens darstellt, diesen Unterschied und den damit zusammenhängenden Unterschied zwischen verschiedenen Formen der emotionalen Reaktion auf nicht erwartetes Verhalten einzufangen und erklären zu können. Auch ich denke, dass dies die zentrale Aufgabe für eine Vertrauenstheorie darstellt, und ich bin zudem der Auffassung, dass keine der zurzeit vertretenen Theorien dieser Aufgabe wirklich gerecht wird. Der Vorschlag, den ich in der vorliegenden Arbeit entwickeln werde, indem ich Vertrauen als ein Prädikat interpretiere, das eine Beziehungsform charakterisiert, scheint mir diesbezüglich besonders vielversprechend zu sein, und ich werde darauf in den folgenden Kapiteln immer wieder zurückkommen. Wie sieht aber Baiers eigene Explikation des Unterschieds zwischen bloßem Sich-Verlassen und Vertrauen aus?

Es ist nicht immer einfach, aus Baiers komplexen und empirisch reichhaltigen Ausführungen eine systematische Argumentation herauszudestillieren, doch im Wesentlichen scheint sie die folgende Geschichte zu erzählen:[39] (1) Personen sind Wesen, denen Dinge wie die eigene Gesundheit, das Wohlergehen von Familienmitgliedern und Freunden oder die eigenen Hobbys und Projekte *am Herzen liegen*; (2) in der Regel liegen uns so viele Dinge am Herzen, dass wir uns nicht jederzeit gleichermaßen um sie alle kümmern können; (3) deswegen sind wir darauf angewiesen, dass andere Personen sich manchmal stellvertretend für uns darum kümmern, was uns am Herzen liegt; (4) es ist uns aber nicht immer möglich, Situationen entstehen zu lassen, in denen wir uns (bloß) darauf verlassen können, dass andere Personen sich auf angemessene Weise um die Dinge kümmern, die uns am Herzen liegen; (5) deshalb müssen wir uns manchmal gegenüber den Personen, die sich stellvertretend für uns um die Dinge kümmern, die uns am Herzen liegen, *verletzlich* machen; (6) diese akzeptierte Verletzlichkeit[40]

---

[39] Vgl. zum Folgenden vor allem Baier 1986.
[40] Vgl. Baiers Bestimmung von Vertrauen als „accepted vunerability to another's possible but not expected ill will (or lack of good will) toward one" in Baier 1986, S. 235.

muss aber nicht zwangsläufig blind sein, weil wir uns auch *auf eine spezifische Weise* auf die Personen, die sich um die Dinge, die uns wichtig sind, verlassen können; (7) und diese spezifische Weise des Sich-Verlassens besteht schließlich darin, dass wir uns *auf das Wohlwollen* der Personen, denen wir von uns wertgeschätzte Dinge anvertrauen, verlassen. Um von Vertrauen reden zu können, muss Baier zufolge also von Seiten der vertrauenden Person unterstellt werden, dass die Person, der sie vertraut, ihr *wohlwollend* gegenüber eingestellt ist. Und dieses ‚Unterstellen' lässt sich am einfachsten im Sinne einer entsprechenden Überzeugung verstehen.

Ein Problem, das sich mit dieser Sicht der Dinge verbindet, hat direkt mit der Unterscheidung zwischen Vertrauen und bloßem Sich-Verlassen zu tun. Wenn Baier der Auffassung ist, dass Vertrauen eine Unterklasse von Sich-Verlassen ist – so dass die Bezugnahme auf ‚bloßes Sich-Verlassen' als Abgrenzung zu Vertrauen überhaupt einen Sinn hat – dann kann Vertrauen nicht im Sinne einer Überzeugung verstanden werden, denn bei Sich-Verlassen und Überzeugtsein handelt es sich um verschiedene Typen von Einstellungen. Sollte es tatsächlich Baiers Ansicht sein, dass Vertrauen eine Form des Sich-Verlassens ist, das sich vom bloßen Sich-Verlassen dadurch unterscheidet, dass es auf der Grundlage einer Überzeugung über das Wohlwollen einer anderen Person erfolgt, dann wäre ihr Ansatz eher in der Nähe von voluntaristischen Vertrauenstheorien anzusiedeln, wie ich sie weiter unten diskutiere: Als Sich-Verlassen wäre Vertrauen dann eher im Sinne einer Handlung denn als eine Einstellung, *auf der* Handlungen basieren, zu verstehen.

Ich denke, es sprechen dennoch gute Gründe dafür, Baiers Ansatz als einen kognitivistischen Ansatz zu verstehen. Zum einen kann darauf hingewiesen werden, dass – selbst wenn sie tatsächlich einen ‚gemischten' Ansatz vertreten würde, dem zufolge Vertrauen damit zu identifizieren ist, dass eine Person sich auf der Basis einer bestimmten Überzeugung auf eine andere Person verlässt – die Komponente der Überzeugung über das Wohlwollen der anderen Person darin in jedem Fall die zentrale Rolle spielen würde und als Kernelement des Vertrauensverständnisses von Baier betrachtet werden müsste. Zum anderen wendet Baier sich selbst explizit gegen einen Ansatz, der Vertrauen im Sinne eines aktivischen *Anvertrauens* auffasst, und sie begründet ihre diesbezüglich oft missverständliche Ausdrucksweise damit, dass sie anders nicht gut deutlich machen könnte, inwiefern bei Vertrauen stets ein wertgeschätzter Vertrauensgegenstand auf dem Spiel steht.[41]

---

41 Vgl. Baier 1986, S. 240: „What I have tried to take from the notion of entrusting is not its voluntarist and formalist character but rather the possible specificity and restrictedness of what is entrusted, along with the discretion the trustee has in looking after that thing."

Nehmen wir also zunächst an, dass Baier als Vertreterin eines kognitivistischen Ansatzes betrachtet werden muss: Wie ist dann ihre Explikation des Unterschieds zwischen Vertrauen und Sich-Verlassen zu verstehen? Die Antwort auf diese Frage muss offenbar etwas mit dem Begriff des Wohlwollens zu tun haben. Die Idee, die Baier nahezulegen scheint, besteht in der Annahme, dass die besonders tiefen emotionalen Reaktionen, die wir bei Vertrauensbrüchen an den Tag legen, dadurch zu erklären sind, dass wir in solchen Situationen einerseits ein Gut, das uns am Herzen liegt, gefährdet sehen, und andererseits von einem Augenblick auf den anderen einsehen müssen, dass uns eine Person nicht so wohlwollend gegenüber eingestellt ist, wie wir es gedacht haben.

Es stellt sich an dieser Stelle unmittelbar die Frage, warum das eine plausible Erklärung sein sollte: Es mag zwar schön und praktisch sein, von wohlwollenden Menschen umgeben zu sein, und so wird die Einsicht darin, dass eine Person weniger wohlwollend ist, als ich es vermutet hatte, immer mit einem Gefühl der Enttäuschung einhergehen. Aber explikationsbedürftig sind ja gerade nicht solche Gefühle der Enttäuschung, sondern tiefere Gefühle von Betrogensein. Kann ich mich auf angemessene Weise hintergangen fühlen, wenn ich feststelle, dass eine Person mir gegenüber weniger Wohlwollen an den Tag legt, als ich es gedacht habe? Ich denke, man muss eine negative Antwort auf diese Frage geben. Nicht vorhandenes Wohlwollen kann zwar als Symptom für etwas verstanden werden, was uns einen Anlass zu einer intensiveren emotionalen Reaktion gibt – z. B. weil wir dadurch erkennen, dass jemand nicht der Freund ist, für den er sich ausgibt –, aber *für sich genommen* ist es nichts, was die Angemessenheit der im Rahmen von Vertrauensbrüchen an den Tag gelegten Reaktionen erklären würde.

Stellt man diese Bedenken zunächst zur Seite so ist allerdings festzustellen, dass Baiers kognitivistischer Vorschlag durchaus Vorteile gegenüber den bislang betrachteten Vertrauenstheorien hat: Dass eine Person mir wohlwollend gegenüber eingestellt ist, impliziert noch nicht, dass sie auf jeden Fall das tun wird, was ich von ihr erwarte; es ist also auf Seiten der von Wohlwollen ausgehenden Person ein Ausmaß an epistemischer Unsicherheit vorhanden, das hinreichend scheint, um von Vertrauen reden zu können. Zudem ist damit ein Bezug der Person, der vertraut wird, auf die vertrauende Person begrifflich verankert: Eine andere Person kann nicht mir gegenüber wohlwollend eingestellt sein, ohne sich auf irgendeine Weise auf mich als Person zu beziehen.[42] Schließlich

---

[42] Eine Ausnahme könnten Fälle von Personen darstellen, die *allgemeines Wohlwollen* an den Tag legen, d. h. jeder anderen Person gegenüber wohlwollend sind. Es gibt gute Gründe für die Annahme, dass ich so einer Person nicht vertrauen könnte – Gründe, die analog zu den Grün-

scheint eine wohlwollende Haltung als Motivation dafür, den Erwartungen einer anderen Person zu entsprechen, kompatibler mit Vertrauen zu sein als etwa Furcht vor einer Strafe oder Überlegungen, die mit Eigennutz zu tun haben.

Baiers Position hat diese Vorzüge, weil in ihrem Rahmen der Gehalt der mit Vertrauen zu identifizierenden Überzeugung auf eine andere Weise bestimmt wird als etwa bei Gambetta, O'Neill oder Hardin. Die Gemeinsamkeit dieser Ansätze besteht wiederum darin, dass sie Vertrauen mit einer Überzeugung identifizieren. Eine evidenzbasierte Vertrauenstheorie hat demnach immer mindestens zwei Teile: Zum einen identifiziert sie Vertrauen mit einem bestimmten ‚evidenzsensitiven' Einstellungstyp; und zum anderen bestimmt sie, was als die für Vertrauen relevante Evidenz zu gelten hat. Wollte man eine kognitivistische Theorie als Konkurrenztheorie zu den bislang von mir rekonstruierten Theorien formulieren, müsste man sich entsprechend überlegen, welche Eigenschaft von Personen einen besseren Kandidaten für eine vertrauenskonstituierende Eigenschaft darstellt als etwa das Wohlwollen, das eine andere Person einem entgegenbringen kann. Nach diesem einfachen Rezept ließen sich zahlreiche ‚innovative' kognitivistische Theorien konstruieren, deren Vorzüge und Nachteile man dann im Detail diskutieren könnte.[43] Ich werde diese Strategie nicht verfolgen und auch andere kognitivistische Theorien, die zurzeit vertreten werden,[44] nicht im Detail diskutieren, weil die Schwierigkeiten, die sich meiner Auffassung nach mit diesen Theorien verbinden, grundsätzlicherer Natur sind.

1.3.1.3 Die nicht-kognitivistische Alternative

Was ich damit meine, lässt sich in einem ersten Schritt einsehen, wenn man bedenkt, dass eine kognitivistische Theorie wie die von Baier nicht nur an der Stelle angreifbar ist, an der es darum geht, den Inhalt der mit Vertrauen zu identifizierenden Überzeugung zu spezifizieren. Es lässt sich auch prinzipiell in Zweifel ziehen, dass Vertrauen überhaupt eine Form des Überzeugtseins darstellt. Genau das ist die Strategie der nicht-kognitivistischen oder, wie ich mich auch ausdrücken werde, affektbasierten Alternative, die ich anhand des Ansatzes von Karen Jones rekonstruieren möchte.

---

den zu verstehen sind, die ich weiter oben im Zusammenhang mit der Figur der moralischen Heiligen angedeutet habe.

43 Zum Beispiel könnte man die Thesen vertreten, dass eine Person P1 einer Person P2 vertraut, wenn P1 der Überzeugung ist, dass P2 im Hinblick auf P1 *anständig* ist; oder *kein Egoist* ist; oder *integer* ist; oder *dieselben Werte* hat.

44 Zu den interessantesten weiteren Ansätzen zählen Hieronymi 2008 und McMyler 2011.

Jones modelliert ihren Ansatz explizit in Abgrenzung gegen Baier, wobei sie Baier sowohl als Vertreterin einer kognitivistischen Position kritisiert, als auch Einwände formuliert, die gegen eine voluntaristische Interpretation von Baier sprechen, nach der sie Vertrauen als eine Form des Sich-Verlassens versteht. An dieser Stelle interessiert mich im Grunde nur der anti-kognitivistische Teil der Ausführungen von Jones. Weil aber voluntaristische Ansätze im nächsten Abschnitt sogleich zum Thema werden, lohnt es sich, Jones' Argumente in ihrem Zusammenhang nachzuvollziehen. Sie beginnt ihre kritischen Ausführungen mit der Bemerkung, dass eine angemessene Theorie des Vertrauens mit drei Behauptungen über Vertrauen kompatibel sein sollte, die Jones selbst für „fairly obvious facts" (Jones 1996, S. 15) hält: (i) Vertrauen und Misstrauen stehen Jones zufolge nicht in einem kontradiktorischen, sondern in einem konträren Gegensatz zueinander; (ii) man kann sich ihrer Ansicht nach zu Vertrauen nicht entschließen; und (iii) Vertrauen generiert Überzeugungen, die üblicherweise extrem resistent gegenüber Anzeichen sind, die gegen Vertrauen sprechen. Diesen drei ‚Tatsachen' entsprechen drei Einwände von Jones, von denen die ersten zwei sich gegen Baier in einer voluntaristischen Lesart und der dritte gegen Baiers Ansatz als kognitivistische Theorie wenden.

Zu (i): Dass Vertrauen und Misstrauen keine kontradiktorischen Gegensätze darstellen, bedeutet, dass man aus der Abwesenheit von Vertrauen nicht auf das Vorliegen von Misstrauen schließen kann. Abgesehen von Vertrauen und Misstrauen ist es möglich, Personen gegenüber eine dritte Haltung einzunehmen, nämlich die Haltung der Indifferenz. Versteht man Vertrauen allerdings im Sinne eines Sich-Verlassens bzw. Anvertrauens, wie Baier es an manchen Stellen ihrer Ausführungen nahelegt, scheint es diese dritte Option nicht mehr zu geben. Man stelle sich beispielsweise eine Situation vor, in der ich überlege, ob ich einem Bekannten, der dringend ein Fortbewegungsmittel braucht, mein Fahrrad leihen soll. Hier kann ich entweder zu dem Schluss gelangen, dass der Bekannte mir gegenüber hinreichend wohlwollend eingestellt ist, um davon auszugehen, dass er versuchen wird, mein Fahrrad mit der gebotenen Vorsicht zu behandeln; in diesem Fall werde ich mich ihm gegenüber verletzlich machen, indem ich ihm mein Fahrrad anvertraue. Oder ich gelange zu dem Schluss, dass der Bekannte mir gegenüber nicht hinreichend wohlwollend eingestellt ist, um mein Fahrrad sachgemäß zu behandeln; in diesem Fall werde ich davon Abstand nehmen, mich ihm gegenüber verletzlich zu machen und ihm mein Fahrrad nicht anvertrauen.

Den letzteren Fall kann man aber nur als eine Situation beschreiben, in der ich meinem Bekannten im Hinblick auf mein Fahrrad nicht nur nicht vertraue, sondern richtiggehend misstraue. In der beschriebenen Situation habe ich auch keine andere Wahl als dem Bekannten entweder zu vertrauen oder ihm zu misstrauen: Einmal danach gefragt, ob ich ihm das Fahrrad leihen werde, steht mir – immer vorausgesetzt, dass keine anderen Gründe dagegen sprechen, ihm das Fahrrad zu leihen – nicht offen, mich auf den Standpunkt der Indifferenz zu stellen. Dass mir diese Option nicht offen steht, liegt daran, dass Vertrauen in dem vorliegenden theoretischen Rahmen als eine Form des Sich-Verlassens interpretiert wird, sowie daran, dass Sich-Verlassen und Sich-nicht-Verlassen in einem kontradiktorischen Gegensatz zueinander stehen. Wenn Vertrauen und Misstrauen aber tatsächlich nur in einem konträren Gegensatz zueinander stehen, dann muss an einer solchen Interpretation von Vertrauen etwas faul sein, und man sollte aufhören, Situationen des Anvertrauens als paradigmatisch für eine Analyse von Vertrauen zu betrachten.

Zu (ii): Wenn Vertrauen als eine Form des Sich-Verlassens interpretiert wird, dann wird es, wie bereits angedeutet, eher im Sinne einer Tätigkeit als ein Zustand oder eine Einstellung verstanden; zu Tätigkeiten kann ich mich allerdings entschließen: Ich kann mich an jedem beliebigen Punkt meiner deliberativen Prozesse dazu entschließen, einer anderen Person einen von mir wertgeschätzten Gegenstand anzuvertrauen, vorausgesetzt dass ich davon ausgehe, dass die Person, der ich etwas anvertrauen möchte, mir wohlwollend gegenüber eingestellt ist. Genauso gut kann ich mich aber auch dagegen entscheiden, mich in dieser Situation auf die betreffende Person zu verlassen, auch wenn sie mir gegenüber wohlwollend eigestellt ist. Ob ich mich angesichts von Wohlwollen auf eine Person verlasse oder nicht, ist meiner willentlichen Kontrolle unterworfen und hängt von Faktoren ab, die nicht direkt mit der Frage zu tun haben, ob mein potentieller Vertrauenspartner wirklich vertrauenswürdig ist oder nicht. Sollte es aber stimmen, dass Vertrauen nichts ist, wozu man sich entschließen kann, muss eine solche Analyse wiederum scheitern. Wie kommt man aber auf die Idee, dass man sich zu Vertrauen nicht entschließen kann? Jones selbst begründet diese These nicht, und verweist stattdessen auf Textstellen, an denen Baier selbst einer ähnlichen Auffassung anzuhängen scheint.[45]

Die Strategie, die Jones hier einschlagen müsste, besteht wiederum darin, spezifische Situationen zu beschreiben, um dann an allgemeine Intuitionen zu appellieren, denen zufolge es sich bei solchen Situationen um paradigmatische Vertrauenssituationen handelt. So könnte man etwa die Situation eines Liebespaares – A und B – beschreiben, das einige Jahre glücklich miteinander verbracht hat, bis B eine Affäre mit einer anderen Person angefangen hat. Die Affäre fliegt nach einiger Zeit auf, woraufhin B sie sofort beendet. A ist klarerweise verletzt, aber weil sie bislang eigentlich ziemlich glücklich miteinander waren, will A es

---

[45] Vgl. Jones 1996, Fn. 12.

mit B weiter versuchen. Es vergehen Tage und Wochen, in denen A und B sich extreme Mühe miteinander geben, aber die Beziehung wird immer mehr zur Qual. Schließlich sagt A, sie wünschte es wäre anders, aber sie könne B nicht vertrauen. In so einer Situation scheint es tatsächlich, dass A nicht die Wahl hat, B zu vertrauen: Es ist kein Mangel an Entschlusskraft, der A daran hindert, B wieder zu vertrauen.[46] Wenn es sich bei dieser Situation tatsächlich um einen typischen Vertrauenskontext handelt, dann zeigt sie uns, dass Vertrauen nichts ist, was unter der willentlichen Kontrolle von Personen steht. Genau auf diese These sind aber Vertreter voluntaristischer Ansätze festgelegt, nach denen Vertrauen eine Form des Sich-Verlassens darstellt.

Zu (iii): In welchem Sinne impliziert Vertrauen Überzeugungen, die besonders resistent gegenüber Anzeichen sind, die gegen Vertrauen sprechen? In diesem Zusammenhang muss wiederum an Fallbeispiele gedacht werden, etwa das folgende:[47] A ist eine angesehene Politikerin, die in den Verdacht der Korruption geraten ist; in den Medien tauchen Informationen auf, die nahelegen, dass A in der Vergangenheit tatsächlich Gefälligkeiten von Seiten von Wirtschaftsunternehmern angenommen hat, die in der Folge von As politischen Entscheidungen profitiert haben; nach und nach kommen immer mehr belastende Hinweise ans Tageslicht, doch A beteuert ihre Unschuld. Für einen unbeteiligten Beobachter sind die kolportierten Informationen hinreichend, um zu der Überzeugung zu gelangen, dass A sich tatsächlich der Korruption schuldig gemacht hat, oder zumindest nicht mehr davon auszugehen, dass sie unschuldig ist; ganz anders stellt sich die Situation für B dar, der seit Jahren mit A befreundet ist; auch ihm gegenüber beteuert A ihre Unschuld; weil B A vertraut, indem er davon ausgeht, dass A ihm gegenüber wohlwollend eingestellt ist, haben die von den Medien kolportierten Berichte nicht dieselbe Auswirkung auf Bs Überzeugungen im Hinblick auf die Frage, ob A korrupt ist, wie für einen beliebigen unbeteiligten Beobachter der Situation; er glaubt weiterhin an ihre Unschuld, während der Rest der Republik A bereits für eine windige Politikerin hält.

---

46 An dieser Stelle ließe sich vielleicht einwenden, dass diese Situation nicht primär ein Beispiel für eine Vertrauenskrise als für eine Beziehungskrise darstellt: Verloren ist nicht so sehr Vertrauen im spezifischen Sinn einer dreistelligen Relation, sondern ein generelles, vom Kontext unabhängiges Vertrauen, das nicht an bestimmte Handlungszusammenhänge gekoppelt ist. Ein solcher Einwand wäre Wasser auf meine Mühlen, da ich im Rahmen dieser Arbeit dafür argumentiere, dass Vertrauen primär als eine Beziehungsform zu verstehen ist. Von dieser Warte aus lässt sich plausibel behaupten, dass beides stimmt: Der Betrug von B hat die Beziehung zwischen A und B *als Vertrauensbeziehung* beschädigt.
47 Vgl. auch die Diskussion in Baker 1987.

Wenn Vertrauen aber wesentlich darin besteht, dass eine Person eine – wenn auch spezifische, weil auf das Wohlwollen der anderen Person gerichtete – Überzeugung hat, dann ist nicht einzusehen, inwiefern Anzeichen, die im Regelfall gegen die Wahrheit einer bestimmen Proposition sprechen, es nicht auch im Fall von Vertrauen tun sollten: Für sich genommen ist die das Vertrauen von B konstituierende Überzeugung, dass A ihm gegenüber wohlwollend eingestellt ist, eine Überzeugung wie jede andere und sollte dementsprechend auf gewöhnliche Weise sensitiv gegenüber relevanten Tatsachen sein.[48] Wenn die Beschreibung des Fallbeispiels als eine Situation von Vertrauen angemessen ist, dann folgt daraus, dass Bs Vertrauen nicht im Sinne des Überzeugtsein über As Wohlwollen ihm gegenüber verstanden werden kann, und Baiers Ansatz scheitert auch in seiner kognitivistischen Lesart.

Ein damit eng zusammenhängender Einwand macht auf die Tatsache aufmerksam, dass Vertrauen durch rationale Reflexion unterminiert werden kann.[49] In dieser Hinsicht scheint es sich ganz anders zu verhalten als eine Überzeugung: Obwohl das bewusste Abwägen der Gründe, die für bzw. gegen unsere Überzeugungen sprechen, für die Rechtfertigung dieser Überzeugungen nicht notwendig ist, so ist doch klar, dass wir solche Gründe abwägen *können*, ohne unsere Überzeugungen dadurch in Frage zu stellen. Im Gegensatz dazu würde in einer Situation, in der ich z. B. einem Freund ein Geheimnis anvertraut habe, mein beständiges Überprüfen der Anzeichen, die dafür oder dagegen sprechen, dass er Stillschweigen darüber bewahren wird, letzten Endes dazu führen, dass mein Vertrauen in seine Diskretion Schaden nimmt oder sogar ganz zerstört wird. Vertrauen, so die weit verbreitete Intuition, ist inkompatibel mit nagenden Zweifeln und dem Überprüfen von Gründen, während solche epistemischen Prozesse Überzeugungen typischerweise keinen Abbruch tun.

Der Schluss, den Jones aus diesen Einwänden gegen Baier zieht, ist dass eine angemessene Analyse von Vertrauen notwendig eine affektive oder emotionale Komponente beinhalten muss. Sie verortet diese affektive Komponente in einer *optimistischen Einstellung* darüber, dass das Wohlwollen einer anderen Person sich auf den Bereich meiner Interaktionen mit ihr erstrecken wird.[50] Im

---

48 Vgl. Jones 1996, S. 19 f.: „[A]s a belief of perfectly ordinary sort, [the belief that another person has goodwill] should not be abnormally resistant to evidence, and it should not lead us to hold additional beliefs that are themselves abnormally resistant to evidence. But the beliefs we form on the basis of trust are abnormally resistant to evidence."
49 Vgl. hierzu McLeod 2020, Abs. 70.
50 Für alternative Formulierungen eines affektbasierten Ansatzes vgl. Becker 1996 und McLeod 2002. Beide Ansätze lassen sich ebenso wie Jones' Ansatz als nicht-kognitivistische, aber immer noch evidenzbasierte Vertrauenstheorien verstehen. Sie unterscheiden sich von Jones in der Frage,

Anschluss an Emotionstheorien,[51] wie sie etwa von Ronald de Sousa vertreten werden, versteht Jones die optimistische Haltung der vertrauenden Person als eine „distinctive way of seeing another [person]" (Jones 1996, S. 11), die es dieser Person in spezifischen Handlungssituationen erlaubt, die Anzahl der zu berücksichtigenden Faktoren, welche das Verhalten und die motivationale Struktur der zu vertrauenden Person betreffen, auf eine überschaubare Anzahl zu beschränken. Wenn ich einer anderen Person vertraue, so Jones, dann befinde ich mich in einem spezifischen emotionalen Zustand, der diese Person für mich in einem bestimmten Licht erscheinen lässt, so dass ich auf andere Weise und zu jeweils anderen Interaktionen mit ihr befugt bin, als im Hinblick auf Personen, denen ich nicht vertraue.[52]

Wird Vertrauen auf diese Weise als eine emotionale Einstellung interpretiert, so ist einfach zu sehen, inwiefern die drei Adäquatheitsbedingungen, die Jones für die Begriffsbestimmung von Vertrauen aufstellt, erfüllt sind: Zum einen stehen Emotionen in der Regel in einem konträren Gegensatz zueinander, weil es immer auch möglich ist, gar keine solcher Emotionen zu haben: Aus der Tatsache, dass ich im Hinblick auf einen Sachverhalt der Welt nicht optimistisch eingestellt bin, folgt noch nicht, dass ich diesbezüglich pessimistisch eingestellt bin. Ich kann auch emotional neutral bleiben. Zum anderen sind Personen zwar typischerweise in der Lage, ihre emotionalen Dispositionen über die Zeit zu verändern, um auf angemessene Weise bestimmten Sachverhalten in der Welt emotional zu begegnen, doch bedeutet das keinesfalls, dass wir uns in jeder Situation und zu jedem beliebigen Zeitpunkt dazu entschließen können, auf eine bestimmte Weise emotional zu reagieren. Schließlich erweisen sich emotionale Einstellungen als genau auf die von Jones für Vertrauen geforderte Weise resistent gegenüber Anzeichen, die zu einer Veränderung der entsprechenden Überzeugungen geführt hätten. Die drei Adäquatheitskriterien sind also im Rahmen von Jones Ansatz erfüllt.

---

was jeweils als Evidenz zu gelten hat, d. h. was jeweils als Kriterium der Vertrauenswürdigkeit anzunehmen ist. Becker glaubt, dass wir vertrauenswürdigen Personen eine bestimmte Motivlage unterstellen, die wir dann als vertrauende Personen affektiv wahrnehmen, während McLeod bei Vertrauenswürdigkeit auf die moralische Integrität von Personen abhebt. Für eine erhellende Rekonstruktion der verschiedenen Weisen, wie ein als emotionaler Zustand verstandenes Vertrauen unser Leben in verschiedenen sozialen Kontexten prägt, vgl. Lahno 2002.
51 Vgl. de Sousa 1987.
52 Jones' Ansatz wird durch eine kognitive Komponente ergänzt, der zufolge es eine notwendige Bedingung für Vertrauen darstellt, dass ich die Erwartung habe, dass die Person, der ich vertraue, in ihren Interaktionen mit mir von dem Gedanken motiviert wird, dass ich auf sie zähle; vgl. Jones 1996, S. 8 ff. Es ist aber die affektive Komponente, die bei Jones den Großteil der theoretischen Arbeit bei der Begriffsbestimmung von Vertrauen leistet, weswegen ich mich im Rahmen der vorliegenden Rekonstruktion darauf beschränke.

Gleichzeitig sollte dieser Ansatz aber immer noch als ein evidenzbasierter Ansatz verstanden werden. Im Hinblick auf die Frage, was Evidenz für Vertrauenswürdigkeit darstellt, unterscheidet sich Jones' Position nicht von der Position von Baier: Beide gehen davon aus, dass das auf mich gerichtete Wohlwollen einer anderen Person hinreichende Evidenz dafür darstellt, dass es sich dabei um eine vertrauenswürdige Person handelt, so dass ich, wenn ich einmal von so einem Wohlwollen ausgehen kann, auch in der Lage bin, der betreffenden Person auf angemessene Weise zu vertrauen. Beide gehen zudem davon aus, dass die Bezugnahme auf Wohlwollen dabei helfen kann, den Unterschied zwischen Vertrauen und Sich-Verlassen einzufangen. Der zentrale Unterschied beider Positionen und der Theorietypen, für die sie in meiner Rekonstruktion stehen, besteht in der Ansicht darüber, wie unser epistemischer Zugang zu der für Vertrauen relevanten Evidenz beschaffen ist: Kognitivisten denken, dass vertrauende Personen epistemische Prozesse, wie sie für das Ausbilden von Überzeugungen charakteristisch sind, durchlaufen, während Vertreter von affektbasierten Ansätzen davon ausgehen, dass unser Zugang zur Vertrauenswürdigkeit anderer Personen über nicht-kognitive Einstellungen vermittelt wird. Bei der Auseinandersetzung zwischen kognitivistischen und affektbasierten Ansätzen handelt es sich also um einen systematischen Konflikt innerhalb der Gruppe der evidenzbasierten Theorien. Der Stein des Anstoßes betrifft hier in der Hauptsache den dritten der soeben rekonstruierten Jones-Einwände – die Frage der besonderen Resistenz von Vertrauen gegenüber Anzeichen, die gegen Vertrauen sprechen, oder, wie ich mich etwas handlicher ausdrücken werde, *die spezielle Beharrlichkeit* von Vertrauen. Während kognitivistische und affektbasierte Theorien auf diese Weise unterschiedliche Interpretationen unseres Zugangs zur Evidenz für Vertrauenswürdigkeit formulieren, lässt sich in der philosophischen Debatte ein prominenter Theorietyp ausmachen, der die gemeinsame Grundlage solcher evidenzbasierter Ansätze in Frage stellt.

1.3.2 Nicht-evidenzbasierte Theorien

Der prominenteste nicht-evidenzbasierte Ansatz findet sich bei Richard Holton. Holton geht explizit davon aus, dass Vertrauen mit Sich-Verlassen zu identifizieren ist, und er vertritt damit eine Theorie, die ich weiter oben als voluntaristisch bezeichnet habe. Dass man sich auf eine für Vertrauen typische Weise darauf verlässt, dass eine Person etwas tun wird, beinhaltet Holtons Ansicht nach keinesfalls eine bestimmte Überzeugung auf Seiten der vertrauenden Person, insbesondere keine Überzeugung im Hinblick auf das Wohlwollen der Person, der vertraut wird, und es impliziert auch keine affektive Einstellung, die das Wohlwollen der anderen Person zum Gegenstand hat. Dass Überzeugungen oder Emotionen, die das Wohlwollen einer anderen Person zum Gegenstand haben, weder notwendig noch hinreichend für Vertrauen sind, versucht Holton unter Zuhilfenahme von Fallbeispielen zu belegen.[53] Wichtiger ist in meinen Augen derjenige Teil von Holtons Ansatz, der sich gegen den evidenzbasierten Aspekt der bislang von mir thematisierten Theorien richtet. In seinen Augen ist Vertrauen wesentlich ein Sich-Verlassen, und er vertritt außerdem die These, dass es etwas ist, wozu man sich nahezu ohne Einschränkung jederzeit entschließen kann. Wie kommt Holton auf diese Idee? Den Hauptteil der Begründungslast tragen in seinem Fall, ganz ähnlich wie im Rahmen der Argumentation von Jones, Fallbeispiele, deren Betrachtung seiner Ansicht nach Verallgemeinerungen über den Vertrauensbegriff erlaubt.

Der für Holton paradigmatische Fall von Vertrauen ist die in Theatergruppen häufig vorkommende Situation, in der eine Person sich nach hinten fallen lassen soll, um von den anderen Teilnehmern, die in einem Kreis um sie herum stehen, aufgefangen zu werden. In so einer Situation, so Holton, liegt es ganz an mir, ob ich mich dazu entschließe, mich fallen zu lassen; und wenn ich mich dazu entschließe, dann heißt das nichts anderes, als dass ich den anderen Teilnehmerinnen vertraue: „If you are like me, there is a moment at which you weigh up whether or not to let yourself fall. How does it feel at that moment? It feels as though you are *deciding* whether or not to trust. I think we should take this feeling at face value: there are circumstances in which we can decide to trust." (Holton 1994, S. 63. Herv. im Orig.) Ein anderes Beispiel, das in diesem Zusammenhang bemüht wird, bezieht sich auf die Situation eines Ladenbesitzers, der das Bewerbungsschreiben eines ehemaligen Gefängnisinsassen erhält und überlegt, ob er das Risiko eingehen soll, ihn einzustellen. Der Ladenbesitzer weiß nichts über den Charakter des ehemaligen Gefängnisinsassen, vor allem weiß er nicht, ob es klug wäre, ihm seinen eigenen Laden in die Obhut zu geben. Hier sieht es wieder so aus, als ob der Ladenbesitzer eine Entscheidung darüber fällen könnte, dem ehemaligen Insassen zu vertrauen, indem er ihn in seinem Laden einstellt, oder ihm eben nicht zu vertrauen, indem er seine Bewerbung ablehnt.[54]

---

[53] In aller Kürze lauten die von Holton lediglich in den Raum gestellten und nicht unproblematischen Szenarien folgendermaßen: Auch ein Heiratsschwindler verlässt sich auf das Wohlwollen seines Opfers; dennoch würden wir nicht davon ausgehen, dass er seinem Opfer vertraut. Soldaten gegnerischer Parteien können nicht von Wohlwollen jenseits der Barrikaden ausgehen; dennoch vertrauen sie während eines Waffenstillstands, dass nicht auf sie geschossen wird; vgl. Holton 1994, S. 65 f.
[54] Vgl. Holton 1994, S. 63 und Faulkner 2007, S. 885 ff.

Weil Holton diese Beispiele für paradigmatische Vertrauensfälle hält, glaubt er, dass Vertrauen etwas ist, wozu wir uns entschließen können. Damit ist er einerseits darauf festgelegt, eine Position zu vermeiden, nach der Vertrauen eine bestimmte Überzeugung darstellt: Beide Thesen zu vertreten – auf der einen Seite die These, dass Vertrauen eine spezifische Form des Überzeugtseins ist, und auf der anderen Seite die These, dass wir uns zu Vertrauen entschließen können –, würde auf eine unplausible Form des epistemischen Dezisionismus hinauslaufen. So könnte ich unter solchen Voraussetzungen etwa einfach ‚für mich' entscheiden, dass eine Person mir wohlwollend gegenüber eingestellt ist, und das scheint absurd. Andererseits lehnt Holton mit seiner Bestimmung von Vertrauen als Sich-Verlassen eine affektbasierte Theorie von Vertrauen ab. Wenn sich die Situation von Personen in einem Fall wie dem Vertrauenskreis-Szenario tatsächlich auf eine bestimmte Weise anfühlt, dann fühlt sie sich kaum danach an, als ob wir uns zu einem bestimmten Gefühl entscheiden würden. Weder zu Überzeugungen noch zu affektiven Zuständen können wir uns ‚einfach so' entschließen, und so muss Holton von der Warte der Fälle, die er als paradigmatisch betrachtet, evidenzbasierte Ansätze ablehnen.

Sich-Verlassen ist für Holton primär eine praktische Einstellung, die typischerweise als Bestandteil von weitergefassten Plänen fungiert.[55] Als solche unterliegt sie den für Pläne charakteristischen Anforderungen an Kohärenz und Konsistenz. Das ist der Grund, weshalb die einzige Situation, in der ich mich Holton zufolge nicht dazu entschließen kann, darauf zu vertrauen, dass eine Person etwas tun wird, genau dann vorliegt, wenn ein anderer Bestandteil meines Plans die Überzeugung ist, dass sie es *auf keinen Fall* tun wird. Ansonsten ist aber jeder Grad an epistemischer Unsicherheit auf Seiten einer Person kompatibel damit, dass sie einer anderen Person vertraut: Wenn ich den Plan habe, nächste Woche illegal in die USA einzuwandern, und wenn das einzige Mittel, das mir zur Verfügung steht, darin besteht, dass ich die Hilfe eines windigen Menschenschmugglers in Anspruch nehme, dann kann Holton zufolge mein Entschluss, mich auf die Hilfe des Menschenschmugglers zu verlassen, mag dieser noch so windig sein, als ein Entschluss, ihm zu vertrauen, verstanden werden, ohne dass ich von seinem Wohlwollen mir gegenüber ausgehen oder anderweitig Anlass haben muss, ihn für vertrauenswürdig zu halten.

An dieser Stelle sieht es so aus, als ob Holton den ‚Lackmustest für Vertrauen', den ich weiter oben im Zusammenhang mit Baiers Position thematisiert habe, nicht besteht. Ist es nicht so, dass Holtons Bestimmung von Vertrauen den Unter-

---

[55] Vgl. Holton 1994, S. 72: „When I rely on someone to do something, I work this reliance into my plans: I plan on the supposition that they will do it."

schied zwischen Vertrauen und bloßem Sich-Verlassen zu verwischen droht? Kann sein Ansatz erklären, inwiefern es bei enttäuschtem Vertrauen zu anderen emotionalen Reaktionen kommt, als bei gescheitertem Sich-Verlassen? Holton ist sich dieses Problems bewusst, und er reagiert darauf mit einem besonderen Manöver. Was Vertrauen von bloßem Sich-Verlassen unterscheidet, ist seiner Auffassung nach die Tatsache, dass ich mich als vertrauende Person *von einem spezifischen Standpunkt* darauf verlasse, dass eine andere Person etwas tun wird: Ich betrachte sie von einem Teilnehmerstandpunkt. Im Anschluss an Strawsons Ausführungen zur ‚participant attitude' expliziert Holton den Teilnehmerstandpunkt als denjenigen Standpunkt, den wir einnehmen, wenn wir gegenüber dem auf uns bezogenen Verhalten anderer Personen reaktive Einstellungen wie Groll oder Dankbarkeit an den Tag legen.[56] Vertrauen, so Holton, ist nichts anderes als ein Sich-Verlassen, das von einem Teilnehmerstandpunkt erfolgt, und insofern ist damit zu rechnen, dass wir in Situationen, in denen unser Vertrauen enttäuscht wird, uns betrogen oder hintergangen fühlen und nicht einfach nur enttäuscht sind, dass etwas nicht so geklappt hat, wie wir es uns vorgestellt haben.

Eine ganz ähnliche Strategie wird von Paul Faulkner verfolgt, der seine komplexe Vertrauenstheorie im Kontext der epistemologischen Debatte zum Wesen und zur Rechtfertigung von Testimonialwissen entwickelt. Faulkners Argumentation im Detail nachzuvollziehen, würde mich zu weit in diese erkenntnistheoretischen Gefilde führen, deshalb beschränke ich mich hier auf die Skizze einer Rekonstruktion. Die Ausgangsfrage von Faulkners Überlegungen lautet, inwiefern es vernünftig ist, das, was eine andere Person uns sagt, zu glauben, und, damit zusammenhängend, wie wir auf der Basis dessen, was andere Personen uns sagen, Wissen erwerben können.[57] Vertreter von reduktiven Theorien vertreten die Auffassung, dass es Sinn macht zu glauben, was andere Personen uns sagen, weil empirisch festgestellt werden kann, dass es starke Korrelationen zwischen Wahrheit und den Behauptungen von Personen gibt; nicht-reduktive Theorien gehen dagegen davon aus, dass a priori gilt, dass Mitteilungen von Personen eine hinreichende Evidenz für Wahrheit darstellen.[58] Die Gemeinsamkeit beider Theorietypen ist, dass sie davon ausgehen, dass das, was Personen uns sagen, im Sinne einer Evidenz für die Wahrheit dessen, was sie uns sagen, zu betrachten ist.

Im Anschluss an Morans ‚assurance view' der Rechtfertigung von Testimonialwissen[59] argumentiert Faulkner nun, dass Theorien dieser Art einen zentra-

---

56 Vgl. Holton 1994, S. 66 ff.
57 Für die folgende Rekonstruktion vgl. Faulkner 2007 und Faulkner 2011.
58 Vgl. Coady 1992 und Burge 1993.
59 Vgl. Moran 2005.

len Aspekt dessen, was in der epistemischen Situation zwischen Sprecher und Hörer passiert, nicht einfangen: Es ist nicht nur so, dass wir Personen, die uns etwas mitteilen, gewissermaßen unpersönlich, als besonders zuverlässige Quellen von Wissen betrachten, so wie man ein Thermometer verwenden kann, um die Temperatur abzulesen. Entscheidend ist vielmehr, dass Sprecher in eine Beziehung zu uns als Hörern treten, indem sie uns implizit versichern, dass sie die Wahrheit sagen, während wir als Hörer darauf angewiesen sind, ihnen in dieser Hinsicht zu vertrauen. Der springende Punkt an Faulkners Argumentation ist, dass wir als Grundlage für dieses Hörervertrauen nicht auf Evidenz zurückgreifen können, weil wir auf diese Weise wieder eine reduktive oder nicht-reduktive Theorie vertreten würden, die letztlich den epistemischen Status unserer ‚aus dritter Hand' erworbener Überzeugungen an die Evidenz bezüglich der Korrelation zwischen Sprechermitteilung und Wahrheit knüpft.

Um dieser Gefahr zu entgehen, unterscheidet Faulkner zwei Vertrauensbegriffe, die er als ‚prädiktives Vertrauen' und als ‚affektives Vertrauen' bezeichnet. Beide Vertrauensbegriffe sind von Faulkner so bestimmt, dass als notwendige Bedingung für Vertrauen angenommen wird, dass die vertrauende Person A sich darauf verlässt, dass eine andere Person S etwas tun wird.[60] Im Fall des prädiktiven Vertrauens wird das Sich-Verlassen durch As Erwartung ergänzt, dass S sich auf diese Weise verhalten wird; im Fall von affektivem Vertrauen muss A erwarten, dass S die Tatsache, dass A sich auf sie verlässt, zum Anlass nehmen wird, sich auf diese Weise zu verhalten. Von entscheidender Bedeutung ist, dass die jeweiligen Erwartungen ganz anderer Natur sind. Im Fall des prädiktiven Vertrauens erwartet A, dass S sich auf eine bestimmte Weise verhalten wird, genauso wie man erwarten könnte, dass es am nächsten Tag regnen wird oder dass der Rasenmäher funktioniert; es handelt sich um eine prädiktive Erwartung. Im Fall des affektiven Vertrauens geht es nicht darum, dass A in ihrer Erwartung eine Vorhersage über das Verhalten von S trifft; das, was sie erwartet, erwartet sie vielmehr *von S*; hier ist eine normative Erwartung im Spiel.

Wenn A nun S vertraut, indem sie glaubt, was er ihr sagt, dann handelt es sich dabei Faulkner zufolge um einen Fall von affektivem Vertrauen. Wäre hier prädiktives Vertrauen am Werk würde man wieder auf eine an Evidenzen orientiere Position zurückfallen, weil die Vorhersage, auf der prädiktives Vertrauen beruht, nicht aus dem nichts erfolgen kann, sondern sich auf Anzeichen dafür stützen muss, dass ein Ereignis mit einer bestimmten Wahrscheinlichkeit eintreffen wird. Affekti-

---

60 Faulkner verwendet an dieser Stelle die Terminologie von „*A* knowingly depends on *S* φ-ing" (Faulkner 2007, S. 880 und 882), aber es ist klar, dass das ‚bewusste Abhängen' von der Handlung einer anderen Person in diesem Kontext als das zu verstehen ist, was ich bislang mit dem Terminus des Sich-Verlassens bezeichnet habe.

ves Vertrauen ist dagegen nicht auf diese Weise abhängig von Evidenz, weil die Erwartung, die seinen Kern darstellt, eine normative Erwartung ist, bei der A lediglich davon ausgehen muss, dass S verstehen kann, dass A sich auf ihn verlässt, und sich zudem von dieser Einsicht motivieren lässt, das zu tun, was A von ihm erwartet.[61] Als ‚affektiv' bezeichnet Faulkner diese Art von Vertrauen, weil die Idee der normativen Erwartung, die darin involviert ist, seiner Ansicht nach nur über die affektiven Einstellungen ausbuchstabiert werden kann, die Personen an den Tag legen, wenn ihr affektives Vertrauen enttäuscht wird: Dass A etwas von S erwartet und auf diese Weise affektives Vertrauen in ihn legt, bedeutet nichts anderes, als dass sie dazu disponiert ist, Einstellungen wie Groll zu empfinden, wenn S nicht das tut, was A von ihm erwartet.[62]

Sieht man von zahlreichen Details ab, auf die eine erschöpfende Rekonstruktion von Faulkners Theorie Rücksicht nehmen müsste, ergibt sich bislang das folgende Bild: Die Unterscheidung zwischen prädiktivem Vertrauen und affektivem Vertrauen entspricht der bislang von mir thematisierten Unterscheidung zwischen Vertrauen und bloßem Sich-Verlassen. Ein Vorteil von Faulkners Vorgehen ist, dass er eine substantielle Charakterisierung dieses Unterschieds vornimmt: Affektives Vertrauen hat nicht nur einen anderen Gegenstand als bloßes Sich-Verlassen, sondern es handelt sich dabei um eine *grundsätzlich andere Form* des Sich-Verlassens. Bloßes Sich-Verlassen ist in dem Sinne ‚bloß' ein Sich-Verlassen, als es ein prädiktives Sich-Verlassen ist, bei dem nichts von der Person erwartet wird, auf die man sich verlässt, während beim ‚eigentlichen' Vertrauen diese Dimension der normativen Erwartung zentral ins Spiel kommt. Faulkner kann auf diese Weise den Unterschied zwischen Vertrauen und bloßem Sich-Verlassen einfangen, und er kann im Gegensatz zu Holton mehr zu diesem Unterschied sagen, als lediglich, dass Vertrauen von einem Teilnehmerstandpunkt erfolgt.[63]

---

[61] An dieser Stelle drängt sich unmittelbar die Frage auf, ob der Vorschlag nicht doch auf eine kognitivistische Theorie hinausläuft. Faulkners Antwort ist nicht gerade zufriedenstellend. Sie besteht in der extrem *ad hoc* wirkenden Einführung des Begriffs der ‚presumption', von dem nicht klar ist, wie er sich von dem Begriff der Überzeugung unterscheiden soll; vgl. Faulkner 2007, S. 884: „[T]hat affective trust implies a presumption of trustworthiness is important, because presumption is not constrained in the same way as belief but can nevertheless figure as a reason for belief."
[62] Vgl. Faulkner 2007, S. 882: „The contrast is between expecting something to happen and expecting something of someone. When we expect something of someone we hold them to this expectation where to do this [...] is to be susceptible to certain reactive attitudes if they do not do what is expected."
[63] Das ist insbesondere dann wichtig, wenn es um die Frage nach den Gründen für Vertrauen geht. Holton kann zu dieser Frage nicht mehr sagen, als dass Personen unterschiedlich sind

Der große Vorteil des Ansatzes von Faulkner ist aber meiner Ansicht nach an einer anderen Stelle zu suchen: Die Weise, wie er den Unterschied zwischen Vertrauen und bloßem Sich-Verlassen bestimmt, ist instruktiv im Hinblick auf eine kritische Bewertung von evidenzbasierten Theorien, seien sie kognitivistisch oder affektbasiert. Man kann sein diesbezügliches Manöver nämlich auch so lesen, dass er allen Einstellungen des Sich-Verlassens, die auf Evidenzen dafür basieren, dass eine Person sich auf eine bestimmte Weise verhalten wird, den prädiktiven Status zuweist, der inkompatibel mit Vertrauen im eigentlichen – d. h. in Faulkners Terminologie affektiven – Sinne ist. Verkürzt gesagt, bedeutet das Folgendes: *Evidenzbasierte Theorien kommen niemals über bloßes Sich-Verlassen hinaus.* Und das läuft darauf hinaus, dass man als Vertreter einer evidenzbasierten Theorie den Unterschied zwischen Vertrauen und Sich-Verlassen nicht einfangen kann. Das ist eine massive und überraschende These, wenn man bedenkt, dass der Unterschied zwischen Vertrauen und Sich-Verlassen auf dem Boden von evidenzbasierten Ansätzen in die Debatte eingeführt wurde.

Ich halte diese These für extrem plausibel. Wir haben bereits im Zusammenhang mit der Diskussion von Baiers Ansatz gesehen, dass sich viele scheinbare Vertrauenskontexte bei näherem Hinsehen als bloße Verlassenskontexte herausstellen. Auch ist nicht klar, wie die Einführung von Begriffen wie z. B. dem Begriff des Wohlwollens die Erwartung, die man an das Verhalten einer anderen Person hat, über den Status des bloßen Sich-Verlassens hinausheben sollte. Ich habe bereits darauf hingewiesen, dass die Tatsache, dass ich davon ausgehe, dass eine Person mir gegenüber wohlwollend eingestellt ist, im Grunde nicht mehr als die Feststellung einer Disposition ist, die mir eine mehr oder weniger zuverlässige Vorhersage über das Verhalten dieser Person ermöglicht. Prinzipiell unterscheidet sich diese Grundlage nicht von den die Kant-Spaziergänge betreffenden Vorhersagen der Bürger von Königsberg. Ob eine prädiktive Annahme auf dem Weg der Ausbildung einer Überzeugung oder unter Einsatz einer evidenzsensitiven affektiven Einstellung gemacht wird, spielt dabei für die Frage nach dem Unterschied zwischen Vertrauen und Sich-Verlassen gar keine Rolle. Wie

---

und nicht jeder von uns auf dieselbe Weise dazu in der Lage ist, den Teilnehmerstandpunkt einzunehmen; das bedeutet, dass er zu dieser Frage im Grunde gar nichts sagt; vgl. Holton 1994, S. 71, meine Hervorh.: „So what are the constraints on trust: whom can I decide to trust, to do what, under which circumstances? [...] What is possible for one person is not possible for another, even in the same circumstances. When we ask *whom we can bring ourselves to trust* we ask what is possible and what is impossible in this sense. And I do not have very much to say." Faulkner hat mehr theoretische Ressourcen, um dieser Frage nachzugehen, allerdings hängt hier alles daran, ob er die Begriffe der normativen Erwartung und der ‚presumption' plausibel mit Gehalt füllen kann; vgl. die Diskussion in Faulkner 2007, S. 885 ff.

kann es sein – so die allgemeine Herausforderung an evidenzbasierte Theorien, die ich aus Faulkners Ansatz herauslese –, dass etwas Evidenz dafür ist, dass eine Person sich auf eine bestimmte Weise verhalten wird, ohne dass diese Evidenz eine Einstellung begründet, die lediglich prädiktiven Charakter hat und damit ein bloßes Sich-Verlassen darstellt?

Ein damit verwandter Aspekt von nicht-evidenzbasierten Theorien, den ich sehr plausibel finde, betrifft die Tatsache, dass in ihrem Rahmen Vertrauen dynamischer verstanden wird als im Rahmen von evidenzbasierten Theorien: Will ich auf angemessene Weise vertrauen, so müsste ich, wenn eine evidenzbasierte Vertrauenstheorie wahr sein sollte, die Personen in meiner Umgebung im Hinblick auf Evidenzen für Vertrauenswürdigkeit überprüfen und dann denjenigen von ihnen vertrauen, deren Vertrauenswürdigkeit einen hinreichend hohen Grad aufweist. Vertreter von nicht-evidenzbasierten Theorien legen dagegen eine Idee nahe, die ich für zentral halte, und die mich auch im Verlaufe meiner positiven Ausführungen in der vorliegenden Arbeit leiten wird: Die Person, die vertraut, und die Person, der vertraut wird, sind auf eine bestimmte, noch näher zu spezifizierende Weise aktiv miteinander beschäftigt.

Die Metapher des Teilnehmerstandpunkts nimmt diese Idee bereits vorweg, und bei Faulkner ist sie so gut wie explizit formuliert. In dem philosophisch relevanten Testimonialfall redet der Sprecher S nicht einfach vor sich hin, sondern er sagt etwas, indem er sich an seine Hörerin A wendet; A wiederum erkennt, dass S in seinem Sprechakt Verantwortung für das übernimmt, was er ihr sagt; S wiederum kann erkennen, dass A in dieser Situation, in der sie dabei ist zu glauben, was S sagt, eine normative Erwartung an ihn hat: Sie erwartet von ihm, dass er das sagt, was er für wahr hält, und sie erwartet, dass er von dieser ersten Erwartung auch tatsächlich dazu motiviert wird, die Wahrheit zu sagen. Es findet also eine subtile und nur in seltenen Fällen bewusste bzw. explizite Interaktion zwischen der vertrauenden Person und ihrem Vertrauensobjekt statt.[64]

Nicht-evidenzbasierte Theorien haben also einen plausiblen Kern, und man kann auf ihrer Grundlage gut erkennen, worin die zentrale Schwierigkeit von evidenzbasierten Ansätzen besteht. Auf der anderen Seite haben nicht-evidenzbasierte Theorien aber ihrerseits einen systematischen Nachteil, der gewissermaßen die Kehrseite davon darstellt, was an diesen Theorien so attraktiv ist: Sie sind voluntaristische Theorien, die davon ausgehen, dass Vertrauen zwar nicht mit Sich-Verlassen zu verwechseln ist, aber eben nur insofern man ein

---

64 Faulkner redet an den einigen Stellen seiner Ausführungen auch tatsächlich davon, dass zwischen der vertrauenden Person und der Person, der vertraut wird, eine *Beziehung* besteht; vgl. etwa Faulkner 2007, S. 887 f.: „The belief that S will φ because A depends on S φ-ing is a belief about the kind of relationship that A has with S."

bloßes Sich-Verlassen im Sinn hat.[65] Für sich genommen ist jeder Fall von Vertrauen aus der Perspektive von nicht-evidenzbasierten Theorien ein Vertrauensakt, zu dem wir uns entschließen können, ohne an die Vertrauenswürdigkeit der Person zu denken, auf die wir uns gerade verlassen. Und das scheint nicht gerade plausibel.

Wie im Zusammenhang meiner Rekonstruktion von kognitivistischen Theorien zu sehen war, kann Vertrauen manchmal unsere Handlungen rationalisieren. Dass ich darauf vertraue, dass eine andere Person etwas tun wird, kann als guter Grund betrachtet werden, etwas zu tun oder nicht zu tun: Ich schließe z. B. mein Tagebuch nicht weg, weil ich darauf vertraue, dass mein Mitbewohner nicht darin blättern wird. Wie sollte man aber diesen rationalisierenden Charakter von Vertrauen verstehen, wenn Vertrauen eine Form des Sich-Verlassens ist und Folge eines Willensaktes sein kann? Wenn ich sage, dass ich darauf vertraue, dass eine Person etwas tun wird, dann habe ich nach voluntaristischer Lesart *bereits gehandelt*, und es macht keinen Sinn, mein Handeln rational auf Vertrauen zu begründen – das Handeln und das Vertrauen sind im systematischen Rahmen voluntaristischer Ansätze ein und dasselbe. Auch scheint es absurd, eine Frage wie ‚Warum lässt Du den ehemaligen Sträfling in deinem Geschäft arbeiten?' mit ‚Weil ich von ihm erwarte, dass er sich ordentlich verhält' beantworten zu wollen.[66]

Vertrauen gibt Akteuren Sicherheit; eine Theorie, die es erlaubt, dass wir uns auf der Basis von normativen Erwartungen zu Vertrauen entschließen können, kann dieser Facette von Vertrauen nicht gerecht werden. Berücksichtigt man die Auseinandersetzung im Lager der evidenzbasierten Theorien, die sich um das Merkmal der speziellen Beharrlichkeit von Vertrauen dreht, taucht ein weiterer Gesichtspunkt auf, für den nicht-evidenzbasierte Theorien keine gute Erklärung haben: Warum sollte Vertrauen gegenüber Evidenzen, die gegen Vertrauen sprechen, besonders resistent sein, wenn es doch den nicht-evidenzba-

---

65 Ob eine Theorie als voluntaristisch zu betrachten ist, lässt sich anhand eines einfachen Tests feststellen: Wenn eine Theorie es zulässt, dass eine Person sich ohne Rücksicht auf die Vertrauenswürdigkeit einer anderen Person dazu entschließen kann, dieser Person zu vertrauen, dann handelt es sich dabei um eine voluntaristische Theorie. So würde man z. B. den Ansatz, den Katherine Hawley vertritt, auf den ersten Blick als einen kognitivistischen Ansatz verstehen, weil Hawley denkt, dass es für Vertrauen notwendig ist, dass die vertrauende Person die Überzeugung hat, dass die Person, der sie vertraut, ein bestimmtes ‚commitment' hat; vgl. Hawley 2012. Bei näherem Hinsehen sieht man aber, dass diese Überzeugung genauso notwendig für den Fall ist, in dem man einer Person *misstraut*. Denke ich, dass eine andere Person so ein ‚commitment' hat, steht es mir offen, mich dazu zu entscheiden, dieser Person zu vertrauen oder zu misstrauen.
66 Vgl. zu diesem Fall die Diskussion in Faulkner 2007, S. 885 ff.

sierten Theorien zufolge *gar nichts* mit Evidenz zu tun hat? Warum sollte die Tatsache, dass ich mich dazu entschlossen habe, einer Person zu vertrauen und sie vom Teilnehmerstandpunkt betrachte bzw. normative Erwartungen an sie stelle, dazu führen, dass mein Vertrauen in sie stabiler ist, als das, was andere Leute von ihr denken? Es sind solche Typen von Problemen, die letztlich die voluntaristischen Ansätze scheitern lassen.

Die im Rahmen dieses Kapitels vorgelegte Debattenrekonstruktion legt nahe, dass man es bei der Wahl zwischen evidenzbasierten Theorien und nicht-evidenzbasierten Theorien mit einer Situation wie Odysseus angesichts von Skylla und Charybdis zu tun hat. Es scheint keine dritte Alternative zu geben, und beide Theorietypen sind gleichermaßen problematisch. Evidenzbasierte Theorien können den wichtigen Unterschied zwischen Vertrauen und Sich-Verlassen nicht einfangen, während nicht-evidenzbasierte Theorie Vertrauen so interpretieren, dass es zu einem in praktischer Hinsicht witzlosen Phänomen zu werden droht. Geht man davon aus, dass sich mentale Einstellungen vollständig in die Klassen der kognitiven, der affektiven und der konativen Einstellungen unterscheiden lassen,[67] kann man zudem den analogen Schluss ziehen, dass sich – abgesehen von Detailfragen – die verfügbaren theoretischen Optionen in der Vertrauensdebatte in den kognitivistischen, affektbasierten und voluntaristischen Theorietypen erschöpfen. Alle drei Theorietypen machen dabei auf Aspekte von Vertrauen aufmerksam, die zumindest *prima facie* sehr plausibel, aber miteinander inkompatibel sind. So scheint es tatsächlich der Fall zu sein, dass Vertrauen eine spezifische Beharrlichkeit hat – aber dann kann es keine Überzeugung sein. Es scheint, dass wir uns manchmal zu Vertrauen entschließen können – aber dann kann es kein affektiver Zustand sein. Es scheint, dass Vertrauen nur dann wertvoll ist, wenn es eine kognitive Rolle im Handeln spielen kann – aber dann kann es kein volitionaler Zustand sein.

Gerade weil die Vertreter der einzelnen Theorien in ihren Argumentationen oft auf Vertrauensszenarien aufmerksam machen, von denen sie behaupten, dass sie paradigmatisch für Vertrauen sind und unseren begrifflichen Intuitionen über Vertrauen entsprechen, ist es alles andere als einfach zu entscheiden, welcher dieser Intuitionen wir einen Vorrang geben sollten. Es scheint also, dass sich die Vertrauensdebatte in dieser Hinsicht in einer Patt-Situation befindet, in der man von der Warte eines bestimmten Theorietyps nicht mehr viel

---

[67] Das ist selbstverständlich eine massive These, die ich hier nicht weiter begründen kann. Zu den Philosophen, die gerne mit dieser Trias an Einstellungstypen operieren, gehört Frankfurt; vgl. Frankfurt 1982, S. 85 oder Frankfurt 2004, S. 42.

gegen einen der beiden anderen Theorietypen einwenden kann. Ein Beispiel mag diese unbefriedigende dialektische Situation illustrieren. Wer wie Jones den weiter oben skizzierten Fall der unter Verdacht stehenden Politikerin, deren Freund entgegen aller Gerüchte an ihre Unschuld glaubt, für einen paradigmatischen Fall von Vertrauen hält, wird sich nicht von den Beispielfällen und Intuitionen beeindrucken lassen, die im Zentrum der voluntaristischen und kognitivistischen Theorien stehen. Umgekehrt kann etwa Holton an seinem Vertrauenskreis-Szenario festhalten und mit Verweis auf dieses Szenario weiterhin dafür plädieren, dass wir uns zum Vertrauen entschließen können. Was aber sollte man gegen so eine Theorie noch einwenden können, außer dass man so einen Fall nicht für paradigmatisch hält? Und wie begründet man den paradigmatischen Status der eigenen Beispiele? Keiner der Protagonisten der Vertrauensdebatte unternimmt einen Anlauf zur Beantwortung dieser Frage. Ich bin mir nicht sicher, ob das nicht daran liegt, dass sie nicht gut zu beantworten ist: Möglicherweise kann ein paradigmatischer Status *nur behauptet werden*, genauso wie man an Begriffsintuitionen nur appellieren kann.

Sollte das zutreffen, müsste man akzeptieren, dass die inkompatiblen Intuitionen *alle in gewisser Hinsicht* paradigmatischen Status haben, und zwar etwa relativ zu dem praktischen Interesse,[68] das man jeweils mit der Frage nach Vertrauen und den Gründen für Vertrauen verbindet. Möglicherweise sollten wir also geradezu erwarten, dass Theorien, die Vertrauen jeweils eine unterschiedliche Rolle zuweisen, auf unterschiedliche Intuitionen verweisen und unterschiedliche Fallbeispiele für paradigmatisch halten. Eine Reaktion auf so einen Befund könnte darin bestehen, dass man abhängig von den praktischen Interessen, die man mit Vertrauen verbindet, unterschiedliche Vertrauensbegriffe formuliert, die dann, begrifflich mehr oder weniger unverbunden, nebeneinander gestellt würden, so dass wir in unklaren Situationen nur noch spezifizieren müssten, welchen Vertrauensbegriff bzw. welche Vertrauenskonzeption wir jeweils im Sinn haben. Vielleicht müssten wir dann tatsächlich zwei (evidenzbasiert und nicht-evidenzbasiert), drei (kognitivistisch, affektbasiert, voluntaristisch) oder mehr (nach gusto könnte man etwa noch prädiktives Vertrauen dazunehmen) Vertrauensbegriffe – oder, wenn man methodisch raffinierter sein möchte, Vertrauenskonzeptionen – unterscheiden.

Es kann sein, dass wir letztlich zu so einer Proliferation der Vertrauensbegriffe gezwungen sein werden, aber wir sollten diese Option erst dann ernsthaft

---

[68] Zu diesem methodischen Punkt vgl. aus anderen Debattenkontexten Shoemaker 2007 und Baumann 2008.

in Betracht ziehen, wenn alle anderen systematischen Wege versperrt sind. Sind sie es aber nicht? Hat meine Rekonstruktion im vorliegenden Kapitel nicht ergeben, dass sich die in der Debatte zur Verfügung stehenden theoretischen Optionen wechselseitig ausschließen, ohne dass man sich mit guten Gründen auf die eine oder andere Seite schlagen könnte? Es stimmt zwar, dass die gegenwärtige Debattensituation als verfahren zu betrachten ist, aber das kann man zum Anlass nehmen, eine alternative Theorie des Vertrauens vorzulegen, die die systematischen *Hintergrundannahmen* der zurzeit vertretenen Theorien anzweifelt. Genau das ist die Strategie, die ich in dieser Arbeit verfolge.

Ein erste Aufgabe für eine solche alternative Theorie des Vertrauens würde demnach darin bestehen, einen Vorschlag zu formulieren, der in der Lage ist, den verschiedenen Intuitionen gerecht zu werden, wie sie in den kognitivistischen, affektbasierten und vouluntaristischen Theorien zum Einsatz kommen, oder zumindest dabei hilft, die unbefriedigende Patt-Situation in der Debatte zu überwinden. Ein zweiter in der Debatte bislang nicht befriedigend aufgelöster Aspekt betrifft die Unterscheidung zwischen Vertrauen und bloßem Sich-Verlassen. Wie ich bereits angedeutet habe, muss das Ziel hier darin bestehen, einen Mittelweg zu finden zwischen evidenzbasierten Theorien, die Vertrauen allzu stark im Sinne einer Vorhersage interpretieren, und nicht-evidenzbasierten Theorien, die nicht plausibel machen können, wie wir auf der Grundlage von Vertrauen handeln können.

Es gibt aber noch einen dritten Aspekt, der für die gegenwärtig vertretenen Theorien eine Herausforderung darstellt, und hier komme ich wieder zurück auf meinen einleitenden Kleist-Exkurs. Dieser dritte Aspekt betrifft die Tatsache, dass Vertrauen auch als etwas betrachtet werden kann, das mit einer bestimmten Dynamik einhergeht, eine diachrone Dimension hat und die Identität der Personen, die vertrauen und denen vertraut wird, auf eine unmittelbare Weise betrifft. Um anderen Personen zu vertrauen, müssen wir Wege beschreiten, die manchmal lang und gewunden sind, unser Vertrauen wird von bestimmten Ereignissen erschüttert, auf die Probe gestellt, zerstört, oder wiederhergestellt. In all diesen Kontexten haben wir aber direkt mit Personen zu tun, wir reagieren darauf, dass man uns vertraut, und wir versuchen manchmal, andere Personen dazu zu bringen, Vertrauen in uns zu setzen.

Das alles sind Dynamiken, die nicht nur mit einem praktischen Phänomen zu tun haben, das uns in sozialen Zusammenhängen das Leben leichter macht: Die Art und Weise, wie wir vertrauen und wie uns vertraut wird, wie wir zu Vertrauen kommen, und wie wir daran scheitern, gehört zu dem Kernbereich unseres Selbstverständnisses. Vertrauen ist kein Gebrauchsgegenstand, keine ‚commodity', wie bezeichnenderweise in einer ökonomischen Untersuchung behauptet wird,[69] sondern ein zentraler und definierender Aspekt unseres Lebens. Auch wenn es im Rahmen einer philosophischen Auseinandersetzung mit dem Begriff des Vertrauens nicht im strengen Sinne um Aspekte der Genese von Vertrauen oder gar um verwickelte Geschichten von Vertrauensbruch und Versöhnung gehen kann, denke ich, dass eine Theorie des Vertrauens diese dynamischen, diachronen und identitätskonstitutiven Aspekte von Vertrauen einfangen können sollte. Für diese Aufgabe sind die gegenwärtig vertretenen Theorien aber denkbar ungeeignet.

Das liegt im Wesentlichen daran, dass sie allesamt im Sinne eines Schemas wie ‚A vertraut zu t_1, dass B zu t_2 φ-en wird' von Vertrauenssituationen ausgehen, an denen zwei Personen beteiligt sind, deren Einstellungen und Handlungen zeitlich indiziert sind und alles andere, was mit den beteiligten Personen und der in Frage stehenden Situation zu tun haben könnte, systematisch ausblenden.[70] Das Vertrauensverständnis, das ich in den nächsten Kapiteln vorschlage, soll auch in dieser Hinsicht eine plausiblere Alternative darstellen. Wie sich zeigen wird, wird sich die Lösung der drei Problemkomplexe, die ich gerade skizziert habe, auf diese Weise gemeinsam und organisch aus einem Perspektivenwechsel ergeben, der durchaus auch im Sinne einer methodischen Neuorientierung verstanden werden kann: Ich glaube, dass wir bei einem Begriff wie Vertrauen besser beraten sind, die Komplexität des Phänomens, für das er steht, nicht vorschnell aus dem Blick zu verlieren, um eine Begriffsanalyse aus den kleinsten verfügbaren Einheiten – wie z. B. Überzeugungen über das Verhalten einer anderen Person – gewissermaßen ‚von unten' aufzubauen; im Gegensatz zu so einem Vorgehen werde ich im Folgenden einen extrem anspruchsvollen Vertrauensbegriff rekonstruieren, um in den darauf folgenden Schritten der Frage nachzugehen, welche Abstriche man bei so einem Begriff in weniger aufgeladenen Kontexten machen kann, ohne dass man aufhört, mit Vertrauen zu tun zu haben.

---

[69] Vgl. Dasgupta 1988.
[70] Das ist auch der Grund, warum spieltheoretische Überlegungen weder in der vorliegenden Rekonstruktion noch im Rest dieser Arbeit eine Rolle spielen. Das spieltheoretische Grundszenario ist viel zu abstrakt und artifiziell, um jemals eine normative Grundlage für Vertrauen auf Seiten der beteiligten Personen generieren zu können. Schon der relativ einfach gestrickte Ansatz von Hardin, den ich weiter oben diskutiert habe, geht mit seinen Annahmen über das Verhalten und die Motivation von Akteuren über dieses spieltheoretische ‚framework' hinaus, und es erscheint relativ hoffnungslos, auf dieser Basis nach Gründen für Vertrauen oder komplexen Vertrauensdynamiken zu fragen. Für eine Diskussion von Vertrauen aus spieltheoretischer Perspektive, in der ähnliche Bedenken formuliert werden, vgl. Williams 1988.

Auch wenn ich also von Vertrauen *par excellence* ausgehen möchte und dabei den Begriff der Vertrauensbeziehung in den Fokus rücken werde, soll doch gleichzeitig der Charakter meines Vorschlags als genuine Alternative zu den gegenwärtig vertretenen Theorien deutlich werden. Dazu wird es zunächst nötig sein, transparent zu machen, inwiefern die Probleme, die sich mit diesen Theorien verbinden, auf bestimmte Merkmale zurückzuführen sind, die bei allen sonstigen Unterschieden den kognitivistischen, affektbasierten und voluntaristischen Ansätzen gemeinsam sind. Ein Ziel des folgenden Kapitels, das eine Art Brückenfunktion in der vorliegenden Arbeit hat, besteht demnach darin, diese gemeinsamen Merkmale präzise in den Blick zu bekommen und zu hinterfragen, um auf diese Weise den Boden für die Interpretation von Vertrauen als einer Beziehungsform zu bereiten.

Kapitel 2
Vertrauensbeziehungen

Die Rekonstruktion der philosophischen Debatte darüber, was Vertrauen ist, hat ergeben, dass die bislang vorgelegten Theorien zwar allesamt auf plausible Intuitionen über Vertrauen aufmerksam machen, allerdings in dem Sinne miteinander inkompatibel sind, als sie eine Festlegung auf die These beinhalten, das Vertrauen jeweils eine andere mentale Einstellung ist. Im Rahmen von kognitivistischen Theorien wird Vertrauen als eine Überzeugung verstanden, im Rahmen von affektbasierten Theorien als ein affektiver Zustand und im Rahmen von voluntaristischen Theorien als die Einstellung des Sich-Verlassens. Das Ziel der folgenden Überlegungen besteht darin, einen Ansatz zu formulieren, der die hinter diesen Theorien stehenden Intuitionen einfangen kann.

Es soll demnach eine Analyse von Vertrauen vorgelegt werden, die zeigt, inwiefern Vertrauen manchmal die Rolle von Überzeugungen – vor allem im Kontext von Handlungserklärungen – spielen kann, inwiefern es manchmal eine besondere Resistenz gegenüber Evidenzen haben kann, wie es typisch für eine Emotion ist, und inwiefern es schließlich im Kontext von Vertrauen zu Prozessen kommt, die pragmatisch motivierte Entschlüsse beinhalten. Gleichzeitig soll der anvisierte Ansatz auf plausible Weise den Unterschied einfangen, der zwischen Vertrauen und Sich-Verlassen besteht und die Tendenz der kognitivistischen, affektbasierten und voluntaristischen Theorien aufbrechen, Vertrauen als statisches, isoliertes Phänomen aufzufassen, das sich in diskreten Erwartungssituationen manifestiert und die Identitäten der betroffenen Personen unberührt lässt. Die Strategie, um dieses Ziel zu erreichen, besteht darin, die oft unausgesprochenen und unbegründeten Annahmen, die im Hintergrund von kognitivistischen, affektbasierten und voluntaristischen Theorien stehen und gemeinsame Merkmale dieser ansonsten so verschiedenen Theorien darstellen, in Zweifel zu ziehen. Welches sind diese gemeinsamen Merkmale?

2.1 Implizite Annahmen der Vertrauenstheorien

Die beiden Annahmen, mit denen ich beginnen möchte, beziehen sich direkt auf die im Zentrum der Debatte stehende Frage, worin Vertrauen besteht. Ich werde sie im Folgenden als die Einstellungsannahme und die Dreistelligkeitsannahme bezeichnen:

Einstellungsannahme: Vertrauen ist eine mentale Einstellung (oder eine Kombination aus verschiedenen mentalen Einstellungen).

Dreistelligkeitsannahme: Vertrauen ist ein dreistelliges Prädikat (d. h. eine Person vertraut immer darauf, dass eine andere Person φ-en wird.)

Eine Festlegung auf die Einstellungsannahme ist bereits in der Weise enthalten, wie in der Debatte nach Vertrauen gefragt wird. Anstatt mit der voraussetzungslosen Frage ‚Was ist Vertrauen?' zu beginnen, wird hier unmittelbar die folgende Frage gestellt:

Was für eine mentale Einstellung ist Vertrauen?

Die Annahme, dass Vertrauen mit einer mentalen Einstellung zu identifizieren ist, wird für so selbstverständlich gehalten,[1] dass kein Protagonist der Debatte sich in der Pflicht sieht, sie zu begründen oder wenigstens zu plausibilisieren. Die einzige Ausnahme in dieser Hinsicht ist Jones, die behauptet, dass Vertrauen eine mentale Einstellung sein muss, weil Misstrauen, d. h. das konträre Gegenteil von Vertrauen, ebenfalls eine mentale Einstellung ist.[2] Das ist allerdings nur ein sehr halbherziges Argument, das im Grunde nicht viel leistet, weil sich sofort zurückfragen lässt, woher wir denn wissen, dass *Misstrauen* eine mentale Einstellung ist. Jones macht zwar plausibel, dass einer Person zu misstrauen, viele Elemente des Mentalen beinhaltet, aber das spricht noch nicht dafür, dass Misstrauen oder Vertrauen notwendig mit einer mentalen Einstellung zu identifizieren sind.[3] Wenn man davon ausgeht, dass die Einstellungsannahme wahr ist, dann folgt unmittelbar, dass Vertrauen mit einem kognitiven,

---

[1] Das gilt allerdings nur für die im weitesten Sinne sprachanalytisch orientierte Debatte, an der ich mich in dieser Arbeit orientiere, und der auch mein eigener Ansatz zuzurechnen ist. Dass die Dinge unter methodisch nur leicht veränderten Vorzeichen bereits komplexer betrachtet werden, lässt sich etwa an der detaillierten Untersuchung in Hartmann 2011 erkennen, wo Vertrauen als eine soziale Praxis interpretiert wird.
[2] Vgl. Jones 1996, S. 7, Herv. im Orig.: „It might be odd to think that trust centrally involves an affective *attitude*, but this analysis is borne out by considering distrust. Distrust is trust's contrary and is synonymous with wary suspicion. Distrust is pessimism about the goodwill and competence of another [...], but to be pessimistic about someone's goodwill is to expect that it is likely that she will harm your interests, and thus to treat her warily and with suspicion."
[3] In einem zweiten Anlauf, die Einstellungsthese zu begründen, diskutiert Jones die Parallele zu Selbstvertrauen; vgl. Jones 1996, S. 7 f. Allerdings lässt sich auch hier nachfragen, inwiefern das Manöver nicht auf ‚begging the question' hinausläuft. Immerhin versteht es sich nicht von selbst, dass es sich bei dem Vertrauen, das Personen in sich selbst haben können, um eine mentale Einstellung handelt.

affektiven oder konativen (i. e. volitionalen) Zustand zu identifizieren ist, und die drei Theorietypen der kognitivistischen, affektbasierten und voluntaristischen Theorien scheinen – wie bereits im letzten Kapitel angedeutet – die einzigen Optionen zu sein, die man im Hinblick auf die Frage, was Vertrauen ist, ergreifen kann.

Ähnlich wie bei der Einstellungsannahme lässt sich auch für die Dreistelligkeitsannahme sagen, dass sie bereits in der Frage eingebaut ist, von der typischerweise im Rahmen der in der Debatte vertretenen Positionen ausgegangen wird. Folgt man der Einstellungsannahme, würde man zunächst lediglich die folgende Frage erwarten:

Welche mentale Einstellung wird in Sätzen der Form ‚A vertraut B' ausgedrückt?

Dagegen wird in nahezu jeder philosophischen Auseinandersetzung mit Vertrauen unmittelbar die folgende Frage zum Ausgangspunkt der Untersuchung gemacht:

Welche mentale Einstellung wird in Sätzen der Form ‚A vertraut darauf, dass B φ-en wird' ausgedrückt?

Die Variablenstelle wird hier in der Regel von Beschreibungen besetzt, die im weitesten Sinne auf eine bestimmte Handlung oder Unterlassung von B Bezug nehmen, wie z. B. in ‚A vertraut darauf, dass B sich um seine Kinder kümmern wird' oder ‚A vertraut darauf, dass B ihren Koffer nicht stehlen wird'. Andere Alternativen der Spezifikation von Vertrauen bestehen darin, dass auf einen bestimmten Gegenstand verwiesen wird, der B von A anvertraut wird, oder dass ein bestimmter Interaktionskontext eingegrenzt wird, in dem A Vertrauen in B setzt, wie z. B. in ‚A vertraut ihm ihre Zimmerpflanzen an' oder ‚A vertraut B im Kontext von Fakultätsarbeit'. Die Gemeinsamkeit dieser Annahmen besteht darin, dass davon ausgegangen wird, dass nicht weiter spezifizierte Zuschreibungen von Vertrauen, die die Form ‚A vertraut B' haben, im Grunde unvollständig sind und auf die eine oder andere Weise ergänzt werden müssen. Weiter unten wird noch genauer auf die Dreistelligkeitsannahme einzugehen sein, für den vorliegenden Kontext ist wichtig, dass hinter dieser Annahme eine weitere Annahme zu stehen scheint – die Annahme, dass Vertrauen ein Phänomen ist, das paradigmatisch in spezifischen Situationen vorliegt, in denen eine Person auf die Kooperation mit einer anderen Person angewiesen ist oder von ihr in einer bestimmten Hinsicht abhängt – entweder weil sie keine Zeit hat, sich um die eigenen Kinder zu kümmern, für einen Augenblick ihren Koffer unbeaufsichtigt lassen möchte, jemanden benötigt, der sich um ihre Pflanzen kümmert oder gerne einen Verbündeten für

Auseinandersetzungen in der Fakultät hätte. Diese Annahme stellt ein drittes gemeinsames Merkmal der gegenwärtig vertretenen Vertrauenstheorien dar. Sie ist eine Annahme über den Wert von Vertrauen:

Instrumentalitätsannahme: Vertrauen hat für die Person, die vertraut, nur einen instrumentellen Wert.

Dieser Annahme zufolge schätzen wir Vertrauen niemals um seiner selbst willen oder, noch stärker formuliert, es ist unmöglich, einsichtig zu machen, was es heißen würde, Vertrauen auf diese Weise wertzuschätzen. Für sich genommen, d. h. unabhängig von den vielen Vorteilen, die es für unser Leben hat, ist Vertrauen gemäß dieser Annahme ein gänzlich wertloses Phänomen. Wann immer es Wert hat, hat es diesen Wert nur, insofern es uns dabei hilft, Güter zu realisieren, die ihrerseits Mittel zum Erreichen von nicht-instrumentell wertvollen Gütern sind, oder insofern es selbst ein direktes Mittel zum Erreichen solcher nicht-instrumentell wertvollen Güter – wie Wissen oder Freundschaft – ist. Die Instrumentalitätsannahme scheint bereits auf den ersten Blick problematisch, und ich vermute, dass nur wenige der Protagonisten in der Debatte um Vertrauen sich auf diese Annahme festlegen lassen wollten. Mit der Frage nach dem Wert von Vertrauen konfrontiert, würden sie wahrscheinlich in einem ersten Schritt zugeben, dass Vertrauen ‚irgendwie' auch nicht-instrumenteller Wert zukommt. Der Punkt, den ich an dieser Stelle machen möchte, ist allerdings, dass die drei Theorietypen, die gegenwärtig vertreten werden, keine Ressourcen haben, so eine Position zu beziehen, und zwar weil sie gleichzeitig auf die Einstellungsannahme und die Dreistelligkeitsannahme festgelegt sind.[4]

Auch wenn es möglicherweise keine direkten Implikationen zwischen diesen drei Hintergrundannahmen philosophischer Vertrauenstheorien gibt, so scheinen sie doch besonders gut miteinander zu harmonieren. Wenn man der Auffassung ist, dass Vertrauen eine mentale Einstellung ist, die sich auf eine andere Person richtet, so liegt es nahe, davon auszugehen, dass diese mentale Einstellung auch eine spezifische Weise beinhalten wird, wie diese andere Person vom Vertrauenssubjekt in den Blick genommen wird; es liegt also nahe, von der Dreistelligkeit des Vertrauensprädikats auszugehen. Umgekehrt scheint die Auffassung, dass Vertrauen einen instrumentellen Wert hat, besonders gut zu der Dreistelligkeitsannahme zu passen: Wenn Vertrauen wertvoll ist, weil es uns hilft, bestimmte

---

4 Das mag auch der Grund sein, weshalb die Frage nach dem nicht-instrumentellen Wert von Vertrauen in der Debatte eher mit Stillschweigen bedacht wird; vgl. hierzu McLeod 2020, Abs. 93: „[P]hilosophers have said comparatively little about trust being worthwhile in itself as opposed to worthwhile because of what it produces, or because of what accompanies it."

Ziele zu realisieren, dann liegt es nahe, die spezifische Bezugnahme auf eine andere Person, die durch Vertrauen erfolgt, um die Hinsicht zu ergänzen, in der wir uns auf das Vertrauensobjekt beziehen, weil dadurch zum Ausdruck gebracht wird, dass wir uns von dem Vertrauen, das wir in die andere Person setzen, ein bestimmtes Ergebnis versprechen.

Diese drei Annahmen, von denen ich glaube, dass sie den systematischen Hintergrund der kognitivistischen, affektbasierten und voluntaristischen Ansätze darstellen, kommen gewissermaßen ‚als Paket' gemeinsam daher, so dass zumindest zu vermuten steht, dass es nicht einfach sein würde, eine von ihnen aufzugeben und an den jeweils anderen festzuhalten. Gleichzeitig glaube ich, dass die Schwierigkeiten, mit denen diese Theorien konfrontiert sind, zu einem großen Teil darauf zurückzuführen sind, dass an den drei Hintergrundannahmen festgehalten wird. Anders formuliert lautet die Hypothese, dass die drei Typen von Theorien, wie sie gegenwärtig vertreten werden, genau deshalb auf plausible aber inkompatible Intuitionen über Vertrauen verweisen, weil sie Vertrauen im Sinne der drei impliziten Annahmen auf einer falschen Ebene verorten und auf diese Weise ein jeweils verkürztes Bild dieses Phänomens zeichnen. Ich glaube ebenfalls, dass die drei Annahmen es letztlich unmöglich machen, im Rahmen der von mir kritisierten Theorien auf angemessene Weise den Unterschied zwischen Vertrauen und Sich-Verlassen zu rekonstruieren oder den dynamisch-diachronen Aspekt von Vertrauen in den Blick zu bekommen. Will man diesen Problemen begegnen, bietet sich demzufolge die Strategie an, die Einstellungsannahme, die Dreistelligkeitsannahme und die Instrumentalitätsannahme anzuzweifeln. Auf diese Weise ergibt sich für das Vorgehen dieses und der nächsten Kapitel das folgende ‚Programm für eine Vertrauenstheorie': Es soll zum einen gezeigt werden, wie die drei folgenden Thesen wahr sein können:

Vertrauen ist *keine* mentale Einstellung.

Der Vertrauensbegriff drückt eine *zweistellige* Relation aus.

Vertrauen hat auch *nicht-instrumentellen* Wert.

Gleichzeitig soll gezeigt werden, inwiefern ein auf diese Weise verstandener Vertrauensbegriff kompatibel mit den hinter den kognitivistischen, affektbasierten und voluntaristischen Theorien stehenden Intuitionen ist und sie sogar besonders gut einfangen kann, sowie plausibel gemacht werden, wie die vorgeschlagene Bestimmung von Vertrauen besser den Unterschied zwischen Vertrauen und Sich-Verlassen einfangen kann und der dynamisch-diachronen Dimension von Vertrauen besser gerecht wird. Dazu werde ich im Folgenden zunächst der Frage nachgehen, wie Vertrauen als zweistellige Relation verstanden werden kann (Abschn. 2.2), bevor ich zu der Diskussion der These übergehe, dass Vertrauen keine mentale Einstellung ist und den in den folgenden Kapiteln zu präzisierenden Vorschlag skizziere, nach dem es stattdessen als eine Beziehungsform verstanden werden muss (Abschn. 2.3). Auf die Frage nach dem nicht-instrumentellen Wert von Vertrauen, werde ich im Rahmen des vorliegenden Brückenkapitels nicht eigens eingehen, weil man, um sie sinnvoll zu beantworten, eine genauere Vorstellung davon bräuchte, was unter einer Vertrauensbeziehung zu verstehen ist; ich werde auf sie entsprechend erst im fünften Kapitel zurückkommen.

2.2 Vertrauen als zweistellige Relation

Wie bereits mehrfach angesprochen, darf die Tatsache einer bestimmten Sprachverwendung im Alltag nicht bedenkenlos in eine Analyse der hinter den in der Sprachäußerung verwendeten Begriffe überführt werden. Sie kann allerdings einen wertvollen und interessanten Startpunkt für eine Begriffsanalyse darstellen. Vor diesem Hintergrund muss an dieser Stelle festgestellt werden, dass Zuschreibungen von Vertrauen, die einen Vertrauensbegriff enthalten, der eine zweistellige Relation auszudrücken scheint, keinesfalls selten sind oder künstlich wirken. Sowohl in Form einer Selbstzuschreibung, als auch als drittpersonale Zuschreibungen handelt es sich dabei um grammatisch richtige Äußerungen, mit denen wir einen spezifischen Gehalt verbinden, wie etwa in den folgenden Sätzen:

1. Ich vertraue Peter.

2. Eva vertraut Peter.

Gleichzeitig muss an dieser Stelle daran erinnert werden, dass Zuschreibungen, die einen Vertrauensbegriff enthalten, der eine dreistellige Relation ausdrückt, ebenfalls keinesfalls seltsam oder auch nur selten sind. Wie bereits diskutiert, handelt es sich dabei um Zuschreibungen, in denen entweder eine bestimmte Handlungserwartung, ein Handlungskontext oder aber ein Anvertrauensgegenstand spezifiziert wird, wie etwa in den folgenden Sätzen:

3. Eva vertraut darauf, dass Peter ihr beim Umzug helfen wird.

4. Ich vertraue Peter im Kontext von Finanztransaktionen.

5. Eva vertraut Peter ihre Briefmarkensammlung an.

Es scheint also, dass im alltäglichen Sprachgebrauch der Begriff des Vertrauens, der eine zweistellige Relation ausdrückt, genauso verbreitet und angemessen ist, wie der Begriff des Vertrauens, der eine dreistellige Relation ausdrückt. Anhängern der im Rahmen von kognitivistischen, affektbasierten und voluntaristischen Theorien implizit vertretenen Annahme, der zufolge der Vertrauensbegriff *immer* eine dreistellige Relation ausdrückt, stehen hier verschiedene Argumentationswege offen. Zum einen kann argumentiert werden, dass Äußerungen wie (1) und (2) lediglich verkürzte Varianten von Zuschreibungen eines dreistelligen Vertrauensbegriffs darstellen und entsprechend in einer Formulierung, die über die Oberfläche der Alltagssprache hinausgeht, einer Ergänzung bedürfen. So kann man sich etwa eine Situation vorstellen, in der Eva gefragt wird, warum sie Peter die Zugangsinformationen zu ihrem Bankkonto gegeben hat, und als Antwort (1) äussert, ohne dass an so einer Äußerung etwas unverständlich oder seltsam wäre. Gleichzeitig würde (1) in so einer Situation lediglich eine verkürzte Redeweise darstellen, und die Äußerung müsste, wollte Eva präziser sein, als es solche Konversationskontexte nötig machen, um eine Spezifizierung ergänzt werden, etwa so, wie dies in (4) der Fall ist.

Ich denke, dass man an dieser Stelle zugestehen muss, dass Zuschreibungen von Vertrauen, wie sie in Sätzen wie (1) oder (2) vorkommen, durchaus den Charakter einer solchen sprachlichen Abkürzung haben können. Wir reden oft auf diese Weise, und diese empirische Tatsache unseres Sprachgebrauchs sollte man durchaus ernst nehmen. Andererseits besteht die Strategie, die im Rahmen dieses Kapitels eingeschlagen wird, zunächst nicht darin, zu behaupten, dass Zweistelligkeit *immer* eine Eigenschaft der von Vertrauen ausgedrückten Relation ist, sondern dass diese Relation – entgegen der Auffassung der kognitivistischen, affektbasierten und voluntaristischen Theorien – nicht immer dreistellig ist: Man kann einerseits zugeben, dass (1) und (2) manchmal eine verkürzte Redeweise darstellen, und trotzdem daran festhalten, dass es Vorkommnisse von (1) und (2) gibt, die sich nicht auf diese Weise interpretieren lassen.

In diesem Sinne ließe sich behaupten, dass es nicht besonders außergewöhnlich ist, etwa davon zu reden, dass man einem bestimmten Bäcker oder einem bestimmten Fahrradmechaniker vertraut. Die Äußerungen ‚Ich vertraue meinem Bäcker' oder ‚Ich vertraue meinem Fahrradmechaniker' sind eben nicht lediglich Abkürzungen, so wie es ‚Ich vertraue Peter' in dem Kontext wäre, in dem Eva Peter ihre Bankinformationen anvertraut. Der Vertreter der Auffassung, dass das Vertrauensprädikat immer eine dreistellige Relation darstellt, hat es an dieser Stelle allerdings sehr einfach, seine Position zu verteidigen: Äußerungen dieser Art – so kann er argumentieren – sind zwar auch jenseits von Konversationskontexten verständlich, wie sie etwa in dem Fall gegeben sind, in dem Eva *explizit gefragt wird*, warum sie Peter ihre Bankgeheimnisse mitteilt, gleichzeitig sprechen aber zwei Überlegungen dagegen, sie im Sinne der Zweistelligkeit des in ihnen enthaltenen Prädikats zu interpretieren.

Zum einen steckt die Hinsicht, in der die Person, die diese Äußerungen macht, der jeweils gemeinten Person vertraut, bereits in der singulären Kennzeichnung, mit der sie auf diese Person Bezug nimmt: Wenn ich meinem Fahrradmechaniker vertraue, dann heißt das – abgesehen von besonderen Kontexten –, dass ich ihm im Hinblick auf die Pflege oder Reparatur meines Fahrrads vertraue. Zum anderen lässt sich in der Regel sehr einfach durch geeignetes Nachfragen herausfinden, in welcher Hinsicht oder worauf ein Sprecher, der solche Sätze äußert, einer anderen Person vertraut. Danach gefragt, *worauf genau ich vertraue*, wenn ich meinem Bäcker vertraue, werde ich im Standardfall nach mehr oder weniger ausführlichem Nachdenken eine Antwort geben können – etwa dass ich darauf vertraue, dass er mir Brötchen zu einem fairen Preis verkauft, dass seine Ware immer frisch ist oder Ähnliches.

Auch im Hinblick auf diese Argumentation lässt sich zunächst zugestehen, dass die Zweistelligkeit des Vertrauensprädikats in manchen der Äußerungen, die wir im Alltag machen, lediglich eine *façon de parler* darstellt und nur scheinbar ist. Tatsächlich sieht es so aus, als ob wir in den angedeuteten Kontexten immer in einer bestimmten Hinsicht oder darauf, dass Bestimmtes getan wird, vertrauen würden. Andererseits – und hier kommt die eigentliche Herausforderung für den Vertreter der Dreistelligkeit des Vertrauensprädikats ins Spiel – lassen sich aber Situationen vorstellen, in denen wir mit der Frage ‚In welcher Hinsicht vertraust Du ihr?' konfrontiert werden und als Antwort nur mit den Schultern zucken können. Von weiteren Fragen dieser Art bedrängt, könnte eine Person etwa Folgendes sagen: ‚Ich kann nicht sagen *in welcher Hinsicht* ich ihr vertraue. Was ist das auch für eine Frage? Ich vertraue ihr einfach so.' Zumindest in einigen Kontexten unseres Alltags sind solche Äußerungen und die dahinterstehenden Haltungen nicht ungewöhnlich. Auch wenn dadurch die Frage nach der Drei- bzw. Zweistelligkeit des Vertrauensprädikats selbstverständlich nicht bereits entschieden ist, muss zugestanden werden, dass Personen, die auf diese Weise auf die Frage nach der Hinsicht reagieren, in der sie vertrauen, keinen begrifflichen Fehler machen: Wenn ich denke, dass ich einer anderen Person vertraue, ohne spezifizieren zu können, worauf ich vertraue, dann heißt das nicht, dass ich den Begriff des Vertrauens auf irgendeine Weise falsch verstehe.

Der Vertreter der Ansicht, dass Vertrauen immer ein dreistelliges Prädikat ist, kann hier auf folgende Weise reagieren: ‚Ja' du vertraust ihr einfach so. Das ist auch irgendwie richtig. Aber es ist nur richtig, weil wir auch in diesen Kontexten auf eine saloppe Weise zu reden gewöhnt sind. Dennoch beinhaltet deine Selbstzuschreibung von Vertrauen nicht, dass es irgendeine Art von zweistelligem, nicht spezifiziertem Vertrauen gibt, das gewissermassen über einzelnen

Fällen von spezifiziertem Vertrauen ‚schwebt' und diesbezüglich eine weitere zusätzliche Tatsache darstellt. Du weigerst dich zuzugeben, dass du ihr in bestimmten Hinsichten vertraust, eben weil es so viele verschiedene Hinsichten sind, in denen du ihr vertraust, und weil du sie nicht alle auf einmal überschauen kannst. Zu behaupten, dass du ihr ‚einfach so' vertraust, ist so ähnlich wie zu sagen, dass es abgesehen von Abermilliarden von Wasser- und Salzmolekülen noch zusätzlich so etwas wie die Ostsee gibt.' An dieser Stelle formuliert der Vertreter der Ansicht, dass das Vertrauensprädikat immer dreistellig ist, eine Art rudimentäres Reduktionismusprogramm. Es besteht darin, die an der Oberfläche der Alltagssprache übliche Zuschreibung von Vertrauen als zweistelligem Prädikat auf eine Menge unausgesprochener und in der Regel wohl auch unbewusster Instanzen von Vertrauen im Sinne eines dreistelligen Prädikats zu reduzieren. Der Reduktionist behauptet hier, dass eine Person, die mit der Frage ‚In welcher Hinsicht vertraust du ihr?' konfrontiert wird, zumindest prinzipiell immer in der Lage sein müsste, die Hinsichten, in denen sie vertraut bzw. das, worauf sie vertraut, aufzuzählen, sobald sie nur genug Zeit zum Überlegen hätte und sich hinreichend anstrengen würde.

An dieser Stelle lohnt es sich explizit zu machen, was man sich unter einem solchen Prozedere vorzustellen hat, um genauer in den Blick zu bekommen, was den Inhalt der anvisierten Reduktionsbasis darstellt. Angenommen, ich sage, dass ich meiner Hausärztin vertraue, woraufhin der Reduktionist mir die Frage stellt, in welcher Hinsicht ich ihr vertraue. Analog zu den weiter oben formulierten Beispielsätzen (3) – (5) kann ich hier drei Sorten von Antworten formulieren, die sich jeweils auf einer anderen Ebene der Verallgemeinerung ansiedeln lassen: Zum einen kann ich antworten, indem ich eine konkrete Handlungserwartung formuliere, wie etwa in: ‚Ich vertraue darauf, dass sie mir die richtigen Medikamente verschreibt, dass sie mich aufrichtig über Behandlungsmethoden informiert, dass sie sich genug Zeit nimmt, wenn ich mit einem gesundheitlichen Problem zu ihr komme etc.' Zweitens kann ich die Hinsicht, in der ich ihr vertraue, bzw. den relevanten Vertrauenskontext spezifizieren, etwa folgendermassen: ‚Ich vertraue ihr im Kontext von medizinischen Behandlungen.' Schliesslich kann ich den Gegenstand, den ich ihr anvertraue, genauer bestimmen: ‚Ich vertraue ihr meine Gesundheit an.'

Von diesen drei Lesarten der Dreistelligkeitsthese ist die erste am konkretesten: Will man die Hinsicht, in der man einer anderen Person vertraut, so konkret wie möglich spezifizieren, dann bietet es sich an, dasjenige, worauf man vertraut, im Sinne einer konkreten Handlungserwartung zu bestimmen. Allerdings ist hier Vorsicht geboten, denn ein Charakteristikum von Vertrauen besteht darin, dass die vertrauende Person der Person, der sie vertraut, einen gewissen Ermessensspielraum, man könnte auch sagen: eine gewisse Freiheit lässt, wie sie sich als vertrauenswürdige Person zu verhalten hat.[5] Andernfalls würden wir nicht mehr von Vertrauen reden. Sollte ich nicht darauf vertrauen, dass meine Ärztin angemessen meine Kopfschmerzen behandelt, sondern weitaus konkreter etwa darauf, dass meine sie mir Ibuflam 600 verschreibt, dann würde ich ihr nicht vertrauen, sondern sie als bloßes Vollzugsinstrument für meine Selbstmedikation behandeln. Beobachtungen dieser Art sind der Grund, weshalb die These, dass Vertrauen ein dreistelliges Prädikat ist, von einigen Autoren im Sinne der zweiten oder der dritten Lesart verstanden wird.[6] So kann dafür argumentiert werden, dass der für Vertrauen charakteristische Ermessensspielraum dadurch eingefangen wird, dass lediglich gefordert wird, dass ich etwa meiner Ärztin in medizinischen Kontexten vertraue oder dem Babysitter meine Kinder anvertraue.

Dass diese Dinge allerdings nicht so einfach sind, sieht man daran, dass man in bestimmten Situationen eben doch konkretere Erwartungen an die Person, in die man Vertrauen legt, haben kann. Es kann manchmal sein, dass ich einer Person nicht nur meine Kinder anvertraue, sondern darüber hinaus, oder vielleicht sogar darin impliziert, darauf vertraue, dass sie meinen Kindern etwas zu essen gibt. Vielleicht vertraue ich sogar darauf, dass sie ihnen etwas Gesundes zu essen gibt. Vielleicht sogar, dass sie etwas Gesundes zum Essen kriegen, auch wenn sie selbst nicht zum Ausdruck bringen, dass sie Hunger haben. Und so weiter. Wie auch immer man sich solche Situationen im Einzelfall vorstellen mag – die Reduktionsstrategie, die weiter oben eingeführt wurde, ist auch im Rahmen der verschiedenen Lesarten der Dreistelligkeit-These einschlägig: Der Reduktionist kann hier behaupten, dass sich jeder Fall von Anvertrauen oder von Vertrauen in einem spezifischen Kontext der Interaktion auf konkretere Handlungserwartungen reduzieren lässt. Zugegeben – so könnte die reduktionistische Argumentation lauten –, es gibt bei Vertrauen immer einen Ermessensspielraum, so dass die Erwartungen auf Seiten der vertrauenden Person nicht *zu konkret* sein dürfen; das spricht aber keinesfalls gegen die Ansicht, dass einer Person zu vertrauen, letzten Endes immer bedeutet, darauf zu vertrauen, dass sie etwas Bestimmtes tut oder lässt.

Davon unberührt bleibt das Problem, das sich mit dem für Vertrauen charakteristischen Ermessensspielraum verbindet: Wo soll hier die Grenze gezogen werden? Wann ist eine Handlungserwartung eine zu konkrete Handlungserwartung, um noch von Vertrauen reden zu können? Ich denke, an dieser Stelle sollte man dem Reduktionisten gegenüber grosszügig sein: Diese Grenze wird

---

5 Vgl. hierzu wiederum Baier 1986, die am ausführlichsten für die These argumentiert, dass Vertrauen zentral auch ein Übertragen von solchen ‚discretionary powers' beinhaltet.
6 Vgl. etwa Jones 1996.

sich nicht ein für allemal festlegen lassen, sondern es ist plausibler, stattdessen davon auszugehen, dass sie je nach Person, der ich vertraue, und vor allem je nach dem, worum es in der konkreten Situation geht, mal weiter und mal enger gezogen werden muss. Wenn dieses Zugeständnis gemacht wird, kann die Frage nach der Reduktionsbasis von als zweistelliges Prädikat verstandenem Vertrauen folgendermaßen beantwortet werden: Einer Person ‚einfach so' zu vertrauen, heißt nichts anderes, als dass man auf eine für Vertrauen charakteristische Weise eine Reihe von angemessen konkreten Handlungserwartungen an sie hat. Das ist gleichbedeutend damit, dass der Vertrauensbegriff immer eine dreistellige Relation ausdrückt – eine Relation zwischen zwei Personen und erwarteten Handlungen oder Unterlassungen.

Die Erwartung einer Handlung oder Unterlassung stellt im Rahmen einer Auffassung, nach der das Vertrauensprädikat immer dreistellig ist, die konkreteste Form von Vertrauen dar. Etwas weniger konkret sind – wie angedeutet – Vorkommnisse von Vertrauen, bei denen ich entweder einer Person in einem bestimmten Kontext vertraue oder ihr einen von mir wertgeschätzten Gegenstand anvertraue. Am anderen Ende des Spektrums lassen sich die Fälle ansiedeln, die der Reduktionist eben reduzieren will – Fälle, in denen wir im Alltag das Vertrauensprädikat zweistellig verwenden würden. Es handelt sich sozusagen um die allgemeinste Weise, wie wir einer anderen Person vertrauen können, und mit Rekurs auf den oben konstruierten Zusammenhang zwischen der Konkretisierung der Hinsicht, in der vertraut wird, und dem darin involvierten Ermessensspielraum, den man der Person überlässt, der man vertraut, kann man sagen, dass hier ein uneingeschränkter Ermessensspielraum vorliegt. Wie zu sehen war, darf der Ermessensspielraum seitens der Person, der vertraut wird, nicht zu sehr eingeschränkt werden, weil ansonsten von Vertrauen keine Rede mehr sein kann. Die Intuitionen, die wir im Hinblick auf Fälle haben, in denen wir anderen Personen *gar keinen* Ermessensspielraum lassen, deuten eindeutig darauf hin, und sie sind extrem robust. Auf der anderen Seite lässt sich die Frage stellen, ob für das andere Ende des Spektrums eine ähnliche Einschränkung gerechtfertigt werden kann. Anders gefragt: Es steht außer Frage, dass der Ermessensspielraum bei Vertrauen nicht zu sehr eingeschränkt werden darf – aber spricht etwas für die These, dass er auch nicht zu sehr *ausgeweitet* werden sollte?

Die Herausforderung, die an dieser Stelle formuliert wird, ist eine Herausforderung an den Reduktionisten. Sie besteht in der Frage nach einem *Argument* für die Ansicht, dass es kein zweistelliges Vertrauen gibt, weil alle alltagssprachlichen Vorkommnisse von Äußerungen, die Vertrauen als zweistelliges Prädikat enthalten, im Grunde elliptisch sind und um eine Liste der Handlungserwartungen ergänzt werden müssten, die die vertrauende Person an die Person hat, der sie vertraut. Es lohnt sich, den Punkt zu wiederholen: Es geht hier nicht darum, dass es uns im Alltag möglicherweise besonders schwer fallen würde, eine solche Liste zusammenzustellen. Die Position des Reduktionisten ist vielmehr, dass dies immer möglich wäre, so dass man in jedem Fall von Vertrauen letzten Endes zu einer Spezifizierung dieses Vertrauens gelangen könnte, die auf angemessen konkrete Handlungserwartungen Bezug nimmt. Um die dialektische Situation, mit der wir es zu tun haben, genauer in den Blick zu bekommen, können wir die folgenden Beispielsätze betrachten:

6. Ich vertraue ihr.

7. Ich vertraue meiner Ärztin.

8. Ich vertraue ihr in medizinischen Kontexten.

9. Ich vertraue ihr meine Gesundheit an.

10. Ich vertraue darauf, dass sie φ-en wird, dass sie ϑ-en wird etc.

Das in Frage stehende Reduktionsprogramm umfasst zwei Reduktionsschritte: Zum einen wird der Satz in (6), in dem Vertrauen als zweistelliges Prädikat enthalten ist, über die Spezifizierung von (7) auf Sätze wie (8) oder (9) reduziert (R1); zum anderen wird die Spezifizierung in (8) und (9) auf die konkreten Handlungserwartungen wie in (10) reduziert (R2). Wie angedeutet, können wir an dieser Stelle (R2) aussen vor lassen: Es mag nicht immer einfach sein, aber wir können uns vorstellen, was es heißen muss, dass Vertrauen im medizinischen Kontext oder das Anvertrauen der eigenen Gesundheit, des eigenen Autos oder des eigenen Kindes bestimmte Handlungserwartungen impliziert. Interessanter ist (R1). ‚Du sagst, du vertraust ihr einfach so,' wird der Reduktionist sagen, ‚aber wer ist sie für dich?' – ‚Sie ist meine Ärztin,' mag die Antwort lauten, woraufhin der Reduktionist entgegnen wird: ‚Du vertraust also deiner Ärztin. Das aber heißt nichts anderes, als dass du ihr auf die für Ärzte einschlägige Weise vertraust, nämlich nur in bestimmten Kontexten, die in diesem speziellen Fall medizinische Kontexte sind.' Wer die Zweistelligkeit des Vertrauensprädikats verteidigen möchte, wird jetzt Zweifel anmelden müssen: ‚Die bloße Tatsache, dass sie meine Ärztin ist, impliziert noch nicht, dass ich ihr nur in medizinischen Kontexten vertraue. Statt die Formulierung in (7) zu verwenden, hätte ich genauso gut bei der Formulierung in (6) bleiben oder sagen können, dass ich Anna Maier vertraue. Dann hättest du es nicht so einfach, mein Vertrauen sofort im Hinblick auf irgendwelche Vertrauenskontexte zu spezifizieren.'

Der entscheidende Schritt in der Argumentationsstrategie des Reduktionisten kommt in Form der folgenden beinahe schon rhetorischen Nachfrage daher: ‚Würdest Du denn Anna Maier im Kontext von Fahrradreparaturen vertrauen?' Unter gewöhnlichen Umständen müsste die Antwort hier negativ ausfallen. Daraus würde der Reduktionist im Hinblick auf (R1) den Schluss ziehen, dass Zuschreibungen eines zweistelligen Vertrauensprädikats, wie sie in (6), aber auch in (7) erfolgen, eben doch nur scheinbarer Natur sind: Diese Zuschreibungen enthalten entgegen ihrer äußeren Form ein dreistelliges Prädikat – so das Argument –, weil es Kontexte gibt, in denen ich meiner Ärztin nicht vertraue. Verallgemeinert lautet dieses Argument folgendermassen: Der Vertrauensbegriff drückt notwendig eine dreistellige Relation aus, weil es notwendig der Fall ist, dass es mindestens einen Kontext gibt, in dem ich einer anderen Person nicht vertraue.

Es sind zwei Erläuterungen zu diesem Argument angebracht: Zum einen geht es hier um Vertrauen, das gerechtfertigt oder angemessen ist. In diesem Sinne müsste das Argument folgendermassen präzisiert werden: Der Vertrauensbegriff drückt notwendig eine dreistellige Relation aus, weil es notwendig der Fall ist, dass es mindestens einen Kontext gibt, in dem es nicht gerechtfertigt oder angemessen wäre, einer beliebigen Person zu vertrauen. Zum anderen muss daran erinnert werden, dass ‚Ich vertraue P' und ‚Ich misstraue P' Aussagen sind, die in einem konträren Gegensatz zueinander stehen, so dass aus der Abwesenheit von Vertrauen nicht auf das Vorliegen von Misstrauen und umgekehrt geschlossen werden kann. Für das Argument des Reduktionisten reicht es lediglich zu fordern, dass es mindestens einen Kontext gibt, in dem ich einer beliebigen Person nicht vertraue, ohne dass das heißt, dass ich ihr in diesem Kontext misstraue.

Was ist zu diesem Argument zu sagen? Zentral ist offenbar seine Prämisse, nach der es notwendig immer einen Kontext gibt, in dem es nicht angebracht ist, einer beliebigen anderen Person zu vertrauen. Warum sollten wir diese Prämisse für wahr halten? An dieser Stelle kommt eine Überlegung ins Spiel, die charakteristisch für alle der in der Vertrauensdebatte vertretenen Positionen ist. Diese Überlegung lautet, dass es immer mindestens einen Kontext gibt, in dem wir einer anderen Person nicht vertrauen können, weil keine Person im Hinblick auf alle möglichen Kontexte *kompetent* ist. Diese Überlegung findet in Form einer Annahme, die ich im Folgenden als die *Kompetenzannahme* bezeichnen werde, Einzug in all diejenigen Theorien des Vertrauens, die ein besonderes Gewicht auf die Vertrauenswürdigkeit des Vertrauensobjekts legen, und sie ist in abgeschwächter Version auch Bestandteil von nicht-evidenzbasierten

Theorien.⁷ Sie ergänzt die Trias der impliziten Annahmen von kognitivistischen, affektbasierten und voluntaristischen Theorien, die ich am Anfang dieses Kapitels formuliert habe und lässt sich in einem ersten Schritt etwa folgendermaßen bestimmen:⁸

Kompetenzannahme: Eine Person, die einer anderen Person vertraut, muss davon ausgehen, dass diese andere Person in einer bestimmten Hinsicht kompetent ist.

Es wird hier davon ausgegangen, dass eine notwendige Bedingung dafür, dass eine Person einer anderen Person vertraut, darin besteht, dass die vertrauende Person die Person, der sie vertraut, in dem in Frage stehenden Kontext für kompetent hält, wobei diese Kompetenzeinschätzung sowohl im Sinne der kognitivistischen Theorien als eine die Kompetenz der anderen Person betreffende Überzeugung oder aber im Sinne der affektbasierten Theorien als ein die Kompetenz der anderen Person betreffendes Gefühl verstanden werden kann. Doch selbst im Rahmen von nicht-evidenzbasierten, d. h. voluntaristischen Theorien spielt eine abgeschwächte Version der Kompetenzannahme eine zentrale Rolle. In diesem theoretischen Kontext werden zwar weniger Ansprüche an die Vertrauenswürdigkeit der Person, der vertraut wird, gestellt, aber es wird die *prima facie* plausible Mindestforderung formuliert, nach der diese Person zumindest in der Lage sein muss, das zu tun, was im Rahmen von Vertrauen von ihr erwartet wird. Es kann hier also insofern ein Unterschied in der Lesart der Kompetenzannahme gemacht werden, als man ‚kompetent' im Sinne der kognitivistischen und affektbasierten Theorien als ‚besonders kompetent, um zu φ-en' versteht, oder aber im Sinne der voluntaristischen Theorien als ‚in der Lage zu φ-en'. Ich werde im Folgenden diesen Unterschied zunächst vernachlässigen und auf die Opposition der

---

7 Vgl. etwa Baier 1986, S. 259: „Trust, I have claimed, is reliance on others' competence and willingness to look after, rather than harm, things one cares about which are entrusted to their care"; Jones 1996, S. 6–7: „At the center of trust is an attitude of optimism about the other person's goodwill. But optimism about goodwill is not sufficient, for some people have very good wills but very little competence, and the incompetent deserve our trust almost as little as the malicious. [...] Thus, we should say that trust is optimism about the goodwill and competence of another"; Hardin 1999, S. 28: „First, if A is to trust B, then B must have not only the motivation to do x but also the competence. An agent who cannot act on my behalf is a poor agent"; McLeod 2020, Abs. 8: „Clear conditions for trustworthiness are that the trustworthy person is competent and committed to do what s/he is trusted to do. [...] Failing to be optimistic about people's competence also makes trust impossible. Without being confident that people will display some competence, we cannot trust them."
8 Vgl. zum Folgenden meine Argumentation in Budnik 2016.

evidenzbasierten und nicht-evidenzbasierten Theorien zu einem späteren Punkt meiner Argumentation zurückkehren.

Was ist zu der Kompetenzannahme zu sagen? Was ihren Gehalt angeht, muss selbstverständlich sofort zugestanden werden, dass keine Person in jeder Hinsicht kompetent ist. Manche Personen wissen nicht, wie man sich um Zimmerpflanzen kümmert, und nur die wenigsten von uns wären in der Lage, eine erfolgreiche Herztransplantation durchzuführen. Wenn man sich all die möglichen Kompetenzbereiche in der Welt, in der wir leben, auch nur annähernd vergegenwärtigt, hätte man sogar gute Gründe für die stärkere Annahme, dass jede Person nur in relativ wenigen Bereichen kompetent ist. Die Kompetenzannahme, wie ich sie formuliert habe, ist aber keine empirische Behauptung über die Verteilung von Kompetenzen, sondern eine begriffliche These über den Zusammenhang zwischen Vertrauen und Kompetenz. Die Frage sollte also nicht lauten, ob es möglich ist, dass eine Person in jeder Hinsicht kompetent ist, sondern was die partielle Inkompetenz von Personen mit dem Vertrauensbegriff und insbesondere mit der Zwei- oder Dreistelligkeit der Relation, die er ausdrückt, zu tun hat. Genauer lautet die Frage, warum wir denken sollten, dass angemessenes Vertrauen eine positive Kompetenzeinschätzung auf Seiten der vertrauenden Person beinhaltet.

Die Antwort scheint auf der Hand zu liegen: Was auch immer Vertrauen ist, so scheint es, dass wir in einer Situation, in der wir einer anderen Person vertrauen, ohne auf irgendeine Weise davon auszugehen, dass sie im Hinblick darauf, worauf wir vertrauen, kompetent ist oder sogar von ihrer diesbezüglichen Inkompetenz ausgehen müssen, keinesfalls angemessen vertrauen. ‚Ich vertraue darauf, dass er mir morgen beim Umzug helfen wird, indem er den Transportwagen fährt, obwohl er überhaupt nicht Auto fahren kann.' – ‚Ich vertraue darauf, dass sie meine Kopfschmerzen behandeln wird, obwohl sie keine Ahnung von Medikamenten hat.' – ‚Ich vertraue darauf, dass er sich um meine Pflanzen kümmern wird, obwohl er jemand ist, der überhaupt nicht mit Pflanzen umgehen kann.' Personen, die solche Sätze äußern, lässt sich zurecht ein Vorwurf machen, der zumindest auf den Hinweis hinausläuft, dass sie in ihrem Vertrauen einen Fehler machen. Vertrauen ist in solchen Fällen ganz einfach nicht angebracht, und wer daran festhält, verhält sich irrational.

Von dieser Warte betrachtet, stellt eine positive Kompetenzeinschätzung tatsächlich eine notwendige Bedingung dafür dar, dass eine Person einer anderen Person angemessen vertrauen kann. Das würde aber bedeuten, dass eine vertrauende Person immer, wenn auch nur implizit, bestimmte Annahmen über die Kompetenzen der Person, der sie vertraut, macht. Und das liefe wiederum darauf hinaus, dass, wenn sie ihr vertraut, sie ihr nicht *tout court* vertraut, sondern immer nur in einer bestimmten Hinsicht oder in einem bestimmten Kontext, der durch die in Frage stehende Kompetenz definiert wird. Es wäre demzufolge *notwendig*, dass (6) im Sinne von (8) interpretiert wird, weil die Person, die (6) äußert, zwar der sprachlichen Oberfläche nach ein zweistelliges Prädikat verwendet, in Wahrheit aber mit ihrer Äußerung die Annahme von medizinischen Kompetenzen auf Seiten der Person, der sie vertraut, impliziert.

Obwohl man nicht ernsthaft bestreiten kann, dass die in den Beispielfällen skizzierten Zusammenhänge tatsächlich vorliegen, denke ich, dass es problematisch ist, sie im Sinne der Kompetenzannahme direkt in eine Analyse der Begriffe des Vertrauens und der Vertrauenswürdigkeit zu überführen. In einem ersten Schritt lassen sich meine Bedenken folgendermassen formulieren: Die Frage, ob ich einer Person auf angemessene Weise vertraue bzw. ob eine andere Person vertrauenswürdig ist, kann nicht lediglich an Kompetenzen hängen, die in diesem Sinne *technisch* sind, dass sie im Prinzip unabhängig von mir und dem Verhältnis, in dem ich zu dieser Person stehe, zu denken sind. Für Vertrauen scheint es notwendig zu sein, dass die Person, die vertraut, und die Person, der vertraut wird, sich auf eine spezifische Weise aufeinander beziehen.[9] Die in der Kompetenzannahme ausgedrückte Bedingung kommt allerdings völlig ohne eine solche Komponente aus. Ob einer meiner Freunde Autofahren kann, meine Hausärztin einen guten Überblick über Kopfschmerzmedikamente hat oder mein Nachbar über einen grünen Daumen verfügt, hat zunächst gar nichts *mit mir*, der vertrauenden oder potentiell vertrauenden Person zu tun.

Ein mit diesem Unbehagen zusammenhängendes Argument gegen die Kompetenzannahme greift den Unterschied zwischen Vertrauen und ‚bloßem' Sich-Verlassen wieder auf: Wenn es sich bei den Kompetenzen, auf die die Kompetenzannahme Bezug nimmt, um lediglich technische Kompetenzen handelt, dann scheint die Annahme von Kompetenzen eher eine notwendige Bedingung für Sich-Verlassen als für Vertrauen zu sein.[10] Ich kann mich nicht darauf verlassen, dass ich mit meinem Computer einen Text fertig schreiben kann, wenn ich

---

9 Das gestehen sogar Vertreter von Vertrauenstheorien zu, die ansonsten auch an der Kompetenzannahme festhalten; vgl. etwa Jones 2010, S. 73: „It is not just that trust is a three-place relation, joining two (or more) agents in a domain of interaction, trust also ascribes to the one trusted sensitivity to a reason that contains reference to the truster herself: ‚she is counting on me.'".

10 Genau dieser Punkt wird auch in Domenicucci und Holton 2017 betont, wo sich auch eine der wenigen Positionen findet, in deren Rahmen die Zweistelligkeit des Vertrauensprädikats verteidigt wird. Die Argumente, die Domenicucci und Holton vorbringen, halte ich für sehr überzeugend – so etwa den Hinweis, dass es keine dreistellige Lesart des Misstrauensprädikats zu geben scheint –, meine eigene Rekonstruktion der Zweistelligkeit von Vertrauen hat aber einen anderen Fokus; das gilt auf ähnliche Weise für die einzige andere Position, die explizit (allerdings sehr skizzenhaft) die Zweistelligkeitsthese zu verteidigen versucht, in Faulkner 2015.

nicht implizit annehme, daß mein Computer eine Tastatur hat, sich hochfahren lassen wird, dass ein Betriebssystem und ein Textverarbeitungsprogramm darauf installiert sind usw. In dem Fall, in dem ich zu Recht davon ausgehe, dass mein Computer über diese ‚Kompetenzen' verfügt, werde ich mich zwar darauf verlassen können, dass ich mit dem Computer einen Text fertigstellen kann, aber es wäre abwegig davon zu reden, dass ich meinem Computer in dieser Hinsicht vertraue. Strukturell unterscheidet sich dieses Beispiel nicht wesentlich von den drei in diesem Abschnitt skizzierten Beispielen. Das sieht man auch daran, dass die Reaktionen auf ein Scheitern in allen vier Fällen ähnlich ausfallen werden: Sollte mein Computer sich, nachdem ich mich endlich dazu durchgerungen habe, mit dem Schreiben zu beginnen, gar nicht erst hochfahren lassen, werde ich enttäuscht oder wütend auf mich selbst sein, aber ich werde mich nicht von dem Computer *betrogen fühlen*; auf ganz ähnliche Weise werde ich mich nicht betrogen fühlen, wenn ich feststellen sollte, dass mein Freund gar nicht Autofahren kann, die medizinischen Kenntnisse meiner Hausärztin auf dem Stand der 50er Jahre steckengeblieben sind oder mein Nachbar der Auffassung ist, dass man Pflanzen nur einmal in der Woche giessen muss, dann aber ordentlich.[11]

Das meiner Ansicht nach gewichtigste Argument gegen die Kompetenzannahme wurde allerdings noch gar nicht angesprochen. Erinnern wir uns: Die Funktion der Kompetenzannahme sollte darin bestehen, ein Argument für die Dreistelligkeitsannahme zu liefern. Es wurde festgestellt, dass der reduktionistische Schritt (R1) nur dann zwingend ist, wenn gezeigt werden kann, dass es in jedem Fall mindestens einen Kontext gibt, in dem eine Person einer anderen Person nicht vertrauen kann. Zusammen mit der empirisch gut gestützten Annahme, dass keine Person in jedem Kontext kompetent ist, sicherte die Kompetenzannahme diese Prämisse: Niemand ist in jeder Hinsicht kompetent; wenn ich vertraue, muss ich Kompetenz unterstellen; also kann ich niemandem in jeder Hinsicht vertrauen; also vertraue ich einer anderen Person – wenn ich ihr denn vertraue – nur in bestimmten Hinsichten. So wie die Kompetenzannahme eingeführt wurde, hängt sie aber offensichtlich von der Dreistelligkeitsannahme ab. Nur wenn ich *bereits davon ausgehe,* dass eine Person *darauf vertraut, dass eine andere Person etwas tun wird*, ergibt sich die Forderung, dass ich auch von

---

[11] Ganz anders würde die Situation aussehen, wenn mich der Freund, meine Hausärztin oder der Nachbar über ihre diesbezüglichen Kompetenzen getäuscht hätten, möglicherweise sogar noch, weil sie sich von einer bestimmten Situation, in der ich ihnen vertraue, einen Vorteil versprochen haben. Hier geht es um *Aufrichtigkeit*, und diese ist allerdings sehr wichtig, wann immer es um Vertrauen oder Vertrauenswürdigkeit geht. Aufrichtig zu sein ist allerdings keine technische Kompetenz, sondern kann allenfalls als eine ‚vertrauensbezogene Fähigkeit' aufgefasst werden, die nicht mehr direkt mit der vorliegenden Argumentation zu tun hat; vgl. Abschn. 4.3.

der diesbezüglichen Kompetenz dieser anderen Person ausgehen muss, um auf rational sicherem Boden zu stehen. Will man für die Dreistelligkeitsannahme über die Kompetenzannahme argumentieren, macht man sich also eines Zirkelschlusses schuldig, von dem ich nicht sehe, wie er nicht als ein *circulus vitiosus* zu verstehen sein sollte. Anstatt in einem begründenden Abhängigkeitsverhältnis zueinander zu stehen, scheint es sich bei der Kompetenz- und der Dreistelligkeitsannahme vielmehr um zwei Facetten eines Gedanken zu handeln. Fällt diese Begründungsdimension weg, steht das reduktionistische Programm allerdings nicht mehr auf sicherem Boden, und wir haben keinen Anlass davon auszugehen, dass Vertrauenszuschreibungen immer ein dreistelliges Vertrauensprädikat beinhalten müssen.

Auf diese Weise ist allerdings auch das in meinen Augen stärkste Argument für die Einstellungsannahme entkräftet. Das bedeutet nicht, dass diese Annahme widerlegt ist, aber es ist zumindest Raum geschaffen für ein alternatives Verständnis davon, was als das *genus proximum* von Vertrauen betrachtet werden muss. Es kann immer noch sein, dass sich ein Argument dafür finden lässt, dass Zuschreibungen der Form ‚Ich vertraue P' Zuschreibungen eines mentalen Zustandes sind, aber nach der Argumentation gegen die Dreistelligkeitsannahme ist es zumindest nicht offensichtlich, dass dies der Fall ist. Die Lesart, die ich im Folgenden skizzieren möchte, versteht das in solchen Zuschreibungen ausgedrückte Vertrauensprädikat als ein Prädikat, das für eine spezifische Beziehung zwischen Personen steht – eine Vertrauensbeziehung.[12] Es geht mir im Folgenden keinesfalls darum, abschließend zu klären, was persönliche Beziehungen sind und worin der spezifische Charakter von Vertrauensbeziehungen besteht. Die Ausführungen im vorliegenden Kapitel sollen lediglich andeuten, inwiefern der Beziehungsbegriff auf durchaus intuitive Weise herangezogen werden kann, um eine zweistellige Lesart von Vertrauen mit Gehalt zu füllen, bevor ich mich dann in den folgenden Kapiteln daran machen werde, mein Verständnis von Vertrauensbeziehungen genauer zu entwickeln.

2.3 Vertrauen als Beziehung

Eine Parallele, die dieses Manöver intuitiv plausibler machen könnte, besteht hier zu den zweistelligen Prädikaten, die Liebes- oder Freundschaftsbeziehungen bezeichnen. In beiden Fällen wäre es ein Anzeichen von begrifflicher Verwirrung,

---

[12] Für eine Position, die sich ebenfalls explizit auf das Phänomen der Vertrauensbeziehung fokussiert, in ihrer Analyse aber leider nicht über das hier kritisierte Paradigma der gegenwärtig in der Debatte vertretenen Ansaätze hinauskommt, vgl. Niker/Specker Sullivan 2018.

wollte man einer Person, die behauptet, eine andere Person zu lieben oder mit ihr befreundet zu sein, die Frage stellen, in welcher Hinsicht oder in welchem Kontext sie denn diese Person liebt oder mit ihr befreundet ist.[13] Die naheliegende Interpretation der grundlegenden Kategorie von Freundschaft scheint nun nicht in der Auffassung zu bestehen, dass Freundschaft ein mentaler Zustand ist. Es wird zwar zu dem Phänomen der Freundschaft in der Regel das Auftreten einer ganzen Reihe von mentalen Einstellungen in verschiedenen Kontexten gehören, aber Freundschaft selbst ist nicht mit einem Typus oder einer Kombination von Typen solcher mentalen Einstellungen zu identifizieren. Im Fall der Liebe ist die Interpretation als eine mentale Einstellung zwar intuitiv weniger problematisch, aber auch hier lassen sich zum einen Argumente dafür finden, dass die Identifikation mit einer mentalen Einstellung bestimmten Aspekten von Liebe nicht gerecht wird, und zum anderen plausibel daran festhalten, dass Liebe *auch* eine Beziehungsform darstellt, von der dann mindestens nicht klar ist, ob sie nicht gegenüber den für Liebe typischen mentalen Einstellungen eine begriffliche Priorität hat. Meine Hypothese besteht also in der Auffassung, dass es sich bei Vertrauen um ein Phänomen wie Liebe oder Freundschaft handelt: Vertrauen ist zwar eng mit dem Auftreten von mentalen Einstellungen verbunden, aber es sollte nicht – wie im Rahmen der kognitivistischen, affektbasierten und voluntaristischen Theorien – mit solchen mentalen Einstellungen, sondern stattdessen mit einer spezifischen Beziehungsform identifiziert werden.

Inwiefern es sich dabei um eine spezifische Beziehungsform handelt, d. h. inwiefern Vertrauensbeziehungen sich von anderen Beziehungen unterscheiden, wird mich weiter unten und noch ausführlicher in den folgenden Kapiteln beschäftigen. Die Frage, die sich an dieser Stelle unmittelbar stellt, ist die grundsätzlichere Frage danach, was überhaupt unter einer Beziehung zu verstehen ist. In einem ersten Schritt lassen sich Beziehungen von bloßen Relationen unterscheiden. Zwei Personen stehen in einer bloßen Relation zueinander, wann immer es ein Prädikat gibt, das in einem wahren Satz an Subjekt- und Objektstelle singuläre Kennzeichnungen enthält, die auf diese Personen referieren. Paul und Paula stehen in so einer Relation zueinander, wenn etwa die folgenden Sätze wahr sind: ‚Paula ist größer als Paul', ‚Paul wurde zwei Wochen später als Paula geboren' oder ‚Paula lebt in einer anderen Stadt als Paul.' Es ist offensichtlich, dass keiner dieser Sätze impliziert, dass Paul und Paula in irgendeiner Beziehung zueinander stehen. Um als Beziehung zu gelten, muss eine Relation zusätzliche Bedingungen erfüllen.

---

13 Vgl. auch hier die hilfreichen Ausführungen in Domenicucci und Holton 2017, S. 149 f.

Niko Kolodny schlägt hier drei Bedingungen vor, die seiner Ansicht nach zusammen hinreichend für das Vorliegen von Beziehungen sind, und ich werde mich im Folgenden an seinem Vorschlag orientieren.[14] Die *erste* dieser Bedingungen ist, dass Beziehungen über die Identitäten der Beziehungsteilnehmer individuiert werden und einen Austausch der Beziehungspartner nicht überstehen. Betrachten wir einen weniger komplexen Fall als Freundschaft oder Liebe. Angenommen Paul und Paula stehen in einer Beziehung zueinander, weil sie Arbeitskollegen sind. Die Arbeitsbeziehung von Paul und Paula ist nur deshalb *diese bestimmte Beziehung*, weil es Paul und Paula sind, die Teilnehmer dieser Beziehung sind, und sie ist dadurch auch von anderen Arbeitsbeziehungen zu unterscheiden, z. B. von den Beziehungen, die Paul und Paula jeweils zu anderen Arbeitskollegen haben. Was die Arbeitsbeziehung zwischen Paul und Paula ausmacht, ist nicht etwa die berufliche Rolle, die sie in ihrem Arbeitskontext ausfüllen: Würde Paula kündigen und von einer anderen Person in dem Arbeitskontext ersetzt werden, würden wir nicht urteilen, dass die Arbeitsbeziehung zwischen Paul und Paula weiterhin besteht. Beziehungen können sich zwar verändern, so der Punkt, aber eine Veränderung, der sie nicht unterworfen sein können, ohne dass sie zu existieren aufhören, besteht in der Substitution der Beziehungsteilnehmer. Wenn ich also in einer Beziehungsrelation zu einer anderen Person stehe, dann betrachte ich sie als die individuelle Person, die sie ist, und nicht unter einer bestimmten Beschreibung wie ‚meine Büronachbarin' oder ‚der Zahnarzt in der Invalidenstraße'. Beziehungen – so der zentrale Punkt an dieser Stelle – implizieren eine *de re* im Gegensatz zu einer *de dicto* Relation.[15]

Die *zweite* Bedingung, die eine Relation zwischen Personen erfüllen muss, um als eine Beziehung zu gelten, macht auf den fortlaufenden Charakter von Beziehungen aufmerksam. Diese Bedingung soll Beziehungen von extrem flüchtigen Relationen unterscheiden, die im Extremfall zwischen zwei Personen nur zu einem bestimmten Zeitpunkt vorliegen, wie z. B. die Relationen, die in ‚sich in demselben Gebäude am 10. Oktober 2018 um 11:59:24 Uhr aufhalten' oder ‚genau dreimal so alt sein' ausgedrückt werden. Es scheint klar, dass jede wie auch immer sonst beschaffene Beziehung über so eine momentane Relation hinausgehen muss, und gleichzeitig denke ich, dass Kolodny bereits hier eine diachrone Dimension in den Beziehungsbegriff implantiert, die in seiner dritten und letzten Bedingung noch deutlicher zur Sprache kommt. Immerhin lässt sich die Frage stellen, was denn genau unter dem ‚Fortlaufen' einer Beziehung

---

[14] Vgl. zum Folgenden Kolodny 2003, S. 147 ff. Für einen weiteren prominenten Beziehungsansatz vgl. Scheffler 1997.
[15] Vgl. zu dieser Unterscheidung Kraut 1986.

zu verstehen ist. Es muss hier gemeint sein, dass zwei Personen nur dann als in einer Beziehung zueinander stehend betrachtet werden können, wenn ihre Relation sich in der Zeit erstreckt und eine minimale Interaktion ermöglicht, die das Potential hat, fortlaufend zu sein (wie z. B. ein Gespräch miteinander zu führen oder eine Tennispartie miteinander zu spielen), oder für eine unbestimmte Zeit fortlaufend wiederholt zu werden (wie z. B. ab und zu ein Gespräch miteinander zu führen oder immer wieder mal eine Tennispartie miteinander zu spielen.)

Gemäss der *dritten* Bedingung, in der diese temporale Dimension von Beziehungen explizit zum Vorschein kommt, liegt eine Beziehung nur dann vor, wenn zwischen den Beziehungsteilnehmern ein historisches Muster an solchen persönlichen Interaktionen vorliegt. Diese historische Bedingung ist notwendig, weil man Relationen zwischen Personen, die im obigen Sinne einen fortlaufenden Charakter haben, nicht immer als Beziehungen auffassen kann. Wenn ich etwa mit einem Zahnarzt in einer Notfallpraxis zu interagieren beginne, dann kann unsere Relation zwar als fortlaufend betrachtet werden, aber es wird nicht von einer Beziehung die Rede sein können, solange wir nicht in der Lage sind, auf eine bestimmte Geschichte solcher gemeinsamen Interaktionen hinzuweisen. Es ist wichtig zu sehen, dass in dieser Bedingung ein explizit epistemischer Gesichtspunkt eingebaut ist: Um in einer Beziehung zu einer Person zu stehen, reicht es nicht, dass ich eine Interaktionsgeschichte mit dieser Person teile, sondern ich muss mir dieser Interaktionsgeschichte auch bewusst sein, genauso wie mein Beziehungspartner von der gemeinsamen Geschichte wissen muss. Es reicht dabei nicht, dass ich z. B. auf der Grundlage der Berichte dritter Personen (oder auf der Grundlage von Fotos, Videoaufnahmen, Chatprotokollen etc.) von unserer Geschichte weiß, sondern es muss sich bei diesem Wissen um den genuin erstpersonalen epistemischen Zugang zur eigenen Vergangenheit handeln, wie er typischerweise bei Erfahrungserinnerungen vorliegt. Denken wir wiederum an den Fall der Arbeitskollegen Paul und Paula: Sollten die beiden sich gerade erst vor einer Stunde neu kennengelernt haben, werden wir zögern, ihre Relation als eine Beziehung zu betrachten, und zwar unabhängig von den Fragen, ob sie sich aufeinander *de re* beziehen und wie fortlaufend ihre Interaktionen sind. Solange sie nicht auf etwas in der Vergangenheit verweisen können, das sich im Sinne eines Musters an gemeinsamen Interaktionen interpretieren lässt, wird es sich bei ihrer Relation noch um keine Beziehung handeln.

Ein für meine Zwecke entscheidender Aspekt der vorliegenden Bestimmung des Beziehungsbegriffs ist bislang nur implizit mitgenannt worden. Er besteht in der Ansicht, dass das Vorliegen von Beziehungen davon abhängt, dass die Beziehungspartner miteinander interagieren. In diesem Zusammenhang muss der Interaktionsbegriff auf eine bestimmte Weise verstanden werden. Es geht hier *auch* darum, dass in der Beziehung gehandelt wird. Dies kann sowohl im Sinne von Handlungen der Fall sein, die auf den jeweils anderen Partner gerichtet sind – wie z. B. wenn ich ihm eine Tasse Kaffee bringe –, als auch im Sinne von gemeinsamen Handlungen mit geteilten Absichten – wie z. B. wenn wir gemeinsam eine Partie Tennis spielen. Der hier gemeinte Interaktionsbegriff sollte allerdings auch das Auftreten von mentalen Einstellungen umfassen. Ich habe bereits angedeutet, dass es völlig unplausibel wäre, wollte man das Phänomen des Vertrauens, ebenso wie die Phänomene der Freundschaft oder der Liebe, als von mentalen Einstellungen unabhängige Phänomene betrachten. Das sind sie nicht, und doch spricht das keinesfalls für die Einstellungsannahme. Beziehungen allgemein sind insofern *auch* psychologische Phänomene, als zu den Interaktionen, von denen sie charakterisiert sind, auch ‚mentale Interaktionen' gehören, die z. B. vorliegen, wenn ich etwas glaube, weil ein Beziehungspartner es gesagt hat, wenn ich eine Absicht fasse, nachdem er mir seine Absicht kundgetan hat, oder wenn wir uns gemeinsam über etwas freuen.[16]

Der Begriff der Vertrauensbeziehung ist nicht nur ein philosophischer *terminus technicus*, sondern wir haben im Zusammenhang mit ihm durchaus alltägliche Begriffsintuitionen. Es ist bereits an dieser Stelle meiner Argumentation zu sehen, inwiefern der von mir bis hierhin entwickelte Begriff der Beziehung zu diesen Intuitionen passt. Wenn wir von einer Vertrauensbeziehung reden, scheinen wir etwa immer eine Relation *de re* im Blick zu haben: Aus der Tatsache, dass Paula ihrer Zahnärztin vertraut, folgt nicht, dass sie *jedem beliebigen* Dentalmediziner vertraut, der in der Praxis, die sie aufzusuchen pflegt, zufällig Dienst hat. Es sind immer individuelle Personen, zu denen wir in einer Vertrauensbeziehung stehen, und als Teilnehmer an einer Vertrauensbeziehung betrachten wir einander auch immer als solche.

Auch im Hinblick auf den Charakter der fortlaufenden Interaktion entspricht der Begriff der Beziehung unseren Intuitionen bezüglich Vertrauensbeziehungen. Wann immer etwas passiert, das sich als Vertrauen auffassen lässt, das eine Beziehungsdimension aufweist, haben wir es mit einer Interaktion zu tun, die zumindest eine minimal temporale Dimension aufweist. Damit zusammenhängend gehen wir davon aus, dass Vertrauen sich nicht in zeitlich diskrete Vorkommnisse von Einzelakten des Vertrauens zerlegen lässt: Es scheint etwas begrifflich Problematisches an einem Fall zu sein, in dem ich Paul *in dieser spezifischen Situation* vertraue, ohne gleichzeitig davon auszugehen – oder es wenigstens implizit

---

[16] Auf diese Weise beschränke ich meine Begriffsbestimmung darauf, was Kolodny als die „attitude-dependent relationships" (Kolodny 2003, S. 149) bezeichnet und vernachlässige einstellungsunabhängige Beziehungen, wie sie z. B. zwischen einer Person und ihrer biologischen Mutter vorliegen, wenn beide nie miteinander zu tun hatten.

anzunehmen –, dass ich ihm in relevant ähnlichen Umständen in der Zukunft ebenso vertrauen würde. Genauso wenig wie man für einen Tag befreundet sein kann, scheint es unmöglich zu sein, einer anderen Person ‚nur einmal' zu vertrauen, d. h. Vertrauen in sie zu legen, ohne davon auszugehen, dass man ihr *ceteris paribus* in der Zukunft weiterhin vertrauen würde.

Geht es um die historische Bedingung, so fällt auf, dass wir im Zusammenhang mit Vertrauensbeziehungen auf sehr natürliche Weise davon ausgehen, dass sie eine historische Dimension aufweisen. Typischerweise taucht das Phänomen des Vertrauens in Konstellationen auf, in denen sich die beteiligten Personen schon über eine bestimmte Zeit gekannt haben und eine Geschichte der gemeinsamen Interaktionen vorweisen können, seien es langjährige Freunde, Bäcker oder Zahnärzte. Es ist ebenfalls bezeichnend, dass wir, immer wenn es um die Vertrauensbeziehungen geht, die wir selbst führen, eine mehr oder weniger vollständige und komplexe Geschichte dieser Beziehungen vor Augen haben. Denke ich etwa an meine Beziehung zu meinem Zahnarzt, dann geht es mir nicht nur darum, dass ich ihn als die Person identifizieren kann, die er ist, und zusätzlich davon ausgehe, dass er mich auf eine bestimmte Weise behandeln wird, sondern ich denke an die konkreten Interaktionskontexte, in denen wir uns zu verschiedenen Zeiten unserer Beziehungsgeschichte befunden haben – meine anfänglichen Zweifel beim ersten Zahnarztbesuch, eine gemeinsam erfolgreich bewältigte Krisensituation, meine schlechten Erfahrungen mit einem anderen Zahnarzt oder Ähnliches.

Schließlich können wir uns keine Vertrauensbeziehung vorstellen, in der nicht zumindest das Potential zu Interaktionen angelegt ist, wie ich sie im Zusammenhang mit dem Beziehungsbegriff rekonstruiert habe. Welche Interaktionen das sind, sollte an dieser Stelle klar sein: Manchmal verlassen wir uns darauf, dass unsere Partner in einer Vertrauensbeziehung etwas tun werden und handeln entsprechend, in anderen Fällen bilden wir auf der Basis von Vertrauensbeziehungen Überzeugungen aus, in wiederum anderen Beziehungskonstellationen legen wir spezifische emotionale Reaktionen an den Tag. Kurz: Wir verbinden mit Vertrauensbeziehungen all die Phänomene, die von den kognitivistischen, affektbasierten und voluntaristischen Theorien zu den jeweiligen Startpunkten der Analyse gemacht werden. Das ist der plausible Aspekt der von mir kritisierten Theorien, und in dieser Hinsicht habe ich auch gar keine Widersprüche anzumelden. Wie schon angedeutet, gehe auch ich davon aus, dass Vertrauen eine Dimension hat, die im Vorliegen bestimmter mentaler Einstellungen oder im Fällen von Handlungsentscheidungen besteht. Nur glaube ich nicht, dass sich die Gesamtheit des Phänomens ‚Vertrauen' in den Blick bekommen lässt, wenn man sich auf eine bestimmte Klasse der für Vertrauen charakteristischen mentalen Einstellungen oder Handlungen fokussiert.

Einer der Vorzüge des Ansatzes, den ich in der Folge entwickeln werde, indem ich den Begriff der Vertrauensbeziehung mit Gehalt fülle, besteht darin, diese Phänomene auf einheitliche Weise erfassen zu können und gleichzeitig die Unterscheidung zwischen Vertrauen und Sich-Verlassen besser als die konkurrierenden Vertrauenstheorien einzufangen. An dieser Stelle meiner Argumentation mag eine Andeutung hilfreich sein, wie man sich diese Strategie vorzustellen hat. Ich habe Vertrauensbeziehungen bislang als fortlaufende Relationen mit einer historischen Dimension verstanden, die zwischen Personen vorliegen, die sich aufeinander *de re* beziehen und auf bestimmte Weise miteinander interagieren. Die zentrale im Folgenden zu entwickelnde Idee besteht darin, dass Personen, die in so einer Vertrauensbeziehung zueinander stehen, in spezifischen Interaktionskontexten eine Reihe von Gründen haben, eben weil sie in der betreffenden Vertrauensbeziehung zueinander stehen. Wie lassen sich diese Gründe charakterisieren?

Diese Frage lässt sich selbstverständlich nicht beantworten, ohne all das vorwegzunehmen, wofür ich im Detail in den nächsten beiden Kapiteln argumentieren werde. Eine explikationsbedürftige Minimalfassung meiner Arbeitshypothese könnte aber folgendermaßen lauten: Vertrauensbeziehungen sind diejenigen Beziehungen, deren Teilnehmer die Gründe des Beziehungspartners auf eine ähnliche Weise auffassen, wie sie es im eigenen Fall tun, wann immer sie sich selbst gegenüber die Akteursperspektive der ersten Person einnehmen. Was es genauer heißt, die Akteursperspektive der ersten Person einzunehmen und vor allem, wie sie auf andere Personen eingenommen werden kann, wird mich, wie angedeutet, in den folgenden Kapiteln beschäftigen. Um aber meiner Hypothese mehr Plausibilität zu verleihen, möchte ich an dieser Stelle den Charakter derjenigen Gründe, die von Vertrauensbeziehungen generiert werden, wenigstens vorläufig mit Gründen kontrastieren, die man als drittpersonal bezeichnen könnte.[17]

---

[17] Der Vorschlag zur Interpretation von Vertrauensgründen, den ich im Verlaufe dieser Arbeit formuliere, weist eine gewisse systematische Nähe zu dem Begriff des zweitpersonalen Grundes auf, wie er vor allem in Darwall 2006 entwickelt wurde. Tatsächlich passt alles, was ich in dem vorliegenden Abschnitt zum Thema nicht-drittpersonaler Gründe schreibe, sehr gut zu der Idee der Zweitpersonalität, wie sie von Darwall entwickelt wurde. Für eine Position, die Darwalls Theorie der Zweitpersonalität in Verbindung mit dem Thema des Vertrauens bringt, vgl. McMyler 2011. McMylers Position ist in der epistemologisch orientierten Debatte um Vertrauen verankert, und zudem argumentiert er für ein kognitivistisches Verständnis von Vertrauen, das letztlich mit sehr ähnlichen Problemen konfrontiert ist, wie die von mir oben diskutierten Ansätze. Trotz aller Berührungspunkte spielt die Idee der Zweitpersonalität für meine weitere Argumentation keine Rolle. Das hat einen großen systematischen Vorzug: Zweitpersonale Einstellungen setzen Autoritäts- und Rechenschaftsrelationen voraus, die denkbar

Betrachten wir eine Beispielsituation, bei der mein Wohlergehen aus irgendwelchen Gründen davon abhängt, das Paul, eine Person, zu der ich in einer Vertrauensbeziehung stehe, mich am Wochenende besuchen kommt. Angenommen ich habe mit Paul über meine Situation am Telefon gesprochen, er hat versprochen, mich zu besuchen, und ich vertraue darauf, dass er am nächsten Wochenende einen Flug nach Bern nehmen wird. Letzteres bedeutet zunächst, dass ich die Überzeugung habe, dass Paul am nächsten Wochenende nach Bern kommen wird. Wie ist diese Überzeugung aber gerechtfertigt? An dieser Stelle ist es entscheidend, dass meine Gründe, davon auszugehen, dass Paul nach Bern kommen wird, nicht in dem Sinne drittpersonal sind, dass sie von Erwägungen abhängen, die unabhängig von unserer Beziehung sind: Es ist ja nicht der Fall, dass mir etwa die Bestätigungsnachricht seiner Flugbuchung untergekommen ist, und ich deshalb davon ausgehe, dass er nach Bern kommen wird. Stattdessen beruht mein Grund für die entsprechende Überzeugung auf eine noch genauer zu spezifizierende Weise auf der Vertrauensbeziehung, in der wir zueinander stehen.

Es ist diese besondere Struktur von Gründen, die von Vertrauensbeziehungen generiert werden, die – wie ich in der Folge zeigen werde – Vertrauen vom bloßen Sich-Verlassen unterscheidet.[18] Die Gründe, die Personen dafür haben, sich darauf zu verlassen, dass andere Personen etwas tun werden – Gründe, die zentral mit *Vorhersagen* über das Verhalten dieser Personen zu tun haben – sind drittpersonale Gründe, die unabhängig von den Beziehungen zu verstehen sind, in denen diese Personen zueinander stehen können. Die Bürger von Königsberg hatten gute Gründe, davon überzeugt zu sein, dass Kant zu einer bestimmten Zeit an einer bestimmten Ecke der Stadt auftauchen wird. Diese Gründe waren aber völlig unabhängig von ihren Beziehungen zu Kant und speisten sich stattdessen aus Beobachtungen des Spazierverhaltens des Philosophen, die wiederum zu Annahmen über seine Verhaltensdispositionen verallgemeinert wurden.

---

schlecht zu einigen paradigmatischen Vertrauenskontexten passen. Für die zentrale Diskussion dieser Problematik vgl. Darwall 2017, wo sehr viele theoretische Ressourcen aufgewendet werden müssen, um zu plausibilisieren, dass Vertrauen keine ‚deontische' Einstellung ist und insofern einen Sonderfall zweitpersonaler Einstellungen darstellen muss.

18 Von entscheidender Bedeutung ist hier, dass die Vertrauensbeziehung nicht im Gehalt der Gründe auftaucht, die sie für ihre Teilnehmer generiert. Die Bezugnahme auf die Tatsache, dass zwei Personen in einer Vertrauensbeziehung zueinander stehen, ist für sich genommen nichts anderes als eine drittpersonale Beschreibung eines Weltzustandes, der eben zwei Personen beinhaltet. In diesem Sinne vertrete ich eine Auffassung von Beziehungsgründen, die Simon Keller in einem anderen Zusammenhang als die ‚individual view' bezeichnet; vgl. Keller 2013, Kap. 4. Vgl. in diesem Zusammenhang die Ausführungen zum Wert von Freundschaft in Scanlon 1998, S. 88 ff.

An dieser Stelle lässt sich ebenfalls andeuten, inwiefern ein Ansatz, der Vertrauen im Sinne einer Beziehung interpretiert, in der Personen sich aufeinander auf nicht-drittpersonale Weise beziehen, in der Lage sein könnte, die besonderen emotionalen Reaktionen zu erklären, die im Fall von Vertrauensbrüchen an den Tag gelegt werden. Kehren wir noch einmal zu der Situation zurück, in der ich darauf vertraue, dass Paul mich am Wochenende besuchen wir, und nehmen wir an, er kommt nicht nach Bern, ohne sein Ausbleiben in irgendeiner Weise zu erklären. Meine emotionale Reaktion wird sich in diesem Fall nicht nur darauf zurückführen lassen, dass ich das zukünftige Verhalten von Paul falsch prognostiziert habe und meine Absichten anpassen muss. Ich werde nicht nur enttäuscht sein. Die Quelle meiner besonders emphatischen reaktiven Einstellung ist vielmehr in der Tatsache zu suchen, dass es *Paul* war, der *mich* in einer bestimmen Hinsicht im Stich gelassen und mich dadurch gewissermassen missachtet hat, obwohl wir in einer Vertrauensbeziehung zueinander stehen – einer Beziehung, die durch sein Verhalten aufs Spiel gesetzt und möglicherweise sogar beschädigt wurde. Bei den emotionalen Reaktionen, die bei so einem Vertrauensbruch angemessen sind, handelt es sich demnach um wesentlich nicht-drittpersonale Reaktionen auf das Fehlverhalten von Partnern in einer Vertrauensbeziehung.

Inwiefern ein als Beziehung verstandenes Vertrauen eine Komponente des Überzeugtseins beinhaltet, wie es die kognitivistischen Ansätze nahelegen, ist bereits durch die obige Diskussion meines Beispiels angedeutet worden. Neben Gründen für Überzeugungen generieren Vertrauensbeziehungen aber auch nicht-drittpersonale Gründe für andere mentale Einstellungen wie Emotionen. Dabei kann es sich, wie bereits angedeutet, um reaktive Emotionen in Situationen des Vertrauensbruchs handeln, oder aber um emotionale Einstellungen, die je nach spezifischem Typ der Vertrauensbeziehung und der konkreten Situation, in der sich die Beziehungspartner befinden, angemessen sind. Hier ist eine ganze Reihe von auf andere Personen bezogenen Emotionen denkbar, die in den affektbasierten Theorien nicht in den Blick geraten – Emotionen wie Zuneigung, Fürsorge, Eifersucht oder Gefühle der Sicherheit und Nähe. Als zentrale Intuition, die für affektbasierte Ansätze spricht, habe ich im ersten Kapitel die spezielle Beharrlichkeit bestimmt, die mit Vertrauen einhergeht. Im Rahmen des Vorschlags, den ich in der Folge entwickeln werde, ist diese Beharrlichkeit eine direkte Funktion der historischen Dimension von Vertrauensbeziehungen. Wenn ich entgegen allen Anzeichen an die Unschuld eines Freundes glaube, dann liegt das zum einen an den Gründen, die er mir im Rahmen unserer Beziehung gibt, an seine Unschuld zu glauben, und zum anderen an der Tatsache, dass wir eine Geschichte miteinander teilen, die seine Schuld aus meiner Perspektive sehr fernliegend erscheinen lässt.

Schließlich ist auf die im Zentrum nicht-evidenzbasierter Theorien stehende Auffassung einzugehen, nach der wir uns zu Vertrauen entschließen können, weil es eine Form des Sich-Verlassens darstellt. Ich habe bereits angedeutet, dass Vertrauensbeziehungen nicht-drittpersonale Gründe für Sich-Verlassen generieren können. Gemäß dieser Andeutung ist Vertrauen eben nicht mit Sich-Verlassen zu identifizieren, sondern das Sich-Verlassen kann rational im Vertrauen – d. h. in der Vertrauensbeziehung zwischen der Person, die sich verlässt, und der Person, auf die sie sich verlässt – begründet sein. Es gibt verschiedene Formen des Sich-Verlassens. Eine davon besteht darin, dass wir uns auf Personen, aber auch auf Gegenstände, Naturphänomene oder nichtmenschliche Lebewesen auf einer prädiktiven Grundlage verlassen, so wie sich die Bürger von Königsberg auf Kant verlassen haben. Eine andere Form des Sich-Verlassens liegt vor, wenn wir uns auf Personen auf der Grundlage von Vertrauen verlassen. Diese zweite Form des Sich-Verlassens ist gerade dadurch von der ersten unterschieden, dass in ihrem Rahmen keine drittpersonalen Vorhersagen über das Verhalten der jeweils anderen Person stattfinden, sondern Gründe ins Spiel kommen, die von der Vertrauensbeziehung generiert werden und nicht-drittpersonaler Natur sind.[19]

Für den vorliegenden Kontext lässt sich der voluntaristischen Herausforderung aber noch auf andere Weise begegnen. Wann immer das passiert, was gemäß Vertretern voluntaristischer Theorien als ein Entschluss, einer anderen Person zu vertrauen, aufgefasst wird, befinden wir uns in einem Zustand der *Entstehung* von Vertrauensbeziehungen. Der dabei gefällte Entschluss ist nicht eigentlich ein Entschluss zu vertrauen, sondern vielmehr der Entschluss, einer anderen Person durch einen ersten Kooperationsakt zu signalisieren, dass man sie in eine Vertrauensbeziehung einlädt. In dem Szenario eines Vertrauenskreises stellen wir uns vielleicht tatsächlich die Frage, ob wir den anderen Teilnehmern des Theaterkurses ‚vertrauen sollen', aber worum es sich bei dieser Situation *eigentlich* handelt, ist eine Abwägung zwischen dem Risiko, dass man fallengelassen wird (dessen Einschätzung nichts mit Vertrauen zu tun hat), und dem Wert, den eine gelungene Interaktion dieser Art haben würde. Dieser Wert besteht aber darin, dass zusammen mit den anderen Kursteilnehmern ein erster Schritt auf

---

19 Wollte man für solche Fälle, in denen ich mich auf der Grundlage einer Vertrauensbeziehung darauf verlasse, dass eine Person etwas tun wird, das Vokabular des Vertrauens verwenden, ließe sich weiterhin davon reden, dass Vertrauen in einem speziellen Sinn auch ein dreistelliges Prädikat ist. Plausibler scheint mir aber die etwas radikalere Interpretation, die von meiner Bestimmung nahegelegt wird: Dreistellig ist dieser Auffassung nach nur das Verlassensprädikat, während Vertrauen immer nur eine zweistellige Relation – eben eine Beziehung – charakterisiert, die manchmal eine dreistellige Verlassensrelation rational stützt.

dem Weg in eine neue Vertrauensbeziehung gemacht wurde. Und genau das ist der Sinn solcher Gruppenspiele.

Mein Ziel in dem vorliegenden Kapitel bestand darin, eine Diagnose der Probleme vorzulegen, mit denen sich die in der Debatte um den Vertrauensbegriff vertretenen Positionen konfrontiert sehen. Ich habe sie vor allem darin verortet, dass typischerweise von Vertrauen als einem dreistelligen Prädikat ausgegangen wird, das eine mentale Einstellung bezeichnet. Auf diese Diagnose aufbauend, habe ich zum einen für die Ansicht argumentiert, dass Vertrauen als zweistelliges Prädikat verstanden werden kann, und zum anderen den Versuch unternommen, die Grundidee eines zweistelligen Vertrauensbegriffs zu entwickeln, der eine spezifische Beziehungsform charakterisiert. Die Besonderheit dieser Beziehungsform wurde von mir über den provisorisch eingeführten Begriff des nicht-drittpersonalen Grundes erläutert, und ich habe angedeutet, inwiefern dieses Modell auf attraktive Weise mit den Herausforderungen der Vertrauensdebatte umgehen könnte. Damit ist der Boden für das Kernstück dieser Arbeit bereitet, in dem ich der Frage nachgehe, was genau wir unter dem Begriff der Vertrauensbeziehung zu verstehen haben. Wie sich zeigen wird, führt der Weg zu einer befriedigenden Antwort auf diese Frage über die Betrachtung von Fällen, in denen es angemessen ist, davon zu sprechen, dass eine Person *sich selbst vertraut*. Der Verweis auf Vertrauen in sich selbst wird mir wiederum dabei helfen, plausibel zu machen, auf welche Weise Vertrauen in andere etwas ist, das direkt mit unseren *Identitäten* zu tun hat.

Kapitel 3
Vertrauen in sich selbst

Im vergangenen Kapitel habe ich eine alternative Lesart der Zuschreibung des Vertrauensprädikats vorgestellt, nach der Vertrauen als ein zweistelliges Prädikat verstanden wird, das eine Beziehung zwischen zwei Personen charakterisiert. Gleichzeitig habe ich angedeutet, inwiefern Vertrauensbeziehungen als normativ zu verstehen sind. Sie sind es insofern, als sie eine Reihe von Gründen für die Personen generieren, die einander vertrauen. Das alleine stellt allerdings noch keine besonders interessante Bestimmung dar, solange man nicht weiter spezifiziert, wie solche Gründe genauer zu verstehen sind. Recht vorläufig habe ich diesbezüglich darauf hingewiesen, dass die für Vertrauen relevanten Gründe sich nicht auf drittpersonale Gründe reduzieren lassen und beziehungsabhängig sind. Das Ziel des vorliegenden Kapitel besteht entsprechend darin, meine Analyse von Vertrauen als zweistelligem Prädikat zu erhärten, indem ich genauer auf die Frage nach den Gründen eingehe, die von Vertrauensbeziehungen generiert werden, und in diesem Zusammenhang insbesondere ihren Status in Abgrenzung zu drittpersonalen Gründen schärfer konturiere.

Mein Vorgehen wird sich hierbei an einer einfachen Überlegung orientieren. Bislang war nahezu ausschließlich von Vertrauen als einem interpersonalen Phänomen die Rede, und es lässt sich auch mit einiger Plausibilität behaupten, dass der Fall, in dem eine Person einer anderen Person vertraut, in unserem Alltag, der ganz wesentlich ein sozialer Alltag ist, eine zentrale Rolle spielt. Gleichzeitig muss aber zugestanden werden, dass der Begriff des Vertrauens auch in *intrapersonalen* Kontexten eine besondere Relevanz hat. Es ist sehr üblich und keinesfalls Ausdruck von besonderer intellektueller Überspanntheit davon zu reden, dass Personen sich selbst vertrauen oder misstrauen können. ‚Du musst Dir einfach nur vertrauen,' mag etwa eine Trainerin zu ihrem Schützling vor einem wichtigen Wettkampf sagen, während ein halbwegs vernünftiger Spielsüchtiger seine Überzeugung, dass es für ihn keine gute Idee ist, die Ferien in Las Vegas zu verbringen, mit dem Hinweis begründen kann, dass er gelernt habe, sich in dieser Hinsicht zu misstrauen. Ähnlich wie der Begriff des interpersonalen Vertrauens zentral für das Verständnis von im weitesten Sinne sozialen Phänomenen ist, handelt es sich bei dem Begriff des Selbstvertrauens um einen Begriff, mit dem wir uns selbst zu verstehen versuchen, und beide Begriffe bezeichnen zudem etwas, das auf eine sehr spezifische Weise wertvoll für uns ist und eine besondere Fürsorge hervorruft. Was liegt da näher, als davon auszugehen, dass sie dasselbe in unterschiedlichen Kontexten bezeichnen, so dass eine Reflexion auf das Phänomen des intrapersonalen Vertrauens aufschlussreich für das Phänomen des interpersonalen Vertrauens und *vice versa* sein könnte?

Dagegen ließe sich selbstverständlich geltend machen, dass im Fall von Selbstvertrauen nur auf eine uneigentliche Weise auf Vertrauen Bezug genommen wird, oder dass es sich bei dem Versuch, intra- und interpersonales Vertrauen als verwandte Phänomene zu betrachten, gar um eine besonders schlichte Form von Äquivokation handelt. Das würde zumindest erklären, warum keine der zurzeit vertretenen Theorien des interpersonalen Vertrauens auf Einsichten rekurriert, die sich aus einer systematischen Reflexion auf das Phänomen des Vertrauens, das Personen in sich selbst setzen, generieren lassen.[1] Dass das Vertrauen, das wir einerseits in uns selbst und andererseits in andere Personen setzen oder setzen können, nichts oder nicht genug miteinander zu tun haben, ist allerdings keine Selbstverständlichkeit, die ohne kritische Überprüfung für wahr gehalten werden sollte. Meine Arbeitshypothese im Rahmen des vorliegenden Kapitels wird dementsprechend lauten, dass trotz aller Unterschiede, die erwartungsgemäß zwischen beiden Fällen anzutreffen sind, Vertrauen in sich selbst und Vertrauen in andere Personen Phänomene bezeichnen, die einen begrifflichen Kern miteinander teilen, so dass eine Betrachtung des einen Phänomens mit Erkenntnisgewinn für das jeweils andere verbunden sein kann. Entsprechend wird es mir im Folgenden zentral darum gehen, Merkmale von intrapersonalem Vertrauen herauszuarbeiten, die ich dann bemühen kann, um meine Analyse von interpersonalem Vertrauen als einer Beziehungsform weiter mit Gehalt zu füllen.

Zu diesem Zweck werde ich zunächst den Begriff der Perspektive des Vertrauens einführen und ihn mit dem Begriff der Perspektive kontrastieren, die wir einnehmen, wenn wir uns auf Personen lediglich verlassen. Diese beiden Perspektiven werde ich über eine Interpretation dessen rekonstruieren, was es heißt, die Perspektive der ersten Person im Gegensatz zur Perspektive der dritten Person einzunehmen (Abschn. 3.1). Während ich den Unterschied zwischen beiden Perspektiven zunächst am Beispielfall von Überzeugungen einführen werde, wird es mir im weiteren Verlauf meiner Argumentation zentral um die Frage gehen, wie es zu verstehen ist, dass Personen sich selbst bezüglich des

---

[1] Wenn überhaupt, so ist hier eher das umgekehrte Vorgehen zu beobachten, bei dem auf der Grundlage einer Theorie des interpersonalen Vertrauens der Versuch unternommen wird, Einsichten für den Fall des intrapersonalen Vertrauens zu gewinnen (vgl. etwa Jones 2012b). Ansonsten ist Selbstvertrauen eher Gegenstand eigener kleiner Teildebatten, die mit unterschiedlichen Schwerpunkten entweder in die Erkenntnistheorie (vgl. Lehrer 1997, Foley 2001 oder Zagzebski 2012) oder, nicht selten mit feministischem Interesse, in die Autonomiediskussion (vgl. Govier 1993 oder Benson 1994) hineinragen.

eigenen zukünftigen *Handelns* vertrauen bzw. misstrauen können (Abschn. 3.2). In einem klärenden Zwischenschritt werde ich mich mit dem Einwand beschäftigen, der darauf aufmerksam macht, dass Personen, die sich selbst misstrauen, ihre Autorität als Akteure auch dann aufrechterhalten können, wenn sie Mechanismen implantieren, die dazu dienen, sich darauf verlassen zu können, dass man auf eine bestimmte Weise handeln wird (Abschn. 3.3). In einem weiteren Schritt werde ich diskutieren, inwiefern es für Personen wichtig ist, sowohl die Perspektive der ersten als auch die Perspektive der dritten Person auf sich selbst einzunehmen, und in welchem Sinne Vertrauen und Sich-Verlassen miteinander interagieren können (Abschn. 3.4). Schließlich werde ich Selbstvertrauen im Sinne des Habens von bestimmten Fähigkeiten interpretieren, die ich als akteursbezogene Fähigkeiten bezeichnen werde, und dafür argumentieren, dass Vertrauen eine dynamische und diachrone Dimension hat (Abschn. 3.5). Meine Diskussion im vorliegenden Kapitel soll den Boden für die Argumentation im vierten Kapitel bereiten, in dem ich meine Analyse von Selbstvertrauen in einen systematischen Zusammenhang mit dem Problem der Identität von Personen bringen und schließlich zu der für die Belange dieser Arbeit zentralen Frage nach interpersonalem Vertrauen zurückkehren werde.

3.1 Die Perspektive des Vertrauens

Die Arbeitshypothese für den Rest dieser Arbeit lautet, dass der Vertrauensbegriff eine bestimmte Beziehungsform charakterisiert. Die Aufgabe, die sich mir stellt, besteht dementsprechend darin, zu präzisieren, worum es sich bei Vertrauensbeziehungen handelt. Was kommt etwa in Frage, wenn Sätze wie ‚Ich vertraue Dir' oder ‚Klaus vertraut Eva' formuliert werden und wir damit explizit *keine* abkürzende Bezugnahme auf eine dreistellige Vertrauensrelation meinen? Im Folgenden wird es mir darum gehen, diese Frage zu beantworten, indem ich eine wiederum metaphorische, aber in philosophischen Kontexten gängigere Ausdrucksweise ins Zentrum meiner Betrachtung stelle und sie philosophisch fruchtbar zu machen versuche: Wenn es der Fall ist, dass Klaus in einer Vertrauensbeziehung zu Eva steht, so die Idee, dann heißt das zumindest, dass er ihr gegenüber eine bestimmte *Perspektive* einnimmt.

Was bedeutet es aber, so eine Perspektive einzunehmen? An dieser Stelle ist es hilfreich, mit der Unterscheidung zwischen der Perspektive der ersten und der Perspektive der dritten Person weiterzuarbeiten. Einer naiven, weil allzu grammatikalischen, Lesart dieser Unterscheidung zufolge nehmen Personen die Perspektive der ersten Person ausschließlich auf sich selbst ein, während das Einnehmen der Perspektive der dritten Person nur mit Blick auf andere – eben dritte – Personen möglich ist. Gegen diese Auffassung kann mit guten Gründen vertreten werden, dass wir uns auch auf uns selbst aus der Perspektive der dritten Person beziehen können. Wer diese Möglichkeit zulässt, versteht die Unterscheidung zwischen beiden Perspektiven im Sinne eines jeweils unterschiedlich gearteten *Selbstverhältnisses*, und es ist so ein Verständnis der Unterscheidung, das ich in meiner folgenden Argumentation zugrunde legen werde.

Ich fange also mit der Charakterisierung des Unterschieds zwischen der Perspektive der ersten Person und der Perspektive der dritten Person im intrapersonalen Fall an.[2] Eine einfache Weise, wie man sich diesem Unterschied nähern kann, besteht in der Bezugnahme auf die verschiedenen Modi des Wissens, das man von den eigenen mentalen Einstellungen haben kann. Die in diesem Zusammenhang zentrale Idee ist, dass ich davon, dass ich z. B. einen Wunsch habe oder einer bestimmten Überzeugung bin, auf zwei Weisen wissen kann: Zum einen kann mein Wissen davon einen indirekten Charakter haben, indem es auf Beobachtung und inferentiellen Schlüssen beruht, und zum anderen kann es auf in einem klärungsbedürftigen Sinne *unmittelbare* Weise zustande kommen.

Im ersten Fall weiß ich von einer meiner mentalen Einstellungen auf dieselbe Weise, wie ich von den mentalen Einstellungen anderer Personen wissen kann. So kann es sein, dass ich eine Person beobachte, die drauf und dran ist, das Gebäude zu verlassen und dabei aus ihrem Rucksack einen Regenschirm hervorholt. Diese Beobachtung erlaubt mir zusammen mit einer Reihe weiterer Prämissen den Schluss, dass diese Person die Überzeugung hat, dass es draußen regnet, sowie den Wunsch, auf ihrem Heimweg nicht nass zu werden. Ich rationalisiere in so einem Fall das Verhalten einer Person, indem ich es mir aus der Perspektive dieser Person verständlich zu machen versuche, und rekonstruiere die dabei zutage tretenden Handlungsgründe im Sinne von mentalen Einstellungen mit einem bestimmten Gehalt. Dies ist – neben dem Fall, in dem eine andere Person mir von ihren mentalen Einstellungen berichtet, den ich hier zunächst zurückstelle – das Standardvorgehen, wenn es uns darum geht, von den mentalen Einstellungen anderer Personen zu erfahren. Wann immer wir von den mentalen Einstellungen Dritter auf diese Weise wissen, nehmen wir ihnen gegenüber die Perspektive der dritten Person ein.

Im intrapersonalen Fall ist ein anderes Vorgehen einschlägig. Hier werde ich es typischerweise nicht nötig haben, auf Beobachtungen meines Verhaltens und Schlussfolgerungen aus diesen Beobachtungen zurückzugreifen. In diesem

---

2 Im Folgenden entwickle ich einen Ansatz weiter, den ich in einem anderen theoretischen Zusammenhang in Budnik 2013 verteidigt habe.

Sinne ist mein Wissen von den eigenen mentalen Einstellungen aus der Perspektive der ersten Person direkt, und eine zentrale philosophische Aufgabe besteht darin, diesen Unterschied und die damit verbundene epistemische Asymmetrie zwischen beiden Perspektiven zu erklären. Wie angedeutet, ist es aber möglich, auch im Hinblick auf die eigenen mentalen Einstellungen die Perspektive der dritten Person einzunehmen. Die paradigmatischen Beispiele für solche Fälle betreffen ‚verborgene' mentale Zustände, die eine Person sich erst unter Zuhilfenahme von besonderen Maßnahmen wie z. B. einer therapeutischen Behandlung vergegenwärtigen kann.[3] So kann es etwa sein, dass eine Person erst nach mehreren Therapiesitzungen davon erfährt, dass sie den Wunsch hat, sich selbst zu schaden, und die epistemische Grundlage dafür wird wiederum darin bestehen, dass sie Beobachtungen ihres Verhaltens anstellt und unter Zuhilfenahme eines Freundes oder eines Therapeuten bestimmte Schlüsse aus diesen Beobachtungen zieht.

Wie angedeutet, stellt sich in diesem Zusammenhang zentral die Frage, wie der epistemische Status von Fällen zu rekonstruieren ist, in denen man eben nicht die Perspektive der dritten Person, sondern die Perspektive der ersten Person auf die eigenen mentalen Zustände einnimmt. An dieser Stelle kann es mir nicht darum gehen, die mit dieser Frage zusammenhängende philosophische Debatte zu rekonstruieren und für die Plausibilität bestimmter Vorschläge, die in dieser Debatte gemacht werden, zu argumentieren.[4] Stattdessen möchte ich ein spezifisches Verständnis dessen, was es heißt, die Perspektive der ersten Person einzunehmen, rekonstruieren – ein Verständnis, von dem ich glaube, dass es zumindest *einen* wichtigen Aspekt der Unterscheidung zwischen beiden Perspektiven einfängt und für das vorliegende Thema von zentraler Bedeutung ist.[5]

Dieses Verständnis geht von der Beobachtung aus, dass mentale Einstellungen, auf die ich mich aus der Perspektive der dritten Person beziehe, mir auf eine spezifische Weise ‚fremd' bleiben, während sich die mentalen Einstellungen, von denen ich aus der Perspektive der ersten Person weiß, als in einem emphatischen Sinn meine eigenen mentalen Einstellungen verstehen lassen. Um diesen Charakter der ‚Zugehörigkeit', der ‚Urheberschaft' oder der ‚Authentizität' einzufangen, kann in diesem Kontext darauf aufmerksam gemacht werden, dass meine mentalen Einstellungen aus der Perspektive der ersten Person – im

---

[3] Vgl. hierzu etwa Burge 1996, S. 112 f. oder Moran 2001, S. 89 ff.
[4] Für die wichtigsten Positionen zu diesem Thema und den damit verwandten Fragestellungen aus der Debatte um ‚Self-Knowledge' vgl. Cassam 1994 oder Wright/Smith/Macdonald 1998.
[5] Für eine ausführliche Verteidigung dieses Vorschlags vgl. Moran 2001 und Budnik 2013, Kap. 6–7. Zur Kritik an der Theorie von Moran vgl. etwa Shoemaker 2003 oder Buss 2003.

Gegensatz zur Perspektive der dritten Person – *transparent* sind.[6] Die Metapher der Transparenz lässt sich am besten anhand von Beispielen für die unterschiedlichen Perspektiven erläutern, die ich bezüglich meiner eigenen Überzeugungen einnehmen kann. Angenommen es geht um die folgenden beiden Überzeugungen:[7]

(A) Ich glaube, dass es einen Dritten Weltkrieg geben wird, weil ich die relevanten geopolitischen Tatsachen berücksichtigt habe.

(B) Ich glaube, dass es einen Dritten Weltkrieg geben wird, aber nicht weil ich irgendwelche Tatsachen berücksichtigt habe, die dafür sprechen würden, sondern weil (wie mir vielleicht gar nicht bewusst ist) ich unter einer paranoiden Schizophrenie leide.

Nun kann es sein, dass ich sowohl im Fall von (A) als auch im Fall von (B) weiß, dass ich der Überzeugung bin, dass es einen Dritten Weltkrieg geben wird. Entsprechend den bisherigen Überlegungen wird es sich dabei aber um epistemisch radikal voneinander abweichende Formen des Wissen von einer meiner eigenen Überzeugungen handeln – während ich im Fall von (A) auf erstpersonale Weise von meiner Überzeugung weiß, liegt im Fall von (B) eine für die Perspektive der dritten Person charakteristische Form dieses Wissens vor. Dieser Unterschied lässt sich einfangen, indem man darauf hinweist, dass die Überzeugung, dass es einen Dritten Weltkrieg geben wird, in (A) transparent ist. Damit ist gemeint, dass ich mich in dem Fall, in dem ich die Perspektive der ersten Person einnehme, nicht mit Fragen wie ‚Welcher Überzeugung bin ich?' oder ‚Bin ich der Überzeugung, dass es einen Dritten Weltkrieg geben wird?' beschäftige, sondern mit einer Frage wie ‚Wird es einen dritten Weltkrieg geben?' Anders gesagt, nehme ich in einem Fall wie (A) eine genuin *deliberative* Perspektive ein und befasse mich mit Erwägungen, die für oder gegen das sprechen, was *Inhalt* der betreffenden Überzeugung ist.

In einem Fall wie (B) geht es mir dagegen nicht um die Gründe, die für oder gegen die Auffassung sprechen, dass es einen Dritten Weltkrieg geben wird, sondern um diejenigen Erwägungen, die für oder gegen die Auffassung sprechen, dass ich *der Überzeugung bin*, dass es einen Dritten Weltkrieg geben wird. Diese drittpersonale Perspektive auf meine eigene Überzeugung entspricht inso-

---

6 Zum Begriff der Transparenz vgl. vor allem Moran 2001, 101 ff.
7 Das Beispiel, das ich im Folgenden diskutiere, greift direkt das Beispiel auf, mit dem Evans in Anlehnung an Wittgenstein die Idee der Transparenz – allerdings in einer semantisch orientierten Fragestellung – in die Debatte eingeführt hat; vgl. Evans 1982, S. 255.

fern der Perspektive, die wir einnehmen, wenn wir uns auf das Mentale von anderen Personen beziehen, als auch in so einem Fall die Gründe für die Wahrheit der Überzeugung eine nachgeordnete und unter Umständen auch gar keine Relevanz für das Zustandekommen der entsprechenden Überzeugung haben: Wenn ich etwa wissen möchte, ob Paul der Überzeugung ist, dass es einen Dritten Weltkrieg geben wird, dann kann die Tatsache, dass es angesichts der relevanten geopolitischen Fakten sehr wahrscheinlich ist, dass es ihn geben wird, zwar eine gewisse Rolle für meine Frage spielen, aber sie wird für diese Frage keine Rolle spielen, die so entscheidend ist wie die Rolle, die diese Tatsache in der Situation spielt, in der *ich* mich aus der Perspektive der ersten Person frage, ob es einen Dritten Weltkrieg geben wird und zu einem Ergebnis wie in (A) gelange.

Eine Weise, die Transparenzidee zu fassen, besteht entsprechend in der Einsicht, dass ich mich aus der Perspektive der ersten Person nicht mit meinem Mentalen befasse; es geht mir hier nicht um die Frage, ob eine Person, die mit mir identisch ist, Subjekt bestimmter mentaler Einstellungen ist. Stattdessen rücke ich, wann immer ich diese Perspektive einnehme, in die Position eines *Akteurs* – in unserem speziellen Fall in die Position eines epistemischen Akteurs, dessen Aufgabe darin besteht, auf der Basis der Abwägung von normativ relevanten Erwägungen zu einer Antwort auf die Frage zu gelangen, ob es einen Dritten Weltkrieg geben wird.

Subjekt einer Überzeugung wie in (A) zu sein, geht nun in dem Sinne mit dem Gefühl einher, dass es sich dabei um eine *meiner* Überzeugungen handelt, als ich zu dieser Überzeugung auf dem für diesen Typus mentaler Einstellungen charakteristischen Wege gelangt bin – über die Abwägung von Gründen für diese Überzeugung, d. h. Erwägungen, die normative Relevanz für die Frage nach der Wahrheit der entsprechenden Proposition haben. Umgekehrt kann verständlich gemacht werden, warum eine Person, die davon erfährt, dass sie einer Überzeugung wie in (B) ist, diese Überzeugung als einen *fremden* Bestandteil ihrer Psychologie erfährt. Eine solche Überzeugung ist nämlich in gewisser Weise ‚an ihrem Subjekt vorbei' entstanden. Sie hat zwar eine kausale Vorgeschichte, ist aber normativ leer, weil sie nicht auf der Basis der Abwägung von Gründen, die mit ihrem Gehalt zu tun haben, zustande gekommen ist. In besonders extremen Fällen lässt sich sogar vorstellen, dass Personen auf drittpersonale Weise von einer ihrer eigenen Überzeugungen wissen und gleichzeitig Einsicht in konklusive Gründe haben, die *gegen* diese Überzeugungen sprechen. In so einer Situation denke ich, dass etwas der Fall ist, aber mir ist, als ob ich von einer anderen Person denken würde, dass sie denkt, dass etwas der Fall ist, während ich selbst sehe, dass sie sich täuscht. Viel radikaler kann Selbstentfremdung nicht ausfallen.

3.2 Sich selbst vertrauen

Bislang habe ich mich auf den Spezialfall der Überzeugung beschränkt, um meine Interpretation des Unterschieds zwischen der Perspektive der ersten Person und der Perspektive der dritten Person zu skizzieren. Die Perspektiven der ersten und der dritten Person lassen sich aber nicht nur bezüglich mentaler Einstellungen, sondern auch auf Handlungen einnehmen. Für die Frage nach Vertrauen ist diese Tatsache insofern besonders interessant, als sich die Bezugnahme auf Vertrauen oder Misstrauen in der Regel in Kontexten ergibt, in denen Personen etwas tun. Dass sich beide Perspektiven auf Handlungen einnehmen lassen, kann zum einen im Sinne einer Schlussfolgerung aus dem bislang Gesagten verstanden werden: Wenn es stimmt, dass die Gründe für Handlungen etwas damit zu tun haben, was Personen für wahr halten oder anstreben, dann kann es sein, dass man zu solchen Einstellungen, die normative Relevanz für das eigene Handeln haben, ein drittpersonales Verhältnis hat, und dass dieses drittpersonale Verhältnis sich dann auf das eigene Handeln überträgt.

Wenn ich also beispielsweise davon überzeugt bin, dass es einen Dritten Weltkrieg geben wird, ohne dass meine Überzeugung auf der Grundlage der Berücksichtigung relevanter geopolitischer Fakten zustande gekommen ist, und wenn ich auf der Grundlage dieser mir ‚fremden' Überzeugung Handlungen ausführe, indem ich etwa einen Bunkerraum in meinem Haus einrichte, dann werde ich auch diese Handlung als eine Handlung erfahren, die zwar in einem trivialen Sinne meine Handlung ist, aber nicht im emphatischen Sinne zu mir gehört. Dies ist der Fall, weil die Gründe, die ich für diese Handlung habe, sich nicht als *meine eigenen Gründe* verstehen lassen, sondern einen fremden Bestandteil meiner Akteurspsychologie darstellen, den ich lediglich kausal rekonstruieren kann,[8] indem ich einsehe, dass ich die relevante Überzeugung aufgrund einer psychologischen Störung oder etwa als Folge von Gehirnwäsche, Hypnose oder ähnlicher Eingriffe habe.

Personen können aber noch auf andere Weise einen lediglich drittpersonalen Bezug zu ihren Handlungen haben. Es lassen sich hier mindestens zwei Fälle unterscheiden. Zum einen kann es sein, dass ich Gründe abwäge, die dafür und dagegen sprechen, dass ich φ-en sollte und bei diesem Deliberationsprozess zu dem Ergebnis komme, dass ich φ-en sollte, allerdings ohne dass ich eine entspre-

---

[8] Es wird dabei also vielleicht eine meiner Handlungen vorliegen, aber es wird sich nicht darum handeln, was Velleman als eine „full-blooded human action" bezeichnet und von einem trivialen Sinn von ‚Handeln' abgrenzt, nach dem ein Akteur allein schon deshalb als Akteur gilt, weil er Subjekt von einschlägigen konativen und kognitiven Einstellungen ist; vgl. Velleman 2000, S. 127.

chende Absicht ausbilde, so dass ich letzten Endes nicht φ-e, sondern etwas ganz anderes mache. Zum anderen kann es sein, dass dieser Prozess erfolgreich verläuft – dass ich also ausgehend von meinen Überlegungen die Absicht fasse, zum geeigneten Zeitpunkt zu φ-en, dass ich es aber, wenn der relevante Zeitpunkt eintritt, nicht schaffe, meine Absicht zu φ-en auch tatsächlich in die Tat umzusetzen, sondern stattdessen wiederum etwas ganz anderes tue. In beiden Fällen werde ich, ebenso wie in dem ersten Fall, mein Handeln als fremd und nicht eigentlich zu mir gehörig empfinden. Weitaus schlimmer ist allerdings, dass ich in einer Situation, in der ich *davon ausgehen muss*, dass ich in einer dieser Hinsichten keine erstpersonale Perspektive auf mein Handeln werde einnehmen können, nicht weiß, was ich in Zukunft tun werde. Letzteres ist nur unwesentlich weniger dramatisch als nicht zu wissen, was mit mir in der Zukunft *passieren* wird, und wer sich auf diese Weise auf die eigene Zukunft bezieht, misstraut sich als Akteur.

Nicht jede Situation, die sich als eine Situation charakterisieren lässt, in der ich nicht weiß, was mit mir in der Zukunft passieren wird, ist allerdings gleichzeitig eine Situation, in der ich mich in einem drittpersonalen Verhältnis mir gegenüber befinde, und auch nicht jede Situation, in der ich nicht weiß, wie ich in Zukunft handeln werde, erlaubt diese Qualifizierung bzw. den zusätzlichen Befund, dass ich mir misstraue. Wir wissen sehr oft nicht, was wir tun werden, ganz einfach weil wir nicht wissen, wie die Umstände beschaffen sein werden, in denen es angebracht sein kann, so oder anders zu handeln: Ich weiß noch nicht, ob ich morgen an den Strand gehen werde, weil ich nicht weiß, ob morgen die Sonne scheinen wird. Das heißt selbstverständlich nicht, dass ich mir mistraue, sondern lediglich, dass ich nicht allwissend in Bezug auf die für meine zukünftigen Handlungen relevanten Sachverhalte bin. Um von Misstrauen reden zu können, muss der Akteur in einem noch weiter zu explizierenden Sinn davon ausgehen, dass *er selbst* es ist, der einen eigenen deliberativen Prozess zum Scheitern bringt. Das ist eben in den angedeuteten Situationen der Fall, in denen ich entweder (a) davon ausgehen muss, dass ich auf der Grundlage einer mir fremden Einstellung handeln werde, (b) skeptisch bin, dass meine deliberativen Überlegungen in eine Absicht münden werden, oder aber (c) die Vermutung habe, dass ich meine Absicht nicht in die Tat umsetzen werde.

Betrachten wir für ein weiteres Beispiel von (a) den folgenden Fall: Nach jahrelanger aufrichtiger Selbstbeobachtung habe ich festgestellt, dass ich den ‚abtrünnigen' Wunsch habe, Personen in weißen T-Shirts zu schaden. Wie auch immer ich ihn anschaue, der Wunsch kommt mir absurd vor und lässt sich von mir auf keine Weise rationalisieren. Ich weiß, dass ich keinen Grund habe, Personen in weißen T-Shirts zu schaden, und doch habe ich in der Vergangenheit feststellen müssen, dass dieser Wunsch ein besonders gewichtiges Element in meinem motivationalen Haushalt darstellt.

Eine andere Situation kann (b) illustrieren: Ich weiß, dass ich ziemlich gut darin bin, mir zu überlegen, was ich mit einem Samstagabend anfangen sollte. Ich kann mir alle relevanten Optionen klar vor Augen führen, stehe in gutem Kontakt zu meinen Bedürfnissen und bin insgesamt kreativ genug, um mir die jeweils perfekte Lösung für den Samstagabend zu überlegen. Aber immer wenn ich schon ganz genau weiß, was zu tun wäre, beschließe ich plötzlich, etwas ganz anderes zu machen. Ich kriege es einfach nicht hin, meine mühsam angestellten Überlegungen in eine konkrete Absicht zu übersetzen.

Und zuletzt noch ein Fall zur Veranschaulichung von (c): Auch im Hinblick auf sportliche Betätigung bin ich sehr gut darin, mir zu überlegen, welche Form von körperlicher Aktivität mir aus welchen Gründen guttun würde. Auch hier kann ich mir alle relevanten Erwägungen, die ich als meine eigenen Gründe betrachte, klar vor Augen führen, und ich schaffe es sogar, realistische Absichten zu fassen, wie z. B. die Absicht, an zwei Tagen in der Woche joggen zu gehen. Aber leider stelle ich immer wieder fest, dass es mir nicht gelingt, diese Absicht in die Tat umzusetzen. Schon mehrmals habe ich mir fest vorgenommen, dies oder jenes für meine Fitness zu tun, nur um im entscheidenden Augenblick das Vorhaben fallen zu lassen und etwas ganz anderes zu tun.

Auch wenn diese drei Fälle jeweils verschiedene Formen der Irrationalität darstellen, die im Rahmen von systematischen Überlegungen zu unterschiedlich gelagerten philosophischen Problemen führen würden, so besteht doch ihre Gemeinsamkeit in zwei für die Belange dieses Kapitel entscheidenden Merkmalen, die sich auf die folgende Weise charakterisieren lassen:

(i) Eine Person P_1 zum Zeitpunkt t_1 hängt davon ab, dass eine Person P_2 zu einem späteren Zeitpunkt t_2 φ-en (bzw. nicht φ-en) wird.

(ii) P_1 hat zu t_1 Grund zu der Annahme, dass P_2 zu t_2 nicht φ-en (bzw. φ-en) wird.

Mit (i) und (ii) sollen keinesfalls hinreichende Bedingungen für Misstrauen formuliert sein, aber es ist nicht unplausibel, dass es sich dabei um notwendige Bedingungen dafür handelt. So wie ich sie formuliert habe, sind diese Bedingungen einschlägig für den Fall, in dem eine Person einer anderen Person misstraut; aber unter der Annahme der Identität von P_1 und P_2 erfassen sie die skizzierten Fälle, in denen eine Person sich selbst misstraut. Die von dem bisher Gesagten nahegelegte Diagnose dieser Fälle lautet, dass eine Person sich selbst misstraut, wenn sie es nicht schafft, die Perspektive der ersten Person auf sich selbst einzunehmen. In den skizzierten Szenarien würde diese Leistung etwa darin bestehen, dass ich es schaffe, meinem abtrünnigen Wunsch den Platz zuzuweisen, der ihm angesichts meines normativen Selbstverständnisses gebührt, so dass er sich in entscheidenden Situationen nicht motivational auswirkt; oder es würde bedeuten, dass ich zu den Zeitpunkten, an denen ich alle relevanten Gründe bezüglich der Frage nach einer guten Beschäftigung am Samstagabend erwogen habe, diese Gründe als hinreichend verbindlich auffasse, um eine bestimmte Absicht auszubilden; oder es würde bedeuten, dass ich die Absicht, zweimal in der Woche joggen zu gehen, in dem Sinne als eine Absicht verstehe, die im emphatischen Sinne meine eigene Absicht ist, dass ich sie, wenn der geeignete Zeitpunkt gekommen ist, auch tatsächlich realisiere.

Um diese vorläufige Charakterisierung dessen, was es heißen müsste, die Perspektive der ersten Person auf die eigenen zukünftigen Handlungen einzunehmen, weiter zu konturieren, werde ich mich im Folgenden auf den letzten der drei Fälle konzentrieren. Lässt sich aus den bisherigen Überlegungen schließen, dass Akteure die Perspektive der ersten Person einnehmen und auf diese Weise sich selbst vertrauen, wenn sie es schaffen, ihre gefassten Absichten umzusetzen? Dieser Schluss wäre zu voreilig: Es gibt verschiedene Möglichkeiten, wie Akteure sicherstellen können, dass sie Dinge tun, die sie sich zu tun vorgenommen haben, und nicht alle sind kompatibel damit, dass sie dadurch die Perspektive der ersten Person einnehmen. So kann ich etwa als Reaktion auf die Einsicht, dass ich es regelmäßig nicht schaffe, meine Laufabsichten umzusetzen, den Versuch unternehmen, Mechanismen zu implementieren, die mir zu den relevanten Zeitpunkten *zusätzliche* Gründe geben, meine Turnschuhe zu schnüren und mich auf den Weg zu machen. Wie Odysseus, der sich selbst angesichts des betörenden Gesangs der Sirenen nicht über den Weg traut und sich an den Mast seines Schiffes binden lässt, unternehme ich in so einer Situation Schritte, um zu verhindern, dass ich meinem Vorsatz untreu werde.

Beispielsweise könnte ich mit einem Freund die Abmachung treffen, dass ich ihm, jedesmal wenn ich einen geplanten Lauf sausen lasse, einen bestimmten Geldbetrag überweise. Wenn der Geldbetrag hoch genug ist und ich als Freund auch wirklich ehrlich bin, werde ich in der entsprechenden Situation meine Absicht joggen zu gehen umsetzen, auch wenn ich ansonsten mit sehr hoher Wahrscheinlichkeit zuhause geblieben wäre. Entscheidend ist, dass ich dies im Vorfeld auch wissen kann, d. h. es ist mir im Gegensatz zu der Situation, in der ich keine solche Verabredung getroffen habe, schon im Vorfeld klar, was ich in Zukunft tun werde; meine eigenen zukünftigen Handlungen stellen kein Rätsel für mich dar.

Gleichzeitig muss aber festgehalten werden, dass in solchen Situationen die Gründe für das Misstrauen, das ich mir selbst gegenüber an den Tag lege, keinesfalls aus der Welt sind. Das sieht man besonders gut daran, dass die weiter oben angeführte Bedingung (ii) immer noch erfüllt ist: Ich habe immer noch Grund zu der Annahme, dass ich, wenn es soweit ist, meine Absicht fallen lassen werde, und es ist genau diese Annahme, die mich erst dazu veranlasst, die skizzierte Abmachung mit meinem Freund zu treffen. Würde ich keinen Grund zu dieser Annahme haben, wäre nicht einzusehen, warum ich ihm überhaupt versprechen sollte, *irgendetwas* für den Fall zu tun, dass ich es nicht schaffe joggen zu gehen. Mein Misstrauen ist gewissermaßen sowohl die Voraussetzung als auch Bestandteil der Rechtfertigung dafür, dass ich mich auf die Abmachung mit meinem Freund einlasse.

Das alles heißt nicht, dass es schlecht wäre, solche Strategien zur Sicherstellung des eigenen zukünftigen Handelns zu ergreifen. Nur die wenigsten Personen sind in den Kontexten, um die es hier geht, vollständig rational, und es mag im Einzelfall durchaus angebracht sein, sich auf diese oder andere Weise ‚an den Mast zu binden', um die Realisierung von wichtigen Plänen nicht zu gefährden. Für die Diskussion der Frage, worin Selbstvertrauen besteht, ist es aber zentral, den Unterschied zwischen solchen Situationen und Situationen, in denen wir nicht auf Mechanismen der Selbstbindung angewiesen sind, genau zu verstehen. Worin besteht also der Unterschied zwischen der Situation, in der ich die skizzierte Abmachung mit einem Freund treffe, und Situationen, in denen dies nicht nötig ist?

Ein offensichtlicher Unterschied besteht darin, dass ich in Situationen, in denen ich mir nicht vertraue, auf das Vorliegen eines zusätzlichen Grundes wie ‚weil ich ansonsten eine empfindliche Menge Geld verlieren würde' angewiesen bin. Für sich genommen ist das kein Grund, der Selbstvertrauen unterminieren würde. Es ist zumindest nichts an dem *Gehalt* dieses Grundes, das diesen Charakter hätte. Es lassen sich Situationen vorstellen, in denen ich mit einer gleichlautenden Begründung eine im Hinblick auf Vertrauen völlig unbedenkliche Haltung meinem zukünftigen Handeln gegenüber zum Ausdruck bringe, etwa wenn ich rechtfertige, warum ich mich rechtzeitig um meine Steuererklärung zu kümmern beabsichtige. Wenn es aber nicht an dem spezifischen Gehalt des Grundes liegt, dass ich in der skizzierten Situation diesem Grund folgend ein Misstrauen mir selbst zum Ausdruck bringe, dann muss es sich bei dem gesuchten Merkmal um eines handeln, das *die Art des Grundes*, seine spezifische normative Verfasstheit, betrifft.

Welches Etikett ich dieser Sorte von Gründen anheften werde, sollte angesichts meiner Ausführungen zum Ende des letzten Kapitels nicht weiter überraschen – es sind drittpersonale Gründe. Was aber heißt es in diesem Kontext genau, dass ich so einen drittpersonalen Grund habe? Bezeichnen wir provisorisch die Menge an Erwägungen, die eine Person zu der Absicht, joggen zu gehen, gebracht haben können – Erwägungen wie ‚Gesundheit ist wichtig', ‚Ich wünsche mir, im Sommer richtig fit zu sein', ‚Regelmäßiges Joggen ist das beste Mittel, um fit zu werden' oder auch ‚Joggen macht Spaß' – sowie die resultierende Absicht selbst als den *erstpersonalen normativen Zusammenhang*, der einen Akteur im erstpersonalen Normalfall zum entsprechenden Handeln bewegt hätte. In dem Fall, um den es uns an dieser Stelle geht, muss der Akteur im Sinne von (ii) davon ausgehen, dass sein ‚erstpersonaler normativer Zusammenhang' genau das nicht leisten kann. Um der resultierenden Situation der Unsicherheit bezüglich des eigenen zukünftigen Handelns zu entgehen, trifft der Akteur nun die skizzierte Verabredung mit einem Freund. In welcher Hinsicht ändert sich dadurch die normative Landschaft?

Zunächst kann man festhalten, dass die Maßnahme, die dadurch ergriffen wird, der Sorte von Maßnahmen entspricht, die Personen ergreifen würden, wenn sie *andere Personen* zu einem bestimmten Verhalten bringen wollten. Da angenommen werden kann, dass die finanziellen Einbußen, die ich *qua* Verabredung zu erwarten habe, wenn ich nicht joggen gehe, so empfindlich sind, dass ich sie nicht in Kauf nehmen kann, ist es nicht weit hergeholt, in der skizzierten Situation zumindest Elemente dessen wiederzufinden, was passiert, wenn eine Person eine andere Person *zwingt*, etwas zu tun. Eine Person wird zu etwas gezwungen, wenn sie sich zu der Handlung, zu der sie gezwungen wird, nicht selbst entschieden hat oder wenn sie sich dazu entschieden hat, allerdings ohne dass sie eine annehmbare Alternative gehabt hätte.[9] Zwang ist dabei durchaus kompatibel damit, dass die Person, die zu etwas gezwungen wird, ihr resultierendes Verhalten in einem gewissen Sinne für verständlich halten wird. Aber dieser Sinn unterscheidet sich eben von dem Sinn, in dem sie Handlungen versteht, die sie aus eigenen Stücken ausführt. In dem einen Fall werde ich mit dem Hinweis auf das, was mich zu einem bestimmten Verhalten zwingt, einen Faktor benennen, der im Rahmen einer Kausalerklärung meines Verhaltens eine zentrale Rolle spielt. In dem anderen Fall werde ich dagegen zum Ausdruck bringen, was aus meiner Perspektive dafür gesprochen hat bzw. spricht, sich auf eine bestimmte Weise zu verhalten.

Im konkreten Fall sieht die Lage selbstverständlich immer etwas komplizierter aus. Während ich in einer Situation, in der mich eine andere Person gezwungen hat, nachhause zu gehen, indem sie mich am Ohr hingezerrt hat, diesen Zwang ohne Probleme im Sinne einer kausalen Ursache für mein Verhalten interpretieren kann, würde die in anderen philosophischen Kontexten viel diskutierte Situation, in der ein Bankräuber mich mit der Pistole an der Schläfe dazu zwingt, den Safe zu öffnen, nicht-kausale Elemente beinhalten, die den Fall weniger eindeutig machen. Genauso stehen die Dinge auch in Fällen, in denen Personen auf im weitesten Sinne ökonomischen Druck reagieren, indem sie bestimmte Dinge tun, die sie ansonsten nicht getan hätten. Zwar ist jemand,

---

9 Vgl. etwa Wood 2014.

der mit einer Geldstrafe rechnen muss, wenn er es versäumt, den Schnee vor dem Haus wegzuschaufeln, in einem bestimmten Sinne frei, das nicht zu tun – nämlich dann, wenn er die Geldstrafe in Kauf zu nehmen bereit ist –, aber das ändert nichts daran, dass sich auch diese Situation in dem Sinne als eine Situation von Zwang betrachten lässt, als der betreffenden Person, zumindest wenn es sich bei der Geldstrafe um eine hinreichend empfindliche Strafe handelt, keine annehmbare Alternative offensteht.

Die Situation, um die es mir an dieser Stelle geht, ist in dieser Hinsicht noch komplizierter: Immerhin bin *ich es ja selbst*, der eine Situation hat entstehen lassen, in der ich ökonomischem Druck ausgesetzt bin, falls ich es unterlassen sollte, meine ursprüngliche Absicht in die Tat umzusetzen. Das ändert jedoch nichts daran, dass der ‚Grund', joggen zu gehen, den ich auf diese Weise habe, nur auf kontingente Weise mit meinem ‚erstpersonalen normativen Zusammenhang' zusammenhängt und stattdessen eher im Sinne eines kausalen Einflusses Relevanz für mein Handeln hat. Wenn ich in der skizzierten Situation weiß, dass ich am nächsten Tag joggen gehen werde, dann weiß ich das auf eine Weise, die der Weise ähnelt, auf die ich wissen kann, dass Paul morgen joggen gehen wird, weil er – aus welchen Gründen auch immer – ansonsten mit einer sehr empfindlichen Geldbuße, einer Verhaftung oder einer Hinrichtung rechnen muss. In beiden Fällen erkenne ich, dass bestimmte Kausalfaktoren es sehr wahrscheinlich machen, dass eine Person – in dem einen Fall eine Person, die mit mir identisch ist, in dem anderen Fall der arme Paul – sich auf eine bestimmte Weise verhalten wird, und meine Einstellung gegenüber den zukünftigen Handlungen dieser Personen ist rein epistemisch.

Eine Bestimmung des drittpersonalen Charakters meines Bezugs auf die eigenen Handlungen ist entsprechend, dass ich mich auf mein zukünftiges Selbst als eine von kausalen Faktoren bestimmte Person beziehen werde. Zwang stellt dabei nur eine Möglichkeit dar, wie Personen zu einem bestimmten Verhalten zu bringen sind. Eine andere viel diskutierte Strategie besteht in der Manipulation von Personen.[10] Manipulation unterscheidet sich insofern von Zwang, als der manipulierte Akteur zwar mehr als nur eine annehmbare Handlungsoption hat – dass er in gewissem Sinne also ‚frei wählen' kann, was er tut – allerdings so, dass als Folge der Manipulation eine bestimmte Handlungsoption dem Akteur als besonders attraktiv erscheint. Es ist nicht unplausibel, davon auszugehen, dass die Grenze zwischen Manipulation und Zwang eher fließend ist, und so ließe sich auch der von mir diskutierte Fall des Versprechens, das ich einem Freund gebe, im Sinne des einen oder anderen Phänomens verstehen. Wer sich

---

10 Vgl. etwa Baron 2003 oder Buss 2005.

misstraut, betrachtet sich als angemessenes Objekt von Zwang und Manipulation, ließe sich demnach etwas verkürzt ein vorläufiges Resümee aus meinen Überlegungen ziehen.

Eine damit zusammenhängende Bestimmung, die zwischendurch immer wieder angedeutet wurde, ist dass der ‚Grund', den ich haben werde, wenn ich mich auf den Weg zum Joggen mache, ein Grund sein wird, der gar nicht oder nur auf eine abweichende Weise mit dem ‚erstpersonalen normativen Zusammenhang' zusammenhängt, der mich im Normalfall zum Joggen bewegt hätte. Betrachten wir zur Klärung dieses Punktes wiederum eine Extremsituation, in der ich von einer dritten Person zu einem Verhalten gezwungen werde. Angenommen, ich stolpere, weil jemand mir ein Bein stellt. In dieser Situation ist mein Stolpern in dem Sinne ein ‚fremdes Element' meiner evaluativen Perspektive, als es vor meinem Stolpern nichts gegeben hat, was für mich dafür gesprochen hätte zu stolpern. Das Stolpern ist nicht Bestandteil des Netzwerks von normativen Überlegungen, von dem sich sagen lässt, dass es vor seinem Hintergrund ist, dass ich in bestimmten Situationen denke, dass ich etwas tun *sollte*. Nun ließe sich vielleicht für den Fall des Stolperns bestreiten, dass hier überhaupt ein Zwangsszenario vorliegt: Man zwingt mich nicht im eigentlichen Sinne dazu zu stolpern, genauso wie man nicht im strengen Sinne davon reden kann, dass das Opfer eines Attentats zum Sterben gezwungen wurde. Analoges lässt sich allerdings zu eindeutigeren Fällen von Zwang behaupten: Wenn der Bankräuber mich mit der Pistole an der Schläfe zum Öffnen des Tresors zwingt, dann ist das Öffnen des Tresors zwar etwas, wozu ich mich (im Gegensatz zum Stolpern) ‚entschieden habe', aber es kann angenommen werden, dass diese ‚Entscheidung' alternativlos und mit meinem vor der Zwangsmaßnahme vorliegenden Netzwerk normativer Erwägungen unverbunden gewesen ist.

Auch für mein zukünftiges Selbst wird der von mir in Zusammenarbeit mit meinem Freund geschaffene Mechanismus ein solches fremdes Element darstellen. Es ist nämlich anzunehmen, dass ich zu dem betreffenden Zeitpunkt nichts mehr darin sehen werde, meine ursprüngliche Absicht auszuführen, so dass die Angst vor der finanziellen Einbuße mir wie eine von außen auferlegte Zwangs- oder Manipulationsmaßnahme vorkommen wird. Derselbe Punkt lässt sich auch aus der Perspektive meines Selbst beim Errichten des selbstmanipulativen Mechanismus erfassen: Diese Perspektive ist ja durch den ‚erstpersonalen normativen Zusammenhang' teilkonstituiert, so dass aus diesem Blickwinkel zunächst alles dafür spricht, in zwei Tagen joggen zu gehen. Wenn ich aber in dieser Situation an mich selbst in zwei Tagen denke, muss ich mir – gegeben die Einsicht in den irrationalen Charakter meiner diesbezüglichen Motivationen – diese Person als jemanden vorstellen, dessen ‚normativer Zusammenhang' auf unangemessene Weise mit meinem eigenen ‚normativen Zusammenhang' verbunden ist: Mein zukünftiges ‚Ich' wird vielleicht noch auf einen Residualvorrat an normativen Überlegungen zurückgreifen können, die dafür sprechen joggen zu gehen, aber diese Überlegungen werden nicht auf angemessene Weise mit meinem ‚erstpersonalen normativen Zusammenhang' verbunden sein, weil sie ansonsten zu der Realisierung der entsprechenden Absicht geführt hätten. Genau das ist der Grund, warum ich überhaupt auf die Idee komme, mich auf die skizzierte Weise zu einem bestimmten Verhalten zu zwingen.

Welcher Art ist aber die Verbindung, von der ich behaupte, dass sie in dem genuin erstpersonalen und durch Vertrauen in mich selbst charakterisierten Fall zwischen meinem ‚erstpersonalen normativen Zusammenhang' und meiner zukünftigen Handlung vorliegen muss? Aus dem bisher Gesagten folgt, dass es sich dabei nicht um eine kausale Verbindung handeln kann, sondern dass es eine *normative* Verbindung sein muss. Zudem – und hier liegt die eigentliche Pointe meiner Überlegungen – geht es an dieser Stelle um eine normative Verbindung unter der Voraussetzung einer bestimmten Relation – der Relation der Identität. Anders gesagt: Ich muss in der Relation der Identität zu einer Person in der Zukunft stehen, wenn Erwägungen, die ich jetzt treffe, normative Verbindlichkeit für diese Person haben sollen. Daraus dass es gut für mich wäre, joggen zu gehen, folgt normativ überhaupt nichts für Paul. Wird aber – wie gewöhnlich der Fall – Identität vorausgesetzt, dann ist eine Erwägung wie ‚Joggen fördert die Fitness' oder eine Absicht wie ‚Übermorgen werde ich joggen gehen' normativ nicht neutral. Sie laufen gewissermaßen auf eine bestimmte Handlung hinaus, und zwar nicht mit kausaler Kraft wie in dem drittpersonalen Fall, sondern weil eine bestimmte Handlung für mich – dieselbe Person, die eine Absicht gefasst hat und jetzt als Akteur gefragt ist – rational gefordert ist.

Mein Ziel in dem vorliegenden Abschnitt bestand darin, den Unterschied zwischen der Perspektive der ersten Person und der Perspektive der dritten Person auf den Spezialfall anzuwenden, in dem ich eine dieser beiden Perspektiven auf mich selbst als zukünftigen Akteur einnehme. Die Motivation für dieses Vorgehen bestand darin, dass ich über die Charakterisierung dieses Unterschieds auf zwei verschiedene Formen des Verhältnisses aufmerksam machen wollte, in dem wir zu uns selbst als Akteure stehen können – einerseits ein misstrauendes Verhältnis und andererseits eines, das durch Vertrauen charakterisiert ist. Ich habe dafür argumentiert, dass Personen, die Anlass dazu haben, sich in bestimmten Handlungskontexten zu misstrauen, entweder akzeptieren können, dass ihre zukünftigen Handlungen ihnen rätselhaft bleiben werden – etwa weil sie nicht wissen, was sie in Zukunft tun werden oder aber nicht verstehen, was sie gerade tun – oder alternativ den Versuch unternehmen können, Mechanismen zu implementieren, die das verhindern. Wenn wir uns auf solche Weise ‚binden', um z. B. zu garantieren, dass wir bestimmte unserer gefassten Absichten auch tatsächlich ausführen, dann – so meine Argumentation – verbleiben wir allerdings immer noch in einer drittpersonalen Perspektive auf unsere zukünftigen Handlungen, weil sich unsere diesbezügliche Einstellung nicht wesentlich von der Einstellung von Personen unterscheidet, die versuchen, mit Zwangs- oder Manipulationsmaßnahmen andere Personen zu einem bestimmten Verhalten zu bewegen.

Die Diskussion eines Beispiels für einen solchen Mechanismus hat mich dazu geführt, den Unterschied zwischen dem Einnehmen der Perspektive der ersten Person und der Perspektive der dritten Person schärfer zu konturieren. Wenn wir die Perspektive der dritten Person auf unsere eigenen Handlungen einnehmen, dann betrachten wir uns als Personen, die auf kausalem Wege zu einem bestimmten Verhalten zu bewegen sind. Aus der Perspektive der ersten Person rücken wir dagegen in einem eigentlichen Sinne als Akteure in den Blick, und das bedeutet, dass wir uns als Wesen verstehen, die in der Lage sind, in Deliberationsprozesse einzutreten, diese als normativ verbindlich zu betrachten und sie schließlich in Handlungen münden zu lassen. Die weiter oben eingeführte Metapher der Transparenz aufgreifend ließe sich auch sagen, dass uns aus der Perspektive der ersten Person unsere eigenen Handlungen in dem Sinne transparent werden, dass wir uns nicht die Frage stellen ‚Mit welcher Wahrscheinlichkeit werde ich dies oder jenes tun?', sondern uns direkt mit Aspekten beschäftigen, die dafür bzw. dagegen sprechen, etwas zu tun. Wem die eigenen Handlungen auf diese Weise transparent sind, der vertraut sich selbst. Wer sich dagegen bestimmter ‚externer' Mittel bedienen muss, um eine Verbindung zwischen den eigenen Gründen und den eigenen Handlungen herzustellen, schafft es zwar, epistemische Unsicherheit bezüglich der eigenen Zukunft zu vermeiden, bedient sich aber letztlich einer Strategie, die von dem Fall, in dem Selbstvertrauen vorliegt, zu unterscheiden ist.

Bislang habe ich es vermieden, für diese Form des Selbstverhältnisses ein terminologisches Pendant zum erstpersonalen Selbstvertrauen zu verwenden, aber angesichts meiner Ausführungen zum Unterschied zwischen Vertrauen und Sich-Verlassen in den ersten beiden Kapiteln dieser Arbeit, liegt es nahe, solche Fälle als Fälle zu bezeichnen, in denen eine Person *sich darauf verlässt*, dass sie etwas Bestimmtes tun wird. Folgt man dabei meiner Argumentation am Ende des zweiten Kapitels, sollte man sich an dieser Stelle eigentlich präziser ausdrücken und von einem Sich-Verlassen sprechen, das *auf prädiktiver Basis* erfolgt, denn immerhin plädiere ich dafür, dass man sich auch auf vertrauende Weise auf eine Person verlassen kann, nämlich genau dann, wenn man in einer Vertrauensbeziehung zu ihr steht.

Im Folgenden werde ich mich auf diesen Unterschied der Einfachheit halber allerdings weiterhin als einen Unterschied zwischen Vertrauen und

Sich-Verlassen beziehen und die explizite Präzisierung nur dann vornehmen, wenn dies nötig ist, um Missverständnisse zu vermeiden. Wenn ich davon ausgehe, dass ich mich morgen auf den Weg zum Joggen machen werde, weil ich die oben diskutierte Verabredung mit einem Freund getroffen habe, verlasse ich mich also auf eine nicht-vertrauende Weise darauf, dass ich joggen gehen werde, und ich kann so meinen Trainingslauf mit anderen meiner Pläne und Absichten koordinieren. Sich auf diese Weise auf sich selbst verlassen zu können, stellt eine wichtige und für endliche und nicht vollständig rationale Wesen wichtige Akteursressource dar. Gleichzeitig müssen solche Fälle aber von Fällen unterschieden werden, in denen ich mir als Akteur vertraue, indem ich davon ausgehe, dass mein zukünftiges Selbst sich auf eine Weise verhalten wird, die der normativen, nicht-kausalen Verbindung entspricht, die üblicherweise zwischen temporal unterschiedlichen Stadien einer und derselben Person vorliegt.

Sich auf sich selbst zu verlassen und sich selbst zu vertrauen stellen demnach zwei unterschiedliche Modi des Selbstbezugs von Akteuren dar, und sie entsprechen dem Einnehmen der Perspektive der dritten Person, sowie der für Akteurschaft charakteristischen Perspektive der ersten Person. Bevor ich dazu übergehe zu diskutieren, inwiefern es für Personen wichtig ist, *beide Perspektiven* – diejenige des Sich-Verlassens und die des Vertrauens – einnehmen zu können, muss an dieser Stelle einem Einwand vorgebeugt werden, dem zufolge es übertrieben ist, die Formen der Selbstbeeinflussung, wie sie etwa in dem Jogger-Beispiel vorliegen, als drittpersonal zu charakterisieren, weil man sie dadurch nicht nahe genug an Fällen echter Akteurschaft situiert.

3.3 Selbstbeeinlussung als Ausnahme

So ließe sich im Hinblick auf die bisherigen Ausführungen bemängeln, dass es doch wohl einen wichtigen Unterschied gibt zwischen (a) der skizzierten Situation, in der ich selbst einen bestimmten Zwangs- oder Manipulationsmechanismus implementiere, um mich in Zukunft zu einer bestimmten Handlung zu bewegen, und (b) der genuin (wie man dann sagen würde) drittpersonalen Situation, in der ich so einen Mechanismus mit Blick auf das Verhalten einer von mir unterschiedenen Person einsetze – etwa wenn ich Paul einen Geldbetrag dafür anbiete, dass er etwas Bestimmtes tut, der hinreichend hoch ist, um ihm keine oder nahezu keine andere Wahl zu lassen.

Wer diese Art von Einwand formuliert, plädiert dafür, (b) als eine Situation zu verstehen, in der aus der Perspektive von Paul seinem Handeln das Merkmal der Externalität zukommt, wie es nicht oder zumindest nicht in demselben Ausmaß in (a) vorliegt. Immerhin kann es sein, dass Paul von sich aus keinen Anlass sehen würde, das zu tun, wovon ich erwarte, dass er es wegen der in Aussicht gestellten Belohnung tun wird, ja es kann sogar sein, dass er massive Bedenken haben würde, die erwartete Handlung auszuführen und sie nur deshalb ausführt, weil er etwa von dem versprochenen Geld anderweitig abhängt. Im Gegensatz dazu lässt sich im Fall von (a) nicht so leicht behaupten, dass – um in unserem Beispielfall zu bleiben – mein Joggen eine Handlung darstellt, die mir gewissermassen von aussen aufgedrängt wird, denn es bin ja ich, der diese Situation überhaupt erst in die Welt gesetzt hat, und der Freund, dem ich bei nicht erfolgtem Joggen einen Geldbetrag schulden würde, ist nur ein kontingenter Bestandteil dieses Fallbeispiels.[11]

Es gibt einen Punkt, der an dieser Art von Kritik durchaus berechtigt ist: Es ist in (a) im Gegensatz zu (b) tatsächlich der Fall, dass es sich bei der Person, die einen bestimmten Mechanismus in Gang setzt, und der Person, deren Handeln von diesem Mechanismus bestimmt wird, um ein und dieselbe Person handelt. Allerdings habe ich in meiner Rekonstruktion dieses Falls auch nicht die These anzudeuten versucht, dass ich, wenn ich dabei bin, die Verabredung mit meinem Freund zu treffen, *eine andere Person* zu einem bestimmten Verhalten zu bewegen versuche, sondern die schwächere These, dass ich mich selbst in so einer Situation so behandle, wie ich *typischerweise* eine von mir unterschiedene Person behandeln würde, wenn ich sie zu einem bestimmten Verhalten bringen wollte.

Ich behandle mich in so einem Fall, *als ob* ich eine von mir unterschiedene Person behandeln würde, und die philosophisch spannende Aufgabe besteht darin, dieses ‚als ob' zu explizieren. Die Strategie, die ich im Hinblick auf so eine Explikation ergreifen und gleich zu Beginn des nächsten Kapitels verfolgen werde, besteht darin, die diachrone Relation zwischen mir zu dem Zeitpunkt, da ich mich auf die skizzierte Verabredung einlasse, und mir zu dem Zeitpunkt, da ich mich auf den Weg zum Joggen mache, als eine Relation zu verstehen, die nur der Oberfläche nach und in einem trivialen und uninteressanten Sinne die Relation der personalen Identität darstellt. Die weiterführende Frage, der in diesem Zusammenhang nachgegangen werden muss, lautet entsprechend: In welchem interessanteren Sinne von ‚identisch' kann ich in einer Relation zu mir selbst als zukünftigem Akteur stehen? Diese Frage werde ich im folgenden Kapitel zum Thema machen.

---

[11] Strukturell ununterscheidbare Fälle lassen sich vollkommen ohne die Beteiligung anderer Personen, die einen ‚zu etwas zwingen' könnten, vorstellen und sind uns aus dem Alltag vertraut. Es gibt Menschen, die während wichtiger Arbeitsphasen ihren Fernseher im Keller aufbewahren.

Weiter oben habe ich zudem die These nahegelegt, dass wir uns in Fällen wie dem Fall der Selbstbindung nicht als Akteure begreifen, und dass dies nur der Fall ist, wenn wir uns auf genuin erstpersonale Weise auf unsere zukünftigen Handlungen beziehen. In dieser Schärfe ist die These sicher problematisch, denn es lässt sich plausibel einwenden, dass es doch offensichtlich falsch ist, dass ich, wenn ich mich auf den Weg zum Joggen mache, kein Akteur bin und keine Handlungen ausführe. Sollte das wahr sein, dann würde es eine begriffliche Unmöglichkeit darstellen, dass Personen sich auf die skizzierte Weise Zusatzmotivationen für ihre eigenen Handlungen verschaffen – die resultierenden Ereignisse würden sich schon aufgrund des drittpersonalen Verhältnisses, das sie auf diese Weise ihnen gegenüber einnehmen, als Handlungen disqualifizieren, und das scheint absurd: Nur weil ich den Fernseher in den Keller getragen habe, um zu verhindern, dass ich mich von der Arbeit an einer wichtigen Aufgabe ablenke, ist meine Arbeit an dieser Aufgabe nicht als bloßes Verhalten zu verstehen.

Eine ähnliche Weise, diesen Einwand zu formulieren, lautet, dass es doch wohl einen Unterschied gibt zwischen Situationen der Selbstbindung und den weiter oben angesprochenen Situationen, in denen Personen *gar nicht* wissen, ‚was sie tun', wie es z. B. bei Personen der Fall ist, die hypnotisiert wurden oder einen Krampf erleiden. In solchen Fällen würden wir durchaus in Frage stellen, dass wir es dabei mit Formen von Handeln zu tun haben, in Fällen der Selbstbindung scheint dies dagegen extrem weit hergeholt.

Noch deutlicher lässt sich diese Kritik allerdings auf den Punkt bringen, wenn man den analogen interpersonalen Fall in den Blick nimmt. Wollte man konsistent bleiben, müsste man hier behaupten, dass Personen es nicht schaffen, eine Handlung auszuführen, wenn ihr Verhalten auch nur zum Teil darauf zurückzuführen ist, dass eine andere Person eine zusätzliche Motivation für dieses Verhalten generiert hat. Wenn ich also Paul durch einen finanziellen Anreiz dazu bringe, dass er seine Ferien in Griechenland statt in Portugal verbringt, dann wäre dieser Interpretation zufolge bereits dadurch, dass Paul auf mein Angebot eingeht, ausgeschlossen, dass sich sein daraus resultierendes Verhalten als eine Form des Handelns verstehen lässt, und auch das ist ziemlich unplausibel.

Gerade im letzten der angesprochenen Fälle scheint es entsprechend schwierig, einer Person den Status als Akteur abzusprechen, nur weil sie Subjekt einer Motivation ist, die nicht vollständig selbstgeneriert ist. Lassen wir offensichtliche Fälle von unwillkürlichem Verhalten sowie Grenzfälle von extremem Zwang einmal beiseite, so ergibt sich sogar der gegenteilige Befund: Wenn ich Paul zu einer bestimmten Handlung zu bringen versuche und ihm einen Anreiz dafür gebe, dann wird *gerade darin* von mir zum Ausdruck gebracht, dass ich ihn als einen

Akteur auffasse. Ich betrachte ihn dann nämlich als eine Person, der Gründe zugänglich sind – als jemanden, der basale prudentielle Gründe abwägen und sich von solchen Gründen leiten lassen kann, indem er etwa einen gefassten Plan überdenkt und zugunsten eines besseren aufgibt. Gerade *indem* ich auf diese Weise an seine Fähigkeiten als Akteur appelliere, nehme ich ihm gegenüber die drittpersonale Perspektive des Sich-Verlassens ein. Wenn es um die Handlungen dritter Personen geht, ist diese Perspektive die Standardperspektive, die wir einnehmen, wenn wir ein Interesse daran haben, dass diese Personen etwas Bestimmtes tun. Es ist eine zentrale Weise, wie wir als Akteure mit anderen Akteuren umgehen, und es stimmt demnach nicht, dass wir auf diese Weise die jeweils andere Person in ihrem Status als Akteur missachten.

Gleichzeitig wäre es aber zu einfach, wollte man behaupten, dass jede drittpersonale Weise, eine andere Person zu einem bestimmten Verhalten zu bringen, völlig unproblematisch im Hinblick auf den Status dieser Person als rationaler Akteur ist. Weiter oben habe ich bereits die zwei problematischen Formen der drittpersonalen Beeinflussung eingeführt, die wir typischerweise als Zwang oder Manipulation bezeichnen würden. Der Bankräuber, der den Bankangestellten zur Herausgabe des Geldes zwingt, gibt diesem keinen Grund, etwas zu tun – ließe sich argumentieren –, sondern er verengt seine normative Perspektive auf eine Weise, die eine auf deliberativen Prozessen beruhende Entscheidung in genuinem Sinne unmöglich macht. Zumindest in den Fällen, in denen wir uns selbst zu einem bestimmten Verhalten zwingen, sieht die Situation ganz ähnlich aus: Wir behandeln uns in einem bestimmten Sinn zwar immer noch als Akteure, aber dieser Sinn ist eben ein eingeschränkter, weil er beinhaltet, dass die normative Perspektive der Person, mit der wir zum Zeitpunkt der Ausführung der Handlung, zu der wir uns zwingen, identisch sind, übergangen wird. In Fällen, die sich eher als Fälle von Selbstmanipulation beschreiben lassen, ist dieser Aspekt zwar weniger stark ausgeprägt, aber auch hier liegt eine eher ‚missbräuchliche' Weise der Bezugnahme auf uns selbst als rationale Akteure vor.[12]

Selbst in Fällen, in denen dieser Aspekt weniger stark ausgeprägt ist, so dass wir zögern würden, sie als Fälle von Selbstmanipulation zu betrachten – etwa in

---

[12] Vgl. die Bestimmung in Woods 2014, S. 31: „Manipulation' refers to a way of interferring with or ursurping someone's free agency that does not limit or destroy free choice but, rather, influences it in certain ways that promote the outcome sought by the manipulator." Klarerweise ist nicht jede Weise, die deliberativen Prozesse einer anderen Person zu beeinflussen, automatisch schon eine Manipulation, aber Massnahmen, die darauf zielen, auf den Akteur Druck auszuüben oder ihm Verhaltensanreize anzubieten, die an seinen eigenen Gründen vorbeigehen, zählen sicher dazu; vgl. etwa Baron 2003, S. 40 ff.

der Situation, in der ich mir vornehme, mich mit einem Stück Schokolade zu belohnen, sobald ich einen Abschnitt des Textes beende, an dem ich gerade arbeite –, müsste zugegeben werden, dass wir uns zwar als Akteure betrachten, dass es sich aber dabei im Gegensatz zu der Einstellung den Handlungen dritter Personen gegenüber nicht um den Standardfall der Einstellung meinen zukünftigen Handlungen gegenüber und – trotz der Unschärfe, die diese Formulierung mit sich führt – auch nicht um das Paradebeispiel für so eine Einstellung handelt. Wenn ich mich lediglich darauf verlasse, dass ich etwas tun werde, weil ich einen Mechanismus in die Welt gesetzt habe, der diese Handlung wahrscheinlicher macht, dann bringe ich dadurch eine Einstellung meinem Handeln gegenüber zum Ausdruck, die keinesfalls typisch für die Einstellungen ist, die Akteure ihren Handlungen gegenüber einnehmen. Wir alle dürften Kontexte kennen, in denen wir uns selbst nicht ganz vertrauen können. Für einige von uns wird es sich dabei um Kontexte handeln, die mit körperlicher Fitness zu tun haben, andere sind im Hinblick auf den Konsum von Süßspeisen gefährdet, und wiederum andere kriegen es nicht hin, Geheimnisse für sich zu behalten. Das alles ist unstrittig und als empirische These nicht sehr interessant. Der Punkt, um den es mir an dieser Stelle geht, ist dass es sich bei solchen Kontexten jeweils um *vereinzelte* Kontexte handeln muss, die bezüglich unserer Haltung den eigenen Handlungen gegenüber nicht die Regel darstellen.

Können wir uns denn eine Welt vorstellen, in der dies nicht der Fall ist? Ist eine Person denkbar, die in jeder Situation, in der sie etwas zu tun beabsichtigt, auf Mechanismen der Selbstbindung zurückgreifen muss, weil es keinen Kontext gibt, in dem sie darauf vertrauen kann, dass sie ihre Absichten auch tatsächlich realisieren wird? Ich denke nicht, dass so ein Szenario aus begrifflichen Gründen ausgeschlossen ist. Gleichzeitig sollten wir ernst nehmen, wie schwer es uns fällt, uns einen solchen Akteur vorzustellen. Wir müssten an eine Person denken, die auf minutiöse Weise die eigene Zukunft vorausplanen, in diesen Plänen geeignete Absichten verankern und zur Realisierung dieser Absichten schließlich Mechanismen installieren muss, die auf angemessene Weise sicherstellen, dass sie sich darauf verlassen kann, dass sie auch wirklich das tut, was sie sich vorgenommen hat. Bereits die banale Sequenz ‚Morgens aufstehen – Zähne putzen – Kaffee kochen – Frühstück' würde sich unter diesen Vorzeichen zu einer logistischen Herkulesaufgabe auswachsen.

Es ist aber nicht nur die Tatsache, dass eine durchgehend drittpersonale Einstellung gegenüber der eigenen Zukunft für Akteure keine besonders praktikable Haltung darstellt, die hier ins Auge fällt. Wir müssten uns solche Akteure ohne Selbstvertrauen auch als subjektiv gespalten und von ihrem Handeln wenn nicht vollständig getrennt, so doch empfindlich distanziert vorstellen. Dass uns das möglicherweise nicht einfach fällt, liegt daran, dass wir es – bis auf die erwähnten Ausnahmen – so selbstverständlich finden, die vertrauende Perspektive der ersten Person einzunehmen. Jemand, der sich durchgehend auf drittpersonale Weise auf die eigene Zukunft bezieht, indem er sich lediglich darauf verlässt, dass er auf eine bestimmte Weise handeln wird, dürfte uns ähnlich fremd vorkommen wie eine Person, die unfähig zur Empathie ist, sich aber die emotionalen Reaktionen anderer Personen aus ihrem Verhalten erschließen kann, oder wie eine Person, die farbenblind ist, aber gelernt hat, sich mit Farbwörtern auf das zu beziehen, was sie als unterschiedliche Abstufungen von Grau wahrnimmt. Als Regelfall verstanden, würde es sich bei einer solchen Einstellung des Akteurs seinen Handlungen gegenüber um einen *Defekt* handeln.

In diesem Zusammenhang muss auch bedacht werden, dass ich mich im Verlaufe meiner Argumentation auf einen spezifischen Aspekt von Akteurschaft beschränkt habe – den genuin diachronen Aspekt, der mit unserer Einstellung unseren eigenen in der Zukunft liegenden Handlungen zu tun hat. Dieser Aspekt ist zwar zentral, aber er erschöpft nicht das Spektrum der drittpersonalen Einstellungen unserem Handeln gegenüber. Weiter unten werde ich noch auf die Frage nach Vertrauen in die eigenen Fähigkeiten zurückkommen, aber an dieser Stelle lohnt es sich darauf hinzuweisen, dass ein Akteur sich auch von dem entfremden kann, was in handlungstheoretischen Kontexten als eine Absicht-im-Handeln bezeichnet wird.[13] Die Idee ist hier, dass Handlungen nicht nur als die Folge bzw. Realisierung von vergangenen Absichten zu verstehen sind, sondern in der Regel auch von Absichten begleitet werden, die vorliegen, solange die Ausführung der betreffenden Handlung andauert.

So kann von mir gesagt werden, dass ich gerade die vor einiger Zeit gefasste Absicht, ein Kapitel dieses Buches zu schreiben, realisiere; aber es scheint genauso wahr zu sein, dass der Akt des Schreibens, den ich gerade ausführe, von einer bestimmten Absicht bzw. von vielen Teilabsichten begleitet wird, z. B. der Absicht diesen Satz grammatisch korrekt zu beenden oder den Absatz nicht zu lang werden zu lassen. Auch in diesem Kontext fällt es schwer, sich auch nur ansatzweise vorzustellen, was es für einen Akteur heißen würde, systematisch von solchen gegenwartsbezogenen Absichten dissoziiert zu sein. Ich kann vielleicht punktuell das Verständnis dafür verlieren, was ich gerade tue, so wie wenn ich z. B. durch die Stadt fahre und mich plötzlich frage, was denn eigentlich mein Ziel ist.[14] Dagegen scheint eine Person, die *grundsätzlich* nicht in der Lage ist, ihr Handeln und ihre gegenwartsbezogenen Absichten in eine einheit-

---

13 Vgl. Searle 1983, S. 83 ff und Searle 2001, S. 44 ff.
14 Vgl. zu solchen Fällen Velleman 1989, Kap. 1.

liche Perspektive zu bringen, die Schwelle zu einer pathologischen Störung bereits überschritten zu haben.

Gerade das zuletzt Gesagte mag den Eindruck erwecken, dass es sich bei Selbstvertrauen als einem genuin erstpersonalem Phänomen um die Form des Selbstbezugs handelt, die irgendwie besser oder angemessener ist als sein drittpersonales Gegenstück, das darin besteht, dass mir mein Verhalten entweder fremd bleibt oder ich mich lediglich darauf verlassen kann, dass ich auf eine bestimmte Weise handeln werde. Auch wenn an diesem Eindruck etwas dran ist, würde man doch bei dieser Sicht der Dinge außer Acht lassen, auf welch subtile Weise das Einnehmen beider Perspektiven oft miteinander interagiert und uns dadurch überhaupt erst zu den komplexen Akteuren macht, als die wir uns gewöhnlich erfahren. Ich habe zuletzt immer wieder betont, dass das Einnehmen der Perspektive der dritten Person auf eigene Handlungen nur dann einen Defekt des Akteurs darstellen würde, wenn wir es uns als die ausschließliche oder auch nur die standardmäßige Haltung denken. Diese Bestimmung soll die Möglichkeit offen halten, dass das Einnehmen der Perspektive der dritten Person manchmal einen Wert hat, der damit zu tun, wie das Einnehmen beider Perspektiven sich wechselseitig beeinflussen kann. Wie ist diese Interaktion zu verstehen?

3.4 Von Verlässlichkeit zu Selbstvertrauen

Zunächst muss festgehalten werden, dass wir aus der Perspektive der dritten Person nicht selten wichtige Dinge über uns selbst erfahren, die sich mit einigen Anstrengungen in die Perspektive der ersten Person, die einzunehmen wir gewissermaßen nicht umhin können,[15] integrieren lassen. Kommen wir für einen Augenblick noch einmal auf den Spezialfall der Einstellung unseren Überzeugungen gegenüber zurück. Dass ich denke, dass es einen Dritten Weltkrieg geben wird, ohne dass irgendwelche Anzeichen dafür sprechen, wird von mir, wie angedeutet, als fremd erfahren werden, genau weil ich keinerlei Gründe ausmachen kann, die für die Wahrheit dessen sprechen, wovon ich in diesem Fall überzeugt bin. So ein Gefühl der Entfremdung von einer der eigenen Überzeugungen ist aber keine bloße Laune meiner Psychologie. Es steht nicht auf derselben Stufe wie etwa eine flüchtige Stimmung, die ich mit nichts in der Welt verbinden kann,

---

15 Das liegt daran, dass diese Perspektive, so wie ich sie eingeführt habe, als die Perspektive des rationalen Akteurs zu verstehen ist. Vgl. zu dieser Interpretation wiederum Moran 2001, Kap. 2; für die Idee, dass wir nicht umhin können die Perspektive des rationalen Akteurs einzunehmen vgl. etwa Velleman 2000, S. 140 ff.

etwa in der Situation, in der ich morgens aufwache und eine Zeitlang nicht das Gefühl loswerden kann, dass etwas nicht stimmt. So ein Gefühl verflüchtigt sich schnell, und es stellt mich nicht vor die drängende Frage, was denn an meinem Leben nicht stimmen kann, an dem doch offenbar ansonsten nicht viel auszusetzen ist. Entfremdung ist eine Folge der *Beharrlichkeit* von unverständlichen Haltungen, Gefühlen und Überzeugungen. Sie stellt sich nicht ein, wenn ich mich ab und an unverständlich fühle.

Wenn ich nun über einen bestimmten Zeitraum hinweg einfach nicht von der Überzeugung ablassen kann, dass es einen Dritten Weltkrieg geben wird, obwohl ich nichts finden kann, das dafür spricht, werde ich mich auf die in diesem Kontext relevante Weise von dieser Überzeugung entfremdet fühlen, und – was entscheidend ist – diese Entfremdung wird für mich einen Anlass darstellen, mich intensiver mit der Frage zu beschäftigen, warum ich denn denke, dass es einen Dritten Weltkrieg geben wird. Dieser Effekt kann durchaus zu positiven oder zumindest wichtigen Konsequenzen führen. Ich könnte dadurch Einsicht in irrationale Aspekte von mir selbst erhalten und sie besser verstehen lernen. Dies wiederum ist eine Voraussetzung dafür, dass ich sie beseitigen oder aber, falls das nicht möglich sein sollte, auf eine Weise einhegen kann, die verhindert, dass der Bestandteil meines Mentalen, von dem ich mich entfremdet fühle, auf problematische Weise auf weitere Aspekte meines Lebens ausstrahlt, z. B. indem ich Mechanismen implementiere, die sicherstellen, dass ich mich darauf verlassen kann, dass ich keine Entscheidungen unter der Annahme treffe, dass es einen Dritten Weltkrieg geben wird.

Was genau die beste Strategie zum Erreichen dieses Ziels darstellt, ist keine Frage, die auf kompetente Weise von Philosophen zu beantworten wäre, denn es handelt sich dabei letztlich um eine kausale, man könnte auch sagen: therapeutische Frage, bezüglich welcher der Ball an dieser Stelle an empirische Wissenschaften wie die Psychologie weitergespielt werden kann. Entscheidend ist aber, dass die Einsicht in die Tatsache, dass ich mir in epistemischer Hinsicht aus bestimmten Gründen misstrauen muss, eine Vorbedingung dafür darstellt, dass ich epistemische Integrität wiedererlange und mich nicht mehr von einzelnen Vorkommnissen meiner Psychologie entfremdet fühle.

Ganz Ähnliches lässt sich für die Fälle sagen, die näher an den Belangen dieses Kapitels sind – Fälle, in denen ich mir als Akteur misstraue, weil ich nicht weiß, ob ich zum relevanten Zeitpunkt auch tatsächlich eine gefasste Absicht realisieren werde. Solche Fälle sind aber in einer wichtigen Hinsicht anders gelagert als der epistemische Fall, um den es mir gerade gegangen ist: Während ich in dem Fall, in dem ich mir selbst als Akteur misstraue, auf die weiter oben skizzierte Weise sicherstellen kann, dass ich die gefasste Absicht realisiere, lässt sich im epistemischen Fall nicht vorstellen, was es heißen sollte, dass ich sicherstelle, dass ich eine Überzeugung nur dann habe, wenn hinreichende Gründe dafür sprechen. Es scheint für Personen unmöglich zu sein, dafür zu sorgen, dass sie sich in dieser Hinsicht auf sich selbst verlassen können, weil es offenbar keine Mechanismen zur Sicherstellung von angemessenen kognitiven Reaktionen auf epistemische Gründe gibt.

Ganz hoffnungslos ist die Situation selbstverständlich auch in diesen Fällen nicht, weil Personen, wie soeben angedeutet, etwa therapeutische Maßnahmen offenstehen, um irrationale Überzeugungen aufzugeben. Es besteht aber ein entscheidender Unterschied zwischen der Situation, in der ich mich in eine Therapie begebe, um nicht ständig an einen drohenden Dritten Weltkrieg zu denken, und Situationen, in denen ich eine Verabredung treffe, um mich zur körperlichen Ertüchtigung zu motivieren. Im letzteren Fall betrachte ich mich immer noch als einen rationalen Akteur, der eben nicht vollständig rational ist; in dem Therapiefall habe ich dagegen eingesehen, dass ich in einem bestimmten Kontext *gar nicht* mehr zugänglich für Gründe bin.

Die Maßnahme im Therapiefall ist vollständig kausal und dient der Wiederherstellung meiner rationalen Fähigkeiten, während sie im Fall der Selbstbindung nur zum Teil kausaler Natur ist. Anders gesagt: Während Personen sich darauf verlassen können, dass sie etwas Bestimmtes in der Zukunft tun werden, können sie sich nicht auf die gleiche Weise darauf verlassen, dass sie auf richtigem, d. h. rationalem, Wege zu Überzeugungen gelangen werden. Auf den ersten Blick mag diese Feststellung nicht besonders interessant klingen, aber sie stellt ein wichtiges Zwischenergebnis meiner Argumentation dar, weil sie darauf hindeutet, dass uns mit der Haltung des Sich-Verlassens – zumindest im intrapersonalen Fall[16] – nicht immer eine Alternative zur Haltung des Vertrauens offensteht.

Es gibt also offenbar Kontexte, in denen Personen sich misstrauen können und dennoch nicht in der Lage sind, auf dieses Misstrauen zu reagieren, indem sie bestimmte Mechanismen wie etwa den von mir diskutierten Mechanismus der Selbstbindung implantieren. In der Beispielsituation, die ich bislang betrachtet habe, liegen prinzipiell zwei Optionen vor: Entweder ich nehme die Perspektive der ersten Person ein, weil ich mir im Hinblick auf die Realisierung meiner Absichten vertrauen kann, oder ich verbleibe in der misstrauenden

---

16 Ich mache diese Einschränkung, obwohl – wie sich im weiteren Verlauf meiner Argumentation zeigen wird – auch im interpersonalem Fall Kontexte zu denken sind, in denen wir nicht in der Lage sind, auf die drittpersonale Haltung des Sich-Verlassens auszuweichen. Vgl. hierzu die Ausführungen in Abschn. 6.3, wo ich andeute, dass wir keine Mechanismen implementieren können, die dafür sorgen, dass unsere Mitbürger sich in Situationen der demokratischen Entscheidungsfindung auf epistemisch angemessene Weise verhalten.

Perspektive der dritten Person, verhindere aber, dass ich Handlungen ausführe, die ich nicht ausführen möchte, indem ich eine externe, kausale Zusatzmotivation für die Person schaffe, die zu dem Zeitpunkt, da die Absicht zu realisieren wäre, mit mir identisch ist. Das Ergebnis ist dasselbe, könnte man sagen – in beiden Fällen gehe ich joggen. Beide Situationen unterscheiden sich höchstens in den Kosten, die ich aufwenden muss: In dem einen Fall muss ich nichts anderes machen, als eine Absicht zu fassen, während ich in dem anderen Fall zumindest Zeit und Energie investieren muss, um mir eine bestimmte Verabredung mit einem Freund auszudenken und sie mit ihm tatsächlich zu treffen.

In dem Fall, in dem ich mir als *epistemischer* Akteur misstraue, ist gar nicht klar, welche Art von Kosten, um Abhilfe zu schaffen, überhaupt in Frage kommen würden. In diesem Zusammenhang führt kein Weg daran vorbei, die Perspektive der ersten Person einzunehmen: Als epistemischer Akteur kann ich gar nicht anders, als mir selbst zu vertrauen, und Vertrauen bedeutet in diesem speziellen Kontext eben nicht, dass ich bestimmte Überzeugungen über mich selbst habe oder davon ausgehe, dass ich mich auf eine bestimmte Weise in der Zukunft verhalten werde, sondern dass ich in dem Sinne die Perspektive der ersten Person einnehme, dass ich mir die normative Frage ‚Was sollte ich denken?' unter Berücksichtigung der für den jeweiligen Kontext relevanten Erwägungen beantworte und auf diese Weise zu einer von Gründen gestützten Überzeugung gelange.

Es gibt allerdings noch andere Kontexte, in denen es uns nicht möglich ist, auf das in der Perspektive der dritten Person angelegte Misstrauen zu reagieren, indem wir sicherstellen, dass wir uns auf uns selbst verlassen können. Bislang habe ich die Situation, in der ein Akteur sich auf sich selbst bezieht, gewissermaßen vom Standpunkt der temporalen Abfolge als eine Situation betrachtet, in der sich ein Akteur zu einem bestimmten Zeitpunkt nicht sicher ist, ob er zu einem *späteren* Zeitpunkt eine gefasste Absicht realisieren wird. Es ist aber auch möglich, den umgekehrten, retrospektiven Standpunkt einzunehmen. Das passiert etwa in Fällen, in denen wir drauf und dran sind, eine bestimmte Absicht zu realisieren und uns plötzlich die Frage stellen, ob wir davon ausgehen können, dass mit dem Entstehungsprozess dieser Absicht alles in Ordnung gewesen ist.[17] Es kann in so einer Situation sein, dass ich problemlos die entspre-

---

[17] Vgl. hierzu die in Hinchman 2003 vertretene Auffassung, nach der es unmöglich ist, auf rationale Weise eine Absicht zu realisieren, die nicht von einem vertrauenswürdigen Akteur gefasst wurde: "[I]f you don't trust yourself at least to the extent of being disposed to accept the deliverances of memory and deliberation when you have no basis for questioning them, the life of reason will be inaccessible to you." (Hinchman 2003, S. 26.)

chende Absicht realisieren könnte, aber nicht mehr weiß, was mich überhaupt dazu gebracht hat, diese Absicht zu fassen.

Für sich genommen muss so eine Situation noch nicht besorgniserregend sein. Eine der Funktionen der Festlegungen, die dadurch erfolgen, dass wir Absichten fassen, besteht ja gerade darin, dass wir dadurch Deliberationsprozesse zu einem Abschluss bringen und uns auf diese Weise nicht permanent aller der für uns einschlägigen Handlungsgründe bewusst sein müssen. Das alleine macht aus dem Verhältnis eines Akteurs seinem vergangenen deliberierenden Selbst gegenüber noch kein drittpersonales Verhältnis. Problematisch wird so eine Situation erst, wenn ich es nicht schaffe, mir die relevanten Gründe zu vergegenwärtigen. Typischerweise stellt so eine Aufgabe Akteure vor keine größeren Probleme. Wir können zu jedem Zeitpunkt des Vorliegens von zukunftsgerichteten Absichten auf die Gründe reflektieren, die uns dazu gebracht haben, diese Absichten zu fassen. Diese Fähigkeit ist kein verzichtbares Charakteristikum von Akteurschaft, sondern sie ermöglicht uns wesentlich, bereits gefasste Absichten zu überdenken und bei geänderter Gründelage – etwa wenn sich Aspekte der Welt anders als erwartet gestalten – zu revidieren.[18] In diesem Sinne bleiben Absichten, auch nachdem wir sie gefasst haben, ‚im Einzugsbereich' unserer Gründe, und auf diese Weise schaffen wir es, auch retrospektiv die Perspektive der ersten Person aufrechtzuerhalten und uns selbst zu vertrauen.

Die angesprochenen Schwierigkeiten tauchen erst auf, wenn wir den skizzierten Prozess der Vergegenwärtigung der Gründe für unsere gefassten Absichten zu keinem befriedigenden Abschluss zu bringen vermögen. In so einer Situation wissen wir noch, dass wir etwas beabsichtigen, aber bei dem Verhältnis dieser Absicht gegenüber handelt es sich wiederum um ein rein epistemisches, drittpersonales Verhältnis, weil wir – ganz analog zu dem Fall einer paranoiden Überzeugung – diesen mentalen Zustand mit keinen Erwägungen verbinden können, die normative Relevanz für ihn hätten. Auch in so einem Fall wird sich ein Akteur von seiner Absicht entfremdet fühlen, und diese Entfremdung wird sich auf sein Handeln übertragen, sollte er trotz des Rätsels, vor das ihn die eigene Absicht stellt, diese zu realisieren versuchen. Dass solche Situationen jenseits von pathologischen Kontexten schwer vorzustellen sind, zeigt erneut, wie selbstverständlich es im intrapersonalen Fall ist, Vertrauen an den Tag zu legen. Gleichzeitig handelt es sich auch bei dieser spezifischen Form des Selbstvertrauens um einen gewissermaßen alternativlosen Mechanismus: Ähnlich wie in dem weiter oben diskutierten Fall des epistemischen Akteurs, sind Akteure darauf angewiesen, in dem Sinne retrospektiv Vertrauen in

---

18 Vgl. hierzu Bratman 1987.

sich selbst zu haben, dass sie einen auf Gründen gestützten Zugang zu den eigenen Absichten haben.

An dieser Stelle lässt sich erneut gut sehen, inwiefern das Vertrauen, das Akteure in sich selbst legen, einen Charakter hat, der – wie im nächsten Kapitel noch deutlicher werden wird – globaler oder struktureller Natur ist: Dass ich mir in der zuletzt thematisierten Hinsicht vertraue, heißt keinesfalls (oder zumindest nicht nur und auch nicht zwangsläufig), dass ich bestimmte Überzeugungen über mein vergangenes Selbst habe, Subjekt einer besonderen optimistischen emotionalen Einstellung diesem Selbst gegenüber bin, oder gar eine Entscheidung darüber fälle, in der angesprochenen Hinsicht vertrauenswürdig zu sein. Es bedeutet vielmehr, dass ich eine Perspektive auf dieses Selbst aufrechterhalte – eben die Perspektive der ersten Person, durch die eine *spezielle diachrone Verbindung* zwischen der Person zum jetzigen Zeitpunkt und der Person zum vergangenen Zeitpunkt hergestellt wird, und zwar *auf eine spezielle Weise*, nämlich im Sinne eines nicht-kontingenten, nicht-kausalen Zusammenhangs. Meine Absicht, zu φ-en, gibt mir in dem Sinne einen erstpersonalen Grund, zu φ-en, als ich zu dem Zeitpunkt, da ich φ-en könnte, Zugang zu den Gründen habe, die mich erst dazu bewogen haben, mich auf die Absicht zu φ-en und keine andere Absicht festzulegen, und diese Gründe zum Zeitpunkt der Ausführung der Absicht als auf die für sie charakteristische Weise verbindlich betrachte. Retrospektives Selbstvertrauen liegt entsprechend in dem Maße vor, in dem das φ-en eines Akteurs aus denselben Gründen erfolgt, aus denen er die Absicht zu φ-en gefasst hat.

Diese Bestimmung lässt sich ganz analog auf den weiter oben diskutierten prospektiven Fall übertragen: Ich kann in dem Maße darauf vertrauen, dass ich meine Absicht zu joggen umsetzen werde, in dem ich die Gründe, die mich dazu bewogen haben, diese Absicht zu fassen, auch zu dem Zeitpunkt, da sie umgesetzt werden müsste, sehen werde. Genau das heißt es aber, die Perspektive der ersten Person einzunehmen. An dieser Stelle sieht man, dass diese Perspektive nicht eigentlich ‚auf sich selbst' eingenommen wird, weil nicht ‚man selbst' hier im eigentlichen Sinne des Wortes Gegenstand der Betrachtung ist, sondern die Handlung, für deren Ausführung bestimmte Gründe sprechen, die vom Akteur als seine eigenen Gründe aufgefasst werden. Diese Interpretation ist keinesfalls trivial, und liefert mit Bezug auf die Frage danach, was Selbstvertrauen ist, ein durchaus überraschendes Ergebnis. Wenn ich mit dem bisher Gesagten in den weitesten Zügen richtig liegen sollte, dann würde das heißen, dass eine Person, die sich vertraut, sich in der Position eines Subjekts von normativen Anforderungen sieht, die sich als die Gründe dieser Person konstruieren lassen. Sich selbst zu vertrauen – so ließe sich etwas plakativ formulieren – heißt nichts anderes als ein Akteur zu sein.

Wie verhält sich dazu das Einnehmen der Perspektive der dritten Person? Weiter oben habe ich dafür argumentiert, dass eine Person, die sich als Akteur misstraut, aber Mechanismen der Selbstbeeinflussung einsetzt, um sich darauf verlassen zu können, dass sie auf eine bestimmte Weise handeln wird, ihren Status als Akteur nicht vollständig einbüsst. Daran möchte ich immer noch festhalten, gleichzeitig muss dieses Urteil aber in einer wichtigen Hinsicht präzisiert werden. In der Situation, in der ich mich auf den Weg zum Joggen mache, weil ich die Strafzahlung an meinen Freund verhindern möchte, bin ich zwar ein Akteur, und meine Handlung hat angesichts der gefassten Absicht, zu diesem Zeitpunkt joggen zu gehen, auch eine gewisse Einheit. Ein entscheidender Unterschied zu dem Szenario, in dem ich den Trainingslauf ‚von mir aus' ausführe, besteht aber darin, dass mir im letzteren Fall mein Handeln *verständlicher* ist als im Fall einer artifiziellen Selbstbindung. ‚Was mache ich denn hier eigentlich,' mag sich die Person auf den ersten Kilometern des Laufes fragen, den sie begonnen hat, um nicht unnötig Geld zu verlieren. Im umgekehrten Fall wird diese Frage nicht oder zumindest nicht in demselben Ausmaß auftauchen, und entsprechend der Verständlichkeit der Handlung für den Akteur wird diese von ihm auch in größerem Ausmaß als seine eigene Handlung aufgefasst werden.

Der Aspekt der Verständlichkeit und der damit eng zusammenhängende Aspekt der Nicht-Entfremdung werden mich im Verlaufe meiner Argumentation im nächsten Kapitel noch ausführlicher beschäftigen. Für den vorliegenden Kontext mag der Hinweis ausreichen, dass Personen, die in einer Situation des Misstrauens sich selbst gegenüber auf Mechanismen der Selbstbindung zurückgreifen, in dem Sinne einen drittpersonalen Handlungsgrund für sich selbst schaffen, als sie eine Perspektive einnehmen, bei der nicht davon ausgegangen wird, dass der Akteur sich der Kraft der normativen Anforderungen, die an ihn ergehen, auch zu dem zukünftigen Zeitpunkt, da er wird handeln müssen, ausgesetzt sehen wird. ‚Ich weiß, warum ich φ-en sollte, aber ich kann mir nicht sicher sein, ob, wenn die Zeit zum φ-en gekommen ist, er auch so gut wissen wird, warum er φ-en sollte,' mag sich der sich selbst misstrauende Akteur sagen. Mit beiden Personalpronomen meint er in diesem Fall dieselbe Person – sich selbst –, und es ist für meine Belange bezeichnend, dass mit ganz ähnlichen Sätzen die epistemische Unsicherheit bezüglich der Handlungen dritter Personen zum Ausdruck gebracht werden kann.

Unverständlichkeit ist allerdings – ganz ähnlich wie Selbstentfremdung – nicht immer etwas Schlechtes, und wir nehmen sie in bestimmten Kontexten gerne in Kauf. Wie ich bereits am Anfang des vorliegenden Abschnitts angedeutet habe, stellt das Einnehmen der Perspektive der ersten Person und der Perspektive der dritten Person keine starre Opposition dar, genauso wie es der

Komplexität unserer Lage als Akteure nicht gerecht werden würde, wollte man fordern, dass wir uns immer nur in einem vertrauenden Selbstverhältnis befinden und uns möglichst selten lediglich auf uns selbst verlassen. Vertrauen und Sich-Verlassen sind, zumindest im intrapersonalen Fall, eher als komplementäre denn als konkurrierende Phänomene zu verstehen, und Entsprechendes gilt für die mit diesen Phänomenen verbundenen Perspektiven.

Im Rahmen meiner Diskussion der ‚abtrünnigen' Überzeugung, dass es bald einen Dritten Weltkrieg geben wird, habe ich bereits einen Hinweis darauf gegeben, dass die drittpersonale Einsicht in die Existenz einer bestimmten von meinem ‚erstpersonalen normativen Komplex' losgelösten Einstellung in der Regel zumindest den ersten Schritt dafür darstellen wird, diese Einstellung zu ändern und dadurch normative Integrität wiederzuerlangen. Während im epistemischen Fall keine Mechanismen zum Sicherstellen von epistemischer Verlässlichkeit – hier im weitesten Sinne als angemessene Empfänglichkeit gegenüber epistemischen Gründen verstanden – implantiert werden können und dem sich misstrauenden epistemischen Akteur im Grunde nichts anderes übrig bleibt, als die schweren Geschütze einer therapeutischen Behandlung aufzufahren, sieht die Lage in Fällen von *praktischem* Misstrauen anders aus.

Das liegt daran, dass Sich-Verlassen hier nicht nur ein behelfsmäßiger Ersatz für das nicht vorhandene Selbstvertrauen bleiben muss, sondern einen guten Weg darstellen kann, um in bestimmten Kontexten Vertrauen in sich selbst wiederzugewinnen (oder überhaupt erst zu erlangen). Es ist nämlich sehr unwahrscheinlich, dass die Tatsache, dass ich mich in einem bestimmten Kontext darauf verlassen kann, dass ich φ-en werde und dann auch tatsächlich φ-e, ohne Einfluss auf die Rolle bleiben sollte, die weitere Absichten zu φ-en in Zukunft in meinem motivationalen Haushalt spielen werden. Einfacher ausgedrückt: Mit jedem Trainingslauf, den ich aus Angst vor finanzieller Einbuße unternehme, könnte die auf der Verabredung mit dem Freund basierende externe Zusatzmotivation überflüssiger werden, bis ich schließlich einen Zustand erreiche, in dem ich auf die Zusatzmotivation gar nicht mehr angewiesen bin und auch dann meinen Trainingslauf absolvieren würde, wenn mein Freund und ich unsere Verabredung aufgekündigt hätten.

Dass ich weiter oben bewusst die vorsichtige Formulierung gewählt habe, nach der Sich-Verlassen im intrapersonalen Fall einen guten Weg darstellen *kann*, um Selbstvertrauen wiederzuerlangen, liegt daran, dass Kontexte denkbar sind, in denen die Irrationalität von Akteuren so beharrlich ist, dass kein Ausmaß von iterierter Verlässlichkeit jemals dazu führen wird, dass sie sich selbst wieder werden vertrauen können: ‚Dem Heroin aus dem Wege gehen' mag etwa eine geeignete drittpersonale Maßnahme der Selbstbeeinflussung darstellen, die es dem Drogenabhängigen ermöglicht, sich darauf zu verlassen, dass er ‚clean' bleiben wird. Doch so oft er es in einzelnen Situationen auch schaffen wird, der Versuchung zu widerstehen, die Hoffnung darauf, dass irgendwann ein Zustand einkehren möge, in dem er sich diesbezüglich vertrauen kann, bleibt nach allem, was wir über Suchtkrankheiten wissen, extrem illusorisch. Für meine Belange spielt es keine große Rolle, wie viele und welche Kontexte so beschaffen sind wie Kontexte, die mit Sucht zu tun haben. Wichtig ist lediglich, dass es einige – und bestimmt nicht wenige – Zusammenhänge gibt, in denen die Tatsache, dass Personen sich darauf verlassen können, dass sie etwas tun werden, weil sie sich auf geeignete Weise selbst beeinflussen, auf die skizzierte Weise einen Trainingseffekt haben und letzten Endes in die erstpersonale Einstellung des Selbstvertrauens münden kann.

Auf weitere solcher Zusammenhänge, bei denen wir optimistisch bezüglich der Entstehung einer vertrauenden Haltung sein können, werde ich weiter unten noch zurückkommen. An dieser Stelle lohnt es sich aber, für einen Augenblick bei pessimistischer stimmenden Fällen zu bleiben, in denen Akteure es entweder gar nicht erst schaffen, sich darauf zu verlassen, dass sie bestimmte Absichten umsetzen werden, oder in denen zwar ein Sicherstellen von relativer Verlässlichkeit in dieser Hinsicht erfolgt, allerdings ohne dass eine Aussicht darauf bestünde, dass der Akteur sich diesbezüglich irgendwann vertrauen und auf die Mechanismen zur Sicherstellung von Verlässlichkeit verzichten können wird. Bei solchen Fällen muss es sich nicht immer um Fälle der Sucht handeln. Überhaupt ist nicht gesagt, dass diese Form der Irrationalität zwangsläufig einen negativen Aspekt des Lebens von Akteuren darstellt.

Betrachten wir dazu die folgende Situation: Paul beschließt, eine Karriere als Marathonläufer zu verfolgen, allerdings kann er sich nicht dazu motivieren, den mit einem Trainer erarbeiteten Laufplan einzuhalten. Er nimmt sich vor, zur geplanten Zeit laufen zu gehen, weil er der Auffassung ist, dass das genau das ist, was er eigentlich machen möchte, aber er schafft es nicht, seine diesbezügliche Absicht in die Tat umzusetzen. Schon nach einer Woche wird Paul klar, dass er sich im Hinblick auf die Realisierung seiner Laufvorsätze nicht über den Weg trauen kann. Aus Verzweiflung trifft er eine Verabredung mit seinem Trainer: Jedesmal, wenn er einen Trainingslauf auslässt, wird er dem Trainer einen empfindlich hohen Geldbetrag überweisen, den dieser dann nach Gutdünken ausgeben kann. Die Situation ändert sich zunächst. Paul schafft es tatsächlich, einige Regelmäßigkeit in seine Trainingsläufe zu bringen, aber er läuft immer noch ungern, ist von der Vorstellung, demnächst wieder trainieren zu müssen, konstant angewidert und empfindet auch ansonsten weder vor dem Lauf, noch währenddessen oder danach irgendeine Art von Freude oder Befriedigung. In der Hoffnung, all das möge sich mit der Zeit ändern, hält Paul an der Verabredung mit seinem Trainer fest, aber es vergehen Monate, und es ändert sich gar nichts. Nach einem besonders anstrengenden und deprimierenden Trainingslauf ruft Paul schließlich seinen Trainer an, löst die Verabredung auf und teilt dem Trainer mit, dass er die ganze Geschichte mit dem Marathonlaufen sein lassen wird. In den folgenden Tagen geht es Paul kaum besser. Er macht sich Vorwürfe, die Flinte vorschnell ins Korn geworfen zu haben und insgesamt ein Versager zu sein. Der Gedanke, dass er es nie zu den Olympischen Spielen schaffen wird, macht ihn traurig, und sein Leben kommt ihm sinnlos vor. Aber schon nach etwa drei Wochen beginnt sich die Situation zu ändern. Paul hat aus Langeweile angefangen, über den Kampf, den er mit sich selbst ausgetragen hat, eine Reportage zu schreiben, und er merkt, wie sehr ihn die Arbeit mit Wörtern und Sätzen mit Freude erfüllt. Zwei Monate nachdem er die Laufschuhe endgültig an den Nagel gehängt hat, immatrikuliert sich Paul an einer Uni, um Journalismus zu studieren. Immer wieder wird er während der nächsten Monate daran denken, wie richtig die Entscheidung war, mit dem Laufen aufzuhören.

Die Situation, in der Paul sich befindet, während er es nicht schafft, sich zum Laufen zu motivieren, lässt sich als ein klassischer Fall von ‚umgekehrter Willensschwäche' verstehen.[19] Paul hat bezüglich eines bestimmten Bereichs in seinem Leben ein bestes Urteil gefällt, und obwohl es weder psychologisch noch physiologisch unmöglich für ihn ist, gemäß diesem Urteil zu handeln, tut er es nicht, wann immer er es tun müsste. Selbst nachdem er eine Maßnahme gefunden hat, mit der er sich zu dem entsprechenden Handeln bewegen kann, werden seine Handlungen systematisch von negativen Emotionen begleitet, die es letzten Endes verhindern, dass Paul seinen ursprünglichen Vorsatz umsetzt. ‚Umgekehrt' ist dieser Fall von Willensschwäche, weil Paul durch seine Unfähigkeit, sich mit der Umsetzung seines besten Urteils anzufreunden, im Grunde auf eine richtige Entscheidung zusteuert, und zudem etwas Fundamentales über sich selbst herausfindet – er ist einfach kein Marathonläufer.

Gleichzeitig entspricht der Fall von Paul der im Rahmen dieses Kapitels bereits mehrmals angesprochenen Situation, in der ein Akteur die Perspektive der dritten Person auf die eigene Zukunft einnimmt und sich bezüglich der Umsetzung gefasster Absichten misstraut, um daraufhin Mechanismen zu implantieren, die es ihm ermöglichen, sich in einer bestimmten Hinsicht auf sich selbst zu verlassen. Es ließe sich also sagen, dass in diesem Fall Pauls Misstrauen sich

---

[19] Tatsächlich handelt es sich dabei lediglich um eine an die Belange dieses Kapitels angepasste Version des Emily-Beispiels, mit dem Nomy Arpaly der Debatte um ‚inverse akrasia' einen entscheidenden Impuls gegeben hat; vgl. Arpaly 2000. Ich habe mich zudem bei der Rekonstruktion des Szenarios an die von Monika Betzler vorgeschlagenen Bedingungen für umgekehrte Willensschwäche gehalten; vgl. Betzler (im Ersch.).

selbst gegenüber durchaus einen Sinn hat. Es ist, alles in allem betrachtet, viel besser für Paul, in dieser Hinsicht seines Lebens in der drittpersonalen Perspektive zu verharren, als in ein erstpersonales Verhältnis dem Laufen gegenüber einzutreten. Oder besser gesagt: Dass Paul es nicht schafft, Laufen auf erstpersonale Weise zu betreiben und sich in dieser Hinsicht zu vertrauen, zeigt erst, dass es besser für ihn ist, die misstrauende Perspektive der dritten Person auf sich aufrechtzuerhalten. Das hat damit zu tun, dass – wie im nächsten Kapitel noch genauer thematisiert wird – das Einnehmen der Perspektive der ersten Person bzw. Selbstvertrauen identitätskonstitutiven Charakter haben, Paul aber einfach nicht die Person werden kann, die zu sein er sich vorgenommen hat.

Der unwillige Drogenabhängige kann zwar auf ähnliche Weise nicht die Person sein, die er gerne wäre, aber der entscheidende Unterschied zu Paul besteht darin, dass Pauls lokale Unfähigkeit, in ein vertrauendes Verhältnis zu sich selbst einzutreten, ihm langfristig erstpersonale Integration ermöglicht. Der Drogenabhängige hat nichts von seinem Misstrauen, könnte man sagen, während Pauls Misstrauen eine Art wichtige Lektion darstellt, durch die Paul erst lernt, auf welche Weise er sich als Akteur wieder vertrauen kann – nämlich indem er etwas anderes als Laufen tut. Aus Fällen wie dem von Paul lässt sich also lernen, dass zu der Dynamik der Interaktion von Vertrauen und Sich-Verlassen eine weitere Facette gehört: Manchmal ist Sich-Verlassen das Beste, was Personen erreichen können, und wenn sie dies akzeptieren und die geeigneten Schlüsse aus dieser Einsicht ziehen, können sie auf eine andere Weise Selbstvertrauen wiedererlangen.

Eine Kritik, der ich mich in diesem Zusammenhang aussetze, könnte lauten, dass meine gesamte Diskussion bislang zu sehr auf den Fall der Willensschwäche zugeschnitten war, und dass alles, was ich dazu, aber auch zu Fällen von umgekehrter Willensschwäche zu sagen habe, kaum dazu geeignet ist, allgemeine Schlüsse bezüglich Selbstvertrauen, intrapersonalem Sich-Verlassen oder ihrer Interaktion zu ziehen. Ich bin gerne zu dem Zugeständnis bereit, dass meine Ausführungen nicht alles abdecken, was üblicherweise von dem Vokabular des Selbstvertrauens erfasst wird. Gleichzeitig glaube ich, dass – sobald es nicht um den Alltagsterminus ‚Selbstvertrauen', sondern um den eher technischen Sinn der Ausdrücke ‚Vertrauen in sich selbst', ‚sich selbst misstrauen' oder ‚sich auf sich selbst verlassen' geht – die hier vorgeschlagene Analyse durchaus generalisierbar ist. Man betrachte etwa die weiter oben kurz angesprochenen Fälle, in denen Akteure sich misstrauen, weil sie es nicht schaffen, ihre Deliberationsprozesse zu einem Abschluss zu bringen, indem sie eine Absicht fassen. Von Willensschwäche kann hier keine Rede sein, denn diese Akteure erreichen im Gegensatz zu Paul gar nicht erst die Stufe des besten Urteils. Dennoch lässt sich auch in solchen Fällen bestimmen, was es bedeuten müsste, dass sie in ein vertrauendes Verhältnis eintreten, und es lässt sich analog zum Fall der umgekehrten Willensschwäche zeigen, inwiefern ein misstrauendes Selbstverhältnis auch in diesem Kontext manchmal langfristig dazu führen kann, dass die betreffenden Akteure sich zu vertrauen lernen.

Vertrauen ist demnach, zumindest im intrapersonalen Fall, manchmal nur über den Umweg des Misstrauens bzw. widerwilligen Sich-Verlassens möglich. An dieser Stelle bietet sich die Gelegenheit, auf einen wichtigen Aspekt der Interaktion von Vertrauen und Sich-Verlassen im intrapersonalen Fall hinzuweisen, der auch eine zentrale Rolle für die entsprechenden interpersonalen Fälle spielen wird. In meinen bisherigen Ausführungen habe ich durchweg ausschließende Formulierungen gewählt, die den Anschein erwecken können, dass eine Person im Hinblick auf einen bestimmten Kontext immer nur die Haltung des Vertrauens *oder* die Haltung des Sich-Verlassens einnehmen kann. Ein solches Bild würde aber der tatsächlichen Dynamik von Vertrauen – durchaus auch in dem Sinn, in dem ich sie am Ende des ersten Kapitels in den gegenwärtig vertretenen Theorien vermisst habe – nicht gerecht werden. Stellen wir uns erneut die Situation vor, in der es nicht Paul, sondern unser ursprünglicher Jogger ist, der es unter Zuhilfenahme seines Motivationskniffs bereits zwanzig Mal geschafft hat, seine Laufabsicht in die Tat umzusetzen, und zwar so, dass ab sofort das kontrafaktische Konditional gilt, dem zufolge er auch dann joggen gehen würde, wenn keine Verabredung mit seinem Freund vorliegen würde. Die Frage, ob der Jogger in dieser Situation sich bezüglich des Joggens vertrauen kann, oder ob er sich *im Gegensatz dazu* darauf verlassen kann, dass er joggen gehen wird, ist insofern falsch gestellt, als sie davon ausgeht, dass die beiden Perspektiven einander ausschließen.

De facto ist die Situation aber eine der Überdeterminierung: Der Jogger hat *sowohl* einen erstpersonalen Grund für Selbstvertrauen – nämlich den für sich genommen hinreichend motivierenden Grund, der dafür spricht, joggen zu gehen –, *als auch* einen drittpersonalen Grund, sich darauf zu verlassen, dass er joggen gehen wird – nämlich den unabhängig motivierenden Grund, der dafür spricht, finanzielle Einbußen zu vermeiden. Anders gesagt: Dass der Mechanismus der Selbstbindung obsolet geworden ist, heißt nicht, dass er nicht mehr wirkt. Das hat aber mindestens eine entscheidende Folge: Es ist keinesfalls so, dass die Frage, ob ich mir selbst in einer bestimmten Hinsicht vertraue oder mich lediglich auf mich verlassen kann, von mir auf autoritative Weise jederzeit klar zu entscheiden wäre. Manchmal können wir nicht sagen, ob wir uns vertrauen, oder ob wir uns lediglich auf uns selbst verlassen.

Der Grund dafür hat mit dem soeben im Rahmen des Jogger-Beispiels angesprochenen kontrafaktischen Konditional zu tun. Immerhin ist es sehr plausibel davon auszugehen, dass wir uns bezüglich solcher kontrafaktischen Konditionale täuschen können, auch wenn sie von unseren eigenen mentalen Einstellungen handeln: Ich kann begründete Vermutungen darüber anstellen, ob ich auch ohne die Aussicht auf eine Strafzahlung der Versuchung, vor dem Fernseher liegen zu bleiben, widerstanden hätte – wissen kann ich es letztlich nicht. Das kann ich zumindest nicht im Vorfeld, denn selbstverständlich ist es sehr gut möglich, auf die drittpersonale Maßname zu verzichten und dann einfach zu schauen, ob man sich auf den Weg zum Joggen machen wird oder nicht.

3.5 Akteursbezogene Fähigkeiten

Regelmäßiges Sich-Verlassen kann also in bestimmten Zusammenhängen zu Selbstvertrauen führen, auch wenn die betreffende Person nicht immer weiß, ob sie sich lediglich auf sich selbst verlassen oder sich bereits vertrauen kann. Dass solche Zusammenhänge, in denen aus drittpersonalem Sich-Verlassen erstpersonales Selbstvertrauen wird, tatsächlich verbreitet und von großer Relevanz für uns als Akteure sind, lässt sich auch einsehen, indem man das bisher Gesagte im Lichte des Begriffs der *Fähigkeit* betrachtet. Denken wir noch einmal an das Beispiel unseres wankelmütigen Joggers, so lässt sich behaupten, dass es ihm in der Situation, in der es ihm angebracht erscheint, die spezielle Verabredung mit einem Freund zu treffen, an einer entscheidenden Fähigkeit mangelt – der Fähigkeit, im Kontext von sportlichen Betätigungen einmal gefasste Absichten auch tatsächlich umzusetzen. Unser Jogger misstraut sich entsprechend, indem er davon ausgehen muss, dass es ihm an dieser speziellen Fähigkeit mangelt.

Im Umkehrschluss würde dies die These nahelegen, nach der der Jogger sich vertraut, wenn er davon ausgehen kann, dass er die Fähigkeit hat, seine auf sportliche Betätigungen gerichteten Absichten umzusetzen. Die Formulierung ‚davon ausgehen können' enthält an dieser Stelle allerdings eine Unschärfe, die eine missverständliche Lesart dessen suggeriert, was es in diesem Zusammenhang bedeutet, sich selbst zu vertrauen. Es wird dadurch nämlich der Anschein erweckt, dass der in Frage stehende Akteur zum einen eine bestimmte Fähigkeit aufweist – die Fähigkeit, Laufabsichten zu realisieren – und *zum anderen* ‚davon ausgehen kann', dass er diese Fähigkeit hat, d. h. eine bestimmte Überzeugung im Hinblick auf diese Fähigkeit hat. Für eine Bestimmung von Vertrauen wäre das – zumindest im Rahmen der These, die ich im Rahmen dieser Arbeit vertreten möchte – insofern eine problematische Lesart, als sie suggerieren würde, dass Personen, die sich vertrauen, Subjekte von bestimmten auf Fähigkeiten gerichteten Überzeugungen sein müssen. Vertrauen würde entsprechend im Überzeugtsein bezüglich dieser Fähigkeiten bestehen, und das würde die Analyse wiederum in die Nähe von kognitivistischen Theorien rücken, die mit den im Rahmen der ersten beiden Kapitel thematisierten Problemen verbunden sind.

Tatsächlich ist dieser Schluss aber keinesfalls zwingend. Er wird von der Idee nahegelegt, dass es möglich ist, dass die Komponenten ‚eine Fähigkeit haben' und ‚glauben, dass man eine Fähigkeit hat' in dem Sinne auseinander fallen, dass Personen eine Fähigkeit haben, ohne dass sie davon ausgehen, dass sie diese Fähigkeit haben. Das scheint aber zumindest für eine ganze Reihe von Fähigkeiten nicht der Fall zu sein, insbesondere für Fähigkeiten, wie ich sie bislang zentral thematisiert habe – etwa die Fähigkeit, gefasste Absichten umzusetzen. Ein Akteur, der nicht der Auffassung ist oder gar daran zweifelt, dass er eine gefasste Absicht wird realisieren können, weist die Fähigkeit, gefasste Absichten umzusetzen, nicht auf, und zwar auch dann nicht, wenn er es im Einzelfall schafft, die gefasste Absicht zu realisieren. ‚Ich dachte, ich würde es nicht hinkriegen, am Dienstag joggen zu gehen, aber es hat sich herausgestellt, dass ich mich wider Erwarten doch dazu bringen konnte,' mag der Akteur im Nachhinein denken, aber es wird dadurch eben nicht zum Ausdruck gebracht, dass er die in Frage stehende Fähigkeit (gehabt) hat.[20] Die Überzeugung, eine bestimmte Fähigkeit zu haben, ist aus der Perspektive der ersten Person gewissermaßen schon in dem Haben dieser Fähigkeit eingebaut und nicht auf dieselbe Weise davon zu trennen, wie es möglich ist, dass eine dritte Person daran zweifelt, dass ich eine bestimmte Fähigkeit habe, während es der Fall ist, dass ich sie habe.[21]

Für Misstrauen ließe sich dagegen behaupten, dass eine Person sich genau dann misstraut, wenn sie daran zweifelt, eine bestimmte Fähigkeit zu haben, genau so, wie unser Jogger sich misstraut, indem er davon ausgeht, dass er es nicht schaffen wird, seine Laufabsicht umzusetzen. Wörtlich genommen ist diese Bestimmung allerdings höchst problematisch, denn sie impliziert, dass Personen sich in allen Kontexten misstrauen, in denen sie nicht davon ausgehen, dass sie

---

20 Das sieht man auch daran, dass der Akteur vielleicht gar nicht erst bestimmte Absichten fassen wird, weil er davon ausgeht, dass er nicht in der Lage sein wird, sie zu realisieren (obwohl er es *de facto* ist), oder in anderen Fällen Mechanismen des Selbstzwangs bzw. der Selbstmanipulation installieren wird, um sicherzustellen, dass eine seiner gefassten Absichten realisiert werden wird. In beiden Situationen würde es uns sehr schwer fallen, den Akteur als eine Person zu beschreiben, die die Fähigkeit hat, gefasste Absichten umzusetzen.

21 Das heißt selbstverständlich nicht, dass wir uns nicht darin täuschen können, bestimmte Fähigkeiten zu haben: Die Epistemologie des Habens von Fähigkeiten entspricht nicht der Epistemologie, die wir etwa bei Schmerzempfindungen antreffen. Das liegt daran, dass im Fall von Fähigkeiten *kein bikonditionales Verhältnis* zwischen dem Haben einer Fähigkeit und dem Überzeugtsein, dass man diese Fähigkeit hat, vorliegt. Ich kann nicht eine Fähigkeit haben, ohne zu glauben, dass ich diese Fähigkeit habe, aber der bloße Glaube, dass ich die entsprechende Fähigkeit habe, garantiert noch nicht, dass ich sie tatsächlich habe.

bestimmte Fähigkeiten haben. Es scheint aber nicht unplausibel, dass wir weitaus weniger Dinge können als nicht können; die Anzahl der Kontexte, in denen ich nicht davon ausgehe, eine bestimmte Fähigkeit zu haben, übersteigt bei weitem die Anzahl der Kontexte, in denen ich denke, dass ich zu etwas fähig bin. Es wäre bizarr, wenn wir in all den Zusammenhängen, in denen wir skeptisch im Hinblick auf das Haben einer Fähigkeit sind oder gar davon ausgehen, dass wir sie gar nicht haben, davon reden müssten, dass wir uns misstrauen: Ich kann keine erfolgsversprechenden Operationen am offenen Gehirn durchführen, aber das heisst noch nicht, dass ich mir in dieser Hinsicht misstraue. Wie sind also die Fähigkeiten zu charakterisieren, die einschlägig für intrapersonales Vertrauen bzw. Misstrauen sind?

Wie unterscheidet sich etwa die ‚vertrauensrelevante' Fähigkeit, die eigenen Absichten zu realisieren von der angesprochenen Fähigkeit, erfolgreiche Gehirn-Operationen durchzuführen? Zunächst lässt sich feststellen, dass die zuletzt genannte Fähigkeit durchaus *auch* das intrapersonale Vertrauen bzw. Misstrauen einer Person betreffen kann. Eine erfahrene Neurochirurgin etwa, die davon ausgeht, dass sie es nicht hinkriegt, erfolgreiche Gehirn-Operationen durchzuführen, hätte unter Umständen Anlass, sich selbst zu misstrauen, während dies bei Laien auf diesem Gebiet überzogen wirken würde. Das liegt daran, dass erfolgreiche Gehirn-Operationen durchzuführen, zu dem Standardrepertoire der Handlungen gehört, die der Neurochirurgin offenstehen, während es für den Laien, gelinde gesagt, nicht selbstverständlich ist, solche Eingriffe vorzunehmen. Die Neurochirurgin kann aufgrund des Wissens um ihre Expertise und Erfahrung davon ausgehen, dass sie Gehirn-Operationen erfolgreich zu bewältigen in der Lage ist, und diese Tatsache stellt erst die Grundlage dafür dar, dass sie sich misstrauen kann, wenn sie trotz der Einsicht in ihre Expertise und Erfahrung denkt, dass sie eine bevorstehende Operation scheitern lassen wird. In ihrem gegen sich selbst gerichteten Misstrauen zweifelt sie also nicht an ihren chirurgischen Kompetenzen, die gerade die Präsupposition für das Misstrauen darstellen, sondern sie zweifelt, dass sie auf der Basis ihrer chirurgischen Kompetenzen das tun wird, was zu tun sie sich eigentlich vorgenommen hat – nämlich eine erfolgreiche Operation durchzuführen.

Wenn eine Person sich selbst misstraut, so das von diesen Überlegungen nahegelegte Ergebnis, dann denkt sie demnach nicht, dass sie in dem Sinne ‚unfähig' ist, in dem ich mich etwa für unfähig halte, neurochirurgische Eingriffe durchzuführen, sondern sie befürchtet, dass sie sich in ihrem Handeln sabotieren wird. Was im Fall der Neurochirurgin ursprünglich ein auf ihre neurochirurgischen Fähigkeiten gerichtetes Misstrauen zu sein schien, stellt sich also bei näherem Hinsehen als eine Variante derselben Problematik heraus, die im Verlaufe dieses Kapitels im Zentrum meiner Aufmerksamkeit gestanden hat:

Wenn es der Fall sein soll, dass die Neurochirurgin sich misstraut, dann ist ihr Misstrauen von einer ähnlichen Beschaffenheit wie das Misstrauen der Person, die eine Verabredung mit einem Freund trifft, um sich zur Realisierung ihrer Laufabsicht zu zwingen.

Misstrauen und Vertrauen, so könnte man auch sagen, sind genuin auf Akteurschaft gerichtete Phänomene. Wenn es gleichzeitig der Fall ist, dass sie zentral mit den Fähigkeiten von Personen zu tun haben, dann legt das eine Unterscheidung zwischen *technischen* und *akteursbezogenen* Fähigkeiten nahe. Technische Fähigkeiten sind Fähigkeiten, von denen der Erfolg einer bestimmten Praxis abhängt, z. B. der Praxis, Gehirnoperationen durchzuführen, Fahrrad zu fahren oder eine Minestrone zu kochen. An solchen Praktiken kann man teilhaben oder nicht. Akteursbezogene Fähigkeiten sind dagegen insofern fundamentaler, als sie eine ‚Praxis' betreffen, die nicht optional ist, sondern die Bedingung der Möglichkeit darstellt, an Praktiken überhaupt teilzunehmen – die ‚Praxis' rationaler Akteurschaft. Zu diesen Fähigkeiten zählen die im Rahmen dieses Kapitels diskutierten Fähigkeiten, Einstellungen auf der Basis von Gründen auszubilden, deliberative Prozesse zu einem Abschluss zu bringen oder gefasste Absichten in die Tat umzusetzen. Man kann solche Fähigkeiten nicht einbüßen, ohne dass man aufhört, überhaupt ein Handelnder zu sein.[22]

---

22 Als eine Unterklasse von akteursbezogenen Fähigkeiten können *epistemische Fähigkeiten* betrachtet werden, die ich im Rahmen dieses Kapitels nicht eigens zum Thema mache, die aber im Zentrum der Debatte um intellektuelles Selbstvertrauen stehen; vgl. zu dieser Debatte etwa Govier 1993, Foley 2001 oder Jones 2012b. Wer solche Fähigkeiten hat, kann etwa auf angemessene Weise Überzeugungen auf der Grundlage von Erfahrungen oder Schlussfolgerungen ausbilden, Inkonsistenzen zwischen Überzeugungen und anderen Einstellungen erkennen und auflösen, die eigenen Überzeugungen gegenüber Dritten rechtfertigen, angesichts unberechtigter Kritik zu den eigenen Überzeugungen (durchaus auch Wertüberzeugungen) stehen und sie bei berechtigter Kritik modifizieren und nicht zuletzt auch Überzeugungen über die Zeit aufrechterhalten, indem man sich an ihren Gehalt erinnert. In der Debatte um intellektuelles Selbstvertrauen wird der Versuch unternommen, Selbstvertrauen als eine auf solche Fähigkeiten gerichtete Einstellung zu interpretieren. Jones versteht es etwa als eine kognitiv-affektive Mischeinstellung des Optimismus bezüglich intellektueller Fähigkeiten, während Govier einen rein affektbasierten Ansatz vertritt. Obwohl ich selbst an dieser Stelle keinen spezifisch auf intellektuelles (oder epistemisches) Selbstvertrauen zugeschnittenen Ansatz vertreten möchte, legen meine bisherigen Ausführungen im Hinblick auf solche Positionen zumindest den folgenden Befund nahe: Intellektuelles Selbstvertrauen besteht nicht darin, dass Personen Subjekte einer wie auch immer beschaffenen Einstellung bezüglich der eigenen intellektuellen Fähigkeiten sind, sondern es besteht darin, *solche Fähigkeiten zu haben*. Es macht etwa keinen Sinn, davon zu reden, dass ich mich an den gestrigen Bergausflug erinnern kann, mir aber nicht sicher bin, ob ich mich an den Bergausflug erinnere.

Lassen sich Fähigkeiten denken, die in dem obigen Sinn relevant für Vertrauen bzw. Misstrauen sind, ohne akteursrelevant zu sein? Ein Vorschlag, der an dieser Stelle gemacht werden könnte, betrifft Fähigkeiten, deren Abwesenheit zwar nicht den Akteursstatus unterminiert, die aber dennoch in dem Sinn fundamentaler als technische Fähigkeiten sind, als sie auf Ziele gerichtet sind, die typischerweise von allen Personen angestrebt werden, etwa die Fähigkeit, das eigene Glück zu befördern oder eigenes Leid zu vermeiden. Dieser Vorschlag hat einige Plausibilität für sich: Auch von einer Person, die befürchtet, Dinge zu tun, die ihrem Glück oder Wohlergehen abträglich sind, lässt sich sagen, dass sie sich in einer bestimmten Hinsicht misstraut. Allerdings ist diese Beschreibung nur unter der Voraussetzung angemessen, dass diese Person tatsächlich den Wunsch hat, glücklich zu sein oder Leid zu vermeiden. Wessen ganzes Sinnen und Trachten aus welchen Gründen auch immer darauf zielt, unglücklich zu sein, wird sich angesichts der eigenen Unfähigkeit, Unglück zu vermeiden, nicht misstrauisch beäugen. Die Person, die sich etwa zu misstrauen gelernt hat, nachdem sie immer und immer wieder die Erfahrung gemacht hat, dass sie sich auf den falschen Beziehungspartner einlässt, misstraut sich dementsprechend nicht bezüglich der ‚technischen' Fähigkeit, angemessene Beziehungspartner zu finden, sondern bezüglich einer akteursbezogenen Fähigkeit, etwa der Fähigkeit, einem bestimmten Vorsatz, z. B. dem Vorsatz, egoistischen Partnerkandidaten aus dem Weg zu gehen, treu zu bleiben. Es bleibt also dabei, dass Vertrauen und Misstrauen zentral mit akteursbezogenen Fähigkeiten zusammenhängen.

Trotz des für meine Argumentation zentralen Unterschieds zwischen akteursbezogenen und technischen Fähigkeiten liegt eine wichtige Pointe des Vorgehens in dem vorliegenden Abschnitt in einem – auf den ersten Blick möglicherweise trivialen – ihrer gemeinsamen Merkmale: Es handelt sich in beiden Fällen um Fähigkeiten. Als Fähigkeiten haben sie eine spezielle Genese, die sie von mentalen Zuständen wie etwa Überzeugungen unterscheidet: In der Regel müssen sie erlernt und eingeübt werden. Was heißt das genauer?

Es lässt sich an dieser Stelle mit sehr einfachen Fähigkeiten wie der Fähigkeit, die Schnürsenkel zu binden, arbeiten. Typischerweise sind wir nicht schon aus uns selbst heraus in der Lage, einen Schnürsenkel zu binden, sondern wir müssen uns diese Fähigkeit erst mühsam antrainieren. Dieses Antrainieren erfolgt über die Imitation von Hand- und Fingerbewegungen, die wir etwa bei einer anderen Person beobachtet haben, und es entspricht der Situation, in der sich unser Jogger befindet, solange er bezüglich seiner regelmäßigen Trainingsläufe auf externe Zusatzmotivation angewiesen ist. Im Fall der Person, die lernt, Schnürsenkel zu binden, geht es zwar nicht darum, eine zusätzliche Motivation zu Realisierung einer Absicht zu schaffen, aber bei der Perspektive, die der

Akteur hier einzunehmen gezwungen ist, handelt es ebenso wie im Fall unseres Joggers um die Perspektive der dritten Person: Der Akteur betrachtet sich selbst gewissermaßen als eine fremde Person, deren Körperbewegungen er wie mit einem Steuergerät, das man ihm zum ersten Mal in die Hand gedrückt hat, kontrollieren soll.

Es mag in diesem Kontext nicht ganz einfach sein, eine Entsprechung zu dem Sich-Verlassen des Joggers zu finden, der die schon mehrfach angesprochene Verabredung mit einem Freund getroffen hat. Das liegt daran, dass das Ausgangsproblem im Fall von Fähigkeiten wie dem Binden der Schnürsenkel ein anderes ist. Allerdings lassen sich auch in diesem Kontext Instantiierungen des Handlungstyps ‚Schnürsenkel binden' vorfinden, bei denen wir sagen würden, dass sie Instantiierungen eines Akteurs sind, der *noch nicht* über die Fähigkeit verfügt, seine Schnürsenkel zu binden. Wenn ich das Prinzip des Bindens von Schnürsenkeln verstanden habe und mich an die einzelnen Bewegungsabläufe erinnern kann, dann werde ich mich auf eine bestimmte Weise darauf verlassen können, dass ich meine Schnürsenkel binden kann, aber mein diesbezügliches Sich-Verlassen wird sich von dem vertrauenden Sich-Verlassen unterscheiden, das ich an den Tag lege, wenn ich nicht nur die ‚Gebrauchsanweisung' für Schnürsenkel befolgen kann, sondern tatsächlich über die entsprechende Fähigkeit verfüge.

Dieses Vertrauen wird allerdings nicht darauf basieren, dass ich es geschafft habe zu lernen, wie man Schnürsenkel bindet – dabei handelt es sich um eine bloß technische Fähigkeit – sondern darauf, dass es mir auf der Grundlage dieser neu erworbenen Fähigkeit möglich ist, einen neuen Typ von Absichten auszubilden und zu realisieren, nämlich die Absichten, die auf das Binden von Schnürsenkeln gerichtet sind. Dass beide Sorten von Fähigkeiten erlernt und eingeübt werden müssen, ebnet den Unterschied zwischen technischen und akteursbezogenen Fähigkeiten also keinesfalls ein, so dass wir immer noch in der Lage sind, angemessene Zuschreibungen von Vertrauen bzw. Misstrauen vorzunehmen. Es wäre etwa allzu dramatisch, bei einer so banalen Tätigkeit wie dem Binden der Schnürsenkel die emphatisch aufgeladenen Begriffe des Vertrauens und Misstrauens zu verwenden: Ein Kind, das noch nicht die Schuhe binden kann, misstraut sich genauso wenig, wie es angemessen wäre, davon zu reden, dass die meisten von uns darauf vertrauen, dass wir es schaffen, unsere Schnürsenkel zu binden. Auf Letzteres können wir uns höchstens verlassen, und Vertrauen bzw. Misstrauen kommen wiederum erst ins Spiel, sobald akteursbezogene Fähigkeiten betroffen sind, also etwa in einer Situation, in der ich Schnürsenkel binden kann, mir vornehme, die Schnürsenkel zu binden, aber aus irgendeinem Grund davon ausgehen muss, dass ich diesem Vorsatz untreu werde.

An diesem Punkt kann eingewendet werden, dass die Situation in anderen Fällen weniger klar ist, etwa in klinischen Fällen von Personen, die aufgrund einer neurologischen Störung unter anderem auch die Fähigkeit zum Binden der Schnürsenkel verloren haben. Patienten, die in solchen Situationen zum ersten Mal feststellen, dass sie offensichtlich nicht mehr in der Lage sind, ihre Schnürsenkel zu binden, fühlen sich oft von sich selbst verraten oder hintergangen, und diese Reaktionen ähneln den Reaktionen, die typischerweise bei enttäuschtem Vertrauen an den Tag gelegt werden. Andere Fälle betreffen höchst komplexe Fähigkeiten, deren Erwerb nicht geradlinig verläuft und eine lebenslange Aufgabe darstellen kann: Ein Tennisspieler kann über Jahre daran gearbeitet haben, seinen Rückhand-Stoppball zu perfektionieren, und dennoch in einer entscheidenden Spielsituation auf groteske Weise daran scheitern, den Schlag erfolgreich auszuführen. Ähnlich wie im Fall der am Binden der Schnürsenkel verzweifelnden Patientin kann es sein, dass der Tennisspieler sich von seiner punktuellen Unfähigkeit so sehr entfremdet fühlt, dass er seinen misslungenen Versuch, einen Rückhand-Stoppball zu spielen, als Selbstverrat empfindet.

Weder der eine noch der andere Beispielfall zwingen uns allerdings zu dem Schluss, dass es sich hier tatsächlich um Kontexte handelt, in denen die Bezugnahme auf Misstrauen bzw. Vertrauen angemessen wäre. Die Patientin, die erfolglos versucht, ihre Schuhe zu binden, fühlt sich nur deshalb von sich selbst verraten, weil das Binden der Schnürsenkel bislang zu den Tätigkeiten gehört hat, die sie selbstverständlich ausführen konnte, so dass es für sie den Anschein hat, dass sie sich selbst sabotiert, indem sie plötzlich nichts mit den offenen Schnürsenkeln anfangen kann. Es ist bezeichnend, dass das Gefühl, von sich selbst im Stich gelassen oder hintergangen zu werden, in dem Maß nachlassen wird, in dem die Patientin einsieht, dass es nicht primär sie als Akteurin ist, die in den betreffenden Situationen scheitert, sondern dass ihr wegen der neurologischen Störung, unter der sie leidet, bestimmte Mittel – in dem Fall die technische Fähigkeit, Schnürsenkel zu binden – abhanden gekommen sind, mit denen sie bislang ihren Status als Akteurin realisieren oder zum Ausdruck bringen konnte.

Ein ganz ähnlicher Punkt lässt sich auch im Fall des mit sich hadernden Tennisspielers machen. In einem weitaus höheren Ausmaß als bei anderen Fähigkeiten geht es bei den fürs Tennisspielen relevanten Fähigkeiten darum, sie auf eine selbstverständliche Weise auszuführen. Darin ähnelt jede komplexere Sportart dem Spielen eines Musikinstruments oder dem Anwenden einer Meditationstechnik. Es kann unserem Tennisspieler in der betrachteten Spielsituation nicht darum gehen, nacheinander eine Reihe von Regeln anzuwenden, die zum gewünschten Ergebnis führen würden. Ganz im Gegenteil wäre es kontraproduktiv, wenn er in seinem Versuch, einen Rückhand-Stoppball zu spielen, an Faktoren wie Griffhaltung, Beinposition oder Ausrichtung des Oberkörpers denken würde. Der Schlag muss vielmehr zur ‚zweiten Natur' des Tennisspielers geworden sein und so mühelos erfolgen, als ob dazu keine besondere Anstrengung vonnöten wäre. Tatsächlich ist an der erfolgreichen Ausführung eines solchen Schlags allerdings ebenso wenig natürlich oder selbstverständlich wie an dem scheinbar mühelosen Spiel eines Klaviervirtuosen.

Die Verwechslung, der unser Tennisspieler in der Situation unterliegt, in der er seinen Stoppball ins Netz setzt, rührt nun daher, dass akteursbezogene Fähigkeiten typischerweise Fähigkeiten sind, die wir auf selbstverständliche und mühelose Weise an den Tag legen. Sie gehören zu unserer ‚ersten Natur', wie man sich auch ausdrücken könnte: Sie zu haben, stellt den Standardfall und die Bedingung dafür dar, dass wir überhaupt erst irgendwelche Handlungen ausführen können. In Situationen, in denen wir punktuell eine akteursbezogene Fähigkeit vermissen lassen – wie etwa in dem Fall, in dem ich davon ausgehe, dass ich es nicht schaffen werde, eine meiner Absichten zu realisieren – misstrauen wir uns, genau weil es sich bei dieser Fähigkeit um eine handelt, die uns als Akteur konstituiert. Die technische Fähigkeit, einen Rückhand-Stoppball zu spielen, ist zwar nicht von dieser Art. Im Kontext einer Tennispartie mag es aber für einen Spieler den Anschein haben, als ob sie es wäre, weil das ‚Praxisziel' beim Tennisspiel zum Teil darin besteht, bestimmte Schläge und Bewegungsabläufe so standardmässig und selbstverständlich auszuüben, wie wir als Akteure Deliberationsprozesse durchlaufen und unsere Absichten ausführen. Wie im Fall der Patientin, die es nicht schafft, die Schnürsenkel zu binden, mag der an einem Stoppball scheiternde Tennisspieler vielleicht das Gefühl haben, von sich selbst hintergangen worden zu sein oder sich im Hinblick auf Stoppbälle zu misstrauen, aber es handelt sich dabei keinesfalls um eine angemessene Reaktion.

An diesem Punkt meiner Ausführungen liesse sich bemängeln, dass meine Diskussion der Fälle der am Binden der Schnürsenkel verzweifelnden Patientin und des vom eigenen Stoppball frustrierten Tennisspielers müssig ist, weil *de facto* kein Mensch in solchen Situationen ernsthaft von intrapersonalen Vertrauensbrüchen oder einem Anlass zum Misstrauen in sich selbst reden würde. Wenn dem so ist, habe ich auf ein Problem zu reagieren versucht, mit dem mein Vorschlag gar nicht konfrontiert ist, und es bleibt dabei, dass wir von Vertrauen und Misstrauen nur im Zusammenhang mit akteursbezogenen Fähigkeiten reden sollten, während wir uns im Hinblick auf technische Fähigkeiten lediglich darauf verlassen oder eben nicht verlassen können, dass wir sie haben. Abgesehen davon sind diese beiden Fälle allerdings in einer anderen Hinsicht instruktiv und dazu geeignet, Licht auf ein wichtiges Merkmal zu werfen, das sich mit Vertrauen in sich selbst verbindet.

Weiter oben habe ich darauf hingewiesen, dass das gemeinsame Merkmal von technischen und akteursbezogenen Fähigkeiten darin besteht, dass wir die Fähigkeiten, die zu beiden Typen gehören, erlernen und einüben müssen. Steht diese Bestimmung nicht im Widerspruch zu meiner Charakterisierung des Habens von akteursbezogenen Fähigkeiten als ‚selbstverständlich' oder ‚mühelos', ließe sich an dieser Stelle fragen. Der Widerspruch würde sich nur dann konstruieren lassen, wenn ich auf die Behauptung festgelegt wäre, dass wir mit einem fertig ausgebildeten Set an akteursbezogenen Fähigkeiten auf die Welt kommen. Das scheint aber extrem unplausibel zu sein. Es stimmt wahrscheinlich, dass die Prozesse, durch die wir lernen, Wünsche zu befriedigen, Wünschekonflikte aufzulösen, Absichten zu fassen oder auf der Grundlage von Absichten zu handeln, den Lernprozessen vorgelagert sind, in die wir eintreten, um komplexe technische Fähigkeiten wie die Fähigkeit, Tennis zu spielen oder die Schuhe zu schnüren, zu erwerben.[23] Das spricht aber nicht dagegen, dass auch akteursbezogene Fähigkeiten erlernte Fähigkeiten sind.

Wer lernen will, einen Rückhand-Stoppball zu spielen, muss immer wieder den Versuch unternehmen, einen Rückhand-Stoppball zu spielen. Zu Beginn des Trainings wird man dabei relativ schematisch die Anweisungen einer Tennislehrerin befolgen und Tausende von gescheiterten Versuchen in Kauf nehmen müssen, bis ein Zustand erreicht ist, in dem man sich darauf verlassen kann, dass ein Rückhand-Stoppball auch tatsächlich dort landet, wo man ihn hat platzieren wollen. Wer akteursbezogene Fähigkeiten erlernen will, muss dies auf ganz ähnliche Weise tun, nämlich indem er den Versuch unternimmt, Handlungen auszuführen. Bereits die Redeweise von ‚Versuch unternehmen' ist hier allerdings wieder missverständlich: Wir nehmen uns nicht vor, Akteure zu werden und die relevanten Fähigkeiten zu erlernen, wie wir etwa einen Töpferkurs besuchen und darin bewusste Versuche unternehmen, eine Tonvase zu formen. Auch dieser Unterschied ändert aber nichts daran, dass im Leben eines jeden Menschen – in der Regel in seinen frühen Phasen – Prozesse stattfinden, in denen wir Akteurschaft in ihren verschiedenen Facetten ‚trainieren' und dabei durchaus auch gescheiterte Versuche in Kauf nehmen müssen, genauso wie der angehende Tennisspieler mit frustrierenden Versuchen zurechtkommen muss, einen bestimmten Schlag auszuführen. Man denke hier etwa an die bislang nicht explizit erwähnte akteursbezogene Fähigkeit der Impulskontrolle, die Kinder

---

23 Dass diese Behauptung wahr ist, erscheint mir mehr als nur ‚wahrscheinlich', aber ich verwende an dieser Stelle absichtlich die schwächere Formulierung zum Satzbeginn, weil es hier im Grunde um eine empirische Frage geht, die von Entwicklungspsychologen zu beantworten wäre. Für einen Überblick über die psychologische Literatur zum Thema der Entwicklung von Akteurschaft vgl. Sokol/Hammond/Kuebli/Sweetman 2015.

zwar selten so bewusst erlernen wie der Tennisspieler einen Stoppball, die aber ebenfalls nicht von einem Tag auf den anderen vorhanden ist, sondern über einen bestimmten Zeitraum eingeübt werden muss.

Bislang habe ich darauf hingewiesen, dass sowohl akteursbezogene als auch die meisten der technischen Fähigkeiten, die wir haben können, in einem zeitlich ausgedehnten Prozess des Einübens erlernt werden müssen. Die in dieser Bestimmung enthaltene diachrone Komponente lässt sich allerdings auch noch in einem anderen Aspekt der Genese von akteursbezogenen und technischen Fähigkeiten wiederfinden. Betrachten wir hierzu wiederum das Beispiel der technischen Fähigkeit, einen Rückhand-Stoppball im Tennis zu spielen. Die meisten Profi-Spieler beherrschen diesen Schlag sehr gut. Wer einmal gesehen hat, wie Roger Federer einen gegnerischen Aufschlag mit einem Rückhand-Stoppball *longline* retourniert, wird nicht umhin können, bewundernd zu denken, dass er diesen Schlag nicht nur sehr gut beherrscht, sondern geradezu perfektioniert hat.

Spricht man in diesem Zusammenhang allerdings vom ‚Perfektionieren', so lädt dies zu einem Missverständnis ein: Es besteht in der Annahme, dass ein Spieler wie Federer nur lange genug – möglicherweise die inzwischen berühmt-berüchtigten 10'000 Stunden oder mehr – trainieren muss, einen Stoppball zu spielen, um einen Zustand der Perfektion zu erreichen, den er dann gewissermaßen nie wieder verlassen kann. Das scheint aber nicht der Fall zu sein. Sieht man von Verletzungen oder gewöhnlichen Alterserscheinungen ab, so ist es zwar extrem unwahrscheinlich, dass Federer seine Fähigkeit, einen Rückhand-Stoppball zu spielen, jemals ganz verlieren wird, aber es ist anzunehmen, dass er, um den Zustand der ‚Perfektion' aufrechtzuerhalten, immer noch darauf angewiesen ist, den Schlag auf regelmäßige Weise repetitiv auszuführen. Das ist der Grund, warum Personen, die die Stufe der Meisterschaft in einer Sportart oder beim Spielen eines Instruments erreicht haben, nicht auf regelmäßige Trainingseinheiten verzichten können. Der Punkt, auf den ich mit dieser Beobachtung hinaus möchte, ist dass es sich bei akteursbezogenen Fähigkeiten ganz ähnlich verhalten könnte.

Die meisten von uns haben akteursbezogene Fähigkeiten in relativ frühen Phasen der Kindheit erlernt. Wir sind in der Lage, Gründe abzuwägen, Absichten zu fassen und auf der Grundlage dieser Absichten Handlungen auszuführen; wir haben gelernt, angemessen mit Emotionen umzugehen, lassen uns in manchen Fällen von ihnen leiten, in anderen Fällen versuchen wir sie und ihren Einfluss auf unsere Handlungen zu moderieren; wir wissen in der Regel, wann und in welchen Kontexten wir welchen unserer konativen Einstellungen wie Wünschen, Impulsen oder Bedürfnissen nachgeben sollten und wann nicht;

und im Großen und Ganzen schaffen wir es, auch entsprechend zu handeln.[24] Es ist – sieht man von pathologischen Kontexten ab – nahezu unmöglich, diese Fähigkeiten vollständig einzubüßen. Allerdings, und hier liegt die eigentliche Parallele zu dem Fall des Stoppballs im Tennis, liegt das nur daran, dass wir es in der Regel nicht verhindern können, Handlungen auszuführen. Wenn es nicht um konkrete Handlungstypen wie ‚einen Stoppball spielen' oder ‚Schnürsenkel schnüren' geht, sondern um das Handeln ganz allgemein, befinden wir uns gewissermaßen immer ‚im Training'. Das ist eine Erklärung dafür, warum uns die selbstvertrauende Perspektive der ersten Person, die wir im Handeln einnehmen, so selbstverständlich erscheint, wie ich mich weiter oben ausgedrückt habe: Von Ausnahmen abgesehen, in denen wir uns als Akteure problematisch werden, handeln wir so regelmäßig und häufig, dass wir die Tatsache, dass wir im Einzelfall eine Absicht fassen und sie auch ausführen – also die Tatsache, dass wir uns selbst vertrauen –, gar nicht mehr als eine besondere Leistung wahrnehmen.

Umgekehrt legt diese Sicht der Dinge allerdings auch nahe, dass Personen im nicht-pathologischen Regelfall akteursbezogene Fähigkeiten zwar nicht ganz verlieren können, dass sie aber diese Fähigkeiten innerhalb bestimmter Grenzen verbessern oder verkommen lassen können, je nachdem, wie intensiv sie einzelne ihrer akteursbezogenen Fähigkeiten anwenden. Im Fall der technischen Fähigkeit, einen Stoppball zu spielen, lässt sich noch relativ gut einsehen, was mit so einem andauernden Trainingseffekt gemeint ist. Worin sollte aber so ein Effekt im Fall von akteursbezogenen Fähigkeiten bestehen? An dieser Stelle lässt sich von der Warte der Philosophie nichts Handfestes behaupten, aber ich denke, dass viele von uns etwa die Erfahrung kennen, dass uns das Verwirklichen von Absichten in dem Maße leichter fällt, in dem wir es schaffen andere Absichten umzusetzen.[25] Umgekehrt kennen wir Kontexte, in denen das Verhalten von irrationalen Akteuren einen selbstverstärkenden Effekt hat: Je länger ich es auf-

---

24 Hier erweitere ich die Klasse der akteursbezogenen Fähigkeiten um Fähigkeiten, die mit denjenigen unserer Einstellungen zu tun haben, die nicht im engen Sinn als kognitiv aufzufassen sind. Mein Anspruch besteht allerdings auch an dieser Stelle nicht darin, eine erschöpfende Auflistung solcher Fähigkeiten vorzulegen; das könnte allein schon aus dem Grund kein einfaches Unterfangen sein, dass die angesprochenen akteursbezogenen Fähigkeiten in konkreten Handlungssituationen auf mannigfache Weise miteinander interagieren; so ist z. B. oft keine scharfe Grenze zwischen der Fähigkeit zur Impulskontrolle und der Fähigkeit, Absichten zu realisieren, zu ziehen.
25 Zudem scheint der von mir anvisierte Effekt empirisch bestätigt zu sein; vgl. etwa die Untersuchung in Muraven/Baumeister/Tice 1999, bei der Testpersonen über einen Zeitraum von zwei Wochen eine Reihe von Übungen, die Selbstkontrolle erfordern (z. B. tägliche Aufzeichnungen über die aufgenommene Nahrung zu führen), ausgeführt haben; nach zwei Wochen haben Personen in dieser Testgruppe länger einen Hand Grip zusammendrücken können, als

schiebe, eine überfällige Rezension fertigzustellen, desto unüberwindbarer wird mir diese Aufgabe, aber auch andere Aufgaben, die Selbstkontrolle erfordern, vorkommen.[26] Der Punkt, den ich an dieser Stelle betonen möchte, besteht in der Einsicht, dass es sich bei akteursbezogenen Fähigkeiten nicht um Fähigkeiten handelt, die ein für alle mal erlernt werden können, so wie man ein für alle mal lernen kann, ein bestimmtes Gericht zu kochen. Sie zu haben – und damit sich selbst zu vertrauen –, stellt vielmehr einen dynamischen und temporal ausgedehnten Prozess dar, der ein konstantes Abrufen solcher Fähigkeiten erfordert und von einer drittpersonalen Passivität im Handeln langfristig unterminiert werden kann. Selbstvertrauen ist demnach nicht etwas, das wir als Reaktion auf bestimmte Handlungskontexte punktuell an den Tag legen, sondern vielmehr eine Haltung, in die wir in einem diachron erstreckten Prozess erst *hineinwachsen* und die wir über die Zeit *aufrechterhalten* müssen.

Gleichzeitig hat das Vertrauen, das Akteure in sich selbst setzen, wenn sie akteursbezogene Fähigkeiten haben, wie immer wieder angedeutet, einen fundamentalen und umfassenden Charakter. Die Berücksichtigung dieses Gesichtspunkts erlaubt es, einem Missverständnis zu begegnen, zu dem die Diskussion einzelner Beispiele im Verlaufe dieses Kapitels eingeladen haben mag. Diese Beispiele können suggeriert haben, dass Akteure sich jeweils in bestimmten Kontexten misstrauen und vertrauen: Der Jogger, der eine Verabredung mit einem Freund trifft, um sicherzustellen, dass er auch tatsächlich joggen gehen wird, tut dies, so könnte man sagen, weil er sich im Hinblick auf die Umsetzung von Laufabsichten, d. h. im Kontext von sportlicher Betätigung, misstraut. Diese

---

Personen aus einer Vergleichsgruppe, in der keine Selbstkontrolle-Übungen ausgeführt werden mussten. Während solche Untersuchungen nahelegen, dass das Ausüben von akteursbezogenen Fähigkeiten wie Selbstkontrolle in dem Sinne wie die Betätigung von Muskeln funktioniert, dass wir langfristig in dem Maße besser werden, diese Fähigkeiten an den Tag zu legen, in dem wir sie an den Tag gelegt haben, scheinen andere Untersuchungen die ‚Muskelkraft-Analogie' in einer anderen Hinsicht zu bestätigen: Offenbar fällt es Personen schwerer, Selbstkontrolle auszuüben, wenn sie unmittelbar vor einem Versuch, Selbstkontrolle an den Tag zu legen, bereits mehrere andere anstrengende Versuche, sich selbst zu kontrollieren, unternehmen mussten. Akteursbezogene Fähigkeiten können demnach also auch *erschöpft* werden; vgl. Muraven/Baumeister 2000.

26 Je nachdem, wie Prokrastination zu verstehen ist, handelt es sich dabei um ein neues, von mir bislang nicht thematisiertes Phänomen, bei dem Akteure gegen sich selbst gerichtetes Misstrauen an den Tag legen können; für eine Diskussion der Frage, ob Prokrastination eine Unterform von Willensschwäche oder ein eigenständiges Phänomen darstellt, vgl. Stroud 2010. Eine empirische Bestätigung der hier in den Blick genommenen These findet sich etwa in Studien über Suchtverhalten, die belegen, dass es Alkoholikern weitaus schwerer fällt, mit dem Rauchen von Zigaretten aufzuhören, als Personen, die nicht alkoholsüchtig sind; vgl. Zimmerman/Warheit/Ulbrich/Auth 1990.

Beschreibung wäre für die Position, die ich vertreten möchte, insofern problematisch, als sie nahelegen würde, dass es sich bei Misstrauen und Vertrauen um kontextrelative und damit dreistellige Relationen handelt. Ich habe allerdings die Diskussion im vorliegenden Kapitel gerade mit der programmatischen Festlegung begonnen, eine Analyse von Vertrauen als *zweistelligem* Prädikat anzustreben, indem ich mich mit dem Spezialfall des intrapersonalen Vertrauens beschäftige. Muss ich zugestehen, dass intrapersonales und interpersonales Vertrauen sich in dieser entscheidenden Hinsicht voneinander unterscheiden?

Eine Reaktion auf dieses Problem könnte darin bestehen zuzugeben, dass Dreistelligkeit im Sinne einer Kontextrelativierung zwar in Fällen von Selbst-Misstrauen gegeben ist, gleichzeitig aber daran festzuhalten, dass uns nichts dazu zwingt, dieselbe Annahme auch für den Fall zu machen, in dem Akteure sich selbst vertrauen. Unser Jogger misstraut sich tatsächlich in einem spezifischen Kontext, aber es wäre seltsam, ließe sich dann sagen, wenn wir behaupten wollten, dass er sich auch in spezifischen anderen Kontexten vertraut. Misstrauen, so könnte man den Gedanken auch fassen, ist eine kontextspezifische Abweichung vom Standardfall, die immer dann vorliegt, wenn ein Akteur in einer bestimmten Situation eine akteursbezogene Fähigkeit nicht ausüben kann, und darin unterscheidet es sich eben von Vertrauen. Ich denke, an so einer Strategie ist tatsächlich etwas dran; vor allem stimmt sie mit meiner Bestimmung von Vertrauen als intrapersonalem Standardfall überein.

Gleichzeitig würde man mit einer solchen Argumentation aber die Tatsache außer Acht lassen, dass selbst lokal angesiedelte Misstrauensfälle auf den Akteur als Ganzen ausstrahlen. Darin unterscheidet sich die Rolle, die akteursbezogene Fähigkeiten für uns spielen, von der Rolle technischer Fähigkeiten. Ich kann mit großem Gleichmut akzeptieren, dass ich viele technische Fähigkeiten nicht habe und mich in den entsprechenden Kontexten nicht darauf verlassen kann, dass ich eine bestimmte Aufgabe – sei es eine Gehirnoperation oder ein komplizierter mathematischer Beweis – auch bewältigen würde. Ich kann nicht auf dieselbe Weise schulterzuckend hinnehmen, dass ich mir nicht als Akteur vertrauen kann, auch wenn mein Misstrauen sich nur auf einen mehr oder weniger spezifischen Kontext bezieht. Das hat auch, aber nicht nur mit der weiter oben angesprochenen Tatsache zu tun, dass auf Misstrauen basierende Handlungen einen selbstverstärkenden Effekt haben, so dass ich befürchten muss, dass meine Zügellosigkeit beim Konsum von Schokolade zu Zügellosigkeiten problematischerer Natur führen könnte. Weitaus wichtiger scheint mir, dass ich mir beim Misstrauen auf eine spezifische und auch spezifisch spürbare Weise fremd werde, wie dies nicht der Fall ist, wenn ich lediglich daran zweifle, dass ich bestimmte technische Fähigkeiten nicht oder nicht in einem hinreichenden Ausmaß habe.[27]

Die Bezugnahme auf ‚Fremdheit' ist an dieser Stelle wiederum nur behelfsmäßig und soll dazu dienen, den umfassenden, man könnte auch sagen: holistischen Charakter von intrapersonalem Vertrauen und Misstrauen zu betonen. Wenn ich mir vertraue, dann tue ich das eben nicht in einer bestimmten Hinsicht oder in einem bestimmten Kontext, sondern es kommt dadurch, dass ich akteursbezogene Fähigkeiten habe, eine Haltung zum Ausdruck, die *mich als ganze Person* betrifft. Ebenso als ganze Person bin ich betroffen, wenn ich mir misstraue, auch wenn dieses Misstrauen nur in einem speziellen Kontext angesiedelt ist. Es ist jeweils eine Perspektive, die ich in beiden Fällen auf mich einnehme, und diese Perspektiven – im einen Fall die vertrauende Perspektive der ersten Person und im anderen die misstrauende Perspektive der dritten Person – erfassen mich nicht wie ein Schlaglicht, das nur eine bestimmte Facette von mir beleuchtet, sondern rühren an den Kern der Person, die ich bin.

Was die an dieser Stelle noch sehr dunklen Bezugnahmen auf ‚als ganze Person betreffen' bzw. ‚an den Kern der Person, die ich bin, rühren' eigentlich meinen, werde ich im Verlauf des nächsten Kapitels zum Thema machen, wenn es darum gehen wird, die Phänomene des Vertrauens und Misstrauens in einen systematischen Zusammenhang mit der Frage nach der Identität von Personen zu bringen. Bereits an dieser Stelle lässt sich aber der soeben formulierte Gedanke aufgreifen, um an den Anfangspunkt meiner Argumentation in diesem Kapitel anzuknüpfen. Ich habe dort behauptet, dass ich an der im letzten Kapitel vorgestellten Annahme festhalten möchte, nach der das Vertrauensprädikat primär eine bestimmte *Beziehungsform* charakterisiert. Um diese Annahme schärfer zu konturieren, bin ich im Rahmen des vorliegenden Kapitels dazu übergegangen, die Zweistelligkeit des Vertrauensprädikats im Sinne des Einnehmens einer *Perspektive* des Vertrauens zu verstehen, und ich habe vorgeschlagen, dass man diese Perspektive im Sinne der *Perspektive der ersten Person* zu verstehen hat. Meine Interpretation des Unterschieds zwischen der Perspektive der ersten

---

27 An dieser Stelle weichen meine technischen Termini ‚Vertrauen' und ‚Misstrauen' erneut von ihrer Alltagsverwendung im intrapersonalen Fall ab. Wir sagen oft Dinge wie ‚Diesen Stoppball müsste ich mit mehr Vertrauen spielen!' und meinen damit, dass wir uns so etwas wie ‚Ich kann das!' sagen (und das auch glauben) sollten. Das ist eben der Sinn von ‚Selbstbewusstsein', den man oft auch mit ‚Selbstsicherheit' oder im Englischen mit dem Ausdruck ‚confidence' bezeichnet. Die Abwesenheit von Selbstsicherheit rückt Akteure allerdings nicht als Ganze in ein problematisches Licht. Wer sich als Akteur in dem von mir entwickelten Sinn misstraut, denkt nicht, dass er etwas Bestimmtes, wie z. B. einen Stoppball spielen, nicht kann, sondern er zweifelt daran, überhaupt jemand zu sein, für den ‚etwas Können' zum Problem wird.

Person und der Perspektive der dritten Person hat mich im Verlaufe dieses Kapitels zu der Betrachtung der *Selbstverhältnisse* von Personen geführt, wodurch sich der Fokus auf Fälle von *Selbstvertrauen* und *intrapersonalem Sich-Verlassen* ergeben hat.

Wie sollte man die Ergebnisse meiner Überlegungen, so ließe sich an dieser Stelle fragen, dafür fruchtbar machen können, was es heißt, dass Vertrauen eine Beziehungsform ist? Immerhin ist der intrapersonale Fall gerade dadurch charakterisiert, dass er keine Beziehung beinhaltet. Hier stehen mir zwei Strategien offen. Zum einen könnte ich den Versuch unternehmen, den Begriff der ‚Beziehung' auf eine Weise zu verstehen, die es erlaubt von intrapersonalen Beziehungen zu sprechen. Wir stehen immer auch in einer besonderen Beziehung zu uns selbst als Akteure, müsste ich dann sagen, und diese Beziehung lässt sich im Sinne meiner bisherigen Ausführungen insofern als eine Vertrauensbeziehung verstehen, als sie im Haben von akteursbezogenen Fähigkeiten besteht. Akteure, die etwa die Fähigkeit haben, eigene Absichten auszuführen, stehen dadurch in einer speziellen Beziehung zu sich selbst, und diese Beziehung ist eben durch Vertrauen charakterisiert.

Mir erscheint eine solche Ausweitung des Beziehungsbegriffs durchaus plausibel, und ich werde mich in der Folge immer wieder auf diese Weise auf intrapersonales Vertrauen beziehen. Sollte dieses Vorgehen allzu revisionistisch wirken, wäre ich allerdings alternativ bereit, das Zugeständnis machen, dass es sich bei ‚Selbstbeziehung' um eine uneigentliche Bezugnahme handelt, so dass der Begriff der Beziehung streng genommen nur auf interpersonale Relation anzuwenden ist. Es kommt mir an dieser Stelle nicht so sehr darauf an, ob der Beziehungsbegriff notwendig die Bezugnahme auf zwei voneinander unterschiedene Personen impliziert. Wichtiger für die weiteren Belange meiner Argumentation ist, dass sich die wesentlichen Merkmale dessen, was es heisst, dass eine Person sich selbst vertraut, auf Fälle von interpersonalen Vertrauen übertragen lassen. Und die Pointe meines bisherigen Vorgehens besteht dann darin, dass meine Analyse von intrapersonalem Vertrauen eine Antwort auf die eingangs gestellte Frage nahelegen könnte, worin der spezifische Beziehungscharakter von interpersonalem Vertrauen besteht.

Mit Bezug auf die Genese von akteursbezogenen Fähigkeiten habe ich im Verlaufe dieses Kapitels dafür zu plädieren versucht, Vertrauen in sich selbst als etwas zu verstehen, worin Personen erst hineinwachsen und das sie über die Zeit aufrechterhalten müssen. Wie zudem im zweiten Kapitel zu sehen war, sind persönliche Beziehungen zentral dadurch charakterisiert, dass sie einen diachronen Charakter haben. Was liegt da näher, als den Beziehungscharakter von Vertrauen eben darin zu sehen, dass Beziehungen als temporal ausgedehnte Interaktionszusammenhänge den geeigneten Raum dafür darstellen, die für

Vertrauen relevanten Fähigkeiten zu trainieren? Vertrauen hat eine Entstehungsgeschichte, könnte man auch sagen, und es ist kein Zustand, den man einmal erreicht, sondern eher eine Haltung, die man über die Zeit konstant an den Tag legen muss. Es hat sowohl eine historische als auch eine dynamische Dimension, und beides spricht dafür, es zumindest im interpersonalen Fall als eine Beziehungsform zu verstehen.

Selbst wenn man mir zugesteht, dass Vertrauen auf diese Weise einen Beziehungscharakter hat, scheint immer noch eine der zentralen Fragen, die ich eingangs dieses Kapitels aufgeworfen habe, unbeantwortet geblieben zu sein. Ich habe dort angekündigt, zu explizieren, was mit den *Gründen* gemeint ist, die von Vertrauensbeziehungen generiert werden. Ist in dieser Hinsicht irgendein systematischer Fortschritt erzielt worden? Ich glaube, dass das der Fall ist, allerdings auf eine Weise, die durchaus überraschen mag: Eine Person, die sich in dem von mir vorgeschlagenen Sinn selbst vertraut, hat alleine deswegen noch keinen Grund, etwas zu tun. Das ist eine Facette der Tatsache, dass es sich bei Vertrauen nicht um eine spezifische Einstellung, sondern um das Einnehmen einer Perspektive oder Haltung handelt. Wann immer eine Person aber in eine handlungsrelevante Situation gerät – z. B. weil sie etwas wünscht, einen Deliberationsprozess durchläuft oder eine Absicht fasst –, muss Selbstvertrauen als zentrale Komponente vorhanden sein, um den jeweiligen Prozess auf rationale Weise zu einem Abschluss zu bringen.

Ich verlasse mich darauf, dass ich gleich meine Schnürsenkel werde binden können, und dass ich mich darauf verlassen kann, hat wesentlich mit der Tatsache zu tun, dass ich über die entsprechende technische Fähigkeit verfüge. Gleichzeitig wäre es mir nicht möglich, mich darauf zu verlassen, dass ich diese spezifische Handlung ausführe, wenn ich nicht Vertrauen in mich selbst als Akteur hätte, und zwar auch dann nicht, wenn ich davon ausgehen könnte, dass ich die technische Fähigkeit habe, die Schnürsenkel zu binden. Vertrauensgründe sind also nicht in dem Sinne als Handlungsgründe zu verstehen, dass sie zum Ausdruck bringen, was für den Akteur in einer bestimmten Situation dafür gesprochen hat, dieses oder jenes zu tun, sondern es handelt sich dabei um *Gründe zweiter Ordnung*, auf deren Basis wir erst in die Lage sind, mit Gründen erster Ordnung umzugehen und sie handlungswirksam werden zu lassen.

Auch das ist allerdings im Grunde nur eine andere Weise, die Metapher des Einnehmens der vertrauenden Perspektive der ersten Person zu verstehen. Dass ich diese Perspektive einnehme, heißt nicht, dass ich dadurch einen Handlungsgrund habe, sondern es stellt die Bedingung dafür dar, dass es mir erst möglich wird, mich als jemand zu begreifen, für den Handlungsgründe normative Relevanz haben. Diese Vertrauensperspektive einzunehmen, so könnte man sogar einen Schritt weitergehend sagen, bedeutet, dass man überhaupt erst in die Lage kommt, etwas als Grund zu verstehen. Es bleibt allerdings dabei, dass ich diese Perspektive bislang als die Perspektive der ersten Person interpretiert habe. Während es mein zentrales Anliegen im Rahmen des vorliegenden Kapitels war, zu zeigen, was es bedeutet, dass Personen die Perspektive der ersten und der dritten Person auf sich selbst einnehmen, stellt sich angesichts meiner gesamten bisherigen Argumentation die folgende fast schon paradox klingende Frage: *Was heißt es, die Perspektive der ersten Person auf andere Personen einzunehmen?* Auch mit dieser Frage werde ich mich im Rahmen des folgenden Kapitels beschäftigen.

Kapitel 4
Vertrauen in andere Personen

Im Rahmen meiner Argumentation im vergangenen Kapitel habe ich eine bestimmte Interpretation davon vorgelegt, was es bedeutet, dass Personen Vertrauen in sich selbst haben. Im Rahmen des vorliegenden Kapitels soll diese Interpretation auf den für die Belange dieser Arbeit zentralen Fall des Vertrauens, das Personen in von ihnen unterschiedene Personen setzen, ausgeweitet werden. Gemäß dem Vorschlag, den ich im vergangenen Kapitel entwickelt habe, besteht eine zentrale Bedingung für Selbstvertrauen im Vorliegen bestimmter Fähigkeiten, die ich als akteursbezogene Fähigkeiten bezeichnet habe. Solche Fähigkeiten zu haben, stellt gleichzeitig auch die Vorbedingung dafür dar, dass Personen sich als Akteure betrachten und mit Handlungsgründen operieren können. In den abschließenden Passagen des vergangenen Kapitels habe ich zudem die These nahegelegt, dass ein solches Vertrauen nicht im Sinne einer dreistelligen Relation zu verstehen ist, sondern die Person, die Selbstvertrauen hat, als Ganze betrifft: In beiden Fällen nehme ich eine Perspektive auf mich als ganzheitlich individuierte Person ein, und nicht nur auf mich als eine Person in einem bestimmten Handlungskontext. Im Fall des Selbstvertrauens handelt es sich dabei um die Perspektive der ersten Person, im Fall des Misstrauens um die Perspektive der dritten Person.

Die Bezugnahme auf ‚Perspektive einnehmen' und ‚eine Person als Ganze betreffen' hat an dieser Stelle meiner Argumentation allerdings immer noch einen recht vorläufigen Charakter, und es ließe sich zurecht anmahnen, dass eine genauere Bestimmung dessen, was ich mit diesen Termini meine, notwendig ist, um den Transfer meiner Interpretation von Selbstvertrauen hin zu einer Interpretation von interpersonalem Vertrauen nicht von vornherein in metaphorischer Dunkelheit erfolgen zu lassen. Ich habe bislang bewusst auf eine ausführliche Erörterung dieses Problems verzichtet, weil ich dabei auf systematische Ressourcen hätte zurückgreifen müssen, die nicht ohne unnötige Komplikationen im vergangenen Kapitel einzuführen wären und ihren Platz im Grunde erst in einem Kapitel wie dem vorliegenden haben, in dem zentral von interpersonalem Vertrauen die Rede sein soll. Bei diesen systematischen Ressourcen handelt es sich um eine Theorie der Identität von Personen.

Implizit ist in den bisherigen Überlegungen immer wieder ein Begriff personaler Identität zum Einsatz gekommen, und man kann mit guten Gründen davon ausgehen, dass die Frage nach Vertrauen, mit der ich mich in dieser Arbeit befasse, ganz generell auf einem bestimmten Verständnis der Identität und Verschiedenheit von Personen beruht, da es ja bei dieser Frage immer um das

Vertrauen geht, das *eine* Person in eine *andere* Person setzt. Wäre das allerdings die einzige Weise, auf die Identitätsüberlegungen für die Frage nach Vertrauen wichtig sind, ließe sich mit einem vortheoretischen Verständnis davon arbeiten, was es heißt, dass eine Person von einer anderen Person unterschieden ist, da wir über Kriterien der personalen Individuation dieser Art im Alltag auf eine völlig unproblematische Weise verfügen. Wir folgen dabei im Wesentlichen einem Kriterium, das auf das Vorliegen von Kontinuitäten abhebt, wie sie für biologische Organismen einschlägig sind und integrieren relevante psychologische Aspekte von Personalität in diese Vorstellung von kontinuierlich existierenden menschlichen Lebewesen, ohne uns über etwaige problematische Implikationen unserer Praxis der Verwendung des Identitätskonzepts besondere Sorgen zu machen.

Ein solch systematisch nicht weiter problematisiertes Verständnis personaler Identität würde im Rahmen dieser Arbeit also völlig hinreichen, wenn an der Vertrauensproblematik nicht mehr ‚Identitätsrelevantes' wäre als die Tatsache, dass es individuelle Personen sind, die sowohl Subjekte als auch Objekte von Vertrauen sein können. Ich denke aber, dass Vertrauen in einem tieferen Sinn mit der Identität von Personen verbunden ist – soviel mag auch schon mein Kleist-Exkurs zu Beginn dieser Arbeit angedeutet haben – und ein Ziel des vorliegenden Kapitels besteht darin, diese Tiefe auszuloten. Es kann mir dabei nicht darum gehen, eine erschöpfende Rekonstruktion des Begriffs personaler Identität vorzulegen und als systematischen Debattenvorschlag zu verteidigen.[1] Mein Ziel wird vielmehr zunächst darin bestehen, der Frage nachzugehen, inwiefern Selbstvertrauen, so wie ich es bislang rekonstruiert habe, eine besondere Relevanz für die Identität von Personen hat, und welcher Sinn von Identität in diesem Kontext einschlägig ist (Abschn. 4.1). In einem zweiten Schritt, der das zentrale Manöver der Argumentation dieser Arbeit darstellt, werde ich meine Überlegungen zur Frage des Selbstvertrauens auf den Fall von interpersonalem Vertrauen anwenden. Die bis dahin skizzierte Identitätskonzeption wird mir dabei helfen, die zum Ende des vergangenen Kapitels aufgeworfene Frage zu beantworten, in welchem Sinn wir davon reden können, dass Personen, die anderen Personen vertrauen, auf ähnliche Weise die Perspektive der ersten Person auf diese Personen einnehmen, wie es der Fall ist, wenn sie sich selbst vertrauen (Abschn. 4.2). Parallel zu meinem Vorgehen im dritten Kapitel werde ich hierbei argumentieren, dass Personen, um in Vertrauensbeziehungen zueinander stehen zu können, bestimmte Fähigkeiten haben müssen, die ich als vertrauensbezogene Fähigkeiten bezeichnen werde (Abschn. 4.3).

---

[1] Vgl. Budnik 2013, wo ich diese Aufgabe verfolgt habe.

Durch eine Diskussion der Frage nach der Entstehung von Vertrauensbeziehungen werde ich schließlich explizieren, inwiefern es sich bei dem Vertrauensprädikat auch im interpersonalen Fall um ein zweistelliges Prädikat handelt, wo genau die dynamisch-temporale Dimension von interpersonalen Vertrauensbeziehungen zu verorten ist, und auf welche Weise die Tatsache, dass wir in Vertrauensbeziehungen zueinander stehen, einen reziproken Charakter hat (Abschn. 4.4).

4.1 Vertrauen und Identität

Im vergangenen Kapitel habe ich die These zu verteidigen versucht, dass das Haben von akteursbezogenen Fähigkeiten eine Leistung darstellt, die Relevanz für ‚die Person als Ganze' habe. Umgekehrt ist darin die nicht minder erklärungsbedürftige These enthalten, nach der Personen, die sich selbst misstrauen, weil es ihnen an einer akteursbezogenen Fähigkeit mangelt, dadurch auf eine empfindliche Weise in ihrem Person-Sein betroffen sind. Zudem habe ich im Rahmen meiner Einführung des Unterschieds zwischen der Perspektive der ersten Person und der Perspektive der dritten Person immer wieder Termini wie ‚Entfremdung', ‚genuin zugehörig' oder ‚im emphatischen Sinne eigene' verwendet, ohne sie weiter zu explizieren. Beide Leerstellen meiner bisherigen Argumentation haben auf spezifische Weise mit dem Begriff der Identität von Personen zu tun. Um was für ein Verständnis von Identität handelt es sich in diesem Zusammenhang?

Wenn Philosophen von Identität reden, dann haben sie in der Regel diejenige Relation im Sinn, in der jedes Objekt zu sich selbst und nur zu sich selbst steht, solange es existiert. Es ist dieser ‚metaphysische' Sinn von Identität, der im Zentrum der klassischen Debatte um personale Identität steht. Wenn in der Folge von ‚Identität' die Rede sein wird, soll allerdings ein anderes Identitätsverständnis zugrunde gelegt werden.[2] Dieses alternative Verständnis von Identität kommt in Sätzen zum Ausdruck, wie wir sie aus Alltagsgesprächen kennen. Es handelt sich dabei um Beschreibungen wie: ‚Seit dem Unfall ist sie nicht mehr dieselbe' oder ‚Das war nicht ich gestern Abend'. Wenn wir solche Sätze äußern, meinen wir nicht, dass eine Person im metaphysischen Sinne zu existieren aufgehört hat. Gleichzeitig ist es aber keinesfalls so, dass diese und ähnliche Beschreibungen lediglich eine gewöhnliche Änderung bestimmter Eigenschaften von Personen zum Thema machen. Sie stehen nicht auf derselben Stufe wie ‚Gestern

---

[2] Für eine Rekonstruktion des Zusammenhangs dieser Identitätskonzeption mit dem klassischen Identitätsbegriff und eine Einbettung in die Debatte um personale Identität vgl. Schechtman 1996 und Budnik 2013.

Abend warst Du ungewöhnlich still' oder ‚Seit dem Sieg im Finale tritt er selbstbewusster auf'. Im Gegensatz zu solchen unproblematischen Zuschreibungen von Veränderungen, die Personen durchmachen können, beziehen sie sich auf Veränderungen, die *disruptiven* Charakter haben.

Was wird aber ‚unterbrochen' oder ‚zerrissen', wenn Personen von sich oder anderen Personen auf diese Weise behaupten, dass sie nicht mehr dieselben sind? An dieser Stelle bietet es sich an, Identität im Sinne eines *Selbstverständnisses* zu interpretieren. Über so ein Selbstverständnis zu verfügen, bedeutet überhaupt *jemand zu sein* oder eine *bestimmte Persönlichkeit* zu haben. Wenn eine Person behauptet, dass es ‚nicht wirklich sie' gewesen ist am Vorabend, dann meint sie damit in der Regel, dass sie etwas getan oder gesagt hat, das mit so einem Selbstverständnis nicht in Einklang steht. So kann es etwa sein, dass sie sich dazu hat hinreißen lassen, eine Person, die sie ansonsten respektvoll behandelt und schätzt, auf üble Weise zu beschimpfen, weil sie aus Gründen, die nichts mit der betreffenden Situation zu tun hatten, in einer aggressiven und gereizten Stimmung gewesen ist. Ich denke, die meisten von uns kennen Situationen, in denen wir uns dergestalt abhanden kommen und uns auf eine Weise verhalten, die wir als fremd empfinden. Diese Fremdheit besteht darin, dass es sich dabei um Verhaltensweisen handelt, die in einem noch zu explizierenden Sinne nicht zu unserer Vorstellung von der Person passen, die wir sind.

Eine solche Vorstellung, die man von der Person hat, die man ist, kann als Bestandteil der Identität dieser Person betrachtet werden. Wiederum handelt es sich dabei aber nicht um die Identitätsrelation, in der jedes Objekt ohnehin zu sich selbst steht, sondern um einen Identitätsbegriff, nach dem wir eher ‚eine Identität haben' als identisch mit zeitlich unterschiedenen Phasen von uns selbst sind. Dieser Identitätsbegriff unterscheidet sich auch darin von dem metaphysischen Identitätsbegriff, dass er im Gegensatz zu jenem gradueller Natur ist: Geht es um die metaphysische Frage danach, ob eine Person zu einem bestimmten Zeitpunkt identisch mit einer Person zu einem davon unterschiedenen Zeitpunkt ist, kann die Antwort nur ‚ja' oder ‚nein' lauten. Identität in dem von mir anvisierten Sinne kann man dagegen in mehr oder weniger großem Ausmaß haben. Was das genau bedeutet, kann man allerdings nur explizieren, wenn man mehr zu diesem alternativen Identitätsbegriff sagt, als ich es bisher getan habe. Ich werde mich hierbei im Folgenden, immer wenn es nötig ist, diesen alternativen Identitätsbegriff von dem ‚klassischen' Identitätsbegriff terminologisch abzugrenzen, auf *normative Identität* einerseits und auf numerische bzw. *metaphysische* Identität andererseits beziehen.[3]

---

[3] Zum Begriff der normativen Identität vgl. Budnik 2013: Kap. 8–10.

Worin besteht also so eine normative Identität, die brüchig wird, wann immer wir uns unverständlich werden oder uns auf die oben angedeutete Weise abhanden kommen? Betrachten wir noch einmal das zuletzt angesprochene Beispiel einer Person, die mit einer jähzornigen Episode ihres Lebens hadert. Die spezifische Fremdheit, die diese Episode für die Person hat, besteht etwa darin, dass die Erfahrung dieser Episode und die sich daran anschließende Erinnerung in einem Widerspruch zu bestimmten Überzeugungen stehen können, die diese Person von sich hat, z. B. der Überzeugung, dass sie jemand ist, der andere Personen auf respektvolle Weise behandelt. Sie kann allerdings gleichzeitig auch in einem Spannungsverhältnis zu einer bestimmten evaluativen Einstellung dieser Person stehen, etwa einer Einstellung, die jähzornige Ausbrüche negativ bewertet. Oder sie kann Folge einer spezifischen emotionalen Disposition sein, die bewirkt, dass die betreffende Person sich angewidert fühlt, wann immer sie unbeherrscht jähzorniges Verhalten an sich selbst oder anderen Personen beobachtet. Die Identität dieser Person besteht nun zum Teil aus so einem Komplex aus Überzeugungen und Dispositionen, auf dessen Grundlage sie die betreffende Erfahrung einer jähzornigen Reaktion als fremd empfindet, eben weil sie sich auf diese Weise als eine Person versteht, die nicht so reagiert.

Wichtig ist allerdings, dass es sich bei diesem Komplex keinesfalls um ein willkürlich zusammengesetztes Konglomerat aus Einstellungen und Dispositionen handelt, sondern um eine Struktur, die bestimmten Ordnungsprinzipien und Kohärenzanforderungen unterworfen ist. Anders wäre auch nicht zu erklären, warum sich die Person in unserem Beispielfall von ihrer jähzornigen Episode entfremdet fühlt, anstatt sie als eine weitere interessante Facette der eigenen Identität zu betrachten. Bislang habe ich nahezulegen versucht, dass die Identität einer Person aus den Einstellungen und Dispositionen zusammengesetzt ist, mit denen eine Person sich selbst zu verstehen versucht, und das gerade angesprochene Beispiel scheint auch eine solche Lesart nahezulegen. Allerdings würde man auf diese Weise nicht berücksichtigen, dass die Identitäten von Personen auch von Elementen konstituiert werden, die nicht im engeren Sinn die Person, um deren Identität es geht, zum Gegenstand haben. Bereits im Fall der Person, die sich von ihrem jähzornigen Ausbruch entfremdet fühlt, habe ich etwa auf eine spezifische evaluative Einstellung Bezug genommen, um den ‚Fremdheitscharakter', den der Ausbruch für sie hat, zu erklären. Wertüberzeugungen oder moralische Prinzipien sind aber keine Einstellungen, die spezifisch auf die Person, die solche Einstellungen hat, gerichtet sind. Dennoch spielen sie eine wichtige Rolle für das Selbstverständnis von Personen und haben auf diese Weise einen strukturierenden Einfluss auf ihre Identitäten. Wenn ich etwa der Auffassung bin, dass es falsch ist, Personen aufgrund ihres Geschlechts ungleich zu behandeln, dann wird diese Überzeugung nicht nur eine ganze Reihe von anderen

Einstellungen, die durchaus auch handlungsrelevant werden können, rational nach sich ziehen, sondern es wird sich darin auch ein bestimmtes Selbstverständnis ausdrücken, etwa ein Selbstverständnis als egalitaristisch oder feministisch denkende und handelnde Person.

Als in der Regel weit weniger wichtig aber immer noch identitätsrelevant sind zudem ganz gewöhnliche empirische Überzeugungen zu betrachten. Auch sie sind Bestandteil des nach Kohärenz strebenden Netzwerks, als das die normative Identität einer Person betrachtet werden kann. Denken wir noch einmal zurück an das im letzten Kapitel diskutierte Beispiel der ‚abtrünnigen' Überzeugung, dass es bald einen Dritten Weltkrieg geben wird. Ich habe für diesen Fall behauptet, dass eine solche Überzeugung von der Person, die sie hat, als fremd erfahren wird, und an dieser Stelle meiner Argumentation lässt sich besser verstehen, was diese Charakterisierung bedeutet: Eine Überzeugung kann nicht isoliert gehabt werden. Sie steht immer im Kontext von anderen Überzeugungen, die sie – zumindest im rationalen Optimalfall – als Gründe rational stützen.

Wenn ich nun glaube, dass es einen Dritten Weltkrieg geben wird, dann steht auch diese Überzeugung im Kontext von einer ganzen Reihe anderer Überzeugungen. In diesem Fall werden es Überzeugungen sein, die bestimmte geopolitische Sachverhalte betreffen, und der im Hinblick auf die Fremdheit meiner Überzeugung, dass es einen Dritten Weltkrieg geben wird, entscheidende Punkt ist, dass es sich dabei um geopolitische Überzeugungen handelt, mit denen ich diese spezielle Überzeugung nicht in Einklang zu bringen vermag. Letzteres heißt aber nichts anderes, als dass ich für diese Überzeugung keine Gründe oder vielleicht sogar nur solche Gründe sehe, die gegen diese Überzeugung sprechen. Wenn ich der Überzeugung bin, dass es bald einen Dritten Weltkrieg geben wird, gleichzeitig aber der Überzeugung, dass die geopolitische Weltlage relativ entspannt ist, dann spricht der Gehalt dieser zweiten Überzeugung gegen die erste, und es ist an mir als rationalem epistemischen Akteur, diese Spannung aufzulösen, indem ich eine der beiden Überzeugungen aufgebe.

In dem von mir betrachteten Fall wird angenommen, dass diese Entscheidung keinesfalls optional ist, weil davon ausgegangen werden kann, dass die Person, die glaubt, dass es bald einen Dritten Weltkrieg geben wird, nicht nur eine, sondern mehrere dieser Überzeugung entgegengesetzte Überzeugungen hat, die sich zudem wechselseitig rational stützen, etwa die Überzeugungen, dass die Atommächte einen globalen Konflikt vermeiden wollen, dass die wirtschaftlichen Verflechtungen der einzelnen Staaten einen Weltkrieg unklug erscheinen lassen, oder dass die Menschheit aus den Schrecken des 20. Jahrhunderts ihre Lehren gezogen hat. Mit solchen Erwägungen macht sich die betreffende Person einen speziellen Ausschnitt der Welt verständlich. Die Überzeugung, dass es einen Dritten Weltkrieg geben wird, unterminiert diese Verständlichkeit. Gleichzeitig wird sich eine Person in dieser epistemisch-kognitiven Lage aber auch *selbst* unverständlich, indem sie sozusagen sehenden Auges ein inkohärentes Set an Einstellungen aufrechterhält. In genau diesem Sinne bedroht eine solche ‚abtrünnige' Überzeugung das Selbstverständnis der betreffenden Person und schwächt – zumindest lokal – ihre Identität. Das mag etwas übertrieben dramatisch klingen. Hätten wir es an dieser Stelle aber mit einer Überzeugung zu tun, die größere Relevanz für die Identität der betreffenden Person hat, würde dieses Urteil weniger weithergeholt wirken.

An dieser Stelle lässt sich gut erkennen, auf welche Weise der alternative Identitätsbegriff, den ich von der metaphysischen Konzeption unterschieden habe, mit den Ausführungen des vergangenen Kapitels zusammenhängt. Ich habe dort die These vertreten, dass eine Person sich selbst vertraut, wenn sie die Perspektive der ersten Person einnimmt. Diese Perspektive habe ich dahingehend interpretiert, dass eine Person, die sie einnimmt, sich bezüglich ihrer Einstellungen an den Gründen orientiert, die für diese Einstellungen sprechen, und sich dem normativen Druck ausgesetzt sieht, diese Einstellungen entsprechend der Einsicht in solche Gründe auszubilden oder zu revidieren. Wenn es stimmt, dass sich die Identität einer Person als das rational strukturierte Netzwerk aus Einstellungen und Dispositionen begreifen lässt, mit denen wir uns selbst und die Welt um uns herum zu verstehen versuchen, dann legt das den folgenden Gedanken nahe: Dass Personen die Perspektive der ersten Person einnehmen, bedeutet, dass sie in dem Sinne an ihrer Identität arbeiten, dass sie eine kohärente Vorstellung von sich selbst und der Welt zu erlangen versuchen: Ich habe in dem Maße eine Identität, ließe sich auch sagen, in dem ich mich nicht drittpersonal, d. h. als Subjekt von lediglich kausal zu rekonstruierenden Einstellungen auf mich beziehen muss, sondern mich stattdessen als unter normativen Anforderungen stehenden Akteur begreife.

Das alles bedeutet nun nicht, dass Personen immer oder auch nur im Regelfall als perfekt rationale Subjekte betrachtet werden müssen, deren Identitäten keinerlei Widersprüche zwischen diese Identitäten konstituierenden Einstellungen beinhalten. Viele Widersprüche in unseren Identitäten bemerken wir erst gar nicht, z. B. weil wir viele unserer Einstellungen gar nicht bewusst reflektieren und sie auf ihre Konsistenz mit anderen Einstellungen überprüfen. Andere Inkonsistenzen übergehen wir einfach oder vergessen, dass sie vorliegen, weil sie mit Dingen zu tun haben, die nicht besonders wichtig für unser Selbstverständnis sind. Ich glaube etwa, das Sibirien ein durch und durch schrecklicher Ort ist, habe aber gleichzeitig die Vermutung, dass weite Teile davon landschaftlich durchaus reizvoll sein könnten.

Andere Bestandteile unserer Identitäten könnten zudem von einer Art sein, die sich nicht auf unmittelbar einsichtige Weise in das kohärentistisch-rationale

Bild integrieren lässt, das ich bislang von Identitäten und dem Einnehmen der Perspektive der ersten Person gezeichnet habe. Hoffnungen[4] oder Emotionen wie Traurigkeit stehen etwa nicht auf dieselbe Weise unter normativen Anforderungen wie Überzeugungen. Dennoch kann auch hier zwischen mehr oder weniger kohärenten und damit zwischen mehr oder weniger fremden bzw. verständlichen Einstellungen unterschieden werden. Wenn ich mich etwa als überzeugtes Mitglied einer politischen Partei bei der Hoffnung erwische, dass meine Partei bei den nächsten Wahlen krachend scheitert und in der Folge in der Vergessenheit verschwindet, dann wird sich das auf ähnliche Weise fremd anfühlen und für meine Identität problematisch sein, wie die Tatsache, dass ich angesichts eines Wahlsieges meiner Partei tiefe Trauer verspüre.[5]

An dieser Stelle lässt sich gut nachvollziehen, auf welche Weise der von mir für den intrapersonalen Fall entwickelte Vertrauensbegriff eng mit der Identität einer Person zusammenhängt. Betrachten wir dazu zunächst die Fälle von Misstrauen, die den Gegenstand meiner Diskussion im dritten Kapitel dargestellt haben. Eine Person kann sich misstrauen, habe ich dort behauptet, wenn sie davon ausgehen muss, dass sie Handlungen auf der Grundlage einer ihr fremden Überzeugung ausführen wird. Wenn ich also erwäge, einen Bunkerraum einzurichten, weil ich glaube, dass es bald einen Dritten Weltkrieg geben wird, dann handelt es sich dabei um einen Fall, in dem ich mir gegenüber misstrauisch eingestellt sein werde, weil die Überzeugung, auf der meine Handlungsabsicht und die entsprechende Handlung beruhen, nicht in einem emphatischen Sinn als meine Überzeugung betrachtet werden kann. Diese Bestimmung kann nun dahingehend präzisiert werden, dass mein Misstrauen in der in Frage stehenden Situation auf einer Einstellung beruht, die nicht Bestandteil des normativen Netzwerks ist, das mich als die Person ausmacht, die ich bin, und dementsprechend als meine normative Identität betrachtet werden kann.

Ich habe bereits darauf hingewiesen, dass Einstellungen und Dispositionen im Rahmen der normativen Identität einer Person unterschiedliches Gewicht haben können. Die Identität einer Person wird aber nicht nur von Einstellungen und Dispositionen ausgemacht, sondern zentral auch von den Handlungen dieser Person. Anders ausgedrückt: Es kann mir je nach spezifischem Kontext

---

4 Für eine intrikate Rekonstruktion der Weise, wie Hoffnungen und Befürchtungen einen Ausdruck der genuin erstpersonalen Sorge um die eigene Zukunft darstellen, vgl. Carl 2014, Kap. 6.
5 Gegeben meine Identifikation mit der Partei, um die es geht, könnte man auch sagen, dass ich unter der rationalen Anforderung stehe, positive Emotionen wie Freude als Reaktion auf den Wahlsieg an den Tag zu legen. Für die These, dass Emotionen auf diese Weise in rationalen Zusammenhängen stehen, vgl. Helm 2001 und – mit der für den vorliegenden Zusammenhang wichtigen Fokussierung auf persönliche Projekte – Betzler 2012.

vielleicht egal sein, was ich über Sibirien denke, aber es kann mir niemals egal sein, welche Handlungen ich ausführe. Etwas zu tun, scheint zu den unmittelbaren Ausdrucksformen der normativen Identität von Personen zu gehören, und es ließe sich plausibel dafür argumentieren, dass ein Großteil der Relevanz, die Überzeugungen, Wünsche, Absichten oder Emotionen für die normative Identität von Personen haben, sich darin erschöpft, dass sie auf die eine oder andere Weise handlungsrelevant werden können.

Die besondere Relevanz von Handlungen für die Identität einer Person lässt sich nun nicht nur im Zusammenhang mit für Handlungen relevanten Überzeugungen einsichtig machen. Sie ist besonders augenfällig im Kontext der Ausbildung und Umsetzung von Absichten, auf den ich mich im vergangenen Kapitel konzentriert habe. Denken wir noch einmal zurück an das Beispiel der Person, die sich vorgenommen hat, regelmäßige Trainingsläufe zu absolvieren, sich aber im Hinblick auf die Umsetzung dieser Absicht misstraut, indem sie davon ausgehen muss, dass sie, wenn die Zeit gekommen ist, zuhause bleiben und etwas anderes tun wird. In der Rekonstruktion dieses Falls im vergangenen Kapitel habe ich die behelfsmäßige Formulierung ‚erstpersonaler normativer Komplex' verwendet, um die Menge an Erwägungen zusammenzufassen, die aus der Perspektive dieser Person dafür sprechen, regelmäßig laufen zu gehen.

An dieser Stelle kann nun besser verstanden werden, worin ein solcher Komplex besteht: Es handelt sich dabei um einen Ausschnitt des normativen Netzwerks an Einstellungen – die Überzeugung, dass Laufen gut für die Gesundheit ist, die normative Festlegung auf eine gesunde Lebensführung, die positiven Emotionen, von denen so eine Lebensführung begleitet wird usw. –, mit dem die betreffende Person identifiziert werden kann. Eine auf der Basis solcher Erwägungen ausgebildete Absicht kann als Ausdruck der Identität dieser Person verstanden werden, und sie hat im Hinblick auf die diachrone Existenz dieser Person strukturierenden Charakter, indem sie eine Reihe anderer Einstellungen und Handlungen rational fordert – etwa das Schnüren der Laufschuhe zum geeigneten Zeitpunkt oder die Absicht, sich den für den Trainingslauf veranschlagten Zeitraum von anderen Terminen freizuhalten.[6]

Wenn der nicht-resolute Läufer sich selbst im Hinblick auf die Realisierung der Laufabsicht misstraut, dann ist die Situation also nicht als ein Fall zu

---

6 Die zentrale Überlegung hinter der hier skizzierten Idee ist selbstverständlich nicht neu, sondern greift auf Überlegungen zurück, die in Kontexten der Handlungs- und Rationalitätstheorie auf verschiedene Weisen die Auffassung korrigiert haben, nach der Handeln aus Gründen immer eine Sache der Umsetzung eines punktuellen, zu einem bestimmten Zeitpunkt vorliegenden Wunsches durch den Akteur ist, so etwa im Rahmen der ‚planning theory' in Bratman 1987 oder der Theorie struktureller Rationalität in Nida-Rümelin 2001.

beschreiben, in dem er lediglich befürchtet, irrational zu sein: In seinem Misstrauen kommt zusätzlich die Befürchtung zum Ausdruck, die eigene Identität zu untergraben und ‚an sich selbst vorbei' zu handeln, weil die Absicht, von der er befürchtet, dass er sie nicht ausführen wird, nicht nur ein punktuelles und gewissermaßen losgelöstes Vorkommnis seines mentalen Haushalts ist, sondern im Kontext weitergefasster Einstellungen steht, die wiederum Bestandteil des Gesamtnetzwerks sind, mit dem dieser Akteur zu identifizieren ist. Es ist in diesem Sinn zu verstehen, wenn die Person zum Zeitpunkt, da sie die Laufabsicht gefasst hat, sich aber im Hinblick auf ihre Ausführung misstraut, an sich selbst in der Zukunft – d. h. an die Person, die, anstatt die Laufschuhe zu schnüren, den Fernseher einschaltet – als an eine fremde Person denkt. In metaphysischer Hinsicht wäre das eine falsche Beschreibung: Immerhin geht die Person in diesem Szenario davon aus, dass sie mit der Person, die es nicht schaffen wird, die Laufabsicht zu realisieren, biologisch kontinuierlich ist. Das ist auch eine Voraussetzung dafür, dass wir es hier überhaupt mit einem Problem für den Akteur zu tun haben. Es ist vielmehr der nicht-metaphysische, normative Identitätsbegriff, der hier einschlägig ist: Die Person in dem vorliegenden Szenario identifiziert sich mit dem normativen Komplex, auf dessen Grundlage sie die Absicht gefasst hat, und die in der Zukunft existierende Person, an die sie denkt, wenn sie sich misstraut, ist nicht auf angemessene Weise in diesen Komplex zu integrieren, eben weil sie sich – so die misstrauende Vermutung – von der normativen Kraft der gefassten Absicht unberührt zeigt.[7]

In diesem Licht müssen auch Versuche der Selbstmanipulation verstanden werden, wie ich sie im Rahmen des vergangenen Kapitels diskutiert habe. Wenn ich eine Verabredung mit einem Freund treffe, um mich zum Realisieren meiner Laufabsicht zu bringen, dann manipuliere ich damit in einem bestimmten Sinne mich selbst. Allerdings ist hier wiederum nur der numerische Sinn von Identität gemeint, nach dem davon auszugehen ist, dass die wankelmütige Person in der Zukunft dasselbe biologisch kontinuierlich existierende Wesen ist (oder sein wird) wie das Wesen, das ich jetzt gerade bin, da ich mir überlege, wie ich es anstellen sollte, meine Laufabsicht zu realisieren. Sie ist es in einem trivialen Sinne, wie ich mich an der entsprechenden Stelle meiner Diskussion im dritten Kapitel ausgedrückt habe, und diese Trivialität besteht darin, dass die in der Zukunft vorliegende Person bzw. der ‚normative Komplex', mit dem sie zu

---

[7] Das heißt natürlich nicht, dass der misstrauische Jogger sich *nicht vorstellen kann*, was es heißt, dass er seine Absicht nicht realisieren wird. Das kann er sehr gut, und dass er das kann, ist, wie gesagt, eine Bedingung dafür, dass er die Situation überhaupt als problematisch empfindet. Nicht möglich ist ihm dagegen, an sein zukünftiges Selbst im Sinne einer *verständlichen* Vorstellung von der eigenen Zukunft zu denken.

identifizieren sein wird, wenn sie sich nicht zum Laufen motivieren kann, unverbunden mit der Identität der Person ist, die die entsprechende Absicht gefasst hat. ‚Das bin nicht ganz ich,' mag eine Person in so einer Situation denken, wenn sie an ihr zukünftiges Selbst denkt, und sie hätte damit völlig Recht, zumindest wenn es stimmt, dass man der nicht-metaphysischen Vorstellung von Identität einen Sinn abgewinnen kann.

Ist der Manipulationsmechanismus einmal implantiert, ändert sich die Lage zwar insofern, als es mir möglich wird, davon auszugehen, dass ich meine Laufabsicht umsetzen werde, allerdings wird es sich dabei um eine Maßnahme handeln, mit der ich nur behelfsmäßig meine Identität zu wahren schaffe: Sollte ich mich auf den Weg zum Trainingslauf machen, um der aufgrund meiner Verabredung mit dem Freund zu erwartenden Strafe zu entgehen, dann wird sich meine Handlung zwar in meine normative Vorstellung von mir selbst integrieren lassen – immerhin habe ich mir genau das vorgenommen! –, aber ich werde dadurch meine Identität in einer entscheidenden Hinsicht geschwächt haben, und zwar weil ich mich im Rahmen der Selbstmanipulation wie eine fremde Person behandelt habe.

In welchem Sinne ist Letzteres der Fall? Solange ich die Verabredung mit dem Freund noch nicht getroffen habe, mir aber bereits im Hinblick auf die Ausführung meiner Absicht misstraue, denke ich an diese zukünftige (mit mir in metaphysischem Sinne identische) Person wie an jemanden, der, ebenso wie ich jetzt, eine normative Identität hat. Diese normative Identität unterscheidet sich von meiner Identität – so die Annahme im Rahmen unseres Beispiels – nur in dem Ausschnitt des Netzwerks an Gründen, der mit der Absicht, laufen zu gehen, zu tun hat. Und dieser Unterschied ist darin begründet, dass die von mir gefasste Absicht im Rahmen der Identität meines zukünftigen Selbst nicht die ihr zugewiesene normative Rolle spielt: Mein zukünftiges Selbst wird sie nicht als hinreichenden Grund, laufen zu gehen, auffassen. Genau darin ist mein Misstrauen begründet.

Wenn ich nun überlege, wie ich mich in der Zukunft zur Verwirklichung meiner Absicht bringen kann, betrachte ich mich insofern als eine fremde Person, als ich mir eine Frage wie ‚Was könnte ihn zum Laufen motivieren?' stelle: Ich schaue mir gewissermaßen die normative Identität meines zukünftigen Selbst an und überlege, welche Elemente davon ich ausnutzen könnte, um dieses zukünftige Selbst auf die gewünschte Weise zu beeinflussen. Dabei fällt mir z. B. auf, dass die normative Identität meines zukünftigen Selbst so beschaffen ist, dass die Androhung einer Strafzahlung in bestimmter Höhe den von mir angestrebten Effekt haben würde, und ich treffe auf der Grundlage dieser Überlegung die bereits mehrmals angesprochene Verabredung mit einem Freund. So gehen wir typischerweise mit Situationen um, in denen wir aus irgendwelchen Gründen gerne hätten, dass eine dritte Person etwas tut oder unterlässt, und ich werde im nächsten Abschnitt noch mehr zu diesem Fall zu sagen haben.

Für den vorliegenden Kontext ist wichtig, dass eine Person, die sich selbst auf die skizzierte Weise zu einem bestimmten Verhalten bringt, im Hinblick auf ihre Identität immer noch in einer besseren Situation ist, als eine Person, die einfach akzeptieren muss, dass sie Absichten fasst, die sie nicht realisieren können wird; sie ist aber – wiederum im Hinblick auf ihre normative Identität – in einer schlechteren Lage als eine Person, die nicht auf solche Mittel der Selbstbeeinflussung angewiesen ist, sondern ihre Absichten umsetzen kann. Wenn ich davon ausgehe, dass ich laufen gehen werde, weil ich eine bestimmte Verabredung mit einem Freund getroffen habe, dann verlasse ich mich darauf, dass ich etwas tun werde, ohne in dieser Hinsicht Vertrauen in mich zu haben. Kann ich im Gegensatz dazu davon ausgehen, dass ich meine Absichten umsetzen werde, liegt Selbstvertrauen in dem von mir im vergangenen Kapitel herausgearbeiteten Sinn vor. Dass ich mir selbst vertraue, stärkt auf diese Weise meine Identität, während bloßes Sich-Verlassen zwar einen ‚Identitätsriss' verhindert, aber insgesamt nicht dazu beiträgt, dass meine Identität gestärkt wird.

An dieser Stelle lässt sich gut erkennen, in welchem Sinne die von mir im vergangenen Kapitel diskutierte These wahr sein könnte, nach der die drittpersonale Verlassensrelation im intrapersonalen Fall nicht den Standardmodus des Selbstbezugs von Personen darstellen kann: Eine Person, die sich nur selten oder gar nicht vertrauen würde, könnte zwar immer noch beabsichtigte Handlungen ausführen, aber in diesen Handlungen würde nicht oder zumindest nicht hinreichend zum Ausdruck kommen, *wer diese Person ist*. Im Gegensatz zu der Relation der numerischen Identität erlaubt die Relation der normativen Identität graduelle Abstufungen. Mehr oder weniger identisch zu sein, bedeutet in diesem Zusammenhang, dass das normative Netzwerk, mit dem eine Person zu identifizieren ist, mehr oder weniger Kohärenz aufweist. Das normative Netzwerk einer Person, die eine Absicht fasst und sie auch ausführt, ist dementsprechend kohärenter als das normative Netzwerk unseres wankelmütigen Läufers, der auf Maßnahmen der Selbstmanipulation zurückgreifen muss, um sich zum Laufen zu motivieren.

Es mag etwas schief wirken, von dem wankelmütigen Läufer zu behaupten, er sei ‚weniger identisch' als der resolute Läufer. Das liegt aber lediglich daran, dass ich in dem von mir diskutierten Fall immer nur eine einzelne Absicht und den Versuch, sie zu realisieren, betrachtet habe. Die Situation sieht bereits anders aus, wenn wir an jemanden denken, der – wie Paul in dem von mir im vergangenen Kapitel diskutierten Szenario – die Absicht, laufen zu gehen, nicht aus banalen Fitness-Erwägungen fasst, sondern z. B. weil er eine Karriere als Marathonläufer anstrebt. In so einer Situation lässt sich von dem normativen Netzwerk, mit dem Paul zu identifizieren ist, behaupten, dass es Pauls praktische Orientierungen zumindest teilweise insofern strukturiert, als Paul sich *als Marathonläufer* zu verstehen versucht.

Wenn wir nun Paul als wankelmütigen Läufer, der sich nur durch Kniffe wie die skizzierte Verabredung mit einem Freund zu Trainingsläufen zu motivieren schafft, mit einem ansonsten identisch verfassten resoluten Läufer vergleichen, fällt das Urteil, dass der resolute Läufer in einem stärkerem Ausmaß *jemand ist* – nämlich ein Marathonläufer – als Paul, weit weniger unplausibel aus. Der resolute Läufer, so könnte man sagen, kann durchgehend die vertrauende Perspektive der ersten Person auf sich einnehmen und versteht sich selbst auf diese Weise auch besser als Paul, der durch sein auf sich selbst gerichtetes Misstrauen immer wieder in eine drittpersonale Perspektive gedrängt wird und sich für die Umsetzung seiner praktischen Orientierung als Marathonläufer Mechanismen der Selbstbindung ausdenken muss.

Im Verlaufe meiner Argumentation im dritten Kapitel habe ich dafür argumentiert, dass Personen sich selbst vertrauen, wenn sie über bestimmte Fähigkeiten verfügen, die ich als akteursbezogene Fähigkeiten bezeichnet habe. Im Zuge dieser Bestimmung habe ich die recht dunkle These formuliert, dass durch das Haben solcher Fähigkeiten eine Haltung der Person zum Ausdruck kommt, die sie ‚als ganze Person betrifft' bzw. ‚an den Kern der Person, die sie ist, rührt.' An dieser Stelle kann wiederum besser verstanden werden, was ich mit diesen Formulierungen andeuten wollte. Ein resoluter Läufer kann als jemand betrachtet werden, der zumindest über eine zentrale akteursbezogene Fähigkeit verfügt – die Fähigkeit, gefasste Absichten zu realisieren. In dieser Hinsicht vertraut er sich selbst und muss nicht auf Mechanismen zurückgreifen, die erst sicherstellen, dass er sich darauf verlassen können wird, dass seine Absichten umgesetzt werden. Gleichzeitig sorgt das Haben dieser akteursbezogenen Fähigkeit in einem globalen Sinne dafür, dass der resolute Läufer eine Identität hat: Er ist in dem Maße ‚überhaupt jemand', in dem er über diese Fähigkeit verfügt.

Das heißt nun nicht, dass solche Fähigkeiten für sich genommen identitätskonstitutiven Charakter haben. Niemand ist jemand, nur weil er etwas *könnte*. Personen sind und verstehen sich als Marathonläufer, Philosophen, Eltern, Marxisten, Vegetarier, Gourmets oder Anhänger eines Fussballvereins. Das impliziert, dass sie bestimmte Dinge denken, wünschen, fühlen oder tun – Dinge, aus denen sich solche normativen Identitäten eben zusammensetzen. Sie können diese normativen Identitäten aber nur in dem Maße haben bzw. ausprägen, in dem sie sich selbst vertrauen und akteursbezogene Fähigkeiten haben. Selbstvertrauen ist also kein Bestandteil einer normativen Identität, sondern eine Bedingung dafür, dass man eine solche Identität haben und mithin überhaupt *jemand* sein kann.

Gerade weil akteursbezogene Fähigkeiten – wie die Fähigkeiten, handlungsrelevante Einstellungen auf der Basis von Gründen auszubilden, gemäß den eigenen Prinzipien zu handeln oder die eigenen Absichten umzusetzen – einen kohärentistischen Charakter haben, lohnt es sich an dieser Stelle, vor allem mit Blick auf die Frage nach interpersonalem Vertrauen, die ich gleich im nächsten Abschnitt weiterverfolgen werde, einem Missverständnis vorzubeugen. Es besteht darin, normative Identität ausschließlich im Sinne einer Struktur zu verstehen, deren Elemente auf rationale Weise miteinander verbunden sind, und die insgesamt nach Kohärenz strebt. Nach dieser Lesart würden Personen, deren Einstellungen und Handlungen besonders kohärent sind, eine besonders ausgeprägte Identität haben. Dafür, dass diese Lesart problematisch ist, spricht zum einen die Tatsache, dass es sehr einfach ist, im Rahmen einer normativen Identität, die nur aus ganz wenigen Elementen besteht, große Kohärenz herzustellen. Zum anderen können komplexe, aber völlig fehlgeleitete normative Identitäten – man denke an schizophrene Personen oder Anhänger von Verschwörungstheorien – hochgradig kohärent sein. In beiden Fällen würden wir zumindest zögern, von besonders ausgeprägten Identitäten zu sprechen.

Wir sollten also das Haben einer normativen Identität nur dann als wertvoll betrachten, wenn es sich nicht im bloßen Vorliegen von Kohärenz erschöpft. Kohärenz würde dementsprechend nur eine notwendige Bedingung dafür darstellen, dass eine Person ‚jemand ist',[8] und es müssten zusätzliche Bedingungen für das Haben normativer Identität formuliert werden, die etwa darauf abheben würden, dass Personen hinreichend viele verschiedene Erfahrungen machen, um für eine gewisse Komplexität innerhalb der Menge der Vorkommnisse zu sorgen, aus denen sich ihre Identität zusammensetzt, oder darauf, dass die kognitiven Elemente einer solchen Identität eine Verankerung in der Realität haben. Nehmen wir also an, dass Selbstvertrauen darin besteht, dass Personen die Perspektive der ersten Person einnehmen, indem sie in ihrem Handeln, Denken und Fühlen auf *angemessene* Weise an der Kohärenz der eigenen normativen Identität arbeiten und dadurch ein verständliches Leben führen. Wie verhält sich diese Bestimmung zu dem Fall, in dem es um das Vertrauen geht, das wir in andere Personen setzen?

---

[8] Auch im Hinblick auf diese These ließen sich Zweifel anmelden, weil man dafür argumentieren könnte, dass das Strukturprinzip für normative Identitäten nicht zwangsläufig mit Kohärenz, sondern stattdessen z. B. eher mit Narrativität zu tun hat. In so einer Diskussion, die ich im vorliegenden Kontext nicht führen kann, hängt alles am Begriff der Verständlichkeit, zu dem man für diese Zwecke mehr sagen müsste, als es für die Belange meiner Argumentation sinnvoll ist; vgl. etwa die Diskussion in Velleman 1989.

4.2 Identität und interpersonales Vertrauen

Zunächst lässt sich feststellen, dass es einen recht offensichtlichen Zusammenhang zwischen den Phänomenen des intrapersonalen und interpersonalen Vertrauens gibt: Was auch immer Vertrauen im interpersonalen Kontext bedeutet, so scheint es unmöglich zu sein, einer Person zu vertrauen, von der man annehmen muss, dass sie sich selbst nicht in dem von mir herausgearbeiteten Sinn vertrauen kann. Angenommen, ich habe es mit einer Person zu tun, von der ich weiß, dass sie gar nicht oder nur in einem rudimentären Ausmaß über akteursbezogene Fähigkeiten verfügt und im Grunde unfähig ist, die Perspektive der ersten Person auf ihre Handlungen einzunehmen. Welches Gewicht dürfte etwa die Tatsache, dass diese Person versprochen hat, mir bei einer Hausrenovierung zu helfen, für mich haben?

Man müsste doch denken, dass ein solches Versprechen angesichts der Tatsache, dass es von einer Person abgegeben wurde, die sich als Akteur ohnehin mehr oder weniger vollständig misstrauen muss, nur bedingt Relevanz für meine Frage haben kann, ob diese Person das tun wird, was sie mir versprochen hat. Das liegt daran, dass ich bei einer solchen Person Anlass habe, skeptisch zu sein, ob sie dem abgegebenen Versprechen ein hinreichendes Gewicht in ihren deliberativen Prozessen verleihen, auf angemessene Weise zu einer entsprechenden Handlungsabsicht gelangen oder aber diese Absicht auch wirklich in die Tat umsetzen wird. Wir müssten uns so ein Wesen in etwa wie ein Kleinkind vorstellen, das noch keine Gelegenheit hatte, akteursbezogene Fähigkeiten einzuüben: Selbst wenn so ein Kind bereits über den Begriff des Versprechens verfügen und ein Versprechen abgeben könnte, hätten wir keinen Grund davon auszugehen, dass es dieses Versprechen auch halten wird.[9]

Selbstvertrauen auf Seiten eines Interaktionspartners ist aber nicht nur eine Vorbedingung dafür, dass wir ihm vertrauen können, sondern es stellt eine generelle Voraussetzung dafür dar, dass Akteure auf sinnvolle Weise miteinander umgehen können. Schauen wir uns den Standardfall einer Interaktion von zwei Personen an. Nehmen wir an, es geht darum, dass Paul die Absicht hat, seine

---

[9] Wir hätten vielleicht einen Grund, *so zu tun*, als ob wir von dem Kind die Einhaltung des Versprechens erwarten würden, und dieser Grund würde etwa darin bestehen, dass wir auf diese Weise mit dem Kind das Anwenden von akteursbezogenen Fähigkeiten einüben könnten. Das wäre aber ein Fall von Erziehung und nicht ein Fall von Vertrauen. Wie bereits in Abschn. 1.3.2 erläutert, würden Vertreter von voluntaristischen Ansätzen in diesem Zusammenhang daran festhalten wollen, dass es möglich ist, einem solchen Kind zu vertrauen, weil wir uns dazu entschließen können, solange wir nicht der Auffassung sind, dass es ausgeschlossen ist, dass dieses Kind das Versprechen halten wird.

Wohnung zu renovieren und für dieses Vorhaben davon abhängt oder vielleicht einfach nur gerne hätte, dass Eva ihm hilft. Wenn Menschen wie Maschinen wären, müsste Paul einfach nur wissen, welche ‚Knöpfe er drücken muss', um zu bewirken, dass Eva ihm dabei hilft, seine Wohnung zu renovieren. Eine solche Verdinglichung einer anderen Person im wörtlichen Sinn ist möglich, aber nicht in jedem Handlungskontext anwendbar. Man kann z. B. eine Person vor den eigenen Körper zerren, um sie als Schutzschild bei einem Attentatsversuch zu gebrauchen, und was man in so einem Fall tut, unterscheidet sich – abgesehen von moralischen Implikationen – nicht wesentlich von der Situation, in der man tatsächlich einen Schutzschild verwendet.

Typischerweise ist es allerdings so, dass der Wert, den andere Personen für uns haben können, sich aus der Tatsache speist, dass sie nicht bloß Gegenstände oder Körper sind, sondern Dinge von sich aus tun können, mit denen sie uns behilflich sind, indem sie bestimmte unserer Ziele befördern. Jenseits von Gedankenexperimenten, in denen Hypnotiseure oder verrückte Neuro-Wissenschaftler Personen wie ein Spielzeugauto fernsteuern, lässt sich nichts vorstellen, was Paul tun könnte, um Eva wie einen bloßen Gegenstand für die Renovierung seiner Wohnung zu instrumentalisieren. Der ganze Witz an der Hilfe, die er von ihr erwartet, besteht ja gerade darin, dass sie gewisse Dinge von sich aus macht – dass sie zur geeigneten Zeit die Pinsel holen geht, den Schrank zu Seite schiebt oder die Stühle mit Plastikfolie abdeckt.

‚Von sich aus' heißt in diesem Zusammenhang aber nichts anderes, als dass Eva einen Grund haben muss, solche Tätigkeiten auszuführen. Wenn Paul möchte, dass Eva etwas ‚von sich aus' tut, dann heißt das, dass er unterstellen muss, dass es sich bei Eva um eine Akteurin handelt, die über eine normative Identität verfügt und die selbstvertrauende Perspektive der ersten Person einnehmen kann, wodurch Gründe überhaupt erst normative Kraft für sie entfalten können. Nehmen wir also an, dass Paul davon ausgeht, dass Eva über eine eigene normative Identität verfügt und genauso wie er selbst die Perspektive der ersten Person einnehmen kann. Das alleine hilft Paul noch überhaupt nicht weiter. Es stellt den Regelfall dar, dass Personen von anderen Personen umgeben sind, von denen sie zurecht annehmen, dass es sich dabei um Akteure handelt, die aus Gründen handeln können. Das heißt aber noch nicht, dass uns diese Menschen beim Wändestreichen helfen, uns nicht anlügen oder in einer dunklen Gasse nicht überfallen werden.[10]

---

[10] Allerdings handelt es sich dabei um eine notwendige Bedingung dafür, dass wir sie für Dinge, die sie tun oder unterlassen, zur Rechenschaft ziehen können. Wenn wir andere Perso-

Die Situation von Paul ändert sich auch nicht zwangsläufig dadurch, dass er Eva seine Absicht, die Wohnung zu renovieren, und seinen Wunsch, sie möge ihm dabei helfen, mitteilt. Es kann ja fürs Erste davon ausgegangen werden, dass Paul für Eva ein wildfremder Mensch ist, so dass es extrem seltsam (und auch etwas unheimlich) wäre, wenn er sie einfach so um Hilfe bitten würde. Was muss Paul also als Nächstes tun? Klarerweise muss es ihm darum gehen, die Einsicht, dass es sich bei Eva um eine Person mit einer eigenen normativen Identität handelt, die akteursbezogene Fähigkeiten hat und auf diese Weise die selbstvertrauende Perspektive der ersten Person einnehmen kann, für seine Zwecke operationalisierbar zu machen. Wie sollte das aber gehen? Ein Grenzfall besteht in der im Verlaufe meiner Argumentation im dritten Kapitel bereits zur Sprache gekommenen Strategie des Zwangs, zumindest wenn es sich dabei um eine bestimmte Form des Zwangs handelt.[11] Paul könnte etwa eine Pistole rausholen und Eva damit zwingen, ihm bei der Renovierung seines Zimmers zu helfen. Oder er könnte Eva androhen, dass ihr Sohn seinen Studienplatz verliert, wenn sie ihm nicht hilft. Oder er könnte sie erpressen, indem er behauptet, dass das Überleben von Tausenden von Menschen davon abhängt, dass sie ihm hilft.

Was er bei all diesen Maßnahmen tun würde, lässt sich insofern als eine Form des Zwangs verstehen, als er Eva dadurch vor eine Entscheidung stellen würde, bei der die Option, ihm nicht zu helfen, für sie keine annehmbare Alternative darstellt. Das wiederum impliziert aber, dass Paul, indem er Eva auf diese Weise zwingt, die Tatsache ausnutzt, dass es sich bei Eva um eine Person mit einer normativen Identität handelt, die zudem in der Lage ist, auf der Grundlage dieser Identität die selbstvertrauende Perspektive der ersten Person einzunehmen. Das bedeutet, dass Paul davon ausgeht, dass ein Bestandteil des normati-

---

nen auf diese Weise betrachten, dann nehmen wir ihnen gegenüber das ein, was Strawson als die ‚participant attitude' bezeichnet und von einer Einstellung unterscheidet, die wir typischerweise Personen gegenüber einnehmen, die – um meine Terminologie zu verwenden – nicht in der Lage sind, die selbstvertrauende Perspektive der ersten Person einzunehmen; vgl. Strawson 1962. Wenn Holton im Rahmen seines voluntaristischen Ansatzes auf den ‚Teilnehmerstandpunkt' verweist, dann hat er genau so eine Haltung im Sinn. Der Punkt, den ich an dieser Stelle zu entwickeln versuche, besteht unter anderem in der Einsicht, dass das Einnehmen eines solchen Standpunkts nicht hinreichend für Vertrauen ist.

11 Ich schließe an dieser Stelle diejenigen Formen von Zwang aus, bei denen eine Akteurin dazu gebracht wird, etwas zu tun, ohne dass sie überhaupt eine Alternative – weder eine annehmbare, noch eine nicht annehmbare – gehabt hat und entsprechend keine Entscheidung fällen konnte. Solche Formen des Zwangs sind eher im Sinne der Maßnahmen der extremen ‚Verdinglichung' von Personen zu verstehen, auf die ich mich oben bezogen habe. Zum Begriff des Zwangs und dem weiter unten thematisierten Begriff der Manipulation vgl. wiederum Wood 2014.

ven Netzwerks an Einstellungen, mit dem Eva zu identifizieren ist, etwa in dem Wunsch besteht, das eigene Leben zu erhalten, und der Absicht, alles zu tun, um diesen Wunsch zu befriedigen. Für die anderen Beispiele bedeutet das, dass er davon ausgehen muss, dass es zu der normativen Identität von Eva – zu ihrem Selbstverständnis als Person – gehört, dass sie keine Dinge tut, die ihrem Sohn schaden oder das Leben von einer hinreichend großen Anzahl von Personen gefährden.

Wir haben nicht nur normative Identitäten, sondern wir reagieren auch mit unseren Identitäten auf die Welt um uns herum. Wenn ich mich als Pazifist verstehe, dann gibt mir ein Kriegsausbruch einen Grund, mich traurig zu fühlen oder eine Demonstration zu organisieren.[12] Durch seine Androhungen verändert Paul nun auf eine bestimmte Weise einen für Eva relevanten Ausschnitt der Welt und erreicht dadurch, dass sie eine Absicht herausbildet, die mit seinen Absichten harmoniert. Er gibt Eva auf diese Weise einen Grund, könnte man sagen, aber es handelt sich dabei nur um einen uneigentlichen, man könnte auch sagen: pervertierten Sinn von dem, was wir üblicherweise mit ‚Gründe geben' meinen: Die Art, wie Paul Eva einen Grund gibt, indem er ihr Leben bedroht, unterscheidet sich nicht wesentlich von der Art, in der ich einer Person, deren Haus ich angezündet habe, einen Grund gebe, sich schnell nach draußen zu begeben.

Dass Paul auf diese Weise die Tatsache berücksichtigt, dass es sich bei Eva um eine Person mit einer eigenen normativen Identität handelt, bedeutet nicht, dass er sie in einem eigentlichen Sinne als Akteurin respektiert, und es ist auch nicht kompatibel mit der Behauptung, dass er ihr vertraut, wenn er nach einer seiner Androhungen davon ausgeht, dass sie ihm dabei helfen wird, seine Wohnung zu renovieren. Eine Theorie des Vertrauens, wie sie etwa von Hardin vertreten wird, kann bereits dieser basalen Einsicht – dass Zwang und Vertrauen inkompatibel sind – nicht gerecht werden. Hardin nimmt ja an, dass Vertrauen in meiner Überzeugung darüber besteht, dass eine andere Person meine Interessen in ihre eigenen Interessen eingeschlossen hat. Diese Definition lässt sich aber problemlos auf den gerade diskutierten Fall anwenden. Paul hat mit einer

---

12 Vgl. die gerade im Hinblick auf solche Beispiele besonders einschlägige Theorie persönlicher Projekte in Betzler 2012 und 2014. Von persönlichen Projekten lässt sich annehmen, dass sie eine zentrale Rolle für die normativen Identitäten von Personen spielen. Sie tun dies sowohl, indem sie eine ganze Reihe von Einstellungen und Handlungen rational fordern, als auch in dem für die Bezugnahme auf ‚Identität' zentralen Sinn, nach dem durch sie auf besondere Weise zum Ausdruck kommt, um was für eine Person es sich bei der Person, die so ein Projekt verfolgt, überhaupt handelt: Persönliche Projekte bestimmen in einem großen Ausmaß, *wer wir sind*.

seiner Drohungen erreicht, dass Eva sein Interesse, das darin besteht, dass sie ihm bei der Wohnungsrenovierung hilft, in ihre eigenen Interessen eingeschlossen hat: Es ist in Evas Interesse, Pauls Interesse zu befördern, aber nur weil es in ihrem Interesse ist, am Leben zu bleiben.

Wie bereits im dritten Kapitel angedeutet, stellt Manipulation eine mit Zwang verwandte Form der Einflussnahme auf andere Personen dar. Der Unterschied zwischen Zwang und Manipulation besteht darin, dass die manipulierte Person annehmbare Handlungsalternativen hat, sich aber in einer normativen Situation wiederfindet, in der eine bestimmte Alternative attraktiver ist, als sie es ohne den Manipulationsversuch gewesen wäre. Versteht man Manipulation zudem auf eine Weise, die eine negative Bewertung impliziert, müssen zusätzliche Bedingungen erfüllt sein wie etwa die Bedingung, nach der die manipulierende Person ihre tatsächlichen Absichten verschleiert.[13] Paul könnte Eva manipulieren, indem er ihr z. B. stundenlang davon erzählt, wie schön es sich anfühlt, anderen Menschen bei der Wohnungsrenovierung geholfen zu haben, um danach ‚zufällig' fallen zu lassen, dass seine eigene Wohnung sich in einem renovierungsbedürftigen Zustand befindet. Auch in so einem Fall würde er – wenngleich auf subtilere Weise – die Tatsache ausnutzen, dass es sich bei Eva um eine Akteurin handelt, die die Perspektive der ersten Person einnehmen kann, aber er würde dadurch, ebenso wie in dem Fall, in dem er sie zu etwas zwingt, eine Modifikation an ihrer normativen Identität vornehmen, die gewissermaßen ‚von außen' stattfindet und etwa darin resultiert, dass Eva sich als eine Person zu verstehen beginnt, die anderen Personen bei Wohnungsrenovierungen hilft.

Während es sich bei Zwang und Manipulation um Strategien handelt, die insofern als moralisch problematisch betrachtet werden können, als sie zwar auf der Annahme der Akteurschaft einer Person beruhen, diese Akteurschaft aber auf gewisse Weise unterminieren,[14] lassen sich am moralisch unproblematischen Ende des Spektrums der interpersonalen Einflussnahme schließlich Strategien finden, die eher den Regelfall interpersonaler Interaktionen darstellen. Paul könnte Eva etwa einen bestimmten Geldbetrag anbieten, damit sie

---

13 Zu weiteren zusätzlichen Bedingungen könnten Lügen, die Ausübung von Druck, das Anbieten von zusätzlichen Anreizen oder emotionale Erpressung zählen; vgl. Baron 2003.
14 Vgl. wiederum die Bestimmungen in Wood 2014: S. 35 f.: „What is characteristic of manipulative behavior, I suggest, is that it influences people's choices in ways that circumvent or subvert their rational decision-making processes, and that undermine or disrupt the ways of choosing that they themselves would critically endorse if they considered the matter in a way that is lucid and free of error. [...] What manipulation seems always to involve is the circumvention or subversion of a person's capacity for self-government. And this seems to go to the heart of what makes it morally objectionable when it is."

ihm bei der Renovierung hilft, oder ihr versprechen, dass er sich revanchieren wird, wann immer sie Hilfe bei der Renovierung ihrer eigenen Wohnung brauchen wird. Bei solchen Strategien würde es sich um moralisch unproblematische aber immer noch genuin drittpersonale Weisen handeln, wie Personen dafür sorgen können, dass andere Personen etwas tun. Wir haben es hier mit Situationen zu tun, in denen zwei Akteure mit jeweils eigenen normativen Identitäten ausgestattet sind, und einer dieser Akteure unternimmt – wiederum ‚von außen' – den Versuch, die normative Identität des anderen Akteurs so zu verändern, dass seine eigenen Ziele dabei befördert werden.

‚Von außen' findet dieser Versuch in dem folgenden Sinne statt: Wenn Paul Eva ein finanzielles Angebot macht, um sie dazu zu bringen, dass sie ihm bei der Wohnungsrenovierung hilft, und wenn Eva auf dieses Angebot eingeht, dann beruhen ihre daraus resultierenden Handlungen nicht darauf, dass Paul einen Grund hat, Hilfe bei der Wohnungsrenovierung zu suchen. Es lässt sich zwar die folgende Beschreibung der Situation geben: ‚Eva streicht die Wände von Pauls Zimmer, weil Paul seine Wohnung renovieren möchte und dabei Hilfe braucht'. Allerdings drückt die in dieser Beschreibung enthaltene ‚Weil'-Konjunktion kein *normatives* Verhältnis aus. Dass Paul den Wunsch hat, eine renovierte Wohnung zu haben, ist ein normativ relevanter Bestandteil *seiner Perspektive* (und auf diese Weise seiner normativen Identität), aber aus der Perspektive von Eva betrachtet, handelt es sich dabei lediglich um eine kausale Vorbedingung dafür, dass sie die Wände von Pauls Zimmer streicht. Sie würde es nicht tun, wenn Paul nicht der Auffassung wäre, dass seine Wohnung renoviert werden muss, aber dass er dieser Auffassung ist, spricht aus Evas Perspektive – zumindest so, wie ich den Fall bislang konstruiert habe, nämlich als eine Interaktion zwischen Fremden – überhaupt nicht dafür, *irgendetwas* zu tun.

Das mag ein trivialer Punkt sein, aber in dem vorliegenden Kontext ist es wichtig, ihn genau im Blick zu behalten: Als soziale Wesen sind wir von Hunderten von Personen umgeben, die ihre eigenen normativen Identitäten haben, aus denen sich verschiedene normative Anforderungen speisen, die an diese Personen ergehen. Wir sind umgeben von Vätern, die sich wünschen, dass es ihren Kindern gut gehen möge, von Tennisspielerinnen, die gerne ihren Aufschlag verbessern würden oder von Pazifisten, die Kriege verhindern wollen. Der Einzugsbereich dieser normativen Erwägungen beschränkt sich aber – zumindest solange man nicht die Dimension der Moral ins Spiel bringt und etwa im Sinne von Kant eine ‚verdienstliche Pflicht' zu begründen versucht, zur Glückseligkeit anderer Personen beizutragen – auf die jeweiligen normativen Identitäten. Dass eine andere Person einen Grund hat, etwas zu beabsichtigen, eine Absicht, etwas zu tun, oder Prinzipien, die ihr bestimmte Handlungen untersagen, hat *prima facie* kein normatives Gewicht für mich, der ich mit meinen eigenen Gründen, Absichten, ‚commitments' oder Emotionen – mit meiner eigenen normativen Identität – schon mehr als genug zu tun habe.

Wenn Fälle wie der von Paul auftauchen, in denen Personen von der Kooperation mit anderen Personen profitieren könnten oder gar von einer solchen Kooperation abhängen, ändert sich zwar etwas an dem unbeteiligten Nebeneinander von mit ihren eigenen Identitäten beschäftigten Personen, aber diese Änderung ist nicht grundsätzlicher Natur. Es ist immer noch der Fall, dass die normative Kraft bestimmter Erwägungen sich aus dem Ort speist, den diese Erwägungen in der Identität der jeweiligen Person einnehmen: Evas Grund, Paul bei der Wohnungsrenovierung zu helfen, hat eigentlich nichts mit Paul zu tun. Sie hilft Paul, weil die von Paul in Aussicht gestellte Entlohnung ihr aus irgendwelchen Gründen attraktiv genug erscheint oder weil sie davon ausgeht, dass sie demnächst selbst die Wohnung wird renovieren wollen, so dass Pauls Angebot, sich bei nächster Gelegenheit zu revanchieren, einen hinreichenden Wert für sie hat. Sollte Paul davon ausgehen, dass sie ihm helfen wird, weil er ihr dafür Geld oder eine andere Gegenleistung angeboten hat, dann wird er sich darauf verlassen können, dass sie ihm hilft, aber dieses Sich-Verlassen wird genauso wenig mit Vertrauen zu tun haben, wie das Sich-Verlassen, das eine sich selbst misstrauende Person sicherstellt, wenn sie die im dritten Kapitel ausführlich diskutierte Verabredung mit einem Freund trifft, um sich zu regelmäßigen Trainingsläufen zu motivieren.

Die Erklärung für diesen Unterschied besteht darin, dass die Identitäten der Personen in beiden Fällen zwar auf eine bestimmte Weise miteinander verbunden sind – nur dadurch werden die angesprochenen ‚Interaktionen' überhaupt erst möglich –, aber eben nicht auf eine für Vertrauen charakteristische Weise. Bevor ich expliziere, was ich damit meine, lohnt es sich, einen Blick auf einen etwas anders gelagerten Fall zu werfen, in dem Personen es tatsächlich schaffen, dass andere Personen mit ihnen kooperieren. Dieser Fall ist insofern interessant, als er auf den ersten Blick wie ein Vertrauenskontext wirkt: Angenommen Eva ist eine Person, die die feste Disposition hat, anderen Personen zu helfen, so dass Paul im Grunde nur beiläufig seine Absicht, die eigene Wohnung zu renovieren, erwähnen muss, um sie dazu zu bringen, ihm bei der Renovierung zu helfen. ‚Sie ist jemand, der gerne anderen Menschen hilft, also wird sie bei der Renovierung mit anpacken,' mag sich Paul denken, aber bringt er dadurch zum Ausdruck, dass er Eva vertraut? Wiederum muss die Frage an dieser Stelle verneint werden, und die Begründung dafür ist durchaus aufschlussreich.

Man könnte auf die Idee kommen, dass es sich in dieser Situation um einen Vertrauenskontext handelt, weil Paul im Gegensatz zu den weiter oben diskutierten Strategien nichts weiter unternehmen muss, um Eva dazu zu bringen, ihm zu helfen, außer seine Renovierungsabsicht mitzuteilen: Er muss sie nicht erpressen, muss keine Drohungen aussprechen, muss ihr weder Geld, noch andere Gegenleistungen anbieten. Es muss also keine kontingente Verbindung zwischen Pauls Renovierungsabsicht und einem Bestandteil von Evas Identität hergestellt werden. Evas normative Identität, so ließe sich sagen, enthält gewissermaßen schon von sich aus eine Verbindung zu Pauls Identität, indem sie die Disposition beinhaltet, anderen Personen zu helfen.

Dass es sich dabei um keinen Fall von Vertrauen handelt, liegt nun daran, dass Pauls Renovierungsabsicht wiederum nur eine kontingente Rolle in den deliberativen Prozessen von Eva spielt. Wie in den weiter oben diskutierten Fällen auch, hat diese Absicht keine eigene Verbindlichkeit für Eva, die sich normativ auf ihre Identität auswirken könnte. Sie ist für Eva lediglich ein Anzeichen dafür, dass es sich bei Paul um eine hilfsbedürftige Person unter vielen handeln könnte. Eva hat einen Grund, Paul zu helfen. Er besteht aber darin, dass sie einen Grund hat, hilfsbedürftigen Personen zu helfen, weil sie sich als eine hilfsbereite Person versteht. Es ist *diese* evaluative Festlegung, welche die normativ zentrale Rolle bei ihrer Entscheidung spielt, Paul zu helfen. Anders gesagt: Pauls Wunsch danach, dass ihm geholfen wird oder seine Absicht, die Wohnung zu renovieren, spielen für Eva nicht dieselbe Rolle wie für Paul: In Pauls Fall haben sie normative Kraft und lassen eine Reihe von Einstellungen oder Handlungen rational erscheinen – z. B. aktiv nach Hilfe zu suchen oder frustriert zu sein, falls sich keine Hilfe finden lässt –, während sie aus der Perspektive von Eva nichts anderes als Bestandteile des psychologischen Haushalts einer anderen Person sind, die ihr anzeigen, dass es sich bei dieser Person um eine hilfsbedürftige Person handeln könnte, und erst *dadurch* – d. h. unter der Voraussetzung ihres ‚commitments' zur Hilfsbereitschaft – eine normative Relevanz für sie gewinnen.

Wollte man alle Subtilitäten vermeiden, ließe sich auch sagen, dass Eva in dieser Situation die Absichten, Wünsche und Bedürfnisse von Paul (und damit seine normative Identität) *als solche* im Grunde egal sind. Sie unternimmt nicht den Versuch, die Situation aus der Perspektive von Paul zu sehen, sondern ist in der Hauptsache bestrebt, Hilfsbereitschaft an den Tag zu legen. Ganz Ähnliches ließe sich von einer Person behaupten, die etwa die feste Disposition hat, andere Personen wohlwollend zu behandeln oder einer Person mit der Disposition, immer das zu tun, was von ihr verlangt wird. Dass einer anderen Person ‚etwas gut tun würde' oder dass diese andere Person etwas von ihr verlangt, sind für die allgemein wohlwollende und die servile Person lediglich drittpersonale Festellungen darüber, dass die normative Identität dieser anderen Person bestimmte Komponenten hat, und diese Festellungen werden dann auf der

Basis der erwähnten Dispositionen zu Gründen, sich auf eine bestimmte Weise zu verhalten.[15]

Welche Alternative sollte es aber zu so einer Haltung geben, mag man sich an dieser Stelle fragen. Kann ich einem Element der normativen Identität einer von mir unterschiedenen Person gegenüber überhaupt jemals anders als auf drittpersonale Weise eingestellt sein? Die explikationsbedürftige These, auf die ich mit meinen Ausführungen in diesem und dem vergangenen Kapitel zugesteuert bin, legt eine positive Antwort auf diese Frage nahe. Diese These lautet in einer ersten Annäherung, dass es Personen möglich ist, in einem Verhältnis zu einer anderen Person zu stehen, das analog zu dem Verhältnis zu bestimmen ist, in dem Personen zu sich selbst stehen, wenn sie die selbstvertrauende Perspektive der ersten Person einnehmen. Was sollte das aber bedeuten?

In dem einfachen Beispielfall von Paul und Eva würde das bedeuten, dass Pauls Absicht, die eigene Wohnung zu renovieren – oder ein entsprechender Wunsch oder seine Hilfsbedürftigkeit –, für Eva auf ähnliche Weise normativ relevant ist wie für Paul selbst. Wie sollte das aber gehen? Wenn Paul einen Wunsch hat, dann ist es *sein* Wunsch und nicht der von Eva. Wenn er eine Absicht fasst, dann hat *er* einen Grund, diese Absicht zu realisieren und nicht Eva. Trivialere Behauptungen kann man fast nicht machen in diesem Zusammenhang, müsste man denken. Gleichzeitig sind diese Behauptungen aber nur dann trivial, wenn man die in ihnen enthaltenen Zuschreibungen von Einstellungen unter der Voraussetzung eines metaphysischen Begriffs numerischer Identität von Personen versteht: Ja, es ist Pauls und nicht Evas Wunsch oder Absicht, aber sie sind es zunächst nur, insofern es sich bei Paul und Eva um *numerisch unterschiedliche Personen*, d. h. um zwei voneinander unterschiedene menschliche Lebewesen handelt. Die Situation könnte anders zu interpretieren sein, so die Idee, wenn man den Fokus auf die *normativen Identitäten* von Paul und Eva lenkt.

Tatsächlich kennen wir Situationen, in denen uns die Tatsache, dass eine andere Person etwas wünscht oder beabsichtigt, nicht unberührt lässt. Angenommen es handelt sich bei Paul und Eva nicht um Fremde, sondern um langjährige Freunde. In dieser Situation kann zunächst wiederum festgestellt werden, dass Eva davon wissen kann, dass Paul einen bestimmten Wunsch hat, nämlich den Wunsch, sie möge ihm bei der Renovierung seiner Wohnung helfen. Das allein ist aber noch nicht entscheidend, weil es kompatibel damit ist, dass Eva diesem

---

[15] Das erklärt auch die Intuition, dass wir einer ‚moralisch heiligen' Person nicht vertrauen können, auf die ich bereits im Zusammenhang der Einführung des Unterschieds zwischen Vertrauen und Sich-Verlassen hingewiesen habe; vgl. Abschn. 1.3.1.2.

Wunsch gegenüber auf drittpersonale Weise eingestellt bleibt und lediglich sein Vorliegen als eine Paul betreffende psychologische Tatsache registriert. Wenn im Vertrauen – wie ich im dritten Kapitel argumentiert habe – die Schwelle einer bloß drittpersonalen Haltung überschritten wird, dann müsste es an Pauls Wunsch irgendetwas geben, das sich normativ auf ähnliche Weise auf Eva wie auf Paul selbst auswirkt.

Was ist es aber im Fall von Paul, das dafür sorgt, dass er seinen Wunsch, die Wohnung zu renovieren, nicht als normativ ‚leer' betrachtet? Was sorgt dafür, dass Paul als jemand verstanden werden kann, der durch den Wunsch *Gründe* erlangt? Um normativ relevant zu sein, muss Paul dem Wunsch gegenüber auf eine bestimmte Weise eingestellt sein: Er kann nicht nur in einem drittpersonalen Verhältnis dazu stehen. Zur Erinnerung: Ein Wunsch – oder jede andere Einstellung, die eine Person haben kann – wird von einer Person auf drittpersonale Weise betrachtet, wenn sie lediglich feststellen kann, dass sie diesen Wunsch hat, ohne dass er für sie verständlich ist. Verständlich wird er allerdings erst dadurch, dass er als im Rahmen der normativen Identität der betreffenden Person eingebettet betrachtet werden kann. Denken wir noch einmal an den im dritten Kapitel angesprochenen Wunsch, allen Personen in weißen T-Shirts zu schaden oder die Überzeugung, dass es bald einen Dritten Weltkrieg geben wird. Personen können registrieren, dass sie Subjekte eines solchen Wunsches bzw. einer solchen Überzeugung sind, und sich gleichzeitig von ihnen entfremdet fühlen. Aus der Perspektive der Person, die so einen Wunsch oder so eine Überzeugung hat, machen beide Einstellungen keinen Sinn. Das ist aber nur eine andere Weise zu behaupten, dass eine Person, die Subjekt einer solchen Einstellung ist, keinen Grund darin sieht, Personen in weißen T-Shirts zu schaden oder daran zu glauben, dass es bald einen Dritten Weltkrieg geben wird.

Was sollte es aber heißen, dass eine Person einen Grund darin sieht, etwas zu wünschen? Für den Fall einer Überzeugung lässt sich das noch recht gut einsehen: Ein Grund für eine Überzeugung ist etwas, das für die Wahrheit dieser Überzeugung spricht. So können etwa die Tatsache, dass Paris die Hauptstadt von Frankreich ist, oder – gegeben bestimmte Randbedingungen – die Tatsache, dass Paris in einem bestimmten Atlas als die Hauptstadt von Frankreich ausgewiesen wird, als Gründe für die entsprechende Überzeugung betrachtet werden. Kann etwas Ähnliches im Fall von Wünschen und anderen nicht-kognitiven Einstellungen behauptet werden? Es gibt eine Weise, Wünsche auf eine Weise zu verstehen, die eine Abkehr von der Humeanischen Vorstellung bedeutet, nach der ein Wunsch im Sinne einer „original existence"[16] zu verstehen ist.

---

16 Hume 1960, S. 415.

Hume hat zwar darin recht, dass Wünsche im Gegensatz zu Überzeugungen nichts repräsentieren und insofern nicht wahr oder falsch sein können. Das bedeutet aber nicht, dass es *gar keine* normativen Standards gibt, nach denen Wünsche bewertet werden könnten.

Die einfachste Weise, diesen Punkt zu formulieren, besteht in der Einsicht, dass Wünsche im Hinblick auf die Frage zu evaluieren sind, ob das, was im Gehalt des Wunsches spezifiziert wird, auch tatsächlich *wünschenswert* ist. Wünsche sind dieser Auffassung nach insofern angemessen – oder mit einer meiner Ansicht nach erhellenden Akzentverschiebung: verständlich –, als sie sich auf etwas Wünschenswertes richten, und die angemessene (bzw. verständliche) Reaktion auf wünschenswerte Dinge besteht darin, dass man sie wünscht.[17] Was kann es aber in diesem Zusammenhang bedeuten, dass etwas wünschenswert ist? An dieser Stelle ließe sich eine objektivistische Werttheorie annehmen, die eine Liste von Dingen spezifiziert, von denen sich sagen lässt, dass sie gut und in diesem Sinne wünschenswert sind. Es ließe sich z. B. dafür argumentieren, dass Obdach etwas ist, das objektiv gut für Personen ist, indem es ihr Wohlergehen befördert,[18] und insofern einen wünschenswerten Charakter hat: Personen sollten den Wunsch haben, ein Dach über dem Kopf zu haben, und wenn sie ihn haben, dann können wir gut nachvollziehen, warum sie ihn haben, weil wir eben auf die objektive Güte von Obdach verweisen können.

Selbstverständlich kann es mir an dieser Stelle nicht darum gehen, die Objektivität von Werten zu verteidigen und auf diese Weise in die werttheoretische Debatte einzusteigen.[19] Ich denke aber, dass das skizzierte Bild davon, dass es Gründe für Wünsche geben kann, um eine für meine Belange wichtige Überlegung ergänzt werden muss. Es ist eine Sache, die These zu vertreten, dass es bestimmte Dinge gibt, die für alle Personen wünschenswert sind. Eine anderes Problem betrifft die Frage, inwiefern es für bestimmte Personen Dinge gibt, von denen sich behaupten lässt, dass sie *für diese Personen* einen wünschenswerten Charakter haben. Es wäre etwa ziemlich unplausibel, davon auszugehen, dass es objektiv wünschenswert ist, die eigene Wohnung zu renovieren, und doch kann man sich vorstellen, was es *für Paul* heißen müsste, dass dies der Fall ist. Dazu müssen wir lediglich der Frage nachgehen, inwiefern es der Fall ist, dass Paul seinen Wunsch nach einer renovierten Wohnung verständlich findet und bezüglich dieses Wunsches – und im Gegensatz zu dem Wunsch, allen Personen in weißen T-Shirts zu schaden – die Perspektive der ersten Person einnehmen kann.

---

17 Vgl. in diesem Zusammenhang etwa die These, dass Wünsche eine urteilssensitive Komponente haben können, in Scanlon 1998, S. 18 ff.
18 Vgl. etwa Nussbaum 1988.
19 Für objektivistische Positionen vgl. Hurka 1993 oder Kraut 2007.

Er kann dies insofern, als dieser Wunsch kein isoliertes Element seiner Psychologie darstellt, sondern in den Kontext der normativen Identität eingebettet ist, die Paul als die Person ausmacht, die er ist. Typischerweise würde jemand in Pauls Situation eine solche Einbettung auf die folgende Weise explizieren oder zum Ausdruck bringen: ‚Ich habe jetzt schon zehn Jahre in dieser Wohnung gelebt, ohne dass ich etwas daran getan habe. Mein Vormieter hat sie mir in einem furchtbaren Zustand übergeben, und ich habe damals nur das Gröbste ausbessern können, weil ich zum Zeitpunkt des Umzugs viel arbeiten musste. In den letzten Jahren habe ich festgestellt, dass ich, vor allem in der kalten Jahreszeit, von den schäbigen Tapeten schlechte Laune bekomme. Ich denke, ich würde mich beim Schreiben besser konzentrieren, wenn ich etwas mehr Klarheit in die Räumlichkeiten bringen könnte. Auch wäre es gut, etwas an dem Bad zu verändern. Ich schäme mich beinahe schon für seinen Zustand, immer wenn ich Gäste zu Besuch habe. In der Küche riecht es immer noch nach Zigaretten, obwohl ich schon vor zwei Jahren mit dem Rauchen aufgehört habe. Außerdem sieht es nicht danach aus, dass ich bald umziehen werde. Der Stadtteil ist inzwischen vollständig gentrifiziert, und ich werde nie wieder so eine günstige Wohnung finden.'

Die Tatsache, dass Paul seinen Wunsch die Wohnung zu renovieren, auf diese Weise einbetten oder kontextualisieren kann, deutet darauf hin, dass Paul diesem Wunsch nicht drittpersonal gegenüber eingestellt ist und ihn entsprechend auch nicht als einen fremden Bestandteil seiner Psychologie betrachtet. Es macht aus der Perspektive von Paul Sinn, diesen Wunsch zu haben. Diese Verständlichkeit ist aber eine Funktion davon, dass Pauls Wunsch in einen Teil der normativen Identität eingebettet ist, die ihn zu der individuellen Person macht, die er ist. Diese Identität setzt sich aus Komponenten zusammen, die nur schlecht voneinander isoliert werden können, sich auf mannigfache Weise wechselseitig stützen und auf diese Weise auf Facetten der Person verweisen, die Paul ist. Bislang habe ich von solchen Komponenten nur recht abstrakt gesprochen und sie mit den in philosophischen Diskussionen üblichen Typen von Einstellungen bzw. mit den Handlungen einer Person identifiziert. Bereits das kleine Beispiel der ‚Kontextualisierung' seines Wunsches durch Paul zeigt aber, wie komplex die Netzwerke beschaffen sind, aus denen sich normative Identitäten zusammensetzen, und wie subtil die normativen Beziehungen zwischen ihnen ausfallen können.

Diese Komplexität und Subtilität werden leicht verschleiert, wenn man den Begriff der normativen Identität und das Einnehmen der Perspektive der ersten Person auf eine Weise einführt, wie ich es im Rahmen dieses und des dritten Kapitels getan habe. Es mag dann der Eindruck entstehen, dass das Einnehmen der Perspektive der ersten Person insofern eine Art Arbeit an der eigenen Identität bedeutet, als wir von dieser Perspektive aus Gründe für das Ausbilden von

Einstellungen und das Ausführen von Handlungen sehen, während diese Gründe in dem normativen Kontext anderer Einstellungen stehen, wodurch sie ihrerseits als rational gestützt zu betrachten sind. Die normativen Beziehungen zwischen den Elementen einer Identität sind allerdings nur selten direkt und eindeutig. Die Schäbigkeit der Tapeten in Pauls Arbeitszimmer spricht für eine Renovierung, aber der von mir Paul in den Mund gelegte Bericht deutet darauf hin, dass diese Erwägung alleine nicht bereits einen Handlungsgrund für ihn konstituiert.[20] In diesem Sinne hätte ich eigentlich durchgehend den *pro-tanto*-Charakter der im Rahmen einer normativen Identität vorliegenden Gründe betonen müssen. Zudem können bestimmte Erwägungen einen rationalen Akteur auf normativ ambivalente Weise betreffen. So kann es etwa sein, dass Paul die Schäbigkeit seines Arbeitszimmers einerseits am Konzentrieren hindert, dass er sie aber andererseits ganz charmant findet.

Schließlich darf die Bezugnahme auf ‚Gründe' und ‚Normativität' nicht dahingehend verstanden werden, dass Personen, die die Perspektive der ersten Person einnehmen, sich immer und im Hinblick auf alle möglichen Einstellungen in die Position eines nüchtern deliberierenden Subjekts begeben, das ununterbrochen dabei ist, Gründe gegeneinander abzuwägen und sich erst nach erfolgreichem Abschluss dieses Prozesses auf bestimmte Einstellungen oder Handlungen festlegt.[21] Paul hat sich nicht auf der Basis der Abwägung von Gründen darauf festgelegt, sich wegen des desolaten Zustandes seines Bads zu schämen, wann immer er Gäste zu Besuch hat. Seine Scham ist aber im Kontext der weitergefassten Einstellungen, Haltungen und Dispositionen, von denen seine Identität konstituiert wird, verständlich, und es ist im Grunde diese Verständlichkeit, auf die das Ausbilden einer normativen Identität und

---

20 Diese Formulierung enthält eine zusätzliche Mehrdeutigkeit: Ist die *Tatsache* der Schäbigkeit der Tapeten einer der Gründe, warum Paul seine Wohnung renovieren möchte? Oder sind es die *Erwägungen*, die diese Schäbigkeit betreffen? Gegen die zweite – eher Humeanisch orientiere – Option, würde ich an der These festhalten wollen, nach der ein Handlungsgrund nicht mit der mentalen Einstellung eines Akteurs zu identifizieren ist. Wenn ich glaube, dass mein Tee aus Asien kommt, weil ich glaube, dass er aus Indien kommt, dann ist es streng genommen nicht meine Überzeugung, dass der Tee aus Indien kommt, die die Rolle des Grundes spielt, sondern *ihr Gehalt* oder – im Falle einer wahren Überzeugung – die entsprechende *Tatsache*. In dieser Hinsicht sollten meine Überlegungen also vor dem Hintergrund eines Gründe-Realismus gelesen werden, den ich an dieser Stelle allerdings nicht verteidigen kann. Für eine realistische Theorie der Gründe vgl. Dancy 2000; für die spezifischere These, nach der Gründe mit Gehalten von Einstellungen zu identifizieren sind vgl. Dancy 1995.

21 In dieser Hinsicht lädt die Theorie normativer Identität, wie ich sie noch in Budnik 2013 vertreten habe, zu zahlreichen Missverständnissen ein, die insgesamt ein rational verkürztes Bild von Akteurschaft suggerieren.

das Einnehmen der Perspektive der ersten Person zielen. In diesem Sinn lässt sich die Perspektive der ersten Person nicht nur als die Perspektive verstehen, die wir einnehmen, um an unseren Identitäten zu arbeiten, sondern es handelt sich dabei auf diese Weise auch um die Perspektive, von der aus wir uns um Verständlichkeit *bemühen* und Verständlichkeit *herstellen*.

Auf diese Weise kann aber nicht nur einsichtig gemacht werden, inwiefern *Paul* seinen Wunsch und die darauf basierende Absicht verstehen kann. Wer Pauls Bericht hört, wird ebenfalls besser verstehen können, warum Paul seine Wohnung renovieren möchte. Und in einem stärkeren Ausmaß gilt das für dritte Personen, die nicht nur auf diesen Bericht angewiesen sind, sondern darüber hinaus mit der Lage von Paul und tieferreichenden Details, die sein Leben betreffen, vertraut sind. Wer etwa weiß, wie schwer es Paul manchmal fällt, sich beim Schreiben zu konzentrieren, wird mit seinem Hinweis auf die gewünschte Klarheit der Räumlichkeiten noch mehr anfangen können, als eine Person, die lediglich den skizzierten Bericht hört. Wer weiß, wie gerne Paul in seinem Stadtteil wohnt, wird besser verstehen können, auf welche Weise der Anstieg der Mietpreise relevant für seine Überlegung ist, die Wohnung zu renovieren. Man wird besser nachvollziehen können, wie sehr Paul der elende Zustand seines Bades belastet, wenn man schon einmal mitbekommen hat, wie bemüht er darum ist, ein guter Gastgeber zu sein (und vielleicht selbst schon einmal Gelegenheit hatte, den Zustand des Bades zu überprüfen). Man wird den Zigarettengestank in Pauls Küche anders bewerten, wenn man weiß, wie schwer es Paul gefallen ist, mit dem Rauchen aufzuhören. Und so weiter.

Die Überlegung, die ich an dieser Stelle nahezulegen versuche, ist dass all das Eva als einer langjährigen Freundin von Paul sehr leicht fallen dürfte, weil sie ihn in Hunderten von verschiedenen Kontexten erlebt, mit ihm über Hunderte von verschiedenen Themen, die ihn mehr oder weniger betreffen, gesprochen und seine Reaktionen auf unzählige Lebensereignisse mitbekommen hat. Eva *kennt* Paul, und weil sie ihn kennt, versteht sie ihn und seinen Wunsch auf eine ganz besondere Weise. Es ist wichtig, an dieser Stelle genau in den Blick zu bekommen, was dieses ‚Kennen' und ‚Verstehen' beinhaltet. Es ist nicht nur so, dass Eva viele biographische Details über Pauls Leben bekannt sind, obwohl das sicher auch der Fall ist. Es ist ebenfalls nicht nur der Fall, dass Eva in der Lage ist, Paul eine Reihe von komplexen mentalen Zuständen und Dispositionen zuzuschreiben, so wie es etwa ein neutraler und psychologisch versierter Beobachter von Pauls Leben tun könnte. Von so einem kontrafaktisch angenommenen Beobachter könnte man etwa erwarten, dass er Paul während all der Gelegenheiten beobachten konnte, in denen Paul Gäste zu Besuch hatte und aus diesen Beobachtungen von Pauls Verhalten nun den Schluss zieht, dass ihm der Zustand, in dem sich sein Bad befindet, peinlich ist.

In einem gewissen Sinn kann man also auch von so einem neutralen Beobachter sagen, dass er Pauls Peinlichkeit versteht. Es lässt sich sogar zusätzlich annehmen, dass unser Beobachter allwissend ist, Paul in jeder nur erdenklichen Situation beobachtet hat und perfekt entwickelte psychologischen Interpretationfähigkeiten einsetzen kann, um zu Urteilen über Pauls Einstellungen und Handlungen zu kommen und sie in den weiteren Kontext dessen zu situieren, was ich als Pauls normative Identität bezeichnet habe. Das ‚Verständnis', das so ein gottgleicher Beobachter für einzelne Vorkommnisse von Pauls Leben aufbringen könnte, wäre allerdings ein lediglich drittpersonales (und damit in meinem Sinne kein eigentliches) Verständnis. Es würde z. B. in Schlussfolgerungen aus einer großen Anzahl an Prämissen bestehen, die in etwa den folgenden Charakter haben könnten: ‚Wenn Personen Verhaltensweisen wie X oder Y an den Tag legen, dann ist das ein gutes Anzeichen dafür, dass ihnen etwas peinlich ist.' – ‚Die Disposition, etwas als peinlich zu empfinden, geht typischerweise auf Erlebnisse des Typs A und B zurück.' – ‚Personen, die in der Relation P zu anderen Personen stehen, tendieren dazu, dass ihnen in Gegenwart dieser Personen etwas peinlich ist.' Schlussfolgerungen aus solchen Prämissen (und Prämissen, die auf die entsprechenden Beobachtungen von Pauls Verhalten Bezug nehmen) sind allerdings Ausdruck eines lediglich kausalen Verständnisses der einzelnen Vorkommnisse von Pauls Leben. Der gottgleiche Interpret von Pauls Verhalten schafft es, Pauls Wünsche, Absichten oder Handlungen auf eine ähnliche Weise zu verstehen, wie ein Meteorologe verstehen kann, wie es zu einem Tsunami gekommen ist.

Im Gegensatz dazu kann von Eva gesagt werden, dass sie Paul in einem tieferen Sinn versteht, was es wiederum Paul erlaubt – so mein Argumentationsziel –, ihr zu vertrauen. Was bedeutet es aber, dass Eva Paul ‚in einem tieferen Sinn' versteht? Kann man beispielsweise Pauls Wunsch nach einer renovierten Wohnung *noch anders* verstehen, als es der gottgleiche Interpret tut? Die Antwort auf diese Frage mag sowohl naheliegend als auch rätselhaft erscheinen: Eva kann Pauls Wunsch auf eine ähnliche Weise verständlich finden, wie Paul selbst ihn verständlich findet, wenn er die Perspektive der ersten Person einnimmt. Nach dem, was ich zu der Weise gesagt habe, auf die Paul seinen Wunsch verständlich findet, bedeutet das, dass Eva die Erwägungen, die aus Pauls Perspektive dafür sprechen, die Wohnung zu renovieren – also das, was ich im Rahmen von Pauls Bericht nahezulegen versucht habe –, so nachvollziehen können muss, wie sie von Paul nachvollzogen werden.

Es muss etwa der Fall sein können, dass Eva der Zustand von Pauls Bad auf eine ähnliche Weise peinlich ist wie Paul selbst, dass sie die Schäbigkeit seines Arbeitszimmer auf eine ähnliche Weise als bedrückend empfindet oder ähnlich wie Paul den Wunsch spürt, in dem betreffenden Stadtteil wohnen zu bleiben.

Rätselhaft ist dieser Vorschlag unter anderem, weil dadurch gleichzeitig *nicht* behauptet sein soll, dass der Zustand des Bades tatsächlich *Eva* peinlich ist – sie hat ja nichts mit der Wohnung zu tun –, dass *Eva* von der Schäbigkeit von Pauls Arbeitszimmer bedrückt ist – vielleicht entspricht diese Schäbigkeit ihren ästhetischen Präferenzen –, oder dass *Eva* den Wunsch hat, in dem Stadtteil wohnen zu bleiben – vielleicht wohnt sie selbst sehr gerne in einem ganz anderen Stadtteil. Ein weiteres Problem besteht darin, dass ich meine Ausgangsfrage, wie es der Fall sein kann, dass Eva Pauls Wunsch nach einer renovierten Wohnung auf dieselbe Weise verständlich finden kann wie Paul selbst, gerade auf eine Weise beantwortet habe, die unmittelbar wieder denselben Typ von Frage aufwirft: Eva findet Pauls Wunsch auf dieselbe Weise verständlich wie Paul selbst, weil sie seine anderen Einstellungen auf dieselbe Weise wie Paul selbst verständlich findet. Das ist eine nicht gerade informative Antwort, müsste man denken.

Ich denke dennoch, dass sich von dieser Antwort etwas lernen lässt. Der Sinn von ‚verstehen', den ich Eva als einer langjährigen Freundin von Paul unterstelle, beinhaltet sowohl, dass Eva die Einstellung, um die es geht, nicht isoliert von Pauls anderen Einstellungen betrachtet, als auch, dass sie das Auftreten dieser Einstellung nicht bloß als kausale Folge einer bestimmten Gemengelage anderer Einstellungen versteht, so wie es der gottgleiche Interpret tut. Eva versteht Pauls Wunsch nach einer renovierten Wohnung, indem sie auf eine ähnliche Weise wie Paul der normativen Kraft dieses Wunsches ausgesetzt ist, und das ist wiederum eine Folge davon, dass sie sich – zumindest in dem eingeschränkten Kontext, um den es bei diesem Wunsch geht – in der normativen Matrix situieren kann, in der dieser Wunsch eingebettet ist: Eva versteht Pauls Wunsch, indem sie Pauls Perspektive einnimmt und den relevanten Weltausschnitt ‚mit seinen Augen' zu sehen beginnt. Dazu gehört sowohl, dass sie zu sehen beginnt, was aus Pauls Perspektive dafür spricht, sich eine renovierte Wohnung zu wünschen, als auch, was attraktiv an der Ausbildung von entsprechenden Absichten bzw. der Ausführung der relevanten Handlungen sein könnte.

Man könnte an dieser Stelle einwenden, dass es doch gar nicht sein kann, dass Eva Pauls Wunsch auf die skizzierte Weise ähnlich wie Paul selbst zu verstehen beginnt, denn immerhin ist es ja Pauls und nicht Evas Wunsch, der hier in Frage steht. Dieser Einwand würde allerdings die Einsicht vernachlässigen, für die ich weiter oben argumentiert habe, nach der es zwischen einem metaphysischen Begriff numerischer Identität und dem normativen Identitätsverständnis zu unterscheiden gilt: Legt man das erstere Identitätsverständnis zugrunde, dann ist trivialerweise wahr, dass nur ich Subjekt meiner Einstellungen sein kann. Versteht man Identität allerdings im Sinne eines normativen Verständniszusammenhangs, sprechen zumindest solche prinzipiellen Erwägungen nicht dagegen, dass eine Person eine Einstellung auf ähnliche Weise in einen Verständniszusammenhang bringen kann wie eine andere, d. h. von ihr numerisch unterschiedene, Person.

In dem vorliegenden Zusammenhang ist das, könnte man sagen, auch der ganze ‚Witz' an meiner Einführung des Unterschieds der beiden Identitätsbegriffe: Personen können einander verstehen, und zwar nicht nur in dem Sinn, in dem ein externer Beobachter die Einstellungen und das Verhalten einer anderen Person auf kausale Weise zu erklären vermag, sondern in dem genuin normativen Sinne, in dem wir typischerweise unsere eigenen Einstellungen und Handlungen verstehen und als normativ relevant betrachten können. In diesem Sinn kann es auch sein, dass sich zwischen zwei Personen ein *geteilter* Verständniszusammenhang herstellen lässt, und in dem Maße, in dem das der Fall ist, werden sich diese Personen in ihren normativen Identitäten angleichen, so dass die interpersonalen Grenzen zwischen ihnen immer undeutlicher werden.[22]

Die Einsicht, dass Eva auf diese Weise in der Lage ist, die Perspektive von Paul einzunehmen, bringt uns zwar der Antwort auf die Frage, was es heißt, dass Paul ihr vertrauen kann, einen Schritt näher, aber für sich genommen, stellt dieser Aspekt noch keine für Vertrauen hinreichende Bedingung dar. Es lässt sich nämlich eine Person vorstellen, die extrem gut darin ist, sich in die Lage von anderen Personen zu versetzen – eine Person, die durchaus auch die normative Kraft der Einstellungen einer anderen Person ‚spüren' kann –, allerdings ohne dass diese Perspektivübernahme irgendeine Konsequenz für sie hätte. Man stelle sich hier keinen psychologischen Interpreten vor, sondern eher eine ansonsten unbeteiligte und Paul vielleicht sogar gänzlich unbekannte Expertin für das Einnehmen fremder Perspektiven. Von so einer Person ließe sich schon aufgrund der Tatsache, dass Paul nicht von ihrer Existenz weiß, schlecht behaupten, dass er ihr vertraut, und zwar auch dann nicht, wenn sie sich in die relevanten Aspekte von Pauls Situation ‚eingefühlt' haben und Pauls Wünsche und Absichten verstehen sollte.

---

[22] Zum Verschwinden personaler Grenzen vgl. den *locus classicus* in Parfit 1984: S. 281. Der Vorschlag, den ich im Rahmen des vorliegenden Kapitels zu verteidigen versuche, hat weniger problematische Implikationen als die Theorie von Parfit. Wenn Parfit über das Verschwinden personaler Grenzen redet, hat er immer den metaphysischen Sinn von Identität im Sinn und geht auf diese Weise von der Möglichkeit aus, dass verschiedene Personen im engeren Sinne ‚eins werden'. Mein eigener Vorschlag impliziert zunächst nur eine *Annäherung* an andere Personen im Sinne einer Durchlässigkeit der Grenzen von normativen Identitäten, und wenn ich von Vertrauensbeziehungen rede, dann meine ich damit immer noch Beziehungen zwischen ‚getrennten' Personen, die sich aber auf eine spezifische Weise nahekommen.

Denken wir an die Situation von Paul und Eva als langjährige Freunde, so lässt sich zum einen feststellen, dass Eva sich nicht nur in dem Sinne in Pauls Perspektive versetzen kann, dass sie seinen Wunsch nach einer renovierten Wohnung verständlich findet und die normative Kraft ‚nachfühlen' kann, die dieser Wunsch im Rahmen von Pauls Identität entfaltet, sondern dass dieser Wunsch bzw. die Erwägungen, die aus Pauls Perspektive dafür sprechen, *auch für sie selbst* normative Relevanz erlangen können. Dieser Punkt lässt sich auch folgendermaßen fassen: Pauls Gründe, verstanden als eine Funktion des Einnehmens der identitätskonstitutiven Perspektive der ersten Person durch Paul, können *zu Evas Gründen* werden. Indem Eva Pauls Perspektive einnimmt, macht sie sich in einem gewissen Sinne Pauls Gründe zueigen, und zwar so, dass sie im Hinblick auf die Ausbildung ihrer eigenen Absichten und die Ausführung von Handlungen normativ relevant werden. Wie soll man sich diesen Prozess der Aneignung vorstellen? Was sollte es heißen, dass Pauls Gründe auch für Eva normativ relevant werden?

Zunächst muss eine Dimension von Vertrauen ins Spiel gebracht werden, die ich bislang zurückgestellt habe, indem ich mich auf die Art und Weise konzentriert habe, auf die Eva, also die Person, der vertraut wird, sich auf die mentalen Zustände von Paul, also die vertrauende Person, beziehen können muss. Das einfache Beispiel, um das es an dieser Stelle geht, beinhaltet aber nicht nur, dass Paul sich wünscht, eine renovierte Wohnung zu haben bzw. die entsprechende Absicht hat, sondern auch die Tatsache, dass er möchte, dass Eva ihm dabei hilft, und dies auch auf die eine oder andere Weise kommunizieren kann. Paul kann daneben ganz viele andere konative Einstellungen haben, und das heißt nicht automatisch schon, dass Eva entsprechende Handlungsgründe haben muss, auch wenn sie vielleicht in der Lage ist, diese Einstellungen zu verstehen, indem sie Pauls Perspektive einnimmt. Manche Einstellungen sind auch von einer Art, bei der es überhaupt nicht klar wäre, inwiefern aus der Tatsache, dass Paul sie hat, überhaupt irgendetwas für Evas deliberative Prozesse folgen sollte. Paul kann z. B. den Wunsch haben, seine Großmutter anzurufen, aber man müsste schon eine extrem künstliche Beispielsituation konstruieren, um plausibel zu machen, dass daraus irgendetwas für Eva als seiner Freundin folgt, obwohl sie möglicherweise verstehen kann, warum Paul den Wunsch hat, weil sie sich in den relevanten Teil seiner normativen Identität versetzen kann.

Die Situation in unserem Beispiel ist nun insofern anders gelagert, als Eva nicht nur irgendwelche Wünsche oder Absichten von Paul auf erstpersonale Weise verständlich findet, sondern mit Einstellungen konfrontiert ist, die sie auf eine gewisse Weise selbst zum Gegenstand haben. Wenn Paul sie etwa darum bittet, ihm bei der Wohnungsrenovierung zu helfen, dann kann sie davon ausgehen, dass Paul den entsprechenden Wunsch hat. Wenn sie zusagt, bei der

Renovierung mitzumachen, kann sie davon ausgehen, dass Pauls Absichten bzw. der Plan der Wohnungsrenovierung ihre entsprechenden Handlungen als Bestandteile enthalten werden. Das alles ist zwar auch in Situationen der Fall, in denen wir nicht von Vertrauen reden würden: So kann auch in einer Situation, in der Paul sich lediglich darauf verlässt, dass Eva etwas tun wird, angenommen werden, dass Eva von einem bestimmten Wunsch oder einer bestimmten Absicht von Paul Wissen hat. Aber es wird sich in solchen Fällen in der Regel um drittpersonales Wissen handeln, und – weitaus wichtiger – die Gründe, die Eva in so einem Verlassenskontext haben wird, dem Wunsch von Paul zu entsprechen oder ihm bei der Verwirklichung seiner Absicht zu helfen, werden sich drastisch von der normativen Situation unterscheiden, in der sie sich befindet, wenn Paul ihr vertraut. Die Situationen, die hier einschlägig sind, habe ich bereits im Verlaufe dieses Kapitels angesprochen: Es kann etwa sein, dass Paul ein glaubhaftes Drohszenario aufbauen kann, so dass Eva keine annehmbare Option übrig bleiben wird, als seinem Wunsch zu folgen und ihm bei der Realisierung seiner Absicht zu helfen. In so einem Zwangsszenario werden Evas Gründe, Paul zu helfen, sich im Wesentlichen aus ihrer eigenen normativen Identität speisen: Wenn der Zwang darin besteht, dass Eva sich von Paul an Leib und Leben bedroht fühlt, wird es etwa das Interesse am eigenen Wohlergehen sein, das einen Grund für sie generiert, Paul bei der Renovierung zu helfen.

Genau das ist nicht nötig, wenn es sich bei Eva und Paul um Teilnehmer an einer Vertrauensbeziehung handelt. Im Rahmen einer solchen Beziehung erhält Pauls Wunsch, sie möge ihm helfen, dadurch dass Eva Pauls Perspektive einnimmt, einen anderen normativen Status als der Wunsch einer beliebigen Person, von deren Wünschen sie auf drittpersonale Weise wissen kann. Wodurch verändert sich die normative Situation in so einem Fall? Diese Änderung ist keinesfalls trivial, und man würde gerne mehr über die Quelle der hier ins Spiel kommenden Normativität wissen. Bislang habe ich auf zwei Komponenten der Vertrauenssituation hingewiesen: Eva fühlt sich in Pauls Perspektive ein, so dass seine Einstellungen ihr auf ähnliche Weise verständlich werden wie Paul selbst; und es sind unter diesen Einstellungen auch solche zu finden, die sie selbst betreffen, wie etwa Pauls Wunsch, sie möge ihm helfen. Das ist allerdings noch nicht die ganze Geschichte.

Lenken wir den Fokus wieder zurück auf Paul, lässt sich nämlich feststellen, dass Paul in der in Frage stehenden Situation nicht nur Subjekt von Einstellungen ist, die Eva betreffen, sondern zusätzlich dazu in der Lage ist, davon zu wissen, dass Eva sich auf eine bestimmte Weise seinen eigenen Einstellungen gegenüber positioniert. Vor allem kann er wissen, dass Eva sich in seine Perspektive versetzen und seine Einstellungen erstpersonal – als ob es ihre eigenen wären – verständlich finden kann. Der besondere Charakter der Vertrauenssituation ist dadurch aber noch nicht eingefangen. Es ließe sich nämlich wiederum vorstellen, dass Paul eine Person ist, die sich nur auf drittpersonal-psychologische Weise auf das Mentale anderer Personen beziehen kann, so wie es der allwissende Interpret tut, auf den ich mich weiter oben bezogen habe. Ein solcher Interpret könnte aufgrund ausführlicher Beobachtungen feststellen, dass Eva offenbar in der Lage ist, sich in seine Perspektive zu versetzen, ohne dass er sich dazu in ihre Perspektive versetzen müsste. Gegeben dass ein solcher Interpret – wie Paul in unserem Beispiel – den Wunsch hätte, dass Eva ihm bei etwas hilft, könnte er davon ausgehen, dass Eva diesen Wunsch auf eine besondere Weise verständlich findet, wodurch er möglicherweise eine besondere normative Relevanz für sie erlangt. Warum sollte er aber diese besondere normative Relevanz erlangen? Ein drittpersonal eingestellter Beobachter scheint uns einer Antwort auf diese Frage keinen Schritt näherzubringen.

Der nächste Schritt in meiner Rekonstruktion der Vertrauenssituation zwischen Paul und Eva besteht in der Annahme, dass nicht nur Eva mit der Fähigkeit ausgestattet ist, sich in die Perspektive von Paul zu versetzen, sondern dass Paul das genauso im Hinblick auf Eva tun kann. Er kann also Evas Einstellungen auf die für die Einnahme der Perspektive der ersten Person charakteristische Weise verständlich finden und dadurch Evas Einstellungen gegenüber eine ähnliche Haltung einnehmen, wie Eva sie selbst ihren eigenen Einstellungen gegenüber einnimmt. Das erlaubt es Paul wiederum, auf erstpersonale Weise zu registrieren, dass Eva seine Perspektive einnimmt und seinen Wunsch auf eine ähnliche Weise verständlich findet, wie er selbst diesen Wunsch verständlich findet. Wenn man die von mir gewissermaßen unter der Hand immer wieder schon verwendete Terminologie des ‚Einfühlens'[23] verwenden wollte, ließe sich auch sagen: Paul kann sich darin einfühlen, dass Eva sich in ihn einfühlen kann. Und es sollte kaum überraschen, wenn ich – den nächsten Schritt direkt anschließend – behaupte, dass Eva sich wiederum in dieses höherstufige Einfühlen von Paul einfühlen kann.

Wir erreichen dadurch die folgende Struktur der wechselseitigen Bezugnahme in der als Vertrauenskontext konstruierten Situation zwischen Paul und Eva, wobei ‚E' für eine Einstellung steht und ‚1P' den spezifisch erstpersonalen Charakter einer Bezugnahme markieren soll:[24]

---

23 Vgl. dazu allerdings die Präzisierung in 5.1.2.
24 Ich verwende die Verben ‚haben' und ‚wissen' an dieser Stelle also wirklich nur behelfsmäßig. Für sich genommen, geht es in der Situation zwischen Paul und Eva nicht so sehr darum, dass einer von beiden etwas weiß, sondern darum, dass er oder sie etwas an der jeweils anderen Person verständlich findet, wobei diese Verständlichkeit im Sinne meiner Ausführungen in

1. Paul 1P-hat E.

2. Eva 1P-weiß, dass Paul E 1P-hat.

3. Paul 1P-weiß, dass Eva 1P-weiß, dass er E 1P-hat.

4. Eva 1P-weiß, dass Paul 1P-weiß, dass sie 1P-weiß, dass er E 1P-hat.

Schritt (1) bezieht sich darauf, dass Paul einen seiner Wünsche, z. B. den Wunsch, eine renovierte Wohnung zu haben oder den Wunsch, Eva möge ihm bei der Renovierung helfen, verständlich findet. Schritt (2) fängt die Idee ein, dass Eva die Perspektive von Paul einnehmen und seinen Wunsch auf ähnliche Weise verständlich finden kann wie Paul selbst. Schritt (3) enthält die gerade angesprochene Idee, nach der Paul einen erstpersonalen Zugang zu diesem Aspekt von Evas Psychologie hat, während (4) die Annahme wiedergibt, nach der es wiederum Eva möglich ist, sich auf erstpersonale Weise auf den höherstufigen Bezug von Paul zu beziehen. Das Problem mit Höherstufigkeit in philosophischen Kontexten ist bekanntlich, dass man sie immer weitertreiben kann, und an dieser Stelle ist nicht klar, inwiefern die vier skizzierten Schritte nicht lediglich den Anfang eines infiniten Regresses darstellen, bei dem zwei Personen sich auf immer höhere Stufen des wechselseitigen Bezugs aufeinander aufschwingen. Abgesehen davon, dass weitere Schritte dieser Art psychologisch fernliegend erscheinen – schon um sich (4) vorstellen zu können, wird man sich unter Umständen besonders konzentrieren müssen –, geht es mir an dieser Stelle nicht um ein Projekt, bei dem der Vorwurf des infiniten Regresses irgendeine Schlagkraft hätte. Ich möchte vor allem nicht behaupten, dass sich die gesuchte Quelle von Normativität in Vertrauensbeziehungen direkt aus einer bestimmten interpersonalen Bezugnahme wie etwa derjenigen in (4) speist.

Die Berücksichtigung solcher Bezugnahmen erlaubt mir aber an dieser Stelle, nach und nach ein vollständigeres Bild dessen zu zeichnen, was passiert, wenn eine Person einer anderen Person vertraut. Eva kann Pauls Wunsch verstehen, und das heißt, dass Pauls Wunsch sich zumindest in einem minimalen Sinn normativ auf Eva auswirkt (im Gegensatz zu den Wünschen von völlig fremden Personen oder einem bizarren Wunsch von Paul). Diese normative Auswirkung wird allerdings dadurch verstärkt, dass (4) der Fall ist – d. h. dadurch, dass Eva davon ausgehen muss, dass Paul auf erstpersonale Weise Zugang zu ihrer verstehenden

---

den ersten beiden Abschnitten des vorliegenden Kapitels als eine Funktion des um normative Identität bemühten Einnehmens der Perspektive der ersten Person zu verstehen ist.

Perspektive auf seinen Wunsch hat. Sie versteht nicht nur Pauls Wunsch, sondern muss auch davon ausgehen, dass Paul davon ausgeht, dass sie ihn versteht.

An dieser Stelle lässt sich erkennen, dass die wechselseitigen Bezugnahmen, wie ich sie schematisch in (1) – (4) rekonstruiert habe, keinesfalls nur eine Art sinnlose und potentiell ins Unendliche zu treibende Spiegelung darstellen, sondern die Grundlage für einen *geteilten Verständniszusammenhang* bilden. Sollte Eva sich ‚einfach so' – d. h. ohne dass sie von Paul bedroht wird oder irgendetwas für sich dadurch zu gewinnen hätte – entscheiden, Paul bei der Wohnungsrenovierung zu helfen, dann wäre ihre auf dieser Grundlage getroffene Entscheidung eben nicht ‚einfach so' im Sinne von ‚zufällig', ‚ohne Gründe' oder ‚unverständlich' gefallen: Ganz im Gegenteil ließe sich diese Entscheidung gut verstehen, aber nur vor dem Hintergrund eines *gemeinsamen* Verständnis- und Sinnzusammenhangs: Aus der gemeinsamen Perspektive von Paul und Eva macht es Sinn, dass Eva Paul dabei hilft, seine Wohnung zu renovieren. In diesem speziellen Kontext haben sich die personalen Grenzen zwischen ihnen verflüssigt, könnte man auch sagen, so dass ihre normativen Identitäten nun einen gemeinsamen Bereich aufweisen.

Noch besser lässt sich dies sehen, wenn man das Beispiel mit Blick auf eine andere Einstellung als Pauls Wunsch betrachtet. Nehmen wir an, Paul hat die Absicht, seine Wohnung zu renovieren, möchte, dass Eva ihm dabei hilft, fragt sie, ob sie das tun würde, und sie sagt zu. Dass Eva Paul hilft, nachdem sie ihm versprochen hat, das zu tun, ist etwas, was aus der gemeinsamen Perspektive von Paul und Eva Sinn macht. Bildet Paul eine Absicht aus, die voraussetzt, dass Eva ihm helfen wird – etwa die Absicht, eine bestimmte Renovierungsaufgabe, für die er auf ihre Hilfe angewiesen ist, an einem bestimmten Tag in Angriff zu nehmen –, dann wird diese Absicht sowohl für ihn als auch für Eva verständlich sein. Sie werden beide in der Lage sein, diese Absicht in ihre jeweiligen normativen Identitäten einzubetten und auf diese Weise einen gemeinsamen Identitätsbereich aufweisen. Wiederum heißt das nicht, dass diese Absicht nicht nur Pauls Absicht ist. In dem trivialen Sinn, in dem Einstellungen numerisch identischen Personen zugeschrieben werden, handelt es sich dabei selbstverständlich exklusiv um Pauls Absicht. Aber seine Absicht wird durch die Verankerung in den normativen Identitäten von Paul und Eva für beide eine normativ relevante Rolle spielen.

Dass die Absicht *eine* normativ relevante Rolle spielt, muss aber noch nichts heißen: Warum sollte Eva sich letztlich dazu entscheiden, Paul zu helfen, ließe sich an dieser Stelle fragen. Und warum sollte Paul davon ausgehen, dass sie dies tun wird? Es hat hier den Anschein, als ob ich immer noch eine Antwort auf die Frage nach der Quelle der in Vertrauenskontexten enthaltenen Normativität schuldig geblieben wäre. Tatsächlich glaube ich aber nicht, dass sich an diesem Punkt noch irgendwelche anderen Manöver anstellen lassen, mit denen man schlussendlich zeigen könnte, dass Eva einen konklusiven Grund hat, Paul zu helfen: Sie hat so einen Grund nicht und kann sich rational dagegen entscheiden, aber es macht aus ihrer Perspektive Sinn, Paul zu helfen.

Genau das ist die Situation von Personen, die am Anfang einer Vertrauensbeziehung stehen. Sie verstehen einander in bestimmten Kontexten, und sie sind sich auch insofern *nahegekommen*, als es einen geteilten Verständnishorizont gibt, vor dessen Hintergrund im weitesten Sinne kooperative Interaktionen nicht sinnlos sind. Das heißt aber nicht, dass eine Person in dieser Situation einen Grund hätte, etwas zu tun, während die andere Person einen Grund hätte, davon auszugehen, dass es getan wird. Man könnte auch sagen, dass in so einer Situation der Boden für Vertrauen bereitet ist, dass es aber noch weiterer Schritte braucht, um die Vertrauensbeziehung entstehen zu lassen. Manchmal wird eine Person in so einer Situation etwas tun oder lassen, weil sie den Weg hin zu einer Vertrauensbeziehung beschreiten möchte.[25] In anderen Zusammenhängen werden andere, instrumentelle Überlegungen einschlägig sein, die dem Verhältnis der beiden Personen eher den Charakter des Sich-Verlassens verleihen. Wie auch immer diese Interaktionen ausfallen, so kann es doch sein, dass sie den Beginn von etwas darstellen werden, das wir als Vertrauen bezeichnen würden.

4.3 Vertrauensbezogene Fähigkeiten

An dieser Stelle kommen Überlegungen ins Spiel, die ich analog im vergangenen Kapitel im Zusammenhang mit der Frage nach intrapersonalen Vertrauen formuliert habe. Ich habe dort dafür argumentiert, dass Selbstvertrauen mit dem Haben und Ausüben von bestimmten Fähigkeiten von Personen zu identifizieren ist, die ich als akteursbezogene Fähigkeiten bezeichnet habe, und die eine normative Verbindung zwischen zeitlich diskreten Phasen der betreffenden Person herstellen. Dass ich mir vertraue, bedeutet etwa, dass ich die Fähigkeit habe, eine zu einem bestimmten Zeitpunkt gefasste Absicht zu einem späteren Zeitpunkt als normativ hinreichend relevant zu betrachten, um sie auszuführen. Von allen Komplikationen abgesehen, auf die man Rücksicht nehmen müsste, um der Komplexität des Lebens von Akteuren gerecht zu werden, lässt sich sagen, dass

---

25 Genau das ist das Szenario, das voluntaristische Theorien motiviert. Man denke an dieser Stelle erneut an Holtons ‚Vertrauenskreis' oder den Ladenbesitzer, der überlegt, einen entlassenen Sträfling anzustellen. Voluntaristen identifizieren Vertrauen mit der Handlung, die Personen in der skizzierten Situation ausführen, während ich, wie bereits in Abschn. 2.3 angedeutet, die Auffassung vertreten möchte, dass Vertrauen so erst seinen Anfang nimmt.

4.3 Vertrauensbezogene Fähigkeiten — 199

ich auf diese Weise eine Art Handlungseinheit erreiche[26] und dadurch meine normative Identität, verstanden als einen auf mich selbst und mein Leben gerichteten Verständniszusammenhang, stärke und bekräftige. Es ist also nicht nur so, dass Selbstvertrauen eine Bedingung dafür darstellt, dass eine Person ‚jemand sein' kann, wie ich mich im dritten Kapitel immer wieder ausgedrückt habe, sondern es stellt, damit zusammenhängend, auch die Voraussetzung für die diachrone Einheit von Akteuren dar.

Die Idee ist nun, dass die Überbrückung der Kluft zwischen numerisch verschiedenen Personen auf ähnliche Weise wie die Überbrückung der diachronen Kluft im intrapersonalen Fall eine Leistung darstellt, die eingeübt werden muss und sich im Sinne des Habens bestimmter Fähigkeiten konzeptualisieren lässt. Es handelt sich dabei nicht um akteursbezogene Fähigkeiten, die ja spezifisch auf den intrapersonalen Fall zugeschnitten sind, sondern um Fähigkeiten, die sicherstellen, dass Akteure in interpersonalen Interaktionen auf für Vertrauen charakteristische Weise handeln, denken und fühlen. Ich werde an dieser Stelle (etwas verkürzt)[27] von *vertrauensbezogenen* Fähigkeiten reden. Zu dieser Klasse von Fähigkeiten zählt zentral die Fähigkeit eines Akteurs, in einer Situation wie (4), d. h. in einer Situation, in der ich davon ausgehe, dass eine andere Person, die etwas von mir erwartet, auf erstpersonale Weise Zugang dazu hat, dass ich mich in ihre Perspektive versetzen kann und ihre Erwartung verstehe, dieser Erwartung ein hinreichend großes Gewicht in den eigenen deliberativen Prozessen zu verleihen.

Man kann diese vertrauensbezogene Fähigkeit als das interpersonale Gegenstück zu der akteursbezogenen Fähigkeit auffassen, der eigenen Absicht zum Zeitpunkt, da sie realisiert werden müsste, ein hinreichend großes normatives Gewicht zu verleihen. Es gibt aber zwischen beiden Fällen einen entscheidenden Unterschied: Während ‚hinreichend groß' im Fall der akteursbezogenen Fähigkeit bedeutet, dass das Gewicht, das ich der Absicht verleihe – immer vorausgesetzt, es haben sich keine relevanten Faktoren geändert, die ein Überdenken der Absicht rational machen würden –, zur *Realisierung* dieser Absicht genügen muss, bedeutet dieselbe Qualifikation im Fall von vertrauensbezogenen Absichten keinesfalls, dass die Erwartung einer anderen Person ein hinreichend

---

26 Vgl. zum Begriff der Einheit eines Akteurs den maßgebenden Versuch einer an Kant orientierten Rekonstruktion in Korsgaard 1989.
27 Der von mir gewählte Terminus ist insofern nicht ganz passend, als es sich bei den Fähigkeiten, die ich mit ihm bezeichnen möchte, um solche handelt, die das Entstehen und Aufrechterhalten von *Vertrauensbeziehungen* ermöglichen. Die Bezugnahme auf ‚vertrauensbeziehungsbezogene' Fähigkeiten ist aber dermaßen umständlich, dass ich eher eine terminologische Unschärfe in Kauf nehme.

großes Gewicht haben muss, um mich zu der entsprechenden Handlung zu bewegen.

Wäre das der Fall, wäre es für Akteure, die mit einer solchen Fähigkeit ausgestattet sind, niemals möglich, entgegen den vertrauenden Erwartungen einer anderen Person zu handeln. Und so ein Vorschlag scheint absurd, weil er Vertrauen in eine Art willenlosen Automatismus mit Zwangscharakter verkehren würde. Es kann bei der Konzeptualisierung einer solchen vertrauensbezogenen Fähigkeit also nicht darum gehen, dass eine Person die vertrauenden Erwartungen einer anderen Person als konklusive Gründe, diesen Erwartungen zu entsprechen, betrachtet, sondern die Forderung muss sein, dass sie ihnen ein bestimmtes Gewicht verleiht, das weder zu hoch ausfällt, um ein Nicht-Erfüllen der Erwartung unmöglich zu machen, noch so gering ist, dass die ganze Angelegenheit einen nahezu optionalen Charakter bekommt.

Eine Reflexion auf den Zusammenhang zwischen Vertrauen und Identität, den ich in diesem Kapitel zu rekonstruieren versucht habe, kann erklären helfen, warum es trotz aller funktionalen Ähnlichkeiten diesen fundamentalen Unterschied zwischen akteursbezogenen und vertrauensbezogenen Fähigkeiten geben muss. Mit akteursbezogenen Fähigkeiten stärken Personen ihre eigene normative Identität; umgekehrt ist ihr Status ‚als jemand' in dem Maße bedroht, in dem sie diese Fähigkeiten nicht an den Tag legen können und sich von ihren eigenen Einstellungen und Handlungen entfremden. Das implizite Ziel der Ausübung dieser Fähigkeiten besteht darin, *eine* Identität auszubilden.[28]

Betrachten wir zunächst die einzige vertrauensbezogene Fähigkeit, die ich bislang thematisiert habe – die Fähigkeit, den Erwartungen einer anderen Person ein angemessenes Gewicht in den eigenen Überlegungen zu verleihen –, dann lässt sich leicht dafür argumentieren, dass eine Antwort auf die Frage, was im Rahmen der Ausübung einer solchen Fähigkeit als angemessene oder hinreichende Berücksichtigung gilt, nicht nur von Faktoren wie dem konkreten Handlungskontext oder dem spezifischem Beziehungstyp abhängen wird: Zentral muss hier die Tatsache berücksichtigt werden, dass eine Person, die sich in die Perspektive einer anderen Person versetzt hat, um die normative Identität

---

[28] Das heißt nicht, dass die normative Identität einer Person *de facto* keine Widersprüche und Ambivalenzen beinhalten darf. Wie ich bereits mehrmals angedeutet habe, ist das Leben von Personen komplex, und es steht nicht zu erwarten, dass wir es jemals schaffen werden, uns eine einheitliche und homogene Vorstellung von uns selbst zu erarbeiten. Auch haben normative Identitäten oft Teilidentitäten als Bestandteile, die je nach Situation in einen Konflikt miteinander geraten können; vgl. Calhoun 1995, Baumann 2012 oder Rössler 2017, S. 84 ff. All das muss ich nicht bestreiten, wenn ich daran festhalte, dass es eine Art normatives Ideal darstellt, eine möglichst verständliche Vorstellung vom eigenen Leben zu haben.

dieser Person nachzuvollziehen, und die auf dieser Grundlage der Erwartung dieser Person ein angemessenes Gewicht zu verleihen versucht, über eine *eigene* normative Identität verfügt.

Denken wir noch einmal an die Situation, in der sich Eva befindet, sobald sie Paul versprochen hat, bei der Renovierung seiner Wohnung zu helfen. Es ist eine Sache zu betonen, dass die Perspektive der ersten Person, die sie auf ihre eigene Zukunft einnimmt, in so einer Situation auch die Zukunft von Paul umfasst – das bedeutet es nämlich, dass Eva sich in seine Perspektive versetzt. Es wäre aber etwas ganz anderes zu behaupten, dass sie dabei ihre eigene Perspektive verlässt. Es ist nämlich keinesfalls so, dass Eva die Welt *nur noch* mit den Augen von Paul zu sehen beginnt. Sie sieht die Welt immer noch auch mit ihren Augen, d. h. sie arbeitet immer noch an ihrer eigenen Identität und ist den dabei auftretenden normativen Anforderungen unterworfen, während sie gleichzeitig den Versuch unternimmt, Aspekte von Pauls Identität wie die ihrer eigenen Identität zu behandeln. Es steht nicht zu erwarten, dass sich hier in jedem Fall besondere Probleme für Eva werden antreffen lassen: Verspricht sie Paul, dass sie niemandem verraten wird, dass er sein Wohnzimmer mintgrün zu streichen beabsichtigt, dann müsste es schon mit dem Teufel zugehen (oder Eva ein besonders unbeherrschter und geschwätziger Mensch sein), sollte sie dieses belanglose Geheimnis ausplaudern.

Andere Fälle können aber komplizierter sein. Angenommen Eva stellt fest, dass an dem Tag, an dem sie Paul bei der Renovierung helfen wollte, ein Überraschungskonzert ihrer Lieblingsgruppe stattfindet. Angesichts der Geschichte ihrer Begeisterung für diese Gruppe macht es aus Evas Perspektive Sinn, zu dem Konzert zu gehen. Der entsprechende Wunsch ist nicht etwas, das in Evas Seele auftaucht und sich drittpersonal als ein bizarrer Störfaktor in ihrer normativen Identität bemerkbar macht. Ganz im Gegenteil – Eva kann diesen Wunsch sehr gut verstehen, und sie würde es auch gut verstehen können, wenn sie die entsprechende Absicht ausbilden und dann tatsächlich zu dem Konzert gehen würde. Zumindest würde sie das gut verstehen können, wenn sie nicht versprochen hätte, Paul zu helfen. Weil sie ihm aber ein Versprechen gegeben hat, ist ihre normative Situation eine andere, und zwar nicht nur, weil man mit guten Gründen argumentieren könnte, dass sie einen moralischen Grund hat, das Versprechen zu halten,[29] oder weil prudentielle Erwägungen dafür sprechen würden, keinen Versprechensbruch zu begehen. Sie hat ja Paul das Versprechen

---

[29] Zum speziellen Verhältnis von Vertrauen und Versprechen vgl. etwa Friedrich und Southwood 2011, wo dafür argumentiert wird, dass Versprechensakte als Einladungen zum Vertrauen verstanden werden müssen, während Vertrauen als die Bedingung dafür aufgefasst wird, dass Kooperation stattfinden kann.

nicht gegeben, weil man sie dazu gezwungen hat oder weil sie davon zu profitieren gedenkt, sondern weil sie Pauls Wunsch nach einer renovierten Wohnung verstehen konnte und zu dem Zeitpunkt, da sie es einhalten müsste, immer noch verstehen kann: Ihre langjährige Freundschaft führt es mit sich, dass Pauls evaluative und konative Einstellungen ihr nicht fremd, sondern eben sehr vertraut sind.

Die Tatsache, dass Eva die Perspektive von Paul einnehmen kann, ist hierbei nicht gleichbedeutend damit, dass sie alles gut oder schlecht findet, was Paul gut oder schlecht findet, oder dass sie alle Wünsche von Paul verstehen und bedingungslos unterstützen kann: Es wird immer wieder Situationen geben, in denen sie Paul darauf aufmerksam macht, dass er dabei ist, sich auf eine unverständliche – d. h. nicht seiner Identität entsprechende – Weise zu verhalten oder ihn retrospektiv darauf hinweist, dass er sich seltsam benommen oder Dinge getan hat, die er nicht hätte tun sollen. Das kann sie unter anderem deshalb so gut, weil sie auf eine intime Weise mit Pauls normativer Identität vertraut ist *und* gleichzeitig eine eigene Identität hat. In dem Fall, in dem sie ihm ein Versprechen abgegeben hat, kann ihre normative Situation nun aber insofern als besonders betrachtet werden, als sie einen Grund hat, das Versprechen zu halten und Pauls Erwartung zu entsprechen, und zwar so, dass ihr entsprechendes Verhalten – wiederum abgesehen von einer moralischen Bewertung der Situation – sowohl aus ihrer eigenen als auch aus Pauls Perspektive verständlich wird. Pauls normative Identität und Evas normative Identität überlappen sich an dieser Stelle, könnte man, eine gewisse Unschärfe in Kauf nehmend, sagen, und dadurch entsteht ein gemeinsamer, d. h. für Paul und Eva verbindlicher, Bereich.

Dass zwei Personen etwas verständlich finden oder dass es einen gemeinsamen normativen Nenner zwischen ihnen gibt, bedeutet nicht, dass eine dieser beiden Personen auf irgendeine Weise (z. B. rational) *gezwungen* wäre, etwas Bestimmtes zu tun oder zu lassen. Aber es bedeutet, dass es in ihrer normativen Identität ein Element gibt, dessen normative Kraft sich nicht nur aus der Stellung speist, die es in ihrer eigenen Identität einnimmt, sondern auch aus der Rolle, die es im Rahmen der Identität einer anderen Person spielt. Aus Evas Perspektive ist das abgegebene Versprechen also nicht nur etwas, das ihr normativ ‚von außen' entgegentritt und etwas von ihr (z. B. als moralischer Akteurin) fordert, sondern es ist Bestandteil ihres eigenen Selbstverständnisses. In der anvisierten Situation hat sie einen Grund, der im Sinne meiner Ausführungen im dritten Kapitel ein genuin eigener Grund ist, sich aber nicht nur aus ihrer eigenen normativen Identität speist. Entsprechend steht für sie bei der Einhaltung des Versprechens ähnlich viel auf dem Spiel wie für Paul: Sollte sie sich dagegen entscheiden, ihm bei der Renovierung zu helfen, um stattdessen zum Überraschungskonzert zu gehen, würde sie sich – zumindest in diesem speziellen

Teilbereich ihrer Identität und unter der Voraussetzung, dass sie Paul nicht darum bittet, sie von ihrem Versprechen zu entbinden – unverständlicher werden, und auch Paul würde eine solche Situation unverständlich finden.

In einer Situation wie dieser muss Eva also zwischen den in ihrer eigenen normativen Identität verankerten Gründen, die mit dem Konzertbesuch zu tun haben, und den in ihrer und Pauls Identität verankerten Gründen, die mit ihrem Versprechen zu tun haben, abwägen. Je nach der Stellung, die die dabei involvierten Erwägungen in ihrer aber auch in Pauls Identität einnehmen, wird die Entscheidung manchmal zugunsten und manchmal entgegen der geteilten Gründe ausfallen.[30] Diese geteilten Gründe könnte man nun als ‚Vertrauensgründe' bezeichnen, aber ich würde gerne diese Terminologie vermeiden, weil sie einen zentralen Punkt verdeckt: Dass Eva in einer Vertrauensbeziehung zu Paul steht, gibt ihr für sich genommen keinen Grund zu irgendetwas. Erst in der skizzierten Situation kann sie als eine Person verstanden werden, die einen geteilten Grund hat, das Paul abgegebene Versprechen einzuhalten, und die Vertrauensbeziehung, in der sie zu Paul steht, *macht es erst möglich*, dass sie diesen speziellen Grund hat. Analog zu meinen Ausführungen zum intrapersonalen Vertrauen im vergangenen Kapitel lässt sich also für den Fall von interpersonalen Vertrauen behaupten, dass interpersonales Vertrauen eine Bedingung der Möglichkeit des Habens geteilter Gründe darstellt.[31]

---

30 Mit der Verwendung des Begriffs des geteilten Grundes bewege ich mich auf einem Boden der theoretisch nicht neutral ist. Meine Argumentation weist dabei durchaus eine systematische Nähe zur Fragestellungen auf, die in der Debatte um kollektives Handeln auftauchen, deren Berücksichtigung mich an dieser Stelle aber zu weit von meinem eigentlichen Thema wegführen würde. Für einen Ansatz, der Vertrauen als eine konstitutive Komponente kollektiven Handelns versteht und dabei – auf ganz ähnliche Weise wie ich es in dieser Arbeit zu tun versuche – die starre Opposition von evidenzbasierten und nicht-evidenzbasierten Theorien aufzubrechen versucht, vgl. Schmid 2013.

31 Die Bezugnahme auf den Terminus der ‚geteilten Gründe' lädt an dieser Stelle zu Missverständnissen ein: In einem bestimmten Sinne sind Gründe immer ‚geteilt', nämlich in dem Sinne, dass eine Person, die einen Grund hat, diesen Grund anderen Personen *mitteilen* kann. Während man in solchen Fällen aber noch eher davon reden sollte, dass Gründe ‚teilbar' (im Sinne von ‚mitteilbar') sind, gibt es ein etwas stärkeres Verständnis dessen, was es bedeutet, dass Gründe geteilt sind, und mit so einem Verständnis darf meine Weise, diesen Terminus zu verwenden, ebenfalls nicht verwechselt werden: Dass etwas ein Grund für eine bestimmte Person ist, kann nämlich in dem Sinne als eine normative Aussage verstanden werden, die die Grenzen der Perspektive dieser Person überschreitet, als es auch ein Grund für mich wäre, wenn ich mich in einer vergleichbaren Situation befinden würde. Gründe sind dieser Lesart zufolge ‚geteilt', indem sie eine universale Komponente enthalten; vgl. die Diskussion der ‚universality of reason judgments' in Scanlon 1998, S. 73f.. Nach meinen bisherigen Ausführungen sollte klar sein, dass ich den Terminus der ‚geteilten Gründe' in einem noch stärkeren Sinn

Dass Gründe geteilt sind, verleiht ihnen aber keine besondere Autorität, jedenfalls nicht, wenn damit eine besondere Autorität im Vergleich zu den nicht geteilten ‚eigenen' Gründen einer Person gemeint ist. Und diese Überlegung erklärt wiederum, inwiefern es der Fall sein muss, dass zu vertrauensbezogenen Fähigkeiten nicht die Fähigkeit zählen kann, den Erwartungen einer anderen Person schlichtweg zu entsprechen, sondern lediglich die Fähigkeit, sie auf angemessene Weise in den eigenen deliberativen Prozessen zu berücksichtigen. Jeder von uns strickt an seiner eigenen normativen Identität und lebt das eigene Leben, könnte man auch sagen. In manchen sozialen Kontexten – nämlich in Vertrauensbeziehungen – verlassen wir diese distanzierte Perspektive und leben ein in mehr oder weniger großem Ausmaß geteiltes Leben. Das ändert aber nichts daran, dass wir dabei unsere individuellen Perspektiven niemals ganz hinter uns lassen. Das ist der spannende Aspekt an Vertrauen und Vertrauensbeziehungen, ein Aspekt, der mich im nächsten Kapitel noch beschäftigen wird, wenn es um die Fragen nach Autonomie und nach dem Wert von Vertrauen gehen wird: In einer Vertrauensbeziehung ist man anderen Personen so nahe, wie es möglich ist, ohne dass man sich selbst verliert.

Wenn wir etwas tun, weil es im Rahmen einer Vertrauensbeziehung von uns erwartet wird, dann machen wir es sowohl aus freien Stücken, als auch wegen einer anderen Person. Wenn Eva Paul bei der Renovierung hilft, dann macht sie das in einer gewissen Hinsicht auch für sich, selbst wenn sie persönlich auf keine Weise von ihrer Hilfe profitiert. Wie schon mehrmals angedeutet, hilft sie Paul nicht, weil sie im Gegenzug Hilfe von ihm erwartet oder auf eine besondere Belohnung aus ist. Das alles würde wiederum auf eine Situation hinauslaufen, die eher der Situation des nicht-resoluten Läufers aus dem dritten Kapitel ähnelt, der eine Verabredung trifft, um sicherzustellen, dass er tatsächlich laufen gehen wird. Es wäre sogar falsch, wollte man sagen, dass sie Paul hilft, weil sie in einer Vertrauensbeziehung zu ihm steht, zumindest wenn man diese Behauptung so verstehen würde, dass sie seinen Erwartungen entspricht, weil sie Angst hat, ansonsten die Vertrauensbeziehung zu beschädigen. Eva hilft Paul, weil sie in einer Vertrauensbeziehung zueinander stehen, aber nur insofern, als sie eine für Vertrauensbeziehungen charakteristische Fähigkeit an den Tag legt, indem sie Pauls Erwartungen eine ähnliche Rolle zuweist wie den Erwägungen, die aus ihrer eigenen Perspektive für etwas sprechen, und sie auf diese Weise angemessen in ihren Entscheidungen berücksichtigt.

---

verwende: Wenn Eva und Paul einen geteilten Grund haben, dann heißt dass nicht nur, dass kontrafaktische Konditionale wie etwa ‚Eva hätte einen Grund zu φ-en, wenn sie in Situation S wäre' wahr sind, sondern es bedeutet, dass Eva und Paul hier und jetzt einen Grund mit identischem Gehalt haben, weil sich ein Bereich ihrer normativen Identitäten überlappt.

In der Diskussion meines Beispielfalls habe ich mich bislang auf Eva, d. h. die Person, von der in der gegebenen Situation etwas erwartet wird, konzentriert. Die Tatsache, dass es einen *geteilten* normativen Bereich zwischen Eva und Paul gibt, deutet aber bereits darauf hin, dass die besondere Beziehung, in der die beiden als Teilnehmer einer Vertrauensbeziehung zueinander stehen, auch Auswirkungen auf Paul hat. Indem er sich in die Perspektive von Eva versetzt, wird es Paul möglich, auf erstpersonale Weise die Tatsache zu registrieren, dass Eva seine Erwartung als normativ verbindlich auffasst. Das heißt aber nichts anderes, als dass Paul davon ausgeht, dass Erwägungen, die für ihn normativ relevant sind, auf eine ähnliche Weise auch für Eva normativ relevant sind. Wäre Paul nicht in der Lage, auf diese spezifische Weise in den Blick zu nehmen, dass Eva die bislang diskutierte vertrauensbezogene Fähigkeit hat, würde er sich unter Umständen nicht darauf verlassen, dass sie ihr Versprechen hält. In dieser Situation wäre es angemessen, wenn Paul sich um einen Notfallplan für die Renovierung der Wohnung kümmern oder aber mit drittpersonalen Mitteln dafür sorgen würde, dass Eva ihr Wort hält, etwa indem er sie darauf aufmerksam macht, dass er es als einen Affront betrachten und die Beziehung beenden würde, sollte sie ihm nicht wie versprochen bei der Renovierung helfen. Das sind aber Maßnahmen, die typischerweise das kontradiktorische Gegenteil von Vertrauen darstellen: Wer so handelt, *misstraut* einer anderen Person.

Zu den für Vertrauen relevanten Fähigkeiten muss also auch die Fähigkeit gezählt werden, sich so in die Perspektive einer anderen Person zu versetzen, dass man nachvollziehen kann, dass sie die vertrauensbezogene Fähigkeit hat, die Tatsache, dass man etwas von ihr erwartet, auf angemessene Weise in ihren Entscheidungen zu berücksichtigen. Das Haben dieser Fähigkeit ist allerdings für sich genommen kompatibel damit, dass eine Person sich nicht darauf verlässt, dass eine andere Person ihren Erwartungen entsprechen wird. Es kann zwar sein, dass Paul sich hinreichend in die Perspektive von Eva versetzen kann, um davon auszugehen, dass sie seine Erwartungen auf angemessene Weise berücksichtigen wird, und dennoch nicht in der Lage ist, die entsprechenden Haltungen auszubilden und auf ihrer Grundlage zu handeln: Es kann sein, dass Paul klar ist, dass Eva die Gründe, die aus seiner Perspektive für eine Wohnungsrenovierung sprechen, auf erstpersonale Weise verstehen kann, so dass sie zu geteilten Gründen werden, und dennoch daran zweifelt, ob sie ihm bei der Renovierung helfen wird, was wiederum zu einem Anlass für ihn wird, Notfallpläne zu schmieden.

Es ist bezeichnend, dass Paul sich in so einer Situation wiederum unverständlich werden wird: Sein Zweifel und das Einrichten von Maßnahmen für den Fall, dass Eva ihr Versprechen nicht halten sollte, werden in so einer Situation fremde Elemente in Pauls normativer Identität darstellen. Strukturell unterscheidet sich diese Situation nicht von einigen der im dritten Kapitel von mir diskutierten Fälle, z. B. dem Fall, in dem eine Person einen Bunkerraum einrichtet, weil sie grundlos denkt, dass es einen dritten Weltkrieg geben wird. Insofern könnte man sie auch als eine Situation betrachten, in der es Paul an einer akteursbezogenen Fähigkeit mangelt. Allerdings handelt es sich dabei insofern um eine spezielle akteursbezogene Fähigkeit, als ihre Ausübung nicht in dem Ausbilden von *irgendwelchen* Einstellungen über die Welt oder *irgendwelchen* Reaktionen auf Sachverhalte der Welt darstellt, sondern in einer angemessenen Berücksichtigung der Tatsache, dass man in einer Vertrauensbeziehung zu einer anderen Person steht. Anders gesagt: Ein Akteur, der auf der Grundlage einer Überzeugung handelt, für die er keine Gründe sieht, erzeugt eine Inkohärenz in seiner eigenen normativen Identität. Ein Akteur, der im Rahmen einer Vertrauensbeziehung zweifelt, verhält sich ebenfalls inkohärent, aber diese Inkohärenz betrifft nicht nur seine eigene Identität, sondern sie erstreckt sich auf den mit dem jeweiligen Vertrauenspartner geteilten Identitätsbereich.

Indem Paul Vorkehrungen für den Fall trifft, dass Eva ihr Versprechen brechen wird, handelt er nämlich auf eine Weise, die *für ihn und Eva* unverständlich sein muss. Unsere Alltagserfahrungen mit Vertrauensbeziehungen bestätigen diesen Befund. Die Situation, in der Paul und Eva sich befinden, mag in dieser Hinsicht noch recht harmlos sein, aber es lassen sich Vertrauenskontexte vorstellen, in denen sich diese bilaterale Unverständlichkeit besonders deutlich manifestiert. Schließt ein Freund seine Schreibtischschublade ab, bevor er in die Küche geht, um uns einen Tee zu kochen, habe ich einen Grund, ziemlich irritiert zu sein, auch wenn er mir auf Nachfrage versichert, dass er ‚nicht wirklich' davon ausgeht, dass ich seine Tagebücher in die Hand nehmen werde. Wer es in einer ansonsten glücklichen Beziehung nicht lassen kann, den Posteingang des Partners zu durchforsten, kann im Nachhinein noch so lange behaupten, dass es ‚nicht so gemeint' gewesen sei; die grundsätzliche Verwirrung, die dadurch beim Anderen entsteht, wird sich durch solche Ausflüchte nicht unmittelbar aus der Welt schaffen lassen.

Wird mir nicht vertraut, obwohl ich mit einer anderen Person einen Bereich meiner normativen Identität teile, dann berührt mich das im Kern der Person, die ich bin. Das ist ein von den gängigen Theorien des Vertrauens, die sich allzu einseitig auf die negativen emotionalen Reaktionen fokussieren, die bei Vertrauensbrüchen an den Tag gelegt werden, zu Unrecht vernachlässigter Aspekt dessen, was in Vertrauensbeziehungen alles schief laufen kann.[32] In einem

---

[32] Vgl. allerdings Hawley 2012, die in dieser Hinsicht eine Ausnahme darstellt. Eine Stärke des von mir vorgeschlagenen Ansatzes besteht darin, dass in seinem Rahmen erklärt werden kann, woher sich solche Intuitionen speisen.

gewissen Sinn kommt sich auch Eva abhanden, wenn sie erfährt, dass Paul nicht davon ausgeht, dass sie ihr Versprechen halten wird. Sie versteht dann nicht nur Paul nicht, sondern es wird ihr durch Pauls Verhalten unmöglich gemacht, sich selbst in dem spezifischen intersubjektiven Kontext, um den es in der betreffenden Situation geht, zu verstehen. Umgekehrt bedeutet das aber auch, dass Personen im Hinblick auf die Frage, wer sie sind, nicht nur von ihren eigenen Entscheidungen und Dispositionen abhängen: Eine normative Identität kann man auch in dem Maße haben oder nicht haben, in dem man in funktionierenden Vertrauensbeziehungen zu anderen Personen steht.

Es lohnt sich diesen Punkt zu betonen, weil leicht zu übersehen ist, wie radikal die Schlussfolgerung ist, die man aus meinen Überlegungen ziehen muss. Sowohl im Alltag als auch in philosophischen Debatten wird gemeinhin davon ausgegangen, dass sich die Frage, wodurch Personen konstituiert sind, mit Verweis auf zwei Komponenten beantworten lässt: Auf der einen Seite sind da die kontingenten Faktoren, auf die Personen keinen Einfluss haben, wie etwa die Tatsache, dass sie zu einer bestimmten Zeit an einem bestimmten Ort geboren wurden, ein bestimmtes Elternhaus, ein bestimmtes Geschlecht haben oder nicht haben und so weiter; auf der anderen Seite wird davon ausgegangen, dass die meisten Personen es wenigstens zum Teil selbst in der Hand haben, auf dieser Grundlage diesen oder jenen Lebensentwurf zu verfolgen und auf diese Weise eine eigene Identität zu entwerfen. Man muss noch nicht einmal ein expliziter Gegner der verschiedenen Auffassungen davon sein, wie wir von externen Faktoren determiniert sind, um einen solchen Raum für die Entwicklung individueller Persönlichkeiten anzunehmen. Die Tatsache, dass wir es in unserem Leben in der Regel mit anderen Personen zu tun haben, wird dabei oft als ein Umstand betrachtet, der tendenziell in einem Spannungsverhältnis zur ‚freien Selbstentfaltung' steht: Wer wir sind und was für ein Leben wir führen, haben wir dieser Auffassung zufolge *trotz* und nicht wegen der Tatsache unserer sozialen Eingebundenheit in der Hand. Wenn ich mit meiner bisherigen Analyse Recht habe, muss diese Auffassung von Identitätskonstitution zumindest überdacht werden, weil im Rahmen einer Vertrauensbeziehung eine *andere* Person einen positiven Beitrag zum Ausbilden *meiner* Identität leisten kann.[33]

---

[33] Vgl. dazu auch meine Ausführungen in Abschn. 5.1.5 und 5.3, wo es um die Fragen nach dem Zusammenhang von Vertrauen und Autonomie und nach dem Wert von Vertrauen geht. Die allgemeine Idee, dass die Konstitution des Selbst nicht in individualistischer Vereinzelung stattfindet, sondern eine wesentlich sozial-relationale Dimension hat, findet sich selbstverständlich auch in anderen systematischen – etwa kommunitaristischen oder feministischen – Zusammenhängen.

Dazu braucht es allerdings die von mir erwähnten Fähigkeiten auf Seiten beider Teilnehmer an einer Vertrauensbeziehung: Eine Person P_1 muss die von ihr unterschiedene Person P_2 verstehen und ihre Bedürfnisse auf eine angemessene Weise berücksichtigen können; P_2 wiederum muss dieses Verständnis von P_1 auf angemessene Weise registrieren können; und wie zuletzt ausgeführt, muss P_2 auch darauf basierend denken und handeln können, indem sie sich in spezifischen Situationen auf P_1 verlässt. In einer harmonischen Vertrauensbeziehung hat das beiderseitige Haben solcher Fähigkeiten zur Folge, dass Personen, die in metaphysischer Hinsicht voneinander unterschieden sind, zumindest in einigen Kontexten das erreichen, was ansonsten nur individuellen Akteuren offensteht, die über akteursbezogene Fähigkeiten verfügen: Es handelt sich dabei um die bereits eingangs dieses Abschnitts angesprochene Akteurseinheit, die es uns im intrapersonalen Fall ermöglicht, Dinge zu tun, die über den bloßen Moment hinausgehen und eine diachrone Dimension haben. Wenn ich im hinreichenden Maße akteursbezogene Fähigkeiten habe, dann hat das zur Folge, dass ich mir als ein und dieselbe Person etwas vornehmen und zu einem beliebigen späteren Zeitpunkt ausführen kann. Wenn zwei Personen in einer Vertrauensbeziehung zueinander stehen, indem sie vertrauensbezogene Fähigkeiten aufweisen, erweitert sich auf ganz ähnliche Weise ihr Handlungsspielraum. Paul kann etwa Absichten und dazugehörige Teilabsichten unter der Voraussetzung fassen, dass diese Einstellungen für Eva normativ ähnlich relevant wie für ihn selbst sein werden. Genau das ist – zugespitzt auf die Dimension der Akteurschaft – der weiter oben angesprochene Effekt der Durchlässigkeit von personalen Grenzen innerhalb von Vertrauensbeziehungen: Wir hören in solchen Zusammenhängen nicht auf, eigenständige Personen zu sein, aber in unseren normativen Identitäten entstehen gemeinsame, geteilte Bereiche, die unsere Handlungsfähigkeit erweitern.

Mein Insistieren auf der Terminologie der Fähigkeiten hat in diesem Zusammenhang – auch das eine Parallele zum Fall der akteursbezogenen Fähigkeiten – nicht bloß rhetorischen Charakter, sondern weist auf wichtige Aspekte der Genese von interpersonalem Vertrauen hin. Wenn Vertrauen primär eine Beziehungsform charakterisiert, und wenn Vertrauensbeziehungen von Akteuren konstituiert werden, die vertrauensbezogene Fähigkeiten an den Tag legen, dann legt dies nahe, dass interpersonales Vertrauen etwas ist, das sich entwickeln muss, indem die relevanten Fähigkeiten erlernt und trainiert werden. Tatsächlich wird diese Auffassung von entwicklungspsychologischen Studien gestützt. So lassen sich in Untersuchungen zur frühen Entwicklung des prosozialen Verhaltens Elemente dessen wiedererkennen, was ich im Verlaufe meiner Rekonstruktion im vorliegenden Kapitel als die zentralen Mechanismen einer Vertrauensbeziehung bestimmt habe. Einige entwicklungspsychologische Studien führen etwa die Tatsache, dass bereits zweijährige Kinder Akteuren in Not helfen, darauf zurück, dass diese Kinder die negativen Emotionen ihrer Interaktionspartner nachfühlen und sie gleichzeitig als von sich unterschiedene Personen konzeptualisieren können; andere Untersuchungen zur Emergenz prosozialen Verhaltens machen auf Mechanismen aufmerksam, bei denen Kinder bereits in frühen Stadien ihrer Entwicklung hilfsbereites Verhalten an den Tag legen, weil sie die Handlungsziele anderer Personen automatisch als ihre eigenen betrachten.[34]

Auch wenn es im Rahmen der von mir vertretenen Position auf den ersten Blick ausgeschlossen ist, in solchen Kontexten von Vertrauen zu reden, weil nicht davon auszugehen ist, dass Kleinkinder im eigentlichen Sinne Vertrauensbeziehungen eingehen, wenn sie einem anderen Kind helfen oder auf seine negativen Emotionen empathisch reagieren, so glaube ich doch andererseits, dass man zwischen solchen Verhaltensformen und den komplexeren Interaktionen, die Vertrauensbeziehungen konstituieren, keine prinzipielle Grenze ziehen sollte: Die Mechanismen, die Kinder an den Tag legen, wenn sie sich prosozial verhalten, scheinen hinreichend ähnlich zu den Mechanismen zu sein, die an der Ausübung vertrauensbezogener Fähigkeiten beteiligt sind, so dass die entwicklungspsychologischen Befunde aus diesem Untersuchungsbereich durchaus als kausal-explanatorische Ergänzung des von mir vorgeschlagenen Modells gelesen werden können. Das ist sogar in dem Maße plausibel, in dem nachgewiesen werden kann, dass prosoziales Verhalten sich nicht auf eine spezifische Motivationsquelle zurückführen lässt, sondern von verschiedenen Faktoren beeinflusst ist, deren Zusammenspiel der Komplexität dessen entspricht, was ich im Rahmen des vorliegenden Kapitels als eine wechselseitige Bezugnahme auf normative Identität charakterisiert habe.[35]

---

34 Vgl. Paulus 2014, wo auch dafür plädiert wird, die Heterogenität der verschiedenen Formen prosozialen Verhaltens nicht aus dem Blick zu verlieren und zumindest die Möglichkeit in Betracht zu ziehen, dass verschiedene Typen prosozialen Verhaltens von unterschiedlichen Mechanismen hervorgerufen werden.
35 So weist Paulus 2018 insgesamt sieben motivationale Kräfte für prosoziales Verhalten nach, von denen einige direkt auf die Mechanismen verweisen, die ich mit dem Haben von vertrauensbezogenen Fähigkeiten in Verbindung gebracht habe. Neben Empathie und Reziprozität ist hier insbesondere der von Paulus als „compliance with a direct request" (Paulus 2018, S. 113) bezeichnete Mechanismus einschlägig, bei dem Kinder bestimmte Reize als Bitten anderer Personen auffassen und mit prosozialem Verhalten darauf reagieren. Zur entwicklungspsychologischen Dimension von Empathie vgl. auch Paulus/Wörle/Christner 2020; für die Frage, in welchem Sinne mein Vertrauensverständnis den Einsatz empathischer Fähigkeiten impliziert, vgl. Abschn. 5.1.2.

4.4 Die Dynamik von Vertrauensbeziehungen

Wenn meine bisherige Analyse stimmt, dann gilt, dass vertrauensbezogene Fähigkeiten genauso wie akteursbezogene Fähigkeiten eingeübt werden müssen, indem man auf die für Vertrauensbeziehungen charakteristische Weise mit einer anderen Person interagiert. Es scheint auch nicht unplausibel, dass wir anderen Personen nicht von einem Tag auf den anderen vertrauen können, sondern erst in ein Vertrauensverhältnis zu ihnen hineinwachsen müssen. Es kann Situationen geben, in denen man vielleicht das Gefühl hat, dass man einem Menschen, den man gerade kennengelernt hat, alles bedingungslos anvertrauen würde, aber hier kann zweierlei im Spiel sein.

Einerseits können wir uns einfach *darin täuschen*, dass wir einer anderen Person vertrauen können: Vielleicht hat der Herr, mit dem ich es zu tun habe, eine Sprachmelodie, die mich unbewusst an meinen Großvater erinnert, so dass ich auf die ansonsten durch nichts gestützte Idee komme, er sei genauso vertrauenswürdig wie mein Opa. Andererseits kann es sein, dass wir bei einer fremden Person Signale verarbeiten, die Evidenzen dafür darstellen, dass es sich bei ihr um eine *verlässliche* Person handelt: Möglicherweise trägt die Frau, mit der ich es zu tun habe, ein Nonnenhabit, und ich denke, dass es eine starke Korrelation zwischen dem Tragen eines Habits und Aufrichtigkeit gibt. Wenn ich in so einer Situation glaube, mich auf die Nonne in irgendeiner Hinsicht verlassen zu können, dann ist es eben ein Sich-Verlassen, das nichts mit Vertrauen zu tun hat, sondern auf prognostischen Überlegungen betreffend des zukünftigen Verhaltens der Nonne beruht, die einen lediglich drittpersonalen Charakter haben.

Gleichzeitig kann eine Situation, in der eine Person sich lediglich darauf verlässt, dass eine andere Person etwas tun oder lassen wird, den ersten Schritt hin zu einer Vertrauensbeziehung darstellen. In diesem Sinn beinhalten die Szenarien, die voluntaristische Theorien motivieren – wie etwa das Vertrauenskreis-Szenario – einen wahren Kern. Dieser erster Schritt garantiert noch nicht, dass auch tatsächlich eine Vertrauensbeziehung entstehen wird. Inwiefern solche ersten Schritte notwendig sind, lässt sich aber leicht anhand meiner bisherigen Ausführungen explizieren. Wenn ich zum ersten Mal mit der Nonne interagiere, indem ich sie z. B. nach dem Weg frage, dann werde ich mich darauf verlassen können, dass sie mich nicht absichtlich in die falsche Richtung schicken wird, weil ich davon ausgehe, dass Nonnen so etwas nicht machen würden. Es ist in dieser Situation, wie angedeutet, bloßes Sich-Verlassen im Spiel. Die Situation kann sich aber dadurch ändern, dass ich regelmäßig mit der Nonne, nennen wir sie Schwester Antonia, zu tun habe.

Es kann etwa sein, dass sie in dem Gebäude, in dem ich arbeite, einer karitativen Beschäftigung nachgeht, so dass wir uns öfter im Treppenhaus oder in der gemeinsamen Cafeteria treffen. Wir reden über dies und jenes und lernen uns immer besser kennen, und ab und zu kommt es dazu, dass ich Schwester Antonia bei etwas helfe oder sie mir einen kleinen Gefallen tut. Wenn ich mich in dieser Phase unserer Bekanntschaft darauf verlasse, dass sie etwas tut oder lässt, wird es sich dabei wahrscheinlich immer noch um ein auf prognostischen Überlegungen und nicht auf Vertrauen basiertes Sich-Verlassen handeln. ‚Was für ein Grund sollte sie auch haben, Gift in meinen Kaffee zu schütten,' werde ich mich in einer dieser Situationen vielleicht fragen, aber wer auf die Abwesenheit bestimmter Motive bei einer anderen Person spekuliert, vertraut ihr dadurch noch nicht. Irgendwann wird aber ein Punkt in der Dynamik unserer Interaktionen erreicht sein, an dem ich nicht mehr genau werde sagen können, welche Überlegung ausschlaggebend dafür gewesen ist, dass ich mich in einem bestimmten Kontext auf Schwester Antonia verlassen habe.

‚Es stimmt schon, sie hat keinen Grund, mich zu vergiften,' könnte ich dann denken, ‚und außerdem ist sie eine Nonne. Aber selbst wenn sie einen Grund dazu hätte und keine Nonne wäre, würde sie das *ausgerechnet mir* nicht antun.' Wer so etwas denkt, hat sehr wahrscheinlich die Grenze des bloßen Sich-Verlassens, d.h. eines Sich-Verlassens, das seine Rechtfertigung aus prognostischen Erwägungen bezieht und nicht auf Vertrauen basiert, bereits überschritten. An dieser Stelle lohnt es sich, an meinen Befund aus Abschn. 3.4 zu denken, in dem ich dafür argumentiert habe, dass bloßes Sich-Verlassen und Vertrauen im intrapersonalen Fall nebeneinander existieren und die Situation des Akteurs überdeterminieren können. Auch Fälle von interpersonalem Vertrauen können für die beteiligten Akteure in diesem Sinn überdeterminiert sein, und in frühen Phasen einer Vertrauensbeziehung ist das auch zu erwarten. Dass ich auf die skizzierte Weise an Schwester Antonia als an jemanden zu denken beginne, der ‚ausgerechnet mir' nichts Schlimmes antun würde, hat also kausal zur Voraussetzung, dass es eine Geschichte an Interaktionen zwischen mir und ihr gegeben hat, in der ich mich bereits daran gewöhnen konnte, was es heißt, sich auf sie zu verlassen – auch wenn diese Fälle von Sich-Verlassen noch nichts mit Vertrauen zu tun hatten.

Entscheidend dafür, dass ich tatsächlich anfange ihr zu vertrauen, ist aber, dass wir uns als die individuellen Personen, die wir sind, begegnen und einander kennenlernen. Man kann jahrelang regelmäßig mit Personen zu tun haben, ohne dass sich eine Vertrauensbeziehung daraus entwickelt. Man denke hier etwa an die Kassiererin in dem Supermarkt, den man routinemäßig aufsucht: In einem gewissen Sinne ‚kennt' man diese Person, aber eben nur insofern, als man mit ihr Hunderte von standardisierten Interaktionen, die von ihrer sozialen Rolle vorgegeben werden, erlebt hat. In der Regel kennt man noch nicht einmal den Vornamen der Personen, mit denen man auf diese Weise zu tun hat, geschweige denn andere Details aus ihrem Leben. Genau das ist anders in der

Situation, in der ich mich mit Schwester Antonia befinde. Wenn es tatsächlich der Fall sein soll, dass ich ihr zu vertrauen beginne, dann wird das zur Voraussetzung haben, dass wir einander in einem tieferen Sinn kennengelernt haben, als es der Fall ist, wenn zwei Personen einander auf einer Party vorgestellt werden.

Typischerweise wird Schwester Antonia dabei Geschichten aus meinem Leben gehört haben und mir ihrerseits Geschichten aus ihrem Leben erzählen müssen. Das ist insofern kein willkürlicher Bestandteil des Prozesses, in dem Vertrauensbeziehungen zustande kommen, als Geschichten aus dem eigenen Leben durch die narrative Struktur, die sie im besten Fall haben, als eine Art kondensierter Sinnzusammenhang aufgefasst werden können. In dieser Hinsicht stellen sie um Verständnis bemühte Repräsentationen von Lebensereignissen dar und sind diesbezüglich eng verwandt mit den normativen Identitäten von Personen.[36]

Es ist dabei nicht nur so, dass ich mit einer Geschichte aus meinem Leben *mir selbst* eine bestimmte Lebensepisode verständlich zu machen versuche, sondern es ist im Wesen solcher Geschichten angelegt, dass sie sich an einen Zuhörer richten, dem man etwas verständlich zu machen versucht. In dieser Hinsicht ist das Erzählen von Geschichten eine der paradigmatischen Weisen, wie wir uns mit den normativen Identitäten anderer Personen vertraut machen können. Wenn ich Schwester Antonia davon erzähle, wie ungern ich zum Religionsunterricht gegangen bin, oder davon, wie ich mich für einen Studienort entschieden habe, oder selbst nur davon, wie ich am Vortag mit meiner Freundin einen Schrank eingekauft habe, dann haben diese Narrative vielleicht keinen besonderen Informationsgehalt. Sie sind höchstwahrscheinlich weder besonders spannend, noch enthalten sie allgemeine Wahrheiten über die *conditio humana*, wie gute Literatur es tut. Aber sie geben Schwester Antonia einen Einblick in meine normative Identität, indem sie ihr zu verstehen erlauben, wie ich mich und die Welt um mich herum zu verstehen pflege.

Dass eine Person versteht, wie eine andere Person ihrem Leben einen Sinn abzugewinnen versucht, stellt eine wichtige – vielleicht sogar die wichtigste – Vorbedingung dafür dar, dass sie sich in die Perspektive dieser Person hineinversetzen und auf diese Weise eine zentrale vertrauensbezogene Fähigkeit erlernen kann. Das lässt sich aber nicht auf eine vollständig passive Weise bewerkstelligen. Es reicht nicht, wenn Schwester Antonia sich teilnahmslos die

---

36 Das erklärt auch die Nähe, die meine Auffassung von normativer Identität zu narrativen Theorien personaler Identität und Akteurschaft hat; zu solchen Theorien vgl. etwa Henning 2009 oder die Beiträge in Atkins und Mackenzie 2008.

Geschichten aus meinem Leben anhört und mein Leben dabei sozusagen mit dem Blick einer Forschungsreisenden als ein mehr oder weniger interessantes Phänomen ihrer Außenwelt betrachtet. Sie muss an meinen Geschichten – und das heißt an Episoden meines Lebens (und das heißt *an mir*) – Anteil nehmen und sie so nachzuvollziehen versuchen, als ob sie sie selbst erlebt hätte: Es geht hier um erstpersonales im Gegensatz zu einem drittpersonal-kausalen Verstehen.

Ein besonders wichtiger Aspekt dieses Prozesses besteht darin, dass gerade diejenigen vertrauensbezogenen Fähigkeiten, die etwa auch das wechselseitige Einnehmen der Perspektiven der an einer Vertrauensbeziehung beteiligten Personen ermöglichen, nur bedingt unabhängig von der jeweiligen Person, um die es gerade geht, erworben bzw. eingeübt werden können. Ich meine damit Folgendes: Es ist zunächst nicht unplausibel, davon auszugehen, dass eine Person, die schon mit vielen anderen Personen zu tun hatte und sich erfolgreich in die Perspektiven dieser Personen versetzen konnte, es einfacher haben wird, die Perspektive einer Person, die sie neu kennenlernt, einzunehmen als jemand, der aus irgendwelchen Gründen eine solche interpersonale Aufgabe zum ersten Mal in Angriff nimmt. Gleichzeitig haben solche Fähigkeiten aber auch einen nicht eliminierbar *personenspezifischen* Charakter: Dass Schwester Antonia in der Lage ist, sich in die Perspektive von ganz vielen anderen Personen zu versetzen, mit denen sie in der Vergangenheit zu tun hatte, macht es ihr sicher leichter, meine Perspektive einzunehmen, aber es entledigt sie nicht der Mühe, die man *immer* auf sich nehmen muss, wenn man eine fremde Person kennenlernen und sich mit ihr vertraut machen möchte. Das ist insofern wichtig, als es impliziert, dass man vertrauensbezogene Fähigkeiten immer wieder aufs Neue im Kontext der jeweils neuen Vertrauensbeziehung einüben muss: Vertrauen und Vertrauenswürdigkeit lassen sich nicht ganz unabhängig von den individuellen Personen ‚erlernen', mit denen man eine Vertrauensbeziehung teilt.

Ich habe mich bislang hauptsächlich auf diejenigen vertrauensbezogenen Fähigkeiten beschränkt, die mit dem Einnehmen der Perspektive einer anderen Person zu tun haben. Wie weiter oben zu sehen war, beinhaltet die Teilnahme an einer Vertrauensbeziehung aber nicht nur, dass die jeweiligen Vertrauenspartner sich auf eine erstpersonale Weise auf die gegenseitigen normativen Identitäten beziehen können, sondern auch, dass sie den normativen Erwägungen der jeweils anderen Person in ihren eigenen deliberativen Prozessen ein angemessenes Gewicht verleihen bzw. sich auf angemessene Weise darauf verlassen, dass so eine Berücksichtigung auf Seiten des Vertrauenspartners stattfindet. Wie ich oben ausgeführt habe, ist z. B. eine angemessene Berücksichtigung der Interessen bzw. der Abhängigkeit einer anderen Person irgendwo zwischen den zwei normativen

Extremen ‚Sie zählen gar nicht' und ‚Sie sind alleine relevant' anzusiedeln. Vertrauen impliziert bestimmt nicht, dass die Person, auf die man sich im Rahmen einer Vertrauensbeziehung verlässt, in jedem Fall das tut, worauf man sich verlässt; aber es impliziert, dass die Tatsache, dass man sich auf sie verlässt, normativ einen hinreichend relevanten Unterschied für sie macht.

Diesen Bereich des Angemessenen zu treffen, ist unter Umständen alles andere als einfach, und auch in diesem Zusammenhang lässt sich gut sehen, warum ich dieses interpersonale Phänomen im Sinne einer Fähigkeit, die man einüben muss, konzeptualisiert habe. Ebenso gut sieht man allerdings auch, inwiefern eine solche Fähigkeit wiederum nicht unabhängig von der individuellen Person, d. h. nicht unabhängig von dem konkreten Beziehungspartner zu erlernen ist. Das liegt eben an den Ermessensspielräumen, die sich durch die im Gehalt der Fähigkeit formulierten Forderungen nach Angemessenheit ergeben: Es geht darum, dass jemand wie Schwester Antonia die Tatsache, dass ich mich in einem bestimmten Kontext auf sie verlasse, z. B. indem ich erwarte dass sie zu meinem Geburtstagsfest kommt, auf angemessene Weise berücksichtigt.

Das kann etwa bedeuten, dass sie auch dann zu meinem Geburtstag kommt, wenn sie Kopfschmerzen haben sollte; umgekehrt ist aber auch denkbar, dass in einer Situation, in der sich *eine andere Person*, z. B. Eva, darauf verlässt, dass Schwester Antonia zu ihrem Geburtstag kommen wird, eine andere Handlung angesichts der Kopfschmerzen angemessen sein wird, so dass Schwester Antonia zuhause bleibt oder sich nur für einen Augenblick auf Evas Geburtstagsfest blicken lässt, ohne dass dadurch die Vertrauensbeziehung gestört würde. Welches Verhalten in einer Vertrauensbeziehung jeweils angemessen ist, hängt demzufolge wesentlich davon ab, um was für eine Person es sich bei dem Beziehungspartner handelt. Die Tatsache, dass Schwester Antonia sowohl zu mir als auch zu Eva in einer Vertrauensbeziehung steht, beinhaltet dabei, dass sie sowohl mich als auch Eva sehr gut kennt und sich unsere jeweiligen normativen Identitäten vergegenwärtigen kann. Das wiederum erlaubt es ihr zu erkennen, dass ich auf eine ganz andere Weise von ihrem Besuch auf meinem Geburtstagsfest abhänge als Eva. Vielleicht weiß sie, dass mir Geburtstage einfach mehr am Herzen liegen als Eva; vielleicht weiß sie, dass es für mich das erste Geburtstagsfest nach dem Verlust eines gemeinsamen Freundes ist, so dass ich ganz besonders auf ihren Beistand angewiesen bin; vielleicht weiß sie, dass ich mir von ihrer Anwesenheit eine mäßigende Wirkung auf meine trinkfreudigen Cousins verspreche.

Solche Erwägungen können aber nur berücksichtigt werden, wenn man die jeweilige Person, um die es geht, hinreichend gut kennt, um sich in die Perspektive versetzen zu können, die sie auf den in Frage stehenden Handlungskontext einnimmt. Wenn es also um die vertrauensbezogene Fähigkeit geht, die Tatsache, dass eine andere Person sich in einer bestimmten Hinsicht auf mich verlässt, auf angemessene Weise in meinen eigenen deliberativen Prozessen zu berücksichtigen, kann nicht davon ausgegangen werden, dass man sie in einem Kontext erlernen und dann in einem neuen personalen Kontext – wie ein Set von Regeln für den allgemeinen Umgang mit Personen – einfach anwenden kann.

Das spricht allerdings noch nicht dagegen, so ließe sich einwenden, dass man im Kontext einer spezifischen Vertrauensbeziehung eine solche vertrauensbezogene Fähigkeit ein für allemal erlernen kann. Man kann zugeben, dass jede Person anders ist, d. h. eine jeweils andere normative Identität hat, aber gleichzeitig dafür plädieren, dass man – wenn man einmal eine Person *richtig* kennengelernt und gewissermaßen alle Tiefen ihrer Seele ausgelotet hat – die in Frage stehende vertrauensrelevante Fähigkeit erworben hat und sie nicht mehr verlieren kann. Im Rahmen meiner Ausführungen zum intrapersonalen Vertrauen habe ich dafür argumentiert, dass man akteursbezogene Fähigkeiten wieder verlieren kann, wenn man sie nicht konstant anwendet. Sollte der gerade formulierte Befund stimmen, würden sich vertrauensbezogene Fähigkeiten von akteursbezogenen Fähigkeiten dadurch unterscheiden, dass man sie nicht immer wieder ‚trainieren' muss. Ich denke allerdings, dass ich mir diese Disanalogie nicht einkaufen muss. Zum einen ist es extrem unrealistisch, davon auszugehen, dass man eine Person jemals vollständig kennenlernen kann. Selbst in intimen Freundschaften und Liebesbeziehungen lernen wir nur Facetten von Personen kennen, und weite Teile ihrer normativen Identitäten bleiben uns für immer verborgen.

Zum anderen unterstellt die These, nach der wir die in Frage stehende vertrauensbezogene Fähigkeit ein für allemal erlernen können, dass Personen sich nicht verändern können und in ihrer normativen Selbstausrichtung immer gleich bleiben. Es stimmt zwar, dass Veränderungen der normativen Identität von Personen nicht abrupt stattfinden können, ohne dass sie einen problematischen Effekt auf Vertrauensbeziehungen haben; das ist auch der Grund, warum es uns schwerfällt, Personen zu vertrauen, die eine politische Konversion durchgemacht haben oder Mitglied einer Sekte geworden sind. Gleichzeitig sind aber kontinuierliche Veränderungen der normativen Identität von Personen nicht nur üblich, sondern es ließe sich plausibel dafür argumentieren, dass eine gewisse Dynamik in dem Selbstverhältnis, das eine normative Identität konstituiert, eine wesentliche Bedingung dafür darstellt, dass die betreffende Person ein gelungenes Leben lebt. Wenn es um die vertrauensbezogene Fähigkeit geht, die Erwartungen einer anderen Person angemessen zu berücksichtigen, bleibt es demnach dabei, dass man diese Fähigkeit immer wieder an den Tag legen muss, um sie aufrechtzuerhalten. Daraus folgt, dass Vertrauen etwas ist, das regelmäßige Interaktionen zwischen den Teilnehmern einer Vertrauensbeziehung zur Voraussetzung hat.

Noch deutlicher wird dieser Aspekt, wenn es um die vertrauensbezogene Fähigkeit geht, auf angemessene Weise auf die Tatsache zu reagieren, dass eine andere Person die eigenen Erwartungen angemessen in ihren deliberativen Prozessen berücksichtigt. Bei dieser Fähigkeit geht es, anders ausgedrückt, darum, dass eine Person, die in einer Vertrauensbeziehung zu einer anderen Person steht, sich in spezifischen Interaktionskontexten auch tatsächlich auf diese andere Person verlässt, indem sie bestimmte Dinge tut (oder denkt), weil sie davon ausgeht, dass ihr Beziehungspartner über bestimmte vertrauensbezogene Fähigkeiten verfügt.

Es ist alles andere als klar, dass es uns in jedem Fall einfach fallen muss, auf diese Weise auf die Tatsache zu reagieren, dass wir in einer Vertrauensbeziehung zu einer anderen Person stehen. Mit Sicherheit werden hier individuelle Unterschiede zu beobachten sein, aber ich denke, wir alle kennen Situationen, in denen wir zumindest die Versuchung verspüren, uns nicht auf die für Vertrauen charakteristische Weise auf eine andere Person zu verlassen, sondern durch drittpersonale Mechanismen dafür zu sorgen, dass eine von uns angestrebte Situation auch tatsächlich eintritt. Je öfter wir dieser Versuchung widerstehen und uns auf einen Vertrauenspartner ohne den Einsatz drittpersonaler Mittel verlassen, so die Idee, desto einfacher wird es uns in der Zukunft fallen, die entsprechende vertrauensbezogene Fähigkeit an den Tag zu legen, bis wir schließlich einen Zustand erreichen, in dem uns das Ausüben von vertrauensbezogenen Fähigkeiten zu einer ‚zweiten Natur' geworden ist, so dass wir uns ohne Mühe und völlig selbstverständlich auf eine andere Person verlassen, ohne drittpersonale Gründe dafür berücksichtigen zu müssen.

Wenn meine bisherigen Überlegungen zur Genese von Vertrauensbeziehungen stimmen sollten, dann würden sie dafür sprechen, dass vertrauensbezogene Fähigkeiten nicht unilateral entwickelt werden können: Man entwickelt sie immer gemeinsam und im Hinblick auf bestimmte Personen. Auch wenn unser Sprachgebrauch dieser Diagnose etwas im Weg stehen mag, müsste man entsprechend behaupten, dass es nicht eigentlich Individuen sind, die vertrauensbezogene Fähigkeiten haben oder nicht haben, sondern dass Personen solche Fähigkeiten immer *zusammen* haben. An diesem Punkt meiner Argumentation tritt eine weitere massive Implikation der Interpretation von Vertrauen als einer Beziehungsform zum Vorschein: Wenn zwei Personen in einer Vertrauensbeziehung zueinander stehen, dann bedeutet das, dass sie *beide* die für diese Beziehung einschlägigen vertrauensrelevanten Fähigkeiten erlernt haben und aufrechterhalten müssen. Das macht die Struktur von vertrauensrelevanten Fähigkeiten notwendig. Wenn das allerdings stimmt, ergibt sich daraus ein Befund, der zunächst überraschen mag, in jedem Fall aber aus der Perspektive der zur Zeit vertretenen Vertrauenstheorien so exotisch ist, dass er meines Wissens noch nicht einmal ansatzweise in den Blick genommen wird: *Vertrauen ist eine reziproke Angelegenheit.*

Wenn ich einen Anlass habe, mich ohne Rücksicht auf Evidenzen darauf zu verlassen, dass eine andere Person etwas tun wird, dann bedeutet das, dass diese andere Person in anderen Handlungskontexten ebenfalls Anlass hätte, sich ohne Rücksicht auf Evidenzen darauf zu verlassen, dass ich etwas tun werde. Vertrauensbeziehungen sind demzufolge niemals einseitig, sondern implizieren eine Art egalitärer Verteilung der legitimen Ansprüche der Beziehungspartner. Das bedeutet selbstverständlich nicht, dass ich mich als Teilnehmer an einer Vertrauensbeziehung meinem Beziehungspartner gegenüber genauso verhalten muss, wie er sich mir gegenüber verhält. Ich erinnere an dieser Stelle daran, dass Vertrauensgründe keine Gründe zu konkreten Handlungen sind, sondern als Gründe zweiter Ordnung konstruiert werden müssen: Dass ich in einer Vertrauensbeziehung zu einer Person stehe, ist die Bedingung dafür, dass ich mich in einer konkreten Handlungssituation rational darauf verlassen kann, dass diese Person etwas tun oder lassen wird, aber es ist *für sich genommen* kein Grund, etwas Bestimmtes zu tun.

Je nach Kontext werde ich mich also auf andere Handlungen oder Unterlassungen meines Vertrauenspartners verlassen können, als die Handlungen oder Unterlassungen, auf die er sich in anderen Kontexten verlässt, indem er mir vertraut. Unabhängig von speziellen Handlungskontexten, in denen wir jeweils auf ganz andere Dinge angewiesen sein können, beinhaltet das Vorliegen einer Vertrauensbeziehung aber, dass wir immer auf dieselbe Weise einen Grund haben werden, uns aufeinander zu verlassen. Dass wird ganz besonders an der Tatsache deutlich, dass es Typen von Handlungen gibt, auf die sich *beide* Teilnehmer einer Vertrauensbeziehungen *immer* werden verlassen können müssen. Das liegt einfach daran, dass es bestimmte ‚Bedürfnisse' gibt, die jeder von uns ganz unabhängig von der konkreten Situation hat, in der er sich befindet: So werden sich in jeder funktionierenden Vertrauensbeziehung beide Vertrauenspartner etwa darauf verlassen können, dass die jeweils andere Person nicht lügt oder einem keinen Schaden zufügen möchte. Eine Vertrauensbeziehung, in der nur eine Partei davon ausgeht, dass sie nicht angelogen wird, wäre demzufolge keine Vertrauensbeziehung.

Ist das wirklich eine exotische Sicht der Dinge? Würde man sich als Vertreter einer solchen Reziprozitätsthese auf einen schockierenden oder zumindest extrem kontraintuitiven Standpunkt stellen? Ich denke nicht, dass man sich besonders weit von unseren alltäglichen Auffassungen davon, was Vertrauen bedeutet, entfernen müsste, wenn man an der Reziprozitätsthese festhalten wollte. Aber man müsste sich von den systematischen Voraussetzungen und vor allem von den als paradigmatisch betrachteten Vertrauenskontexten lösen, wie sie in der gegenwärtig geführten philosophischen Debatte um Vertrauen zugrunde gelegt werden, und wie ich sie in den ersten beiden Kapiteln dieser Arbeit kritisch rekonstruiert habe.

Im Verlaufe des vorliegenden Kapitels habe ich meine Auffassung von Vertrauen und Vertrauensbeziehungen dagegen unter Zuhilfenahme von Beispielen erläutert und diskutiert, die mit regelrechten Freundschaften oder zumindest freundschaftlichen Beziehungen zu tun haben. In solchen Kontexten ist es keinesfalls seltsam von Reziprozität auszugehen. Denken wir noch einmal an Eva und Paul zurück: Was würden wir dazu sagen, wenn Paul sich darauf verlassen könnte, dass Eva ihm bei der Renovierung seiner Wohnung hilft, sie sich aber nicht darauf verlassen könnte, dass er sie bei der Verwirklichung eines Kunstprojekts, das ihr am Herzen liegt, unterstützt? Kann man sagen, dass man einer Person vertraut, die davon ausgeht, dass man sie anlügen würde, wenn einem die Lüge zum Vorteil gereichen würde? Wie würden wir von einer Freundschaft, einer Liebesbeziehung oder irgendeiner Beziehung, die *Bedeutung* hat, urteilen, in der einer der Beziehungspartner sagt: ‚Sie vertraut mir, aber ich traue ihr nicht über den Weg'?

Ich denke, in all diesen Fällen würden wir nicht nur das diffuse Urteil fällen, dass mit der jeweiligen Beziehung ‚irgendetwas nicht in Ordnung' ist, sondern weitaus spezifischer denken, dass solche Konstellationen unvereinbar mit Vertrauen sind. Wer behauptet, einer Person zu vertrauen, ohne selbst auf Vertrauen zu zählen, hat in gewisser Hinsicht nicht verstanden, worin das Sprachspiel des Vertrauens besteht. Eine Person in so einer Situation verlässt sich vielleicht auf der Basis anderer Gründe darauf, dass die andere Person etwas tun wird, aber sie vertraut ihr nicht im eigentlichen Sinn des Wortes. Reziprozität scheint auf diese Weise bereits im Begriff des Vertrauens verankert zu sein, und meine Explikation dessen, was es heißt, vertrauensbezogene Fähigkeiten zu haben, macht deutlich, wie man diese begriffliche Verbindung zu verstehen hat – als die wechselseitige anteilnehmende Bezugnahme auf die normative Perspektive eines endlichen Wesens, das eigene Ziele verfolgt und dabei auf Unterstützung angewiesen ist.

Die Vertreter der meisten der gegenwärtig zur Debatte gestellten Vertrauenstheorien wird das nicht überzeugen. ‚Wie kann man ernsthaft für eine Wechselseitigkeit von Vertrauen argumentieren,' werden sie vielleicht sagen, ‚wenn wir doch jeweils auf so viele verschiedene Dinge vertrauen?' Worauf ich vertraue, wenn ich Dir vertraue, ist in den seltensten Fällen identisch oder auch nur ansatzweise verwandt mit den Dingen, auf die Du vertraust, wenn Du mir vertraust, würde der Einwand lauten: Angenommen Eva kann darauf vertrauen, dass Paul ihr bei der Steuererklärung hilft – impliziert die Reziprozitätsthese nicht, dass Paul darauf vertrauen können muss, dass Eva ihm bei der Steuererklärung hilft?

Und ist das nicht absurd? Ja, das wäre tatsächlich absurd. Allerdings impliziert die These, die ich im Rahmen dieses Kapitels verteidigen wollte, keinesfalls eine solche Sicht der Dinge. Das Missverständnis entsteht an dieser Stelle durch eine grundsätzliche Fehlinterpretation von Vertrauen, auf die ich schon im Rahmen des zweiten Kapitels hingewiesen habe, nämlich durch die argumentativ kaum gestützte Dreistelligkeitsannahme und die mit dieser Annahme eng zusammenhängende Kompetenzannahme. Wir sehen an dieser Stelle besonders gut, wie diese beiden Annahmen im Tandem gegen die Reziprozitätsthese arbeiten. Will man die Reziprozitätsthese weiter plausibilisieren, lohnt es sich, beide Annahmen noch einmal aus der Perspektive des bisher Gesagten zu betrachten.

Genauso wie im Kontext des intrapersonalen Vertrauens bestand mein Ziel auch in dem vorliegenden Kapitel, eine explizit zweistellige Lesart des Vertrauensprädikats zu verteidigen. Entsprechend meinen Ankündigungen zum Ende des zweiten Kapitels geht diese Interpretation davon aus, dass Vertrauen eine bestimmte Beziehungsform charakterisiert, die ich im Verlaufe meiner Argumentation über das Haben von vertrauensbezogenen Fähigkeiten bestimmt habe. Wenn ich demnach von einer Person sage, dass sie einer anderen Person vertraut, dann bedeutet dies, dass beide Personen insofern in einer Vertrauensbeziehung zueinander stehen, als sie miteinander vertrauensbezogene Fähigkeiten entwickelt haben und an den Tag legen. An dieser Stelle können Kritiker meines Vorschlags den bereits im zweiten Kapitel zur Sprache gekommenen Einwand formulieren, der in dem Hinweis darauf besteht, dass es grammatisch korrekte und auch ansonsten völlig problemlose Verwendungsweisen des Vertrauensprädikats gibt, die etwa folgendermaßen lauten können: ‚Paul vertraut darauf, dass Eva ihm bei der Renovierung seiner Wohnung helfen wird.'

Implizit habe ich im Verlaufe meiner Argumentation im vorliegenden Kapitel bereits mehrmals darauf hingewiesen, wie ich mit so einem Einwand umgehen würde: Wer so einen Satz äußert, verwendet das Vertrauensprädikat im Sinne einer Abkürzung für eine komplexere Zuschreibung. Diese komplexere Zuschreibung besteht aus zwei Komponenten: (i) ‚Paul verlässt sich darauf, dass Eva ihm bei der Renovierung seiner Wohnung helfen wird'; und (ii) ‚Pauls Sich-Verlassen erfolgt auf der Basis der Vertrauensbeziehung, in der er und Eva zueinander stehen.' In (ii) wird der eigentlich interessante Sachverhalt ausgedrückt, nämlich was es in diesem speziellen Fall ist, das Pauls Sich-Verlassen auf Eva rational macht. Und die Antwort darauf ist, dass es eben die Vertrauensbeziehung ist, in deren Rahmen Paul und Eva eine Reihe von vertrauensbezogenen Fähigkeiten erworben haben. Für die Kritik, mit der mein Vorschlag konfrontiert werden könnte, ist nun entscheidend, dass aus dieser Analyse keinesfalls folgt, dass Vertrauen ein dreistelliges Prädikat ist. Wir sehen, dass die Dreistelligkeit zwar eine Rolle in (i) spielt: Hier wird spezifiziert, worauf Paul in dem in Frage stehenden Kontext ‚vertraut'. Aber diese Dreistelligkeit betrifft eigentlich das Prädikat des Sich-Verlassens und nicht das Vertrauensprädikat.

Es bleibt also dabei, dass Vertrauen als zweistelliges Prädikat von Sich-Verlassen als einem dreistelligen Prädikat unterschieden werden muss. Dass beide Prädikate im Rahmen der gegenwärtig vertretenen Theorien verwechselt werden, liegt zum Teil daran, dass Vertrauen und Sich-Verlassen keine völlig voneinander losgelösten Phänomene sind: Eine zentrale Weise, wie sich Vertrauen manifestieren kann, besteht gerade darin, dass eine Person sich auf der Basis von Vertrauen – hier immer im Sinne einer Vertrauensbeziehung verstanden – darauf verlässt, dass eine andere Person etwas tun wird. Wie ich oben angedeutet habe und im nächsten Kapitel noch weiter ausführen werde, ist das einer der Gründe, warum Vertrauen wertvoll ist: Es erlaubt uns, Dinge zu tun, die wir ansonsten gar nicht oder nur unter erheblichem Kostenaufwand tun könnten. Aber der Wert von Vertrauen erschöpft sich nicht in diesem instrumentellen Vorteil, genauso wenig wie Vertrauen nur in den Situationen vorliegt, in denen Personen auf irgendeine Weise auf die Kooperation mit anderen Personen angewiesen sind.

Auch darin besteht nämlich das Missverständnis der Auffassung, dass Vertrauen ein dreistelliges Prädikat darstellt. Wer diese Auffassung vertritt, geht davon aus, dass Vertrauen ein Phänomen darstellt, dass sich entlang der Grenzen von einzelnen interpersonalen Interaktionen individuieren lässt. Vereinfacht gesagt beinhaltet diese Auffassung, dass Vertrauen zu einem bestimmten Zeitpunkt ‚anfängt' – etwa sobald ein bestimmter mentaler Zustand auf Seiten der vertrauenden Person einsetzt – und zu einem späteren Zeitpunkt ‚aufhört' – in der Regel, sobald die Person, der vertraut wird, sich entsprechend oder entgegen der Erwartung der vertrauenden Person verhalten hat. Schon die Bezugnahme auf das ‚Anfangen' und ‚Aufhören' von Vertrauen mutet an dieser Stelle seltsam an. Demgegenüber habe ich im Verlaufe dieses Kapitels eine Interpretation von Vertrauen zu rekonstruieren versucht, die in zweifacher Hinsicht über so eine an diskreten Interaktionsphasen orientiere Lesart hinausgeht.

Zum einen erweist sich Vertrauen nach meiner Interpretation als ein *genuin diachrones* Phänomen. Der Beziehungscharakter von Vertrauen fängt hierbei die Idee ein, dass Vertrauen etwas ist, das eine Geschichte hat, sich auf eine bestimmte Weise entwickeln und eine bestimmte Dynamik haben kann – allesamt Aspekte, von denen nicht klar ist, wie sie von Vertretern der mit meinem Ansatz konkurrierenden Vertrauenstheorien überhaupt in den Blick genommen werden könnten. Personen vertrauen einander nicht ‚einfach so'. Vertrauen ist vielmehr das Ergebnis von komplexen interpersonalen Interaktionen, die sich über mehr oder weniger lange Zeiträume erstrecken können und nicht in dem Sinn zu einem Abschluss kommen, dass man sagen könnte: ‚Jetzt ist das Vertrauen ein für allemal da.'

Ich habe diesen dynamisch-diachronen Charakter von Vertrauen über den Begriff der vertrauensbezogenen Fähigkeiten einzufangen versucht, aber er lässt sich auch nachvollziehen, wenn wir an die typischen Konstellationen denken, in denen wir anderen Personen vertrauen bzw. in denen unser Vertrauen enttäuscht wurde. Man mache an dieser Stelle etwa nur den einfachen Test, der darin besteht, dass man an den letzten Vertrauensbruch denkt, den man erlebt hat, und ihn für einen neutralen Zuhörer glaubhaft zu rekonstruieren versucht, ohne dass man auf Aspekte der Geschichte eingeht, die man mit der Person teilt (oder geteilt hat), die den Vertrauensbruch begangen hat. An dieser Stelle versuche ich selbstverständlich nahezulegen, dass das schwer, wenn nicht sogar unmöglich ist, und dabei handelt es sich im Grunde auch um die unmögliche Aufgabe, vor der Vertreter von Positionen stehen, wie ich sie im Rahmen des ersten Kapitels dieser Arbeit rekonstruiert habe. Mein eigener Vorschlag, der Vertrauen im Sinne einer Beziehung mit einer historischen Dimension auszeichnet, stellt dagegen den systematischen Raum zur Verfügung, hier eine plausible Geschichte zu erzählen.

Zum anderen impliziert mein Vorschlag, dass Vertrauen ein Phänomen ist, bei dem sich *Personen als Ganze* aufeinander beziehen. Was ich mit dieser etwas seltsamen Formulierung („Kann man sich auf Personen als Halbe beziehen?") meine, lässt sich wiederum gut verstehen, wenn man den Kontrast zu Theorien herstellt, die mit der Dreistelligkeitsannahme operieren. Wenn Paul darauf vertraut, dass Eva ihm bei der Wohnungsrenovierung helfen wird, und wenn die Kontextrelativierung hier tatsächlich das Vertrauensprädikat modulieren sollte, dann würde das beinhalten, dass Paul in seinem Vertrauen Eva in einer bestimmten Hinsicht in den Blick nimmt – nämlich als eine potentielle Hilfskraft bei der anstehenden Wohnungsrenovierung. Entsprechend würde es gemäß der Dreistelligkeitsannahme in jedem anderen Fall von Vertrauen so eine Hinsicht geben, in der die vertrauende Person die Person, der sie vertraut, betrachtet.

Damit geht allerdings einher, dass man sich auf diese Person nur in einer bestimmten Funktion bezieht, und diese Funktion ist durch die Interessen bestimmt, die man an der jeweiligen Kooperation mit ihr hat. Das bedeutet wiederum, dass man als Vertreter der Dreistelligkeitsannahme darauf festgelegt ist, dass die vertrauende Person die Person, der sie vertraut, instrumentell, d. h. als Mittel betrachtet, und es ist zumindest nicht prinzipiell ausgeschlossen, dass sie sie bloß als Mittel behandelt und damit instrumentalisiert: Ich habe bereits im Verlaufe meiner Argumentation im dritten Kapitel darauf hingewiesen, dass ein Sich-Verlassen, das nicht auf Vertrauen basiert, durchaus kompatibel mit Formen der Beeinflussung einer anderen Person wie Zwang oder Manipulation sein kann, und Theorien, die es nicht schaffen, auf angemessene Weise zwischen bloßem Sich-Verlassen und Vertrauen zu unterscheiden, sind dem Vorwurf ausgesetzt, dass sie solche Instrumentalisierungen von Personen für vereinbar mit Vertrauen halten.

Das Verständnis von Vertrauen, das ich im Rahmen des vorliegenden Kapitels entwickelt habe, geht aber über die These hinaus, dass Personen in Vertrauensbeziehungen nicht instrumentalisiert werden. Bekanntlich lassen sich Personen auf moralisch zulässige Weise als Mittel behandeln, wenn man sie zugleich als Zwecke an sich betrachtet, und eine der Standardlesarten dieser Kantischen Idee ist, dass man eine andere Person auch als Zweck an sich betrachtet, wenn man sie als ein Wesen betrachtet, das sich seine eigenen Zwecke setzen und verfolgen kann.[37] In der Terminologie, die ich im Rahmen dieses Kapitels entwickelt habe, würde das bedeuten, dass man eine andere Person als ein Wesen betrachtet, das eine eigene normative Identität hat und an ihr arbeitet.

Wie im Verlaufe meiner Argumentation zu sehen war, ist eine solche Forderung aber immer noch nicht zwangsläufig damit verbunden, dass man jemandem vertraut. Ich kann mich, ohne diese Forderung zu verletzen, etwa darauf verlassen, dass ein Taxifahrer mich gegen Bezahlung zum Bahnhof fahren wird, und wenn ich das tue, respektiere ich die Tatsache, dass es sich bei ihm um eine Person mit einer eigenen normativen Identität handelt, ohne dass man sagen würde, dass ich in einer Vertrauensbeziehung zu ihm stehe. In einer Vertrauensbeziehung zueinander zu stehen, besteht eben nicht nur darin, dass die Teilnehmer einer Vertrauensbeziehung sich als mit normativen Identitäten ausgestattete Wesen betrachten, sondern zentral darin, dass sie ihre Identitäten in dem Sinne miteinander teilen können, als sie das, was aus der Perspektive der jeweils anderen Person dafür spricht, auf eine bestimmte Weise zu handeln, zu denken oder zu fühlen, als auf ähnliche Weise normativ verbindlich auffassen. Und das hat eben zur Folge, dass sie einander auf nicht-instrumentelle Weise betrachten.

In einer Vertrauensbeziehung betrachte ich die andere Person also insofern ‚als Ganze', als ich sie in der Entwicklung ihrer partikularen normativen Identität erfasse und unterstütze. Jeder von uns arbeitet an der eigenen Identität, an einer eigenen Vorstellung von einem sinnvollen, verständlichen Leben, es ist aber in Vertrauensbeziehungen, dass wir versuchen können, diese Aufgabe wenigstens zum Teil gemeinsam zu bewältigen. Das ist auch der Grund, warum Vertrauensbeziehungen eine besondere Intimität aufweisen, wie sie etwa in Verhältnissen des bloßen Sich-Verlassens nicht vorkommt. Gleichzeitig erlaubt es der von mir im Rahmen dieses Kapitels in den Fokus gerückte Zusammenhang zwischen Vertrauen und Identität eine Intuition einzufangen, die von den gän-

---

37 Für eine der interessantesten jüngsten Auseinandersetzungen mit der Unterscheidung zwischen der Behandlung von Personen als Mittel und als Zweck an sich vgl. Audi 2016, insbesondere Kap. 8.

gigen Vertrauenstheorien wiederum kaum beachtet wird: Wenn wir vertrauen, dann sind wir in der Regel ‚mit ganzem Herzen' dabei. Die konkreten Vertrauensbeziehungen, in denen wir zu anderen Personen stehen, stellen Bestandteile unseres Selbstverständnisses dar, von denen wir – im Gegensatz zu den Kontexten, in denen wir uns lediglich auf andere Personen verlassen – denken, dass sie nicht optional und nicht durch andere Dinge – auch nicht durch andere Vertrauensbeziehungen – zu ersetzen sind. Dass uns das möglicherweise nicht jederzeit vor Augen steht, zeigt hierbei, wie selbstverständlich dieser Teil unseres (sozialen) Lebens ist.

Werden Vertrauensbeziehungen aber auf Zerreißproben gestellt, dann hat das besonders spürbare Konsequenzen für ihre Teilnehmer. Ich habe bereits mehrmals auf die weithin geteilte Beobachtung hingewiesen, dass Vertrauensbrüche uns Anlass zu besonders intensiven und tiefgreifenden emotionalen Reaktionen geben. Die verschiedenen Vertrauenstheorien, die zur Zeit vertreten werden, versuchen dieses Phänomen auf verschiedene Weisen einzufangen. Ich denke aber, dass man erst im Rahmen des von mir vorgeschlagenen Vertrauensverständnisses deutlich machen kann, worin die besondere Bedrohung besteht, die von Vertrauensbrüchen ausgeht. Wenn Vertrauensbeziehungen geteilte Bereiche der normativen Identität ihrer Teilnehmer beinhalten, dann müssen Vertrauensbrüche als *Angriffe auf die eigene normative Identität* verstanden werden. Es ist nicht nur so, wie etwa Baier oder Jones behaupten würden, dass ich in so einer Situation gedacht oder gefühlt habe, man würde mir Wohlwollen entgegenbringen, nur um festzustellen, dass dieses Wohlwollen nicht besonders weit reicht; es ist nicht nur so, dass ich feststellen muss, dass die andere Person ein ‚commitment' missachtet oder einer normativen Erwartung nicht entsprochen hat, wie Hawley oder Faulkner argumentieren würden: Das alles sind möglicherweise plausible Beschreibungen davon, was in Situationen eines Vertrauensbruchs passiert, aber sie gehen dennoch am Kern der spezifischen Verletzung vorbei, die darin involviert ist.

Diese Verletzung besteht darin, dass die Einheit meiner normativen Identität durch einen Vertrauensbruch in Frage gestellt wird: Ich fühle mich ähnlich wie eine Person, die im Griff einer Zwangsstörung ist und Dinge tut, die sie auf keinen Fall tun möchte, nur dass im Fall des Vertrauensbruchs nicht eine psychologische Störung, sondern eine andere Person für die problematische Situation, in der ich mich befinde, verantwortlich ist. Wird man in einer Freundschaft angelogen, dann fühlt sich das, wie Frankfurt an einer Stelle bemerkt, ein wenig so an, als ob man verrückt werden würde.[38] Vertrauensbrüche geben uns also nicht nur

---

38 Vgl. Frankfurt 1992, S. 7: „It would be too much to say that a person's inclination to trust his friends belongs to his essential nature. But it could properly enough be said that trusting

Gründe zum Ärger über die Enttäuschung von bestimmten Erwartungen, die wir an eine andere Person gestellt haben, sondern sie untergraben in den schlimmsten Fällen unser Selbstverständnis und bewirken, dass wir uns als Personen abhanden kommen.

Das mag an dieser Stelle allzu dramatisch klingen, ich denke aber, dass es Fälle von Vertrauensverletzungen gibt, in denen wir zugestehen würden, dass sie eine Person im Kern ihres Selbst erschüttern können. Man denke hier etwa an die aus Spionagefilmen bekannte Situation, in der eine Person herausfindet, dass ihr Partner oder ihre Partnerin seit Jahrzehnten als Agentin für die Regierung eines verfeindeten Staates arbeitet und dabei ein Doppelleben mit einem anderen Beruf, anderen Hobbys, vielleicht sogar einer anderen Familie führt. Von ‚Erschütterung' zu reden, wäre in solchen Fällen fast noch zu vorsichtig. Ein dermaßen massiver und globaler Vertrauensverlust ist in seiner identitätszerstörenden Wirkung ansonsten nur noch mit dem plötzlichen Tod geliebter Personen vergleichbar. Gleichzeitig muss aber zugestanden werden, dass nicht jeder Vertrauensbruch eine derart umfassende Wirkung auf Teilnehmer einer Vertrauensbeziehung hat.

Das habe ich allerdings auch nicht behaupten wollen. Wir können in Vertrauensbeziehungen mehr oder weniger von unseren normativen Identitäten mit anderen Personen teilen, und Vertrauensbrüche können entsprechend auf einen mehr oder weniger großen Teil unserer Identität ausstrahlen. Die Gefahr, die von Vertrauensbrüchen für die Identität einer Person ausgeht, wird auf diese Weise graduelle Abstufungen erlauben. In Freundschaften und Liebesbeziehungen ist die entsprechende Fallhöhe mit Sicherheit größer als im Kontext anderer Vertrauensbeziehungen, weil wir hier einen erstpersonalen Zugang zu weiten Teilen der normativen Identität von anderen Personen haben. Wie das zu verstehen ist, habe ich im Verlaufe dieses Kapitels immer wieder angedeutet, indem ich mich bei der Wahl meiner Beispiele auf Freundschaften fokussiert habe. Dadurch mag der Eindruck entstanden sein, dass meine Interpretation von Vertrauen sich auch und gerade in ihren Ergebnissen zu stark an dem Sonderfall der

---

them has come to be second nature to him. This is why finding that we have been lied to by a friend engenders a feeling of being crazy. The discovery exposes something about ourselves more disturbing than that we have merely miscalculated or made an error of judgment. It reveals that our own nature (i. e., our second nature) is unreliable, leading us to count on people who cannot be trusted." Frankfurt spricht in diesem Zusammenhang auch von der Einsamkeit des Lügners, sowie von der Tatsache, dass er keinen Zugang zu einer spezifischen Form von sozialer Intimität hat; vgl. Frankfurt 1992, S. 6 ff. Es ist genau diese Art von Intimität, von der ich glaube, dass sie von Vertrauensbeziehungen erzeugt wird und den zentralen Grund darstellt, warum wir diese Beziehungen als auch um ihrer selbst willen wertvoll betrachten.

Freundschaft orientiert und unzulässigerweise vernachlässigt, dass es auch noch andere Typen von Vertrauensbeziehungen gibt. Das ist eine nicht ganz unberechtigte Sorge, und ich werde auf sie gleich zu Beginn des folgenden Kapitels eingehen, in dem ich auf resümierende Weise mein Vertrauensverständnis in einen systematischen Zusammenhang zu verwandten Begriffen bringe und auf die Vorteile dieses Vorschlags zu sprechen komme.

Kapitel 5
Präzisierungen

In den letzten beiden Kapiteln habe ich den Kern meines eigenen Vorschlags zu einem angemessenen Verständnis von Vertrauen formuliert. Die hinter meinem Vorgehen stehende Idee bestand dabei darin, dass sich ausgehend von einer Untersuchung von Vertrauen im intrapersonalen Fall wichtige Einsichten für den im Rahmen dieser Arbeit zentralen Fall von interpersonalem Vertrauen gewinnen lassen. Im dritten Kapitel habe ich entsprechend Selbstvertrauen im Sinne einer Beziehung interpretiert, in der Akteure zu sich selbst stehen, wenn sie bestimmte Fähigkeiten haben, die es ihnen erlauben, auf angemessene Weise auf normative Anforderungen zu reagieren und sich auf stabile Weise über die Zeit zu führen. Im vierten Kapitel habe ich dafür argumentiert, dass diese Struktur der Selbstbezugnahme in einem engen Zusammenhang mit dem Begriff der Identität von Personen steht, wobei ich von einem speziellen Identitätsverständnis ausgegangen bin, dem zufolge Personen in dem Maße eine normative Identität haben, in dem sie denkend, fühlend und handelnd eine verständliche Vorstellung von sich selbst, dem eigenen Leben und der Welt, in der dieses Leben stattfindet, gewinnen. In einem weiteren Schritt habe ich plausibel zu machen versucht, dass interpersonales Vertrauen im Sinne der Charakterisierung einer spezifischen Beziehungsform verstanden werden sollte, in deren Rahmen Personen Fähigkeiten erwerben, die es ihnen ermöglichen, normative Gesichtspunkte als geteilte Gründe aufzufassen.

Im Rahmen meiner Argumentation habe ich implizit oder explizit immer wieder Themen gestreift, die bereits Gegenstand eigener philosophischer Debatten mit zum Teil langer Tradition gewesen sind. Ich habe in den meisten Fällen – Ausnahmen stellen hier die Identitätsproblematik sowie Aspekte der Debatte um ‚self-knowledge' dar – bewusst darauf verzichtet, diese mit meinen Ausführungen zusammenhängenden systematischen Überlegungen eigens zu thematisieren, weil es mir in den beiden vorangegangenen Kapiteln zentral darum gegangen ist, einen eigenen Vorschlag für die Vertrauensdiskussion zu entwickeln. Dieser Vorschlag kann aber noch weiter konturiert und mit Gehalt angereichert werden, indem ich zumindest auf einige der wichtigsten Begriffe eingehe, die mit dem von mir vorgeschlagenen Vertrauensverständnis verbunden sind, um zu klären, inwiefern sie von Vertrauen zu unterscheiden sind und wie ihr Verhältnis zu Vertrauen zu bestimmen ist (Abschn. 5.1). Im Verlaufe meiner Argumentation für ein Verständnis von Vertrauen als einer Beziehungsform habe ich immer wieder auf Gesichtspunkte hingewiesen, durch die sich mein Vorschlag als überzeugender im Vergleich zu alternativen Vertrauenstheorien ausweisen lässt. Einige der zentralen systematischen Vorzüge sind dabei nicht zur Sprache gekommen, und das vorliegende Kapitel stellt einen geeigneten Ort dar, dies nachzuholen. (Abschn. 5.2). Einer der wichtigsten dieser Vorzüge besteht darin, dass ich plausibel machen kann, worin der nicht-instrumentelle Wert von Vertrauen besteht. Wenn es stimmt, dass Vertrauen nicht-instrumentell wertvoll ist, dann würde das bedeuten, dass wir ganz unabhängig von der speziellen Situation, in der wir uns befinden, einen Grund haben, Vertrauensbeziehungen zu führen. Wie diese recht anspruchsvolle These zu verstehen ist, werde ich in einem letzten Schritt andeuten (Abschn. 5.3).

5.1 Begriffliche Verwandtschaften

Wie bereits eingangs angedeutet, habe ich im Rahmen meiner Ausführungen im dritten und vierten Kapitel immer wieder Themen berührt, deren systematischer Kontext auf den ersten Blick jeweils in der philosophischen Auseinandersetzung mit Begriffen zu verorten ist, die von dem Vertrauensbegriff unterschieden sind. So habe ich weite Strecken meiner Diskussion der Frage, worin eine Vertrauensbeziehung besteht, am Beispielfall der *Freundschaft* geführt, und es stellt sich unmittelbar die Frage, wie Freundschaften von anderen Vertrauensbeziehungen abzugrenzen sind. Auch habe ich immer wieder darauf hingewiesen, dass es zu den zentralen vertrauensbezogenen Fähigkeiten gehört, dass Personen sich in die Perspektive der jeweils anderen Person versetzen können, ohne dass klar würde, ob bzw. inwiefern ich damit das Phänomen der *Empathie* in den Blick nehme. Weite Teile meiner Ausführungen zu den Prozessen, die innerhalb von Vertrauensbeziehungen stattfinden, lassen die Vermutung zu, dass Vertrauen primär als eine Form der wechselseitigen *Fürsorge* zu verstehen ist, während meine Bestimmung von vertrauensbezogenen Fähigkeiten als Dispositionen, die eingeübt werden müssen und keinen abstrakten Regeln unterstehen, Vertrauen im Rahmen meines Vorschlags in die Nähe einer *Tugend* rückt. Indem ich schließlich immer wieder darauf insistiert habe, dass normative Forderungen, wie sie an Teilnehmer von Vertrauensbeziehungen ergehen, ihnen nicht ‚von außen' entgegentreten, sondern integral zu ihren jeweiligen normativen Identitäten gehören, scheine ich implizit eine Position hinsichtlich der Frage nach dem Verhältnis von Vertrauen und *Autonomie* bezogen zu haben. Wie diese Zusammenhänge genauer zu verstehen sind, ist das Thema des vorliegenden Abschnitts, den ich mit der für meine Argumentation zentralen Frage nach einer Abgrenzung von Vertrauen und Freundschaft beginne.

5.1.1 Freundschaftliche Verhältnisse

Die Frage nach einer Abgrenzung meines Vertrauensverständnisses vom Begriff der Freundschaft kann auf zweierlei Weise verstanden werden. Zum einen lässt sich angesichts der Tatsache, dass ich meinen Vorschlag primär anhand des Beispiels einer Freundschaft entwickelt habe, die berechtigte Frage stellen, inwiefern es im systematischen Rahmen dieses Vorschlags einen Raum für Vertrauensbeziehungen gibt, die *keine* Freundschaften sind. Zum anderen kann ausgehend von Merkmalen, wie sie in der philosophischen Debatte als Charakteristika von Freundschaft bestimmt werden, danach gefragt werden, ob mein Vertrauensverständnis hinreichend vom Freundschaftsbegriff abgegrenzt ist. Ich werde diese Versionen der Frage nach dem Verhältnis von Vertrauen und Freundschaft nacheinander behandeln und fange mit dem ersten Punkt an.

Es stimmt, dass das zentrale Beispiel, das mir im Rahmen meiner Argumentation im vierten Kapitel geholfen hat, mein Verständnis von Vertrauen zu entwickeln, das Beispiel der langjährigen Freundschaft zwischen Paul und Eva gewesen ist. Zunächst lässt sich zu diesem Vorgehen bemerken, dass es zumindest insofern nicht weit hergeholt ist, Vertrauen anhand von Freundschaft zu erläutern, als weitestgehende Übereinstimmung darin besteht, dass Vertrauen eine notwendige Bedingung von Freundschaft darstellt.[1] Jede Freundschaftsbeziehung ist demnach eine Vertrauensbeziehung, und wir würden von einer Person, die behauptet, mit einer Person befreundet zu sein, der sie nicht vertraut, urteilen, dass sie nicht verstanden hat, worin Freundschaft besteht.[2] Wenn man sich mit Vertrauen beschäftigt, macht es also durchaus Sinn, den Blick auf Freundschaften und andere Beziehungen, die notwendig Vertrauensbeziehungen sind, zu lenken. Gleichzeitig würde man eine ziemlich überraschende und nicht unproblematische These vertreten, wollte man sich auf den Standpunkt stellen, dass Vertrauen *nur* in Freundschaften und Liebesbeziehungen anzutreffen ist.

---

[1] Vgl. etwa Friedman 1989, S. 3: „Being a friend to someone involves being committed to them and trusting them." Vgl. auch Thomas 1987, wo für wechselseitiges Vertrauen als notwendige Bedingung von Freundschaft argumentiert wird; im Gegensatz zu meinem Vorgehen versteht Thomas Vertrauen allerdings auf eine, wie ich finde, allzu verkürzte Weise als das bekenntnishafte Anvertrauen von intimen Informationen; zur Kritik an solchen Ansätzen vgl. Cocking/Kennett 1998. Vgl. auch die interessante Diskussion in Nehamas 2010, S. 277 ff., wo ein Beispiel diskutiert wird, das viel Ähnlichkeit zu den von mir im vierten Kapitel bemühten Fällen hat.

[2] An dieser Stelle übergehe ich selbstverständlich die von mir bereits ausführlich kritisierte theoretische Möglichkeit einer dreistelligen Vertrauensinterpretation. Wenn Vertrauen immer relativ zu einem Kontext verstanden werden könnte, ließe sich behaupten, dass man mit einer Person befreundet ist, der man in bestimmten Kontexten – z. B. im Hinblick auf chirurgische Eingriffe oder das Steuern eines Raumschiffs – nicht vertraut.

Eine solche These möchte ich entsprechend nicht vertreten, und ich glaube auch nicht, dass ich – zumindest in dieser Schärfe – auf so eine Position festgelegt bin. Im Verlaufe meiner Argumentation habe ich als das zentrale Merkmal von Vertrauensbeziehungen eine bestimmte Struktur des wechselseitigen Bezugs der Beziehungspartner aufeinander bestimmt und sie im Sinne des Habens von vertrauensbezogenen Fähigkeiten konzeptualisiert. Wenn zwei Personen in einer Vertrauensbeziehung zueinander stehen, dann bedeutet das, dass sie sich in ihre jeweiligen Perspektiven hineinversetzen können, so dass es ihnen möglich wird, Anteil an der normativen Identität der jeweils anderen Person zu haben und ihre Gründe als die eigenen zu begreifen. Es ist nun selbst in engen Freundschaften und Liebesbeziehungen nicht so, dass wir jemals eine vollständige Überlappung normativer Identitäten erreichen oder auch nur anstreben sollten: Ich kann ganz wunderbar mit jemandem befreundet sein, dessen Faszination für die Nachstellung historischer Ereignisse unter freiem Himmel ich nicht ansatzweise nachvollziehen kann. Auch sind unsere normativen Identitäten typischerweise so komplex, dass wir nicht alle Aspekte dessen, was uns als individuelle Personen ausmacht, gleichermaßen mit allen Freunden teilen. Und für manche Aspekte von uns selbst gilt, dass wir nicht bereit sind, sie mit *irgendeiner* anderen Person zu teilen, ohne dass das ein besonderes Problem für uns oder unsere Freunde darstellen würde.

Wenn es also um die zentralen Mechanismen geht, die im Rahmen von Vertrauensbeziehungen vorliegen, dann ist davon auszugehen, dass sie selbst in Freundschaften nur in einem mehr oder weniger großem Ausmaß operativ sind. Das erlaubt mir, Grenzfälle von Freundschaft als Vertrauensbeziehungen auszuzeichnen: Wenn ich mich regelmäßig mit Fred treffe, um gemeinsam an unseren Fahrrädern zu schrauben, ohne dass wir jemals etwas anderes gemeinsam unternehmen, dann handelt es sich dabei um eine Art von Freundschaft und auch um eine Vertrauensbeziehung, zumindest wenn wir hinreichend miteinander kommunizieren, um uns wenigstens in Ansätzen kennenzulernen und in dem eingeschränkten Kontext, in dem wir miteinander interagieren, die Perspektive des jeweils anderen einnehmen zu können. Die Idee ist nun, dass nicht mehr – aber eben auch nicht weniger – in Beziehungskontexten stattfinden kann, die keine Freundschaften sind, die wir aber dennoch als Beziehungen auffassen würden, die Vertrauen beinhalten können.

Zu solchen Beziehungen, die kontingenterweise Vertrauensbeziehungen sind, zählen etwa die Beziehungen zwischen Lehrern und Schülern,[3] zwischen Ärzten und Patienten oder zwischen Bäckern und ihren Kunden. Zunächst muss zu sol-

---

3 Vgl. für diesen Spezialfall die Argumentation in Platz 2021; vgl. auch Pellegrino 1991.

chen ‚nicht-intimen' Beziehungen angemerkt werden, dass in ihnen seltener Vertrauen im Spiel ist, als wir üblicherweise denken würden. An dieser Stelle ist wiederum die genaue Abgrenzung von Vertrauen und bloßem Sich-Verlassen zentral: Wenn ich davon ausgehe, dass mein Bäcker mir keine vergifteten Brötchen verkauft, dann kann es sein, dass diese Sicht der Dinge darin begründet ist, dass ich Grund zu der Annahme habe, dass der Bäcker weiß, dass das eine geschäftsschädigende Maßnahme wäre; und diese Art von Überlegung hat für sich genommen noch nichts mit einer möglichen Vertrauensbeziehung zu tun. Umgekehrt ist es aber durchaus möglich und im Alltag auch nicht selten der Fall, dass sich unsere nicht-intimen Beziehungen zu Vertrauensbeziehungen auswachsen. So beschreiben viele Menschen die Beziehung zu ihrem Arzt oder ihrer Ärztin als eine Vertrauensbeziehung, und ich kann im Rahmen meines Vertrauensverständnisses solchen Urteilen durchaus einen Sinn abgewinnen. Es handelt sich dabei zunächst insofern (und in dem Maße) um Vertrauensbeziehungen, als beide Parteien miteinander regelmäßig kommuniziert und interagiert haben. Mit einer Ärztin, die einem wortlos den Blutdruck misst und ein Rezept verschreibt, kann man ebenso wenig eine Vertrauensbeziehung teilen, wie mit einem Notfallarzt, den man nur einmal im Leben getroffen hat. Wer sich in solchen Fällen dennoch angemessen aufgehoben fühlt, legt wiederum bloßes Sich-Verlassen an den Tag.

Typischerweise reden wir von Vertrauen in bestimmte Ärzte aber immer dann, wenn wir schon lange Patienten bei ihnen gewesen sind, wenn sie mit uns Gespräche führen, die über die strikt medizinischen Probleme hinausgehen, mit denen wir zu ihnen kommen, wenn wir schon oft die Art beobachten konnten, wie sie auf verschiedene Situationen reagieren – wenn wir also das Gefühl haben, dass wir uns auf eine bestimmte Weise kennen. Dieses gegenseitige Kennen ist, gerade wenn man es mit einer Freundschaftsbeziehung kontrastiert, extrem rudimentär und auf wenige Kontexte eingeschränkt, die sich zudem um den durch die soziale Rolle des Arztes vorgegebenen Hauptkontext der medizinischen Versorgung gruppieren. Es handelt sich dabei aber dennoch um eine Weise, wie Personen sich in ihren normativen Identitäten annähern können, so dass ihr Umgang miteinander eine spürbar andere Qualität erreicht. Dazu gehört auch, dass wir von Ärzten, die wir auf so eine Weise kennen, zu denken gewohnt sind, dass sie uns nicht schaden würden, selbst wenn sie keinen Hippokratischen Eid abgelegt hätten oder negative Konsequenzen für sich selbst befürchten müssten. Mit ‚Ich vertraue meiner Ärztin' scheint ja im Alltag gerade gemeint zu sein, dass man davon ausgeht, dass die Ärztin einen in den Erwartungen und Ansprüchen, die man als *partikulare* Person ins Behandlungszimmer mitbringt, auf eine besondere Weise ernst nimmt.

Die soziale Rolle des Arztes verdeckt hierbei die Gegenseitigkeit, die in einer Arzt-Patient-Beziehung, die eine Vertrauensbeziehung ist, involviert sein kann.

Zugegeben, Ärzte können sich nicht davon betrogen fühlen, dass man sie medizinisch falsch behandelt hat, aber sie hätten in anderen Kontexten durchaus Anlass zu Emotionen, wie sie typischerweise als Reaktion auf Vertrauensbrüche an den Tag gelegt werden: Es gibt Arzt-Patient-Beziehungen, in denen ein Arzt sich in einem tieferen Sinn von einem Patienten hintergangen fühlen kann, der ihm etwa bestimmte Symptome vorzugaukeln versucht, um an ein bestimmtes Medikament zu kommen, oder die kurze Abwesenheit des Arztes nutzt, um in fremden Patientenakten herumzustöbern. ‚Ausgerechnet von Herrn Müller hätte ich das nicht gedacht,' mag so ein Arzt im Nachhinein ausrufen und dadurch zum Ausdruck bringen, dass er mit Herrn Müller eine Vertrauensbeziehung zu haben glaubte, die es ihm ermöglicht hat, sich auf eine bestimmte Weise auf ihn zu verlassen, z. B. indem er ihn unbeaufsichtigt im Behandlungszimmer sitzen ließ.

Ich glaube, dass man ganz Ähnliches auch von anderen Typen von Beziehungen behaupten kann, die keine Freundschaften sind, die wir aber zumindest in einigen Fällen als Vertrauensbeziehungen bezeichnen wollten. Wie verhält sich diese Ausweitung meines Vorschlags zu der Tatsache, dass Vertrauensbeziehungen, so wie ich sie rekonstruiere, eine Reihe von Eigenschaften aufweisen, die üblicherweise als konstitutive Merkmale von Freundschaften aufgefasst werden? Es kann mir an dieser Stelle nicht darum gehen, die philosophische Debatte um den Freundschaftsbegriff aufzurollen. Ich möchte stattdessen exemplarisch einen Blick auf drei Komponenten von Freundschaft werfen, von denen ich denke, dass sie besonders nahe an meinem Begriff der Vertrauensbeziehung sind, und gehe hierbei von einer aristotelischen Freundschaftskonzeption aus, wie sie in der heutigen Debatte immer noch sehr viele Anhänger hat.

Zum einen habe ich im Verlaufe meiner Argumentation im vierten Kapitel darauf hingewiesen, dass die Struktur der Fähigkeiten, die ich als vertrauensbezogene Fähigkeiten bezeichnet habe, und die das Entstehen von Vertrauensbeziehungen ermöglichen, eine Reziprozität des Vertrauens beinhaltet: Vertrauensbeziehungen sind niemals einseitig, und wenn sie es sind, dann muss es sich dabei um bloße Übergangsphasen oder um defizitäre Vertrauensbeziehungen handeln. Während Reziprozität für Aristoteles notwendig ist, um Freundschaft von bloßem Wohlwollen zu unterscheiden,[4] hat die von ihm anvisierte Reziprozität einen engeren Skopus. Freundschaft ist für Aristoteles in dem Sinne reziprok, dass

---
4 Vgl. *NE*.VIII.2.1155b26-1155b34, meine Herv.: „Die Liebe zu leblosen Dingen wird aber nicht als Freundschaft bezeichnet. Denn hier gibt es keine *Erwiderung* der Liebe, noch kommt es hier vor, dass man dem Gegenstand Gutes wünscht. [...] Hingegen heißt es, dass man dem Freund um seiner selbst willen Gutes wünschen muss. Diejenigen, die in dieser Weise Gutes wünschen, nennt man wohlwollend, wenn nicht derselbe Wunsch auch *von der Gegenseite* kommt; denn das Wohlwollen, das *gegenseitig* ist, nennt man Freundschaft."

Freunde einander Gutes tun. Eine Freundschaft ist entsprechend defizitär, wenn nur einer der Freunde sich dem anderen gegenüber wohlwollend verhält, ohne selbst auf so eine Behandlung zählen zu können. Bei dem Begriff der Vertrauensbeziehung, so wie ich ihn entwickelt habe, ist diese explizit auf das Wohlergehen bezogene Reziprozität nur *eine* Variante davon, was es heißt, dass Vertrauensbeziehungen einen wechselseitigen Bezug der Vertrauenspartner aufeinander implizieren. Reziprozität betrifft hier primär die wechselseitige Berücksichtigung der jeweiligen normativen Perspektiven, und das ist sowohl kompatibel damit, dass man nicht immer nur das Gute für den Beziehungspartner maximiert, als auch damit, dass Vertrauensbeziehungen – wie etwa im Fall des Arzt-Patient-Verhältnisses – in verschiedenen Konstellationen realisiert sein können, in denen jeweils Unterschiedliches von den Teilnehmern dieser Beziehungen gefordert wird.

Zum zweiten habe ich immer wieder betont, dass sich Personen in Vertrauensbeziehungen aufeinander nicht in bestimmten Hinsichten oder unter bestimmten Beschreibungen beziehen, sondern einander jeweils ‚als Ganze', d. h. als die partikularen Individuen, die sie sind, in den Blick nehmen. Vertrauensbeziehungen implizieren also eine *de re* und keine *de dicto* Relation, und in diesem Punkt ist mein Vorschlag wiederum sehr nahe an Aristoteles' Freundschaftsverständnis. Es sind nämlich gerade solche *de re* Einstellungen, die für Aristoteles die vollkommene Freundschaft gegenüber der Freundschaft, die auf Nutzen beruht, und der Freundschaft, die auf Lust beruht, auszeichnen.[5] Gleichzeitig hat Aristoteles ein sehr spezielles Verständnis davon, was es bedeutet, einen Freund ‚insofern er ist, was er ist' zu betrachten – es geht ihm darum, dass man ihn als einen guten Menschen, d. h. als tugendhafte Person betrachtet. Eine vollkommene Freundschaft ist demzufolge eine Beziehungsform, in der zwei Personen einander wechselseitig als mit Tugenden ausgestattete Wesen betrachten und lieben.[6] Auch in diesem Zusammenhang ist mein Verständnis von Vertrauensbeziehungen weit weniger anspruchsvoll und insofern keinesfalls zu nahe am Begriff der Freundschaft. Dass ich meinen Vertrauenspartner als die individuelle Person betrachte, die er ist, beinhaltet lediglich, dass ich davon ausgehe, dass er eine eigene normative Identität hat, und

---

5 Vgl. *NE*.VIII.3.1156a13-1156a19, meine Herv.: „Die Menschen lieben die Umgänglichen nicht, weil diese bestimmte Qualitäten haben, sondern weil sie ihnen angenehm sind. Diejenigen, deren Liebe im Nutzen gründet, lieben also den anderen wegen des für sie selbst Guten, und diejenigen, bei denen sie in der Lust gründet, wegen des für sie selbst Angenehmen; sie lieben ihn nicht, *insofern er diese Person ist*, sondern insofern er nützlich oder angenehm ist. [...] Denn hier wird der Geliebte nicht geliebt, *insofern er ist, was er ist*, sondern insofern er ein Gut bzw. Lust verschafft."
6 Zu den drei Formen der Freundschaft bei Aristoteles vgl. etwa Pakaluk 2009: S. 472ff.

ihm auf angemessene Weise dabei helfe, diese Identität auszubilden, d. h. ein verständliches Leben zu führen. Es ist nicht die Rede davon, dass ich die Person, mit der mich ein Vertrauensverhältnis verbindet, in irgendeiner Hinsicht für einen besonders guten Menschen halten muss, auch wenn es Typen von Vertrauensbeziehungen – wie eben Freundschaften oder Liebesbeziehungen – geben mag, in deren Kontext uns so eine Haltung zumindest nicht überraschen würde.

Die letzte Parallele zwischen Vertrauensbeziehungen und Freundschaften, die ich ansprechen möchte, betrifft die aristotelische Idee, ein Freund sei eine Art ‚anderes Selbst' (*allos autos*), in dem wir uns spiegeln und wiedererkennen können.[7] Wenn man diese These in dem Sinne versteht, dass Freunde als tugendhafte Personen einander in ihren Dispositionen ähneln oder zumindest diesen Anspruch haben, dann hat die mit der Vorstellung eines anderen Selbst verbundene Idee nicht viel mit meinem Verständnis von Vertrauensbeziehungen gemeinsam. Zwar habe ich immer wieder betont, dass Personen, die in so einer Beziehung zueinander stehen, geteilte Identitätsbereiche aufweisen und entsprechend auch geteilte Gründe haben können, aber diese Behauptung ist kompatibel damit, dass sie im Hinblick auf ihre normative Identität immer noch sie selbst bleiben. Wenn es um Vertrauen geht, kann also nicht davon die Rede sein, dass Personen sich qualitativ angleichen oder ‚verschmelzen', und nichts an meiner Argumentation zwingt mich zu solchen Annahmen.

Andererseits gibt es eine alternative Möglichkeit, die aristotelische Vorstellung eines *allos autos* zu verstehen, und diese Möglichkeit kann meinem Vertrauensverständnis durchaus nahekommen. Gemäß dieser Interpretation besteht die aristotelische Grundidee in der Annahme, dass die Relation, in der wir zu uns selbst stehen, ähnlich beschaffen ist wie die Relation, in der Freunde zueinander stehen.[8] Typischerweise legen wir eine Reihe von Einstellungen uns selbst gegenüber an den Tag, und es sind diese Einstellungen, die auch im Rahmen einer Freundschaft angemessen sind: Wir lieben uns selbst und wünschen uns das Gute um unserer selbst willen, und genauso sollten wir unsere Freunde lieben und ihnen das Gute um ihrer selbst willen wünschen.[9]

---

[7] Zu dem Begriff des anderen Selbst bei Aristoteles, vor allem zu der grammatisch interessanten Konstruktion im griechischen Original, vgl. Stern-Gillet 1995: S. 12 ff.
[8] Vgl. *NE*.IX.4.1166a1-1166a4: „Die freundschaftlichen Einstellungen zu den Nächsten und die Merkmale, welche die Arten der Freundschaft definieren, scheinen aus den Beziehungen zu uns selbst abgeleitet."
[9] Vgl. *NE*.IX.4.1166a29-1166a33: „Da nun jede dieser Einstellungen dem guten Menschen im Verhältnis zu sich selbst zukommt und da man sich zum Freund verhält wie zu sich selbst (denn der Freund ist ein anderes Selbst), nimmt man an, dass auch das Verhältnis der Freundschaft mit anderen in einer der genannten Einstellungen besteht und Freunde diejenigen sind, denen diese zukommen."

Von der Struktur erinnert diese Idee an mein Vorgehen im Hauptteil dieser Arbeit, bei dem ich davon ausgegangen bin, dass das Verhältnis, in dem eine Person zu einer anderen Person steht, wenn sie ihr vertraut, auf eine bestimmte Weise ‚abgeleitet' werden kann aus dem Verhältnis, in dem eine Person zu sich selbst steht, wenn sie sich selbst vertraut. Mit Gehalt habe ich diese Idee gefüllt, indem ich dafür argumentiert habe, dass Vertrauensbeziehungen wesentlich beinhalten, dass die Personen, die in einer solchen Beziehung zueinander stehen, die normative Perspektive der jeweils anderen Person auf eine ähnliche Weise einnehmen wie ihre eigene. Das ist tatsächlich sehr nahe an der Vorstellung eines ‚anderen Selbst', zumindest wenn man sie nicht im Sinne einer qualitativen Ähnlichkeit der Charaktere der an einer Vertrauensbeziehung beteiligten Personen versteht.[10]

Dieser schwächere Sinn, in dem eine Person, der ich vertraue, ein ‚anderes Selbst' darstellen kann, ist hierbei kompatibel damit, dass nicht alle Vertrauensbeziehungen automatisch als Freundschaften aufzufassen sind: Wie zu sehen war, ist es nicht unplausibel davon auszugehen, dass ich insofern in einer Vertrauensbeziehung zu meiner Ärztin stehen kann, als wir beide in dem spezifischen Kontext unserer Interaktion den Interessen und Bedürfnissen der jeweils anderen Person ein ähnliches Gewicht beimessen wie unseren eigenen Bedürfnissen und Interessen. Dass die Redeweise von ‚dem anderen Selbst' uns in solchen Zusammenhängen übertrieben vorkommen würde, liegt lediglich daran, dass wir in einem Arzt-Patienten-Verhältnis typischerweise nicht in demselben Maße Dinge miteinander teilen wie in einer Freundschaft. Das ist aber nur ein gradueller und kein prinzipieller Unterschied, und entsprechend kann man davon ausgehen, dass eine Person, der ich vertraue, je nach Vertrauenskontext mehr oder weniger (und entsprechend auch fast gar nicht) als mein ‚anderes Selbst' betrachtet werden kann.

---

10 Besonders interessant ist in diesem Zusammenhang eine Rekonstruktion dessen, was Aristoteles mit Selbstliebe meint. Man kann hier dafür argumentieren, dass eine Person, die sich selbst liebt, z. B. in der Lage ist, jetzt Dinge zu tun, die ihr später zum Vorteil gereichen werden oder gemäß ihrem besten Urteil handelt. Vgl. hierzu Pakaluk 2009: S. 479: „Aristotle's argument that „a friend is another self" involves looking at self-love as shown in various synchronic and diachronic relations that a person has with himself, and arguing that friendship involves a kind of substitution, by which the friend comes to occupy one's place in these various relations. So, for instance, for a friend to accept a sacrifice now so that his friend will be better off later is not unlike a good person's delayed gratification in his own case." Zu der alternativen Idee, dass ein Freund als mein ‚anderes Selbst' für mich einen Partner im Prozess der ‚moralischen Wahrnehmung' darstellt, vgl. Biss 2011.

Es bleibt also dabei, dass sich das Verständnis von Vertrauensbeziehungen, das ich vorschlage, hinreichend von dem Begriff der Freundschaft abgrenzen lässt, um Raum für Vertrauensbeziehungen zu lassen, die keine Freundschaften sind. Dass diese Abgrenzungen oft nur gradueller Natur sind, muss hierbei kein Nachteil sein. Zum einen kann man dafür plädieren, dass Freundschaften erst jenseits einer bestimmten Schwelle der Vertrautheit – hier verstanden als das Ausmaß der geteilten normativen Identitäten – existieren. Im Rahmen der meisten Theorien der Freundschaft wird darauf verwiesen, dass Freunde viel Zeit miteinander verbringen, viele Dinge miteinander teilen oder in wichtigen Lebenssituationen füreinander da sind.[11] Diese Forderungen stützen die Auffassung, nach der Freundschaft besonders umfassende und intensive Interaktionen impliziert. Zum anderen erscheint es mir nicht unplausibel, davon auszugehen, dass manche unserer nicht-intimen Beziehungen als *freundschaftliche* Beziehungen zu betrachten sind, wenn sie Vertrauensbeziehungen sind. Es macht einen Unterschied, ob ich einfach nur zu irgendeinem Bäcker gehe, um meine Brötchen zu kaufen, oder zu einem Bäcker mit dem mich eine – wenn auch nicht besonders komplexe – Geschichte verbindet. Solche freundschaftlichen Beziehungen stellen einen nicht unwichtigen Bestandteil unseres sozialen Alltags dar, und mein Vertrauensverständnis kann mit ihnen auf plausible Weise umgehen.

5.1.2 Normative Empathie

In meiner Diskussion der innerhalb von Vertrauensbeziehungen stattfindenden Prozesse habe ich bei der Bestimmung der vertrauensbezogenen Fähigkeiten immer wieder die Forderung formuliert, dass eine Person sich in die Perspektive einer anderen Person hineinversetzen können muss. In diesem Zusammenhang habe ich bewusst darauf verzichtet, von Empathie oder Sympathie zu reden, und es stattdessen bei der metaphorischen Bezugnahme auf die Einnahme einer fremden Perspektive belassen, weil beide Termini mit systematischen Voraussetzungen verbunden sein können, die ich nicht wahllos in meine Interpretation von Vertrauen importieren möchte.

Sympathie und Empathie werden typischerweise so unterschieden, dass eine Person, die Empathie mit einer anderen Person an den Tag legt, auf eine bestimmte Weise die Erfahrung, die diese Person hat, selbst durchmacht, während das bei bloßer Sympathie nicht der Fall ist. Wenn Eva traurig darüber ist,

---

[11] Der Vollständigkeit halber sei angemerkt, dass solche Komponenten sich auch schon in Aristoteles' Ansatz finden lassen; vgl. *NE*.IX.4.1166a6-1166a10.

dass ihr Fahrrad geklaut wurde, und ich deswegen auch traurig werde, dann habe ich Empathie mit Eva an den Tag gelegt; wenn sie mir einfach nur leid tut, ohne dass ich selbst ihre Trauer über den Verlust des Fahrrads empfinde, dann habe ich im Gegensatz dazu Sympathie an den Tag gelegt.[12] Es sollte relativ klar sein, dass der für Vertrauensbeziehungen zentrale Mechanismus nicht mit Sympathie, sondern, wenn überhaupt, dann mit Empathie zu tun haben muss. Für die Vertrauensbeziehung zwischen Eva und Paul ist entscheidend, dass Eva einen verstehenden Zugang zu Pauls Perspektive erlangt, und eine Bezugnahme mit Mitteln der Sympathie ist dafür weder notwendig noch hinreichend: Paul muss Eva nicht leid tun, wenn sie seine Enttäuschung darüber verstehen möchte, dass der Mietvertrag für seine Wohnung gekündigt wurde; und dass er ihr in dieser Situation leid tut, ist keine Garantie dafür, dass sie diese Situation auch wirklich erstpersonal nachvollziehen und verstehen kann.

Ob mein Vorschlag, wie man Vertrauensbeziehungen verstehen sollte, demgegenüber einen Bezug auf das Phänomen der Empathie beinhaltet, hängt wesentlich davon ab, welches Verständnis von Empathie zugrunde gelegt wird. Ähnlich wie im Fall von Sympathie glaube ich nicht, dass die Prozesse, auf die ich im Rahmen der Rekonstruktion von vertrauensbezogenen Fähigkeiten abhebe, in die Nähe derjenigen Modi empathischer Bezugnahme gerückt werden sollten, die in der empirischen Literatur als ‚Assoziation' bzw. ‚vermittelte Assoziation' bezeichnet werden.[13] Bei direkter Assoziation beobachtet eine Person, wie eine andere Person in einer bestimmten Notlage Schmerz empfindet, und erinnert sich an das eigene Erlebnis einer solchen Notlage, was dazu führt, dass sie eine ganz ähnliche Schmerzempfindung wie die beobachtete Person hat. Eva könnte etwa sehen, wie Paul sich den Zeh an einem Tischbein stößt und daraufhin unwillkürlich einen ähnlichen Schmerz im Zeh empfinden. Die vermittelte Assoziation unterscheidet sich insofern von direkter Assoziation, als die Situation der Person, mit der man Empathie hat, nicht direkt beobachtet werden muss, sondern mit sprachlichen Mitteln vermittelt werden kann. Es kann etwa sein, dass Eva eine Nachricht von Paul liest, in der er ihr davon berichtet, wie er sich am Vortag den Zeh am Tischbein gestossen hat, was zur Folge hat, dass Eva wiederum einen ganz ähnlichen Schmerz im eigenen Zeh empfindet.

Auch im Zusammenhang mit assoziativer Empathie muss zunächst zugestanden werden, dass Vertrauensbeziehungen in dem Maße, in dem es sich dabei um

---

12 Vgl. etwa Slote 2010, S. 15: „[E]mpathy involves having the feelings of another (involuntarily) aroused in ourselves, as when we see another person in pain. [...] However, we can also simply feel sorry for, bad for, the person who is in pain and positively wish them well, and that is what we mean by sympathy."
13 Vgl. Hoffmann 2000, S. 47 ff.; siehe auch Slote 2010, S. 17, insbes. Fn. 5.

intime Beziehungen handelt, einen geeigneten Nährboden für solche Empathieformen darstellen. Geht es aber um die für Vertrauensbeziehungen wesentlichen Modi der wechselseitigen Bezugnahme aufeinander, kann nicht davon ausgegangen werden, dass sie sich in assoziativer Empathie erschöpfen. Inwiefern ist das ausgeschlossen? An dieser Stelle muss wiederum bedacht werden, dass es mir bei dem Hinweis darauf, dass Teilnehmer an Vertrauensbeziehungen die Perspektive der jeweils anderen Person einnehmen können, zentral darum gegangen ist, dass dadurch möglich wird, dass sie einander jeweils verstehen und die normativen Anforderungen, die sich aus der Identität der jeweils anderen Person speisen, auf eine besondere Weise nachvollziehen können.

Dass ich unwillkürlich die Emotion meines Vertrauenspartners nachempfinde, könnte zwar mein Verständnis seiner Situation unterstützen, aber nur wenn ich mir die zusätzliche Mühe mache, die in Frage stehende Episode in den weiteren Kontext seiner normativen Identität einzubetten. Dabei würde es sich nicht mehr um einen Fall von bloß assoziativer Empathie handeln. Für sich genommen, ist assoziative Bezugnahme normativ leer. Das sieht man etwa daran, dass man assoziative bzw. vermittelt assoziative Empathie mit Einstellungen einer Person haben kann, die dieser Person völlig unverständlich und fremd sind: Wenn Pauls Nerven blank liegen, weil er denkt, dass es bald einen Dritten Weltkrieg geben wird, ohne dass er auch nur ansatzweise Gründe für diese Überzeugung sieht, dann kann es sein, dass Eva, die ihn in dieser Verfassung beobachtet, ebenfalls nervös wird. Hier würden wir nicht sagen, dass sie in einem relevanten Sinn Pauls Einstellung verstehen und seine Gründe – z. B. den Grund, einen Bunkerraum einzurichten – teilen kann.

Dass eine Person, die Empathie mit einer anderen Person an den Tag legt, auf die eine oder andere Weise die subjektive Erfahrung der anderen Person nachempfinden oder selbst durchleben muss, wird in der Literatur zum Phänomen der Empathie kaum bestritten.[14] Um aber einen Empathiebegriff zu bestimmen, der die im Zusammenhang mit bloßer Assoziation skizzierten Formen der ‚emotionalen Ansteckung' ausschließt, wird oft eine weitere Bedingung für Empathie formuliert, nach der eine Person der Tatsache *gewahr werden* muss, dass sie eine bestimmte Erfahrung nachempfindet, so dass sie den entsprechenden Typ von Erfahrung der Person, mit der sie Empathie hat, auch tatsächlich *zu-*

---

14 Vgl. etwa die ‚re-enactment condition' in Steinberg 2014, S. 49: „Empathy requires that the person who empathizes owes her affective experience to the experience of the person with whom she is empathizing [...] Examples of affective re-enactment (or mirroring) include infant reactive crying, facial mimicry, and the tendency to yawn in the presence of other yawners, and laugh in a room full of laughter."

schreiben kann.¹⁵ Damit ist schon einmal viel gewonnen: Wenn Eva sich in Pauls Anwesenheit nicht nur auf eine diffuse Weise nervös fühlt, sondern ihm auf dieser Grundlage Nervosität zuschreiben kann, dann hat sie einen ersten wichtigen Schritt gemacht, um seine Situation zu verstehen. Gleichzeitig lässt sich aber bereits an diesem einfachen Beispiel sehen, dass die Forderung des Nachfühlens, wie sie in der ersten der beiden angesprochenen Bedingungen formuliert ist, eine Mehrdeutigkeit enthält.

Zum einen kann es sein, dass Eva Subjekt einer ähnlichen Einstellung wie Paul wird, weil sie sich vorzustellen versucht, wie *sie* sich fühlen würde, wenn sie sich in Pauls Situation befinden würde; zum anderen kann es sein, dass sie sich in einem stärkeren Sinn in die Perspektive von Paul hineinzuversetzen versucht, indem sie sich vorzustellen versucht, wie *er* sich in der entsprechenden Situation fühlen würde. Während man mit guten Gründen die Auffassung vertreten kann, dass nur die zweite Interpretation der Nachfühlen-Bedingung kompatibel mit einem angemessenen Verständnis von Empathie ist,¹⁶ würde ich dafür plädieren, dass man sich – zumindest wenn es um die für mein Verständnis von Vertrauensbeziehungen relevanten interpersonalen Prozesse geht – nicht zwischen beiden Lesarten entscheiden muss und sollte. Das liegt wiederum daran, dass mein Fokus nicht auf der Tatsache liegt, dass in Vertrauensbeziehungen Erfahrungen nachgefühlt werden, sondern darauf, dass eine Person eine andere Person versteht und auf diese Weise mit ihr einen normativen Identitätsbereich teilen kann.

Man könnte an dieser Stelle alternativ von *verstehender* oder *normativer Empathie* reden, und wenn es um so eine Art des Ein- und Nachfühlens geht, sind *beide* Modi der Bezugnahme auf eine andere Person einschlägig. Um Pauls Situation verstehen zu können, muss Eva sowohl imaginieren können, wie er sich in der entsprechenden Situation fühlt, als auch in der Lage sein, sich so lebhaft in seine Position zu versetzen, dass sie selbst die entsprechenden emotionalen Reaktionen auf diese Situation hat. Eine andere Person zu verstehen ist eine Funktion daraus, dass man nachvollziehen kann, wie sie sich in ihrer Perspektive fühlt und gleichzeitig in der Lage ist, die eigene Perspektive auf

---

15 Das entspricht der sog. ‚apprehension condition', vgl. Steinberg 2014, S. 50: „[E]mpathy involves taking up the perspective of another, which means understanding something about the content of another's mind. Specifically, it requires taking up the perspective of another such that one not only experiences a homologous state, but experiences it is as re-enactive, and can thereby attribute this mental state to another. [...] [E]mpathy involves the genuine apprehension of another person's experience."
16 Vgl. hierzu Betzler 2019.

ihre Situation einzunehmen.[17] ‚Wie fühlt er sich wohl gerade?' muss sich Eva fragen, wenn sie Paul verstehen möchte, aber sie muss sich eben auch mit der Frage ‚Wie würde ich mich in so einer Situation fühlen?' beschäftigen. Dass sie z. B. nicht verstehen kann, dass Paul einen Notfallbunker für den seiner Ansicht nach bevorstehenden Dritten Weltkrieg herrichtet, liegt dann nicht etwa daran, dass sie keinen empathischen Zugang zu Pauls Besorgnis oder Nervosität hat, sondern daran, dass sie die entsprechenden Gefühle aus ihrer eigenen Perspektive nicht verstehen kann, weil sie keinerlei Gründe für die Annahme sieht, dass es einen Dritten Weltkrieg geben wird.[18]

Eine andere Weise deutlich zu machen, inwiefern der Begriff von normativer Empathie, wie ich ihn soeben zu skizzieren versucht habe, von Bedeutung für mein Vertrauensverständnis sein könnte, besteht darin, dass man sich mit der Frage beschäftigt, was denn genau das Objekt des Verstehens in einer Vertrauensbeziehung darstellt. Die Beispiele, die im Kontext der Debatte um Empathie formuliert und diskutiert werden, legen nahe, dass eine Person, die Empathie mit einer anderen Person an den Tag legt, sich primär auf die emotionalen Erfahrungen dieser Person bezieht: Wenn ich empathisch mit einer Person bin, so die auch im Alltag weit verbreitete Idee, dann weiß ich auf eine besonders intime Weise, wie sie sich *fühlt*. Abgesehen davon kommen aber noch eine Reihe anderer mentaler Zustände – etwa Überzeugungen, Wünsche oder Wahrnehmungen – als Gegenstände von Empathie in Frage, und es sind meist auch ganze Komplexe aus mentalen Zuständen, die auf diese Weise in den Blick genommen werden, wenn die Perspektive einer anderen Person eingenommen wird.

Von besonderer Wichtigkeit ist an dieser Bestimmung die zuletzt getroffene Feststellung, dass Empathie sich in der Regel nicht auf *vereinzelte* Vorkommnisse des mentalen Haushalts von Personen bezieht, sondern auf zusammenhängende Konstellationen von mentalen Einstellungen, die zum Teil die Perspektive der betreffenden Person ausmachen. Empathie hat man z. B. nicht mit der Trauer-Episode einer Person, so die Idee, sondern mit einer ihrer Trauer-Episoden, wie

---

[17] Hoffmann redet in diesen Fällen einerseits von ‚self-focused role-taking' und andererseits vom ‚other-focused role-taking'; vgl. Hoffmann 2000, S. 54 ff.
[18] Meine skizzenhafte Rekonstruktion sollte an dieser Stelle nicht darüber hinwegtäuschen, dass es sich dabei um einen nicht selten mühsamen Prozess handelt. Es ist nicht so, dass Eva lediglich Pauls Perspektive und dann ‚zum Vergleich' ihre eigene Perspektive einnehmen muss, wenn sie Paul verstehen möchte, sondern die Hauptaufgabe besteht für sie darin, beide Perspektiven in Einklang zu bringen. Erst wenn sie – wie in der gerade angesprochenen Situation – dabei an ihre Grenzen kommt, kann sie schließen, dass sie Paul in diesem spezifischen Kontext nicht verstehen kann. Dies wiederum kann für Paul zu einer für sein Selbstverständnis wertvollen Information werden.

sie in einer Reihe anderer mentaler Zustände eingebettet ist. So wichtig ich es finde, den holistischen Charakter des Gegenstands von Empathie zu betonen, glaube ich doch, dass diese Idee – zumindest für die Rolle, die Empathie im Rahmen meines Vertrauensverständnisses spielen könnte – nicht weit genug geht. In meiner Rekonstruktion des Begriffs der Perspektive der ersten Person habe ich zentral von der Idee der Transparenz Gebrauch gemacht, der zufolge Personen, die die Perspektive der ersten Person einnehmen, sich nicht auf ihre mentalen Einstellungen, sondern – gewissermaßen durch die Einstellungen hindurch – mit Aspekten der Welt beschäftigen, auf die sich diese Einstellungen beziehen.[19] Es ist auf diese Weise, dass sie an ihrer normativen Identität als an einer um Verständnis bemühten Vorstellung von der Welt – deren Teil sie selbstverständlich auch selbst sind – arbeiten. Wenn es also im Kontext der Arbeit an der eigenen Identität und *ergo* auch im Kontext der Prozesse, die für Vertrauensbeziehungen zentral sind, um Verstehen geht, dann muss damit ein *auf die Welt gerichtetes* Verstehen gemeint sein.

Wenn Eva sich auf diese Weise darum bemüht, Paul zu verstehen, dann kann es ihr z. B. nicht nur darum gehen nachzuvollziehen, was Paul denkt, sondern sie muss gleichzeitig auch eine Auffassung davon haben, wie Paul denken sollte. Nur so kann sie zu dem Schluss kommen, dass es sich z. B. bei Pauls Überzeugung um eine unverständliche Überzeugung handelt – nicht nur für sie selbst, sondern auch für Paul. Umgekehrt kann es sein, dass die Tatsache, dass Paul etwas denkt, das Eva zweifelhaft vorkommt, sie dazu bringt, über den in Frage stehenden Sachverhalt aus Pauls Perspektive nachzudenken, ihren Zweifel abzulegen und selbst die entsprechende Meinung anzunehmen. Das alles ist nur dadurch möglich, dass sowohl Paul als auch Eva sich nicht primär mit ihren mentalen Einstellungen beschäftigen, sondern mit der Welt, auf die diese Einstellungen bezogen sind. Weil Überzeugungen die Geist-auf-Welt-Passensrichtung haben, fällt es sehr leicht, in ihrem Kontext zu sehen, worin das auf die Welt gerichtete Verstehen des Überzeugtseins einer anderen Person besteht. Aber dasselbe Merkmal lässt sich auch an den meisten anderen Einstellungstypen beobachten.

Wenn Paul traurig ist, weil sein Mietvertrag gekündigt wurde, und wenn Eva in dieser Situation Empathie an den Tag legt, dann kann man den entsprechenden Prozess im Sinne der von mir skizzierten Idee der normativen Empathie als Evas Versuch interpretieren, einen emotionalen Zustand von Paul zu verstehen. Gegen eine solche Beschreibung ist zunächst nichts zu einzuwenden; gleichzeitig verdeckt sie aber, dass es Eva – immer vorausgesetzt, dass es

---

[19] Vgl. Abschn. 3.1.

sich dabei tatsächlich um einen Fall von normativer Empathie, d. h. einer für mein Vertrauensverständnis einschlägigen Empathie-Form, handelt – nicht primär darum geht, sich mit Pauls mentalen Zuständen zu beschäftigen. Als eine um Verständnis bemühte Person möchte sie nicht nur wissen, wie Paul sich gerade fühlt, sondern es geht ihr darum, *Pauls Situation* zu verstehen. Anders gesagt: Es geht ihr um einen Aspekt der Welt und um Pauls Perspektive darauf. Gleichzeitig ist aber entscheidend, dass auch sie eine Perspektive auf diesen Aspekt der Welt haben kann und oft auch hat. Der Versuch, eine andere Person zu verstehen, beinhaltet nun eine Art intersubjektiver Vermittlungsarbeit, die sich nicht bloß auf die Kohärenz der jeweiligen Perspektiven, sondern auch darauf bezieht, worauf diese Perspektiven gerichtet sind.

Geht es auf diese Weise um Pauls Situation und nur in zweiter Linie um seinen emotionalen Zustand, so werden für Eva als einer um normative Empathie bemühten Person sehr viele Faktoren zu berücksichtigen sein, und nicht alle davon haben mit Pauls mentalen Zuständen zu tun: Es kann sein, dass Eva den Blick aus Pauls Fenster kennt und wertschätzt; vielleicht hat sie schon einmal festgestellt, wie angenehm es ist, morgens die Zeitung im Kiosk gegenüber kaufen zu können; oder sie erinnert sich an ein besonders schönes Geburtstagsfest, das Paul in der Wohnung gefeiert hat. All das sind Faktoren, die nicht direkt mit Pauls Trauer über den gekündigten Mietvertrag zu tun haben und eher der Perspektive entsprechen, die Eva auf Pauls Situation einnimmt. Gleichzeitig sind solche Faktoren ebenfalls relevant, wenn es Eva darum geht, Pauls Situation zu verstehen. Nur unter ihrer Mitberücksichtigung kann sie in einem eigentlichen Sinn *verstehen*, warum Paul so sehr an seiner Wohnung hängt und ganz besonders traurig darüber ist, sie verlassen zu müssen, während sie in dem Versuch, nur Pauls Perspektive einzunehmen, gewissermaßen auf der Stufe einer Beobachterin verbleiben würde, deren Ziel ein primär epistemisches wäre – zu wissen, *was* Paul fühlt und wie sich das, was er fühlt, *anfühlt*.

Wenn Empathie also eine Rolle in den Prozessen spielt, die ich als zentral für Vertrauensbeziehungen ausgezeichnet habe, dann muss es sich dabei um eine an Verstehen orientierte Form der Empathie handeln. Dass ich in diesem Zusammenhang von normativer Empathie gesprochen habe, liegt daran, dass es einer Person, die sich auf verstehende Weise in die Perspektive einer anderen Person einzufühlen vermag, möglich wird, das, was man im weitesten Sinne als die Gründe dieser Person bezeichnen könnte, auf eine Weise nachzuvollziehen, die nicht nur eine psychologisch-kausale bzw. erklärende Dimension hat: Wenn Eva in der skizzierten Situation normative Empathie an den Tag legt, dann versteht sie nicht nur, warum Paul auf die Kündigung seines Mietvertrags mit Trauer reagiert, so wie man verstehen könnte, was einen Serienkiller zu seinen Tötungsakten brachte, sondern sie versteht auch, inwiefern Pauls Trauer aus seiner aber auch aus ihrer Perspektive *angemessen* sein könnte, und sie hat auf diese Weise – d. h. indem sie an Pauls normativer Identität Anteil hat – ebenfalls einen Grund, traurig zu sein.

Wenn es um so eine Art des verstehenden Einfühlens geht, bin ich also einverstanden damit, Vertrauen in einen engen Zusammenhang mit Empathie zu bringen. Zu den vertrauensbezogenen Fähigkeiten, die konstitutiv für Vertrauensbeziehungen sind, würde entsprechend die Fähigkeit der normativen Empathie zählen, aber auch die Fähigkeit, auf normativ empathische Weise die Tatsache zu registrieren, dass der Vertrauenspartner in der Lage ist, im Hinblick auf einen selbst normative Empathie an den Tag zu legen.[20] Dass ich diese Erweiterung meines Vorschlags um einen – wenn auch spezifisch verstandenen – Empathiebegriff nicht nur widerwillig hinnehmen, sondern durchaus begrüßen würde, liegt in diesem Zusammenhang auch daran, dass auf diese Weise dem Missverständnis vorgebeugt werden könnte, dem zufolge Personen in Vertrauensbeziehungen nur daran interessiert sind, welche Gründe die jeweils andere Person hat. Eine andere Person zu verstehen, bedeutet demgegenüber auch – wenn doch nicht ausschließlich –, sich in sie einfühlen zu können, und diese Implikation hat der Empathiebegriff auch dann, wenn man ihn in meinem Sinne als normative Empathie versteht.

5.1.3 Vertrauen in der Fürsorgeethik

Der Begriff der Empathie, um den es mir zuletzt gegangen ist, wird oft in einen systematischen Zusammenhang mit einem Begriff gebracht, der ebenfalls in die Nähe zu meinem Verständnis von Vertrauensbeziehungen gebracht werden könnte – dem Begriff der Fürsorge („care').[21] Im Gegensatz zu dem Begriff der Empathie, den ich mir im Rahmen meiner Interpretation von Vertrauen auf qualifizierte Weise zu eigen machen kann, bin ich skeptisch, dass es sich bei dem Begriff der Fürsorge um einen integralen Bestandteil meines Vorschlags handelt, und ich möchte an dieser Stelle wenigstens andeutungsweise erläutern, worin diese Skepsis gründet.

---

[20] In dieser Hinsicht würde es sich bei dieser zweiten Fähigkeit um eine Art normative ‚Meta-Empathie' handeln. Darauf dass Vertrauen im Sinne einer Meta-Empathie verstanden werden könnte, habe ich im Rahmen der Diskussion von Slotes moralischem Sentimentalismus hingewiesen; vgl. Budnik 2015.
[21] Für den prominentesten Ansatz, der den Begriff der Empathie in den Fokus rückt und sich explizit als ein fürsorgeethischer Ansatz versteht, vgl. Slote 2007 und Slote 2010.

Vorausschicken muss ich allerdings eine terminologische Bemerkung: Ich verwende den Terminus ‚Fürsorge', weil meine Überlegungen in diesem Abschnitt sich explizit nicht damit beschäftigen sollen, was Frankfurt unter dem englischsprachigen Terminus des ‚caring' versteht. Für Frankfurt steht dieser Begriff für das Phänomen, dass uns bestimmte Dinge im Leben ganz besonders wichtig sind und uns am Herzen liegen – Dinge, mit denen wir uns identifizieren, so dass sie bestimmte ‚volitionale Notwendigkeiten' begründen können.[22] Wenn man wollte, könnte man diesen Frankfurt-Terminus in meinem Verständnis von Vertrauensbeziehungen verorten. Sein Platz wäre da zu suchen, wo es um die Arbeit von Personen an ihren normativen Identitäten geht, denn es ist sicher nicht abwegig, Frankfurts ‚carings' als die zentralen Bauteile dessen, was uns ausmacht, zu betrachten. Wenn es dann um meine These ginge, dass Personen, um in Vertrauensbeziehungen zueinander stehen zu können, *einander kennen* müssen, würde sich leicht dafür argumentieren lassen, dass ein Verstehen dessen, was meinem Vertrauenspartner in Frankfurts Sinne am Herzen liegt, zu den wichtigsten Dingen gehört, die ich kennen muss, um einen mit ihm geteilten Identitätsbereich entstehen zu lassen.[23]

Mit ‚Fürsorge' möchte ich mich stattdessen im Folgenden auf das interpersonale Phänomen beziehen, das im Rahmen der sogenannten ‚ethics of care' in den letzten Jahrzehnten besondere Prominenz erlangt hat. Wie diese Bezeichnung es schon nahelegt, handelt es sich bei Fürsorgeethiken um Positionen der normativen Ethik. Sie werden von ihren Vertretern als Alternativen zu Prinzipienethiken oder Regelethiken verstanden, wie sie sich etwa im Rahmen von deontologischen oder konsequentialistischen Ansätzen finden lassen. Eine der Kernbehauptungen der Vertreter solcher Ethiken lautet, dass es einen Fehler darstellt, davon auszugehen, dass sich Handlungsanweisungen für moralisch

---

[22] Vgl. etwa Frankfurt 1982.
[23] Anhand einer solchen Betrachtung meines Vertrauensverständnisses durch die Brille von Frankfurt könnte ich einen Gesichtspunkt herausarbeiten, der in meinen Ausführungen nicht zur Sprache gekommen ist, aber von ihnen impliziert wird: Wenn zwei Personen Dinge am Herzen liegen, die sehr weit voneinander entfernt oder gar einander entgegengesetzt sind, werden sie es extrem schwer haben, eine Vertrauensbeziehung miteinander zu führen. Das liegt daran, dass es ihnen nicht einfach fallen wird, die normative Perspektive der jeweils anderen Person verständlich zu finden, so dass nicht zu erwarten ist, dass sie sich die Gründe der jeweils anderen Person aneignen. Klarerweise kann es hier nicht um ‚carings' im Sinne von Hobbys oder belanglosen Projekten gehen, sondern es muss sich, ganz im Sinne von Frankfurt, um identitätskonstitutive ‚carings' handeln, die auf weite Bereiche der normativen Identitäten der betroffenen Personen ausstrahlen. In diesem Sinne könnte es einem z. B. schwer fallen oder sogar unmöglich sein, in einer Vertrauensbeziehung zu einem religiösen Fundamentalisten oder einem Rassisten zu stehen.

richtiges Handeln anhand der Ableitung aus allgemeinen Prinzipien bestimmen lassen, und dass wir stattdessen immer die partikularen Situationen in den Blick nehmen sollten, in denen wir mit den Bedürfnissen konkreter Individuen konfrontiert werden, die wir dann kontextsensitiv und einfühlsam befriedigen sollten.[24]

Wie man sich leicht vorstellen kann, ist das nur eine sehr oberflächliche Charakterisierung dessen, was mit Fürsorge gemeint ist. Zudem gibt es inzwischen eine ganze Armada an fürsorgeethischen Positionen, die den Begriff der Fürsorge ganz unterschiedlich bestimmen: Die wichtigsten Demarkationslinien betreffen hierbei die Frage, ob mit Fürsorge eine bestimmte Klasse von Handlungen,[25] eine bestimmte Sorte von Motiven,[26] eine Beziehungsform,[27] eine Tugend[28] oder eine wertgeschätzte Praxis[29] zu identifizieren ist. All diesen Ansätzen ist gemeinsam, dass sie Fürsorge für einen moralphilosophisch zentralen Begriff halten und entsprechend viel Mühe darauf verwenden müssen, eine Interpretation dieses Begriffs vorzulegen, die ein mit moralischen Anforderungen kompatibles Maß an Unparteilichkeit impliziert und den relevanten Kreis der Personen, denen gegenüber fürsorgliches Verhalten an den Tag zu legen ist, über den Kreis der intimen Nahbeziehungen plausibel ausweiten kann. Zudem sind fürsorgeethische Positionen standardmäßig mit dem (oft auch gegenüber tugendethischen Ansätzen formulierten) Einwand konfrontiert, dass sich auf ihrer Grundlage keine moralischen Handlungsanweisungen generieren lassen, die uns in konkreten Situationen vorschreiben würden, wie wir uns verhalten müssen, um den Anforderungen der Moral gerecht zu werden.

Mit solchen Problemen ist mein Begriff der Vertrauensbeziehung – zumindest im Hinblick auf das, was ich dazu im Rahmen dieser Arbeit behauptet habe – nicht verbunden, ganz einfach weil ich nicht davon ausgehe, dass es sich bei meiner Begriffsbestimmung um eine handelt, die mich moralphilosophisch *überhaupt irgendwie* festlegen würde. Zum anderen denke ich nicht, dass es sich bei den Begriffen der Fürsorge und der Vertrauensbeziehung auch nur um koextensive

---

[24] Vgl. etwa Held 2006, S. 11: „[T]he ethics of care rejects the view of the dominant moral theories that the more abstract the reasoning about a moral problem the better because the more likely to avoid bias and arbitrariness, the more nearly to achieve impartiality. The ethics of care respects rather than removes itself from the claims of particular others with whom we share actual relationships. It calls into question the universalistic and abstract rules of the dominant theories."
[25] Vgl. Bubeck 1995.
[26] Vgl. Slote 2007.
[27] Vgl. Ruddick 1998.
[28] Vgl. Blum 1994.
[29] Vgl. Held 2006.

Begriffe handelt. Es ist nicht ganz einfach, den Nachweis für diese Behauptung zu führen, weil es, wie angedeutet, kein einheitliches Verständnis von Fürsorge gibt und sich die systematischen Positionen in dieser Frage durchaus weit voneinander entfernen können. Ich belasse es an dieser Stelle deshalb mit dem Hinweis darauf, dass jedes plausible Verständnis von Fürsorge auch, wenn möglicherweise nicht ausschließlich, eine bestimmte Form des Verhaltens implizieren muss: Man kann sich nicht vorstellen, dass Fürsorge darin besteht, dass Personen sich nicht fürsorglich verhalten, sondern stattdessen etwa nur fürsorgliche Gefühle an den Tag legen oder fürsorgliche Motivationen haben.

Umgekehrt habe ich im Verlaufe meiner Argumentation im vierten Kapitel immer wieder betont, dass die Tatsache, dass Personen in einer Vertrauensbeziehung zueinander stehen, nicht beinhaltet, dass sie bestimmte Handlungen ausführen müssen. In dieser Hinsicht stellen Vertrauensbeziehungen eine interpersonale Struktur dar, die abstrakter ist als die Struktur der Fürsorge. Zwar beinhaltet die Tatsache des Vorliegens einer Vertrauensbeziehung, dass ihre Mitglieder die wechselseitigen Bedürfnisse auf eine angemessene Weise in ihren Deliberationen berücksichtigen (und jeweils von dieser Berücksichtigung ausgehen); in dieser Hinsicht sind Vertrauensbeziehungen tatsächlich nicht weit von fürsorglichen Beziehungen entfernt. Was aber jeweils als angemessene Berücksichtigung zu gelten hat, ist, wie ich im vierten Kapitel ausgeführt habe, von Fall zu Fall unterschiedlich und auch kompatibel damit, dass mein Vertrauenspartner eben nicht meine Bedürfnisse stillt bzw. sich jederzeit meinen Erwartungen entsprechend verhält. Die Erwartungen an einen Vertrauenspartner gehen also mit größeren Ermessensspielräumen einher als die Erwartungen, die typischerweise an Personen gestellt werden, die fürsorglich sein sollen. Zudem handelt es sich bei dem Begriff der Vertrauensbeziehung, so wie ich ihn entwickelt habe, um einen Begriff, der eine Reziprozität der Beziehungspartner impliziert: Es macht keinen Sinn, davon auszugehen, dass du meine Bedürfnisse auf angemessene Weise in deinen Deliberationen berücksichtigen wirst, ohne zu denken, dass du davon ausgehst, dass auch ich deine Bedürfnisse auf diese Weise als normativ relevant betrachten werde. Nichts an dem Begriff der Fürsorge beinhaltet eine solche Wechselseitigkeit; es scheint völlig unproblematisch, sich einen fürsorglichen Elternteil vorzustellen, der nicht auf die Fürsorge des eigenen Kindes zählen kann.

Es gibt also systematische Gründe gegen die These, dass die Begriffe der fürsorglichen Beziehung und der Vertrauensbeziehung koextensiv sind, bzw. dass der Begriff der Vertrauensbeziehung den Begriff der Fürsorge beinhaltet. Umgekehrt ist es aber gar nicht mal so unplausibel, dafür zu argumentieren, dass der Begriff der Fürsorge einen auf meine Weise verstandenen Vertrauensbegriff impliziert. Wenn das zutreffen würde, könnte ich mich auf den systematischen Standpunkt stellen, dass meine Vertrauensinterpretation nicht mit den Problemen belastet ist, mit denen sich Fürsorge-Theoretiker auseinandersetzen müssen, dass einem aber – wenn man denn eine Ethik der Fürsorge vertritt – in meinem Vertrauensverständnis eine attraktive Interpretation einer notwendigen Bedingung für Fürsorge zur Verfügung steht. Wie lässt sich eine solche Behauptung verteidigen?

Erstens könnte man an dieser Stelle darauf hinweisen, dass Vertreter von Fürsorgeethiken ohnehin immer wieder selbst darauf hinweisen, dass Vertrauensbeziehungen eine Voraussetzung von fürsorglichen Beziehungen darstellen.[30] *Zweitens* betonen diejenigen Vertreter von Fürsorgeethiken, die ein besonderes Gewicht auf fürsorgliches Handeln legen, den interaktiven Aspekt von Fürsorge, der direkte Interaktionen beinhaltet;[31] eines der zentralen Unterscheidungsmerkmale meines Vertrauensverständnisses besteht aber gerade in der Auffassung, dass Personen einander nur dann vertrauen können, wenn es ein Muster an Interaktionen zwischen ihnen gegeben hat. *Drittens* machen Vertreter von Fürsorgeethiken immer wieder und an zentraler Stelle darauf aufmerksam, dass es bei Fürsorge darum geht, die Perspektive der umsorgten Person einzunehmen, um ihre Einstellungen auf eine besonders intime Weise verstehen und nachfühlen zu können;[32] wie bereits im Zusammenhang meiner Diskussion des Verhältnisses von Vertrauen und Empathie deutlich wurde, besteht eine wesentliche Komponente von Vertrauensbeziehungen in der Fähigkeit ihrer Teilnehmer, sich empathisch in die Perspektiven ihrer jeweiligen Vertrauenspartner zu versetzen. Schließlich habe ich *viertens* einen Vertrauensbegriff entwickelt, bei dem sich die Vertrauenspartner *de re*, d. h. als partikulare Personen, aufeinander beziehen und nicht in dem Sinne selbstloses Verhalten an den Tag legen, wenn sie etwas um der anderen Person willen tun, dass sie dabei in Konflikt mit ihren eigenen normativen Identitäten geraten würden; auch die meisten

---

[30] Vgl. etwa Noddings 1984, S. 65: „The attitude of warm acceptance and trust is important in all caring relationships." Vgl. auch Kittay 1999, 35: „The relationship between the dependency worker and her charge is importantly a relationship of trust." Sowohl für Noddings als auch für Kittay gilt allerdings, dass sie extrem asymmetrische Formen der Fürsorge in den Blick nehmen und entsprechend wenig systematisches Interesse an dem von mir vorgeschlagenen Vertrauensverständnis haben dürften.

[31] Vgl. Bubeck 1995, S. 129: „Caring for is the meeting of the needs of one person by another person, where face-to-face interaction between carer and cared-for is a crucial element of the overall activity."

[32] Vgl. Held 2006, S. 31: „Close attention to the feelings, needs, desires, and thoughts of those cared for, and a skill in understanding a situation from that person's point of view, are central to caring for someone."

Positionen in der Fürsorgeethik betonen so einen partikularen Aspekt der fürsorglichen Beziehung; zudem kann mein Verständnis des Zusammenhangs von Vertrauen und Identität helfen, diejenigen Positionen zu stützen, die davon ausgehen, dass Fürsorge sich nicht als Selbstaufopferung verstehen lässt, sondern in einem gewissen Sinne auch in den Interessen der fürsorglichen Person begründet ist.[33]

Wer eine Ethik der Fürsorge vertritt, könnte also durchaus davon profitieren, das der Fürsorge zugrunde liegende Vertrauen auf die von mir im Rahmen dieser Arbeit vorgeschlagene Weise zu verstehen. Ein problematischer Aspekt an Fürsorgeethiken, bei dem meine Vertrauenstheorie allerdings kaum Abhilfe schaffen wird, betrifft den bereits eingangs dieses Abschnitts angesprochenen Aspekt der Parteilichkeit, der in der Haltung der Fürsorge fest verwurzelt zu sein scheint und in einem Spannungsverhältnis zu Fürsorgeethik als einer Position der Moralphilosophie steht. Wer eine solche Position vertreten und gleichzeitig an dem von mir vorgeschlagenen Vertrauensverständnis als Bedingung für Fürsorge festhalten möchte, gerät insofern in eine prekäre Position, als eine Implikation dieses Vertrauensverständnisses darin besteht, dass nur Personen, die sich persönlich kennen, eine Vertrauensbeziehung miteinander führen können. Als Grundlage für eine Moraltheorie ist das sicher zu dünn, vor allem wenn man eine globale Fürsorgeethik zu vertreten gedenkt.[34] Ich halte die Ausweitung meines Vertrauensverständnisses auf Beziehungen zwischen Unbekannten zwar für möglich, allerdings würde ein solches Manöver eine systematische Neubestimmung des Begriffs der Beziehung erfordern und eine Reflexion darauf beinhalten müssen, was es etwa heißen kann, in einer Beziehung zu Mitgliedern der moralischen Gemeinschaft zu stehen. Mein Ziel im Rahmen dieser Arbeit ist allerdings weniger anspruchsvoll, und so muss es an dieser Stelle dabei bleiben, dass ich einen Vertrauensbegriff entwickelt habe, der zwar im weitesten Sinne ethische aber keine genuin moralischen Implikationen hat.[35]

---

33 Vgl. Held 2006, S. 12, Herv. im Orig.: „Those who conscientiously care for others are not seeking primarily to further their own *individual* interests; their interests are intertwined with the persons they care for. Neither are they acting for the sake of *all others* or *humanity in general*; they seek instead to preserve or promote an actual human relation between themselves and *particular others*. Persons in caring relations are acting for self-and-other together. Their characteristic stance is neither egoistic nor altruistic." Vgl. auch Blum 1994, S. 195: „In contrast to altruism, „community" and „friendship," for example, are relations in which concern for others, though not reduced to self-interest, is not separable from concern for self. To be concerned for a friend, or for a community with which one closely identifies and of which one is a member, is to reach out not to someone or something wholly other than oneself but to what shares a part of one's own self and is implicated in one's sense of one's own identity."
34 Vgl. wiederum Held 2006, insbes. Kap. 10.
35 Vgl. allerdings meine Ausführungen in Abschn. 6.3.

5.1.4 Tugendhaftes Vertrauen

Mit der zuletzt formulierten Selbstverortung bewege ich mich bereits im Bereich meiner nächsten begrifflichen Abgrenzung, in der es um den Begriff der Tugend geht. Die klassischen Tugendlisten sind zum Teil sehr disparat,[36] aber es fällt auf, dass sich auf ihnen weder Vertrauen noch Vertrauenswürdigkeit finden lassen. Dem gegenüber lässt sich behaupten, dass es sich bei Vertrauen zum einen um etwas handelt, das plausibel als wesentlicher Bestandteil von Liebe oder Freundschaft, also zentralen Tugenden der Antike und des Christentums, betrachtet werden kann. Zum anderen würden wir zumindest intuitiv davon ausgehen, dass die Tatsache, dass eine Person eine oder mehrere Vertrauensbeziehungen führt, dazu beiträgt, dass es sich bei ihrem Leben um ein gelungenes Leben handelt. Zu dem zuletzt genannten Punkt werde ich noch mehr zu sagen haben, wenn es am Ende dieses Kapitels um die Frage nach dem Wert von Vertrauen gehen wird. Was den ersten Punkt angeht, lässt sich zumindest geltend machen, dass die Tatsache, dass Vertrauen eine Voraussetzung für etwas darstellt, dass als Tugend aufgefasst werden kann, noch nicht dafür spricht, dass es selbst eine Tugend ist: Gemeinsame Aktivitäten sind etwa eine Voraussetzung für Freundschaft, und niemand würde auf die Idee kommen, dass eine gemeinsame Aktivität (oder die Disposition, sie zu unternehmen) eine Tugend darstellt.

Meine Skepsis im Hinblick auf die These, Vertrauen sei eine Tugend, hat allerdings noch einen anderen Grund. Bei Tugenden handelt es sich typischerweise um Verhaltensdispositionen. Während man Vertrauenswürdigkeit noch plausibel im Sinne einer solchen Disposition interpretieren kann, fällt das bei ihrem ‚Gegenstück' schon nicht so einfach: Wir haben im Verlauf meiner Argumentation gesehen, dass Vertrauen gewöhnlich als eine mentale Einstellung betrachtet wird, und ich selbst vertrete die These, dass es als eine Beziehung zu verstehen ist; die These, dass Vertrauen eine tugendhafte Disposition oder Charaktereigenschaft darstellt, klingt vor diesem Hintergrund zumindest etwas schief. Aber selbst wenn wir einen neuen Terminus einführen würden, der etwa die Disposition bezeichnen sollte, sich in den richtigen Situationen und auf angemessene Weise darauf zu verlassen, dass der Partner in einer Vertrauensbeziehung einen auf angemessene Weise berücksichtigen wird, würde mein Problem mit so einer Auffassung darin bestehen, dass sie die Phänomene des Vertrauens und der Vertrauenswürdigkeit letzten Endes immer noch in den individuellen Dispositionen der betreffenden Individuen zu verorten versucht. Ich glaube zwar, dass Vertrauensbeziehungen bestimmte Dispositionen auf Seiten ihrer Teilnehmer

---

36 Vgl. hierzu MacIntyre 1981, S. 181 ff. oder Nussbaum 1988, S. 32 ff.

voraussetzen – meine Ausführungen zur Genese von Vertrauensbeziehungen sprechen in dieser Hinsicht eine deutliche Sprache –, aber ich halte es für verfehlt, sie auf das Vorliegen solcher individueller Dispositionen reduzieren zu wollen. Wenn an meiner Argumentation im vierten Kapitel etwas dran ist, dann handelt es sich bei Vertrauen eben um ein relationales Phänomen, das am besten eingefangen wird, indem man es im Sinne einer Vertrauensbeziehung versteht.

An dieser Stelle könnte ich meine Ausführungen zum Zusammenhang von Vertrauen und Tugend einfach beenden, aber ich denke, dass ich auf diese Weise die Gelegenheit zu einigen interessanten Präzisierungen meiner Interpretation von Vertrauen verpassen würde. Ich möchte mich deshalb trotz meiner gerade zum Ausdruck gebrachten Skepsis in die Position von jemandem versetzen, der an der Auffassung festhalten möchte, dass Vertrauen als Tugend zu betrachten ist. Ich werde dabei zunächst andeuten, auf welche Weise mein Vertrauensverständnis einen zu dieser Auffassung verleiten könnte, bevor ich in einem zweiten Schritt zwei Einwände dagegen formulieren und wiederum andeuten werde, wie man mit ihnen umgehen könnte, wenn man daran festhalten möchte, dass Vertrauen eine Tugend ist.[37]

Wie könnte man also auf die Idee kommen, dass meine Interpretation von Vertrauen und Vertrauensbeziehungen in einem engen Zusammenhang mit dem Begriff der Tugend steht? Ich denke, der Hauptgrund dafür ist in meiner Einführung des Begriffs der vertrauensbezogenen Fähigkeiten zu suchen. Bereits der Weg, den ich dazu im Rahmen meiner Ausführungen im dritten Kapitel beschritten habe, lässt einen unmittelbar an Tugenden denken: Immerhin habe ich mich an dieser Stelle zunächst mit dem Fall des Vertrauens beschäftigt, das Personen in sich selbst setzen und in diesem Zusammenhang von akteursbezogenen Fähigkeiten gesprochen. Diese Fähigkeiten, die etwa auf Phänomene wie Willensstärke und Handlungskonsistenz abzielen, lassen sich nun relativ mühelos im Sinne von Tugenden interpretieren. *Cum grano salis* lassen sich darin Spuren der aristotelischen *phronēsis* oder der kantischen Beständigkeit[38] wiederfinden. Wenn nun vertrauensbezogene Fähigkeiten wesentliche strukturelle Merkmale mit solchen akteursbezogenen Fähigkeiten teilen, wie ich argumentiert habe, dann liegt der

---

37 Ein Bereich, in dem die Verbindung zwischen Vertrauen und Tugend systematisch eine wichtige Rolle spielt, findet sich in der Tugendepistemologie. Da ich mich im Rahmen dieser Arbeit nicht ausführlich auf die erkenntnistheoretische Dimension der Vertrauensproblematik und alles, was mit dem Thema der Rechtfertigung von ‚testimony' zu tun hat, beziehen kann, werde ich diese Positionen an dieser Stelle außen vor lassen, vgl. aber Fricker 2007, S. 79 ff. oder Faulkner 2014.
38 Vgl. Wielenberg 2006, S. 463 ff.

Verdacht nahe, dass es sich auch bei interpersonalem Vertrauen um eine Tugend handeln könnte.

Der Begriff der Fähigkeiten mag an dieser Stelle allerdings etwas missverständlich sein. Ich habe im Verlaufe meiner Ausführungen im dritten und vierten Kapitel absichtlich nicht von Tugenden oder auch nur Dispositionen gesprochen, um problematische Implikationen meines Vertrauensverständnisses zu vermeiden. Schließt aber eine Interpretation von Vertrauen, die eine bestimmte Sorte von *Fähigkeiten* ins Zentrum stellt, nicht auf mindestens ebenso problematische Weise aus, dass es sich dabei um ein mit Tugend zusammenhängendes Phänomen handelt? Immerhin scheint der Begriff der Fähigkeit in den Bereich dessen zu fallen, was Aristoteles als ‚Herstellungswissen' (*technē*) bezeichnet und explizit vom Begriff der Tugend abgrenzt. Dabei handelt es sich allerdings nur oberflächlich um ein Problem. Ich habe ja sowohl die akteursbezogenen als auch die vertrauensbezogenen Fähigkeiten explizit von lediglich technischen Fähigkeiten abgegrenzt, und diese Abgrenzung lässt zumindest einen gewissen Spielraum für eine tugendethische Interpretation.

Das lässt sich besonders gut erkennen, wenn man das Argument bedenkt, mit dem Aristoteles zeigt, dass Herstellungswissen von Tugenden wie der *phronēsis* zu unterscheiden ist: Wenn es um *technē* geht, dann sind freiwillige Fehler unfreiwilligen Fehlern vorzuziehen: Wenn ich ein Gitarren-Solo von Jimi Hendrix nachspiele und absichtlich eine Note hinzufüge, dann könnte das sogar ein Grund sein, mich als Gitarrenspieler zu bewundern, während man mir die Abweichung vom Original als Versagen ankreiden könnte, wenn sie nicht absichtlich erfolgt ist. Im Bereich der Tugenden, so Aristoteles, verhält es sich aber genau umgekehrt:[39] Hier würden wir nicht sagen, dass eine Person, die absichtlich einen Fehler gemacht hat, besser ist als eine, die sich auf unabsichtliche Weise entgegen dem Ziel der Tugend verhalten hat.[40] Ein Händler, der einem Kunden absichtlich zu wenig Geld herausgegeben hat, ist schlechter als ein Händler, der dies unabsichtlich getan hat.[41] Ganz genauso verhält es sich mit Vertrauen und vertrauensbezogenen Fähigkeiten: In einer Situation, in der ich die Erwartungen eines Freundes absichtlich

---

39 Vgl. *NE*.VI.1140b22-1140b25: „Und beim Herstellungswissen würde man den, der absichtlich einen Fehler macht, vorziehen, bei der Klugheit weniger, wie auch bei den charakterlichen Tugenden. Es ist also deutlich, dass die Klugheit eine Art von Tugend und nicht ein Herstellungswissen ist."

40 Vgl. Swanton 2001, S. 388 ff. zur Frage, was ein ‚target of virtue' ist, bzw. wie man sich als tugendhafte Person entgegen der Tugend (oder als ‚tugendlose' Person entsprechend der Tugend) verhalten kann.

41 Vgl. auch Foot 1978, S. 8: „If a man acts unjustly or uncharitably, or in a cowardly or intemperate manner, ‚I did it deliberately' cannot on any interpretation lead to exculpation. So, we may say, a virtue is not, like a skill or an art, a mere capacity: it must actually engage the will."

nicht auf angemessene Weise berücksichtige, wird der Freund mir zu Recht einen Vorwurf machen können, während das nicht der Fall sein wird, wenn mir einfach ein entsprechendes Missgeschick passiert ist: ‚Ich habe es aber absichtlich getan' ist keine gute Entschuldigung für die Verletzung von Erwartungen in einer Vertrauensbeziehung, und diese Tatsache passt sehr gut zu einer tugendethischen Interpretation von Vertrauen.

In meiner Rekonstruktion der vertrauensbezogenen Fähigkeiten habe ich zudem auf zwei Merkmale dieser Fähigkeiten ein besonderes Gewicht gelegt, die eine solche Interpretation zusätzlich stützen. Zum einen habe ich darauf aufmerksam gemacht, dass die Ausübung solcher Fähigkeiten insofern einen ‚partikularistischen' Charakter hat, als sie sich nicht im Sinne des Befolgens allgemeiner Regeln bestimmen lässt: Teilnehmer an Vertrauensbeziehungen müssen kontextsensitiv und von Fall zu Fall entscheiden, was jeweils als angemessene Berücksichtigung der Tatsache, dass etwas von ihnen erwartet wird (bzw. der Tatsache, dass der Vertrauenspartner einen auf angemessene Weise berücksichtigt), zu gelten hat. Zum anderen – und damit zusammenhängend – habe ich betont, dass vertrauensbezogene Fähigkeiten in einem temporal ausgedehnten Prozess eingeübt werden müssen, indem man sie in konkreten Interaktionen innerhalb einer auf diese Weise entstehenden Vertrauensbeziehung an den Tag legt: Vertrauen entsteht nicht von einem Tag auf den anderen, sondern wir müssen in Vertrauensbeziehungen hineinwachsen, indem wir unsere Vertrauenspartner immer besser kennenlernen und so die Situationen, in die sie geraten können, auf angemessene Weise verstehen lernen.

In diesen beiden Hinsichten gleichen vertrauensbezogene Fähigkeiten der klassischen Vorstellung einer Tugend. Zumindest in der aristotelischen Tradition wird davon ausgegangen, dass Tugenden kein blindes Regelfolgen darstellen[42] und in einem Prozess der Sozialisation eingeübt werden müssen.[43] Genau das sind denn auch die Gesichtspunkte, unter denen Tugenden eine Ähnlichkeit zu technischen Fähigkeiten aufweisen, von denen sie dann, wie soeben angedeutet, auf andere Weise wiederum abgegrenzt werden. Aristoteles verwendet sogar explizit und auf ganz ähnliche Weise, wie ich dies bei meiner Rekonstruktion der

---

42 Vgl. etwa Striker 2006, S. 133: „Decisions, just like perceptions, concern particulars, and this is taken to mean that the virtuous man will simply ‚see' what needs to be done, without appeal to any rules. So defenders of this anti-Kantian view insist that Aristotle offers no rules or standards of rightness for decisions because he thinks there can be no such thing."
43 Vgl. etwa Annas 2004, S. 70: „We all start with some conventional grasp of virtue that we pick up as we grow up from parents, teachers, and so on. It is up to us to recognize at this point that we are learners, and so to aspire to improve. To the extent that we do, we are on the way to becoming more fully virtuous."

akteursbezogenen Fähigkeiten im dritten Kapitel getan habe, eine Analogie zu den technischen Fähigkeiten des Bauens bzw. des Spielens eines Instruments, um diesen Charakter von Tugenden herauszustreichen:[44] Wer tapfer werden will, kann sich nicht abstrakt überlegen, welche Kriterien eine tapfere Handlung zu erfüllen hat oder entsprechende Vorgaben wie aus einem Handbuch erlernen wollen, sondern muss immer wieder, orientiert an Personen, die schon tapfer sind, den Versuch unternehmen, Tapferkeit in konkreten Situationen an den Tag zu legen.

Man könnte an dieser Stelle einwenden, dass ich doch behauptet habe, dass man vertrauensbezogene Fähigkeiten immer nur mit Bezug auf konkrete Personen, zu denen man in einer Vertrauensbeziehung steht, erlernen kann, während das bei Tugenden nicht der Fall sei: Was es etwa heißt, dass man wohltätig ist, lernt man, indem man wohltätige Handlungen ausführt, und da müsste es doch egal sein, *wem gegenüber* man Wohltätigkeit an den Tag legt. An diesem Einwand ist etwas dran, und ich glaube, dass er mit dem generellen Unbehagen zusammenhängt, das ich eingangs dieses Abschnitts bezüglich der These, Vertrauen sei eine Tugend, zum Ausdruck gebracht habe.

Gleichzeitig lässt sich aber im Rahmen eines tugendethischen Ansatzes dafür argumentieren, dass der angesprochene Lernprozess das Verständnis von bestimmten Handlungskontexten beinhaltet, und dass es sich bei diesem Verständnis um ein jeweils *individuelles* Verständnis handelt. Auf diese Weise macht etwa Julia Annas im Rahmen ihres tugendethischen ‚Entwicklungsansatzes' im Hinblick auf technische Fähigkeiten plausibel, dass es einer Person, die etwa die Fähigkeit des Klavierspiels auf exzellente Weise beherrschen möchte, nicht darum gehen kann, Alfred Brendel zu imitieren. Stattdessen muss sie versuchen, *ihr eigenes* Verständnis dieser Praxis zu vervollkommnen, und so verhält es sich Annas zufolge auch mit Charaktertugenden.[45] Diesen Vorschlag aufgreifend, ließe sich nun argumentieren, dass es einerseits auch bei Vertrauen und Vertrauenswürdigkeit darum geht, ein eigenes Verständnis des Handlungszusammenhangs zu entwickeln, in dem die entsprechenden Dispositionen im Sinne

---

44 Vgl. *NE*.II.1103a34-1103b3: „Zum Beispiel wird man Baumeister dadurch, dass man baut, Kitharaspieler dadurch, dass man die Kithara spielt. So werden wir auch gerecht dadurch, dass wir Gerechtes tun, mäßig dadurch, dass wir Mäßiges, und tapfer dadurch, dass wir Tapferes tun."

45 Vgl. Annas 2004, S. 69f.: „Suppose I aim to be an expert piano player, and take Alfred Brendel as my role model. Clearly I am making a mistake if I think that I will learn to ‚play like Alfred Brendel' if I listen obsessively to his recordings, copy his mannerisms, play only pieces he performs. The development from learner to expert essentially involves acquiring *your own* understanding of the field you are learning. [...] Similarly, each of us has to do the work in our own case, aiming to become a virtuous person with understanding and not just derivative copying of others."

einer Tugend zu vervollkommnen sind, und andererseits dieser Handlungszusammenhang auch in dem Sinne ‚personenspezifisch' zu verstehen ist, dass er über die Beziehung zu einem konkreten Vertrauenspartner individuiert wird. Das würde wiederum implizieren, dass Vertrauen – als Tugend verstanden – nicht oder zumindest nicht vollständig in Abstraktion von der Person zu erlernen bzw. einzuüben ist, zu der man in einer Vertrauensbeziehung steht.

Bevor ich zu gewichtigeren Einwänden gegen die Annahme eines allzu engen Zusammenhangs zwischen Vertrauen und Tugend komme, möchte ich noch auf zwei weitere Überlegungen hinweisen, die einen zu so einer Annahme verleiten könnten. Zum einen könnte man, ausgehend von der notorisch problematischen aristotelischen Doktrin von der Tugend als Mitte zwischen zwei Extremen,[46] dafür argumentieren, dass auch Vertrauen und Vertrauenswürdigkeit eine solche Mittelposition einnehmen. Wer auf angemessene Weise vertraut, ließe sich etwa behaupten, vermeidet die Extreme der Leichtgläubigkeit und Naivität auf der einen und der übertriebenen Skepsis auf der anderen Seite; Vertrauenswürdigkeit als angemessene Reaktion auf die Tatsache, dass man mit bestimmten Erwartungen einer anderen Person konfrontiert ist, ließe sich entsprechend als Mitte zwischen eigenbrötlerischer Gleichgültigkeit und zur Selbstaufgabe neigender Servilität bestimmen. An dieser Stelle möchte ich dahingestellt sein lassen, ob man mit solchen Argumenten tatsächlich das Wesen von Vertrauen einzufangen vermag und stattdessen auf einen letzten Gesichtspunkt hinweisen, der zumindest für eine systematische Nähe der Vertrauensproblematik zu tugendethischen Überlegungen spricht.

Er betrifft die von mir bereits im vierten Kapitel angesprochene Tatsache, dass Personen, die in einer Vertrauensbeziehung zueinander stehen und über einen langen Zeitraum Gelegenheit hatten, die für ihre Beziehung einschlägigen vertrauensbezogenen Fähigkeiten einzusetzen – ähnlich Sportlern oder Musikern, die Meister ihres Fachs geworden sind –, einen Zustand erreichen können, in dem ihnen die Ausübung dieser Fähigkeiten zu einer ‚zweiten Natur' geworden ist. Einen solchen Zustand wird man nicht ohne Weiteres in einer nicht-intimen Beziehung erreichen, aber zumindest was funktionierende Freundschaften und Liebesbeziehungen angeht, kennen wir alle interpersonale Zusammenhänge, in denen man sich ‚blind versteht', und in denen die Teilnehmer einer Vertrauensbeziehung keine bewussten oder gar anstrengenden Versuche unternehmen müssen, den in solchen Beziehungen anzutreffenden Ansprüchen gerecht zu

---

46 Vgl. für eine Kritik Hursthouse 2006; für eine exzellente Rekonstruktion, die dieser Doktrin einen systematischen Sinn abzugewinnen versucht, vgl. Rapp 2006.

werden. In solchen Konstellationen ist man so ‚in tune' miteinander,⁴⁷ dass man kaum merkt, wie man die Dinge tut, die die Beziehung von einem fordert.

Genau so ein Zustand der Mühelosigkeit und Selbstverständlichkeit zeichnet nach vielen Autoren auch das Handeln von vollständig tugendhaften Personen aus. Philippa Foot redet in diesem Zusammenhang von Tugenden als ‚Dispositionen des Herzens' und behauptet, dass in den skizzierten Situationen eine Einheit des Wünschens, Beabsichtigens und Handelns vorliegt,⁴⁸ während Michael Stocker seine an der Vorstellung eines guten Lebens orientierte Alternative zu ‚modernen Moraltheorien' über eine „harmony between one's motives and one's reasons, values, justifications" (Stocker 1976, S. 453) kennzeichnet. Besonders instruktiv ist in diesem Zusammenhang Stockers oft bemühtes Beispiel einer Person, die, im Krankenhaus liegend, Besuch von einem Freund bekommt, nur um bald herauszufinden, dass der Besucher aus Pflichtgefühl handelt.⁴⁹ Die in diesem Szenario involvierte ‚Schizophrenie' charakterisiert Stocker über die Merkmale der Externalität und des Unpersönlichen.⁵⁰ Eben diese Merkmale verschwinden, sobald man die Situation aus der Perspektive einer Tugend wie Freundschaft betrachtet, aber sie verschwinden auch, wenn man das Krankenhaus-Szenario im Sinne einer Interaktion innerhalb einer Vertrauensbeziehung versteht: Wenn ich vertrauensbezogene Fähigkeiten im Hinblick auf einen im Krankenhaus liegenden Freund an den Tag legen kann, dann bedeutet das, dass ich ihn besuchen werde, weil ich mich in seine Perspektive einfühlen und sein

---

47 Ich wähle diesen Ausdruck nicht ganz ohne Hintergedanken, weil er darauf anspielt, dass in solchen Zusammenhängen wiederum Empathie am Werk sein muss; vgl. etwa Deonna 2007, wo als eine Bedingung für das Vorliegen von Empathie gefordert wird, dass eine Person sich ‚in tune' mit einer anderen Person fühlen muss.
48 Vgl. Foot 1978, S. 4f.: „For sometimes a man succeeds where another fails not because there is some specific difference in their previous conduct but rather because his heart lies in a different place; and the disposition of the heart is part of virtue. [...] What this suggests is that a man's virtue may be judged by his innermost desires as well as by his intentions; and this fits with our idea that a virtue such as generosity lies as much in someone's attitudes as in his actions."
49 Vgl. Stocker 1976, S. 462: „But the more you two speak, the more clear it becomes that he was telling the literal truth: that it is not essentially because of you that he came to see you, not because you are friends, but because he thought it his duty, perhaps as a fellow Christian or Communist or whatever, or simply because he knows of no one more in need of cheering up and no one easier to cheer up."
50 Vgl. Stocker 1976, S. 459, 460 und 462. Besonders interessant für den Kontext dieser Arbeit ist, dass man Stockers Begriff der ‚externality' durchaus auch im Sinne einer *drittpersonalen* Perspektive lesen kann, wie ich sie als Kontrast zu meiner Bestimmung von Vertrauen verwendet habe.

Bedürfnis nach Gesellschaft fast wie mein eigenes verspüren kann; in so einem Fall müsste ich nicht mehr groß nachdenken, warum ich mich auf den Weg ins Krankenhaus mache, und die Frage nach einer Rechtfertigung meines Handelns würde beinahe seltsam oder – um einen anderen Klassiker der Kritik an modernen Moraltheorien zu bemühen – wie „one thought too many" (Williams 1976, S. 214) wirken.

Es gibt also durchaus systematische Gründe für die Annahme, dass das von mir im Rahmen dieser Arbeit entwickelte Verständnis von Vertrauen und Vertrauensbeziehungen eine gewisse Nähe zu tugendethischen Ansätzen aufweist. Wer tatsächlich eine Tugendethik als Alternative zu einem deontologischen oder konsequentialistischen Ansatz vertreten und in ihrem Rahmen auch eine mit Vertrauensbeziehungen zusammenhängende Tugend konzeptualisieren möchte, ist allerdings mit mindestens zwei Problemen konfrontiert, die ich an dieser Stelle jeweils nur kurz rekonstruieren kann, bevor ich die Strategien andeute, wie sich mit ihnen umgehen ließe.

Das erste Problem stellt im Grunde eine Variante eines Einwands dar, mit dem sich tugendethische Ansätze mindestens seit ihrem Wiederaufleben in der Mitte des 20. Jahrhunderts haben beschäftigen müssen. Es betrifft die Tatsache, dass man etwas, von dem man annimmt, dass es eine Tugend ist, auch an den Tag legen kann, um Dinge zu tun, von denen man intuitiv urteilen würde, dass sie verwerflich bzw. inkompatibel mit dem Verhalten einer tugendhaften Person sind.[51] Zumindest auf den ersten Blick scheint es möglich, dass ein Mörder Tapferkeit an den Tag legt oder dass ein Dieb wie Robin Hood sich wohltätig verhält, indem er das Diebesgut an Bedürftige verteilt. Das Problem betrifft demnach die Tatsache, dass Tugenden offenbar zur Realisierung von lasterhaften Handlungen beitragen oder miteinander in Konflikt stehen können, und eine ganz ähnliche Spannung würde man feststellen müssen, wenn es sich bei Vertrauen um eine Tugend halten würde.

Wir haben bereits gesehen, dass der offensichtliche Nutzen von Vertrauensbeziehungen darin besteht, dass Personen sich auf ihrer Grundlage sehr einfach und ‚kostengünstig' aufeinander verlassen können. Vertrauensbeziehungen ermöglichen und erleichtern demnach Kooperation, aber nichts spricht dafür, dass es sich bei Kooperationen, die auf Vertrauen beruhen, immer nur um Kooperationen handelt, die auf moralisch unbedenkliche Ziele gerichtet sind. Wenn wir an die größten Schurken der Weltgeschichte denken, scheint es nicht ausgeschlossen, dass sie ihre Schandtaten wenigstens teilweise in Zusammenarbeit mit Personen vollbracht haben, zu denen sie in einer Vertrauensbeziehung stan-

---

51 Vgl. etwa Foot 1978, S. 14 ff. oder Hursthouse 1996, S. 27 ff.

den. Wollten wir abstreiten, dass Bonnie und Clyde einander vertraut haben, nur weil sie gemeinsam geraubt und gemordet haben? Es ließen sich viele weitere solcher Beispiele anführen, genauso wie Beispiele, in denen Vertrauen mit einer anderen Tugend kollidiert: Verhält sich eine Ärztin etwa nicht auf eine im Sinne der ‚Vertrauenstugend' exzellente Weise, wenn sie einem todkranken Freund außer der Reihe ein Spendeorgan implantiert? Ist jemand, der die Aufklärung eines Verbrechens verhindert, weil er Stillschweigen versprochen hat, eine vertrauenswürdige Person oder ein Schurke?

Dass solche Beispiele tatsächlich ein systematisches Problem für Ansätze darstellen, die Vertrauen als Tugend betrachten, lässt sich auch daran sehen, dass sie problematische Implikationen im Hinblick auf Personen haben, die in gleichen Situationen anders gehandelt hätten: Würden wir von einer Ärztin, die sich in der skizzierten Situation an die Spielregeln der Organallokation hält, wirklich sagen wollen, sie sei weniger vertrauenswürdig als die Ärztin, die ihren Freund bevorzugt behandelt? Sind Politiker, die in einer Spendenaffäre Aussagen vor einem Untersuchungsausschuss machen, obwohl sie sich anderen Personen gegenüber zur Verschwiegenheit verpflichtet haben, tatsächlich ‚defekt' im Hinblick auf eine Tugend, nämlich die Tugend der Vertrauenswürdigkeit? Und würden wir von Bonnie und Clyde oder anderen ‚partners in crime' sagen, dass sie eine Exzellenz des Charakters aufweisen, nur weil sie sich bei jedem Überfall auf eine Tankstelle bedingungslos aufeinander verlassen können?

Wie lässt sich auf diese Probleme reagieren? Ich habe bereits angedeutet, dass tugendethische Ansätze sich nicht erst seit gestern mit dieser Frage beschäftigen müssen, und es kann mir an dieser Stelle nicht darum gehen, die Diskussion, die in diesem Zusammenhang geführt wird, zu rekonstruieren und kritisch zu würdigen. Für den vorliegenden Kontext mag der Hinweis auf eine klassische Strategie zur Lösung solcher Probleme genügen. Sie besteht in der Annahme, dass es gar nicht sein kann, dass Personen eine Tugend an den Tag legen, wenn sie eine verwerfliche Handlung ausführen, oder dass Tugenden in einen Konflikt miteinander geraten: Die Handlungen der tugendhaften Person sind auf ein bestimmtes Ziel – die *eudaimonia* oder das gute Leben – gerichtet, und ihre Verhaltensdispositionen harmonieren miteinander, um dieses Ziel zu erreichen. Die Tugenden hat man dabei nicht in dem Sinne vereinzelt, dass man die Tugend des eines Typs haben und die Tugend eines anderen Typs nicht haben kann, sondern sie werden als ‚Gesamtpaket' erworben und stellen eine untrennbare Einheit dar.[52]

---

[52] Für die verschiedenen Varianten der These von der ‚Einheit der Tugenden' und ihre Diskussion vgl. etwa Wolf 2007 oder Annas 2011, S. 87 ff.

Ich kann entsprechend nur dann die Tugend der Tapferkeit haben, wenn ich auch die anderen Tugenden und unter ihnen die Tugend der Gerechtigkeit habe. Folgerichtig kann es also gar nicht sein, dass eine tapfere Person eine Schandtat begeht, genauso wenig wie es sein kann, dass die Tugenden der Gerechtigkeit und der Wohltätigkeit in einen Konflikt miteinander geraten, so wie es scheinbar in der Situation eines Robin Hood der Fall ist: Entweder verhält sich Robin Hood in Wahrheit gar nicht ungerecht, wenn er die Reichen bestiehlt, oder er verhält sich ungerecht, legt aber keine Wohltätigkeit an den Tag, wenn er seine Beute an die Armen verteilt. Wie es sich tatsächlich verhält, ist dann wiederum von Details der konkreten Situation abhängig, aber eine Person, die klug und weise ist, wird – so würde das zumindest ein tugendethischer Optimist sehen[53] – schon richtig einschätzen können, um was für einen Fall es sich jeweils handelt.

Konsequenterweise müsste der Vertreter einer Tugendkonzeption des Vertrauens behaupten, dass – um den Rahmen der skizzierten Beispiele nicht zu verlassen – Bonnie und Clyde entweder gar nicht ungerecht handeln oder aber keine ‚echte' Vertrauensbeziehung miteinander teilen; der sich an sein ‚Ehrenwort' klammernde Politiker müsste entweder als jemand betrachtet werden, der sich zu Recht über das Gesetz stellt, oder aber nicht im eigentlichen Sinn die Tugend der Vertrauenswürdigkeit an den Tag legt. Ich denke, es ist in beiden Fällen schlecht möglich zu bestreiten, dass jeweils eine Verletzung der Gerechtigkeit stattgefunden hat. Während man aber in dem Politiker-Beispiel noch einigermaßen leicht akzeptieren könnte, dass auch keine Vertrauenswürdigkeit vorliegt,[54] kommt einem das entsprechende Urteil im Bonnie-und-Clyde-Szenario extrem problematisch vor. Warum sollten die beiden keine Vertrauensbeziehung miteinander haben können, nur weil sie Verbrecher sind? Anders formuliert: Eine Vertrauensbeziehung ist etwas zwischen zwei Personen. Wieso sollten Dinge,

---

[53] Zu solchen Optimisten zählt etwa Hursthouse; vgl. etwa Hursthouse 1996, S. 28 f.: „With respect to a number of cases, the deontologist's strategy is to argue that the ‚conflict' is merely apparent, or *prima facie*. The proponent of virtue ethics employs the same strategy: according to her, many of the putative conflicts are merely apparent, resulting from a misapplication of the virtue or vice terms. [...] The lack, according to virtue ethics strategy, arises from lack of moral wisdom, from an inadequate grasp of what is involved in acting *kindly* (unkindly) or *charitably* (uncharitably), in being *honest*, or *just*, or *lacking* in *charity*, or, in general, of how the virtue (and vice) terms are to be correctly applied." Gleichzeitig hält Hursthouse allerdings an der Möglichkeit echter Dilemmata fest; vgl. Hursthouse 1996, S. 30 ff.

[54] Das würde allerdings nur gelingen, solange man sich das Ehrenwort-Szenario nicht im Kontext einer ausgewachsenen Vertrauensbeziehung vorstellt; man denke alternativ an eine Situation, in der ein Politiker mit seiner Aussage vor dem Untersuchungsausschuss seinen besten Freund die Todesstrafe aufhalsen würde.

die nichts mit dieser Beziehung zu tun haben, einen Einfluss auf die Frage haben, ob diese Beziehung überhaupt vorliegt oder auf eine angemessene Weise realisiert ist? Oder sollte man sich auf den Standpunkt stellen, dass Bonnie und Clyde eine Vertrauensbeziehung miteinander führen, die aber in den Situationen, in denen sie gemeinsam morden und rauben, immer wieder aufhört eine Tugend zu sein? Das scheint allerdings extrem unplausibel zu sein, vor allem wenn man bedenkt, dass die für Vertrauen relevanten Dispositionen in jedem Fall unverändert bleiben.

Man kann solche skeptischen Nachfragen formulieren, ohne gleichzeitig in Frage zu stellen, dass Gerechtigkeitserwägungen sehr wichtig sind, aber damit plädiert man dafür, dass Vertrauen – wenn es denn unbedingt als Tugend verstanden werden soll – zumindest einen anderen Status verliehen bekommt als die klassischen ethischen Tugenden, für welche die Lehre von der ‚Einheit der Tugend' dann vielleicht tatsächlich zutreffen mag. Unterstützt würde eine solche Diagnose von einem Spezifikum meiner Vertrauensinterpretation, auf das ich in dem vorliegenden Kontext noch nicht hingewiesen habe: Die für Vertrauensbeziehungen relevanten Fähigkeiten sind *personenspezifische* Fähigkeiten: Wir entwickeln sie in Interaktion mit bestimmten Personen und bezogen auf bestimmte Personen. Die Tatsache, dass ich vertrauensbezogene Fähigkeiten bezüglich Eva habe, heisst nicht unbedingt, dass ich in einer besonders günstigen Position bin, eine Vertrauensbeziehung mit Paul zu führen. Und dass ich Eva auf eine bestimmte Weise behandle, muss gar nichts für die Frage heißen, wie ich Paul oder andere Personen behandeln würde.

Bei dem Problem, das ich eben diskutiert habe, handelt es sich um die Anwendung eines *allgemeinen* Problems der Tugendethik auf den Spezialfall, in dem im Rahmen einer tugendethischen Position Vertrauen oder Vertrauenswürdigkeit als Tugend konzeptualisiert werden. Das zweite Problem, das für solche Positionen entsteht und das ich abschließend rekonstruieren möchte, entsteht dagegen ausschließlich im Zusammenhang mit Vertrauenswürdigkeit als Tugend und ist insofern etwas spezifischer und dadurch möglicherweise interessanter als das zuletzt angesprochene Problem. Es handelt sich dabei um ein Argument, das Karen Jones gegen die Auffassung formuliert hat, dass es sich bei Vertrauenswürdigkeit um eine Tugend handelt. Jones operiert an dieser Stelle mit einem speziellen Begriff von ‚rich trustworthiness', der aber hinreichend ähnlich zu dem ist, was man im Rahmen meiner Vertrauensinterpretation zu Vertrauenswürdigkeit sagen müsste, um auf eine Rekonstruktion der Details ihrer Theorie der Vertrauenswürdigkeit im vorliegenden Kontext verzichten zu können.[55]

---

55 Vgl. zum Folgenden Jones 2012a, insbes. S. 78 ff.

Jones macht zunächst auf die hinter der Lehre von der Einheit der Tugenden stehende Auffassung aufmerksam, nach der Gerechtigkeitserwägungen uns manchmal zu Handlungen veranlassen können, die dem Anschein nach Tugenden wie Ehrlichkeit oder Vertrauenswürdigkeit entgegengesetzt sind: Eine Ärztin, die ihren Freund nicht bevorzugt behandelt, verhält sich demzufolge genauso wenig auf vertrauensunwürdige Weise, wie eine Person, die einen Mörder anlügt, um eine unschuldige Person zu retten, dadurch das Laster der Unehrlichkeit manifestieren würde. Wenn man an der Lehre von der Einheit der Tugenden festhält, kann man also zulassen, dass eine Tugend wie Gerechtigkeit manchmal von uns fordert, uns so zu verhalten, als ob wir Tugenden wie Ehrlichkeit und Vertrauenswürdigkeit untreu werden würden. In dieser Hinsicht gleichen sich Ehrlichkeit und Vertrauenswürdigkeit. Der für Jones entscheidende Unterschied kommt ins Spiel, sobald man feststellt, dass es offenbar nicht möglich ist, dass die Tugend der Ehrlichkeit manchmal von uns fordert, uns auf eine Weise zu verhalten, als ob wir *der Tugend der Ehrlichkeit* untreu werden würden: Man kann sinnvoll sagen, dass man gelogen hat, weil es gerecht war zu lügen, aber man kann nicht sinnvoll davon reden, dass man aus Gründen der Ehrlichkeit gelogen hat. Anders gesagt: Die Tugend der Ehrlichkeit – und das soll für alle anderen Tugenden, die es gibt, gelten – kann mit einer anderen Tugend aber nicht *mit sich selbst* in einen Konflikt geraten.[56]

Im Fall von Vertrauenswürdigkeit, so Jones, sei es dagegen sehr wohl möglich, dass die Anforderungen, die mit dieser Tugend einhergehen, miteinander konfligieren. Wie soll man sich das vorstellen? Jones behauptet hier zunächst Folgendes:

> Trustworthiness's signature reason is „he's counting on me," but all sorts of people can count on you for all sorts of incompatible things, things which cannot, even in principle, be mutually realized. Trustworthiness as, inter alia, a disposition to be deliberatively responsive to „he's counting on me" has the potential to be inwardly riven in the way that honesty, kindness, and justice do not. (Jones 2012a, S. 83)

Es scheint an dieser Stelle, dass Jones der Auffassung ist, dass man manchmal auf eine vertrauensunwürdige Weise handeln muss, weil die Alternative darin bestünde, unzähligen und oft inkompatiblen Erwartungen anderer Personen zu entsprechen. Aber warum sollte das eine Anforderung sein, die an uns von der Warte einer als Tugend verstandenen Vertrauenswürdigkeit ergeht? Zudem ist nicht klar, inwiefern die bloße Tatsache, dass eine Person auf einen zählt, für sich schon einen auf Vertrauenswürdigkeit basierenden Grund darstellen sollte, diesen Erwartungen zu entsprechen. Dass jemand auf mich zählt, muss noch gar

---

56 Vgl. Jones 2012a, S. 82f.

nichts für mich heißen, so viel würde auch Jones selbst zugestehen, denn immerhin steht ihr das Phänomen des ‚ungewollten Vertrauens' klar vor Augen.⁵⁷ Von der Warte meines Vertrauensverständnisses ist ebenso unklar, wie die bloße Erwartung einer anderen Person automatisch eine legitime Erwartung darstellen sollte, die mir einen entsprechenden Handlungsgrund gibt: Nur wenn ich in einer Vertrauensbeziehung zu einer Person stehe, habe ich einen Grund, ihre Erwartungen auf eine angemessene Weise zu berücksichtigen. Wie sollte also der von Jones ins Auge gefasste ‚interne Widerspruch', der sich mit Vertrauenswürdigkeit, aber nicht mit den Tugenden verbindet, entstehen?

Die Idee muss an dieser Stelle darin bestehen, dass es sein kann, dass eine Person, die Teilnehmerin an mehr als einer Vertrauensbeziehung ist, aus kontingenten Gründen in eine Situation gerät, in der ihre Vertrauenspartner mit gleichem Fug und Recht inkompatible Erwartungen an sie stellen: Es kann sein, dass Eva in eine Situation kommt, in der das Leben von Paul und Fred, mit denen sie gleichermaßen gut befreundet ist, von ihrer Hilfe abhängt, sie aber nur einem von beiden diese Hilfe zukommen lassen kann.⁵⁸ Egal wem sie in diesem Fall hilft – Eva handelt in jedem Fall sowohl vertrauenswürdig (im Hinblick auf die eine Person), als auch entgegen den Anforderungen der Vertrauenswürdigkeit (im Hinblick auf die andere Person). So müsste Jones diese Situation zumindest beschreiben, wenn sie plausibel machen wollte, dass die mit Vertrauenswürdigkeit einhergehenden Ansprüche in einen ‚internen' Konflikt geraten könnten.

Wie ich schon mehrmals im Verlaufe meiner Ausführungen in diesem Abschnitt angedeutet habe, bin ich weder speziell darauf aus, Vertrauen bzw. Vertrauenswürdigkeit im Sinne einer Tugend zu verstehen, noch möchte ich unbedingt an der These festhalten, dass es sich dabei um eine Tugend wie jede andere handelt. Insofern kann ich mich im Rahmen meiner Vertrauensinterpretation mit dem Befund von Jones durchaus anfreunden. Sollten sich zusätzliche Gründe finden lassen, um Vertrauen im Sinne einer Tugend zu verstehen, ließe sich Jones' Argumentation allerdings mit zwei kritischen Nachfragen konfrontieren: Zum einen könnte man – ganz im Sinne der tugendethischen Optimisten, die ich weiter oben erwähnt habe – einwenden, dass die Konflikte, von denen Jones spricht, nur scheinbare Konflikte sind, und dass wir – wenn wir denn nur die Tugenden der Klugheit und der Weisheit an den Tag legen – in der Lage sein sollten, sie zufriedenstellend aufzulösen, indem wir uns auf einfühlsame Weise den Feinheiten der jeweiligen Situation aussetzen. Das mag vielleicht in der extrem künstlichen Situation, die ich eben skizziert habe, aus-

---

57 Vgl. Jones 2012a, S. 79 und Jones 1996, S. 9 f.
58 Vgl. das etwas umständlichere Beispiel in Jones 2012a, S. 83.

geschlossen sein, aber im Alltag würden wir es mit hinreichend unterschiedlichen Fällen zu tun haben, um eine mit den Vertrauensbeziehungen, die wir führen, kompatible Entscheidung zu treffen.[59]

Zum anderen ist überhaupt nicht klar, inwiefern die These, dass Vertrauenswürdigkeit eine ‚interne Spannung' erzeugen kann, während das bei anderen Tugenden nicht möglich ist, gegen die Auffassung sprechen soll, dass es sich dabei um eine Tugend handelt. Vielleicht ist Vertrauenswürdigkeit einfach nur eine ganz besondere Tugend.[60] Jones versucht etwas zu dieser Frage zu sagen,[61] aber ihr Antwortversuch bleibt unbefriedigend: Vertrauenswürdigkeit kann keine Tugend sein, so ihr Argument, weil sie uns manchmal dazu zwingen kann, auf vertrauensunwürdige Weise zu handeln, und das sei lasterhaft; keine Tugend kann aber lasterhaftes Verhalten fordern. Hier stellt sich allerdings die Frage, ob wir es nicht wieder mit derselben dialektischen Situation zu tun haben, bei der uns die Lehre von der Einheit der Tugend helfen sollte: Wenn ich im Sinne der Vertrauenswürdigkeit eine Handlung ausführe, die den Anschein von Vertrauensunwürdigkeit erweckt, dann handelt es sich dabei vielleicht auch tatsächlich um einen bloßen Anschein, genauso wie im Fall der scheinbar unehrlichen Lüge, die ich gegenüber einem Mörder an den Tag lege. Es bleibt also unklar, inwiefern der ‚interne Konflikt' gegen den Tugendcharakter spricht, während ein Konflikt zwischen unterschiedlichen Tugenden diese Implikation nicht hat.

5.1.5 Gemeinsam autonom

Die letzte Abgrenzung, die ich im Hinblick auf das von mir vorgeschlagene Vertrauensverständnis vornehmen möchte, betrifft den Begriff der Autonomie. Während meiner Ausführungen im dritten und vierten Kapitel habe ich implizit bereits mehrmals Themen angesprochen und Formulierungen verwendet, die zumindest nahegelegt haben, dass ich im Rahmen meiner Interpretation von Vertrauen

---

[59] Der Optimismus würde also etwa darin bestehen, dass man annimmt, dass sich die Lage von Paul und Fred genügend voneinander unterscheidet, um Eva eine Entscheidung im Sinne der Vertrauenswürdigkeit zu ermöglichen: Vielleicht hat Fred eine tödliche Krankheit, vielleicht hat Paul zwei Kinder etc. Sollte so etwas der Fall sein, könnte man argumentieren, dass es zu den Vertrauensbeziehungen, die Eva führt, auch gehört, dass der jeweils Leidtragende es schon versteht, dass sie seiner Erwartung in der konkreten Situation nicht gerecht werden kann.
[60] Eine andere besondere Tugend, die gemäß Jones' Argument nicht als solche zählen dürfte, wäre die Freundschaft, denn auch hier kann man, wie die meisten von uns aus eigener leidvoller Erfahrung wissen, in empfindliche Konflikte geraten.
[61] Vgl. Jones 2012a, S. 84.

davon ausgehe, dass Autonomie darin eine zentrale Rolle spielen muss. Besonders offensichtlich sind in diesem Zusammenhang meine Ausführungen zum Begriff der Perspektive der ersten Person gewesen, die man meiner Interpretation zufolge im Sinne des Standpunkts verstehen könnte, den wir als *autonome Akteure* einnehmen. Diese begriffliche Zuordnung wäre insofern angemessen, als ich im Rahmen des vorgeschlagenen Modells die basale autonomietheoretische Annahme aufgreife, nach der Personen – im Gegensatz zu nichtmenschlichen Lebewesen oder zu Frankfurts ‚wanton'[62] – die Fähigkeit haben, sich gegenüber ihren eigenen Einstellungen und Handlungen zu verhalten und sie auf diese Weise als eigene oder fremde Vorkommnisse des eigenen Lebens auszuzeichnen.

Im Gegensatz zu Frankfurts frühem Ansatz verstehe ich die Objekte einer solchen Bewertung nicht ausschließlich im Sinne von Wünschen erster Stufe, und ich gehe im Gegensatz zu der grundlegenden Annahme seines hierarchischen Modells nicht davon aus, dass diese Bewertung von der Warte von Volitionen zweiter Stufe erfolgt. In diesem Sinne teile ich die anti-humeanische Skepsis von Watson, der in seiner prominenten Frankfurt-Kritik darauf hingewiesen hat, dass nicht klar ist, was Volitionen zweiter Stufe überhaupt die Autorität verleiht, die Perspektive des Akteurs zum Ausdruck zu bringen.[63] Wie an meinen Ausführungen zum Begriff der Transparenz deutlich geworden sein sollte, besteht eine damit zusammenhängende Übereinstimmung mit Watson darin, dass ich nicht der Auffassung bin, dass es zu unserer Standardpraxis gehört, ständig auf unsere Wünsche zu reflektieren, sondern stattdessen davon ausgehe, dass Personen, die sich fragen, was sie tun sollen, sich auf eine spezifische Weise mit der Welt beschäftigen.

Während ich Watsons zentrale Idee, dass Autonomie auf Werten bzw. Wertschätzungen (‚valuings') begründet werden sollte,[64] in dem Sinne im Rahmen meines Ansatzes integrieren kann, als sich solche Wertschätzungen als konstitutive Bestandteile von normativen Identitäten auffassen lassen, besteht ein wesentlicher Vorteil meines Vorgehens darin, dass ich auf plausible Weise mit dem Autoritätsproblem umgehen kann: Watson ist der Auffassung, dass Volitionen zweiter Stufe keine solche Autorität zukommt, weil man sich von ihnen ‚entfremden' kann; auf der anderen Seite ist nicht ganz klar, ob man sich nicht genauso von den eigenen Wertschätzungen distanzieren kann, so dass sie aufhören, die Perspektive des Akteurs zum Ausdruck zu bringen. Watson macht in diesem Zusammenhang darauf aufmerksam, dass das Phänomen des Wertschätzens nur vor dem Hintergrund einer kohärenten Vorstellung eines guten

---

[62] Vgl. Frankfurt 1971, S. 11 ff.
[63] Vgl. Watson 1975.
[64] Für diese nicht unwichtige Ambiguität in Watsons Ansatz vgl. die Diskussion in Bratman 2004, S. 225 ff.

Lebens oder eines ‚evaluativen Systems' verständlich gemacht werden kann,[65] und formuliert damit eine Idee, die durchaus nahe an meinem Verständnis von normativer Identität ist, das ebenfalls stark kohärentistische Züge aufweist.[66] Gleichzeitig könnte man an dieser Idee bemängeln, dass immer noch nicht recht deutlich wird, inwiefern die Tatsache, dass Akteure sich nicht von ihren evaluativen Systemen distanzieren können, dafür spricht, dass so ein evaluatives System auch wirklich Akteursautorität aufweist.

Es ist an dieser Stelle, dass der Begriff der Identität eine zentrale Rolle spielt: Wenn ich eine Einstellung ausbilde oder eine Handlung ausführe, weil sie vor dem Hintergrund meiner anderen Einstellungen und Handlungen verständlich ist, dann bedeutet das, dass sie sich auf rationale Weise in meine normative Identität einfügt. Weil es sich aber bei der normativen Basis für solche Einstellungen und Handlungen eben um meine *Identität* handelt, taucht das Autoritätsproblem gar nicht erst auf: Einstellungen oder Handlungen, denen gegenüber ich die Perspektive der ersten Person eingenommen habe, sind ein Ausdruck der Person, die ich bin, weil ich sie nicht ausbilden oder ausführen könnte, wenn ich nicht den Versuch unternommen hätte, sie in meine normative Identität zu integrieren.[67] Entsprechend handeln Personen auf autonome Weise, wenn sie Handlungen aus eigenen Gründen, d. h. aus Gründen, die ihre normative Identität konstituieren, ausführen, wobei der Fokus im Rahmen meines Modells weniger auf einzelnen Handlungen oder Wünschen von Akteuren liegt als auf der globalen und diachron ausgedehnten Perspektive von Personen, die an der Verständlichkeit ihres Lebens interessiert sind.[68]

---

65 Vgl. Watson 1975, S. 215f.
66 In diesem Sinne würde ich meine Position eher in der Nähe der späteren Arbeiten von Frankfurt verorten, in denen er den Begriff der ‚wholeheartedness' in den Fokus rückt und die damit einhergehende Zufriedenheit als ein globales Merkmal des ganzen Willenssystems interpretiert; vgl. etwa Frankfurt 1992. Allerdings glaube ich auch, dass Frankfurt mit diesem Manöver das Autoritätsproblem nur verschiebt, und zudem kommen mir seine Ausführungen zur Ambivalenz als einer ‚Krankheit des Willens' mindestens missverständlich vor; zum letzteren Thema vgl. Baumann 2012.
67 Für eine alternative Weise, das Autoritätsproblem mit Bezug auf den Begriff der personalen Identität zu lösen vgl. Bratman 2000 und 2004. Bratmans Strategie besteht darin, Autonomie auf das Vorliegen von sog. ‚self-governing policies' zurückzuführen, die seiner Ansicht nach eine diachrone Identitätsverbindung im Sinne einer an Locke orientierten Theorie der personalen Identität herstellen; für eine Kritik an so einem Vorgehen vgl. Budnik 2012, S. 162ff. oder mit einem anderen Akzent Westlund 2009, S. 31ff.
68 Für eine Interpretation der diachron-globalen aber auch der sozialen Dimension von Autonomie vgl. Baumann 2008. Im Verlaufe meiner Ausführungen in dieser Arbeit habe ich mich auf die zukunftsgewandte Perspektive von Akteuren konzentriert, aber der Begriff der normativen Identität hat auch eine vergangenheitsbezogene Dimension, die es mir erlauben würde,

Die Perspektive der ersten Person einzunehmen ist demnach gleichbedeutend damit, dass man die Perspektive eines autonomen und an Autonomie interessierten Akteurs einnimmt. Was haben diese im vorliegenden Kontext zwangsläufig vagen Bestimmungen mit dem Thema des Vertrauens zu tun? Zunächst muss darauf hingewiesen werden, dass ich den Begriff der Perspektive der ersten Person im dritten Kapitel eingeführt habe, um meine Idee davon zu entwickeln, was es bedeutet, dass Personen in einer Vertrauensbeziehung zu sich selbst stehen. Wenn meine Interpretation dieser Perspektive als der Perspektive des autonomen Akteurs nicht völlig an der Wahrheit vorbeizielt, müssten wir Selbstvertrauen im Sinne einer Beziehung verstehen, in der Akteure zu sich selbst stehen, wenn es sich bei ihnen um autonome Akteure handelt.

Inwiefern es wirklich plausibel ist, Selbstvertrauen und Autonomie auf diese Weise in einen engen Zusammenhang miteinander zu bringen, könnte ich nur nachweisen, indem ich mich ausführlicher mit der Frage beschäftige, wie Autonomie zu verstehen ist, als ich das im vorliegenden Kontext tun kann. Für eine vorläufige Einschätzung erinnere ich aber an dieser Stelle daran, dass es sich bei dem Begriff des Selbstvertrauens, um den es mir im dritten Kapitel dieser Arbeit gegangen ist, ausdrücklich um einen *terminus techinicus* handelt. Es kann mir also nicht darum gehen, die These zu verteidigen, dass autonome Akteure besonderes Selbstvertrauen an den Tag legen, so wie wir diese Behauptung im Alltag verstehen würden. Die Kontrastbeispiele, die ich im Verlaufe meiner Rekonstruktion im dritten Kapitel verwendet habe – Beispiele von willensschwachen oder von ihren Einstellungen entfremdeten Akteuren – passen dagegen sehr gut zu der Vorstellung, dass es sich bei Personen, die in einer vertrauenden Beziehung zu sich selbst stehen, um autonome Akteure handelt.

Inwiefern ist all das interessant für den Fall des interpersonalen Vertrauens, um den es mir in dieser Arbeit zentral geht? Diese Frage lässt sich gut beantworten, wenn man auf ein Problem reflektiert, das sich ganz generell im Zusammenhang mit Vertrauen stellt. Es besteht in dem Verdacht, dass es eine systematische Spannung zwischen dem Vertrauen, das wir in andere Personen setzen, und unserem Selbstverständnis als autonome Akteure geben könnte. Wie ich eben bereits angedeutet habe, scheint Autonomie – zumindest wenn man sich zunächst auf internalistische, nicht-relationale Ansätze beschränkt – von Akteuren zu fordern, dass sie auf der Basis *ihrer eigenen* Überzeugungen, Absichten oder Werte handeln und diese Handlungen auch über die Zeit kontrollie-

---

die hinter prozeduralen Ansätzen stehende Idee einzufangen, der zufolge für die Frage nach Autonomie die *Entstehungsbedingungen* von Einstellungen und Handlungen zentral sind; vgl. hierzu Christman 1991.

ren können. Wenn wir anderen Personen vertrauen, scheinen wir dagegen unsere Kontrolle über das eigene Handeln bis zu einem gewissen Grad aufzugeben.

Onora O'Neill bringt diese Spannung zwischen Vertrauen und Autonomie besonders deutlich auf den Punkt, indem sie auf historische Entwicklungen im Arzt-Patienten-Verhältnis abhebt:[69] Während wir in den letzten Jahrzehnten – hauptsächlich infolge des Entstehens der modernen Informationsgesellschaft – einen erheblichen Zuwachs an Patienten-Autonomie beobachten konnten, ist es gleichzeitig zu einem dramatischen Vertrauensverlust zwischen Patienten und Ärzten gekommen. Patienten kommen mit aus dem Internet ausgedruckten Diagnosen in die Praxis, holen zweite und dritte Meinungen ein, betreiben Selbstmedikation, und die ‚Alternativmedizin' erfreut sich immer größerer Beliebtheit. Umgekehrt scheint es, dass man noch vor fünfzig, sechzig Jahren Ärzten mit einem viel größeren Vertrauen begegnet ist, was sicher auch damit zusammenhängt, dass die Ärzte damals mehr Zeit hatten, persönliche Beziehungen zu ihren Patienten aufzubauen. Auf der anderen Seite war man ihnen in diesen Zeiten aber auch in höchstem Maße ausgeliefert, und dabei hat es sich mit Sicherheit um einen Zustand gehandelt, der nicht nur im Hinblick auf Autonomie sehr problematisch gewesen ist.

Wenn sich dieser Befund verallgemeinern ließe, hätten wir Anlass zu der Befürchtung, dass es sich bei Vertrauen und Autonomie möglicherweise um inkompatible Phänomene handelt. Dies wiederum könnte uns in die unangenehme Lage bringen, dass wir uns, zumindest in bestimmten Kontexten, zwischen Autonomie und Vertrauen entscheiden müssten.[70] Und unangenehm wäre diese Lage insofern, als wir sowohl Vertrauen als auch Autonomie auf eine besondere Weise wertschätzen: Man kann mit guten Gründen argumentieren, dass Autonomie eine Bedingung dafür darstellt, dass wir überhaupt ein sinnvolles Leben führen können.[71] Umgekehrt scheint es nicht unplausibel, dass Vertrauen eine Voraussetzung vieler Beziehungsformen darstellt, die für ein gelungenes Leben unverzichtbar sind.[72]

---

69 Vgl. zum Folgenden O'Neill 2002a.
70 Vgl. O'Neill 2002a, S. 3–4: „Perhaps reducing the autonomy of any agents and institutions who might act in untrustworthy ways would help to restore trust. Is some loss of trustworthiness and of trust an acceptable price for achieving greater respect for autonomy? Do we have to choose between respect for individual autonomy and relations of trust? None of these prospects would be particularly welcome: we prize both autonomy and trust. Yet can we have both?".
71 Vgl. Rössler 2017, S. 95 ff.
72 Diese Spannung lässt sich auch im Sinne einer generellen Opposition zwischen dem Anspruch auf Autonomie und den Heteronomie befördernden Einflüssen des sozialen Lebens verstehen. Am anderen Ende des Intimitätsspektrums finden sich Zweifel bezüglich der Vereinbarkeit von Vertrauen und Autonomie im Kontext von Liebestheorien, die auf die Platonische Idee der ‚Verei-

Die naheliegende Weise, wie man diesem Problem begegnen kann, besteht darin, dass man entweder das hinter der auf diese Weise konstruierten Spannung stehende Autonomieverständnis oder aber die darin involvierte Vertrauensvorstellung hinterfragt. Im Rahmen der ersten dieser zwei Strategien würde man etwa darauf hinweisen können, dass es sich bei dem der Spannung zugrunde liegenden Bild von Autonomie um ein übertrieben individualistisches handelt, das die Tatsache vernachlässigt, dass Autonomie nicht ‚im luftleeren Raum stattfindet', sondern auch soziale Bedingungen hat. Ich selbst bin solchen Ansätzen gegenüber durchaus wohlwollend eingestellt, allerdings sind sie nicht selten mit hohen systematischen Kosten verbunden,[73] vor allem, wenn sie beanspruchen, dass soziale Faktoren nicht nur kausal – d. h. im Hinblick auf die Ermöglichungsbedingungen von Autonomie – relevant sind, sondern konstitutive Bedingungen für Autonomie darstellen.[74] Wer sich aus systematischen Gründen scheut, eine relationale Autonomietheorie zu vertreten, ist also gut beraten, das Vertrauensverständnis in Frage zu stellen, dass der skizzierten Spannung zwischen Vertrauen und Autonomie zugrunde liegt. Der Vorschlag, den ich im Hinblick auf so ein Verständnis im Rahmen der vorliegenden Arbeit formuliert habe, eignet sich zu diesem Zweck besonders gut, und ich möchte abschließend wenigstens noch andeuten, wie ich diesen Vorzug meines Ansatzes verstehe.

Es sollte nicht erstaunen, dass diese Frage zentral mit meinem Vorgehen zu tun hat, interpersonales Vertrauen entlang der Linien der Analyse von Selbstvertrauen zu interpretieren. Wenn ich anderen Personen vertraue – so die Grobfassung der zentralen Idee dieser Arbeit –, dann sind ähnliche Mechanismen am Werk, wie in dem Fall, in dem ich mir selbst gegenüber Vertrauen an den Tag lege. In beiden Fällen steht der Begriff der normativen Identität im Zentrum. Selbstvertrauen besteht darin, dass Personen in ihrem Handeln eine Einheit erreichen, die es ihnen ermöglicht, ihre normative Identität zu bekräftigen: Wenn ich das tun kann, was aus meiner Perspektive Sinn macht, dann trägt das dazu bei, dass ich insgesamt eine verständliche Vorstellung von mir selbst und meinem Leben gewinne und auf diese Weise in einem größeren Ausmaß ‚jemand bin'. Wenn ich in einer Vertrauensbeziehung zu einer anderen Person

---

nigung' der Liebenden abheben; vgl. etwa Scruton 1986 oder Solomon 1991, sowie kritisch Friedman 2003, S. 115 ff.

73 Für einen Klassiker der sozio-relationalen Autonomietheorie vgl. Oshana 1998; zur Kritik vgl. etwa Christman 2004 oder Baumann 2008.

74 Das größte Problem, das sich mit konstitutiv-relationalen Ansätzen verbindet, ist dass sie nicht inhaltsneutral sind und auf diese Weise mit der Neutralitätsforderung liberaler Theorien in Konflikt geraten; vgl. hierzu wiederum Baumann 2008, sowie die interessanten Versuche zur Verteidigung eines konstitutiven Ansatzes in Benson 1994 und Westlund 2009.

stehe, dann bedeutet das, dass wir – zumindest in bestimmten Teilbereichen – unsere jeweiligen normativen Identitäten teilen, indem wir nicht nur unser eigenes Leben, sondern unser eigenes Leben im Zusammenspiel mit dem Leben, das der jeweilige Vertrauenspartner führt, zu verstehen versuchen.

Diese Perspektive ist nicht einschlägig, wenn es um Personen geht, mit denen wir keine Vertrauensbeziehung führen, auch wenn es sich dabei um Personen handelt, mit denen wir interagieren. Wenn es mir darum geht, einen wildfremden Menschen dazu zu bringen, mir bei einer Autopanne zu helfen, dann werde ich zwar voraussetzen müssen, dass es sich bei ihm um eine autonome Person mit eigenen Zielen handelt – das stellt die Bedingung dafür dar, dass ich mich auf prädiktive Weise auf diese Person werde verlassen können –, aber ich werde an diese Interaktion nicht den Anspruch stellen, sie im Sinne einer geteilten Lebensepisode *verstehend einordnen* zu können. Sollte sich mein Pannenhelfer mit einem Mal seltsam verhalten, etwa indem er plötzlich den Kreuzschlüssel in die Büsche wirft und wegfährt, werde ich vielleicht überrascht oder enttäuscht sein, vielleicht werde ich mich fragen, was für ein seltsamer Mensch das denn gewesen ist, aber ich werde nicht auf dieselbe Weise in meinem Selbstverständnis berührt sein, wie wenn mir eine ähnliche Geschichte mit einem Freund passiert wäre.

Der von mir im vierten Kapitel rekonstruierte Mechanismus der vertrauensbezogenen Fähigkeiten sorgt in Vertrauensbeziehungen dafür, dass Personen sich aufeinander auf ganz ähnliche Weise beziehen können wie auf sich selbst, wenn sie sich auf den Standpunkt des autonomen Akteurs stellen. Es ist zwar immer noch der Fall, dass Personen in Vertrauensbeziehungen jeweils ihre eigenen Einstellungen ausbilden und ihre eigenen Handlungen ausführen, aber aus der Perspektive des Vertrauenspartners handelt es sich eben nicht um vollständig fremde Einstellungen und Handlungen, weil die Beziehungspartner sich auf empathische Weise in die normative Perspektive der jeweils anderen Person versetzen können.

An dieser Stelle muss ich betonen, dass es mir nicht darum geht, die absurde Behauptung zu verteidigen, dass eine Person in einer Vertrauensbeziehung die Wünsche oder Absichten einer anderen Person haben kann. Genauso wenig möchte ich die These vertreten, dass es in Vertrauensbeziehungen jeweils zu einem ‚Identitätsverlust' oder dem Entstehen von kollektiven Identitäten oder Ähnlichem kommt. Auch wenn ich immer wieder Formulierungen verwendet habe, die so einen Eindruck nahegelegt haben mögen, wäre es ein Missverständnis, sie für bare Münze zu nehmen: Nicht alle Vertrauensbeziehungen sind Freundschaften, und nicht alle Freundschaften sind von einer Art, wie ich sie im Rahmen meiner Rekonstruktion von Vertrauen im vierten Kapitel in den Blick genommen habe. In dieser Hinsicht darf also nicht aus dem Blick geraten, dass der autonomieerhaltende Effekt von Vertrauensbeziehungen graduelle Abstufungen erlaubt, je nachdem, wie groß die Bereiche der geteilten Identität sind bzw. um welche Bereiche es sich dabei konkret handelt. Es geht mir also nicht so sehr um die problematische Behauptung, dass wir die Handlungen unserer Vertrauenspartner *genauso* verstehen wie unsere eigenen, sondern um die schwächere These, dass in Vertrauensbeziehungen der Unterschied zwischen ‚eigenen' und ‚fremden' Handlungen und Einstellungen als *grundsätzlicher* Unterschied in den Hintergrund rückt.

Wenn ich mich auf der Basis einer Vertrauensbeziehung auf eine andere Person verlasse, dann impliziert mein Verlassen demnach keinesfalls, dass meine Autonomie in einem relevanten Sinn eingeschränkt wird. Meine Einstellung gegenüber der zukünftigen Handlung meines Vertrauenspartners ähnelt hierbei der Einstellung, die ich meinen eigenen Handlungen gegenüber einnehme, wenn ich z. B. eine bestimmte Absicht gefasst habe. Im letzteren Fall ist nichts an der Auffassung verwunderlich, dass Akteure – abgesehen von defizitären Formen der Akteurschaft, wie ich sie im dritten Kapitel diskutiert habe – davon ausgehen, dass sie die gefassten Absichten auch wirklich realisieren werden. Worauf ist ihre Zuversicht begründet? Sie basiert jedenfalls nicht auf Evidenzen, die aus der Perspektive des individuellen Akteurs dafür sprechen würden, dass er in der Zukunft etwas tun oder lassen wird. Ich muss keine Gründe berücksichtigen, wenn ich wissen will, ob ich eine gefasste Absicht realisieren werde: Ich ‚weiß' das immer schon, sobald ich eine solche Absicht fasse, weil es Bestandteil der Perspektive eines autonomen Akteurs ist, dass er – unter anderem, muss man hier hinzufügen – davon ausgeht, dass er seine Absichten umsetzen wird.

Im Hinblick auf Vertrauenspartner sieht die Situation sehr ähnlich aus. Auch in ihrem Fall kann ich davon ausgehen, dass sie bestimmte Dinge tun oder lassen werden, und meine Basis dafür unterscheidet sich nicht von dem intrapersonalen Fall: Es ist nicht so, dass ich in einer Vertrauensbeziehung auf Evidenzen angewiesen bin, die für eine bestimmte Prognose bezüglich der Handlung meines Vertrauenspartners sprechen würden. Evidenzen gehören ins Reich des bloßen, d. h. prädiktiven, Sich-Verlassens. Es ist sehr nützlich, dass wir auf diese Weise Vorhersagen darüber machen können, wie andere Menschen sich verhalten werden, oder Maßnahmen ergreifen können, um sie zu einem bestimmten Verhalten zu bewegen, aber die Perspektive, die wir dabei auf sie einnehmen, unterscheidet sich radikal von der Perspektive, die wir auf uns selbst und auf unsere Vertrauenspartner einnehmen, wenn wir die relevanten akteursbezogenen bzw. vertrauensbezogenen Fähigkeiten haben und anwenden.

Ein Aspekt dieser Struktur verdient es in dem vorliegenden Kontext wenigstens kurz angesprochen zu werden. In beiden Fällen – sowohl wenn es um meine Einstellung gegenüber meinen eigenen zukünftigen Handlungen, als auch wenn es um meine Einstellung gegenüber den zukünftigen Handlungen meines Vertrauenspartners geht – habe ich in einem bestimmten Sinn ‚keinen Grund' für die Annahme, dass die entsprechende Handlung auch ausgeführt werden wird. Mit ‚kein Grund' ist hier allerdings ‚kein Grund im Sinne des Vorliegens einer Evidenzbasis' gemeint; ist diese Lesart ausgeschlossen, kann man aber selbstverständlich behaupten, dass ich einen Grund für eine solche Annahme habe – es ist der Grund, der sich aus der Struktur der Perspektive des autonomen Akteurs ergibt, indem er die Bedingung dafür darstellt, dass es sich bei mir und meinem Vertrauenspartner überhaupt um autonome Akteure handeln kann. Es ist genau diese Differenz zwischen zwei Sorten von Gründen – evidenzbasierten Gründen auf der einen Seite und Gründen, die in der Struktur von Akteurschaft verwurzelt (und, wie man auch sagen könnte, transzendentaler Natur) sind auf der anderen Seite –, die hinter der auf den ersten Blick paradoxen, aber für Vertrauen so charakteristischen Beschreibung der Einstellung der vertrauenden Person gegenüber den Handlungen ihres Vertrauenspartners steht: ‚Ich weiß nicht, ob er φ-en wird, aber ich gehe davon aus, dass er φ-en wird.'[75]

Dass ich in diesem Sinne nicht weiß, ob mein Vertrauenspartner φ-en wird oder nicht, hat eine für den vorliegenden Kontext entscheidende Konsequenz. Was heißt es denn in meinem eigenen Fall, dass ich, nachdem ich die Absicht zu φ-en gefasst habe, zwar davon ausgehe, dass ich φ-en werde, aber nicht weiß, ob ich tatsächlich φ-en werde? Was würde es heißen, in diesem Zusammenhang zu wissen, dass ich φ-en werde? Es würde bedeuten, dass ich evidenzbasierte Gründe für die entsprechende Annahme habe. Ich könnte etwa sehr sicher sein, dass ich φ-en werde, weil ich weiß, dass ich in dem Fall, in dem ich nicht φ-e, mein Leben verlieren würde. Das ist die Situation, in der ich mich befinde, wenn ich zum φ-en gezwungen werde. Unfreiheit generiert hier Gewissheit, könnte man etwas salopp sagen, und im Umkehrschluss die These vertreten, dass Ungewissheit – immer im Sinne von nicht vorhandener *evidenzbasierter* Gewissheit – autonomieerhaltend ist. Was bedeutend es denn sonst,

---

[75] Selbstverständlich müsste man hier und auch im Folgenden eigentlich einen schwächeren Begriff als den des Wissens verwenden, da wir wahrscheinlich nie genug Evidenz für das zukünftige Verhalten einer Person haben können, um wirklich zu wissen, wie sie sich verhalten wird. In diesem Sinne müsste die Beschreibung eher folgendermaßen lauten: ‚Ich habe keine gerechtfertigte Überzeugung, dass er φ-en wird, aber ich gehe davon aus, dass er φ-en wird.', und das ist dann doch eine etwas zu sperrige Formulierung, um mit ihr weiterzuarbeiten. So unschuldig die in Frage stehende Beschreibung auch daherkommen mag, so halte ich sie doch für eine der zentralen Charakterisierungen von Vertrauen, und sie kommt in der einen oder andere Form auch immer wieder in der Literatur vor; vgl. etwa die Entsprechung in Baier 1986, S. 235: „Trust [...] is accepted vulnerability to another's possible but not expected ill will (or lack of good will) toward one."

dass ich in dem Fall, in dem ich davon ausgehe, dass ich meine Absicht zu φ-en umsetzen werde, nicht weiß, dass ich φ-en werde? Mein Nicht-Wissen bedeutet in diesem Zusammenhang nichts anderes, als dass ich davon ausgehe, dass keine fremden Faktoren, die zu Evidenzen für mein zukünftiges Verhalten werden könnten, mich in der Realisierung meiner Absicht beeinflussen werden.

Wenn das auch der Mechanismus ist, der im Hinblick auf Vertrauenspartner einschlägig ist, dann bedeutet das, dass ich in den Erwartungen, die ich an meinen Vertrauenspartner stelle, nicht nur voraussetze, dass er autonom ist – diese Voraussetzung würde ich auch machen, wenn ich ihn manipulieren wollte – sondern auch tatsächlich seine Autonomie erhalte, indem ich mich nicht auf kausal-kontingente Weise in seine deliberativen Prozesse einmische. Das ist ein erstaunliches Ergebnis. Es beinhaltet, dass es Möglichkeiten der Kooperation gibt, die auf ähnliche Weise autonomieerhaltend sind wie nicht-kooperative, individuelle Handlungen. Es sieht also ganz danach aus, dass an der Befürchtung, Vertrauen und Autonomie könnten unvereinbar sein, nicht viel dran ist: Die vertrauende Person muss in ihrer Abhängigkeit vom Vertrauenspartner nicht auf Autonomie verzichten, weil sie ihre normative Identität mit ihm teilt; und die Person, der vertraut wird, muss sich nicht auf Heteronomie bewirkende Weise unter Druck gesetzt fühlen, weil die mit Vertrauen einhergehenden Erwartungen Autonomie erhalten.

Dass die Interpretation von Vertrauen, die ich im Rahmen dieser Arbeit vorgelegt habe, diese Konsequenz hat, kann durchaus als einer ihre Vorzüge betrachtet werden. Bevor ich im nächsten Abschnitt zu weiteren Vorteilen meines Ansatzes komme, sollte im Hinblick auf Autonomie abschließend darauf hingewiesen werden, dass trotz des optimistisch stimmenden Schlusses, den ich zuletzt formuliert habe, Vertrauensbeziehungen durchaus auch einen Ort darstellen können, an dem Autonomie gefährdet ist. Die Verletzlichkeit, die mit Vertrauen einhergeht, bezieht sich eben nicht nur auf das Wohlergehen von vertrauenden Personen, sondern unter Umständen auch auf ihren Status als autonome Akteure. Ein wichtiges Beispiel für so eine Gefährdung der Autonomie mit den Mitteln des Vertrauens findet sich in Paul Bensons Diskussion des Phänomens des ‚gaslighting'.[76]

Die Bezeichnung geht auf ein Theaterstück aus dem Jahr 1938 sowie auf einen sechs Jahre später gedrehten Film mit Ingrid Bergmann in der Hauptrolle zurück. In dem Film wird die von Bergman verkörperte Frau von ihrem Ehemann in einen psychologisch prekären Zustand getrieben, in dem sie ihren Sin-

---

[76] Vgl. Benson 1994, S. 655 ff.

nen nicht mehr traut und langsam aber sicher den Verstand zu verlieren droht.[77] Ihr Ehemann erreicht das, indem er ihr einredet, sie hätte Dinge getan, an die sie sich nicht erinnern kann, und sie durch geschickte Manipulation ihrer Umgebung – unter anderem eben der titelgebenden Gaslichter – glauben lässt, sie habe Halluzinationen. Man kann sagen, dass die von Bergman gespielte Figur in der skizzierten Situation entscheidende Aspekte ihrer Autonomie eingebüsst hat. Während es sich bei diesem Beispiel eher um Aspekte der epistemischen Autonomie handelt, ließen sich leicht Fälle konstruieren, in denen Personen das Zutrauen zu sich selbst als autonome Akteure verlieren, weil sie auf eine bestimmte Weise behandelt worden sind.[78] Entscheidend für den vorliegenden Kontext ist, dass der Mechanismus, der die Autonomie unterminiert, in dem Maße erfolgreich ist, in dem er innerhalb einer Vertrauensbeziehung stattfindet. Dass der Ehemann der von Bergman gespielten Figur es beinahe schafft, sie in den Wahnsinn zu treiben, liegt zentral daran, dass er als Ehemann in einer besonders intimen Vertrauensbeziehung zu ihr steht.

Vertrauen *kann* also zu einer Gefahr für Autonomie werden, aber genauso ließe sich auch die These stark machen, dass es Autonomie *befördern* kann. Tatsächlich glaube ich nicht nur, dass Vertrauen und Autonomie kompatibel sind, sondern dass Autonomie auf besonders gute Weise auf dem Boden von Vertrauensbeziehungen gedeihen kann. Eine Explikation und Begründung dieser These würde den Rahmen dieser Arbeit über Gebühr strapazieren, aber ich kann wenigstens andeuten, welche Strategie ich in diesem Zusammenhang für aussichtsreich halte. Wie ich bereits zu Beginn dieses Abschnitts bemerkt habe, lassen sich meine Ausführungen im dritten Kapitel dieser Arbeit auch im Sinne einer Bestimmung von personaler Autonomie lesen. Akteure sind dieser Lesart zufolge autonom, wenn sie den Standpunkt der ersten Person be-

---

77 Vgl. hierzu auch die interessante Analyse in Renz 2016, wo ein ähnlicher Fall anhand eines Märchens der Gebrüder Grimm diskutiert wird. Der Ansatz von Renz beschäftigt sich mit der epistemologisch orientierten Vertrauensproblematik, die ich im Rahmen dieser Arbeit nicht berücksichtigen kann, aber er ist für meine Zwecke insofern interessant, als Renz auf ganz ähnliche Weise, wie ich es im dritten Kapitel getan habe, die Frage nach dem Vertrauen in sich selbst in den Vordergrund rückt. Auch ist ihre zentrale These – dass es beim Vertrauen in epistemischen Kontexten nicht um Rechtfertigung, sondern um eine transzendentale Problematik geht – sehr nahe an den Schlussfolgerungen, die ich im Rahmen dieser Arbeit ziehe.
78 Solche Beispiele gehören in den Kontext derjenigen relationalen Autonomietheorien, die darauf aufmerksam machen, dass eine bestimmte Form der Behandlung durch andere Personen eine Bedingung für die Ausbildung von autonomierelevanten Fähigkeiten oder direkt eine konstitutive Bedingung für Autonomie darstellt. Für eine in eine ähnliche Richtung stoßende Alternative zu Benson vgl. die ‚Anerkennungstheorie' in Anderson/Honneth 2005.

ziehen, und das heißt wiederum, dass sie ihre Einstellungen so ausbilden, dass diese zu dem Netzwerk aus Einstellungen passen, mit dem sie eine verständliche Vorstellung von sich selbst und der Welt zu gewinnen versuchen. Gleichzeitig habe ich darauf hingewiesen, dass Kohärenz nicht das einzige Kriterium für das Vorliegen von normativer Identität darstellen kann, sondern dass Personen zusätzlich dazu auf angemessene Weise in Verbindung zu Tatsachen stehen sollten: Eine verständliche Vorstellung von sich selbst und der Welt zu haben, bedeutet eben noch nicht, dass man auch eine *angemessene* Vorstellung davon hat.

Eine zentrale Weise, wie Personen Verzerrungen in ihrer normativen Orientierung verhindern können, besteht darin, sich in der Ausbildung der eigenen Identität an anderen Personen zu orientieren. Das betrifft nicht nur Aspekte der Welt im engeren Sinne, wie etwa in Fällen, in denen wir eine verständliche Vorstellung davon zu bekommen versuchen, wie die Straßen von Berlin verlaufen, welche Inhaltsstoffe in Maggie-Würfeln enthalten sind oder was genau zum Klimawandel beiträgt, und uns bei solchen Fragen an der Perspektive von Personen zu orientieren versuchen, von denen wir denken, dass sie sich in diesen Dingen auskennen. Weitaus wichtiger – und im Hinblick auf Autonomie zentral – sind diejenigen Fälle, in denen es um Elemente unserer normativen Identität geht, die mit *Wertannahmen* verbunden sind. In Vertrauensbeziehungen zu stehen, erlaubt es uns in diesem Zusammenhang einen inneren Konservatismus zu vermeiden, indem wir durch die einfühlende Bezugnahme auf unsere Vertrauenspartner in Berührung mit neuen Werteperspektiven kommen.

Wenn wir für einen Augenblick an das von mir im vierten Kapitel diskutierte einfache Beispiel von Paul und Eva zurückdenken, dann lässt sich etwa vorstellen, dass nur durch die Tatsache, dass sie sich in die Perspektive von Paul versetzt und einfühlend verstehen lernt, was Paul so sehr an seinem Stadtteil liebt, Eva selbst diesen Stadtteil mit neuen Augen zu sehen beginnt und möglicherweise auch eine Vorliebe dafür entwickelt. Durch so einen kognitiv-emotionalen Prozess kann sich Evas Werteperspektive, zumindest in dem eingeschränkten Kontext, um den es in diesem Beispielfall geht, verändern und erweitern. Selbst wenn sie am Ende des Tages keine besondere Vorliebe für den Stadtteil, in dem Paul wohnt, entwickeln sollte, würde sie auf eine gewisse Weise ihre diesbezügliche normative Orientierung durch den Kontakt mit einer fremden, aber eben vertrauten Perspektive bestätigen und verfestigen. Der entscheidende Punkt ist, dass, egal zu welchem Ergebnis Eva bezüglich der Bewertung von Pauls Stadtteil auch kommt, sie in jedem Fall durch solche Interaktionen innerhalb der Vertrauensbeziehung zu Paul in ihrer normativen Identität herausgefordert, aber auch bestätigt wird. Es ist also nicht nur, dass wir in Vertrauensbeziehungen unsere Autonomie nicht aufgeben müssen, sondern im besten Fall können wir durch solche Beziehungen als autonome Akteure gestärkt werden.

Da es mir an dieser Stelle nur um die Andeutung einer Idee geht, die genauer herausgearbeitet werden müsste, habe ich mich auf das relativ harmlose Beispiel einer ästhetischen Präferenz für einen bestimmten Stadtteil beschränkt. Ich denke aber, dass die Idee, die ich hier skizziere, auch in gewichtigeren Kontexten zu interessanten Schlussfolgerungen führen würde. So ließe sich etwa im Kontext der moralepistemologischen Debatte um die Frage nach dem Status von moralischem Wissen, das wir aus zweiter Hand erwerben, kritisch einwenden, dass es moralischen Akteuren nicht primär um Wissen, sondern um *moralisches Verständnis* geht,[79] um dann in einem zweiten Schritt dafür zu argumentieren, dass Vertrauensbeziehungen den geeigneten Ort darstellen, an dem wir uns so ein Verständnis erarbeiten können. Das wäre auch insofern eine interessante These, als sie im Sinne der obigen Ausführungen einem notorischen Problem begegnen könnte, mit dem sich die Protagonisten der Debatte um ‚moral testimony' auseinandersetzen müssen: Dieses Problem besteht darin, dass Personen, die Moralurteile von anderen Personen übernehmen, ihre Autonomie als moralische Akteure aufs Spiel setzen.[80] Wenn ich Recht damit habe, dass Vertrauensbeziehungen die Autonomie ihrer Teilnehmer nicht gefährden und sogar befördern können, und wenn gleichzeitig gezeigt werden könnte, wie sich innerhalb von Vertrauensbeziehungen moralisches Verständnis etablieren kann, dann wäre damit eine zentrale Frage der Moralepistemologie beantwortet.

5.2 Die Vorteile des Ansatzes

Wenn meine Ausführungen zum Zusammenhang von Vertrauen und Autonomie überzeugend sein sollten, dann würden sie gleichzeitig auf einen zentralen Vorzug der im Rahmen dieser Arbeit vorgelegten Vertrauensanalyse verweisen: Versteht man Vertrauen so, wie ich es vorgeschlagen habe, dann lässt sich zeigen, inwiefern es nicht nur nicht zwangsläufig in einen Konflikt mit Autonomie gerät, sondern auch, auf welche Weise Vertrauensbeziehungen die Autonomie ihrer Teilnehmer befördern können. Bei Vertrauen handelt es sich um ein von uns wertgeschätztes Phänomen; wie ich sogleich ausführen werde, hat es sogar nicht-instrumentellen Wert und ist für ein gelungenes Leben unverzichtbar. Auf der anderen Seite lässt sich von Autonomie Ähnliches behaupten: Autonom zu

---

79 Vgl. Hills 2009.
80 Vgl. etwa Driver 2006 oder Fricker 2006.

sein ist für die meisten von uns nicht nur eine Option, sondern wir können uns nicht vorstellen, was es heißen würde, ein Leben zu führen, ohne zumindest den Anspruch zu stellen, dass wir darin autonome Akteure sind. Auf der Grundlage meines Vertrauensverständnisses lässt sich zeigen, wie wir beides – Autonomie und Vertrauen – realisieren können und auf diese Weise nicht vor eine unmögliche Alternative gestellt sind.

Worin bestehen andere Vorteile meines Ansatzes? Ich habe bereits angedeutet, dass ich am Ende dieses Kapitels auf ein Merkmal davon reflektieren werde, das ich für seinen zentralen Vorzug gegenüber den zurzeit vertretenen Theorien halte – die Tatsache, dass erklärt werden kann, inwiefern Vertrauen nicht-instrumentell wertvoll ist. An dieser Stelle möchte ich aber wenigstens kursorisch auf einige der weniger ins Auge stechenden Vorzüge der von mir vorgelegten Bestimmung von Vertrauen eingehen, wodurch sie in Ergänzung zu den bislang vorgenommenen begrifflichen Abgrenzungen weiter an Kontur gewinnen sollte.

Anfangen möchte ich mit dem Hinweis, dass mein Ansatz die Intuitionen, die hinter den in der Debatte um Vertrauen vertretenen Positionen stehen, gut einfangen kann und insofern zunächst als mindestens genauso leistungsfähig zu betrachten ist. Im Verlaufe meiner Argumentation habe ich bereits angedeutet, wie ich den Intuitionen gerecht werden kann, die herangezogen werden, um voluntaristische Theorien zu plausibilisieren. Wenn ich im Vertrauenskreis-Szenario, wie Holton behauptet, das Gefühl habe, dass ich mich entscheiden könnte, den anderen Gruppenmitgliedern zu vertrauen, dann ist zweierlei am Werk. Zum einen verlasse ich mich – auf einer sehr dünnen Evidenzbasis, denn immerhin kenne ich sie kaum – darauf, dass die anderen Gruppenmitglieder mich auffangen werden. So eine epistemische Ungewissheit ist oft auch im Vertrauen involviert und kann entsprechend leicht mit ihr verwechselt werden. Zum anderen versuche ich (oder vielmehr die Veranstalter des Vertrauenskreises) durch meine Handlung etwas zu erreichen, nämlich eine Vertrauensbeziehung zu etablieren. Wie an meinen Ausführungen im vierten Kapitel zu sehen war, beinhaltet die Genese von Vertrauensbeziehungen, dass Personen zunächst miteinander interagieren und kooperieren. Genau das passiert im Vertrauenskreis-Szenario, das insofern weniger als ein paradigmatischer Fall von Vertrauen als ein Beispiel dafür betrachtet werden sollte, wie Vertrauensbeziehungen initiiert werden.

Genauso wie Vertreter von nicht-voluntaristischen Ansätzen gehe ich davon aus, dass wir uns nicht punktuell dazu entscheiden können, einer anderen Person zu vertrauen oder genauer: Wir können uns nicht entscheiden, uns auf der Basis einer Vertrauensbeziehung darauf zu verlassen, dass eine andere Person etwas tun oder lassen wird. Kognitivistische Ansätze sehen in diesem Merkmal von Vertrauen eine Bestätigung ihrer Auffassung, dass Vertrauen mit bestimmten Überzeugungen zu identifizieren ist – immerhin können wir uns auch nicht dazu entscheiden, bestimmte Dinge zu glauben –, während affektbasierte Ansätze dieselbe Idee zur Stützung der Auffassung bemühen, es handle sich bei Vertrauen um eine spezifische Emotion.

Der nicht-voluntaristische Charakter von Vertrauen wird im Rahmen meines Ansatzes durch meine grundlegende These eingefangen, nach der das Vertrauensprädikat primär eine Beziehungsform charakterisiert. Wir können uns entscheiden, *den Versuch* zu unternehmen, eine Beziehung mit einer anderen Person zu führen; wir können uns entscheiden, *die ersten Schritte* hin zu einer Vertrauensbeziehung mit einer anderen Person zu machen; wir können uns dazu entscheiden, verschiedene Dinge zu tun, die es *wahrscheinlicher* machen, dass wir eine Vertrauensbeziehung haben werden; aber wir können uns nicht einfach entschließen, so eine Beziehung *zu haben* oder uns auf ihrer Grundlage auf eine andere Person zu verlassen.

Das liegt ganz einfach daran, dass Beziehungen, wie im zweiten Kapitel ausgeführt, generell eine historische Dimension haben, während Vertrauensbeziehungen im Speziellen sich erst über die Zeit entwickeln müssen, damit ihre Teilnehmer lernen können, vertrauensbezogene Fähigkeiten an den Tag zu legen. Gleichzeitig kann ich im Rahmen meines Ansatzes plausibel machen, inwiefern sowohl kognitivistische als auch affektbasierte Ansätze jeweils einen plausiblen Aspekt von Vertrauen betonen. Es stimmt, dass Vertrauen eine besondere Beziehung zum Überzeugtsein hat, aber es ist missverständlich, Vertrauen mit bestimmten Überzeugungen zu identifizieren. Vertrauensbeziehungen machen es rational möglich, dass Akteure sich auch ohne evidenzbasierte Gründe darauf verlassen können, dass andere Personen etwas tun werden. Dieses Sich-Verlassen beinhaltet eine Überzeugung – die Überzeugung, dass die andere Person das tun wird, worauf ich mich verlasse –, aber diese Überzeugung ist nicht mit Vertrauen gleichzusetzen, auch wenn wir uns im Alltag manchmal auf diese Weise ausdrücken.

Auf ähnliche Weise ließe sich argumentieren, dass im Rahmen von Vertrauensbeziehungen eine Reihe von verschiedenen emotionalen Einstellungen generiert werden können. Ich halte es für einen Vorzug meines Ansatzes, dass ich in dieser Hinsicht flexible Bestimmungen erlauben kann. Zum einen glaube ich, dass für Vertrauensbeziehungen nicht nur emotionale Einstellungen eines bestimmten Typs – wie etwa Jones' Optimismus bezüglich des Wohlwollens der anderen Person – wichtig sind, sondern dass Vertrauensbeziehungen je nach Situation ganz verschiedene Emotionen begründen können. Zum anderen denke ich, dass es auch Unterschiede bezüglich der mit Vertrauen verbundenen emotionalen Einstellungen geben muss, je nachdem, um was für einen Typ von Vertrauensbeziehung es sich handelt. In einer Vertrauensbeziehung zu einem Zahnarzt wird man andere Dinge fühlen als im Rahmen einer Freundschaft, und die Dynamik, die mit Vertrauensbeziehungen einhergeht, macht es im Rahmen meines Ansatzes relativ leicht, solchen Unterschieden gerecht zu werden.

Von zentraler Bedeutung für jede Theorie des Vertrauens ist die Frage, wie so eine Theorie jeweils damit umgehen kann, den Unterschied zwischen Vertrauen und bloßem Sich-Verlassen einzufangen und die unterschiedlichen emotionalen Einstellungen zu erklären, die als Reaktionen auf Vertrauensbrüche einerseits und enttäuschtes Sich-Verlassen andererseits an den Tag gelegt werden. An dieser Stelle möchte ich es vermeiden, die Vorschläge der konkurrierenden Vertrauenstheorien einzeln durchzugehen und sie im Hinblick auf die Beantwortung dieser Frage mit meinem Vorschlag zu vergleichen. Für eine generelle Einschätzung sollte es ausreichen, wenn ich an dieser Stelle auf den zentralen voluntaristischen Ansatz und auf eine der wichtigsten evidenzbasierten Ideen zur Erklärung des angesprochenen Unterschieds eingehe.

Im Rahmen von Holtons voluntaristischer Theorie spielt der Begriff der Teilnehmerperspektive eine zentrale Rolle, wenn es darum geht zu erklären, warum unsere emotionalen Reaktionen auf Vertrauensbrüche tiefergehender Natur sind als im Fall von enttäuschtem Sich-Verlassen. Wie ich allerdings im Rahmen meiner Rekonstruktion von Holtons Position bemerkt habe, lässt diese Erklärung manches zu wünschen übrig. So ist überhaupt nicht klar, warum uns das Einnehmen des Teilnehmerstandpunkts dazu disponieren sollte, bestimmte Emotionen an den Tag zu legen. Der Teilnehmerstandpunkt wird von Holton *einfach so definiert*, dass es der Standpunkt ist, der mit solchen Dispositionen einhergeht, und das ist zumindest ohne weitere Bestimmungen eine ziemlich problematische Sicht der Dinge. Zum anderen legt Holtons weiterführende Bestimmung des Teilnehmerstandpunkts nahe, dass es sich dabei um einen Standpunkt handelt, von dem aus wir Personen als rechenschaftspflichtig betrachten. Das impliziert aber eine viel zu weite Auffassung von Vertrauen: Nicht jedes Fehlverhalten ist ein Vertrauensbruch und der Groll, den ich an den Tag lege, weil eine Person z. B. unmoralisch gehandelt hat, ist nicht gleichzusetzen mit den Emotionen, die typischerweise empfunden werden, wenn Vertrauen verletzt wird.

Vertreter nicht-voluntaristischer Ansätze versuchen diesem Unterschied gerecht zu werden, indem sie eine spezifische Bestimmung des Gehalts der Überzeugung bzw. Emotion, mit der sie Vertrauen jeweils identifizieren, vorlegen. In vielen Fällen wird dabei mit dem Begriff des Wohlwollens operiert. Entsprechend besteht die Erklärung für die spezifische emotionale Reaktion im Fall des Vertrauensbruchs darin, dass behauptet wird, dass wir uns auf eine besonders tiefgehende Weise verletzt fühlen, wenn wir feststellen, dass andere Personen uns weniger wohlwollend gegenüber eingestellt sind als wir gedacht hätten. Wiederum ist aber nicht klar, worin das explanatorische Potential dieses Hinweises eigentlich bestehen soll. Manchmal kann es tatsächlich sein, dass uns die Einsicht in so eine Tatsache emotional berührt, es lassen sich aber andere Fälle denken, in denen Personen einfach nüchtern registrieren, dass andere Personen ihnen weniger Wohlwollen als gedacht entgegenbringen und daraufhin einfach ihre Erwartungen modifizieren. Wenn dem so ist, kann der in Frage stehende Unterschied aber nicht mit Hinweis auf Wohlwollen eingefangen werden, und Ähnliches ließe sich auch im Hinblick auf die anderen Begriffe behaupten, mit denen der Gehalt der mit Vertrauen zu identifizierenden Einstellung expliziert wird.[81]

Während meiner Ausführungen im vierten Kapitel habe ich bereits expliziert, wie im Rahmen meines Ansatzes mit diesem Problem umgegangen werden kann. Auch in diesem Kontext spielt der Begriff der Identität eine zentrale Rolle. Man könnte sich zwar auf den Standpunkt stellen, dass bereits der Begriff der Beziehung in diesem Zusammenhang ausreicht, um das Problem zu lösen, und meine provisorischen Ausführungen zum Ende des zweiten Kapitels haben eine solche Auffassung tatsächlich nahegelegt. Sie besteht in der These, dass wir bei Vertrauensbrüchen auf eine besondere Weise emotional reagieren, weil unsere Vertrauenspartner dadurch die Beziehung, die wir miteinander teilen, aufs Spiel gesetzt oder sogar beschädigt haben. Die eigentliche Pointe meines Vorgehens im dritten und vor allem im vierten Kapitel würde durch eine solche Argumentation aber vernachlässigt oder doch zumindest unter Wert verkauft werden. Immerhin, so ließe sich einwenden, reagieren wir nicht auf die Gefährdung jeder Beziehung mit den gleichen emotionalen Einstellungen wie in Fällen, in denen unser Vertrauen enttäuscht wird. Und wenn es speziell die Gefährdung einer Vertrauensbeziehung ist, die solche emotionalen Reaktionen erklärt, dann muss noch mehr dazu gesagt werden, was es an solchen Beziehungen genau ist, das diese Emotionen generiert.

Im vierten Kapitel habe ich darauf aufmerksam gemacht, dass Personen in einer Vertrauensbeziehung auf besonders intime Weise die Perspektive des jeweils Anderen einnehmen und auf diese Weise Bereiche geteilter Identität etablieren. In diesem Zusammenhang, aber auch im Kontext meiner Bestimmung

---

81 Exemplarisch kann dafür etwa die Alternative stehen, die sich in McLeod 2002 findet. McLeod argumentiert dafür, dass Vertrauen eine angemessene affektive Reaktion auf die moralische Integrität einer anderen Person darstellt. Warum sollte ich aber mit Groll reagieren und mich hintergangen fühlen, wenn ich feststelle, dass eine Person moralisch weniger integer ist, als ich es von ihr gedacht habe? Es gibt nichts an dem Begriff der moralischen Integrität, das den persönlichen Charakter von Vertrauen und Vertrauensbrüchen einfangen könnte.

des Verhältnisses von Vertrauen und Autonomie, habe ich dafür argumentiert, dass dieser Umstand zur Folge hat, dass die Dinge, die mein Vertrauenspartner tut oder lässt, in einem besonders engen Zusammenhang mit meinem Selbstverständnis stehen. Es ist nicht einfach nur die Handlung einer anderen Person, die mein Vertrauenspartner ausführt, sondern die Handlung einer anderen Person, die mir im Hinblick auf normative Identität so nah ist, dass sie unmittelbar relevant für meinen Versuch wird, mich selbst zu verstehen. Anders gesagt: Wenn mein Vertrauenspartner es nicht schafft, meine Erwartungen an ihn auf angemessene Weise zu berücksichtigen, dann werde ich nicht nur sein Verhalten unverständlich finden, sondern ich werde aufgrund unserer geteilten Identitätsbereiche auch mir selbst – zumindest für einen Moment oder nur in einer bestimmten Hinsicht – abhanden kommen und unverständlich werden.

In der Regel sind wir selber dafür verantwortlich, wer wir sind. In Vertrauensbeziehungen lassen wir aber andere Personen nahe genug an uns heran, um ihnen eine Art Mitwirkung bei der Arbeit an unserer normativen Identität zu ermöglichen. Das hat viele Vorteile, aber es ist eben auch mit Gefahren verbunden. Im Fall von Vertrauensbrüchen besteht die Gefahr darin, dass man in der eigenen Identität – im Kern der Person, die man ist – empfindlich gestört werden kann, und vor diesem Hintergrund sollte es nicht verwundern, wenn wir auf solche Vertrauensbrüche emotional sehr empfindlich reagieren. Dass diese Reaktionen in ihrer Intensität graduelle Abstufungen erlauben, ist ein Gesichtspunkt der von den gegenwärtig vertretenen Ansätzen nicht erklärt werden kann, zum Teil auch nur deshalb nicht, weil er gar nicht erst in den Blick genommen wird.

Die Emotionen, die wir bei Vertrauensbrüchen empfinden, sind aber keinesfalls homogen, weder im Hinblick auf ihre Intensität noch bezüglich der spezifischen Qualität der betreffenden Einstellungen. Das Spektrum reicht hier von der Person, die nach zwanzig Jahren Ehe vom Doppelleben des Partners mitbekommt, entsprechend gebrochen in der eigenen Identität ist und massive emotionale Reaktionen an den Tag legt, bis zum langjährigen Bäckereikunden, der erfahren hat, dass der Bäcker ihn bezüglich der Zusammenstellung der Brotzutaten getäuscht hat, milde verärgert ist und den Vorfall nach einigen Tagen wieder vergisst. Im Rahmen meines Ansatzes lassen sich die dramatischen Szenarien genauso wie die belanglosen sehr gut einfangen, weil man die relevanten Unterschiede im Sinne der unterschiedlichen geteilten Identitätsbereiche beschreiben kann: Ich teile nur einen Bruchteil meiner Identität mit meinem Bäcker und fast alles mit der Person, mit der ich mein Leben teile. Entsprechend geht unterschiedlich Großes (und Wichtiges) zu Bruch, wenn mein Vertrauen verletzt wird, so dass ich auch Anlass zu unterschiedlichen emotionalen Reaktionen habe.

Der systematische Vorteil, der sich mit meinem Vorschlag verbindet, lässt sich auch gut erkennen, wenn man diesen Vorschlag im Lichte der Opposition zwischen evidenzbasierten (d. h. kognitivistischen und affektbasierten) und nicht-evidenzbasierten (d. h. voluntaristischen) Theorien betrachtet. Ich habe zum Ende meiner Debattenrekonstruktion im ersten Kapitel darauf aufmerksam gemacht, dass beide Theorietypen auf einen jeweils plausiblen Aspekt von Vertrauen verweisen, ohne dass es von der Warte der einen Theorie möglich wäre, den plausiblen Aspekt des jeweils anderen Theorietyps einzufangen: Evidenzbasierte Theorien können erklären, inwiefern Vertrauen eine epistemisch abgesicherte Handlungsgrundlage darstellen kann, während nicht-evidenzbasierte Theorien einfangen können, inwiefern es sich bei Vertrauen um eine Einstellung handelt, die normativen Charakter hat und von bloß prädiktiven Erwartungen zu unterscheiden ist. Vertrauen ist aber beides: Man kann etwas verkürzt sagen, dass wir im Vertrauen sowohl auf eine andere Person reagieren als auch gleichzeitig etwas von ihr fordern.[82]

Versteht man Vertrauen als einen mentalen Zustand, der evidenzbasiert oder aber nicht-evidenzbasiert ist, kann man diesen Gesichtspunkt nicht einfangen. Folgt man dagegen meinem Vorschlag, so sieht die Situation weniger aussichtslos aus: Vertrauensbeziehungen sind gerade durch eine Struktur wechselseitiger normativer Erwartungen zu charakterisieren und entsprechen damit dem Bild, das nicht-evidenzbasierte Theorien von Vertrauen als einem von Sich-Verlassen unterschiedenen Phänomen zeichnen; gleichzeitig ergehen in einer Vertrauensbeziehung aber nicht nur implizite oder explizite Aufforderungen an den Vertrauenspartner, von denen wir dann lediglich hoffen könnten, dass ihnen nachgekommen wird. Wenn ich mich im Rahmen einer Vertrauensbeziehung darauf verlasse, dass eine andere Person etwas tun wird, dann habe

---

82 Für diesen dualen Charakter von Vertrauen vgl. die pointierte Bestimmung in Schmid 2016, S. 93: „Welche Art von Erwartung ist nun Vertrauen? Sie hat irgendwie ein wenig von beidem – es ist immer beides im Spiel, wenn vertraut wird: etwas Kognitives und etwas Normatives. Vertrauen ist nicht nur eine Prognose – man kann jemandes Verhalten in einem geeigneten Kontext prognostizieren, ohne dass dies Vertrauen ausdrückt. Aber wenn Vertrauen gar keine Eintretenswahrscheinlichkeit im Auge hätte, läge wohl eher ein Fall von Hoffnung vor. Vertrauen ist aber nicht schlicht Hoffnung, auch wenn Hoffnung Vertrauen inspirieren kann." Schmid macht in der Folge von dem Unterschied zwischen der Geist-auf-Welt- und der Welt-auf-Geist-Passensrichtung Gebrauch, um dafür zu plädieren, dass Vertrauen sich in keine der beiden Kategorien von Einstellungen klassifizieren lässt, und er argumentiert dabei sowohl gegen eine bestimmte Lesart von Vertrauen als ‚effektiver Einstellung', d. h. im Wesentlichen gegen eine voluntaristische Position, als auch gegen eine Konzeption, die Vertrauen und Vertrauenswürdigkeit an den sozialen Status in einer ‚Respektsgemeinschaft' rückzubinden versucht; vgl. Schmid 2016, S. 99 ff.

ich stattdessen durchaus einen Grund, davon auszugehen, dass sie es tatsächlich tun wird. Dieser Grund darf aber nicht mit einer drittpersonalen Erwägung verwechselt werden, wie sie unser Verhältnis zu Personen kennzeichnet, zu denen wir in keiner Vertrauensbeziehung stehen.

Es handelt sich stattdessen um einen Grund, der strukturell den Gründen gleicht, die eine Person für die Auffassung hat, dass sie φ-en wird, wenn sie die Absicht zu φ-en fasst. Auch in diesem Fall liegt keine evidentiell abgestützte Prognose vor wie etwa: ‚Ich habe mich in der Vergangenheit beim Absichtenfassen beobachtet und gewisse Regelmäßigkeiten festgestellt, die mir den Schluss erlauben, dass ich φ-en werde, wenn ich zu φ-en beabsichtige.' Es ist vielmehr eine Voraussetzung des Fassens von Absichten, dass wir als Akteure davon ausgehen, dass wir sie realisieren werden, und analog verhält es sich im Fall von interpersonalem Vertrauen: Dass mein Vertrauenspartner sich auf angemessene Weise verhalten wird, ist eine Voraussetzung dafür, dass ich mich auf eine bestimmte Weise auf ihn verlasse, ohne dass man diese Voraussetzung evidentiell, d. h. drittpersonal abstützen müsste.[83] Auf dem Boden meines Verständnisses von Vertrauen als einer Beziehungsform lässt sich also offenbar sehr gut zwischen der Skylla der evidenzbasierten Theorien und der Charybdis der nicht-evidenzbasierten Theorien durchsegeln. Gleichzeitig ermöglicht diese Auffassung von Vertrauen, wie oben angesprochen, eine angemessene Bestimmung des Unterschieds zwischen Vertrauen und Sich-Verlassen sowie eine befriedigende Erklärung der unterschiedlichen emotionalen Reaktionen, die wir bezüglich enttäuschter Erwartungen in beiden Fällen an den Tag legen.

Das alleine würde mein Projekt schon zu einem zumindest interessanten Versuch einer alternativen Vertrauensbestimmung machen. Ob das Urteil darüber hinaus erweitert werden kann und man bei meinem Vertrauensverständnis von *dem angemessenen* Verständnis reden sollte, ist eine Frage, die im Wesentlichen mit der Plausibilität meiner Argumentation im dritten und vierten Kapitel zusammenhängt. Und hier lautet die zentrale Frage, wie plausibel meine beiden Manöver sind, aus Strukturmerkmalen von intrapersonalem Vertrauen auf interpersonales Vertrauen zu schließen und beide Vertrauensformen als verwandte Weisen der Arbeit an der eigenen normativen Identität aufzufassen. Abgesehen davon glaube ich aber, dass mein Vorschlag auch insofern attraktiv ist, als er Gesichtspunkte in die Vertrauensdiskussion integriert, die plausibel mit Vertrauen zusammenhängen, in den bislang vorgelegten Theorien aber nicht angemessen

---

83 Ob man hier von Gründen zweiter Ordnung reden sollte, wie ich mich an einer Stelle im vierten Kapitel ausdrücke, oder die Terminologie der Gründe ganz weglassen sollte, kann ich an dieser Stelle offen lassen; zu dem ‚transzendentalen', nicht-rechtfertigenden Charakter von Vertrauen vgl. wiederum Renz 2016.

thematisiert werden können. Es handelt sich dabei im Wesentlichen um vier Aspekte.

Erstens habe ich gezeigt, dass Vertrauen eng mit den Identitäten von Personen zusammenhängt; dadurch lässt sich die Intuition einfangen, nach der Vertrauensbeziehungen ein besonderes Gewicht in unserem Leben und einen zentralen Einfluss darauf haben, wie wir uns selbst verstehen. *Zweitens* habe ich auf den reziproken Charakter von Vertrauensbeziehungen aufmerksam gemacht; dadurch können Intuitionen eingefangen werden, die dagegen sprechen, dass man Personen vertrauen kann, die einem selbst misstrauen, und es eröffnet sich die systematische Möglichkeit, Vertrauen als eine fundamental egalitäre Form der interpersonalen Bezugnahme zu konzeptualisieren. *Drittens* habe ich die zentrale Rolle betont, die das Einüben und Anwenden bestimmter Fähigkeiten für Vertrauen spielt; dadurch kann ich zum einen den Umstand einfangen, dass es oft eine besondere Leistung darstellt, wenn Personen einander vertrauen, und zum anderen in spezifischen Vertrauenszusammenhängen plausible Hypothesen formulieren, welche Schritte unternommen werden müssten, um eine Vertrauensbeziehung zu etablieren oder aber wiederherzustellen. Schließlich legt mein Vertrauensverständnis *viertens* nahe, dass es sich bei Vertrauen wesentlich um eine nicht-instrumentelle Form der interpersonalen Bezugnahme handelt; dadurch können Personen, die in Vertrauensbeziehungen zueinander stehen, anders aufgefasst werden als im Sinne von rationalen Nutzenmaximierern, wie sie etwa von ökonomischen aber auch politikwissenschaftlichen Theorien angenommen werden.[84]

---

[84] Sollte sich die These erhärten lassen, dass Vertrauensbeziehungen, wie ich sie verstehe, auch außerhalb der Sphäre von intimen Nahbeziehungen vorliegen können, würde dieser Befund auch die These stützen, dass es nicht auf Eigennutz begründete Formen von Kooperation gibt, und dass wir Anlass haben, solche Kooperationsformen wertzuschätzen. Die Idee würde dann darin bestehen, dass wir, wann immer wir einander als Vertrauenspartner begegnen, eine Perspektive einnehmen, bei der es nicht nur um die Effizienz der Befriedigung der eigenen Präferenzen geht – eine Perspektive, die andere Personen in einem tieferen Sinne als rationale und mit einer spezifischen Akteurswürde ausgestattete Wesen betrachtet, als es die gegenwärtig vertretenen Modelle zur Beschreibung und Erklärung sozioökonomischer Prozesse erlauben. Auch wenn ich auf diese Weise noch nicht (ganz) auf die These festgelegt bin, dass die Vertrauensperspektive eine genuin moralische Perspektive ist (vgl. allerdings Abschn. 6.3), verweist der nicht-instrumentelle Charakter von Vertrauensbeziehungen, wie ich sie rekonstruiert habe, auf eine Auffassung des sozialen Lebens von Personen, wie sie prominent in Nida-Rümelins Kritik am *homo oeconomicus* zum Ausdruck kommt; vgl. Nida-Rümelin 2011. Folgt man meinem Vorschlag, so die Idee, dann laufen Personen in Vertrauensbeziehungen nicht Gefahr in die ‚Optimierungsfalle' zu tappen, weil die für Vertrauen charakteristischen Weisen der Bezugnahme aufeinander eine Eigennutz maximierende Haltung ausschließen.

In jedem der hier erwähnten Fälle müsste man im Grunde eine längere Geschichte erzählen, um sicherzustellen, dass es sich dabei tatsächlich um einen Vorteil meines Ansatzes handelt. Da diese Erwägungen aber lediglich stützenden Charakter für das vorliegende Projekt haben und keine eigene argumentative Last tragen sollen, werde ich es bei dieser etwas unscharfen Aufzählung belassen und mich zum Abschluss dieses Kapitels einem Thema zuwenden, von dem sich behaupten lässt, dass es – im Gegensatz zu den soeben erwähnten Vorteilen – einen zentralen Grund darstellt, warum man mein Vertrauensverständnis anderen Ansätzen vorziehen sollte. Es handelt sich dabei um eine Überlegung, die im Kontext der im ersten Kapitel aufgeworfenen Frage nach dem Wert von Vertrauen auftaucht.

5.3 Der Wert von Vertrauen

Die Frage danach, welchen Wert Vertrauen hat, wird nur selten explizit zum Thema gemacht. Es lässt sich aber feststellen, dass die meisten philosophischen, aber auch die empirisch orientierten Vertrauenstheorien implizit das vertreten, was ich im zweiten Kapitel als die Instrumentalitätsannahme bezeichnet habe. Dass Vertrauen instrumentellen Wert hat, lässt sich sehr einfach anhand von Beispielen zeigen. Der Einfachheit halber werde ich an dieser Stelle mit dem bereits aus dem vierten Kapitel bekannten einfachen Beispiel von Paul und Eva arbeiten. Dass Vertrauen einen instrumentellen Wert für Paul hat, liegt daran, dass er sich auf der Grundlage von Vertrauen darauf verlassen kann, dass Eva etwas tut. Dass eine Person sich auf etwas verlässt, impliziert hierbei, dass sie im weitesten Sinne daran interessiert ist, dass das, worauf sie sich verlässt, auch tatsächlich eintritt. So kann Paul sich etwa darauf verlassen, dass Eva ihm bei der Renovierung seiner Wohnung helfen wird, und eine Implikation dieses Sich-Verlassens ist, dass Paul ein Interesse daran hat, dass Eva ihm hilft. Es wäre ein Anzeichen davon, dass man den Begriff des Sich-Verlassens nicht verstanden hat, wenn man behaupten würde, dass Paul sich darauf verlässt, dass Eva ihm bei der Renovierung der Wohnung helfen wird, er aber überhaupt keine Absicht hat, die Wohnung zu renovieren oder zumindest Eva nicht dabeihaben möchte.

Sich auf eine andere Person verlassen zu können, kann uns also dabei helfen, unsere Zwecke zu befördern. Nun ist es eine Art Leitmotiv dieser Arbeit gewesen, dass Personen sich auf unterschiedliche Weise auf andere Personen verlassen können: Einerseits kann es sich dabei um ein ‚bloßes' Sich-Verlassen und andererseits um ein auf Vertrauen basiertes Sich-Verlassen handeln. Paul kann sich ‚bloß' darauf verlassen, dass Eva ihm bei der Renovierung helfen wird, wenn er auf der Basis von Evidenzen davon ausgeht, dass Eva ihm tatsächlich helfen wird, z. B. indem er feststellt, dass Eva eine tief verwurzelte Leidenschaft für das Renovieren von Wohnungen hat, die es sicher erscheinen lässt, dass sie sich die Gelegenheit nicht entgehen lassen wird, auch bei der Renovierung von Pauls Wohnung mitzumachen. Typischerweise können wir nicht auf solche zu unseren Zielen passenden Dispositionen anderer Personen zählen. Auch wenn Paul nicht davon ausgehen kann, heißt das aber keinesfalls, dass es keine andere Möglichkeit gibt, wie er sich ‚bloß' darauf verlassen könnte, dass Eva ihm bei der Renovierung der Wohnung helfen wird. Er könnte ihr z. B. ein finanzielles Angebot machen, das sie nicht ablehnen kann, oder sich alternativ gar nicht erst mit Eva herumschlagen, sondern einfach einen Renovierungsdienst beauftragen. Der springende Punkt ist an dieser Stelle, dass es *nicht kostenneutral* ist, auf diese Weise sicherzustellen, dass man sich auf andere Personen wird verlassen können.

Wollen wir uns auf andere Personen verlassen können, ohne dass wir davon ausgehen können, dass sie von sich aus die zu unseren Interessen passenden Dispositionen mitbringen, werden wir in der Regel Zeit, Geld oder zumindest Energie investieren müssen, und nicht immer ist das ein Preis, den es sich angesichts des zu erwartenden Ertrags zu zahlen lohnt. Dass wir das auch nicht müssen, liegt daran, dass uns in vielen Kontexten mit Vertrauen eine attraktive Alternative offensteht. Wie ich im Rahmen dieser Arbeit ausgeführt habe, können wir unser Sich-Verlassen auch im Kontext von Vertrauensbeziehungen situieren, so dass es rational ist, uns auf eine bestimmte Person zu verlassen, ohne dass wir kausal-kontingente Randbedingungen schaffen müssten, die es wahrscheinlich erscheinen lassen, dass sie das tun wird, worauf man sich gerne verlassen würde. Paul kann sich etwa darauf verlassen, dass Eva ihm bei der Renovierung helfen wird, weil sie eine Vertrauensbeziehung miteinander führen, in der all die Mechanismen am Werk sind, auf die ich mich im vierten Kapitel dieser Arbeit bezogen habe. Die Idee ist also, dass Vertrauensbeziehungen eine ‚kostengünstige' Alternative zu anderen Formen des Sich-Verlassens darstellen, mit der wir auf einfache Weise Zwecke realisieren können, die wir alleine unter Umständen gar nicht erreichen könnten.

Dass Vertrauen auf diese Weise instrumentell wertvoll ist, lässt sich auch erkennen, wenn wir uns eine Person vorzustellen versuchen, die sich in keinem Kontext ihres Lebens auf der Basis von Vertrauen auf andere Personen verlässt. Es müsste sich dabei um eine Person handeln, die in jedem Zusammenhang, in dem es um potentielle Kooperationen mit anderen Menschen geht, sicherzustellen versucht, dass ihre Kooperationspartner auch tatsächlich das tun werden, was sie von ihnen erwartet. Man denke etwa an jemanden, der eine Stunde bevor die Freunde zum Renovieren kommen sollen, bei allen Renovierungshelfern vorbeifährt, um ihnen einzubläuen, dass sie auch wirklich zum verabredeten Termin auftauchen sollten. Ganz abgesehen davon, dass so ein verkrampftes Festhalten an Kontrolle in Kooperationszusammenhängen einen beinahe schon pathologischen Anstrich hätte, würde man sich bei einer Person, die auf diese Weise nicht willens oder fähig ist, Vertrauen an den Tag zu legen, nicht des Eindrucks erwehren können, dass sie sich ganz einfach das Leben schwerer als nötig macht.

Manchmal kann es sogar richtiggehend irrational sein, sich nicht auf der Basis von Vertrauen auf andere Personen zu verlassen, weil einem dadurch bestimmte Gelegenheiten entgehen, die eigenen Ziele zu realisieren. Angenommen, Paul kann es sich nicht leisten, eine Renovierungsfirma anzuheuern. In so einer Situation hat er nicht automatisch schon den Wunsch verloren, die eigene Wohnung zu renovieren, sondern er wünscht sich zweierlei: Dass seine Wohnung renoviert wird, und dass er keine finanziellen Einbußen in Kauf nehmen muss. Beide Sachverhalte – ein Zustand, in dem die Wohnung renoviert ist und ein Zustand, in dem Pauls Finanzen unangetastet geblieben sind – haben subjektiven Wert für Paul. In der Situation, in der er sich befindet, kann Paul nicht beide Werte auf einmal realisieren, und das liegt im Allgemeinen daran, dass er wie wir alle ein endliches Wesen ist, das zur selben Zeit nur an einem Ort sein kann und begrenzte Ressourcen hat, um die Zwecke, die er sich setzt, zu erreichen. Wenn Paul allmächtig wäre oder eine Fee kennen würde, die ihm jeden Wunsch erfüllt, wäre Vertrauen – zumindest im Hinblick auf Kooperation – nicht wichtig und auch nicht wertvoll. Tatsächlich sind wir aber nicht allmächtig und müssen mit unseren Ressourcen in der Regel sehr gut haushalten, ganz egal, ob es sich bei diesen Ressourcen um Zeit, Geld, Energie, Aufmerksamkeit oder etwas anderes handelt. Angesichts der Tatsache, dass wir in dieser Hinsicht endliche Wesen sind, aber gleichzeitig Ziele haben, deren Realisierung Aufwand erfordert, wäre es unvernünftig von uns, wenn wir auf eine Ressource verzichten würden, die uns dabei hilft, bei der Umsetzung unserer Ziele Kosten zu sparen. Vertrauen, könnte man sagen, stellt genau so eine Ressource dar.

Während also die Tatsache, dass wir endliche und als solche auf die vertrauensvolle Kooperation mit anderen endlichen Wesen angewiesene Wesen sind,[85] einen guten Grund für die Auffassung darstellt, dass Vertrauen einen instrumentellen Wert hat, ist es weniger klar, was es heißen könnte, dass es auch nicht-instrumentell wertvoll ist. Das ist kein vertrauensspezifisches Problem, sondern es taucht immer auf, wenn man die Frage nach dem nicht-instrumen-

---

[85] Vgl. hierzu auch die Diskussion der ‚three fundamental facts of human existence' in Jones 2012a, S. 63 ff.

tellen Wert von etwas stellt. Zumindest *prima facie* hat man hier keine andere Option, als auf einen dunklen Begriff des selbstevidenten nicht-instrumentellen Werts zu verweisen, der nicht auf basalere Komponenten reduzierbar ist. Etwas ist nicht-instrumentell wertvoll, weil es wertvoll ist, ohne dass wir noch etwas dazu sagen könnten, scheint man an dieser Stelle behaupten zu müssen. Es sieht entsprechend so aus, als ob man in einen Widerspruch geraten würde, wollte man behaupten, dass Vertrauen nicht-instrumentell wertvoll ist, weil es uns dabei hilft, ein fundamentaleres Gut X zu realisieren: Wenn X der Grund dafür ist, warum Vertrauen Wert hat, dann ist dieses Gut X eben nicht-instrumentell wertvoll, während Vertrauen nur insofern Wert hat, als es uns dabei hilft, X zu realisieren.

Dieser Widerspruch ist aber nur scheinbar: Der nicht-instrumentelle Wert von Vertrauen lässt sich nachweisen, indem man es auf andere Güter bezieht, *ohne* dadurch Vertrauen in den Dienst dieser Güter zu stellen und ihm auf diese Weise einen bloß instrumentellen Wert zu verleihen.[86] Um welche Güter kann es sich dabei handeln, und wie ist ihr Verhältnis zu Vertrauen zu bestimmen? Im Hinblick auf den zweiten Teil dieser Frage könnte man darauf hinweisen, dass Vertrauen eine *konstitutive* Bedingung für ein bestimmtes Gut darstellt. Damit würde man behaupten, dass es nicht nur ein kontingentes Mittel zum Erreichen eines bestimmten Guts ist – so wie etwa Pauls Vertrauen in Eva kontingenterweise zur Realisierung von Pauls Ziel, die Wohnung zu renovieren, beiträgt –, sondern dass das betreffende Gut nicht anders zu erreichen ist, als dadurch, dass man einer anderen Person vertraut. Auf diese Weise würde man Vertrauen als integralen Bestandteil eines bestimmten Guts, von dem man annimmt, dass es nicht-instrumentellen Wert hat, auszeichnen, und der nicht-instrumentelle Wert würde sich auf Vertrauen als konstitutiven Teil dieses Guts ‚übertragen'.

Für welche Güter lässt sich eine solche konstitutive Beziehung zu Vertrauen plausibel machen? Ausgehend von dem im Rahmen dieser Arbeit vorgeschlagenen Vertrauensverständnis lässt sich besonders gut plausibel machen, inwiefern Vertrauen konstitutiv für Beziehungen wie Freundschaften und Liebesbeziehungen ist. Solche Beziehungen sind notwendig Vertrauensbeziehungen. Die Rolle, die Vertrauen in solchen Beziehungen spielt, könnte nicht von alternativen Mechanismen übernommen werden. Wir können uns noch nicht einmal vorstellen, was das bedeuten sollte. Während man also in dieser Hinsicht argumentieren kann, dass Vertrauen ein nicht-instrumenteller Wert zukommt, ließe sich gegen

---

[86] Vgl. zu dem ähnlich gelagerten Fall der Wahrhaftigkeit die Argumentation in Williams 2002, Kap. 5.

diesen Vorschlag einwenden, dass man damit immer noch nicht gezeigt hat, inwiefern andere Typen von Vertrauensbeziehungen nicht-instrumentell wertvoll sind. Und wenn sie es gar nicht sind, dann wäre es vielleicht gar nicht die Vertrauensbeziehung als solche, die nicht-instrumentellen Wert hat, sondern nur eine Vertrauensbeziehung, insofern sie in einer Freundschaft oder Liebesbeziehung realisiert ist. Das ist aber mit Sicherheit eine schwächere These als die Behauptung, mit der ich diese Diskussion angefangen habe.

Es gäbe Wege, eine stärkere These argumentativ zu stützen, die ich im Rahmen meiner Vertrauensinterpretation allerdings nicht einfach beschreiben kann. Ich möchte sie an dieser Stelle dennoch wenigstens kurz erwähnen, um deutlich zu machen, wie man argumentieren müsste, um die Instrumentalitätsannahme anzugreifen. Zum einen könnte man die recht unproblematische These, dass Autonomie nicht-instrumentellen Wert hat, mit der weniger unproblematischen These kombinieren, dass Vertrauen eine konstitutive Bedingung für Autonomie darstellt. Zur Erinnerung: Ich habe dafür argumentiert, dass Vertrauensbeziehungen einen Ort darstellen, an dem sich die für Autonomie relevanten Fähigkeiten von Personen gut oder vielleicht sogar ganz besonders gut entwickeln lassen. An dieser Stelle müsste man die stärkere These vertreten, nach der solche Fähigkeiten *ausschließlich* unter Voraussetzung von Vertrauen entwickelt werden können, und diese Behauptung – mit der man sich in der Nähe von konstitutiven Versionen der sozio-relationalen Ansätze positionieren würde – ist zumindest nicht einfach zu begründen.

Einige andere Strategien, für den nicht-instrumentellen Wert von Vertrauen zu argumentieren, sind mir allerdings – zumindest im systematischen Rahmen des Vorschlags, den ich in dieser Arbeit entwickelt habe – vollständig verschlossen. Das liegt daran, dass ich Vertrauen im Sinne von Vertrauensbeziehungen verstehe, deren Vorliegen voraussetzt, dass sich die Vertrauenspartner kennen und über einen längeren Zeitraum miteinander interagiert haben. Interaktionen mit fremden Personen sind im Rahmen meines Ansatzes auf diese Weise automatisch als Vertrauenskontexte ausgeschlossen. Das könnte man in dreifacher Hinsicht als ein besonders schwerwiegendes Problem für den von mir vertretenen Ansatz betrachten. Zum einen ließe sich dafür argumentieren, dass eine vertrauende Haltung anderen Personen gegenüber einen Ausdruck der besonderen Achtung darstellt, die wir allen moralischen Akteuren entgegenbringen sollten.[87] Zweitens kann man in epistemologischer Hinsicht die Auffassung vertreten, dass

---

87 Vgl. hierzu etwa Mansbridge 1999.

Vertrauen notwendig dafür ist, dass wir Wissen erwerben.[88] Und schließlich lässt sich drittens dafür argumentieren, dass das Funktionieren von Demokratien von einer Reihe von Vertrauensverhältnissen zwischen den einander unbekannten Bürgern der jeweiligen Demokratie abhängt.

Ich werde bezüglich der Rolle von Vertrauen für Moral und Wissen im Rahmen dieser Arbeit nichts sagen können, aber ich glaube, dass sich, ausgehend von den Überlegungen, die ich in dieser Arbeit angestellt habe, ein Vertrauensverständnis entwickeln lässt, das diesen beiden Dimensionen interpersonalen Lebens gerecht wird; dazu wäre es aber notwendig, den Beziehungsbegriff so auszuweiten, dass er auch die abstrakteren Relationen umfasst, in denen wir zueinander als Mitglieder der moralischen und epistemischen Gemeinschaften stehen. Dies wiederum würde eine Diskussion erfordern, deren systematische Voraussetzungen den Rahmen dieser Arbeit sprengen würden. Was die Frage nach der Rolle von Vertrauen in politischen Kontexten angeht, glaube ich dagegen, dass wir – so natürlich uns die Redeweise vom Vertrauen, das wir in unsere Mitbürger oder Regierungsvertreter setzen müssen, auch vorkommen mag – weniger auf Vertrauen angewiesen sind, als für gewöhnlich angenommen wird. Inwiefern es in solchen Zusammenhängen ausreichen könnte, auf einen wohlverstandenen Begriff der Verlässlichkeit Bezug zu nehmen, und welche Vorzüge sich mit einer solchen Sicht der Dinge verbinden, werde ich im folgenden letzten Kapitel dieser Arbeit diskutieren.

Damit bleibt aber immer noch die Frage offen, inwiefern ich glaube, dass es im Rahmen meines Ansatzes möglich ist, Vertrauen auf besonders plausible Weise einen nicht-instrumentellen Wert zuzuweisen. Gibt es – jenseits der Kontexte der Moral, des Wissens oder der Demokratie – einen Sinn, in dem sich behaupten ließe, dass Vertrauensbeziehungen in jedem Fall, d. h. auch wenn es sich dabei nicht um Freundschaften oder Liebesbeziehungen handelt, einen Wert haben, der sich nicht darin erschöpft, dass uns diese Beziehungen zur Realisierung von Zielen verhelfen? In welchem Sinn schätzen wir etwa das vertrauensvolle Verhältnis zu unserer Hausärztin oder unserem Bäcker, wenn es nicht um prudentielle Überlegungen gehen soll, die mit dem Erhalt unserer Gesundheit oder dem Erwerb bekömmlicher Backwaren zu tun haben?

Um diese Frage zu beantworten, lässt sich zunächst ein kontrafaktisches Szenario vorstellen, in dem wir in keiner Weise auf die Kooperation mit anderen Menschen angewiesen sind, eine Situation also, in der wir keine Bedürfnisse

---

88 Vgl. hierzu die Diskussion um die Rolle von Vertrauen in sozialepistemologischen Kontexten etwa in Coady 1992, Fricker 1995 oder Faulkner 2011, sowie speziell im Hinblick auf die Praxis der Wissenschaften Hardwig 1991.

haben, die wir nicht mühelos selbst befriedigen können, entweder weil sie gar nicht vorliegen oder weil wir nicht die endlichen Wesen sind, als die wir in der tatsächlichen Welt betrachtet werden müssen. Würde es in so einer Welt ohne Not eine Rolle spielen, ob wir in Vertrauensbeziehungen zu Personen stehen, mit denen wir nicht befreundet sind? Würden wir in so einer Welt etwas vermissen? Ich denke, beide Fragen müssen mit einem entschiedenen ‚ja' beantwortet werden. Meine Rekonstruktion der in Vertrauensbeziehungen stattfindenden interpersonalen Mechanismen im vierten Kapitel hat gezeigt, dass Personen, die in solchen Beziehungen zueinander stehen, einander in einem bestimmten Sinne *nahekommen*. Tatsächlich lässt sich ein Großteil meiner diesbezüglichen Ausführungen auch als eine Interpretation dessen lesen, was mit so einem Nahekommen gemeint ist.[89] In Vertrauensbeziehungen lernen wir Personen aus ihrer eigenen Perspektive kennen und treten somit in ein weitaus intimeres Verhältnis zu ihnen, als das jenseits von Vertrauensbeziehungen – etwa in rein transaktionalen Beziehungen – jemals der Fall sein könnte.[90]

Das gilt auch und gerade für die Vertrauensbeziehungen, die keine Freundschaften sind. Ganz abgesehen davon, dass nicht klar ist, wie viele Freundschaftsbeziehungen ohne solche anderen Vertrauensbeziehungen ihren Anfang nehmen könnten, stellt die Tatsache, dass wir in Vertrauensbeziehungen zu un-

---

89 Meine Diskussion des nicht-instrumentellen Werts von Vertrauen weist an dieser Stelle eine große systematische Nähe zu der Argumentation von Martina Herrmann auf, die den am besten ausgearbeiteten Versuch darstellt, den nicht-instrumentellen bzw. intrinsischen Wert von Vertrauen zu begründen; vgl. Herrmann 2017. Ich denke, dass sich mit meinem Vorschlag etwa auch dem Ziel näherkommen lässt, das Herrmann folgendermaßen formuliert: „Gesucht ist aber eine Erklärung für den intrinsischen Wert einer vertrauensvollen Beziehung, die außerdem verständlich macht, warum eine vertrauensvolle Beziehung auch jenseits der Perspektive der einzelnen auf den anderen, *nämlich aus einer übergreifenden, geteilten oder gemeinsamen Perspektive* intrinsisch wertvoll ist. Der Wert des Vertrauens in der Beziehung oder besser gesagt der vertrauensvollen Beziehung müsste so charakterisiert werden, dass es ein Wert der Beziehung ist, die A und B umfasst. Dazu müsste es gewissermaßen *ein* Wert sein, und nicht der intrinsische Wert für B in Kombination mit oder Addition zu dem Wert von A." (Herrmann 2017, S. 349, Herv. im Orig.)

90 Selbstverständlich müsste man noch viel mehr dazu sagen, in welchem Sinne genau die Metapher der Nähe in unterschiedlichen Kontexten zu verstehen ist. Eine Weise, wie man diese interpersonale Nähe in einem Zusammenhang explizieren könnte, der bereits genuin moralphilosophischer Natur ist, findet sich in Scanlons von Mill inspirierter Bezugnahme auf die ‚soziale Einheit', die er als das Ideal seiner Auffassung des Kontraktualismus betrachtet; vgl. Scanlon 1998, 163: „Unlike friendship, morality is commonly seen as a form of constraint, not as a source of joy or pleasure in our lives. I am suggesting, however, that when we look carefully at the sense of loss occasioned by charges of injustice and immorality we see it as reflecting our awareness of the importance for us of being ‚in unity with our fellow creatures'"; vgl. auch Scanlon 1998, S. 154f.

seren Ärzten, Lehrern, Kommilitonen, Tennispartnern oder Bäckern stehen können, eine Voraussetzung dafür dar, dass wir unseren sozialen Alltag als *persönlich* erfahren können. Es ist also keinesfalls so, dass wir es, sobald wir die Grenzen unserer intimen Nahbeziehungen nach außen überschreiten, nur mit Wesen zu tun hätten, die wir lediglich drittpersonal, gewissermaßen nur als intentionale Naturphänomene betrachten können. Auch wenn sie keine Freunde sind, können die Menschen, mit denen wir es zu tun haben, uns *nahekommen*, und sie können uns *nahe sein*. Diese Dynamik und Durchlässigkeit der intimen und sozialen Bereiche ist etwas, das unser Leben reicher und besser macht, und wer selbst erlebt hat, wie aus einem wildfremden Menschen eine weniger fremde Person wird, vielleicht sogar eine Person, zu der man in einem freundschaftlichen Verhältnis steht, wird diesen Aspekt von Vertrauensbeziehungen nicht missen wollen.

Kapitel 6
Der zentrale Einwand

Am Ende des vergangenen Kapitels habe ich als einen der wichtigsten Vorzüge des Vertrauensansatzes, den ich in dieser Arbeit vorschlage, auf die Tatsache hingewiesen, dass sich auf seiner Grundlage einsichtig machen lässt, inwiefern der nicht-instrumentelle Wert von Vertrauensbeziehungen auch darin besteht, eine spezifische Nähe und Intimität zwischen Personen, die in solchen Beziehungen zueinander stehen, zu generieren. Diese Nähe und Vertrautheit findet sich relativ offensichtlich im Kontext von Beziehungen wie Freundschaften oder Liebesbeziehungen. In abgeschwächter Form kennen wir sie aber auch aus anderen, nicht-intimen Beziehungen wie der Arzt-Patient- oder der Lehrer-Schüler-Beziehung. Hier wie da handelt es sich allerdings um Beziehungen, in denen es zu persönlichen Interaktionen zwischen ihren Teilnehmern kommt. Wie etwa anhand meiner Argumentation bezüglich der vertrauensbezogenen Fähigkeiten deutlich geworden sein sollte, ist das keinesfalls ein lediglich kontingenter Aspekt von Vertrauen: Es gibt keine Vertrauensbeziehungen ohne persönliche Interaktion.

Es ist genau diese Implikation meines Ansatzes, die gleichzeitig Anlass zu dem zentralen Einwand gibt, den man gegen diesen Ansatz ins Feld führen könnte. Dieser Einwand lautet, dass eine Interpretation von Vertrauen als einer persönlichen Beziehungsform zu anspruchsvoll ist, indem sie es nicht erlaubt, viele Kontexte, die wir gemeinhin als Vertrauenskontexte auffassen würden, als solche auszuzeichnen. Am Anfang dieser Arbeit habe ich bereits darauf hingewiesen, dass Vertrauen im Zentrum der Aufmerksamkeit von empirischen Disziplinen wie der Soziologie oder Politikwissenschaft gestanden hat, lange bevor es zu einem genuin philosophischen Forschungsgegenstand geworden ist. Es ist denn auch kein Zufall, dass es vor allem Zusammenhänge sind, in denen solche deskriptiv operierenden Disziplinen das Vertrauensphänomen situieren, die von meinem Ansatz als Vertrauenskontexte disqualifiziert werden – Kontexte, in denen es um unsere Einstellungen Personen gegenüber geht, mit denen wir nicht persönlich interagieren, ganz einfach weil wir sie nicht persönlich kennen.

Die Strategie, die ich ergreifen muss, um diesem Einwand zu begegnen, besteht darin, auf Möglichkeiten hinzuweisen, wie wir anders als im Sinne einer Vertrauensbeziehungen gegenüber fremden Personen eingestellt sein können, und es sollte angesichts meiner bisherigen Argumentation nicht speziell überraschen, wenn ich zu diesem Zweck den Begriff des Sich-Verlassens ins Spiel bringe. Ich würde mir die Sache aber allzu einfach machen und den Kern des in Frage stehenden Einwandes nicht hinreichend ernst nehmen, wenn ich für all die Zusammenhänge, in denen in empirischen Disziplinen – aber auch im Alltag – von Vertrauen in Fremde die Rede ist, einfach behaupten würde, dass es sich dabei um uneigentliche Bezugnahmen auf Vertrauen handelt, oder aber die Vertrauensvokabel aufgeben und zugestehen würde, dass in solchen Fällen Vertrauen am Werk ist, aber eben eine spezielle Form des Vertrauens, für die sich dann eine zusätzliche Qualifizierung wie ‚prädiktives' oder ‚nicht-normatives' Vertrauen einführen ließe.

Die Herausforderung des Einwands besteht vielmehr darin, zu zeigen, dass sich in den in Frage stehenden Kontexten auf einen normativ aufgeladenen Vertrauensbegriff verzichten lässt. Das Problem, das an dieser Stelle sofort auftaucht, besteht darin, dass es unzählige Kontexte und Hinsichten gibt, in denen wir es mit Fremden zu tun haben, so dass es nur wenig Sinn machen würde, wenn ich diese Kontexte der Reihe nach durchgehen wollte, um jeweils dafür zu argumentieren, dass wir nichts verlieren, wenn wir hier auf Zuschreibungen von Vertrauen verzichten. Meine Reaktion auf dieses Problem besteht darin, mich im vorliegenden abschließenden Kapitel auf einen einzigen solcher Kontexte einzuschränken – allerdings auf einen, von dem sich plausibel behaupten lässt, dass er zu den wichtigsten Kontexten zählt, in denen es üblich ist, von Vertrauen in fremde Personen zu reden. Es handelt sich dabei um den im weitesten Sinne politischen Kontext, in dem auf den Wert abgehoben wird, den Vertrauen zwischen Fremden in einer Demokratie hat.

Mein Ziel wird im vorliegenden Kapitel entsprechend darin bestehen, dafür zu argumentieren, dass Vertrauen zwischen Fremden aus einer demokratietheoretischen Perspektive verzichtbarer ist, als üblicherweise angenommen wird. Mehr noch, ich werde zeigen, dass es mit Blick auf das Funktionieren von demokratischen Systemen sogar besonders hilfreich ist, auf die Kategorien des Vertrauens und Misstrauens in der Analyse politischer Zusammenhänge zu verzichten und uns stattdessen eher an der Frage nach Verlässlichkeit zu orientieren. Es ist allerdings auch in diesem spezifischeren Kontext notwendig, einige Einschränkungen vorzunehmen. Das liegt daran, dass das Vokabular des Vertrauens bzw. Misstrauens in politischen Zusammenhängen extrem weit verbreitet ist und dazu verwendet wird, eine breite Palette an zum Teil sehr disparaten politischen Phänomenen und Entwicklungen zu beschreiben und zu analysieren. Für die Belange meiner Argumentation sind nicht all diese Zusammenhänge gleichermaßen wichtig, und entsprechend werde ich in dreierlei Hinsicht selektiver vorgehen.

Zum einen habe ich im Verlaufe meiner Argumentation Vertrauen stets als eine interpersonale Relation verstanden, d. h. eine Relation, die immer zwischen konkreten, individuellen Personen besteht. Von dieser Grundannahme möchte ich auch in dem vorliegenden Kontext nicht abrücken. Das hat zur Folge, dass ich Zuschreibungen von Vertrauen im politischen Kontext, die nicht an Personen erfolgen, unter der Annahme, dass es sich dabei um uneigentliche, metaphorische Verwendungsweisen des Prädikats handelt, vernachlässigen werde. So werde ich mich z. B. nicht mit der Frage beschäftigen, was es heißt, einer Institution zu vertrauen, sondern stattdessen von der Annahme ausgehen, dass Zuschreibungen von Vertrauen bzw. Misstrauen an Institutionen im Grunde auf diejenigen Personen gerichtet sind, die dafür zuständig sind oder waren, diese Institutionen zu erschaffen, die im Rahmen dieser Institutionen operieren, oder deren Aufgabe darin besteht, ein angemessenes Funktionieren dieser Institutionen sicherzustellen.

Für sich genommen – so die Annahme – sind abstrakte politische Entitäten keine geeigneten Kandidaten für Zuschreibungen von Vertrauen oder Vertrauenswürdigkeit, sondern es muss sich dabei um politische Akteure im engeren Sinn des Wortes handeln.[1] Während es im Folgenden also immer um Vertrauen in Personen gehen wird, besteht ein nicht unwesentliches Problem, das ich an dieser Stelle allerdings wiederum ausklammern werde, darin, dass Vertrauen und Misstrauen im politischen Kontext oft nicht nur auf einzelne Personen sondern auch auf Personengruppen, die über bestimmte Merkmale individuiert werden, gerichtet wird – auf Regierungsmitglieder, Richter, Wähler, Medienvertreter usw. Hier müsste geklärt werden, inwiefern es überhaupt möglich ist, einer Gruppe von Personen zu vertrauen, deren individuelle Mitglieder einem im schlimmsten Fall nicht einmal dem Namen nach bekannt sind.

Die zweite Einschränkung betrifft den Umfang der verschiedenen Vertrauenskontexte, die mich im vorliegenden Kapitel beschäftigen werden. Ich möchte mich diesbezüglich auf genuin politische Kontexte beschränken. Die Sphäre des Politischen zu definieren, ist ein notorisch schwieriges Unterfangen, das mich an dieser Stelle allerdings nicht weiter beschäftigen soll.[2] Die Abgrenzung muss im vorliegenden Zusammenhang ohnehin etwas vage ausfallen. So

---

[1] Vgl. etwa Lenard 2012, S. 17: „Institutions are themselves inert; they are not capable of acting in a trustworthy or untrustworthy manner. Rather, what we mean when we claim that an institution can be trusted is that the individuals who operate the institutions can be trusted to do so effectively." Vgl. auch Offe 1999, S. 45: „Institutions are factual arrangements that provide incentives and options to actors who are involved in or live under certain institutions. As such, they are factual constraints of action, the durability and validity of which we can view with confidence. Trust, in contrast, can only be extended to actors and the ways in which they perform and enact their roles within institutions."
[2] Als Arbeitsdefinition mag hier die Bestimmung in Warren 1999b, S. 311 dienen: „[P]olitical relationships are those social relationships characterized by conflicts over goods in the face of pressure to associate for collective action, where at least one party to the conflict seeks collectively binding decisions and seeks to sanction decisions by means of power."

möchte ich mich nicht mit Vertrauen in ökonomischen Kontexten beschäftigen, auch wenn klar scheint, dass viele der ökonomischen Kontexte, in denen das Vokabular des Vertrauens bemüht wird – etwa die Finanz- und Wirtschaftskrise seit 2007 –, unentwirrbar mit demokratierelevanten Prozessen verknüpft sind. Auch werde ich mich mit Fällen von ‚sozialem Vertrauen' – d. h. Vertrauen zwischen einander fremden Personen, deren Beziehungen nicht notwendig durch Institutionen reguliert werden – nur dann beschäftigen, wenn sie eine genuin politische Dimension aufweisen. Entsprechend wird es im Folgenden z. B. nicht um die Frage gehen, warum Personen in bestimmten kulturellen Kreisen ihre Haustüren nicht abschließen, dafür aber etwa um die Frage, inwiefern für das Funktionieren einer politischen Gemeinschaft spezifische Formen des Vertrauens zwischen Bürgern notwendig sind.

Auch soll es im weiteren Verlauf nicht um die Rolle von Vertrauen in jedem erdenklichen politischen Kontext gehen, sondern, wie angedeutet, um die Rolle, die Vertrauen für politische Systeme hat, die demokratisch strukturiert sind. Es ließe sich zwar dafür argumentieren, dass Vertrauen eine wichtige Rolle für jede Form der politischen Ordnung spielen muss – selbst die Untertanen in einem absolutistischen Szenario à la Hobbes müssten ein bestimmten Maß an Vertrauen dem Souverän (und möglicherweise sogar *vice versa*) entgegenbringen.[3] Wenn ich mich auf die Rolle von Vertrauen für die Demokratie konzentriere, dann hat das nicht nur den Grund, dass dies eben die Konstellation ist, die für die meisten von uns eine unmittelbare Relevanz im Hinblick auf unser Selbstverständnis als Bürger hat. Darüber hinaus gibt es Gründe für die Auffassung, dass Vertrauen und Demokratie eine ganz besondere Beziehung verbindet, die – wie im Folgenden deutlich werden soll – keinesfalls eindeutiger Natur ist, sondern sowohl auf wechselseitige Abhängigkeiten als auch auf eine interne Spannung verweist.

Schließlich werde ich mich drittens auf zwei Kategorien von Vertrauen beschränken, von denen ich denke, dass sie für ein angemessenes Verständnis der Rolle von Vertrauen in einer Demokratie zentral sind. Wollte man eine grobe Einteilung der Vertrauenskontexte in einem demokratischen System vornehmen, ließe sich zum einen zwischen der Ebene der demokratischen Eliten – der Politiker, Regierungsmitglieder, Richter etc. – und der Ebene der demokratischen Bürger und zum anderen zwischen einer horizontalen und einer vertikalen Richtung des Vertrauens unterschieden. Kombiniert man diese beiden Unterscheidungen, ergeben sich vier Kategorien von potentiellen Vertrauensverhältnissen in einer Demokratie: Auf der horizontalen Ebene kann zum einen von dem Vertrauen zwischen Bürgern und zum anderen von dem Vertrauen der Mitglieder demokrati-

---

3 Vgl. hierzu etwa Baumgold 2013.

scher Eliten untereinander die Rede sein; auf der vertikalen Ebene lässt sich von dem Vertrauen der Mitglieder demokratischer Eliten in die Bürger oder dem Vertrauen der Bürger in die Mitglieder der Eliten sprechen.[4]

Im Folgenden sollen mich lediglich die erste und die letzte dieser Kategorien interessieren. Diese Wahl soll keineswegs die Relevanz der beiden vernachlässigten Vertrauenskontexte in Frage stellen. Gleichzeitig denke ich, dass sie gerade im Hinblick auf die von vielen Seiten beklagte ‚Erosion des Vertrauens'[5] und die damit zusammenhängenden Gefahren für die Demokratie von sekundärer Bedeutung sind. Zudem handelt es sich bei dem Vertrauen zwischen Mitgliedern demokratischer Eliten insofern um einen Sonderfall, als sich hier in einem weitaus geringeren Ausmaß die Problematik einstellt, die ich eingangs angesprochen habe: Im Gegensatz zu dem Fall des Vertrauens der Bürger untereinander bzw. des Vertrauens der Bürger in die Eliten ist es keinesfalls unwahrscheinlich, dass einzelne Elitenmitglieder einander persönlich kennen oder jedenfalls miteinander Kontakte pflegen, die eine mehr oder weniger direkte Interaktion ermöglichen und nicht selten sogar eine historische Dimension aufweisen, die den betreffenden Verhältnissen oft eine nahezu freundschaftliche Note verleihen kann.

In jedem der von mir in der Folge diskutierten Fälle wird es zudem angebracht sein, zunächst darauf zu reflektieren, wie man überhaupt auf die Idee kommen kann, dass Vertrauen in dem in Frage stehenden Kontext eine besondere Relevanz haben sollte. Dazu werde ich zunächst die These rekonstruieren, nach der es im Rahmen von demokratischen Systemen notwendig ist, politischen Entscheidungsträgern Vertrauen entgegenzubringen und dafür plädieren, dass Autoren, die in diesem Zusammenhang auf die zentrale Rolle von Vertrauen für Demokratie abheben, den Fehler machen, Vertrauen mit bloßem Sich-Verlassen zu verwechseln (Abschn. 6.1).[6] In einem zweiten Schritt werde ich mich mit der Frage beschäftigen, welche Rolle Vertrauen hinsichtlich der Einstellungen der einzelnen Bürger untereinander spielen sollte. Die meisten Ansätze, die dafür plädieren, dass ein solches Vertrauen unter Bürgern notwendig für das Funktionieren von demokratischen Systemen ist, machen auf den Begriff des ‚freiwilligen Befolgens' von Regeln aufmerksam. Analog zum Vorgehen im ersten Abschnitt werde ich zeigen, dass dieses freiwillige Befolgen besser auf der Grundlage von Sich-Verlassen sichergestellt werden kann, und auf die Vorteile dieser Ansicht hinweisen (Abschn. 6.2). In einem dritten Schritt

---

4 Vgl. Offe 1999, S. 44 ff.
5 Vgl. hierzu exemplarisch Fukuyama 1996.
6 Meine Ausführungen in diesem Abschnitt stützen sich auf Argumente, die ich in Budnik 2018 entwickelt habe.

werde ich mich schließlich mit der Frage befassen, was von Vertrauen im politischen Kontext noch übrig bleibt, wenn wir meinem Vorschlag folgen. Hier werde ich dafür argumentieren, dass wir den Vertrauensbegriff – allerdings in einem sehr eingeschränkten Sinne – benötigen, um den Begriff des ‚demokratischen Bürgerethos' mit Gehalt zu füllen (Abschn. 6.3).

6.1 Vertrauen in Politiker

Die auf den ersten Blick naheliegende Rolle für Vertrauen in Politiker ist das Vertrauen, das ich als Bürger darin haben muss, dass ein von mir gewählter Entscheidungsträger als Bestandteil der Regierung die Interessen befördern wird, die mich dazu bewogen haben, für ihn und nicht für einen anderen Kandidaten zu stimmen. Dem einfachsten Modell von Repräsentation zufolge ist das Regierungsmitglied ein Volksvertreter im wörtlichen Sinne. Seine Aufgabe besteht darin, den konkreten Auftrag, der ihm von den Wählern übertragen wurde, in die Tat umzusetzen.

Angenommen, eine Gesellschaft von vier Bergbewohnern entscheidet sich, eine Regierung zu wählen, die für den Anbau von Gemüse auf dem Berg zuständig sein soll. Zwei Kandidaten betreiben Wahlkampf, indem sie den Anbau von Kartoffeln einerseits und den Anbau von Karotten andererseits versprechen. In dem Fall, in dem der Kartoffel-Kandidat bei der Abstimmung zwei Wählerstimmen bekommt, ist er seinen Wählern gegenüber verpflichtet, den Anbau von Kartoffeln durchzusetzen. In gewisser Weise ist in so einer rudimentären Situation der Raum für Vertrauen gegeben. Immerhin weiß ich als Wähler nicht genau, wie sich der von mir gewählter Repräsentant im Falle eines Wahlerfolgs verhalten wird. Gleichzeitig kann ich aber in dem Maße, in dem wir eine Vertrauensbeziehung miteinander führen, allen Grund haben, mich darauf zu verlassen, dass er meinem Wählerauftrag nachkommen wird.

Vertrauen ist in so einem Kontext also wichtig, weil ich beim Übertragen von Befugnissen auf Repräsentanten nicht einfach nur aufs Geratewohl darauf setzen möchte, dass mein Wählerauftrag umgesetzt wird. Wie leicht zu sehen ist, entspricht so ein Modell der Repräsentation allerdings nicht der Komplexität der modernen demokratischen Prozesse der Entscheidungsfindung. Ganz abgesehen davon dass ein Wahlsieg mit 100 Prozent der Wählerstimmen faktisch ausgeschlossen ist, stimmen wir in der Regel nicht über eine einzige Frage ab, sondern für einen Kandidaten oder eine Partei, die für eine ganze Reihe von unterschiedlich konkret beschriebenen Zukunftsprojekten stehen, so dass sich kaum ein Wähler vorstellen lässt, der mit allen Programmpunkten eines Kandidaten oder einer Partei übereinstimmt. Hinzu kommt, dass wir – außer in direktdemokratischen Sonderfällen wie den Volksinitiativen in der Schweiz – nicht nur über bestimmte Vorhaben für die Zukunft abstimmen, sondern unsere Regierungsvertreter mit der Befugnis ausstatten, auf neu entstehende Situationen – Kriege, Wirtschaftskrisen, Reaktorunfälle, Pandemien[7] – zu reagieren, die zum Zeitpunkt der Wahl noch nicht oder zumindest nicht in der gleichen Schärfe im Blickpunkt der Wähler hatten stehen können.

Das alles führt dazu, dass wir im Hinblick auf politische Repräsentation von einem anderen Modell ausgehen müssen, einem Modell, nach dem ein Repräsentant uns ‚nicht nur seinen Fleiß, sondern sein Urteilsvermögen' schuldet.[8] Gemäß diesem ‚Vollmacht'-Modell[9] der Repräsentation unterscheidet sich die Rolle eines Regierungsmitglieds in zweifacher Hinsicht von der Rolle des Repräsentanten in dem Bergbewohner-Szenario: Zum einen ist er nicht direkt an die Weisungen seiner Wählerinnen und Wähler gebunden, d. h. seine Aufgabe besteht nicht darin, eine konkrete Aufgabe, die von den Wählerinnen und Wählern per Abstimmung bekräftigt wurde, gewissermaßen blind umzusetzen, sondern er kann und soll bei der Umsetzung der Wählervorgaben sein eigenes Urteilsvermögen einsetzen. Zum anderen bedeutet das ‚Vollmacht'-Modell aber nicht nur eine Abkehr von dem Verständnis der Rolle des Repräsentanten, sondern es formuliert auch ein alternatives Verständnis der Gruppe, die er zu vertreten hat: Es sind nicht nur die eigenen Wähler, die ein Repräsentant in seiner Regierungstätigkeit zu berücksichtigen hat, sondern seine Aufgabe besteht darin, Entscheidungen mit Blick auf das Gemeinwohl zu fällen.

Ein Vorteil, der sich mit dieser Auffassung von Repräsentation verbindet, besteht darin, dass eine der größten Gefahren von direkteren Formen von Demokratie vermieden wird. Diese Gefahr besteht darin, dass es in einer direkten Demokratie die unmittelbaren Präferenzen von Wählern sind, welche die legislativen Geschicke eines Staates bestimmen, so dass langfristige und komplexe politische Strategien, die ein Höchstmaß an distanziertem Urteilsvermögen verlangen, in der Regel politisch nicht durchzusetzen sind. Auf der Grundlage des Vollmacht-Modells der Repräsentation ist diese Gefahr zumindest insofern ge-

---

7 Vgl. Budnik 2021.

8 So die berühmte Formulierung von Edmund Burke in seiner Rede an die Bürger von Bristol im Jahre 1774; vgl. Burke 1996, S. 69. Im Anschluss an Burke hat es sich eingebürgert, zwischen dem ‚delegate model' und dem ‚trustee model' der Repräsentation zu unterscheiden; vgl. hierzu Lenard 2012, S. 44 ff. Im deutschsprachigen Raum redet man im Zusammenhang mit dem ‚trustee model' der Repräsentation von einem freien Mandat, das als Verfassungsnorm im Art. 38 des Grundgesetzes verankert ist.

9 Auf diese Weise möchte ich zumindest behelfsmäßig das englische ‚trustee' übersetzen, obwohl dadurch die für die vorliegenden Belange schöne Pointe der etymologischen Verwandtschaft zum Vertrauensthema verdeckt wird.

mildert, als im Bestfall davon ausgegangen werden kann, dass gewählte Repräsentanten auf intensivere Weise die konkreten Probleme, mit denen sich eine politische Gemeinschaft konfrontiert sieht, reflektieren können, unter Umständen über für die Lösung dieser Probleme notwendiges Expertenwissen verfügen, das dem einzelnen Wähler in der Regel nicht zur Verfügung steht, und Entscheidungen ohne den Druck der unmittelbaren Präferenzen, die bei einem Großteil der Wähler im Vordergrund stehen, fällen können.

Nehmen wir an, dass das Vollmacht-Modell der Repräsentation in der einen oder anderen Interpretation die schlimmsten Auswüchse einer allzu direkten Demokratieform vermeiden kann, und dass in groben Zügen klar ist, worin für die jeweilige politischen Gemeinschaft das öffentliche Wohl besteht. Russell Hardin, der wohl wichtigste Vertreter einer Position im Hinblick auf die Frage, ob wir unseren Regierungen vertrauen können, ist der Auffassung, dass das nicht möglich ist. Seiner Ansicht nach ist das aber auch gar nicht schlimm, weil – wie bereits im ersten Kapitel der vorliegenden Arbeit ausgeführt – Vertrauen und Misstrauen konträre und keine kontradiktorischen Gegensätze sind, so dass aus der Abwesenheit von Vertrauen in unsere Repräsentanten nicht zwangsläufig ein dem demokratischen System abträgliches Misstrauen folgen würde:

> The stance of citizens toward government could, in principle, be one of trust, distrust, or lack of either. I wish to pursue the plausibility of supposing that the relevant response for citizens, both rationally and actually, is commonly the lack of either trust or distrust because we typically lack the relevant knowledge for going further than that. Moreover, I think it plausible that we should not generally want trust in government for the simple reason that typical citizens cannot be in the relevant relation to government or to the overwhelming majority of government officials to be able to trust them except by mistaken inference. (Hardin 1999, S. 23 f.)

Während ich mit dem allgemeinen Befund von Hardin, nach dem Vertrauen von Bürgern in politische Entscheidungsträger rational nicht möglich aber auch nicht nötig ist, übereinstimme, sehe ich Probleme, die sich mit der Begründung seiner These ergeben. Wie bereits im ersten Kapitel zu sehen war, geht Hardin davon aus, dass Vertrauen nach dem Modell des ‚eingeschlossenen Interesses' zu verstehen ist. Eine Person A vertraut diesem Modell zufolge genau dann einer Person B, wenn sie die Überzeugung hat, dass B ihre Interessen (d. h. die von A) in ihre eigenen Interessen eingeschlossen hat. Seiner Ansicht nach kann ich als Bürger nicht rational der Überzeugung sein, dass ein Regierungsvertreter meine Interessen in seine eigenen Interessen eingeschlossen hat, weil ich in der Regel zu wenig von den einzelnen Repräsentanten und den mit Regierungsapparaten verbundenen bürokratischen Strukturen weiß. Es übersteige die kognitiven Fähigkeiten eines Bürgers, so Hardin, einen Einblick in die Struktur und das Personal demokratisch gewählter Regierungen zu haben, der hinreichend umfassend und detailliert wäre, um rational gesicherte Einschätzungen der Interessen der Regierungsmitglieder anzustellen und überprüfen zu können, ob die eigenen Interessen in den Interessen der Regierungsmitglieder eingeschlossen sind oder nicht.

Ich bin nicht ganz so skeptisch wie Hardin, wenn es um die Fähigkeit von Bürgern geht, die Interessen der gewählten Repräsentanten einzuschätzen. Gleichzeitig bin ich der Auffassung, dass es sich bei dem Phänomen, das Hardin in den Blick zu nehmen versucht, nur dem Anschein nach um Vertrauen handelt. Ich fange mit dem letzten Punkt an. Wie ich bereits in Abschn. 1.3.1.1 angedeutet habe, kann es verschiedene Weisen geben, wie die Interessen einer Person in den Interessen einer anderen Person eingeschlossen sind, und für viele davon ist recht unmittelbar klar, dass sie inkompatibel mit Vertrauen sind. Kehren wir für diesen Punkt noch einmal zu dem Beispiel zurück, das ich schon im ersten Kapitel angesprochen habe: Ein Mafiaboss kann einem seiner Handlanger einen bestimmten Geldbetrag leihen und dabei der Überzeugung sein, dass der Handlanger ihm das Geld rechtzeitig zurückgeben wird, weil er zurecht davon ausgehen kann, dass seine eigenen Interessen in den Interessen des Handlangers eingeschlossen sind: Immerhin weiß der Mafiaboss, dass dem Handlanger klar ist, dass der Mafiaboss ihm sehr übel mitspielen könnte, sollte er das Geld nicht rechtzeitig zurückgeben, so dass es im vitalen Interesse des Handlangers ist, die Interessen des Mafiabosses – in diesem Fall also sein Interesse daran, den geliehenen Betrag wiederzubekommen – zu befördern.

Der Mafiaboss hat also durch das Drohpotential, das er verbreiten kann, einen guten Grund für die Überzeugung, dass seine Interessen in den Interessen des Handlangers eingeschlossen sind. Gemäß der Definition von Hardin heißt das, dass er dem Handlanger vertraut. Das scheint aber kontraintuitiv. Wir würden eher sagen, dass sich der Mafiaboss darauf verlassen kann, dass der Handlanger ihm das Geld zurückgeben wird, und damit wäre der prädiktive Sich-Verlassen-Begriff gemeint, wie ich ihn von dem eigentlichen Vertrauensbegriff abgegrenzt habe. Die emotionalen Reaktionen, die wir auf Seiten des Mafiabosses zu erwarten hätten, unterstützen diesen Befund. Sollte der Handlanger sich aus dem Staub machen, anstatt ihm das Geld zurückzugeben, wird der Mafiaboss vielleicht enttäuscht darüber sein, dass etwas nicht so gelaufen ist, wie er es sich vorgestellt hat, oder – noch wahrscheinlicher – er wird wütend darüber sein, dass der Handlanger ihn offenbar für weitaus weniger mächtig und rücksichtslos hält als er sich selbst. Aber er wird sich nicht von dem Handlanger hintergangen oder in einem tieferen Sinne betrogen fühlen.

Hardin schlägt also eine Begriffsbestimmung von Vertrauen vor, welche die Unterscheidung zwischen Vertrauen und bloßem Sich-Verlassen nicht einfangen kann.¹⁰ Was er beschreibt, lässt sich als eine völlig angemessene Anforderung an unser Verhältnis zu Regierungsmitgliedern verstehen, aber es ist kein Argument, dieses Verhältnis im Sinne eines Vertrauensverhältnisses zu interpretieren. Im Gegensatz zu Hardin denke ich aber, dass wir epistemisch in einer gar nicht so schlechten Position sind, die Interessen unserer Repräsentanten einzuschätzen. Es mag zwar stimmen, dass es in der Regel unmöglich ist, die Personen zu kennen, die unseren repräsentativen Organen angehören, doch ist das nicht der einzige Weg, auf dem wir ihre Interessen einschätzen können.

Es besteht nämlich immer noch die Möglichkeit, dass wir die Randbedingungen der politischen Situation auf eine Weise gestalten, die es bewirkt, dass die Beförderung der Interessen der Bürger oder des Gemeinwohls im Interesse der Entscheidungsträger liegt. Unsere institutionellen Mittel dazu sind reichhaltig, und ich beschränke mich an dieser Stelle auf die Erwähnung von zwei Beispielen. Zum einen stellt die Tatsache, dass Regierungen in regelmäßigen Abständen abgewählt werden können, zumindest in minimaler Hinsicht sicher, dass es im Interesse der Regierungsmitglieder ist, das allgemeine Wohl zu befördern. Sollte eine Regierung auf krasse Weise gegen die Interessen der Bürger eines Staates handeln, hätte sie kaum eine Chance auf eine Wiederwahl. Zum anderen ist die Regierungstätigkeit in einer liberalen Demokratie dem permanenten kritischen Blick von freien Medien ausgesetzt, die im Idealfall dafür Sorge tragen, dass jede Entscheidung auf Regierungsebene auf Konformität mit dem Ziel der Beförderung von Gemeinwohl überprüft wird.

Es ist demnach keinesfalls so, dass unsere Repräsentanten nicht genügend Anreize hätten, ihre Entscheidungen im Lichte des Gemeinwohls zu fällen, und wir als Bürger und Bürgerinnen können auch wissen, dass das der Fall ist.¹¹ Das erlaubt uns etwas sehr Wertvolles: Wir können uns darauf verlassen, dass

---

10 Das gilt nur für einen sehr speziellen Kontext und eine sehr spezielle Lesart von ‚eingeschlossenes Interesse' nicht: In dem Fall, in dem ich in einer Vertrauensbeziehung zu einer anderen Person stehe, kann es sein, dass ich ihre Interessen in meinen Interessen eingeschlossen habe, so wie ich es für den Fall von Eva und Paul im vierten Kapitel behauptet habe. Aber die Art des Eingeschlossenseins ist hier insofern radikal anders als in dem Fall, den Hardin im Blick hat, als es sich um ein nicht-instrumentelles Eingeschlossensein handelt: Ich habe Gründe, die Interessen der anderen Person zu befördern, weil sie die Interessen dieser Person sind, und nicht etwa, weil ich Angst vor Racheakten habe, mir einen materiellen Vorteil davon verspreche oder aus irgendwelchen Gründen die Beziehung aufrechterhalten möchte.

11 Für etwas arg pessimistisch halte ich in diesem Zusammenhang die recht *en passant* von Hardin getroffene Bemerkung, nach der „few people can have an articulate understanding of the structures of various agencies and the roles within them or of the overall government to be confident of the incentives that role-holders have to be trustworthy" (Hardin 1999, S. 30).

unsere Repräsentanten die ihnen zugewiesene Rolle auf angemessene Weise spielen werden – allerdings nur unter der Voraussetzung, dass wir die Anreize, die es für ein solches Verhalten gibt, aufrechterhalten, indem wir etwa zur Wahl gehen und uns für die Freiheit und Vielfalt der Medien einsetzen.[12] Gleichzeitig gibt uns das skizzierte Bild des Verhältnisses von Bürgern und Regierungsmitgliedern keinen Anlass, Vertrauen als einen zentralen Bestandteil demokratischer Prozesse der Entscheidungsfindung zu betrachten. Ich vertraue keinem Mitglied der Regierung. Ich sehe aber auch nicht die Notwendigkeit, das zu tun, weil es mir reicht, mich auf prädiktive Weise darauf zu verlassen, dass sie angemessen ihren Aufgaben nachkommen. Es mag Bereiche geben, in denen diese Einstellung nicht angebracht ist, Bereiche, in denen wir möglicherweise doch nicht anders können, als unseren Regierungen zu vertrauen.[13] Ganz allgemein lässt sich aber sagen, dass Vertrauen im politischen Kontext – zumindest im Hinblick auf das vertikale Vertrauen von Bürgern in Regierungen – einfach fehl am Platze ist.

Eine solche Position hat mindestens zwei Vorteile. Zum einen lässt sich, solange man die Dimension des Vertrauens aus dem politischen Kontext heraushält, eine übertriebene Emotionalisierung des politischen Diskurses vermeiden. Gerade angesichts der immer wieder auftretenden Versuche populistischer Parteien und Politiker, die öffentliche Diskussion weg von den Fakten und den Argumenten, die ein bestimmtes politisches Problem betreffen, und hin zu einer Thematisierung von Personen und Charakterzügen inklusive allzu starker Schwarz-Weiß-Kontraste zu bewegen, empfiehlt es sich, nicht alles, was unsere Gesellschaften umtreibt, durch die Linse von Vertrauen und Misstrauen zu betrachten. Das betrifft unter anderem auch Fälle, in denen Regierungen Fehler machen oder in denen von vielen Bürgern geglaubt wird, dass von Seiten der Regierung Fehler gemacht wurden.

---

[12] Wie angedeutet, sind das nur zwei Beispiele für eine ganze Reihe von Mechanismen, die diese Funktion erfüllen können. Andere Beispiele wären die Einhaltung der Gewaltenteilung, die Unabhängigkeit eines Verfassungsgerichts oder die Einführung von Rechten zum Schutz von Minderheiten. Die große Frage ist hier selbstverständlich, wie man diese Mechanismen wiederum vor Missbrauch schützt; es stellt z. B. eine beliebte Strategie proto-autokratischer Regierungen dar, die Autonomie von Verfassungsgerichten in Frage zu stellen, und das beste System von ‚checks and balances' kann oft wenig gegen Entscheidungsträger ausrichten, die nur hinreichend schamlos sind.

[13] Alles, was mit der Arbeit von Geheimdiensten zu tun hat, wäre sicher ein einschlägiger Kandidat, wenn man sich Gedanken darüber machen wollte, in welchen Bereichen wir zu Vertrauen in Regierungen gezwungen sind. Andererseits bin ich mir nicht sicher, ob man in solchen Konstellationen noch von Vertrauen reden sollte: Möglicherweise wäre hier die Grenze zum Hoffen bereits überschritten.

Was meinem Vorschlag zufolge in solchen Fällen passiert, lässt sich folgendermaßen beschreiben: Ein Teil der Bürger hat sich darauf verlassen, dass die Regierung einem bestimmten Auftrag nachkommen oder ein bestimmtes Problem lösen wird. Es stellt sich heraus, dass die Regierung diesem Auftrag nicht nachgekommen ist oder das fragliche Problem nicht gelöst und vielleicht sogar noch vergrößert hat. Das ist ein Anlass, sich über die Regierung aufzuregen, sie zu kritisieren, über sie enttäuscht zu sein. Allesamt sind dies angemessene Reaktionen auf Fälle von enttäuschtem Sich-Verlassen. Nicht angemessen sind dagegen diejenigen Reaktionen, die im Fall von enttäuschtem Vertrauen an den Tag zu legen wären – etwa sich betrogen oder hintergangen zu fühlen, zu grollen oder gar in eine offen feindselige Perspektive zu wechseln. Wer so reagiert, verschließt sich selbst (aber auch anderen) den Weg zu einer rationalen Verständigung und zu Kompromisslösungen, die in einer Demokratie unumgänglich sind. Das liegt daran, dass es sehr schwer und manchmal sogar unmöglich ist, zerrüttetes Vertrauen zurückzugewinnen, während es zwar nicht mühelos, aber in der Regel doch gut möglich ist, plausibel zu machen, warum man Personen, die sich auf einen verlassen haben, enttäuschen musste und inwiefern das in der Zukunft nicht passieren wird.

Ein damit verwandter Aspekt der Entkopplung des politischen Diskurses von Zuschreibungen von Vertrauen und Misstrauen lässt sich gut in den Blick bekommen, wenn man an Situationen denkt, in denen Bürger demokratischer Staaten dazu aufgefordert sind, im Rahmen von Wahlentscheidungen ihren Einfluss geltend zu machen. Oft ist hier eine Situation anzutreffen, in der sich ein Teil der Wählerschaft nicht nur nicht zwischen zwei oder mehreren Kandidaten zu entscheiden vermag, sondern aufrichtig der Auffassung ist, dass sich zwischen den einzelnen Kandidaten oder den Parteien, die zur Wahl stehen, kein wesentlicher Unterschied ausmachen lässt. Zwar kann es durchaus der Fall sein, dass in bestimmten politischen Konstellationen die für eine angemessene Wahlentscheidung notwendigen Unterscheidungsmerkmale nicht in einem hinreichenden Maße ausgeprägt sind, aber es sind auch sehr häufig Situationen zu beobachten, in denen ein Kandidat oder eine bestimmte Partei mit obskuren Argumenten und nicht realisierbaren Versprechungen auf Stimmenfang geht, ohne dass dies von einem Teil der Wählerschaft als ein besonders negatives Unterscheidungsmerkmal verstanden würde.

‚Wie kann es sein,‘ mag man sich in solchen Kontexten fragen, ‚dass angesichts eines absurden und kaum begründeten Vorschlags auf der einen Seite und eines möglicherweise problematischen aber immerhin diskutablen Vorschlags auf der anderen Seite, der Eindruck aufkommt, es spiele keine Rolle, für welche Option man sich entscheidet?' Die Antwort auf diese Frage hat wiederum mit der problematischen Rolle zu tun, die Vertrauen und Misstrauen im politischen Kontext spielen kann. Die Strategie des ‚irren Kandidaten' besteht hier nämlich oft darin, den öffentlichen Diskurs durch gezielte Appelle, dem politischen Gegner nicht zu vertrauen, auf eine Ebene zu verlagern, auf der die Absurdität der eigenen Argumentation aus dem Blick gerät und für empfängliche Teile der Wählerschaft faktisch egal wird: ‚Es ist egal, was die anderen Kandidaten sagen,' so die impliziten Überlegungen, ‚weil man ohnehin davon ausgehen muss, dass sie lügen und von anderen Lügnern in ihren Lügen gestützt werden. Deswegen muss ich auf ihre Argumente nicht eingehen, und es ist ebenso unwichtig, dass ich selbst Argumente vorbringe, die einer auch nur annähernd kritischen Überprüfung standhalten.'

Sobald also ein bestimmter Misstrauensappell erfolgt und bei einem Teil der Wählerschaft verfängt, stellt sich im Ergebnis eine Diskussionssituation ein, die nicht mehr diesen Namen verdient. Geht man davon aus, dass ein einigermaßen gesunder politischer Diskurs von vitaler Bedeutung für das Funktionieren eines demokratischen Systems ist, dann legen diese Überlegungen nahe, dass Vertrauen eine Kategorie der Interpretation von politischem Verhalten ist, die nicht nur nicht unabdingbar, sondern unter Umständen sogar schädlich für eine Demokratie ist. Widersteht man der Aufforderung, eine politische Situation aus der Perspektive des Vertrauens bzw. Misstrauens zu betrachten, werden die Chancen erhöht, dass ein sinnvoller Prozess des Austausches von Argumenten stattfindet, so dass die Wählerinnen und Wähler in ihren deliberativen Prozessen eine dem demokratischen *telos* angemessene Haltung einnehmen können.

Der zweite Vorteil meines Vorschlags hat mit der Dimension der Wachsamkeit von Bürgern zu tun, der implizit bereits bei der Erwähnung der Rolle der Medien für die Demokratie eine Rolle gespielt hat. Eine solche Einstellung der Bürgerwachsamkeit spielt gerade für Autoren, die wie Pettit oder Skinner in der republikanischen Tradition stehen, eine sehr große Rolle. Gleichzeitig fällt es nicht schwer, eine Spannung zwischen dem Bürgerideal der Wachsamkeit und dem Vertrauen der Bürger in die staatlichen Autoritäten auszumachen. Pettit schreibt in diesem Zusammenhang etwa:

> The first reason why republicanism may seem to fit uncomfortably with a dispension of trust is that republican civility [...] is closely associated with the virtue of vigilance: the virtue of remaining alert, especially in dealing with powerful authorities, to the possibility that others may be behaving in a corrupt, sectional fashion. [...] But doesn't vigilance mean distrust? (Pettit 1997, S. 263)

Und tatsächlich scheint es hier, als ob man Pettits Frage mit einem ‚Ja!' beantworten müsste. Wenn ich wachsam bin, dann ist meine Aufmerksamkeit auf das Objekt der Wachsamkeit gerichtet. Ich beobachte es genau, und ich gehe davon aus, dass es jederzeit gefährlich für mich werden könnte. Wachsam sollte man als Zoo-Wärter im Wildgehege sein. Wir sind nicht wachsam mit unseren Freunden. Wachsamkeit scheint eine kognitiv-emotionale Einstellung zu sein, die der Ruhe und dem Gefühl der Sicherheit, wie sie charakteristisch für Vertrauensbeziehungen sind, entgegengesetzt ist. Gleichzeitig ist Bürgerwachsamkeit eine demokratische Tugend, die eine wichtige Bedingung dafür darstellt, dass wir uns auf unsere politischen Entscheidungsträger verlassen können. Das gilt nicht nur im Zusammenhang mit kritischen Medien, sondern es betrifft uns alle als Bürger demokratischer Staaten. Je aufmerksamer wir im Hinblick auf Regierungstätigkeit sind, je besser wir uns darüber informieren und je kritischer wir darauf reflektieren können, desto mehr Gründe werden Regierungsmitglieder haben, auf angemessene Weise ihre Aufgaben zu erfüllen, und desto sicherer werden wir uns diesbezüglich auf sie verlassen können.

Wenn aber Misstrauen eine Implikation von Wachsamkeit darstellt, ergibt sich ein Problem für alle Positionen, die für das Verhältnis von Bürgern zu gewählten Repräsentanten beide Einstellungen reklamieren – Vertrauen und Wachsamkeit. Aus dieser Perspektive wird von uns als Bürgern eine schizophrene Haltung verlangt, denn wir sollen gleichzeitig vertrauen und misstrauen. Pettit versucht diesem Problem zu entgehen, indem er zwischen ‚Vertrauen in jemanden haben' und ‚Vertrauen in jemanden zum Ausdruck bringen' unterscheidet. Seiner Ansicht nach sind beide Begriffe unabhängig voneinander, und zumindest darin hat er sicher recht: Man kann jemandem vertrauen, ohne dieses Vertrauen auszudrücken, und man kann zum Ausdruck bringen, dass man jemandem vertraut, ohne dieser Person *de facto* zu vertrauen.

Gleichzeitig ist nicht klar, wie die Einführung dieser Unterscheidung helfen soll, das Problem der Spannung von Vertrauen und Wachsamkeit zu lösen. Pettits Idee läuft auf den Vorschlag hinaus, dass „vigilance clearly involves only expressive distrust" (Pettit 1997, S. 264). Wir können unseren Regierungen vertrauen, so die Idee, weil wir als wachsame Bürger lediglich dazu verpflichtet sind, Misstrauen zum Ausdruck zu bringen. Mehr noch, Pettit ist der Auffassung, dass es möglich ist, politischen Entscheidungsträgern gegenüber die Kombination beider Einstellungen gleichzeitig an den Tag zu legen: „Not only is there no inconsistency in having personal trust in the authorities while expressing personal distrust, it is even possible for people to make it clear to the authorities that they are espousing this dual posture" (Pettit 1997, S. 265). Wiederum muss zugestanden werden, dass es psychologisch ohne Probleme möglich ist, beide Einstellungen zugleich zu haben, und dass dies auch im streng logischen Sinne nicht inkonsistent ist. Was Pettit an dieser Stelle aber übersieht, ist dass die in Frage stehende Doppelhaltung der inneren Logik der Vertrauensrelation widerspricht, weil sie im besten Fall eine offene Manipulation und im schlimmsten Fall eine Täuschungsabsicht impliziert.

Angenommen, ich bitte eine Freundin, meine Pflanzen zu gießen, während ich in den Ferien bin. Sollte ich gleichzeitig Überwachungskameras in meiner Wohnung installieren, um sicherzustellen, dass sie nicht in meinen Tagebüchern rumschnüffelt und sich stattdessen auf angemessene Weise um die Pflanzen kümmert, wären wir kaum geneigt, die ganze Situation als einen Fall von Vertrauen zu charakterisieren. Die Freundin hätte auch allen Anspruch, extrem verstört zu sein, wenn ich ihr gegenüber den folgenden Satz äußern würde: ‚Ich vertraue darauf, dass Du meine Pflanzen gießt, aber um sicherzustellen, dass ich Dir vertrauen kann, habe ich für die Zeit meiner Abwesenheit Überwachungskameras in der Wohnung installiert.' In einer Vertrauensbeziehung zu einer Person zu stehen, so der generelle Punkt, den ich an dieser Stelle machen möchte, beinhaltet auch, dass man aufrichtig im Hinblick auf die Tatsache ist, dass man der betreffenden Person vertraut, und das macht eine Doppelhaltung wie Pettit sie im Blick hat, zumindest äußerst problematisch.[14]

Wenn es allerdings in einem bestimmten Kontext gar nicht erst um Vertrauen geht, ist nichts problematisch an einer Position, die Bürgerwachsamkeit als demokratische Tugend auffasst und gleichzeitig die Dimension des Vertrauens – zumindest als geforderte Einstellung unseren gewählten Repräsentanten gegenüber – aus dem Spiel lässt. Wir haben keinen Anlass unseren Repräsentanten zu vertrauen, was vor allem daran liegt, dass wir sie nicht persönlich kennen und nicht in die Art von Beziehung zu ihnen treten können, aus denen sich die für Vertrauen spezifische Normativität speist. Das klingt möglicherweise sehr pessimistisch, ist es aber im Grunde gar nicht, solange man sich vor Augen führt, dass uns eine alternative Haltung offensteht. Gegeben bestimmte Randbedingungen, können wir uns darauf verlassen, dass gewählte Repräsentanten auf angemessene Weise ihren Aufgaben nachkommen werden, und dieses Sich-Verlassen steht in keinerlei Widerspruch zu der Haltung des Misstrauens, das wir in sie setzen, indem wir persönlich wie institutionell Wachsamkeit an den Tag legen. Gleichzeitig schützt uns eine Haltung, die nicht auf Vertrauen abzielt, vor extremeren Formen des Misstrauens.

Bin ich etwa darüber enttäuscht, dass ein Politiker sich anders verhält, als ich es von ihm erwartet habe, dann ist sowohl mein ursprüngliches Sich-Verlassen als auch die Einstellung, die als Reaktion auf das entgegengesetzte Verhalten des Politikers rational angebracht ist, bis zu einem bestimmten Grad spezifisch: Ich habe mich darauf verlassen, dass er einem bestimmten Auftrag nachkommt, und

---

14 Für einen anderen Vorschlag, wie mit dem Problem der internen Spannung zwischen Bürgerwachsamkeit und Vertrauen umzugehen ist, vgl. Lenard 2012, Kap. 3, wo mit der interessanten, aber nicht unproblematischen Unterscheidung zwischen ‚mistrust' und ‚distrust' operiert wird; für eine Kritik an diesem Vorschlag vgl. Budnik 2018.

ich bin enttäuscht, sollte sich herausstellen, dass er diesem Auftrag nicht nachgekommen ist. Wie ich im vierten Kapitel ausgeführt habe, richtet sich Vertrauen dagegen nicht so sehr auf konkrete Handlungserwartungen, sondern auf die Person als Ganze. Das hat zur Folge, dass ein Vertrauensbruch uns nicht nur einen Anlass zur Enttäuschung gibt, sondern darüber hinaus das Gefühl generiert, dass man betrogen oder hintergangen worden ist. Diese personal aufgeladenen reaktiven Einstellungen, die auf Vertrauenskrisen folgen, stellen die Vertrauensbeziehung als solche in Frage und geben uns in konkreten Kontexten einen Anlass, den Beziehungspartner auf verschiedene Weisen zu sanktionieren, etwa indem wir ihm Vorwürfe machen oder uns von ihm gänzlich abwenden.

Genau zu solchen Reaktionen, so das bisherige Ergebnis, haben wir aber in der Regel keine Gründe, wenn es um Fehlverhalten von politischen Repräsentanten geht. Es ist nichts in die Brüche gegangen, wenn eine Regierung eine Maßnahme durchsetzt, die ihren ursprünglichen Wahlversprechen entgegengesetzt ist, auch wenn es in der medialen Berichterstattung immer üblicher wird, zu solchen rhetorischen Übertreibungen zu greifen. Das heißt selbstverständlich nicht, dass in so einer Situation nichts im Argen liegt. Als Wähler habe ich hier Grund zur Enttäuschung, und ich habe Grund, eine Erklärung zu verlangen. Entscheidend ist aber, dass in Fällen, in denen ich mich auf etwas verlassen habe, das dann nicht eigetreten ist, bestimmte Sorten von Erklärungen hinreichend sein werden, um die prinzipielle Verlässlichkeit des gewählten Repräsentanten wiederherzustellen, während ein Vertrauensbruch in der Regel nur sehr schwer wieder zu kitten ist.

‚Obwohl ich es versprochen hatte, konnte ich X nicht tun, weil mich die Rücksicht auf Y davon abgehalten hat' – diese Form kann eine zufriedenstellende Erklärung im politischen Kontext haben. Der Verweis auf solch eine instrumentelle, gewissermaßen technische Unmöglichkeit, die auf bestimmten Sachzwängen beruht, ist allerdings kaum oder nur selten dazu geeignet, ein zerrüttetes Vertrauensverhältnis zu reparieren. Besonders deutlich sieht man diesen Unterschied an den interpersonalen Prozessen, die daran beteiligt sind, dass es gelingt, einen Vertrauensbruch zu überwinden. Unabhängig davon, was die Person, die mein Vertrauen enttäuscht hat, dazu leisten muss, wird eine solche Überwindung typischerweise in einem Akt des Verzeihens meinerseits bestehen müssen. Einer anderen Person zu verzeihen, ist im Grunde nichts anderes, als eine in Frage gestellte Vertrauensbeziehung wiederherzustellen. Genau solche Akte der Vergebung sind aber unangemessen, wenn wir uns in der Sphäre des Politischen bewegen. Ich kann wieder eine bessere Meinung von einem gewählten Repräsentanten haben, der mich enttäuscht hat, oder ich kann mich in anderen Hinsichten weiter auf ihn verlassen oder eben nicht, aber es würde kaum einer gewissen Komik entbehren, wollte ich behaupten, dass ich ihm eine bestimmte politische Entscheidung im eigentlichen Sinne vergebe.[15]

6.2 Vertrauen in Mitbürger

Die Strategie, die ich zur Beantwortung der Frage nach der Angemessenheit von Vertrauen und Misstrauen in politische Entscheidungsträger gewählt habe, lässt sich auch anwenden, wenn es um die Frage geht, welche Gründe wir haben, Vertrauen in unsere Mitbürger zu setzen. Wiederum ist es an dieser Stelle hilfreich, zunächst mit der Frage zu beginnen, wie man überhaupt auf die Idee kommen kann, dass diese Form des horizontalen Vertrauens der Bürger untereinander wichtig oder sogar unerlässlich für ein angemessenes Funktionieren demokratischer Systeme ist. Durch diese Herangehensweise wird auch eine Unschärfe vermieden, die mit der etwas vagen Unterscheidung zwischen sozialem und politischem Vertrauen zu tun hat. Für die Belange meiner Argumentation ist Letzteres wichtig. Dass es zumindest einen positiven Effekt auf das Leben der meisten Menschen hätte, wenn sie darauf vertrauen könnten, dass sie nicht von ihren Mitbürgern bedroht, bestohlen oder belogen werden, ist auf den ersten Blick zumindest nicht unplausibel. Möglicherweise stellt ein Mindestmaß an sozialem Vertrauen sogar eine Ermöglichungsbedingung für Demokratie dar. Von solchen Fragen lässt sich aber die aufs genuin Politische zielende Frage unterscheiden, welche Rolle Vertrauen in die Mitbürger für Prozesse der demokratischen Selbstbestimmung spielt, und es ist diese enger gefasste Frage, mit der ich mich im Folgenden befasse.

Um diese Rolle besser in den Blick zu bekommen, lohnt es sich, zunächst daran zu erinnern, dass Vertrauen mit einer epistemischen Unsicherheit auf Seiten der vertrauenden Person einhergeht. Worin könnte diese epistemische Unsicherheit im Kontext des Vertrauens zwischen Bürgern demokratischer Staaten bestehen? Die spezifisch gelagerte epistemische Unsicherheit, um die es hier gehen muss, hat mit der besonderen Weise zu tun, wie wir uns als Bürger einander gegenüber aber auch im Hinblick auf den Staat, dessen Bürger wir sind, verorten. Bürger eines Staates zu sein, bedeutet unter anderem, dass man gewisse Rechte hat, die der Staat zu schützen hat, aber eben auch, dass einem von der Warte des Staates Pflichten auferlegt sind. Hier stellt sich ziemlich schnell die

---

[15] Zu dem direkt verwandten Phänomen der Bitte um Entschuldigung, wie sie von politischen Entscheidungsträgern oft als Reaktion auf eigenes Fehlverhalten an den Tag gelegt wird, vgl. MacLachlan 2015.

Frage, woher ich als Bürger wissen kann, dass meine Mitbürger ihren Bürgerpflichten nachkommen werden. Mehr noch, diese Frage stellt sich insbesondere und vielleicht sogar nur in dem Maße, in dem es sich bei dem Staat um einen liberalen und demokratischen Staat handelt.

Das sieht man besonders deutlich, wenn man zur Abgrenzungszwecken für einen Augenblick die Situation in einer rücksichtslos operierenden Militärdiktatur betrachtet. Die Frage, in welchem Ausmaß meine Mitbürger ihre ihnen von der Militärdiktatur auferlegten Pflichten erfüllen werden, stellt sich hier kaum im eigentlichen Sinne, denn der Staat selbst verfügt in dem angenommenen Kontext über hinreichende Mechanismen zur Sanktionierung von Bürgerhandlungen, die seinen Direktiven entgegengesetzt sind. So kann man sich z. B. vorstellen, dass in so einem Staat die Bürger permanenter Überwachung ausgesetzt sind, und dass jede Kleinigkeit ihres Lebens durch Gesetze geregelt ist, deren Nichteinhaltung auf drakonische Weise bestraft wird. In so einer Situation lässt sich nicht ernsthaft fragen, inwieweit die Bürger der Militärdiktatur ihren ‚Bürgerpflichten' nachkommen werden, weil die Wahrscheinlichkeit, mit der sie es tun werden, so hoch ist, wie es nur vorstellbar ist, ohne dass man Orwellsche Dystopien berücksichtigt, in denen Bürger Gehirnwäsche oder Massenhypnose unterzogen werden.

Gleichzeitig hängt von dieser Frage aber auch nicht viel für den einzelnen Bürger ab. Was sollte es mir in diesem Kontext bringen, dass ich weiß, dass sich meine Mitbürger nicht trauen werden, Gesetze zu missachten? Zugegeben, immer vorausgesetzt, dass der Repressionsapparat der Militärdiktatur reibungslos und effektiv funktioniert, werde ich in einer ganzen Reihe meiner Pläne und Projekte weniger Unwägbarkeiten berücksichtigen müssen, aber für mich selber werden sich viele Handlungsoptionen, die hier in Frage kommen würden, aufgrund der illiberalen Ausrichtung des Staates, in dem ich lebe, gar nicht erst eröffnen, und insbesondere wird es für mich ebensowenig wie für meine Mitbürger in Frage kommen, selbst die Gesetze zu missachten.

In so einem Fall lässt sich eine Art pessimistische Erweiterung der scheinbar paradoxen Situation ausmachen, die darin besteht, dass Personen, die sich am wenigsten erlauben können, die Risiken von Vertrauen einzugehen, dieses Vertrauen am dringendsten brauchen:[16] In der Militärdiktatur kann ich mich zwar mit extrem hoher Wahrscheinlichkeit darauf verlassen, dass andere Personen bestimmte Dinge tun oder lassen werden, gleichzeitig kann ich in dem Maße, in dem ich mich darauf verlassen kann, weniger davon profitieren, weil ich denselben Zwängen unterworfen bin, die mir im Hinblick auf meine Mitbür-

---

16 Vgl. Offe 1999, S. 54f.

ger epistemische Sicherheit geben. Es ist gewissermaßen eine sinnlose Verlässlichkeit, die hier vorliegt, und ihre Sinnlosigkeit ist in der Abwesenheit von Freiheit begründet.

Die Situation ändert sich radikal, sobald wir diese Freiheit, sich so oder anders zu entscheiden, unterstellen können. Verlassen wir also den Rahmen einer Diktatur und wenden uns der Situation von Bürgern in einer liberalen Demokratie zu. Zwei Aspekte sind für die vorliegende Fragestellung von entscheidender Bedeutung. Zum einen kann darauf hingewiesen werden, dass legislative Entscheidungen, die auf demokratischen Prozessen beruhen, typischerweise ein höheres Maß an Legitimität aufweisen, als es etwa in der eben skizzierten Situation in einer Militärdiktatur der Fall ist. So werden die Bürger demokratischer Staaten eher davon ausgehen, dass die Gesetze, die sie betreffen, legitime Gesetze sind, wenn sie gleichzeitig davon ausgehen können, dass die Prozesse der demokratischen Entscheidungsfindung, auf deren Grundlage die Gesetze erlassen wurden, fair sind und auf der Annahme einer grundsätzlichen Gleichheit aller Bürger beruhen.

Zum anderen werden in einer Demokratie weniger Zwangsmaßnahmen zur Verfügung stehen, um das Befolgen dieser legislativen Entscheidungen durch die Bürger sicherzustellen. Plakativ formuliert: In einer Diktatur kann eine die Straßen patrouillierende Milizeinheit dafür sorgen, dass Fahrradfahrer stets die vom Gesetz vorgeschriebene Straßenseite benutzen; in jeder liberalen Demokratie wird es zwar auch Regulierungen geben, die den Straßenverkehr betreffen, aber wir können uns nicht vorstellen, dass das Einhalten dieser Regulierungen auf eine Weise sichergestellt wird, die mit bestimmten Freiheiten inkompatibel ist. Das Befolgen der in einem demokratischen System geltenden Gesetze und Regulierungen ist zwar keineswegs optional, gleichzeitig sorgt aber die relative Abwesenheit von Zwangsmaßnahmen zur Sicherstellung dieser Befolgung dafür, dass dem einzelnen Bürger ein größerer Entscheidungsspielraum gelassen wird, wenn es darum geht, einzelne Gesetze zu befolgen oder nicht zu befolgen.

Es ist diese Tatsache, die viele der Autoren, die sich mit der Frage des horizontalen Vertrauens unter Bürgern demokratischer Staaten beschäftigen, dazu veranlasst, von dem freiwilligen Befolgen demokratisch legitimierter Gesetze zu sprechen (,voluntary compliance').[17] So behauptet etwa Miller, dass „[m]uch

---

[17] Hier und im Folgenden vernachlässige ich die ansonsten sehr einschlägige Diskussion des Begriffs des Gehorsams bzw. der Fügsamkeit bei Max Weber; vgl. dazu etwa Baumann 1993. Da sich meines Wissens keine einheitliche Übersetzung des englischen Terminus' ,compliance' eingebürgert hat, werde ich den Ausdruck ,Befolgen' verwenden, der einerseits keine Weberschen Konnotationen mit sich führt und andererseits etwas weniger Spannung zu der Charakterisierung als freiwillig aufweist, als es bei dem sehr widerwillig klingendem ,Gehorsam' der Fall ist.

state activity involves the furthering of goals which cannot be achieved without the voluntary co-operation of citizens," und er fährt fort: „For this activity to be successful, the citizens must trust the state, and they must trust one another to comply with what the state demands of them" (Miller 1995, S. 90–91). Mit einer nicht unwichtigen Akzentverschiebung argumentiert Offe dafür, dass „trust in the anonymous mechanisms of institutions is justified only by trust in the voluntary compliance of those actors to whom rules apply" (Offe 1999, S. 67). Und Lenards gesamte Argumentation baut auf der Prämisse auf, dass „democracies rely on citizens' voluntary compliance with democratically established rules and regulations" (Lenard 2012, S. 53). Wie diese Zitate andeuten, stellt der Begriff des freiwilligen Befolgens gleichzeitig das Scharnier dar, durch das demokratietheoretische Überlegungen mit der Frage nach Vertrauen verbunden sind. Die Argumentstruktur lässt sich an dieser Stelle etwa folgendermaßen wiedergeben:

1. Weit verbreitetes freiwilliges Befolgen der Gesetze und Regelungen, denen Bürger demokratischer Staaten unterworfen sind, stellt eine zentrale Bedingung für das Funktionieren dieser Systeme dar.

2. Freiwilliges Befolgen der Gesetze und Regelungen, denen Bürger demokratischer Staaten unterworfen sind, kann nur unter der Voraussetzung erfolgen, dass die Bürger einander vertrauen.

Deshalb:
3. Vertrauen der Bürger untereinander stellt eine zentrale Bedingung für das Funktionieren demokratischer Systeme dar.

Meine Strategie wird im Folgenden darin bestehen, (3) anzuzweifeln, indem ich Prämisse (2) bestreite. Anders ausgedrückt, glaube ich nicht, dass horizontales Vertrauen der Bürger untereinander eine für Demokratie zentrale Kategorie darstellt, weil ich der Auffassung bin, dass das freiwillige Befolgen der legislativen Entscheidungen demokratischer Staaten nicht auf das Vertrauen der Bürger untereinander angewiesen ist. Letzteres ist meiner Ansicht nach der Fall, weil – und hier liegt die eigentliche Parallele zu meinem Vorgehen im Hinblick auf die Frage nach dem Vertrauen gegenüber politischen Entscheidungsträgern – Befolgen von Gesetzen und Regulierungen genauso gut sichergestellt werden kann, wenn Bürger Grund haben, sich diesbezüglich aufeinander auf prädiktive Weise zu verlassen.

Die hinter (2) stehende These ist nun nicht alleine, dass Bürger in einer Demokratie eine Entscheidung zu fällen haben, ob bzw. inwieweit sie den Regulierungen, die ihr Verhalten steuern sollen, Folge leisten – für sich genommen hätte diese Frage noch keinen Zusammenhang zum Problem des horizontalen Vertrauens der Bürger ineinander –, sondern dass das Verhalten der jeweils anderen Bürger im Hinblick auf das Befolgen des betreffenden Gesetzes einen gewichtigen Faktor im Entscheidungsprozess der meisten Bürger darstellt. Den spieltheoretischen Jargon aufgreifend, der sich an dieser Stelle aufdrängt, ließe sich sagen, dass das Defektieren eines oder mehrerer Bürger einen Grund für mich darstellt, selber nicht zu kooperieren, um nicht in die Position eines ‚Suckers' zu geraten. Die Aussicht darauf, dass eine bestimmte Anzahl der anderen Bürger bereit ist, eine bestimmte Regelung nicht zu befolgen, lässt es für mich als Bürger angebracht erscheinen, selber diese Regelung zu missachten. Ohne darauf vertrauen zu können, dass die anderen Bürger ihren legislativen Verpflichtungen nachkommen, so das Argument, habe ich selbst als Bürger keinen Anlass entsprechend zu handeln.

Wie viel spricht allerdings wirklich für die Annahme, dass ich darauf vertrauen muss, dass meine Mitbürger freiwillig kooperieren, d. h. die Regelungen und Gesetze, die für uns alle gelten, tatsächlich befolgen, damit ich selber rational kooperieren kann? Ich denke, diese Frage lässt sich nicht besonders aufschlussreich diskutieren, solange man im Hinblick auf das ‚freiwillige Befolgen von Regelungen und Gesetzen' nicht konkreter in den Blick nimmt, um welche Regelungen und Gesetze es gehen könnte. Es gibt hier eine Vielzahl von Kontexten, die man als Beispiele für den anvisierten Mechanismus heranziehen könnte, aber ich möchte mich auf zwei Beispiele beschränken, von denen ich denke, dass sie recht gut das Spektrum der Zusammenhänge wiedergeben, in denen man vom freiwilligen Befolgen reden kann.

Miller erwähnt etwa das Bereitstellen von öffentlichen Gütern wie einer sauberen und der Gesundheit zuträglichen Umwelt, das durch entsprechende Regulierungen bezüglich des Verhaltens von Bürgern sichergestellt werden soll.[18] Die Idee scheint darin zu bestehen, dass ich nur dann einen Grund habe, die Regulierungen zum Umweltschutz zu befolgen, wenn ich darauf vertrauen kann, dass eine hinreichende Anzahl meiner Mitbürger dies auch tut. Mülltrennung ist etwa eine nicht selten mühsame Angelegenheit, und sollte ich davon ausgehen, dass ich der einzige oder einer von wenigen bin, die diese Mühe auf sich nehmen, hätten meine Anstrengungen keinen Sinn und ließen sich rational nicht rechtfertigen.

Tatsächlich haben einige der Maßnahmen, die Staaten ergreifen, um die Umwelt zu schützen, lediglich den Charakter von Empfehlungen. Aber gerade in diesen Kontexten lässt sich sofort erkennen, dass Vertrauen in die Kooperation von Mitbürgern keine notwendige Bedingung dafür ist, dass mein eigenes Befolgen einer Empfehlung rational ist. So kann beispielsweise empfohlen wer-

---

18 Vgl. Miller 1995, S. 91.

den, im Winter nur kurz die Wohnräumlichkeiten zu lüften, um nicht unnötig Energie zu verbrauchen. In diesem Kontext scheint es mir extrem unrealistisch, davon auszugehen, dass Personen, die sich an diese Empfehlung halten, dies unter der Voraussetzung tun, dass die meisten ihrer Mitbürger auch nur kurz die Fenster öffnen. Eine Person, die dieser Praxis folgt, würde es in der Regel sehr schön finden, wenn alle anderen auch dieser Praxis folgen würden. Das liegt daran, dass sie das aus einem bestimmten Grund tut – um die Umwelt zu schützen –, und dass das Ziel, das in diesem Grund impliziert ist, nur dann erreicht werden kann, wenn alle oder zumindest ein Großteil der anderen Menschen ebenso handeln. Aber die Bezugnahme auf die diesbezüglichen Handlungen der anderen Personen hat hier eher den Charakter einer Hoffnung als den eines wie auch immer gearteten Vertrauens.

Es muss zudem nicht immer irrational sein im Hinblick auf ein kooperatives Projekt, seinen eigenen Teil beizutragen, auch wenn man keine begründeten Vermutungen über den Beitrag von potentiellen Kooperationspartnern hat. Das Beispiel von Handlungen, die auf den Umweltschutz zielen, ist auch insofern interessant, als das Projekt, die Umwelt zu schützen, realistischerweise als ein globales oder zumindest nicht auf einen Nationalstaat beschränktes Projekt zu verstehen ist. Heißt das, dass ich nur dann einen Grund habe, nur kurz meine Wohnung zu lüften, wenn ich sicher sein kann, dass ein Großteil der Bewohner Europas oder gar der Welt dies auch tut? Das wäre absurd. Wir tun manchmal Dinge, weil wir denken, dass sie richtig sind, und zwar unabhängig davon, von wie vielen Personen wir denken, dass sie unsere Motivation teilen.

Neben Empfehlungen kann ein Staat seinen Bürgern aber auch verbindlichere Regeln zum Schutz der Umwelt auferlegen. Diese Regelungen funktionieren als Anreize, sich auf eine der Umwelt zuträgliche Art zu verhalten, und gleichzeitig stellen sie für den einzelnen Bürger eine Grundlage dar, davon auszugehen, dass sich andere Mitbürger mit einer bestimmten Wahrscheinlichkeit umweltschützend verhalten werden. Selbst wenn ich eine Person bin, die nicht allein von dem hehren Gedanken, dass eine bestimmte Verhaltensweise richtig ist, motiviert wird, kann ich durch das bloße Vorliegen von verbindlichen Regulierungen, die bei Missachtung mehr oder weniger empfindliche Strafen nach sich ziehen, davon ausgehen, dass ein bestimmter Teil meiner Mitbürger die Regulierung befolgen wird, weil ich davon ausgehen kann, dass es in ihrem Interesse ist, diese Strafen zu vermeiden.

Wenn dies aber der Mechanismus ist, der meine Kooperation, d. h. mein eigenes Befolgen der Regulierung rational abstützt, dann hat dieser Mechanismus nicht mit Vertrauen in meine Mitbürger zu tun, sondern er beinhaltet lediglich, dass ich mich im Sinne einer Vorhersage darauf verlassen kann, dass ein bestimmter Prozentsatz meiner Mitbürger die Regulierung befolgt. Zugegeben, es lassen sich zahlreiche Kontexte vorstellen, in denen die Motivation, die man kooperierenden Bürgern unterstellen muss, sich nicht auf den Wunsch nach der Vermeidung von Strafe reduzieren lässt oder sogar von so einem Wunsch gänzlich unabhängig ist. Es gibt Länder, in denen die Mülltrennung bei den Bürgern zu einem Habitus geworden, den abzulegen sie wiederum nur unter Androhung von Strafe bereit wären. Aber selbst in so einer Situation lässt sich, wenn man meiner bisherigen Argumentation folgt, noch nicht von Vertrauen reden, weil Schlussfolgerungen aus habituellen Verhaltensweisen uns lediglich einen prädiktiven Grund geben, uns auf eine andere Person in einer bestimmten Hinsicht zu verlassen.

Eine Person, die es unterlässt, giftige Chemikalien in den Fluß zu kippen, kann eine Reihe von Gründen für diese Unterlassung haben – Angst vor Strafe, eine feste Disposition, den Wunsch nach Vermeidung von Reputationskosten –, aber keiner davon spricht dafür, darauf zu vertrauen, dass diese Person die Chemikalien nicht in den Fluß kippt. Dagegen stellen sie sehr gute Gründe dar, sich darauf zu verlassen, dass sie dies nicht tut, und dieses Sich-Verlassen ist hinreichend, um Zweifel zu zerstreuen, die bei einer Person vorliegen könnten, die sich Sorgen darum macht, dass ihr eigenes umweltbewusstes Verhalten sinnlos ist, weil sich kein anderer Mensch sonst so verhält. Sollte es dennoch dazu kommen, dass ein Bürger defektiert und giftige Chemikalien in den Fluss kippt, habe ich als kooperierender Bürger zwar einen Anlass, mich darüber zu ärgern, dass wieder mal die Umwelt verschmutzt wurde, wohingegen es schon einiger Borniertheit bedarf, um in so einer Situation die für Vertrauensbrüche angemessenen reaktiven Einstellungen an den Tag zu legen und mit einer Entrüstung zu reagieren, als ob man persönlich angegriffen würde.

Die zweite Klasse von Beispielen für die zentrale Rolle von horizontalem Bürgervertrauen, die in der Literatur zu finden ist, betrifft den Aspekt der Umverteilung von Ressourcen in Wohlfahrtsstaaten.[19] Solche Umverteilungen werden standardmässig über das Erheben von Steuern vorgenommen, und es stellt sich hier die Frage, ob die Bereitschaft, solche Steuern zu entrichten, nicht davon abhängt, wie sehr man darauf vertraut, dass einerseits andere Bürger auch ihre Steuern entrichten und andererseits diejenigen Bürger, denen im Zuge einer Umverteilung Ressourcen zugute kommen, ihren Anspruch nicht missbrauchen.

Was den ersten Teilaspekt dieser Frage angeht – den möglichen Zweifel, ob andere Bürger ihre Steuern zahlen –, möchte ich mich kurz fassen. Ich denke, dass hier die Überlegungen der letzten Abschnitte ziemlich direkt übertragbar sind: Es wäre naiv, wollte man das Entrichten von Steuern zu einer vollständig

---

19 Vgl. wiederum Miller 1995, S. 91, Offe 1999, S. 82ff. und Lenard 2012, S. 106ff.

freiwilligen Angelegenheit machen, und entsprechend sieht auch die Praxis in den Staaten aus, in denen wir leben. Auf die eine oder andere Weise ist die Abgabe von Steuern überall gesetzlich vorgeschrieben, und Versäumnisse, sie zu zahlen bzw. Versuche, die Zahlung zu umgehen, werden mehr oder weniger empfindlich bestraft. Wiederum habe ich hier als steuerzahlender Bürger gute Gründe, davon auszugehen, dass eine hinreichende Anzahl meiner Mitbürger ihre Steuern zahlt, weil sie Strafen entgehen wollen, und diese Gründe sind prädiktive Gründe dafür, dass ich mich darauf verlassen kann, dass dies auch passiert. In Staaten, in denen die viel beschworene ‚Steuermoral' unterentwickelt ist, kann es zwar sein, dass ein Teil der Motivation von Bürgern, die Steuern nicht zu zahlen, in der Überzeugung besteht, dass man damit nicht alleine ist, aber das generelle Problem ist in solchen Fällen eher in dem Versagen des Staates zu suchen, transparente und effektive Mechanismen der Besteuerung von Bürgern zu implementieren.

Wie sieht es mit dem zweiten Teil der oben aufgeworfenen Frage aus? Selbst wenn ein Staat es schafft, auf effektive Weise einen Großteil seiner Bürger zum Zahlen von Steuern zu motivieren, kann es sein, dass bestimmte Formen des Missbrauchs bei der Umverteilung von Ressourcen die Bereitschaft der Bürger, ihren steuerlichen Beitrag fürs Gesamtwohl zu leisten, so negativ beeinflussen, dass sie zwar ihren steuerlichen Beitrag leisten, dies aber nur sehr widerwillig tun. Müssen wir nicht darauf vertrauen, dass unsere Mitbürger die in einem Wohlfahrtsstaat vorgesehenen Umverteilungen nicht auf unfaire Weise ausnutzen, um diesen negativen Effekt zu verhindern?

Ich denke, die Antwort auf diese Frage muss negativ ausfallen. Kein demokratischer Staat kann es sich zur Aufgabe setzen, jegliche Formen des Missbrauchs bei Umverteilungsmaßnahmen zu verhindern. Aus der Perspektive des einzelnen Bürgers sollte nicht die Frage im Mittelpunkt stehen, ob einzelne Mitbürger einen solchen Missbrauch an den Tag legen, sondern vielmehr, ob man sich darauf verlassen kann, dass hinreichend viele Bürger auf angemessene Weise von den Umverteilungen betroffen sind. Dies ist der Fall, weil die Perspektive des einzelnen Bürgers eben die Perspektive einer Person ist, die sich auf etwas verlassen möchte – z. B. darauf, dass bestimmte Systeme der sozialen Absicherung funktionieren und im Notfall auch einen selbst auffangen könnten. Solange die Anzahl der Abweichler gering genug ist, kann der einzelne Fall von Missbrauch in keiner Weise diese Haltung des Sich-Verlassens rational untergraben.

Umgekehrt besteht die rationale Reaktion auf eine Situation, in der die Missbrauchsfälle sich auf eine Weise häufen, die das Funktionieren des betreffenden Umverteilungsmechanismus bedroht, nicht zwangsläufig darin, dass man die entsprechenden Mechanismen grundsätzlich in Frage stellt, sondern zunächst darin, dass man eine Nachjustierung der Abläufe fordert, die ein gefährliches Ausmaß von Missbrauch erst möglich machen. Eine solche Reaktion, die eine sachliche Diskussion darüber eröffnen würde, welche Mittel sich finden lassen, um einer bestimmten Regulierung zur Durchsetzung zu verhelfen, wird aber oft gerade dadurch verhindert, dass die Frage der Umverteilung – vor allem im Hinblick auf Wohlfahrtsleistungen des Staates – aus der Perspektive von Vertrauen und Misstrauen betrachtet wird: Es ist etwa schwierig, über die angemessene Kontrolle von Personen, die Sozialleistungen empfangen, zu diskutieren, wenn man jeden Missbrauch in diesem Kontext sofort als einen Vertrauensbruch und persönlichen Affront betrachtet.

Ein mit diesem Themenkomplex zusammenhängendes Problem besteht darin, dass gerade im Hinblick auf staatlich gelenkte Umverteilungen unter den Bürgern ein substantieller Dissens über die Angemessenheit von bestimmten Formen der Umverteilung herrschen kann. Es gibt Menschen, die das System der gesetzlichen Krankenkassen ablehnen, andere sind nicht einverstanden mit den staatlich implementierten Mechanismen zur Bankenrettung nach einer Finanzkrise. Hier geht jeweils um schwierige und äußerst komplexe Probleme, mit denen ich mich klarerweise nicht beschäftigen kann. Für meine Belange ist allerdings wichtig, dass es sich hierbei nicht um Vertrauensprobleme handelt, sondern um Fragestellungen, die einen sachlichen politischen Diskurs und eine Verständigung darüber notwendig machen, welche Maßnahmen wir auf welche Weise in unserer Gesellschaft realisieren wollen.[20]

Die Antworten auf die Frage, wie das Befolgen von Gesetzen und Regelungen in einer demokratischen Gesellschaft sicherzustellen ist, so dass wir uns auf unsere Mitbürger diesbezüglich verlassen können, werden sich je nach Kontext stark unterscheiden. Das klingt nicht besonders konkret, und man kann mir an dieser Stelle den Vorwurf machen, dass ich Strategien der Durchsetzung von Regulierungen in Aussicht stelle und darauf hoffe, dass man mir den Erfolg solcher Strategien aufs Wort glauben wird. Zum Teil ist das tatsächlich der Fall. Dieses Manko hat aber mit einer bestimmten Überzeugung darüber zu tun, wo disziplinäre Demarkationslinien verlaufen, und was die Aufgabe von Philosophie ist. Mit dem Hinweis darauf, dass sich stets irgendwelche Mittel und Wege finden lassen müssen, um die Wahrscheinlichkeit zu erhöhen, dass Bürger

---

20 Auf der anderen Seite geht es bei Fragen dieser Art nicht immer nur um Umsetzungsfragen, sondern oft um einen normativen Disput, der etwa die Frage berührt, ob wir einen Wert wie etwa Solidarität realisieren sollten. Hier kann man es, denke ich, nicht so einfach bei einem prädiktiven Sich-Verlassen bewenden lassen, und möglicherweise hat die demokratisch legitimierte Antwort auf solche normative Fragen tatsächlich eine Art Bürgervertrauen zur Voraussetzung; ich komme auf diesen Punkt noch zum Ende dieses Kapitels zurück.

eines Staates Gesetze befolgen, stelle ich mich auf genau so eine Demarkationslinie. Die Frage nach geeigneten Mitteln stellt nämlich eine größtenteils empirisch-kausale Frage dar, die zudem in unterschiedlichen Zusammenhängen und je nach der konkreten gesellschaftlichen Situation, um die es geht, jeweils auf andere Weise beantwortet werden muss. Solche Antworten zu suchen, ist aber die Aufgabe von Politikwissenschaftlern, gegeben die Komplexität der Aufgabe wahrscheinlich auch von Psychologen, Soziologen oder Ökonomen.

An dieser Stelle lässt sich fragen, was denn meine bisherigen Ausführungen zum Thema des horizontalen Vertrauens unter Bürgern überhaupt noch leisten und inwiefern sie eine Relevanz haben, wenn ich an den scheinbar entscheidenden Stellen meiner Argumentation den Ball an die empirischen Wissenschaften weiterspiele. Ich denke, dass sich mit meinem Vorschlag tatsächlich ein systematischer Vorteil verbindet, und dieser Vorteil hat etwas damit zu tun, dass man entlang der Linien meiner Interpretation dessen, was mit ‚Vertrauen in die Mitbürger' gemeint sein sollte, besser erkennen kann, worin die eigentliche Aufgabe der nicht-philosophischen Forschung zu dieser Frage bestehen könnte. Folgt man den von mir kritisierten Positionen in der Auffassung, dass Vertrauen zwischen Bürgern unerläßlich für das Funktionieren von demokratischen Systemen ist, dann stellt sich ziemlich unmittelbar die Frage danach, was denn zu tun wäre, um dieses Vertrauen zu sichern und zu befördern: Wenn Vertrauen so wichtig für Demokratien ist, dann wird automatisch auch die Frage nach den *Quellen von Vertrauen* von allerhöchster Relevanz.

Eine insbesondere in empirischen Disziplinen prominente Weise, auf dieses Problem zu reagieren, beschreitet dabei einen problematischen Weg. Sie beginnt bei einer historischen These über das Vertrauen zwischen Personen in kleineren Gemeinschaften und geht über zu einer zeitkritischen Diagnose des Bürgervertrauens in modernen Gesellschaften. Die Quelle von Vertrauen wird hier in gesellschaftlichen Zuständen verortet, in denen Mitglieder einer Gemeinschaft in persönlichen Interaktionen miteinander kooperieren. Diese Kooperation verfestigt dabei eine bestimmte Klasse an Werten und Normen, die zu definierenden Merkmalen der betreffenden Gemeinschaft werden. Auf der Grundlage solcher geteilten Werte und Normen wird es dieser Auffassung zufolge möglich, anderen Mitgliedern der Gemeinschaft, in der man lebt, Vertrauen entgegenzubringen, auch wenn es zu keinen persönlichen Interaktionen zwischen den Mitgliedern dieser Gemeinschaft mehr kommt.

Vertrauen wird auf diese Weise zu einem Phänomen, das in einer bestimmten Erwartungshaltung gegenüber den Mitgliedern der eigenen Gemeinschaft besteht. Fukuyama beschreibt es etwa als die „expectation that arises within a community of regular, honest, cooperative behavior, based on communally shared norms, on the part of other members of that community" (Fukuyama 1996, S. 26). Wird die Quelle von Vertrauen auf diese Weise in der kulturellen Verdichtung von geteilten Normen ursprünglicher Gemeinschaften ausgemacht,[21] stellt sich allerdings ziemlich schnell die Frage, wie es mit Vertrauen unter den Bedingungen moderner demokratischer Staaten aussieht. Die Diagnose muss hier pessimistisch ausfallen: In dem Maße, in dem die Gemeinschaften, in denen wir leben, größer, anonymer und heterogener werden, nimmt Vertrauen zwischen ihren Mitgliedern ab. Versteht man Vertrauen als ein Element, das nicht nur zentral für das Funktionieren von Demokratien ist, sondern darüber hinaus ganz generell einen wichtigen Bestandteil des sozialen Kapitals von Gesellschaften darstellt, ergibt sich aus diesem Befund relativ unkompliziert die normative Forderung, die Erosion von Vertrauen aufzuhalten, indem man einerseits den individualistischen Tendenzen eines Staats entgegenarbeitet, der das Verhältnis zwischen seinen Bürgern über die Formulierung von Rechten und Pflichten zu bestimmten versucht, und andererseits allen Entwicklungen staatlicher Gemeinschaften, die kulturelle Heterogenität befördern könnten, zumindest mit Skepsis begegnet.[22]

Folgt man meinen bisherigen Ausführungen, lässt sich gut erkennen, was an einer solchen Perspektive auf Vertrauen problematisch ist. Stellen wir uns die ursprüngliche Situation in einer kleinen Kooperationsgemeinschaft vor. Auf der Grundlage von regelmäßigen persönlichen Interaktionen mit einem Kooperationspartner – einem Händler, einer Ärztin etc. – kann zwischen zwei Mitgliedern dieser Gemeinschaft das entstehen, was ich im Rahmen dieser Arbeit unter einer Vertrauensbeziehung verstanden wissen möchte. Auf der Grundlage dieser Vertrauensbeziehung wird ein Mitglied der betreffenden Gemeinschaft in der Lage sein, sich in verschiedenen Hinsichten auf seine Kooperationspartner zu verlassen. Seine Gründe dafür werden die spezifisch nicht-drittpersonalen Gründe sein, wie sie für Vertrauensbeziehungen einschlägig sind. Der an Werten und Normen einer Gemeinschaft orientierte Vertrauensansatz, den ich soeben skizziert habe, geht an dieser Stelle aber einen entscheidenden Schritt weiter.

Aus der Tatsache, dass potentielle Kooperationspartner ähnliche Eigenschaften aufweisen wie der Kooperationspartner, zu dem ich in einer Vertrauensbeziehung stehe – nämlich Eigenschaften, die sie als Mitglieder derselben Gemeinschaft auszeichnen –, wird der Schluss gezogen, dass sie genauso vertrauenswürdig sind.

---

21 Vgl. Fukuyama 1996, S. 336: „Trust [...] is the product of preexisting communities of shared moral norms and values."
22 Für eine Kritik an Fukuyamas neokonservativem Ansatz vgl. auch Warren 1999b, S. 318 ff.

Dieser Schluss ist gleich in mehrfacher Hinsicht problematisch.[23] Aus der Perspektive meines Ansatzes besteht der zentrale Fehler aber in der Annahme, dass die Einstellung eines Gemeinschaftsmitglieds, das sich darauf verlässt, dass ein anderes Gemeinschaftsmitglied etwas tun oder lassen wird, weil es Mitglied derselben Gemeinschaft ist, auf das Vorliegen von Vertrauen hinweist. Dass ein Händler, mit dem ich kooperieren möchte, den ich aber nicht persönlich kenne, ebenfalls ein Bürger der Stadt ist, in der ich lebe, könnte hier unter Umständen als ein legitimer Anhaltspunkt dafür betrachtet werden, dass ich mich auf ihn verlassen kann. Diese Einsicht leistet aber nichts im Hinblick auf die Frage, ob ich ihm vertrauen sollte.

Die Kultur einer Gemeinschaft mitsamt der in ihr eingeschlossenen Werte und Normen sollte demnach nicht als Quelle von Vertrauen, sondern höchstens als die Quelle von Verlässlichkeit verstanden werden. Der springende Punkt an meiner Argumentation ist nun, dass die Verankerung in einem bestimmten kulturellen Kontext lediglich eine von vielen Möglichkeiten darstellt, wie Verlassensrelationen zwischen Unbekannten gestützt werden können. Sobald man aufhört, Vertrauen mit bloßem Sich-Verlassen zu verwechseln, lässt sich einsehen, dass wir in der Sphäre des Politischen keinesfalls auf einen im Versiegen begriffenen Fundus an sozialem Vertrauen angewiesen sind, der sich aus vormodernen Quellen speist, sondern es kann stattdessen die Frage gestellt werden, welche anderen Formen des Sicherns von Verlässlichkeit unter Bürgern besser zu der Vorstellung, aber auch der Realität der Gesellschaft passen, in der wir jeweils leben.

In dieser Hinsicht gibt es keinen Grund, eine kulturell determinierte Verlässlichkeit, wie Fukuyama sie im Blick hat, gegenüber den verschiedenen Formen der institutionell generierten Verlässlichkeit, wie ich sie im Verlaufe dieses Kapitels skizziert habe, zu bevorzugen. Der große Vorteil dieser Position besteht darin, dass sich von ihrer Warte aus flexibler auf die Veränderungen und Herausforderungen reagieren lässt, mit denen moderne Demokratien konfrontiert sind. Aus der Perspektive des Vertreters eines kulturell verstandenen Vertrauenskonzepts können wir im Grunde nur den Versuch unternehmen, die Erosion des Vertrauens aufzuhalten. Aus der Perspektive meines Vorschlags eröffnet sich aber eine ganze Palette an Möglichkeiten, um die Verlässlichkeit zwischen Bürgern zu befördern und zu sichern. Welche Möglichkeiten das genau sind, ist wiederum eine Frage, mit der ich mich nicht beschäftigen kann. Was ich mit der Flexibilität meine, die sich aus dieser Perspektive ergibt, lässt sich aber zumindest an einem Beispiel veranschaulichen.

---

23 Vgl. die Kritik in Offe 1999, S. 63, wo dafür argumentiert wird, dass ein auf äußerlichen Merkmalen orientiertes ‚categorical trust' nur einen unzureichenden Ersatz für persönliche Interaktion darstellt.

Eines der größten Probleme, mit denen moderne Demokratien sich konfrontiert sehen, betrifft die Regulierung von Immigration aus Ländern, von denen behauptet wird, das sie nicht zu ‚unserem Kulturkreis' gehören. Ein Argument, das für die Ansicht ins Feld geführt werden kann, dass Staaten ein Recht auf Ausschluss bestimmter Einwanderungsgruppen haben und von diesem Recht Gebrauch machen sollten, indem sie Immigration strikter regulieren, kann auf einen kulturell verstandenen Vertrauensbegriff Bezug nehmen. Die Umrisse dieses Arguments sollten an dieser Stelle klar sein.

‚Demokratie braucht Bürgervertrauen,' wird der Vertreter einer solchen Position anfangen, ‚und in unserer Gesellschaft wird dieses Bürgervertrauen dadurch sichergestellt, dass wir uns als Mitglieder derselben kulturellen Gemeinschaft verstehen. Mitglied unserer kulturellen Gemeinschaft zu sein, bedeutet, dass man die impliziten Werte und Normen dieser Gemeinschaft akzeptiert und zu entsprechendem Handeln motiviert ist. Wer nicht zu unserer Wertegemeinschaft gehört, folgt wahrscheinlich ganz anderen Werten und Normen,' so unser Immigrationskritiker weiter, ‚und von diesen Werten und Normen ist gar nicht klar, ob sie mit unseren Werten und Normen übereinstimmen oder damit kompatibel sind. Sollte eine große Anzahl solcher Personen, die in einer fremden Kultur verwurzelt sind, sich in unserem Land ansiedeln, würde das automatisch dazu führen, dass die stabile Grundlage von Bürgervertrauen, die in unserer angestammten Kultur besteht, ins Wanken gerät. Das hätte verheerende Folgen für die Demokratie.'[24]

Wenn es tatsächlich wahr wäre, dass der Fortbestand unserer Demokratien von dem Vertrauenskapital abhängt, das unsere Gesellschaften aus ursprünglichen historischen Zuständen ‚geerbt' haben,[25] und von dem sie heute immer noch zehren, dann wäre an so einer Argumentation tatsächlich etwas dran, und wir müssten den meisten Immigrationsbestrebungen skeptisch gegenüberstehen.

---

24 Selbstverständlich handelt es sich bei dieser Skizze einer Argumentation um eine extreme Verkürzung, die keiner philosophischen Position, die zu den Themen Immigration oder Multikulturalismus vertreten werden, entspricht. Auch übergehe ich hier wichtige Details wie z. B. die Unterschiede, die man zwischen der Frage nach Exklusionsrechten eines Staates, der Frage nach der Legitimität von Immigration oder der Frage nach den Bedingungen für Einbürgerung machen sollte. Dennoch denke ich, dass diese Art des Nachdenkens über Vertrauen und Immigration in weiten Teilen unserer Gesellschaften auf diffuse Weise verbreitet ist und zumindest einen der Gründe darstellt, weshalb ein sachlicher Dialog über Immigration nicht immer stattfinden kann. Für eine interessante Diskussion, die auch die relevante empirische Datenlage einbezieht, vgl. Kymlicka/Banting 2006.
25 Für eine Kritik an Vorstellungen eines solchen Goldenen Vertrauenszeitalters vgl. O'Neill 2002b, S. 19: „Perhaps claims about a crisis of trust are really evidence of an unrealistic hankering after a world in which safety and compliance are total, and breaches of trust are totally eliminated."

Sollten wir gleichzeitig Gründe dafür haben, Einwanderung zu intensivieren – seien es aus Hilfspflichten abgeleitete moralische Gründe oder pragmatische Gründe, die mit Entwicklungen auf dem Arbeitsmarkt oder demographischen Entwicklungen zu tun haben –, dann wären wir in der Situation, eine sehr problematische Abwägung zu treffen, bei der immer gleich der ganze Fortbestand der Demokratie in einer der Waagschalen liegen würde.[26]

Folgt man meinem Vorschlag, auf den Einsatz des Vertrauensbegriffs in politischen Zusammenhängen zu verzichten, ergeben sich diese Probleme nicht. Diesem Vorschlag zufolge sollten wir in erster Linie daran interessiert sein, Verlässlichkeit herzustellen, und dazu stehen uns je nach der Situation, um die es geht, verschiedene Möglichkeiten offen. Die Verlässlichkeit, die wir unseren Mitbürgern unterstellen – wenn wir dies tun –, hat keinen besonderen Status nur dadurch, dass sie über eine bestimmte Zeit Bestand hatte. Es kann sein, dass man sich darauf verlassen kann, dass die meisten Bürger in Deutschland Steuern zahlen, aber wir sollten nicht den Fehler machen, dies im Sinne einer besonderen kulturell geprägten Vertrauenswürdigkeit der Deutschen im Hinblick auf das Entrichten von Steuern zu verstehen. Dass die meisten Bürger in Deutschland ihre Steuern zahlen, liegt an vielen Faktoren, von denen die wichtigsten mit der Tatsache zu tun haben dürften, dass das Steuerzahlen eine gesetzliche Pflicht darstellt. Es ist nun nicht einzusehen, weshalb dieselben oder ähnliche Mechanismen, die bei der Sicherung der ‚voluntary compliance' bei angestammten Bürgern eines Staates die zentrale Rolle spielen, ihre kausale Wirkung nicht auch bei Personen entfalten können sollten, die aus einer ‚fremden Kultur' in ein neues Land einwandern.

Ähnlich wie ich mich weiter oben bei der Diskussion der Umverteilungsmaßnahmen eines Staates nicht darauf festgelegt habe, welche solcher Maßnahmen angemessen sind und welche nicht, sollte auch das zuletzt skizzierte Beispiel nicht im Sinne eines Plädoyers für unbeschränkte Immigration verstanden werden. Das kann der Vorschlag, den ich bezüglich der Frage nach der Rolle unterbreitet habe, die Vertrauen für unser Nachdenken über politische

---

26 Mit dieser Kritik möchte ich mich nicht darauf festlegen, dass jeder Vorschlag, das Verhältnis zwischen Bürgern eines demokratischen Staates über den Begriff der Kultur zu bestimmen, zum Scheitern verurteilt ist. Allerdings muss es sich dabei um ein anderes Verständnis von ‚Kultur' handeln, als es z. B. der Ansatz von Fukuyama nahelegt. Julian Nida-Rümelin hat in jüngster Zeit etwa immer wieder auf plausible Weise darauf hingewiesen, dass wir den Begriff des Humanismus zur Bestimmung einer gesellschaftlichen Leitkultur zugrunde legen sollten; vgl. Nida-Rümelin 2016, Kap. 5 und S. 467ff. Je nach genauer Interpretation ist mein Vorschlag auch offen gegenüber dem Begriff einer ‚public culture'; vgl. dazu Miller 1995, S. 26ff. und Lenard 2012, S. 75ff.

Fragen haben sollte, auch gar nicht leisten. Wenn man meiner Argumentation folgt, lässt sich allerdings erkennen, wie man nicht gegen Immigration argumentieren sollte. Allgemeiner ausgedrückt, läuft der Vorschlag darauf hinaus, dass eine unreflektierte, im besten Fall nur dem Sprachgebrauch geschuldete Bezugnahme auf Vertrauensverhältnisse auf der Ebene des Politischen uns oft den Blick für die eigentlich wichtigen Auseinandersetzungen verstellt.

Diese wichtigen Auseinandersetzungen betreffen eben nicht Fragen wie ‚Wem kann ich trauen?' oder ‚Wie sollten wir das Misstrauen in unserer Gesellschaft bekämpfen?', sondern einerseits Fragen nach geeigneten Mitteln zu Realisierung von demokratisch bekräftigten Werten und nicht zuletzt die entscheidende Frage nach diesen Werten selbst. Ich habe diese Diskussion mit dem Hinweis begonnen, dass eines der Charakteristika, das Demokratien von anderen Staatsformen unterscheidet, darin besteht, dass Entscheidungen, die auf demokratischen Prozessen beruhen, ein höheres Maß an Legitimität aufweisen. Diese Legitimität ist aber nur dadurch sicherzustellen, dass über grundsätzliche Fragen wie ‚Was ist eine gerechte Gesellschaft?' oder ‚Wo liegen die Grenzen staatlicher Verantwortung in einer globalen Welt?' offen und kontrovers diskutiert wird. Es ist Rahmen solcher Diskussionen, dass ein ganz spezifischer Begriff von Vertrauen unter Bürgern möglicherweise doch relevant werden könnte. Was ich mit diesem Vertrauensbegriff meine, werde ich in dem folgenden abschließendem Abschnitt andeuten.

6.3 Politik ohne Vertrauen?

Das Ergebnis meiner Überlegungen in diesem Kapitel mag befremdlich sein. Wir sollten darauf verzichten, im Bereich des Politischen mit dem Begriff des Vertrauens zu operieren, schlage ich vor. Aber wie sollte das gehen? Es lohnt sich, ein triviales Verständnis dieses Problems gleich zu Beginn meiner Überlegungen in diesem Abschnitt auszuschließen: Mein Vorschlag ist selbstverständlich nicht ein Vorschlag, der auf eine Sprachreform abzielt. Wie eingangs angedeutet, ist das Vokabular des Vertrauens sehr weit verbreitet, wenn es um die Sphäre des Politischen geht, und ich habe keine Probleme damit, wenn die Wörter ‚Vertrauen' oder ‚Misstrauen' weiterhin verwendet werden, um politische Prozesse zu charakterisieren. Das gilt allerdings nur insofern, als man auf den Unterschied zwischen der Verwendung eines Wortes und der Verwendung eines Begriffs achtet. Wenn z. B. in einer konkreten Situation das Wort ‚Vertrauen' verwendet wird, und es ist allen Beteiligten klar, dass damit der Begriff des prädiktiven Sich-Verlassens gemeint ist, wie ich ihn im Verlaufe meiner Argumentation rekonstruiert habe, dann habe ich von der Warte meines Vorschlags keine Einwände gegen so eine sprachliche Praxis. Es ist egal, welche Wörter wir verwenden, solange wir uns über die begrifflichen Implikationen dessen, was wir sagen, im Klaren sind. Wenn in einer politischen Debatte etwa stillschweigend impliziert wird, dass eine bestimmte emotionale Reaktion im Bereich des Politischen angemessen ist, weil es sich bei etwas um einen ‚Vertrauensbruch' handelt, dann sind wir entsprechend gut beraten, diese Implikationen offenzulegen und gegebenenfalls einer kritischen Überprüfung zu unterziehen.

Ein weitaus problematischeres Verständnis der Nachfrage ‚Aber wie sollte das gehen?' betrifft nicht so sehr die Frage der Möglichkeit alternativer Ausdrucksweisen, sondern eine psychologische Unmöglichkeit. An dieser Stelle lässt sich meine Position nämlich mit einem Einwand konfrontieren, der in gewisser Weise der Stoßrichtung meiner gesamten Argumentation in diesem Kapitel entgegengesetzt ist. Der Einwand besteht in dem Hinweis darauf, dass die Forderung, die ich implizit an alle Bürger von demokratischen Systemen stelle – im Wesentlichen die Forderung nach dem Einnehmen einer nüchtern distanzierten, rationalen Perspektive auf gewählte Repräsentanten, Staatsregierungen und Mitbürger –, möglicherweise zu viel von Bürgern verlangt und in ihrer rationalen Kälte sogar überheblich ist, weil sie die konkrete emotionale Verstrickung, in der sich manche Bürger unserer Staaten befinden können, nicht in den Blick nimmt.

Wie sollen etwa Mitglieder von staatlich diskriminierten Minderheiten eine emotional neutrale Haltung der Personengruppe gegenüber aufrechterhalten, die für ihre Diskriminierung verantwortlich ist oder war? Die Geschichte der Unterdrückung von Frauen, Menschen, die in einem Staat zu einer ethnischen Minderheit gehören, LGBTQ-Personen oder auch nur Arbeitern und anderen Benachteiligten und Ausgegrenzten ist eine Geschichte von Verletzung, Unterdrückung und entmenschlichender Missachtung. Wie kann ich von Mitgliedern solcher Gruppen emotionale Distanziertheit und einen Fokus auf Verlässlichkeitsrelationen einfordern, wo sie doch als Opfer von staatlich sanktionierten Unterdrückungsmechanismen oder explizit diskriminierenden staatlichen Strukturen, als Opfer von Gewalt und Erniedrigung möglicherweise gar nicht in der Lage sind, eine distanzierte Haltung zu der Gruppe einer Gesellschaft, aus der sich die Täter rekrutiert haben – seien es politische Entscheidungsträger oder Mitbürger –, an den Tag zu legen?

Eine einfache erste Reaktion auf diesen Einwand würde in dem Hinweis bestehen, dass es gerade im Rahmen meines Vorschlags unproblematisch ist, wenn Bürger Misstrauen ihren Repräsentanten oder einander gegenüber an den Tag legen. Wer wie die Vertreter der Positionen, die ich im Verlaufe dieses Kapitels kritisiert habe, davon ausgeht, dass vertikales Vertrauen in politische Repräsentanten und horizontales Vertrauen in die Mitbürger notwendig für das Funktionieren von Demokratien ist, hat viel eher Probleme, die Spannung zwischen einem auf diese Weise geforderten Vertrauen und einem auf verschiedene Weisen realisierbaren Misstrauen zu beseitigen.

Es ist allerdings klar, dass diese Antwort den Kern des Einwandes nicht ernst genug nehmen würde. Es ist ja nicht irgendeine Form des rational-nüchternen Misstrauens gemeint, das ein Bürger an den Tag legt, wenn er z. B. seine Erleichterung darüber zum Ausdruck bringt, dass seine Grundrechte in der Verfassung verankert sind, sondern es geht um das ‚tiefe', emotional aufgeladene Misstrauen, wie es eben typischerweise und rational angemessen als Reaktion auf Vertrauensbrüche an den Tag gelegt wird, ein Misstrauen, das sich – wenn die metaphorischen Ausdrücke hier erlaubt sind – abwendet und in eine Abwehrhaltung geht, die nicht selten agonalen Charakter annehmen und in Zorn umschlagen kann.

Zunächst muss hier festgestellt werden, dass so eine Reaktion, je nach dem Kontext, in dem sie stattfindet, psychologisch durchaus verständlich ist. Es kann mir an dieser Stelle auch nicht darum gehen, Personen, die unter Diskriminierung und Unterdrückung gelitten haben, dafür zu kritisieren, dass sie Misstrauen oder Wut empfinden. Gleichzeitig muss aber gefragt werden, wie wir, unabhängig von dem Versuch einer empathischen Teilnahme an solchen Erfahrungen, die Tatsache bewerten sollten, dass Opfer von Unterdrückung auf diese Weise reagieren. Hier spielt mit Sicherheit eine Rolle, ob die Unterdrückung und Diskriminierung auf breiter Basis organisiert wurde oder das Ergebnis des Handelns von Einzelnen gewesen ist. Eine andere wichtige Frage ist, ob der gesellschaftliche Zustand, der zur Unterdrückung geführt hat, immer noch besteht oder überwunden wurde.

Falls davon ausgegangen werden kann, dass die unterdrückenden Mechanismen nicht nur von Einzelpersonen geschaffen und bedient wurden, sondern eine strukturelle Dimension haben, dann wird die angesprochene Bewertung von Misstrauen und Wut auf Seiten der Opfer unter Umständen positiv ausfallen, vor allem, wenn die unterdrückenden Zustände immer noch bestehen. Dann ist nämlich zu erwarten, dass diese emotionalen Reaktionen eine motivationale Funktion haben und eine wichtige Rolle dabei spielen werden, die gesellschaftlichen Zustände zu überwinden. In gewisser Weise habe ich dieses und damit verwandte Probleme in meiner bisherigen Argumentation insofern unterlaufen, als ich mich den Fragen nach Vertrauen in politische Entscheidungsträger und Mitbürger konsequent aus der Perspektive von halbwegs funktionierenden Demokratien genähert habe, in denen basale Formen der Gleichbehandlung verbreitet sind und die Grundrechte aller Bürger geschützt werden.[27]

---

[27] Diese Formulierungen sind wiederum absichtlich vage. Es konnte mir im Verlauf dieses Kapitels nicht darum gehen, die Frage zu klären, welche Rolle Vertrauen, Misstrauen oder Sich-

In diesem Zusammenhang lässt sich zumindest plausibel machen, inwiefern ein bestimmtes Ausmaß an psychologisch verständlichem und individuell nicht kritisierbarem Misstrauen gegenüber Repräsentanten und Mitbürgern als abträglich für das Funktionieren eines demokratischen Systems betrachtet werden kann. So ein Misstrauen liegt immer dann vor, wenn Bürgergruppen, die im weitesten Sinne Opfer oder zumindest Leidtragende bestimmter politischer Entscheidungen gewesen sind, aufgrund eines immer diffuser werdenden Misstrauens immer weniger erkennen können, dass sie ihre Situation ändern könnten, indem sie an den traditionell von Demokratien zur Verfügung gestellten Mechanismen der Konsensbildung partizipieren, und sich stattdessen im besten Fall enttäuscht von der Politik abwenden und im schlimmsten Fall nach undemokratischen Alternativen zu suchen beginnen, wie sie sich in der betreffenden Gesellschaft Gehör verschaffen könnten.

In einer solchen Haltung, die den perfekten Nährboden für populistische Parteien und Politiker darstellt, steckt tatsächlich eine große Gefahr für jedes demokratische System. Zurückzuführen ist sie allerdings nicht selten darauf, dass Vertrauen in Repräsentanten und Mitbürger als die zentrale Kategorie betrachtet wird, um gesellschaftliche und politische Prozesse zu interpretieren. Wenn das die Perspektive ist, aus der Bürger auf die Demokratie und die demokratischen Akteure schauen, so meine These, dann verwundert es nicht, wenn jede der Enttäuschungen, die in einem demokratischen System unvermeidbar sind, im Sinne eines persönlichen Verrats verstanden wird, und die sich auf diese Weise ‚abgehängt' fühlenden Bürger immer weiter in eine – wie sich dann oft ausgedrückt wird – politikverdrossene und demokratiemüde Haltung geraten.

Selbst wenn man mir den zuletzt gemachten Punkt zugesteht, haftet an meiner These von der ‚Politik ohne Vertrauen' immer noch ein Rest Befremdlichkeit. Habe ich nicht ein übertrieben distanziertes Bild des demokratischen Miteinander gezeichnet, in dem ansonsten isolierte Akteure, die im Idealfall nur rationale Entscheidungen treffen, über die instrumentell motivierte Relation des Sich-Verlassens miteinander verbunden sind? Ist wirklich so wenig dran an der Bezugnahme auf Vertrauen, die in politischen Zusammenhängen so ubiquitär scheint?

Verlassen in Gesellschaften spielen, die z. B. aufgrund eines massiven internen Konflikts gespalten oder in ihrem Zusammenhalt extrem erschüttert sind, wie etwa Bosnien seit 1996 oder Nordirland seit den 70er Jahren des 20. Jahrhunderts. Für einschlägige Reflexionen vgl. Lenards Ausführungen zu ‚severely divided societies' in Lenard 2012, Kap. 6. Eine völlig andere Frage, die aber entfernt mit solchen Problemen zusammenhängt, betrifft die staatstheoretische Frage nach den Gründen, die Personen im Naturzustand für einen Zusammenschluss in einem Staat haben, bzw. die Frage nach einer grundsätzlichen Rechtfertigung von Staaten.

An dieser Stelle muss ich tatsächlich ein Zugeständnis machen. Ich denke, es gibt einen Sinn, in dem es wahr ist, dass Demokratie von Vertrauen abhängt, aber dieser Sinn hat mit einem Kontext zu tun, der zwar mit den bisher anvisierten Kontexten eng zusammenhängt, aber dennoch von ihnen zu unterscheiden ist. Im Verlaufe dieses Kapitels habe ich immer wieder davon gesprochen, dass Demokratie davon abhängt, dass demokratisch legitimierte Entscheidungen auf eine verlässliche Weise umgesetzt werden oder dass demokratisch gewählte Repräsentanten auf angemessene Weise ihre Rollen spielen. In diesem Sinne habe ich mich durchgehend mit Umsetzungsfragen in einem demokratischen System beschäftigt und nur *en passant* den Gedanken gestreift, dass Bürger demokratischer Staaten sich darauf zu verständigen haben, welche Entscheidungen es sind, die umgesetzt werden sollen, und welche Erwartungen legitimerweise an einen politischen Repräsentanten zu stellen sind.

Es ist in diesem Prozess der demokratischen Meinungs- und Konsensbildung, dass einem allerdings spezifisch verstandenen Vertrauensbegriff eine wichtige Rolle zukommen könnte. Ich werde im Rahmen dieser Arbeit auf dieses alternative Vertrauensverständnis nicht eingehen können, aber für den vorliegenden Zusammenhang lässt sich die Grundidee folgendermaßen skizzieren: Vertrauen – so die Kernthese dieses Buches – ist primär als eine Form der interpersonalen Beziehung zu verstehen. Solche Beziehungen erfordern einen persönlichen Kontakt und persönliche Interaktionen. Insofern mag es, wie am Anfang dieses Kapitels angedeutet, so aussehen, als ob die Frage nach Vertrauen im gesellschaftlichen oder politischen Kontext von Beginn an ins Leere zielt. Es gibt allerdings eine Möglichkeit den Begriff der Vertrauensbeziehung auf eine Weise zu verstehen, die zumindest einen Spielraum dafür offen lässt, unsere Relationen zu Mitbürgern und Repräsentanten im Sinne einer Beziehung zu verstehen. Gleichzeitig weist dieses Verständnis aber über die Grenzen von einzelnen Gemeinschaften und Staaten hinaus und deutet auf eine universelle Dimension von Vertrauen hin.

Die explikationsbedürftige Idee ist hier, dass wir alle in Beziehungen zueinander stehen, die nicht im engeren Sinne persönliche Beziehungen sind, sondern Beziehungen als Mitglieder einer epistemischen und einer moralischen Gemeinschaft. Es ist nicht abwegig, diese Beziehungen im Sinne von Vertrauensbeziehungen zu interpretieren. Die Beziehung zwischen zwei beliebigen Personen A und B, die nicht weiter miteinander bekannt sind und vielleicht nie persönlich miteinander interagieren werden, lässt sich in dem Sinn als eine Vertrauensbeziehung interpretieren, als sie auf ähnliche Weise wie dies im Fall der persönlichen Vertrauensbeziehungen, von denen im Hauptteil dieser Arbeit die Rede war, mit bestimmten normativen Anforderungen und Erwartungshaltungen einhergeht. Sollte B etwa eine Handlung ausgeführt haben oder beabsichtigen, von der A oder andere Personen mittelbar betroffen sind oder sein werden, hat A einen legitimen Anspruch darauf, von B eine Rechtfertigung für sein Handeln bzw. seine Handlungsabsicht zu verlangen. Solche Ansprüche liegen allerdings nicht nur auf der Ebene konkreten Handelns vor, sondern sie betreffen auch generellere Maximen, Lebensentwürfe und nicht zuletzt Werthaltungen und moralische Überzeugungen.

Was auch immer eine moralische Gemeinschaft sonst noch ist, so scheint doch ihr zentrales Charakteristikum darin zu bestehen, dass sie eine Begründungsgemeinschaft ist. Und Vertrauen spielt hier insofern eine zentrale Rolle, als jedes Mitglied dieser Gemeinschaft darauf vertrauen muss, dass die jeweils anderen Mitglieder sich dieser Aufgabe des Begründens und Rechtfertigens von Handlungen und moralischen Überzeugungen stellen werden. In dem Maße, in dem B etwa eine Haltung einnimmt, die zum Ausdruck bringt, dass er sich in dieser Hinsicht nicht in einer Begründungspflicht sieht oder der Auffassung ist, dass es in solchen Kontexten nichts zu begründen gibt, weil es in diesen Dingen seiner Ansicht nach kein ‚richtig' und ‚falsch' gibt, wird die Vertrauensbeziehung, in der er zu A steht, unterminiert.

Weigert sich B auf diese Weise, Gründe für seine Handlungen bzw. evaluativen Überzeugungen anzugeben und so an einem Prozess der rationalen Verständigung über Moral teilzunehmen, kann das von A, aber auch von anderen Mitgliedern der moralischen Gemeinschaft im Sinne eines Vertrauensbruchs verstanden werden und von ähnlichen emotionalen Reaktionen begleitet sein, wie sie im Fall von persönlichen Vertrauensbrüchen einschlägig sind – und zwar wohlgemerkt, ohne dass zwischen den jeweiligen Mitgliedern und B direkte Interaktionen stattfinden. Ähnliches gilt in Situationen, in denen B basale moralische Standards verletzt, über die in der moralischen Gemeinschaft eine – wenn auch letztlich nur provisorische – Übereinstimmung herrscht, so z. B. wenn er A oder andere Personen nicht als in moralischer Hinsicht gleichgestellt betrachtet und behandelt. Auch solche Formen der Missachtung von Gründen, hier als moralische Gründe verstanden, können als Vertrauensbrüche aufgefasst und mit den für Vertrauensbrüche typischen Reaktionen bedacht werden.

Wie angedeutet, ist das lediglich die Skizze einer Idee darüber, wie Vertrauen mit Moral zusammenhängen könnte – einer Idee, die im Rahmen einer eigenen Untersuchung zu entwickeln wäre.[28] Wenn es um das Thema des vorliegenden Kapitels geht, so kann man aber auch unter Zuhilfenahme dieser Ideenskizze plausibel machen, inwiefern Vertrauen für Demokratie wichtig sein könnte. Als Teilnehmer an Prozessen der demokratischen Entscheidungsfindung sind wir

---

28 Aussichtsreiche Startpunkte für so eine Analyse stellen relationale Theorien der Moral dar, wie sie sich in Darwall 2006 oder Wallace 2019 finden.

nämlich ganz ähnlich wie in der Rolle von Mitgliedern einer moralischen und epistemischen Gemeinschaft zu einer Verständigung gezwungen, die auf dem Formulieren von Gründen beruht und deren Wesen die argumentative Rechtfertigung von Positionen und Wertannahmen ist. Damit diese Verständigung gelingen kann, braucht es aber Vertrauen oder anders ausgedrückt: Es stellt eine Bedingung der Möglichkeit solch einer Verständigung dar, dass ich mich als eine Person verstehe, die in normativen Vertrauensbeziehungen zu anderen am Verständigungsprozess beteiligten Personen (d. h. Mitbürgern) steht. Die Gründe, die von solchen Vertrauensbeziehungen generiert werden, sind auf verschiedenen Ebenen angesiedelt. Auf ganz basaler Ebene schaffen sie einen Konsens, der die Voraussetzung dafür darstellt, dass wir überhaupt verstehen, was unsere Dialogpartner meinen, wenn sie uns gegenüber einen Grund formulieren.[29] Ebenso zentral sind aus solchen Vertrauensbeziehungen gespeiste Annahmen und Erwartungshaltungen im Hinblick auf die Aufrichtigkeit unserer Dialogpartner – wir müssen darauf vertrauen, dass sie das, was sie sagen, auch wirklich meinen. Nicht zuletzt muss auch ein Konsens darüber bestehen, was die geeigneten Standards für die Begründung eines normativen Anspruchs, aber auch für die Wahrheit empirischer Behauptungen darstellt.

Wo Vertrauensbeziehungen in diesen Hinsichten brüchig werden, steht es schlecht um die Demokratie. Gerade der zuletzt angesprochene Punkt ist gut dazu geeignet, diese Auffassung zu illustrieren. Es ist im Bereich der politischen Auseinandersetzungen immer wieder zu beobachten, dass sich konkurrierende politische Lager nicht nur uneinig im Hinblick auf im weitesten Sinne evaluative Fragen sind, sondern darüber hinaus keinen Konsens mehr bezüglich dessen erreichen, was in der Welt der Fall ist. Die Bezugnahme auf empirische Tatsachen stellt einen zentralen Bestandteil der politischen aber auch ethischen Argumentationspraxis dar. Wenn aber nicht mehr sichergestellt ist, dass der Dialogpartner in dieser basalen Hinsicht vertrauenswürdig ist, weil man davon auszugehen hat, dass er die Bezugnahme auf eine Tatsache ohne Angabe von Gründen einfach als Lüge zurückweisen und selbst, wiederum ohne die Angabe von Beweisen, ‚alternative Tatsachen' ins argumentative Feld führen wird, dann ist das Projekt einer rationalen Verständigung im Grunde bereits gescheitert.

---

29 Vgl. hierzu Nida-Rümelin 2006, S. 22, Herv. im Orig.: „[Es] besteht Übereinstimmung darin, dass *Verständigung ohne Konsens nicht möglich ist* – etwa ein Konsens darüber, was den richtigen Gebrauch eines sprachlichen Ausdrucks eigentlich ausmacht. [...] Auch in der politischen Verständigungspraxis ist eine gewisse Übereinstimmung der Teilnehmer darüber erforderlich, wie Begriffe angemessen gebraucht werden, in welchem Zusammenhang Sprache und Meinung stehen und welche Sachverhalte damit als gültig angenommen werden."

Was in so einer diskursiven Situation, in der sich die sog. ‚postfaktuale' Politik durchgesetzt hat, übrig bleibt, ist der bloße Appell an die Emotion von Gleichgesinnten und der hohle Hinweis auf die charakterliche Authentizität von Einzelpersonen. Es ist in solchen Situationen, dass eine mehr oder weniger explizite Vertrauensaufforderung stattfindet, wie ich sie im Verlaufe der Argumentation dieses Kapitels zu kritisieren versucht habe – die Aufforderung, einer Partei oder einem Politiker so zu vertrauen, wie man einem Freund oder einem Nachbarn vertrauen würde. Wie ich zu zeigen versucht habe, sind solche Strategien, den Begriff des Vertrauens im Bereich des Politischen anzuwenden, fehlgeleitet. Sollte an meinen Überlegungen bezüglich der abstrakteren Vertrauensbeziehung, in der wir zueinander als Bürger einer demokratischen Gesellschaft aber auch ganz generell als Mitglieder einer moralisch-epistemischen Gemeinschaft stehen, etwas dran sein, dann sind diese Strategien nicht nur fehlgeleitet, sondern verschleiern auf eine fast schon zynische Weise Haltungen, die das genaue Gegenteil von Vertrauenswürdigkeit darstellen.

Dieses abstraktere Verständnis von Vertrauenswürdigkeit, das als guter Kandidat für ein zentrales Element eines demokratischen Bürgerethos aufgefasst werden kann, würde eine Reihe von personalen Eigenschaften und Dispositionen beinhalten, die ich hier nicht eigens diskutieren kann. Eine diesem Bürgerethos anhängende Person wäre jemand, der anderen Personen gegenüber Gründe angeben kann und gleichzeitig empfänglich für die Gründe der anderen Personen ist, jemand, der für seine politischen und moralischen Überzeugungen einstehen kann, aber auch bereit ist, diese Überzeugungen zu hinterfragen, jemand, der transparent im Hinblick auf die Verwendung der eigenen Begriffe ist und sich an gemeinsame Standards der Gültigkeit von Argumenten sowie der Wahrheit von Behauptungen halten kann – schließlich aber auch jemand, der bezüglich einer ganzen Reihe von Kontexten von der fundamentalen Gleichheit der Ansprüche der anderen Personen ausgeht, zu denen er in einer solchen Vertrauensbeziehung steht.

In diesem Zusammenhang mag man der Auffassung sein, dass eine entlang dieser Linien modellierte Vorstellung einer Bürgertugend der Vertrauenswürdigkeit nur in politischen Systemen eine Relevanz hat, die der Vorstellung einer deliberativen Demokratie entsprechen, und tatsächlich hat mein Vorschlag eine gewisse Nähe zu solchen demokratietheoretischen Ansätzen.[30] Ich glaube aber, dass gute Gründe für die Ansicht bestehen, dass jede Form der Demokratie

---

30 Vgl. etwa Warren 1999b, S. 336, wo für die These argumentiert wird, dass die Relevanz von Vertrauen nur vor dem Hintergrund einer deliberativen Demokratie einsichtig gemacht werden kann.

davon abhängt, dass ihre Bürger sich auf die skizzierte Weise einander gegenüber als vertrauenswürdig erweisen. Angesichts der Tatsache, dass Demokratie auf Verständigung angewiesen ist, besteht der meiner Ansicht nach wichtigste dieser Gründe darin, dass die von mir in den Blick genommenen Vertrauensbeziehungen sich nicht durch Relationen der prädiktiven Verlässlichkeit substituieren lassen: Wie im Verlaufe meiner Argumentation zu sehen war, wäre es zwar schön, wenn wir darauf vertrauen könnten, dass sich unsere Mitbürger an die Gesetze halten; auf so ein Vertrauen sind wir aber nicht angewiesen, weil sich auch in einer liberalen Demokratie Mittel finden lassen, die es uns möglich machen, uns darauf zu verlassen, dass sich unsere Bürger an die Gesetze halten. Umgekehrt ist es unmöglich, sich auch nur vorzustellen, was es heißen würde, Verlässlichkeit in dem Kontext sicherzustellen, um den es mir gerade geht. Welche kausalen Mechanismen sollten etwa dafür sorgen, dass unsere Mitbürger im Rahmen von demokratischen Verständigungsprozessen aufrichtig sind oder sich an Standards der rationalen Argumentation halten? Sobald wir in einer Demokratie den Bereich des genuin Normativen betreten, brauchen wir Vertrauen, und nur hier hat Vertrauen in einer Demokratie einen Platz.

Schluss

Im Verlaufe meiner Argumentation in dieser Arbeit bin ich davon ausgegangen, dass es einen zentralen Unterschied zwischen Vertrauen und – wie sich in der Debatte oft ausgedrückt wird – bloßem Sich-Verlassen gibt, der in alltäglichen Äußerungen oft verdeckt wird, weil wir uns in beiden Fällen des Vertrauensvokabulars bedienen. Ich habe dafür plädiert, die Relation des Sich-Verlassens als eine dreistellige Relation zu interpretieren, bei der immer spezifiziert werden muss, worauf ein Akteur sich verlässt, den Vertrauensbegriff dagegen im Sinne eines irreduzibel zweistelligen Prädikats zu verstehen. Folgt man diesem Vorschlag, lässt sich interpersonales Sich-Verlassen auf zweierlei Weise rational stützen: Zum einen kann ich mich auf eine Person auf der Grundlage von Überlegungen verlassen, die im weitesten Sinne prädiktiv sind und von Evidenzen dafür ausgehen, dass die betreffende Person sich auf eine bestimmte Weise verhalten wird. Zum anderen kann ich mich auf Personen verlassen, weil ich ihnen vertraue. Hier stellt sich unmittelbar die Frage, was Zuschreibungen eines zweistelligen Prädikats wie ‚Paul vertraut Eva' überhaupt zum Ausdruck bringen, und wie das von ihnen ausgedrückte Phänomen die Rolle spielen kann, die Vertrauen z. B. bei der Rationalisierung von Handlungen spielt.

In dem Hauptteil der vorliegenden Arbeit bin ich zunächst davon ausgegangen, dass Zuschreibungen eines solchen zweistelligen Prädikats darauf verweisen, dass eine Person eine bestimmte Perspektive auf eine andere Person einnimmt. Ich habe dann die Idee der ‚Vertrauensperspektive' mit Gehalt zu füllen versucht, indem ich mich auf den intrapersonalen Fall konzentriert und dabei rekonstruiert habe, was es bedeutet, dass Personen eine vertrauende Perspektive auf sich selbst einnehmen. Dabei habe ich dafür argumentiert, dass das Einnehmen dieser Perspektive mit dem Ausbilden und Ausüben von bestimmten Fähigkeiten einhergeht, die ich als akteursbezogene Fähigkeiten bezeichnet habe, weil sie eine Bedingung dafür darstellen, dass wir uns überhaupt als Akteure betrachten können.

Meine Rekonstruktion dessen, was es bedeutet, dass Personen Vertrauen in sich selbst haben, habe ich dann auf den im Mittelpunkt dieser Arbeit stehenden Fall von interpersonalem Vertrauen übertragen und dabei auf die zentrale Rolle hingewiesen, die von den Identitäten der an Vertrauenssituationen beteiligten Personen gespielt wird. Ich habe in diesem Zusammenhang dafür plädiert, Vertrauen im Sinne einer Beziehungsform zu verstehen, bei der Personen in einem diachron ausgedehnten, dynamischen Prozess vertrauensbezogene Fähigkeiten erwerben, die es ihnen ermöglichen, die Gründe des Vertrauenspartners im Sinne von geteilten Gründen aufzufassen und ihm gegenüber auf diese Weise eine einfühlend-verstehende, wesentlich nicht-instrumentell orientierte und reziproke Haltung einzunehmen.

Den besonderen Wert, der in solchen Vertrauensbeziehungen realisiert wird, habe ich dann im Sinne eines nicht-instrumentellen Werts darin verorten können, dass Personen sich in Vertrauensbeziehungen in ihren Selbstverständnissen oder, wie ich mich auch ausgedrückt habe, in ihren normativen Identitäten einander annähern können, indem sie die Perspektive der jeweils anderen Person in einem Maße einzunehmen lernen, wie es noch kompatibel damit ist, dass sie autonome Akteure bleiben. Einander zu vertrauen, so ließe sich dieser Gedanke auch formulieren, bedeutet, dass man die Welt mit den Augen einer anderen Person betrachten kann, ohne dass man dabei die eigene Perspektive aufgibt.

Dass Vertrauen auf diese Weise mit einem interpersonalen Nahekommen zusammenhängt, erklärt sehr gut, inwiefern Freundschafts- und Liebesbeziehungen notwendig als Vertrauensbeziehungen zu verstehen sind, und es fängt gleichzeitig die Intuitionen auf, auf die ich mit meinem einleitenden Kleist-Exkurs hinweisen wollte. Diesen Intuitionen zufolge verstehen wir Vertrauen eben nicht nur als ein Phänomen, das uns in vielerlei Hinsicht das Leben einfacher macht, sondern als fundamentales interpersonales Phänomen mit einer besonderen Tiefe. Andererseits ist nicht von der Hand zu weisen, dass auch in weniger aufgeladenen Kontexten sinnvoll von Vertrauen die Rede sein kann, etwa wenn wir von Vertrauen im Verhältnis zwischen Ärzten und Patienten oder zwischen Schülern und Lehrern ausgehen. Für solche Zusammenhänge habe ich behauptet, dass sich wesentliche Thesen meiner Analyse von Vertrauen als einer Beziehungsform aufrechterhalten lassen, solange es immer noch zu regelmäßigen persönlichen Interaktionen zwischen den betreffenden Personen kommt.

Gleichzeitig habe ich immer wieder darauf aufmerksam gemacht, dass unser soziales Miteinander auch durch die prädiktive Verlassensrelation gestützt sein kann, ohne dass dies zwangsläufig ein besonderes Problem darstellen würde. Eines meiner Anliegen bestand gerade in dem Hinweis darauf, dass prädiktive Verlässlichkeit und auf Vertrauen basierendes Sich-Verlassen durchaus parallel vorliegen und für Akteure normativ relevant sein können. Das gilt selbst für die intimsten Liebesbeziehungen, in denen nicht alles zwangsläufig eine Frage des Vertrauens sein sollte, und in einem größeren Ausmaß für weniger intime Beziehungen, in denen es nur zu gelegentlichen Interaktionen kommt.

Ein Problem, mit dem diese Sicht auf Vertrauen immer noch konfrontiert werden könnte, besteht allerdings darin, dass es Kontexte gibt, in denen wir es gewohnt sind, von Vertrauen zu sprechen, ohne dass man aber in irgendeiner Form von persönlichen Interaktionen ausgehen könnte. Mein Vertrauensverständnis legt mich auf die These fest, dass hier nicht sinnvoll auf Vertrauen Bezug genommen werden kann. Im Rahmen des abschließenden sechsten Kapitels habe ich versucht, auf dieses Problem zu reagieren, indem ich exemplarisch einen der zentralen Kontexte in den Blick genommen habe, in dem behauptet werden kann, dass Vertrauen zwischen Personen, die einander nicht persönlich kennen, wichtig oder sogar unverzichtbar sein könnte – den Fall von Vertrauen im politischen Kontext.

Ich habe hier dafür argumentiert, dass Vertrauen, zumindest wenn es um seine Relevanz für das Funktionieren von Demokratien geht, weniger zentral ist, als unsere alltäglichen Bezugnahmen auf politische Phänomene es vermuten lassen würden, und dass die Verlässlichkeitsrelation in den meisten der Fälle, in denen wir darauf angewiesen sind, dass unsere Mitbürger oder Repräsentanten etwas tun oder lassen, einen hinreichenden Ersatz für Vertrauen darstellt. Gleichzeitig habe ich zum Ende meiner Überlegungen im sechsten Kapitel konstatieren müssen, dass es Bereiche gibt, in denen Vertrauen in unsere Mitbürger und Repräsentanten letztlich doch unverzichtbar ist. Es handelt sich dabei um Kontexte, in denen wir darauf angewiesen sind, dass Personen, die wir nicht persönlich kennen, basale moralische und epistemische Normen und Verfahrensprinzipien akzeptieren und bereit sind, sie in ihren Handlungen auch regelmäßig zum Ausdruck zu bringen.

Sollte dieser Befund stimmen, müsste ich entweder von meiner Interpretation von Vertrauen als Beziehung zwischen persönlich miteinander interagierenden Personen Abstand nehmen oder aber einen alternativen Vertrauensbegriff rekonstruieren, der explizit auf interpersonale Kontexte zugeschnitten ist, in denen *keine* Geschichte der persönlichen Interaktionen vorliegt. Ich halte die zweite Strategie für sehr vielversprechend, und ich denke gleichzeitig, dass sich bei der Argumentation für Vertrauen im Sinne einer Beziehung zwischen Mitgliedern einer epistemischen bzw. moralischen Gemeinschaft sinnvoll auf Ressourcen aus der in dieser Arbeit vorgelegten Vertrauenskonzeption zurückgreifen ließe. Je nachdem, wie die Details so einer Rekonstruktion ausfallen würden, ließe sich dann sogar dafür argumentieren, dass beide Vertrauensformen – das persönliche Vertrauen und das moralisch-epistemische Vertrauen – Facetten eines und desselben Phänomens sind.

Literatur

Alonso, Facundo M. (2016): ‚Reasons for Reliance'. In: *Ethics* 126, S. 311–338.
Anderson, Joel/Honneth, Axel (2005): ‚Autonomy, Vulnerability, Recognition, and Justice'. In: Joel Anderson/John Christman (Hrsg.): *Autonomy and the Challenges to Liberalism. New Essays*. New York: Cambridge University Press, S. 127–149.
Annas, Julia (2004): ‚Being Virtuous and Doing the Right Thing'. In: *Proceedings and Addresses of the American Philosophical Association* 78, S. 61–74.
Annas, Julia (2011): *Intelligent Virtue*. Oxford, New York: Oxford University Press.
Aristoteles (2006): *Nikomachische Ethik*. Hrsg. von Ursula Wolf. Reinbek bei Hamburg: Rowohlt. [Im Text zitiert mit NE.]
Arpaly, Nomy (2000): ‚On Acting Rationally against One's Best Judgment'. In: *Ethics* 110, S. 488–513.
Atkins, Kim/Mackenzie, Catriona (Hrsg.) (2008): *Personal Identity and Narrative Agency*. Abingdon: Routledge.
Audi, Robert (2016): *Means, Ends, and Persons. The Meaning and Psychological Dimensions of Kant's Humanity Formula*. Oxford: Oxford University Press.
Baier, Annette (1979): ‚Good Men's Women: Hume on Chastity and Trust'. In: *Hume Studies* 5, S. 1–19.
Baier, Annette (1985): ‚What Do Women Want in a Moral Theory?'. In: *Noûs* 19, S. 53–63. [Wiederabgedruckt in Baier 1995.]
Baier, Annette (1986): ‚Trust and Antitrust'. In: *Ethics* 96, S. 231–260. [Wiederabgedruckt in Baier 1995.]
Baier, Annette (1991): ‚Trust and its Vulnerabilities' und ‚Sustaining Trust'. In: *Tanner Lectures on Human Values* 13. [Wiederabgedruckt in Baier 1995.]
Baier, Annette (1995): *Moral Prejudices: Essays on Ethics*. Cambridge, Mass.: Harvard University Press.
Baier, Annette (2007): ‚Trust, Suffering, and the Aesculapian Virtues'. In: Rebecca L. Walker/Philip J. Ivanhoe (Hrsg.): *Working Virtue. Virtue Ethics and Contemporary Moral Problems*. Oxford, New York: Oxford University Press, S. 135–154.
Baker, Judith (1987): ‚Trust and Rationality'. In: *Pacific Philosophical Quarterly* 68, S. 1–13.
Barber, Bernard (1983): *The Logic and Limits of Trust*. New Brunswick, New Jersey: Rutgers University Press.
Baron, Marcia (2003): ‚Manipulativeness'. In: *Proceedings and Addresses of the American Philosophical Association* 77, S. 37–54.
Baumann, Holger (2008): ‚Reconsidering Relational Autonomy. Personal Autonomy for Socially Embedded and Temporally Extended Selves'. In: *Analyse & Kritik* 30, S. 445–468.
Baumann, Holger (2012): *Autonomie und Ambivalenz*. Zürich: Universität Zürich, Philosophische Fakultät. https://doi.org/10.5167/uzh-157539, besucht am 23.4.2021.
Baumann, Peter (1993): ‚Die Motive des Gehorsams bei Max Weber: eine Rekonstruktion'. In: *Zeitschrift für Soziologie* 22, S. 355–370.
Baumgold, Deborah (2013): ‚„Trust" in Hobbes's Political Thought'. In: *Political Theory* 41, S. 838–855.
Becker, Lawrence C. (1996): ‚Trust as Noncognitive Security About Motives'. In: *Ethics* 107, S. 43–61.
Benson, Paul (1994): ‚Free Agency and Self-Worth' In: *The Journal of Philosophy* 91, S. 650–668.

Betzler, Monika (2012): ‚Persönliche Projekte als diachrone Orientierungsprinzipien'.
In: Dieter Sturma (Hrsg.): *Vernunft und Freiheit. Zur praktischen Philosophie von Julian Nida-Rümelin*. Berlin, Boston: De Gruyter, S. 39–70.

Betzler, Monika (2013): ‚The Normative Significance of Personal Projects', in: Michael Kühler/Nadja Jelinek (Hrsg.): *Autonomy and the Self*. Dordrecht: Springer, S. 101–126.

Betzler, Monika (2014): ‚Personal Projects and Reasons for Partiality'. In: *Social Theory and Practice* 40, S. 683–692.

Betzler, Monika (2019): ‚The Relational Value of Empathy'. In: *International Journal for Philosophical Studies* 27, S. 136–161.

Betzler, Monika (im Ersch.): ‚Inverse Akrasia: A Case for Reasoning about One's Emotions'.
In: Carla Bagnoli: *Time in Action: The Temporal Structure of Rational Agency and Practical Thought*. London: Routledge.

Biss, Mavis (2011): ‚Aristotle on Friendship and Self-Knowledge: The Friend Beyond the Mirror'.
In: *History of Philosophy Quarterly* 28, S. 125–140.

Blum, Lawrence A. (1994): *Moral perception and particularity*. Cambridge: Cambridge University Press.

Bratman, Michael E. (1987): *Intention, Plans, and Practical Reason*. Cambridge, Mass.: Harvard University Press.

Bratman, Michael E. (2000): ‚Reflection, Planning, and Temporally Extended Agency'.
In: *Philosophical Review* 109, S. 35–61.

Bratman, Michael E. (2004): ‚Three Theories of Self-Governance'. In: *Philosophical Topics* 32, S. 21–46.

Brun, Georg (2017): ‚Conceptual re-engineering: from explication to reflective equilibrium'.
In: *Synthese* 197, S. 925–954.

Bubeck, Diemut (1995): *Care, Gender, and Justice*. Oxford: Clarendon Press.

Buchak, Lara (2017): ‚Faith and steadfastness in the face of counter-evidence'. In: *International Journal for Philosophy of Religion* 81, S. 113–133.

Budnik, Christian (2012): ‚Eigene Gründe und die Perspektive der ersten Person'. In: Julian Nida-Rümelin/Elif Özmen (Hrsg.): *Welt der Gründe*. Hamburg: Meiner, S. 951–967.

Budnik, Christian (2013): *Das eigene Leben verstehen. Zur Relevanz des Standpunkts der ersten Person für Theorien personaler Identität*. Berlin, Boston: De Gruyter.

Budnik, Christian (2015): ‚Moral Sentimentalism, Empathy, and Trust'. In: Neil Roughley/Thomas Schramme (Hrsg.): *On Moral Sentimentalism*. Newcastle upon Tyne: Cambridge Scholars Publishing, S. 104–114.

Budnik, Christian (2016): ‚Gründe für Vertrauen, Vertrauenswürdigkeit und Kompetenz'.
In: *Deutsche Zeitschrift für Philosophie* 64, S. 103–118.

Budnik, Christian (2018): ‚Trust, Reliance, and Democracy'. In: *International Journal of Philosophical Studies* 26, S. 221–231.

Budnik, Christian (2021): ‚Vertrauen als politische Kategorie in Zeiten von Corona'. In: Geert Keil/Romy Jaster (Hrsg.): Nachdenken über Corona. Philosophische Essays über die Pandemie und ihre Folgen. Ditzingen: Reclam, S. 19–31.

Burge, Tyler (1993): ‚Content Preservation'. In: *Philosophical Review* 102, S. 457–488.

Burge, Tyler (1996), ‚Our Entitlement to Self-Knowledge'. In: *Proceedings of the Aristotelian Society, New Series* 96, S. 91–116.

Burke, Edmund (1996): *Writings and Speeches of Edmund Burke. Volume III: Party, Parliament, and the American War. 1774–1780*. Hrsg. von W. M. Elofson/John A. Woods. Oxford: Clarendon Press.

Buss, Sarah (2003): ‚Review of Richard Moran's Authority and Estrangement'. In: *Ethics* 113, S. 898–902.
Buss, Sarah (2005): ‚Valuing Autonomy and Respecting Persons: Manipulation, Seduction, and the Basis of Moral Constraints'. In: *Ethics* 115, S. 195–235.
Carl, Wolfgang (2014): *The First-Person Point of View*. Berlin, Boston: De Gruyter.
Cassam, Quassim (Hrsg.) (1994): *Self-Knowledge*. Oxford: Oxford University Press.
Calhoun, Cheshire (1995): ‚Standing For Something'. In: *The Journal of Philosophy* 92, S. 235–260.
Christman, John (1991): ‚Autonomy and Personal History'. In: *Canadian Journal of Philosophy* 21: 1–24.
Christman, John (2004): ‚Relational Autonomy, Liberal Individualism, and the Social Constitution of Selves'. In: *Philosophical Studies* 117, S. 143–164.
Coady, C. A. J. (1992): *Testimony: A Philosophical Study*. Oxford: Oxford University Press.
Cocking, Dean/Kennett, Jeanette (1998): ‚Friendship and the Self'. In: *Ethics* 108, S. 502–527.
Dancy, Jonathan (1995): ‚Why There Is Really No Such Thing as the Theory of Motivation'. In: *Proceedings of the Aristotelian Society* 95, S. 1–18.
Dancy, Jonathan (2000): *Practical Reality*. Oxford: Oxford University Press.
Darwall, Stephen (2006): *The Second-Person Standpoint. Morality, Respect, and Accountability*. Cambridge, Mass., London: Harvard University Press.
Darwall, Stephen (2017): ‚Trust as a Second-Personal Attitude (of the Heart)'. In: Paul Faulkner/Thomas Simpson (Hrsg.): *The Philosophy of Trust*. Oxford: Oxford University Press, S. 35–50.
Dasgupta, Partha (1988): ‚Trust as a Commodity', in: Diego Gambetta (Hrsg.): *Trust: Making and Breaking Cooperative Relations*. Oxford: Basil Blackwell, S. 49–72.
Davidson, Donald (1963): ‚Actions, Reasons, and Causes'. In: *The Journal of Philosophy* 60, S. 685–700.
de Sousa, Ronald (1987): *The Rationality of Emotion*. Cambridge, Mass.: MIT Press.
Deonna, Julien (2007): ‚The Structure of Empathy'. In: *Journal of Moral Philosophy* 4, S. 99–116.
DePaul, Michael R. (1987): ‚Two Conceptions of Coherence Methods in Ethics'. In: *Mind* 96: 463–481.
Domenicucci, Jacopo/Holton, Richard (2017): ‚Trust as a Two-Place Relation'. In: Paul Faulkner/ Thomas Simpson (Hrsg.): *The Philosophy of Trust*. Oxford: Oxford University Press, S. 149–160.
Driver, Julia (2006): ‚Autonomy and the Asymmetry Problem for Moral Expertise'. In: *Philosophical Studies* 128, S. 619–644.
Erikson, Erik H. (1950): *Childhood and Society*. New York, London: Norton and Company, 1993. [Erstveröffentlichung 1950.]
Evans, Gareth (1982): *The Varieties of Reference*. Hrsg. von John McDowell. Oxford: Oxford University Press.
Faulkner, Paul (2007): ‚On Telling and Trusting'. In: *Mind* 116, S. 875–902.
Faulkner, Paul (2011): *Knowledge on Trust*. Oxford: Oxford University Press.
Faulkner, Paul (2014): ‚A Virtue Theory of Testimony'. In: *Proceedings of the Aristotelian Society* 114, S. 189–211.
Faulkner, Paul (2015): ‚The Attitude of Trust is Basic'. In: *Analysis* 75, S. 424–429.
Fleig, Anne (2008): ‚Das Gefühl des Vertrauens in Kleists Dramen *Die Familie Schroffenstein, Der zerbrochene Krug* und *Amphitryon*'. In: *Kleist-Jahrbuch 2008/09*, S. 138–150.

Foley, Richard (2001): *Intellectual Trust in Oneself and Others*. Cambridge: Cambridge University Press.
Foot, Philippa (1978): ‚Virtues and Vices', In: Philippa Foot: *Virtues and Vices and Other Essays in Moral Philosophy*. Berkeley: University of California Press, S. 1–18.
Frankfurt, Harry G. (1971): ‚Freedom of the Will and the Concept of a Person'. In: *The Journal of Philosophy* 68, S. 5–20.
Frankfurt, Harry G. (1982): ‚The Importance Of What We Care About'. In: *Synthese* 53, S. 257–272.
Frankfurt, Harry G. (1992): ‚The Faintest Passion'. In: *Proceedings and Addresses of the American Philosophical Association* 66, S. 5–16.
Frankfurt, Harry G. (2004): *The Reasons of Love*. Princeton, New Jersey, Oxford: Princeton University Press.
Frevert, Ute (2013): *Vertrauensfragen. Eine Obsession der Moderne*. München: C.H. Beck.
Fricker, Elisabeth (1995): ‚Telling and Trusting: Reductionism and Anti-Reductionism in the Epistemology of Testimony'. In: *Mind* 104, S. 393–411.
Fricker, Elisabeth (2006): ‚Testimony and Epistemic Autonomy', in: Jennifer Lackey/Ernest Sosa (Hrsg.): *The Epistemology of Testimony*. Oxford: Oxford University Press, S. 225–250.
Fricker, Miranda (2007): *Epistemic Injustice. Power and the Ethics of Knowing*. Oxford: Oxford University Press.
Friedman, Marilyn (1989): ‚Friendship and Moral Growth'. In: *The Journal of Value Inquiry* 23, S. 3–13.
Friedman, Marilyn (2003): *Autonomy, Gender, Politics*. Oxford: Oxford University Press.
Friedrich, Daniel/Southwood, Nicholas (2011): ‚Promises and Trust'. In: Hanoch Sheinman (Hrsg.): *Promises and Agreements. Philosophical Essays*. Oxford: Oxford University Press: 277–294.
Fukuyama, Francis (1996): *Trust. The Social Virtues and the Creation of Prosperity*. New York: Free Press.
Gambetta, Diego (1988): ‚Can We Trust Trust?'. In: Diego Gambetta (Hrsg.): *Trust: Making and Breaking Cooperative Relations*. Oxford: Basil Blackwell, S. 213–238.
Govier, Trudy (1993): ‚Self-Trust, Autonomy, and Self-Esteem'. In: *Hypatia* 8, S. 99–120.
Hardin, Russell (1999): ‚Do we want trust in government?' In: Warren 1999a, S. 22–41.
Hardin, Russell (2002): *Trust and Trustworthiness*. New York: Russell Sage Foundation.
Hardwig, John (1991): ‚The Role of Trust in Knowledge'. In: *The Journal of Philosophy* 88, S. 693–708.
Hartmann, Martin (2011): *Die Praxis des Vertrauens*. Berlin: Suhrkamp.
Hawley, Katherine (2012): ‚Trust, Distrust and Commitment'. In: *Noûs* 00:0, S. 1–20.
Held, Virginia (2006): *The Ethics of Care. Personal, Political, and Global*. Oxford: Oxford University Press.
Helm, Bennett (2001): *Emotional Reason. Deliberation, Motivation, and the Nature of Value*. Cambridge: Cambridge University Press.
Henning, Tim (2009): *Person sein und Geschichten erzählen. Eine Studie über personale Autonomie und narrative Gründe*. Berlin, Boston: De Gruyter.
Herrmann, Martina (2017): ‚Zum Wert von Vertrauen', in: Christian Kanzian/Sebastian Kletzl/Josef Mitterer/Katharina Neges (Hrsg.): *Realism-Relativism-Constructivism, Proceedings of the 38th Wittgenstein Symposion in Kirchberg*. Berlin, Boston: De Gruyter, S. 339–353.
Hieronymi, Pamela (2008): ‚The Reasons of Trust'. In: *Australasian Journal of Philosophy* 86, S. 213–236.

Hills, Alison (2009): ‚Moral Testimony and Moral Epistemology'. In: *Ethics* 120, S. 94–127.
Hinchman, Edward S. (2003): ‚Trust and Diachronic Agency'. In: *Noûs* 37, S. 25–51.
Hoffmann, Martin L. (2000): *Empathy and Moral Development. Implication for Caring and Justice.* Cambridge: Cambridge University Press.
Holton, Richard (1994): ‚Deciding to trust, coming to believe'. In: *Australasian Journal of Philosophy* 72, S. 63–76.
Hosking, Geoffrey (2014): *Trust. A History.* Oxford: Oxford University Press.
Hume, David (1960): *A Treatise of Human Nature.* Hrsg. von Lewis A. Selby-Bigge. Oxford: Clarendon Press.
Hurka, Thomas (1993): *Perfectionism.* Oxford: Oxford University Press.
Hursthouse, Rosalind (1996): ‚Normative Virtue Ethics'. In: Roger Crisp (Hrsg.): *How Should One Live? Essays on the Virtues.* Oxford: Oxford University Press, S. 19–36.
Hursthouse, Rosalind (2006): ‚The Central Doctrine of the Mean'. In: Richard Kraut (Hrsg.): *The Blackwell Guide to Aristotle's Nicomachean Ethics.* Malden, Mass., Oxford: Blackwell, S. 96–115.
Jones, Karen (1996): ‚Trust as an Affective Attitude'. In: *Ethics* 107, S. 4–25.
Jones, Karen (1999): ‚Second-Hand Moral Knowledge'. In: *The Journal of Philosophy* 96, S. 55–78.
Jones, Karen (2010): ‚Counting On One Another', in: Arne Grøn/Claudia Welz (Hrsg.): *Trust, Sociality, Selfhood.* Tübingen: Mohr Siebeck, S. 67–82.
Jones, Karen (2012a): ‚Trustworthiness'. In: *Ethics* 123, S. 61–85.
Jones, Karen (2012b): ‚The Politics of Intellectual Self-Trust'. In: *Social Epistemology* 26, S. 237–251.
Keller, Simon (2013): *Partiality.* Princeton, New Jersey, Oxford: Princeton University Press.
Kolodny, Niko (2003): ‚Love as Valuing a Relationship'. In: *The Philosophical Review* 112, S. 135–189.
Korsgaard, Christine M. (1989): ‚Personal Identity and the Unity of Agency: A Kantian Response to Parfit'. In: *Philosophy and Public Affairs* 18, S. 102–132.
Kraut, Richard (1986): ‚Love De Re'. In: *Midwest Studies in Philosophy* 10, S. 413–430.
Kraut, Richard (2007): *What Is Good And Why. The Ethics of Well-Being.* Cambridge, Mass., Oxford: Harvard University Press.
Kittay, Eva F. (1999): *Love's Labor. Essays on Women, Equality, and Dependency.* New York: Routledge.
Kleist, Heinrich von (1993): *Sämtliche Werke und Briefe.* Hrsg. von Helmut Sembdner. München: Hanser Verlag.
Kupperman, Joel J. (2005): ‚The Epistemology of Non-Instrumental Value'. In: *Philosophy and Phenomenological Research* 70, S. 659–680.
Kymlicka, Will/Banting, Keith (2006): ‚Immigration, Multiculturalism, and the Welfare State'. In: *Ethics and International Affairs* 20, S. 281–304.
Lahno, Bernd (2002): *Der Begriff des Vertrauens.* Padeborn: Mentis.
Lehrer, Keith (1997): *Self-Trust. A Study of Reason, Knowledge, and Autonomy.* Oxford: Oxford University Press.
Lenard, Patti T. (2012): *Trust, Democracy, and Multicultural Challenges.* University Park, Pennsylvania: The Pennsylvania State University Press.
Luhmann, Niklas (1973): *Vertrauen. Ein Mechanismus der Reduktion sozialer Komplexität.* Stuttgart: Ferdinand Enke Verlag.

MacIntyre, Alsadair (1981): *After Virtue. A Study in Moral Theory*. Notre Dame, Indiana: Notre Dame Press.
MacLachlan, Alice (2015): ‚„Trust Me, I'm Sorry": The Paradox of Public Apology'. In: *The Monist* 98, S. 441–456.
Mansbridge, Jane (1999): ‚Altruistic Trust'. In: Warren 1999a, S. 290–309.
McLeod, Carolyn (2002): *Self-Trust and Reproductive Autonomy*. Cambridge, Mass: MIT Press.
McLeod, Carolyn (2020): ‚Trust', in: E. N. Zalta, (Hrsg.): *The Stanford Encyclopedia of Philosophy* (Fall 2020 Edition). https://plato.stanford.edu/archives/fall2020/entries/trust/, besucht am 19.4.2021.
McMyler, Benjamin (2011): *Testimony, Trust, and Authority*. Oxford: Oxford University Press.
Miller, David (1995): *On Nationality*. Oxford: Clarendon Press.
Moran, Richard (2001): *Authority and Estrangement. An Essay on Self-Knowledge*. Princeton, Oxford: Princeton University Press.
Moran, Richard (2005): ‚Getting Told and Being Believed'. In: *Philosopher's Imprint*, S. 1–29.
Muraven, Mark/Baumeister, Roy F./Tice, Dianne M. (1999): ‚Longitudinal Improvement of Self-Regulation Through Practice: Building Self-Control Strength Through Repeated Exercise'. In: *The Journal of Social Psychology* 139, S. 446–457.
Muraven, Mark/Baumeister, Roy F. (2000): ‚Self-regulation and depletion of limited resources: does self-control resemble a muscle?'. In: *Psychological Bulletin* 126, S. 247–259.
Nehamas, Alexander (2010): ‚The Good of Friendship'. In: *Proceedings of the Aristotelian Society, New Series* 110, S. 267–294.
Niker, Fay/Specker Sullivan, Laura (2018): ‚Trusting Relationships and the Ethics of Interpersonal Action'. In: *International Journal of Philosophical Studies* 26, S. 173–186.
Nida-Rümelin, Julian (2001): *Strukturelle Rationalität. Ein philosophischer Essay über praktische Vernunft*. Stuttgart: Reclam.
Nida-Rümelin, Julian (2006): *Demokratie und Wahrheit*. München: C.H. Beck.
Nida-Rümelin, Julian (2011): *Die Optimierungsfalle. Philosophie einer humanen Ökonomie*. München: Irisiana.
Nida-Rümelin, Julian (2016): *Humanistische Reflexionen*. Berlin: Suhrkamp.
Noddings, Nel (1984): *Caring. A Relational Approach to Ethics and Moral Education*. Berkeley: University of California Press.
Nowoitnick, Jule (2012): ‚Denn Deinem Engel Kannst Du Dich Sichrer Nicht Vertraun, Als Mir'. In: *Kleist-Jahrbuch 2012*, S. 348–355.
Nussbaum, Martha (1988): ‚Non-Relative Virtues: An Aristotelian Approach'. In: *Midwest Studies in Philosophy* 13, S. 32–50.
Offe, Claus (1999): ‚How can we trust our fellow citizens?'. In: Warren 1999a, S. 42–87.
O'Neill, Onora (2002a): *Autonomy and Trust in Bioethics. The Gifford Lectures*. Cambridge: Cambridge University Press.
O'Neill, Onora (2002b): *A Question of Trust*. Cambridge: Cambridge University Press.
O'Neill, Onora (2004): ‚Accountability, Trust and Informed Consent in Medical Practice and Research'. In: *Clinical Medicine* 4.3, S. 269–276.
O'Neill, Onora (2005): ‚Accountability, Trust and Professional Practice'. In: Nicholas Ray (Hrsg.): *Architecture and Its Ethical Dilemmas*. London, New York: Routledge, S. 77–88.
O'Neill, Onora (2014): ‚Trust, Trustworthiness and Accountability'. In: Nicholas Morris/David Vines (Hrsg.): *Market Failure: Restoring Trust in Financial Services*. Oxford: Oxford University Press, S. 172–189.

O'Neill, Onora (2017): ‚Intelligent Trust in a Digital World'. In: *New Perspectives Quarterly* 34, S. 27–31.
O'Neill, Onora (2018): ‚Linking Trust to Trustworthiness',. In: *International Journal of Philosophical Studies* 26, S. 293–300.
Oreskes, Naomi (2019): *Why Trust in Science?* Princeton, Oxford: Princeton University Press.
Oshana, Marina (1998): ‚Personal Autonomy and Society'. In: *Journal of Social Philosophy* 29, S. 81–102.
Oshana, Marina (2014): ‚Trust and Autonomous Agency'. In: *Res Philosophica* 91, S. 431–447.
Pakaluk, Michael (2009): ‚Friendship'. In: Georgios Anagnostopoulos (Hrsg.): *A Companion to Aristotle*. Malden, Mass., Oxford: Blackwell, S. 471–482.
Paulus, Markus (2014): ‚The Emergence of Prosocial Behavior: Why Do Infants and Toddlers Help, Comfort, and Share?'. In: *Child Development Perspectives* 8, S. 77–81.
Paulus, Markus (2018): ‚The multidimensional nature of early prosocial behavior: a motivational perspective'. In: *Current Opinion in Psychology* 20, S. 111–116.
Paulus, Markus/Wörle, Monika/Christner, Nathalie (2020): ‚The emergence of human altruism: Preschool children develop a norm for empathy-based comforting'. In: *Journal of Cognition and Development* 21, S. 104–124.
Pellegrino, Edmund D. (1991): ‚Trust and Distrust in Professional Ethics'. In: Edmund D. Pellegrino/Robert M. Veatch/John P. Langan (Hrsg.): *Ethics, Trust, and the Professions*. Washington, D.C.: Georgetown University Press, S. 69–85.
Pettit, Philip (1997): *Republicanism. A Theory of Freedom and Government*. Oxford: Oxford University Press.
Pew Research Centre (2015): ‚Beyond Distrust: How Americans View Their Government'. https://www.pewresearch.org/politics/2015/11/23/beyond-distrust-how-americans-view-their-government/, besucht am 22.4.2021.
Platz, Monika (im Ersch.): ‚Trust Between Teacher and Student in Academic Education at School'. In: *Journal of Philosophy of Education*. 2021, S. 1–10.
Putnam, Robert (1993): *Making Democracy Work: Civic Traditions in Modern Italy*. Princeton, New Jersey: Princeton University Press.
Putnam, Robert (2000): *Bowling Alone. The Collapse and Revival of American Community*. New York: Simon & Schuster.
Rapp, Christof (2006): ‚What use is Aristotle's doctrine of the mean?'. In: Burkhard Reis/Stella Haffmans (Hrsg.): *The Virtuous Life in Greek Ethics*. Cambridge: Cambridge University Press, S. 99–126.
Renz, Ursula (2016): ‚Vernunft oder Wahnsinn? Über Vertrauen als eine Bedingung der Möglichkeit, sich seines eigenen Verstandes zu bedienen'. In: *Deutsche Zeitschrift für Philosophie* 64, S. 73–88.
Rössler, Beate (2017): *Autonomie. Ein Versuch über das gelungene Leben*. Berlin: Suhrkamp.
Ruddick, Sara (1998): ‚Care as Labor and Relationship', in: Joram G. Haber/Mark S. Halfon (Hrsg.): *Norms and Values: Essays on the Work of Virginia Held*. Lanham, Maryland: Rowman and Littlefield, S. 3–25.
Sandel, Michael (1982): *Liberalism and the Limits of Justice*. Cambridge: Cambridge University Press.
Scanlon, T.M. (1998): *What We Owe To Each Other*. Cambridge, Mass., London: Harvard University Press.
Schechtman, Marya (1996): *The Constitution of Selves*. Ithaca, New York: Cornell University Press.

Scheffler, Samuel (1997): ‚Relationships and Responsibilities', In: *Philosophy and Public Affairs* 26, S. 189–209.
Schmid, Hans Bernhard (2013): ‚Trying to Act Together', in: Michael Schmitz/Beatrice Kobow/Hans Bernhard Schmid (Hrsg.): *The Background of Social Reality*. Dordrecht: Springer, S. 37–56.
Schmid, Hans Bernhard (2016): ‚Ist Vertrauenswürdigkeit das formale Objekt des Vertrauens?'. In: *Deutsche Zeitschrift für Philosophie* 64, S. 89–102.
Scruton, Roger (1986): *Sexual Desire. A Philosophical Investigation*. London: Weidenfeld & Nicolson.
Searle, John R. (1983): *Intentionality: An Essay in the Philosophy of Mind*. Cambridge, New York: Cambridge University Press.
Searle, John R. (2001): *Rationality in Action*. Cambridge, Mass.: MIT Press.
Shoemaker, David (2007): ‚Personal Identity and Practical Concerns'. In: *Mind* 116, S. 317–357.
Shoemaker, Sydney (2003), ‚Moran on Self-Knowledge'. In: *European Journal of Philosophy* 11, S. 391–401.
Slote, Michael (2007): *The Ethics of Care and Empathy*. London: Routledge.
Slote, Michael (2010): *Moral Sentimentalism*. Oxford: Oxford University Press.
Sokol, Bryan W./Hammond, Stuart I./Kuebli, Janet/Sweetman, Leah (2015): ‚The Development of Agency'. In: Marc H. Bornstein/Tama Leventhal (Hrsg.): *Handbook of Child Psychology and Developmental Science*. Hoboken, New Jersey: Wiley, S. 284–322.
Solomon, Robert C. (1991): ‚The Virtue of (Erotic) Love'. In: Robert C. Solomon/Kathleen Marie Higgins (Hrsg.): *The Philosophy of (Erotic) Love*. Lawrence, Kansas: University Press of Kansas, S. 492–518.
Steinberg, Justin (2014): ‚An Epistemic Case For Empathy'. In: *Pacific Philosophical Quarterly* 95, S. 47–71.
Stern-Gillet, Suzanne (1995): *Aristotle's Philosophy of Friendship*. Albany, New York: State University of New York Press.
Stocker, Michael (1976): ‚The Schizophrenia of Modern Ethical Theories'. In: *The Journal of Philosophy* 73, S. 453–466.
Strawson, Peter (1962): ‚Freedom and Resentment'. In: Peter Strawson: *Freedom and Resentment. And other Essays*. New York, London: Routledge, 1974, S. 1–28. [Erstveröffentlichung 1962.]
Striker, Gisela (2006): ‚Aristotle's ethics as political science'. In: Burkhard Reis/Stella Haffmans (Hrsg.): *The Virtuous Life in Greek Ethics*. Cambridge: Cambridge University Press, S. 127–141.
Stroud, Sarah (2010): ‚Is Procrastination Weakness of Will?'. In: Chrisoula Andreou/Mark D. White (Hrsg.): *The Thief of Time. Philosophical Essays on Procrastination*. Oxford: Oxford University Press, S. 51–66.
Swanton, Christine (2001): ‚A Virtue Ethical Account of Right Action'. In: *Ethics* 112, S. 32–52.
Thomas, Laurence (1987): ‚Friendship'. In: *Synthese* 72, S. 217–236.
Tooley, Michael (2011): ‚Are Nonhuman Animals Persons?'. In: Tom L. Beauchamp/R. G. Frey (Hrsg.): The Oxford Handbook of Animal Ethics. Oxford: Oxford University Press, S. 332–370.
Tyson, Alec (2017): ‚American Opinion Currents in the Trump Era'. https://dc.fes.de/news-list/e/american-opinion-currents-in-the-trump-era, besucht am 21.4.2021.
Uslaner, Eric (1998): ‚Social capital, television, and the ‚mean world': Trust, optimism and civic participation'. In: *Political Psychology* 19, S. 441–468.

Uslaner, Eric (1999): ‚Democracy and Social Capital'. In: Warren 1999a, S. 121–150.
Velleman, J. David (1989): *Practical Reflection*. Princeton: Princeton University Press.
Velleman, J. David (2000): *The Possibility of Practical Reason*. Oxford: Oxford University Press.
Veltman, Andrea (2014): ‚Aristotle and Kant on Self-Disclosure in Friendship'. In: Suzanne Stern-Gillet/Gary M. Gurtler (Hrsg.): *Ancient and Medieval Concepts of Friendship*. Albany, New York: State University of New York Press, S. 271–288.
Wallace, R. Jay (2019): *The Moral Nexus*. Princeton, Oxford: Princeton University Press.
Warren, Mark E. (Hrsg.) (1999a): *Democracy and Trust*. Cambridge, New York: Cambridge University Press.
Warren, Mark E. (1999b): ‚Democratic Theory and Trust'. In: Warren 1999a, S. 310–345.
Watson, Gary (1975): ‚Free Agency'. In: *The Journal of Philosophy* 72, S. 205–220.
Weirauch, Sebastian (2012): ‚Misstrauen ums Ganze – Die Politische Ästhetik in Heinrich von Kleists „Die Verlobung in St. Domingo"'. In: *Euphorion* 106, S. 185–206.
Westlund, Andrea C. (2009): ‚Rethinking Relational Autonomy'. In: *Hypatia* 24, S. 26–49.
Wielenberg, Erik J. (2006): ‚Saving Character'. In: *Ethical Theory and Moral Practice* 9, S. 461–491.
Williams, Bernard (1976): ‚Persons, Character, and Morality', in: Amélie O. Rorty (Hrsg.): *The Identities of Persons*. Berkeley: University of California Press, S. 197–216.
Williams, Bernard (1988): ‚Formal Structures and Social Reality'. In: Diego Gambetta (Hrsg.): *Trust: Making and Breaking Cooperative Relations*. Oxford: Basil Blackwell, S. 3–13.
Williams, Bernard (2002): *Truth and Truthfulness. An Essay in Genealogy*. Princeton: Princeton University Press.
Wolf, Susan (2007): ‚Moral Psychology and the Unity of the Virtues'. In: *Ratio* 20, S. 145–167.
Wood, Allen W. (2014): ‚Coercion, Manipulation, Exploitation'. In: Christian Coons/Michael Weber (Hrsg.): *Manipulation: Theory and Practice*. Oxford: Oxford University Press, S. 17–50.
Wright, Crispin/Smith, Barry C./Macdonald, Cynthia (Hrsg.) (1998): *Knowing Our Own Minds*. Oxford: Oxford University Press.
Zagzebski, Linda (2012): *A Theory of Trust, Authority, and Autonomy in Belief*. Oxford: Oxford University Press.
Zimmerman, R./Warheit, G./Ulbrich, P./Auth, J. (1990): ‚The relationship between alcohol use and attempts and success at smoking cessation'. In: *Addictive Behaviors* 15, S. 197–207.

Personenregister

Alonso, Facundo M. 55
Anderson, Joel 271
Annas, Julia 251, 252, 256
Aristoteles 24, 231, 232, 233, 234, 235, 249, 250, 251, 253
Arpaly, Nomy 142
Atkins, Kim 212
Audi, Robert 222

Baier, Annette 25, 38, 42, 49, 54, 55, 56, 57, 58, 59, 60, 61, 62, 63, 66, 68, 70, 74, 91, 95, 223, 269
Baker, Judith 65
Banting, Keith 318
Barber, Bernard 25
Baron, Marcia 123, 130, 180
Baumann, Holger 78, 200, 263, 266
Baumann, Peter 308
Baumeister, Roy F. 155, 156
Baumgold, Deborah 25, 293
Becker, Lawrence C. 66, 67
Benson, Paul 111, 266, 270, 271
Betzler, Monika 58, 142, 159, 179, 238
Biss, Mavis 234
Blum, Lawrence A. 244, 247
Bratman, Michael E. 137, 170, 262, 263
Brun, Georg 30
Bubeck, Diemut 244, 246
Buchak, Lara 41
Budnik, Christian 95, 113, 114, 163, 164, 165, 188, 242, 263, 294, 296, 304
Burge, Tyler 71, 114
Burke, Edmund 296
Buss, Sarah 114, 123

Carl, Wolfgang 169
Cassam, Quassim 114
Calhoun, Cheshire 200
Christman, John 264, 266
Christner, Nathalie 209
Coady, C. A. J. 71, 287
Cocking, Dean 228

Dancy, Jonathan 188
Darwall, Stephen 105, 106, 325
Dasgupta, Partha 80
Davidson, Donald 45
de Sousa, Ronald 67
Deonna, Julien 254
DePaul, Michael R. 30
Domenicucci, Jacopo 97, 100
Driver, Julia 273

Erikson, Erik H. 25
Evans, Gareth 115

Faulkner, Paul 69, 71, 72, 73, 74, 75, 76, 97, 223, 249, 287
Fleig, Anne 22
Foley, Richard 111, 148
Foot, Philippa 250, 254, 255
Frankfurt, Harry G. 77, 223, 224, 243, 262, 263
Frevert, Ute 22
Fricker, Elisabeth 273, 287
Fricker, Miranda 249
Friedman, Marilyn 228, 266
Friedrich, Daniel 201
Fukuyama, Francis 25, 294, 315, 316, 317, 319

Gambetta, Diego 46, 47, 48, 49, 50, 51, 52, 53, 62
Govier, Trudy 111, 148

Hammond, Stuart I. 153
Hardin, Russell 53, 54, 55, 57, 62, 80, 95, 179, 297, 298, 299
Hardwig, John 31, 287
Hartmann, Martin 83
Hawley, Katherine 76, 206, 223
Held, Virginia 244, 246, 247
Helm, Bennett 58, 169
Henning, Tim 212
Herrmann, Martina 288

Hieronymi, Pamela 62
Hills, Alison 273
Hinchman, Edward S. 136
Hobbes Thomas 24, 293
Hoffmann, Martin L. 236, 239
Holton, Richard 68, 69, 70, 71, 73, 74, 78, 97, 100, 178, 198, 274, 276
Honneth, Axel 271
Hosking, Geoffrey 28
Hume, David 25, 185, 186, 188, 262
Hurka, Thomas 186
Hursthouse, Rosalind 253, 255, 257

Jones, Karen 41, 50, 62, 63, 64, 66, 67, 68, 69, 78, 83, 91, 95, 97, 111, 148, 223, 258, 259, 260, 261, 275, 284

Keller, Simon 106
Kennett, Jeanette 228
Kolodny, Niko 101, 103
Korsgaard, Christine M. 199
Kraut, Richard 101, 186
Kittay, Eva F. 246
Kleist, Heinrich von 2, 3, 4, 5, 6, 7, 8, 9, 10, 11, 12, 13, 14, 15, 16, 19, 21, 22, 39, 79, 163, 330
Kuebli, Janet 153
Kupperman, Joel J. 33
Kymlicka, Will 318

Lahno, Bernd 67
Lehrer, Keith 111
Lenard, Patti T. 292, 296, 304, 309, 312, 319, 323
Luhmann, Niklas 25

Mackenzie, Catriona 212
Macdonald, Cynthia 114
MacIntyre, Alsadair 248
MacLachlan, Alice 306
Mansbridge, Jane 286
McLeod, Carolyn 66, 67, 85, 95, 277
McMyler, Benjamin 62, 105
Miller, David 308, 309, 310, 312, 319
Moran, Richard 71, 114, 115, 133
Muraven, Mark 155, 156

Nehamas, Alexander 228
Niker, Fay 99
Nida-Rümelin, Julian 170, 281, 319, 326
Noddings, Nel 246
Nowoitnick, Jule 22
Nussbaum, Martha 186, 248

Offe, Claus 292, 294, 307, 309, 312, 317
O'Neill, Onora 50, 51, 52, 62, 265, 318
Oreskes, Naomi 31
Oshana, Marina 266

Pakaluk, Michael 232, 234
Paulus, Markus 209
Pellegrino, Edmund D. 229
Pettit, Philip 302, 303, 304
Platz, Monika 229
Putnam, Robert 25, 28

Rapp, Christof 253
Renz, Ursula 271, 280
Rössler, Beate 200, 265
Ruddick, Sara 244

Sandel, Michael 49
Scanlon, T.M. 106, 186, 203, 288
Schechtman, Marya 164
Scheffler, Samuel 101
Schmid, Hans Bernhard 203, 279
Scruton, Roger 266
Searle, John R. 132
Shoemaker, David 78
Shoemaker, Sydney 114
Skinner, Quentin 302
Slote, Michael 236, 242, 244
Smith, Barry C. 114
Sokol, Bryan W. 153
Solomon, Robert C. 266
Southwood, Nicholas 201
Specker Sullivan, Laura 99
Steinberg, Justin 237, 238
Stern-Gillet, Suzanne 233
Stocker, Michael 254
Strawson, Peter 71, 178
Striker, Gisela 251
Stroud, Sarah 156

Swanton, Christine 250
Sweetman, Leah 153

Thomas, Laurence 228
Tooley, Michael 38
Tyson, Alec 26

Uslaner, Eric 28

Velleman, J. David 45, 117, 132, 133, 175
Veltman, Andrea 24

Wallace, R. Jay 325
Warren, Mark E. 292, 316, 327

Watson, Gary 262, 263
Weirauch, Sebastian 22
Westlund, Andrea C. 263, 266
Wielenberg, Erik J. 249
Williams, Bernard 80, 255, 285
Wolf, Susan 256
Wood, Allen W. 122, 178, 180
Wright, Crispin 114

Zagzebski, Linda 111
Zenge, Wilhelmine von 1, 2, 3, 4, 5, 6, 7, 8, 9, 10, 11, 12, 13, 14, 15, 21, 22

Sachregister

Abhängigkeit, abhängig 13, 38, 39, 42, 213, 270
Absicht, absichtlich, beabsichtigen 12, 103, 107, 118, 119, 120, 121, 123, 124, 125, 126, 127, 131, 132, 134, 135, 136, 137, 138, 139, 140, 141, 142, 143, 144, 145, 146, 147, 148, 149, 150, 152, 153, 154, 155, 156, 159, 160, 169, 170, 171, 172, 173, 174, 175, 176, 178, 179, 180, 181, 182, 183, 184, 189, 190, 191, 192, 193, 194, 197, 198, 199, 201, 208, 210, 250, 251, 254, 264, 267, 268, 269, 270, 280, 282, 303, 324, 325
Akteur 19, 30, 35, 76, 80, 105, 112, 116, 117, 118, 120, 121,122, 123, 125, 126, 127, 128, 129, 130, 131, 132, 133, 134, 135, 136, 137, 138, 139, 140, 141, 142, 143, 144, 145, 146, 147, 148, 149, 150, 151, 152, 153, 154, 155, 156, 157, 158, 159, 160, 162, 164, 167, 168, 170, 171, 174, 175, 176, 177, 178, 179, 180, 181, 188, 198, 199, 200, 202, 206, 208, 210, 211, 212, 215, 226, 249, 250, 252, 262, 263, 264, 267, 268, 269, 270, 271, 273, 274, 275, 280, 281, 286, 292, 323, 329, 330
Anzeichen s. Evidenz
Autonomie 20, 31, 34, 35, 37, 38, 39, 204, 207, 227, 261, 262, 263, 264, 265, 266, 268, 270, 271, 272, 273, 274, 278, 286, 300

Begründung 12, 13, 69, 99, 121, 325, 326
betrogen fühlen 16, 17, 57, 58, 61, 65, 71, 98, 151, 152, 231, 277, 298, 301, 305
Bürger 13, 20, 25, 26, 52, 55, 56, 74, 106, 108, 135, 287, 293, 294, 295, 296, 297, 298, 299, 300, 301, 302, 303, 304, 306, 307, 308, 309, 310, 311, 312, 313, 314, 315, 316, 317, 318, 319, 320, 321, 322, 323, 324, 326, 327, 328, 331

Demokratie, demokratisch 18, 20, 287, 291, 293, 294, 296, 297, 299, 301, 302, 306, 308, 309, 315, 316, 317, 318, 319, 320, 321, 322, 323, 324, 325, 326, 327, 328, 331
Dynamik, dynamisch 75, 79, 80, 86, 112, 143, 144, 156, 160, 164, 210, 211, 215, 220, 221, 276, 289, 329

Einfühlen 192, 193, 194, 195, 209, 238, 241, 242, 244, 246, 254, 260, 272, 330
Emotion, emotional 3, 7, 16, 17, 22, 25, 39, 57, 58, 59, 61, 66, 67, 69, 70, 71, 82, 95, 98, 104, 107, 116, 132, 133, 134, 137, 138, 142, 151, 152, 154, 166, 169, 170, 174, 175, 179, 180, 182, 185, 192, 193, 194, 195, 199, 206, 209, 210, 222, 223, 226, 230, 231, 237, 238, 239, 240, 241, 242, 244, 245, 246, 254, 260, 272, 274, 275, 276, 277, 278, 280, 298, 300, 301, 303, 305, 321, 322, 325, 327, 330
Empathie 20, 132, 209, 227, 235, 236, 237, 238, 239, 240, 241, 242, 246, 254, 267, 322
Entfremdung 116, 117, 118, 124, 132, 133, 134, 137, 150, 151, 165, 166, 169, 171, 172, 185, 187, 200, 205, 262, 264
epistemische Unsicherheit 8, 10, 12, 16, 22, 33, 47, 48, 49, 50, 61, 70, 122, 126, 139, 306
Epistemologie s. Erkenntnistheorie
Erkenntnistheorie 17, 71, 105, 111, 146, 249, 271, 273, 286, 287
Erklärung 13, 44, 45, 56, 58, 59, 61, 71, 76, 82, 107, 114, 122, 166, 182, 192, 206, 241, 276, 277, 278, 279, 280, 281, 305
Ermessensspielraum 90, 91, 92, 214, 245
Erpressung 3, 6, 178, 180, 183
Erwartung, erwarten 8, 11, 16, 34, 40, 44, 55, 57, 58, 59, 61, 62, 67, 72, 82, 87, 90, 91, 92, 93, 95, 118, 119, 128, 140, 167, 168, 176, 177, 199, 200, 201, 202, 204, 205, 214, 215, 216, 220, 224, 230, 245, 250, 251, 253, 259, 260, 261, 270, 277, 278, 280, 283, 304, 305, 315, 324, 326
– normative 17, 51, 72, 73, 74, 75, 76, 77, 223, 279

Evidenz 41, 43, 44, 51, 52, 62, 63, 65, 66, 67, 68, 71, 72, 73, 74, 75, 76, 77, 82, 107, 133, 183, 190, 210, 217, 268, 269, 270, 274, 275, 283, 329

Fähigkeit 19, 37, 38, 51, 98, 112, 130, 132, 135, 137, 145, 146, 147, 148, 149, 150, 151, 152, 153, 154, 155, 156, 157, 158, 159, 160, 162, 163, 164, 174, 175, 176, 178, 195, 198, 199, 200, 204, 205, 206, 208, 209, 210, 212, 213, 214, 215, 216, 218, 219, 221, 226, 227, 229, 231, 235, 236, 242, 246, 249, 250, 251, 252, 253, 254, 258, 262, 267, 268, 271, 275, 281, 286, 290, 297, 298, 329

Freiheit 18, 25, 39, 90, 300, 308

Freiwillig 7, 250, 294, 308, 309, 310, 313

Fremd
– Einstellungen s. Entfremdung
– Personen 12, 15, 16, 17, 32, 41, 181, 184, 213, 267, 286, 289, 290, 291, 293

Freundschaft, Freund, freundschaftlich 10, 14, 17, 20, 23, 24, 29, 30, 33, 34, 35, 41, 53, 59, 61, 65, 66, 78, 85, 97, 98, 99, 100, 101, 103, 104, 106, 107, 114, 184, 189, 191, 193, 202, 206, 212, 215, 218, 223, 224, 225, 227, 228, 229, 230, 231, 232, 233, 234, 235, 248, 250, 251, 253, 254, 256, 257, 259, 260, 261, 267, 276, 285, 286, 287, 288, 289, 290, 294, 303, 304, 327, 330

Fürsorge, fürsorglich 20, 107, 110, 227, 242, 243, 244, 245, 246, 247

Gefühl s. Emotion

gelungenes Leben s. gutes Leben

Gegenseitigkeit 7, 8, 13, 15, 19, 42, 164, 209, 217, 218, 219, 230, 231, 232, 245, 281, 330

Gemeinschaft
– epistemische 17, 287, 326, 327, 331
– moralische 17, 247, 287, 325, 326, 327, 331
– politische 293, 297, 315, 316, 317, 318, 324

Gewissheit 2, 6, 7, 16, 23, 47, 48, 269

Gott 41, 42

Groll, grollen 17, 58, 71, 73, 276, 277, 301

Grund 5, 13, 16, 19, 27, 45, 47, 54, 56, 59, 64, 66, 76, 105, 106, 107, 108, 109, 110, 113, 115, 116, 117, 118, 119, 120, 121, 123, 124, 125, 126, 130, 133, 135, 136, 137, 138, 139, 140, 144, 148, 154, 160, 161, 162, 167, 168, 170, 172, 175, 176, 177, 179, 181, 182, 183, 184, 185, 186, 187, 188, 193, 194, 198, 200, 201, 202, 203, 204, 205, 206, 211, 216, 217, 218, 224, 226, 227, 229, 230, 233, 237, 239, 241, 242, 243, 250, 259, 260, 263, 268, 269, 275, 279, 280, 285, 295, 298, 299, 303, 305, 309, 310, 311, 312, 313, 319, 325, 326, 327, 329

gutes Leben 14, 215, 222, 233, 248, 254, 256, 265, 266, 273

Handlung, Handeln 11, 12, 22, 23, 31, 32, 33, 38, 39, 44, 45, 48, 49, 53, 55, 58, 59, 60, 65, 67, 72, 76, 77, 80, 82, 84, 87, 90, 91, 92, 93, 103, 104, 112, 113, 117, 118, 120, 121, 122, 123, 125, 126, 127, 128, 129, 130, 131, 132, 133, 136, 137, 138, 139, 142, 147, 148, 150, 152, 153, 154, 155, 156, 157, 160, 162, 167, 169, 170, 171, 172, 173, 175, 176, 177, 179, 180, 181, 183, 187, 188, 190, 191, 192, 193, 194, 198, 199, 200, 203, 205, 206, 208, 209, 214, 217, 226, 243, 244, 245, 246, 249, 252, 253, 254, 255, 256, 259, 260, 261, 262, 263, 264, 265, 266, 267, 268, 269, 270, 274, 278, 279, 305, 307, 311, 324, 318, 322, 325, 329, 331

Identität von Personen, identisch 19, 23, 30, 31, 37, 79, 80, 82, 101, 109, 112, 116, 119, 123, 125, 128, 138, 136, 143, 158, 162, 163, 164, 165, 166, 167, 168, 169, 170, 171, 172, 173, 174, 175, 176, 177, 178, 179, 180, 181, 182, 183, 184, 185, 187, 188, 189, 190, 191, 192, 193, 194, 195, 196, 197, 198, 199, 200, 201, 202, 203, 204, 205, 206, 207, 208, 209, 212, 213, 214, 215, 222, 223, 224, 226, 227, 229, 230, 232, 233, 235, 237, 238, 240,

242, 243, 246, 247, 262, 263, 266, 267, 268, 270, 272, 277, 278, 280, 281, 329, 330
Immigration 318, 319, 320
Institutionen 40, 41, 292, 293, 299, 304, 317
Instrumentell 13, 19, 20, 24, 32, 33, 35, 85, 198, 220, 221, 282, 283, 284, 285, 323
Integrität, integer 67, 134, 149, 277
Interaktion, interagieren 11, 13, 20, 23, 24, 51, 52, 66, 67, 75, 84, 91, 102, 103, 104, 105, 108, 112, 133, 143, 144, 155, 159, 176, 180, 181, 182, 198, 199, 209, 210, 211, 215, 216, 220, 229, 230, 234, 235, 246, 251, 254, 258, 267, 272, 274, 286, 290, 294, 315, 316, 317, 324, 325, 330, 331
Interesse 52, 53, 54, 55, 130, 179, 180, 194, 213, 221, 234, 247, 282, 283, 295, 297, 298, 299, 311
– eingeschlossenes 53, 179, 180, 297, 298, 299
Intim 7, 12, 39, 202, 215, 222, 224, 228, 237, 239, 244, 246, 265, 271, 277, 281, 288, 289, 290, 330
Irrational 1427, 59, 96, 119, 124, 134, 135, 140, 141, 155, 171, 184, 311

Kindheit, Kind 37, 38, 39, 42, 150, 153, 154, 176, 208, 209
Kohärenz, kohärent 70, 166, 167, 168, 169, 173, 175, 206, 241, 262, 263, 272
Kompetenz, kompetent 51, 94, 95, 96, 97, 98, 99, 147, 219
Kontrolle 3, 23, 24, 27, 64, 65, 150, 284, 314
– von sich selbst 153, 155, 156, 264, 265
Kooperation 13, 20, 31, 34, 35, 84, 108, 182, 198, 201, 220, 221, 255, 270, 274, 281, 283, 284, 287, 310, 311, 312, 315, 316, 317
Kultur, kulturell 293, 316, 317, 318, 319

Liebe, lieben 2, 3, 4, 9, 10, 12, 14, 17, 29, 64, 99, 100, 101, 103, 215, 218, 224, 228, 229, 232, 233, 234, 248, 253, 265, 266, 285, 286, 287, 290, 330

Manipulation, manipulieren 3, 5, 8, 14, 123, 124, 126, 127, 130, 146, 171, 172, 173, 178, 180, 221, 270, 271, 303

Misstrauen 4, 5, 8, 9, 10, 26, 27, 29, 30, 33, 40, 52, 63, 64, 76, 83, 94, 97, 110, 112, 117, 118, 119, 120, 121, 124, 125, 134, 135, 136, 139, 140, 142, 143, 144, 145, 146, 147, 148, 149, 150, 151, 152, 156, 157, 158, 162, 164, 169, 170, 171, 172, 174, 176, 182, 205, 281, 291, 292, 297, 300, 301, 302, 303, 304, 306, 314, 320, 321, 322, 323
Moral, moralisch 14, 17, 38, 57, 62, 67, 166, 177, 180, 181, 184, 201, 202, 222, 234, 242, 243, 244, 247, 254, 255, 257, 273, 276, 277, 281, 286, 287, 288, 319, 324, 325, 326, 327, 331
Motivation, Motiv 53, 54, 57, 58, 62, 67, 75, 80, 118, 120, 124, 125, 129, 135, 136, 140, 141, 142, 144, 149, 172, 173, 174, 182, 209, 211, 244, 245, 311, 312, 313, 318, 322

Nahbeziehungen 23, 215, 237, 244, 281, 289
Nähe 12, 14, 15, 20, 23, 39, 107, 288, 290
Nicht-instrumentell 19, 20, 32, 33, 85, 86, 87, 222, 227, 273, 274, 281, 284, 285, 286, 287, 288, 290, 299, 330
Normativität 18, 188, 194, 196, 197, 304

Ökonomie 28, 50, 79, 281, 293, 315
Optimismus 66, 67, 138, 141, 148, 275

Passensrichtung 45, 46, 240, 279
Perspektive 45, 56, 111, 112, 113, 122, 124, 127, 133, 160, 162, 170, 181, 183, 185, 187, 191, 192, 193, 196, 197, 198, 199, 200, 201, 202, 203, 204, 205, 212, 213, 213, 214, 222, 227, 229, 232, 234, 235, 236, 237, 238, 239, 240, 241, 242, 243, 246, 254, 267, 268, 272, 276, 277, 281, 288, 329, 330
– der dritten Person 111, 112, 113, 114, 115, 117, 125, 126, 127, 130, 133, 136, 139, 140, 142, 143, 144, 149, 150, 158, 159, 161, 162, 164, 174, 194, 195
– der ersten Person 105, 111, 112, 113, 114, 115, 116, 117, 118, 119, 120, 125, 126, 127, 130, 132, 133, 135, 136, 137, 138, 139,

350 — Sachregister

140, 143, 144, 146, 155, 158, 160, 161, 162, 163, 164, 168, 169, 174, 175, 176, 177, 178, 180, 184, 186, 187, 188, 189, 190, 193, 195, 196, 201, 240, 262, 263, 264, 266, 267, 268, 269, 281, 329, 330
Politiker 23, 26, 27, 52, 65, 78, 256, 257, 292, 293, 294, 295, 296, 297, 298, 299, 300, 303, 304, 305, 306, 309, 321, 322, 323, 324, 327, 331
Politikwissenschaft 25, 28, 281, 290, 315
Politisch 18, 20, 26, 27, 50, 52, 65, 215, 287, 291, 292, 293, 294, 295, 296, 297, 299, 300, 301, 302, 303, 305, 306, 309, 314, 317, 319, 320, 321, 322, 323, 324, 326, 327, 331
Politische Repräsentanten s. Politiker
Politische Entscheidungsträger s. Politiker
Populismus 18, 300, 323
Projekte 10, 31, 32, 59, 169, 179, 218, 243, 307, 311
Psychologie 20, 25, 38, 134, 153, 208, 209
Prognose, prognostizieren, prognostisch 23, 52, 72, 74, 79, 106, 107, 108, 211, 268, 279, 280, 311

Rational 33, 37, 41, 55, 57, 58, 66, 76, 99, 108, 121, 125, 127, 130, 133, 135, 136, 148, 160, 167, 168, 169, 170, 175, 179, 183, 188, 198, 199, 202, 217, 219, 263, 275, 281, 283, 297, 298, 301, 304, 310, 311, 313, 321, 322, 323, 325, 326, 328, 329
reaktive Einstellung 58, 71, 107, 305, 312
Rechtfertigung 5, 12, 13, 17, 22, 33, 44, 45, 47, 52, 58, 66, 71, 94, 106, 121, 148, 211, 249, 255, 269, 271, 280, 310, 323, 325, 326
Reziprozität s. Gegenseitigkeit

Selbstvertrauen s. Vertrauen, intrapersonales
Sich-Verlassen 16, 17, 20, 27, 32, 40, 54, 55, 56, 57, 58, 59, 60, 63, 64, 65, 68, 69, 70, 71, 72, 73, 74, 75, 76, 77, 79, 82, 86, 97, 98, 104, 105, 106, 108, 111, 112, 113, 126, 127, 130, 131, 133, 134, 135, 136, 139, 140, 141, 142, 143, 144, 145, 150, 152, 153, 154, 157, 159, 160, 173, 174, 182, 184, 194, 198, 205, 210, 211, 213, 216, 217, 218, 219, 220, 221, 222, 223, 230, 231, 241, 248, 255, 256, 257, 267, 268, 274, 275, 276, 279, 280, 282, 283, 284, 290, 294, 295, 298, 299, 300, 301, 303, 304, 305, 307, 308, 309, 311, 312, 313, 314, 316, 317, 319, 320, 323, 328, 329, 330
Sozial 9, 13, 17, 18, 20, 24, 25, 28, 29, 32, 33, 50, 67, 79, 83, 110, 181, 204, 207, 208, 209, 211, 223, 224, 230, 235, 263, 265, 266, 279, 281, 287, 288, 289, 293, 306, 313, 314, 316, 317, 330
Soziologie 25, 28, 290, 315
Staat 23, 24, 25, 296, 299, 301, 302, 303, 306, 307, 308, 309, 310, 311, 312, 313, 314, 315, 316, 318, 319, 320, 321, 323, 324

Teilnehmerstandpunkt 71, 73, 74, 75, 77, 178, 276
Temporal 23, 79, 80, 86, 101, 102, 103, 112, 127, 128, 132, 136, 138, 154, 156, 159, 164, 170, 199, 208, 220, 221, 251, 263, 329
Tiere 15, 37, 38, 39, 42, 108, 262
Tugend 20, 41, 227, 232, 233, 244, 248, 249, 250, 251, 252, 253, 254, 255, 256, 257, 258, 259, 260, 261, 303, 304, 327

Überzeugung, überzeugt sein, glauben 11, 16, 17, 26, 27, 44, 45, 46, 47, 48, 51, 52, 53, 60, 62, 63, 65, 66, 67, 68, 69, 70, 71, 72, 73, 74, 75, 76, 77, 78, 80, 82, 95, 103, 104, 106, 107, 110, 111, 113, 115, 116, 117, 133, 134, 135, 136, 137, 138, 140, 145, 146, 148, 149, 166, 167, 168, 169, 170, 179, 185, 186, 188, 206, 210, 237, 239, 240, 264, 269, 275, 276, 297, 298, 300, 313, 314, 325, 327

Verletzlichkeit, verletzlich 34, 49, 59, 63, 270
Versprechen, versprechen 7, 25, 31, 34, 40, 57, 121, 123, 176, 181, 201, 202, 203, 205, 206, 207, 295, 301, 305
Verrat 8, 151, 201, 323

Verständlichkeit, verständlich 113, 122, 134, 139, 166, 167, 168, 169, 171, 175, 185, 186, 187, 188, 189, 190, 191, 193, 194, 195, 196, 197, 200, 202, 203, 205, 206, 212, 222, 226, 233, 237, 240, 243, 263, 266, 272, 278
Vertrauen
– als Beziehung 7, 11, 12, 13, 14, 15, 19, 20, 23, 33, 38, 39, 52, 57, 59, 65, 75, 81, 82, 87, 99, 100, 103, 104, 105, 106, 107, 108, 109, 110, 111, 112, 126, 158, 159, 160, 163, 164, 192, 194, 196, 198, 199, 200, 203, 204, 205, 206, 207, 208, 209, 210, 211, 212, 213, 214, 215, 216, 217, 218, 219, 220, 221, 222, 223, 224, 225, 226, 227, 228, 229, 230, 231, 232, 233, 234, 235, 236, 237, 238, 239, 240, 241, 242, 243, 244, 245, 246, 247, 248, 249, 251, 252, 253, 254, 255, 257, 258, 260, 261, 264, 266, 267, 268, 270, 271, 272, 273, 274, 275, 276, 277, 278, 279, 280, 281, 283, 285, 286, 287, 288, 289, 290, 295, 299, 303, 304, 305, 316, 324, 325, 326, 327, 328, 329, 330, 331
– angemessenes 33, 34, 35, 43, 44, 51, 52, 58, 68, 75, 94, 96, 97, 253, 306
– dreistelliges 19, 44, 65, 82, 83, 84, 85, 86, 87, 88, 89, 90, 91, 92, 94, 96, 97, 98, 99, 108, 109, 112, 157, 162, 219, 220, 221, 228, 329
– Entschluss zu 39, 44, 63, 64, 67, 69, 70, 76, 77, 78, 108, 138, 176, 274, 275
– Grund für 5, 7, 8, 32, 33, 34, 35, 50, 73, 78, 80, 144, 217, 280, 306, 316
– in sich selbst s. Vertrauen, intrapersonales
– intrapersonales 10, 15, 19, 35, 83, 110, 111, 113, 121, 117, 120, 121, 126, 131, 133, 135, 137, 138, 140, 141, 143, 144, 145, 147, 148, 152, 155, 156, 157, 158, 159, 160, 162, 163, 169, 173, 174, 175, 176, 177, 178, 184, 198, 199, 203, 208, 211, 215, 219, 226, 234, 264, 266, 268, 271, 280, 329
– in unbelebte Objekte 15, 39, 40, 56

– zweistelliges 19, 86, 87, 88, 89, 90, 92, 93, 94, 97, 99, 108, 109, 110, 157, 158, 164, 219, 220, 329
Vertrauenstheorien
– affektbasiert 41, 43, 62, 66, 68, 70, 74, 77, 78, 79, 81, 82, 84, 86, 88, 95, 100, 104, 107, 148, 275, 279
– evidenzbasiert 44, 62, 66, 68, 69, 70, 74, 75, 76, 77, 78, 79, 96, 203, 276, 279, 280
– kognitivistisch 43, 44, 49, 50, 54, 60, 61, 62, 63, 66, 68, 73, 74, 76, 77, 78, 79, 81, 82, 84, 86, 88, 95, 100, 104, 105, 107, 146, 274, 275, 279
– nicht-evidenzbasiert 43, 68, 75, 76, 77, 78, 79, 94, 95, 96, 108, 203, 279, 280
– voluntaristisch 43, 60, 63, 65, 68, 75, 76, 77, 78, 81, 82, 84, 86, 88, 95, 100, 104, 108, 176, 178, 198, 210, 274, 275, 276, 279
Vertrauenswürdigkeit 31, 34, 35, 50, 51, 52, 53, 54, 64, 67, 68, 70, 75, 76, 91, 94, 95, 97, 98, 136, 138, 210, 213, 248, 252, 253, 256, 257, 258, 259, 260, 261, 279, 292, 316, 319, 326, 327, 328
Vorwurf 5, 8, 34, 58, 96, 142, 251, 305

Wert, wertvoll, wertschätzen 5, 7, 14, 14, 19, 20, 24, 31, 32, 33, 35, 58, 60, 62, 64, 77, 85, 86, 87, 92, 106, 108, 110, 133, 148, 166, 175, 177, 182, 186, 204, 207, 220, 224, 227, 241, 244, 248, 262, 264, 265, 272, 273, 274, 281, 282, 283, 284, 285, 286, 287, 288, 290, 291, 299, 314, 315, 316, 317, 318, 320, 325, 326, 330
Willensschwäche, willensschwach 142, 143, 144, 156, 264
Wissen 16, 22, 23, 24, 47, 57, 69, 72, 85, 102, 113, 114, 115, 116, 118, 119, 120, 123, 125, 129, 134, 137, 139, 145, 154, 176, 177, 184, 194, 195, 196, 214, 230, 239, 241, 250, 268, 269, 270, 273, 287, 295, 297, 298, 299, 307
– Testimonialwissen 17, 31, 34, 71, 249, 287
– Moralisches Wissen 273

Wohlergehen 34, 38, 57, 59, 106, 149, 186, 194, 232, 270
Wohlwollen 23, 34, 54, 60, 61, 62, 63, 64, 65, 66, 68, 69, 70, 74, 183, 223, 231, 232, 266, 275, 276, 277
Wunsch, wünschen 45, 113, 114, 118, 119, 121, 149, 153, 154, 160, 170, 174, 178, 179, 181, 183, 184, 185, 186, 187, 189, 190, 191, 192, 193, 194, 195, 196, 197, 201, 202, 231, 233, 239, 254, 262, 263, 267, 284, 312

Zwang, zwingen, gezwungen 24, 39, 54, 122, 123, 124, 125, 126, 127, 128, 129, 130, 146, 148, 178, 179, 180, 194, 200, 202, 221, 223, 269, 300, 308
Zweifel, zweifeln 6, 9, 10, 23, 66, 104, 146, 147, 205, 206, 240, 312
Ziel 1, 3, 5, 6, 12, 13, 24, 32, 86, 132, 149, 152, 177, 181, 209, 218, 255, 256, 267, 282, 283, 284, 285, 287, 288, 311
Zweck s. Ziel
– Zweck an sich 222

www.ingramcontent.com/pod-product-compliance
Lightning Source LLC
Chambersburg PA
CBHW030218170426
43201CB00006B/126